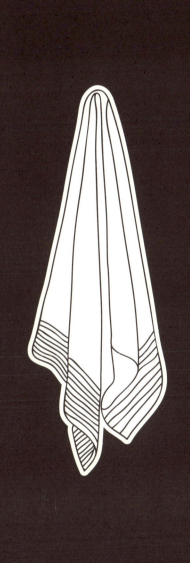

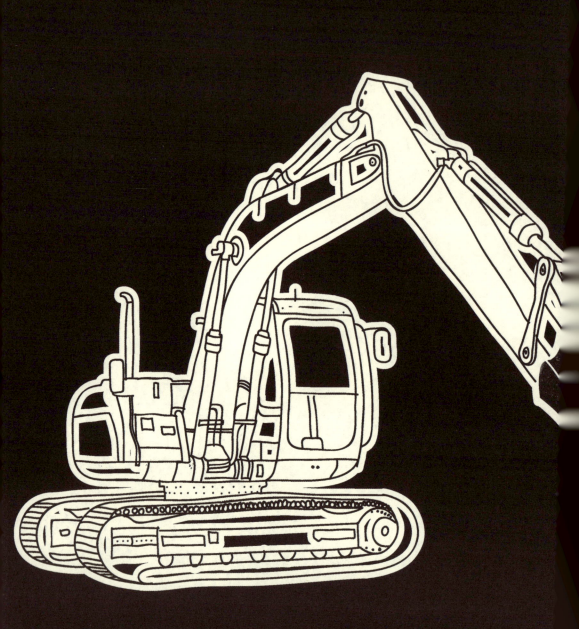

JEM ROBERTS

A ESPETACULAR E INCRÍVEL VIDA DE DOUGLAS ADAMS E DO GUIA DO MOCHILEIRO DAS GALÁXIAS

INTRODUÇÃO DE DOUGLAS ADAMS

TRADUÇÃO: STEPHANIA MATOUSEK

ALEPH

A ESPETACULAR E INCRÍVEL VIDA DE DOUGLAS ADAMS E DO GUIA DO MOCHILEIRO DAS GALÁXIAS

TÍTULO ORIGINAL:
The Frood: The Authorised and Very Official History of Douglas Adams & The Hitchhiker's Guide to the Galaxy

COPIDESQUE:
Cássio Yamamura

REVISÃO:
Denis Araki
Ana Luiza Candido
Balão Editorial

DIREÇÃO EXECUTIVA:
Betty Fromer

DIREÇÃO EDITORIAL:
Adriano Fromer Piazzi

EDITORIAL:
Daniel Lameira
Katharina Cotrim
Mateus Duque Erthal
Bárbara Prince
Júlia Mendonça
Andréa Bergamaschi

COMUNICAÇÃO:
Luciana Fracchetta
Pedro Henrique Barradas
Lucas Ferrer Alves
Renata Assis
Ester Vitkauskas
Stephanie Antunes

PROJETO GRÁFICO E DIAGRAMAÇÃO:
Desenho Editorial

CAPA:
Pedro Inoue

ILUSTRAÇÕES:
Desenho Editorial

COMERCIAL:
Orlando Rafael Prado
Fernando Quinteiro
Lidiana Pessoa
Roberta Saraiva
Ligia Carla de Oliveira
Eduardo Cabelo

FINANCEIRO:
Rafael Martins
Roberta Martins
Rogério Zanqueta
Sandro Hannes

LOGÍSTICA:
Johnson Tazoe
Sergio Lima
William dos Santos

COPYRIGHT © JEM ROBERTS, 2014. FIRST PUBLISHED AS THE FROOD: THE AUTHORISED AND VERY OFFICIAL HISTORY OF DOUGLAS ADAMS & THE HITCHHICKER'S GUIDE TO THE GALAXY BY PREFACE.
COPYRIGHT © EDITORA ALEPH, 2016
(EDIÇÃO EM LÍNGUA PORTUGUESA PARA O BRASIL)

TODOS OS DIREITOS RESERVADOS.
PROIBIDA A REPRODUÇÃO, NO TODO OU EM PARTE, ATRAVÉS DE QUAISQUER MEIOS.

Rua Lisboa, 314
05413-000 – São Paulo – SP – Brasil
Tel.: (55 11) 3743-3202
www.editoraaleph.com.br

DADOS INTERNACIONAIS DE CATALOGAÇÃO NA PUBLICAÇÃO (CIP)
(ANGÉLICA ILACQUA CRB-8/7057)

Roberts, Jem
Douglas Adams: a espetacular e incrível vida de Douglas Adams e do Guia do Mochileiro das Galáxias / Jem Roberts ; tradução de Stephania Matousek. -
São Paulo: Aleph, 2016.
552 p.

ISBN 978-85-7657-310-4
Título original: The Frood: The Authorised and Very Official History of Douglas Adams & The Hitchhiker's Guide to the Galaxy

1. Adams, Douglas, 1952-2001 – Biografia 2. Escritores ingleses – Biografia I. Título II. Matousek, Stephania

16-0152   CDD 928.2

ÍNDICES PARA CATÁLOGO SISTEMÁTICO:

1. Escritores ingleses – Biografia

Para Janet, Sue, Jane,
James e Polly
Em memória de Peter,
Geoffrey – e do
próprio Mingo

SU-
MÁ-
RIO

10 NÃO LEIA ESTA INTRODUÇÃO

18 PRIMEIRO EPISÓDIO: CRIADOR

106 SEGUNDO EPISÓDIO: CRIAÇÃO

190 TERCEIRO EPISÓDIO: NÊMESE

282 QUARTO EPISÓDIO: FUGA

364 QUINTO EPISÓDIO: APRÈS-VIE

422 TAMBÉM NÃO LEIA ESTES AGRADECIMENTOS

431 APÊNDICES

452 TRECHOS INÉDITOS DO *MOCHILEIRO*

504 CITAÇÕES NO TEXTO

506 ÍNDICE

NÃO LEIA ESTA INTRODUÇÃO

PODE LER, SE QUISER, MAS NÃO PRECISA.

EU QUASE NUNCA LEIO AS INTRODUÇÕES DOS LIVROS E ÀS VEZES SOFRO PONTADAS DE ANSIEDADE EM RELAÇÃO A ISSO, ASSIM COMO QUANDO PISO EM RACHADURAS NA CALÇADA. NÃO SE PREOCUPE. PODE PULAR A INTRODUÇÃO INTEIRA, SE QUISER, O BICHO--PAPÃO NÃO VAI PEGAR VOCÊ.

Pediram para eu experimentar uma nova e fantástica máquina de entrevistar autores automaticamente, o que significa que no futuro os jornalistas não precisarão nem deixar o boteco. O inventor dela me contou que a tarefa de programá-la se mostrou, afinal, bem mais simples do que ele havia previsto. Inicialmente, ele se deu ao trabalho de planejar sofisticados processos de análise para explorar, selecionar e combinar todos os modelos de pergunta que os jornalistas poderiam fazer, alcançando, assim, uma espécie de síntese quintessencial – a entrevista perfeita com um autor.

Quando, inesperadamente, a máquina revelou consistir em um silêncio total, ele teve de parar e reconsiderar seus critérios. Talvez a perfeição fosse um objetivo demasiado nobre, e, portanto, um pouco de corriqueirismo pragmático foi introduzido ao programa. Um pouco demais, na verdade. Ao finalmente ser enxotada do boteco da esquina e obrigada a ficar sóbria com algumas compactações rápidas no Crivo de Eratóstenes, a máquina declarou que havia perdido a paciência com todo aquele exercício imbecil, já que deveria estar perfeitamente claro para qualquer idiota (embora, admitiu ela, não estivesse ao inventor, que era um gênio e, portanto, fácil de enganar) que, de qualquer forma, todos os jornalistas faziam exatamente as mesmas perguntas. O programa deveria ser o mais simples possível.

Então, o inventor o reescreveu com as linhas mais simples possíveis (quer dizer, simples de acordo com os padrões dele – lembre-se de que estamos falando de um gênio), até a máquina parecer satisfeita consigo mesma. Porém, ele continuava nervoso. Suspeitava que a máquina estivesse com algum tipo de falha técnica satírica vinda não se sabe de onde, mas, assim como todas as máquinas com defeito, ela só apresentava problemas quando ninguém capaz de colocá-la para funcionar estava por perto. O inventor pediu para eu realizar um teste de campo e tratá-la com muito carinho, pois era um protótipo. Concordei, mas não gosto nem um pouco do jeito como aquela coisa olha para mim. Sorte que estou preparado...

MÁQUINA DE ENTREVISTAR Bem, Douglas. Pensei que, em vez de fazer as mesmas e velhas perguntas óbvias, a gente podia ser um pouquinho diferente e voltar ao começo. Então, me diga: como foi que você teve a ideia inicial?
DOUGLAS É... Bem, engraçado você perguntar isso, máquina de entrevistar. Diz a lenda que eu tive a ideia inicial em 1971, enquanto estava caído de bêbado em um campo de Innsbruck...
MDE Então você imaginou tudo do início ao fim assim, de repente, deitado em um campo na Espanha?

DOUGLAS Não, nem tudo, né? Só o título. Na verdade, foi em Innsbruck, na Áustria.

MDE Você ficou surpreso com o sucesso?

DOUGLAS Hum, não sei bem, máquina de entrevistar. O sucesso vem crescendo desde 1978. É difícil saber se, aos poucos, fui ficando surpreso ou não ao longo de sete anos.

MDE Sete anos? Nossa, teve muito chão desde aquele campo na Espanha! Fez alguma diferença na sua vida?

DOUGLAS É... Fez. Acho que, na verdade, aconteceu na Áustria. Foi em 1971. Eu só pensei no título naquele dia. Não comecei a escrever antes do final de 1976. E, sim, se eu não tivesse feito isso continuamente nesses últimos sete anos, teria feito algo diferente. Como não tenho a mínima ideia do que seria, não é fácil dizer que diferença isso fez.

MDE De onde você tira todas as suas ideias?

DOUGLAS Quem dera eu soubesse, máquina de entrevistar. A triste verdade é que você só precisa sentar e imaginá-las. Se não conseguir imaginá-las, só precisa sentar – ou inventar alguma desculpa para ir fazer outra coisa. É bem fácil. Sou mestre em imaginar razões para ir tomar um banho rápido ou comer um sanduíche de Bovril...

MDE Quais planetas você costuma visitar com mais frequência?

DOUGLAS Como é que é?

MDE É uma pergunta excêntrica. Pode responder de um jeito excêntrico. Apenas diga alguma coisa doida. Vai ser divertido.

DOUGLAS O quê?

MDE Você sempre foi engraçado?

DOUGLAS É... Bem, quer dizer...

MDE Diga uma coisa engraçada agora.

DOUGLAS É...

E assim por diante.

Houve uma grande quantidade de perguntas sobre o *Mochileiro*. Ou, para ser mais exato, uma pequena quantidade. A grande quantidade se refere ao número de vezes que me fizeram tais perguntas, e é por isso que agora eu acho difícil lembrar as respostas.

Claro que é uma total falácia que as ideias sejam coisas do tipo que se atiram em cima de você em campos, ou melhor, que isso é tudo o que se pode dizer delas. Inventar refletores olho de gato é muito mais simples. Uma vez que você imaginou as continhas de vidro pregadas em um pedaço de borracha, pode vaidosamente dar um tapinha nas próprias costas, servir a si mesmo uma bebida forte e tirar o século de folga. Uma ideia é apenas uma ideia. Um texto são centenas de ideias, batidas, amassadas, jogadas no lixo, pescadas ali uma hora depois e dobradas em quadradinhos para impedir a mesa de balançar.

Então, de onde vêm as ideias, na verdade? Na maior parte do tempo, de um aborrecimento com as coisas. Não tanto com os grandes problemas (eu adoraria ser capaz de elaborar uma piada que nos permitisse explodir a própria ideia de armas nucleares com gargalhadas derrisórias, mas não consigo pensar em nada mais visivelmente absurdo do que a situação com a qual nos deparamos na realidade. Portanto, o que se pode fazer? Respostas, por favor, por cartões-postais. Estou empolgado para descobrir) como com as pequenas irritações que deixam você desproporcionalmente furioso. Toda vez que tenho de lidar com o mostrador da gasolina ou com empresas de cartão de crédito, costumo entrar em um período muito fértil.

Tentar explicar como uma ideia surge é, na verdade, demorado e chato e não ajuda a criar entrevistas brilhantes e mordazes. No entanto, não tem importância ser chato na introdução de um livro, porque ninguém nunca as lê mesmo.

DOUGLAS ADAMS,
Islington, por volta de 1985

A ESPETACULAR E INCRÍVEL VIDA DE DOUGLAS ADAMS E DO GUIA DO MOCHILEIRO DAS GALÁXIAS

"COM TODA A HUMILDADE, ROGAMOS A VOSSAS EXCELÊNCIAS E À VOSSA COSTUMEIRA APROVAÇÃO DE TODAS AS CAUSAS DEVOTAS E JUSTAS QUE ESCUTEIS E JULGUEIS AS NOSSAS QUESTÕES. RECEBEMOS A INCUMBÊNCIA, ENQUANTO HOMENS FIÉIS E LEAIS, DE INSTRUIR E ENSINAR O NOSSO POVO NA TRAJETÓRIA DA VIDA..."
ARTHUR DENT, *THE PLAIN MAN'S PATHWAY TO HEAVEN* (1601)

"TODA A SUCESSÃO DA MINHA VIDA APARECEU PARA MIM COMO UM SONHO; ÀS VEZES EU DUVIDAVA SE, DE FATO, TODA A MINHA EXISTÊNCIA ERA VERDADE, POIS ELA NUNCA SE APRESENTARA À MINHA MENTE COM A FORÇA DA REALIDADE."
MARY SHELLEY, *FRANKENSTEIN* (1818)

"TINHA A IMPRESSÃO DE QUE TODA A SUA VIDA ERA UMA ESPÉCIE DE SONHO, E ÀS VEZES SE PERGUNTAVA DE QUEM ERA AQUELE SONHO, E SE O DONO DO SONHO ESTARIA SE DIVERTINDO."
DOUGLAS ADAMS, *O GUIA DO MOCHILEIRO DAS GALÁXIAS* (1979)

CRIA-
DOR

"ESTOU TENDO SÉRIOS PROBLEMAS COM MEU ESTILO DE VIDA."

"COINCIDÊNCIA É UM ASSUNTO QUE *O GUIA DO MOCHILEIRO DAS GALÁXIAS* DESDENHA. NÃO É DE SE ESPANTAR, POIS UM UNIVERSO COM TANTAS POSSIBILIDADES INFINITAS – E, DEVERAS, UMA BOA DOSE DE IMPROBABILIDADE – É UMA ÁREA DE DIVERSÃO VIRTUALMENTE SEM LIMITES PARA AS LEIS DE CAUSA E EFEITO. POR CONSEGUINTE, AS COISAS MAIS ESTRANHAS PODEM ACONTECER – E, NA MAIOR PARTE DO TEMPO, ACONTECEM..."

O LIVRO

A palavra inglesa *lunch* (almoço) nunca caiu bem como verbo. Tirada de um termo germânico que designa "bebida do meio-dia", *luncheon* é um substantivo decente. Para as pessoas influentes da cidade, no entanto, almoçar não é apenas um verbo, mas sim um estilo de vida. Especialmente no universo midiático pré-austeridade das décadas finais do século 20, os restaurantes eram campos de batalha em que negócios eram fechados, impérios eram construídos, sonhos eram lançados e caríssimos drinques de apertar o gogó eram tomados. Quantas fábulas os estabelecimentos gastronômicos do centro de Londres poderiam contar sobre as luxuriantes trapaças urdidas ali por executivos, produtores, editores, publicitários e pelos artistas que eles tinham de aturar! O governo do Reino Unido que presenciou a virada do milênio foi, inclusive, decidido anos antes por dois políticos ambiciosos em um restaurante de Islington.

Um estabelecimento específico, situado a uma caminhada ébria dos escritórios da BBC Light Entertainment (LE) atrás da Broadcasting House na área oeste de Londres, e que funcionava como restaurante japonês no final dos anos 1970, serviu o almoço que mudou a vida do nosso herói. A partir da nossa posição conceitual privilegiada no século 21, podemos espiar o passado e ver um jovem com uma altura de tirar o fôlego e um nariz impressionante aceitar com gratidão um convite para comer fora à custa da BBC. Esse escritor de comédia de quase 25 anos e em dificuldades se chama Douglas Adams, o nosso Mingo – embora, nesse exato momento, ele não seja o que chamaríamos de "um cara realmente muito incrível". Seus amigos diziam que, quando esse sujeito enorme e de cabelos pretos entrava em qualquer lugar, sua chegada era eletrizante – em grande parte porque todos tinham certeza de que alguma coisa estava prestes a ser quebrada por acidente. Sua história começa de forma bastante simples, em 18 de fevereiro de 1977, com uma pausa para almoçar sushis e um desabafo sobre sua ambição e imaginação frustradas.

Embora fosse um escritor aclamado por mérito próprio e a segunda figura-chave do nascimento do titã da comédia que mais tarde seria conhecido como *O guia do mochileiro das galáxias*, o personagem simpático e menos arranha-teto que acompanhava o nosso Mingo não precisa ser esquadrinhado com muitos pormenores. Logo cedo, ele abandonou o glamour da produção da LE para criar o seriado de comédia *After Henry* e, por volta de 1975, já havia escrito seu primeiro romance, estrelado pelo famoso e dramático detetive Charles Paris. Porém, aos 32 anos e durante o almoço em questão, Simon Brett, detentor de um diploma de primeira classe em inglês e originário de Surrey, era uma espécie de garoto de ouro da LE, tendo prestado bons serviços por muitos anos na usina geradora de radiocomédia da BBC desde que havia recebido de Humphrey Barclay um tapinha nas costas por seu desempenho em uma peça de teatro pela Oxford, no Festival de Edimburgo (também conhecido como Edinburgh Fringe).

Naqueles tempos anteriores à Comedy Store, insinuou Brett desde então, não havia nenhum lugar além de Oxford e Cambridge que viesse à mente de qualquer um dos confrades de Oxbridge da BBC para colher talentos cômicos instruídos e ambiciosos. Barclay e David Hatch – este último infelizmente apenas uma lenda hoje em dia – haviam recebido de Peter Titherage seus próprios tapinhas nas costas quando participaram da mais bem-sucedida peça do clube teatral Footlights, a *Cambridge Circus*, em 1963, junto com John Cleese, Tim Brooke--Taylor, Jo Kendall e outros. Quando, por sua vez, o talentoso produtor Barclay fez sua própria proposta a Brett no final da mesma década, era a hora certa para o novato, que já havia realizado alguns dos seus primeiros trabalhos pagos, incluindo a tarefa de encher linguiça nos roteiros de Bill Oddie e Graeme Garden para o programa de rádio dessa equipe – a peça de comédia mais badalada (e certamente mais barulhenta) das ondas hertzianas, *I'm Sorry I'll Read That Again*.

Escrever para a *ISIRTA*, por si só, teria feito de Simon Brett um dignitário de arregalar os olhos de seu parceiro de almoço naquela sexta-feira de 1977. No entanto, após os anos que havia passado no departamento da LE na BBC Radio, enquanto a equipe evoluía, deixando de ser uma geração de produtores independentes e ríspidos e se tornando a gangue de Hatch, composta de jovens brilhantes (mas, é claro, todos ainda do sexo masculino) de Oxbridge, Brett se distinguiu por coisas especiais. Ele passou certo tempo aperfeiçoando e produzindo uma paródia derivada da *ISIRTA*, o programa de perguntas e respostas *I'm Sorry I Haven't a Clue* [*Sinto muito, eu não faço ideia*]. Na época da partilha do sushi que nos interessa aqui, o escritor era capitão do único verdadeiro sucessor da anarquia da Radio Prune.

Adams – escritor e artista de esquetes extremamente ávido, que podemos imaginar, sem medo de errar, girando os braços para todo lado de forma bem expressiva e provavelmente causando vários danos enquanto divide suas ideias com um cara da BBC claramente achando graça – com certeza estava agradecido não apenas pelo convite para almoçar, mas também pelo material que já havia sido aceito por Brett para o programa de esquetes traiçoeiramente inteligente e *cult The Burkiss Way*. E ele ainda receberia um contrato para outro esquete no final do almoço. Porém, a função principal do encontro – longe de ser amizade, nutrição ou o prazer de comer peixe cru – era para o jovem de braços rodopiantes finalmente ter sua própria tentativa de conseguir que um formato só seu fosse transmitido pela BBC. O produtor sabia que ali tinha futuro; era a última tentativa de realmente descobrir que futuro era aquele.

A comédia que Adams vinha tentando empurrar aos programas de rádio já existentes raramente parecia adequada aos formatos, e suas ideias precisavam de um programa separado só para elas... Ou, se não houvesse mesmo espaço para suas ideias na programação das rádios, o escritor desesperado sentiria que finalmente havia chegado a hora de tirar o cavalinho da chuva, encontrar um emprego decente e aceitar que as "coisas realmente bárbaras" da sua cabeça teriam de ficar por ali mesmo. Aquele não era um simples almoço para Douglas Adams, mas sim sua última chance de ser a estrela da comédia que ele sempre quis ser. Se tivermos a ousadia de sugerir a imagem de um brilho de suor na testa do Mingo enquanto ele expõe ideias de programas ao seu parceiro de almoço, expressaríamos claramente o quão longe ele está de perceber que apenas alguns goles de saquê o separam do sinal verde determinante de sua vida.

A FÁBULA MAIS IMPROVÁVEL

Todos nós somos, naturalmente, o resultado de correntes de coincidências que se esticam pelo passado até a sopa primordial, mas poucas pessoas se divertiram com suas próprias coincidências pessoais de forma tão frequente e pública como Douglas Noël Adams, desde sua chegada a este mundo, no Mill Road Maternity Hospital, em Cambridge, no dia 11 de março de 1952 – apenas alguns meses antes da descoberta oficial, naquela mesma cidade, do seu xará de iniciais, o ácido desoxirribonucleico, ou DNA, por Crick e Watson. Coincidência ou determinismo nominativo, Adams descrevia a história de suas origens como "completamente insignificante, mas tenho imenso orgulho". Cambridge é uma terra de pântanos, enevoada em mistério e folclore – uma placa no Cambridge Museum afirma que "muitos homens dessa região pantanosa contavam fábulas 'fantásticas' ou improváveis e, em alguns vilarejos, os ferreiros locais cunhavam uma medalha para premiar o homem que, na opinião dos ouvintes, havia contado a fábula mais improvável". Se essa tradição tivesse prosperado, a primavera de 1952 teria visto o nascimento do campeão de todos os tempos.

A série de coincidências que cercaram o parto daquele bebê extraordinariamente grande e desengonçado (que as testemunhas presentes na maternidade disseram parecer uma espécie de mamífero marinho encalhado na praia – ou, ao usar fraldas, um Gandhi em tamanho real) foi pesquisada por Nick Webb até o longínquo século 18, em sua biografia aprofundada *Wish You Were Here*. A linhagem paterna, composta de homens bem-sucedidos uniformemente altos, pode ser traçada até o eminente físico, conferencista e escritor dr. Alexander Maxwell Adams (1792–1860), de Edimburgo, que, dentre uma enxurrada de distinções honrosas, escapou por um triz de um linchamento ao ser acusado injustamente de envolvimento nos assassinatos de Burke e Hare. Isso, todavia, seria uma recordação ignóbil de um grande homem. Esse dr. Adams foi não apenas um médico célebre e humano, liderando a área que naquela época se chamava "queixas femininas", como também encontrou tempo para escrever um romance: *Yamhaska, or Memoirs of the Goodwin Family*. Essa primeira erupção de talento literário na linhagem dos Adams esteve fadada a ser a última por muitas gerações, mas outros manifestaram um lampejo de fascínio por temas abraçados por seus descendentes – o filho de Alexander, dr. James Maxwell Adams (1817–1899), foi, ao mesmo tempo, o inventor do amplamente utilizado "inalador Adams" e um feroz e precoce defensor dos direitos dos animais ao escrever um texto crítico à prática de domesticar leões.

Pulando uma ou duas gerações, talvez tenha sido o avô do nosso Mingo, Douglas Kinchin Adams MB, ChB, MA, BSc, MD, FRCP* (1891–1967), que mais elevou o nível, principalmente para seu filho, Christopher. Esse Adams lutou na marinha durante a Primeira Guerra Mundial, antes de voltar para Glasgow, onde se tornou um conferencista internacionalmente renomado sobre todos os tipos de questões médicas, ganhando a medalha de ouro de Bellahouston por sua tese sobre a esclerose múltipla e se tornando um dos primeiros a reconhecer a gravidade de doenças do tipo. Nascido em 1927, Christopher Adams cresceu tanto que virou um gigante – atingindo 1,94 metro, apenas dois centímetros mais baixo do que seu próprio filho –, era inteligente, moreno, barbudo, e poucos podiam brincar com ele. Porém, é possível que o sucesso de seu pai fosse algo que Christopher nunca tivesse conseguido superar por completo. Ele quebrou o molde da linhagem dos Adams ao se abster de cursar medicina ou ciências, preferindo teologia. Foi imediatamente após se formar no St. John's

---

* Abreviações dos seguintes títulos, respectivamente: bacharel em medicina, bacharel em cirurgia, mestre em artes, bacharel em ciências, doutor em medicina e membro do Royal College of Physicians. [N. de T.]

College, em Cambridge, no começo dos anos 1950, e começar uma pós-graduação em divindade no Ridley College, com a maior intenção de receber as ordens sacerdotais, que o jovem Christopher conheceu e cortejou Janet Donovan, uma enfermeira no Addenbrookes Hospital.

Em total conformidade com as normas de sua profissão, considerada por todos tão atenciosa e afetuosa quanto seu primeiro marido é lembrado por ser quase o oposto, Janet provavelmente se sentiu perdida quando o elevado teólogo arrebatou seu coração. Douglas Adams descrevia sua mãe como "uma mulher maravilhosa, alguém que sempre dá o melhor de si para lidar com os problemas dos outros, mas nunca consegue lidar com nenhum dos próprios problemas". Contudo, essa filha de imigrantes irlandeses transmitiu sua própria destreza exótica à união, sendo sobrinha-neta, por parte de mãe, de Benjamin Franklin Wedekind (1864–1918), um alemão com imensa influência, pioneiro no rompimento das fronteiras sexuais, que havia sido ator-diretor do Teatro do Absurdo e estrela de cabaré satírico. Geneticamente, Douglas puxaria, de forma essencial e inconsciente, seus ancestrais Wedekind, embora muitas vezes lamentasse não seguir com zelo os sucessos científicos dos Adams. Curiosamente, a semelhança física entre Douglas e o grande Wedekind é tão incrível quanto o fato de ter herdado o nariz e a estatura dos Adams – ele era quase fruto de um experimento para criar o Douglas mais douglassudo imaginável.

A paixão de Adams e Donovan causou o grande alvoroço que resultaria em um autor cômico de renome internacional. Eles se casaram em 1951, bem a tempo de escapar dos beicinhos de desaprovação do pós-guerra. Após uma temporada em Hackney, eles estabeleceram domicílio em Essex, pois Christopher havia abandonado suas ambições religiosas e começado a ganhar o pão como professor.

Essa é uma história sobre muitas coisas, examinada sob vários ângulos diferentes, mas que pode ser vista de quase qualquer direção como uma história sobre dinheiro: a repentina avalanche de grana, o gasto sem limite, a dependência financeira e, quando Douglas Adams começou a conhecer a vida mundana, a história é, incontestavelmente, sobre falta de dinheiro. É impossível avaliar o quanto o Douglas criança tinha realmente consciência dos problemas que a escassez daqueles pedaços de papel colorido causava aos seus pais, mas parece justo dizer que, entre suas lembranças mais antigas, deviam figurar brigas causadas pela preocupação sobre onde ia parar todo o dinheiro. Ele não pertencia exatamente a um meio pobre e oprimido, mas a renda da família não conseguia alcançar as exigências com as quais o clã dos Adams estava acostumado.

Parece particularmente injusto analisar demais os aspectos negativos do velho Adams, décadas após sua morte, mas ele raramente se sobressai bem na história da infância de Douglas. Janet e Christopher tinham extrema dificuldade em cobrir as despesas, em especial após a chegada da filha, Susan. No entanto, o chefe da família estava acostumado com seu luxo, e brigas por causa de sua recusa em economizar no tabaco, por exemplo, não conseguiriam tornar aquele lar o mais feliz de todos. O filho mais velho tinha 3 anos na época e, de acordo com relatos, manifestava alguns sinais de ligeiro desequilíbrio, mesmo em um estágio tão precoce, sendo uma criança quieta e "neurótica", constantemente ponderando com seus botões o seu lugar no mundo e incapaz de pronunciar o mais ínfimo julgamento: "Eu era a única criança que todas as pessoas que eu conhecia já tinham visto realmente dar de cara em um poste com os olhos bem abertos", lembrava ele. "Todo o mundo supunha que devia haver alguma coisa errada por dentro, porque, com uma certeza dos diabos, nada parecia estar errado por fora!" A criança até foi fazer exames para ver se era sua capacidade auditiva ou mental que a tornava uma esquisitice tão fechada. Finalmente, aos 4 anos, uma visita do clérigo local coincidiu com os esforços que o pequeno Douglas fazia para se comunicar: "Ma, Da, Da, Ma, Da..." – queria ele dizer "Dada" ou "Mama"? Janet recordava que os alegres gritos de "DAMN DAMN DAMN!" ["Maldição, maldição, maldição!", em inglês] não agradavam a nenhum dos dois, nem ao supracitado clérigo, que ficou perplexo.

Como se a atitude do velho Adams já não fosse problemática o bastante para a harmonia familiar, enquanto seu filho ainda era bem pequenininho, Christopher se retirou para uma ilha isolada ao largo de Iona com dois amigos de Cambridge, um físico e um clérigo, no intuito de realizar um obscuro experimento metafísico, cujos detalhes todos os três levaram para a sepultura, mas que provocou uma crise de nervos em Adams durante certo tempo. Diz-se que alguma forma de alucinação coletiva foi experimentada, mas Christopher nunca discutiu nenhum detalhe, preferindo, em vez disso, escrever um poema épico, "Uma fusão entre misticismo e ciência, além da eterna batalha entre o bem e o mal", que desapareceu há muito tempo. Esse comportamento imprevisível certamente não ajudou muito a aliviar os esforços de Janet como dona de casa, e nenhum dos dois parecia disposto a deixar o casamento se arrastar demais e ultrapassar de longe os limites do suportável.

Poucas decisões poderiam ser mais dolorosas, mas Janet resolveu fugir para a casa de seus pais em Brentwood, Essex, levando as crianças, e assim começou uma infância nem um pouco idílica. Adams se descrevia como uma "criança-peteca", dividido entre duas famílias que moravam a somente 16 quilômetros uma da outra e, em seus momentos de fraqueza, não se sentindo especialmente querido por nenhuma delas. "É impressionante a que ponto as crianças consideram suas próprias vidas como normais", pensaria ele mais tarde. "Mas é claro que era difícil. Meus pais se divorciaram em uma época na qual isso nem de longe era tão comum quanto hoje, e, para ser sincero, eu tenho uma escassa lembrança de qualquer coisa que tenha acontecido antes de eu completar 5 anos. Não acho que tenha sido uma boa época, de jeito nenhum."

Contudo, o novo ambiente de Adams substituiria um tema biográfico central – dinheiro – por outro muito mais positivo: zoologia. O lar dos seus avós irlandeses era bem mais agitado e peludo do que aquele com o qual ele estava acostumado. O avô Donovan, segundo relatos, caiu de cama ao se aposentar, declarando "Já fiz a minha parte!", e ali ficou até a morte, sete anos depois. Enquanto isso, sua esposa aproveitava para ser a intercessora de São Francisco de Assis em Brentwood e agente da sociedade protetora dos animais local, oferecendo um teto a todos os seres de quatro patas ou outros tipos, amigos e inimigos, que estivessem precisando: cachorros bravos, mas banguelas, gatos que inspirariam uma vida inteira de sadismo felino na comédia de Douglas, uma infinidade de coelhos e uma pomba residente, conhecida como "Pidge", que ficava empoleirada acima de uma entrada, chocando afetuosamente um ovo de porcelana, eterno símbolo de otimismo fútil. E, no meio daquela lista de chamada da Arca, estava o pequenino Mingo, dando violentos espirros a cada quinze segundos aproximadamente, de acordo com seus próprios cálculos: "Há quem diga que eu tenho tendência a escrever e pensar em piadas de frases curtas, e, se houver alguma verdade nessa crítica, então é quase certo que esse hábito se desenvolveu quando eu morava com a minha avó".

Mesmo vindos de um garotinho, aqueles espirros deviam ser sonoros – seu primeiro contato com um grupo de crianças, na escola primária privada de Miss Potter, em Primrose Hill, fez Douglas perceber que ele provavelmente passaria a vida se destacando da multidão em pelo menos um aspecto: "Minha mãe tinha um nariz comprido, e meu pai, um nariz largo. Eu herdei uma combinação de ambos. Ele é grande... Quando menino, eu fui zombado sem piedade por causa do meu nariz durante anos, até que um dia eu avistei por acaso o meu perfil em um par de espelhos de ângulo e tive de admitir que ele era realmente hilário". Essa sábia aceitação de suas características engraçadas veio bem na hora de ele estrear em uma escola grande, pois havia sido aceito na escola preparatória de Brentwood aos 7 anos e continuava crescendo em uma velocidade alarmante.

O custo da educação pública (isto é, privada) não era algo que a família Donovan teria cogitado pagar, mas as despesas seriam bancadas graças ao pai de Douglas. Um ano após entrar na escola preparatória, o menino ganhou uma nova madrasta, uma viúva da Royal Air Force com recursos financeiros independentes, Judith Stewart, nascida Robinson, que se casou com Christopher Adams em julho de 1960. Eles se mudaram para uma imponente casa de campo chamada Derry, em Stondon Massey, perto de Brentwood. Christopher tomou posse de seu sonho, um Aston Martin, e Douglas e Susan tinham de tentar entender, com suas cabecinhas de criança, o abismo entre as duas casas deles, afastadas por 16 quilômetros – a loucura na casa da vovó intercalada com opulentos finais de semana em Stondon Massey. Nos dois anos que se seguiram, eles deram as boas-vindas a uma meia-irmã, Heather, além das duas novas irmãs não consanguíneas, Rosemary e Karena, que eram só alguns anos mais velhas. A complexa árvore familiar de Douglas continuaria a florescer, mas logo seria a ordem e camaradagem da Brentwood School que lhe proporcionaria talvez o lar mais importante de sua infância. Aquilo de que ele precisava, acima de tudo, era um grupo de semelhantes.

UMA CRIANÇA DE OUTRO MUNDO

Brentwood era uma tradicional "escola pública menor" em vários sentidos e estereótipos, mas, felizmente para Douglas Adams, ela não exercia muita pressão para os alunos governarem o mundo como os pupilos do Eton College*. A ênfase, como de costume, era em críquete, rúgbi e religião – Adams foi galgando os degraus até virar assistente do capelão (ou sacristão) e ganhou um prêmio especial pelo serviço na capela –, mas aquela escola relativamente pouco exigente permitia que os alunos se preparassem para qualquer tipo de carreira. Dentre os mais velhos estavam Jack Straw e Noel Edmonds e, um ano mais novo do que Douglas, Griff Rhys Jones, além de vários pioneiros em programação de computadores. Douglas ressaltava, não sem orgulho, que, entre as realizações alcançadas pelos

---

* Fundado no século XV, o prestigioso Eton College é um internato independente para meninos que fica em Berkshire e instruiu 19 primeiros-ministros britânicos. [N. de T.]

ex-alunos, eles podiam se gabar de "uma ausência capital de arcebispos, primeiros-ministros e generais".

Adams – ele abandonou seu nome de batismo durante os anos de instrução – era apenas um aluno de externato na Heseltine House quando chegou a Brentwood, para tristeza dele: "Quando eu ia embora da escola às 16h, sempre olhava melancolicamente o que os internos estavam fazendo. Eles pareciam estar se divertindo, e, na verdade, eu adorava o internato. Há uma parte de mim que gosta de imaginar com carinho a minha natureza inconformista e rebelde. Porém, para ser mais exato, eu gosto de ter uma instituição agradável e aconchegante com a qual eu possa entrar em atrito um pouquinho. Não há nada melhor do que algumas restrições para você dar uns pontapés confortavelmente".

Houve poucos ou mesmo nenhum pontapé em seus quatro anos de escola preparatória, visto que ele deslanchou como o melhor da turma e começou a trilhar seu caminho para a série *junior remove B*[*] e o exame nacional *eleven-plus*[**], a fim de entrar nas "escolas dos grandes" – o mais perto que ele chegou de dar algum pontapé foi a ocasião em que um rapazinho visivelmente sem espírito esportivo deu um jeito de quebrar seu nariz já problemático contra seu próprio joelho no primeiro jogo de rúgbi do qual ele participou. Adams estava longe de ser um aluno impopular, mas, embora tenha sido durante algum tempo capitão do time de críquete House Junior Second XI, ele, como já se podia prever, tinha pouca afinidade com a balbúrdia dos campos esportivos, sendo da panelinha intelectual que investia muito tempo para encontrar meios criativos de escapar dos jogos.

Varapau em um piscar de olhos, Adams espichou até ficar mais alto do que vários de seus mestres, e o professor representante de turma não sentia o menor remorso por não poupar aquele menino tímido das gozações. Segundo relatos, ele dizia, nos passeios escolares, "ponto de encontro no Adams", como se o menino fosse o ponto de referência mais perceptível dos arredores. Nosso gigante ficou mil vezes ainda mais sem graça com relação à sua proeminência física quando a permissão que sua mãe solicitou ao diretor para ele usar calça comprida não apenas foi negada, mas, quando ele finalmente *foi* autorizado a cobrir os joelhos, os fornecedores de uniforme não tinham nenhuma calça no seu tamanho. Portanto, ele

---

[*]   *Remove* era um sistema de promoção que permitia que os melhores alunos de uma série passassem para a seguinte. [N. de T.]

[**] Exame realizado no final do ensino fundamental para determinar o tipo de escola secundária que os alunos vão cursar – *grammar school*, escola acadêmica, destinada à classe média e à elite, ou *secondary school*, escola profissionalizante, destinada à classe operária. [N. de T.]

acabou sendo o único aluno da turma que ainda vestia short, sofrendo "quatro semanas da mais pura humilhação e vergonha já vividas pelo homem, ou melhor, para a criatura mais fácil de humilhar e envergonhar de todas, um menino de 12 anos que havia crescido em excesso. Todos nós já tivemos aqueles horríveis sonhos em que, de repente, descobrimos que estamos completamente nus no meio de uma rua movimentada. Acredite, o meu caso era pior, e eu não estava sonhando".

Felizmente, a altura de Douglas não seria o atributo que o definiria na escola, em grande parte graças ao professor de inglês, Frank Halford. O silêncio da tenra infância de Douglas continuava a ser um problema, e ele confessava: "Eles nunca conseguiram se decidir lá na escola se eu era extremamente inteligente ou extremamente burro. Eu sempre precisava entender tudo por completo antes de estar preparado para dizer algo". Entretanto, mr. Halford conseguiu, com lisonjas, arrancar alguma coisa do lacônico menino: "Me afeiçoei por sua simpatia e entusiasmo de imediato e passei a confiar nele instintivamente".

A história de Adams e Halford com certeza deve ser um dos mais célebres exemplos de inspiração de um professor já vistos. Halford colocou Adams na aula de redação e, na manhã de quinta-feira do dia 7 de março de 1962, logo antes do almoço, a caneta vermelha do professor, famoso por sua severidade, escreveu uma nota excepcional no dever do aluno, a pontuação máxima 10. Era uma história de aventura, hoje perdida, sobre um tesouro escondido, que Halford lembrava ter sido "perfeita tanto em técnica como em criatividade; um trabalho notável para um menino daquela idade". Por um lado, esse voto precoce de suprema confiança empurrou o aluno, triunfante, para uma estrada longa, e por vezes sinuosa, que traria muita agonia à sua vida, mas a segurança que ele deu a Douglas continuaria sendo uma pedra de toque permanente: "Quando eu, como escritor, tenho uma noite escura da alma e acho que não vou mais conseguir escrever, a coisa à qual procuro me agarrar não é o fato de eu ter escrito best-sellers ou recebido enormes adiantamentos, mas sim o fato de Frank Halford me ter dado nota 10 uma vez. Lá no fundo, devo ser capaz de escrever". Douglas e Frank retomariam contato e se tornariam amigos mais tarde, e Halford nunca mais daria a nota máxima a nenhum aluno.

Adams já era conhecido entre os amigos por seu faro imaginativo, graças às criativas histórias de fantasma que ele contava após o toque de recolher, estrelando o espectro da escola, "A Dama Azul", que impediu muitos de seus colegas de dormitório de pegarem no sono. Que tenha sido uma história de aventura que revelou pela primeira vez a habilidade de Douglas com a linguagem, entretanto, não foi uma surpresa: vivia-se uma nova era, a das aventuras na revista *Boy's Own**, e o seriado *Ripping Yarns*** de outrora era popularmente temperado com um ingrediente menos tradicional: ficção científica. O gênero havia, é claro, sido definido décadas antes, no encalço de Wells, Verne e Burroughs, e os heróis das revistinhas *pulp****, tais como Buck Rogers, de Philip Francis Nowlan, já estavam presentes há anos e em muitos formatos – foi a primeira saga de ficção científica a surgir sob a forma de quadrinhos e série de rádio. Embora contente por flertar com o que as americanas DC Comics e Marvel ofereciam, o gosto de Adams pendia mais para a tradição espacial com sotaque britânico. Onde antes a África e o Império forneciam mundos inexplorados para inspirar mentes juvenis vigorosas, muitos autores ingleses agora olhavam para o céu e viam nas estrelas a nova fronteira da imaginação. Adams listava os romances *Kemlo*, de E. C. Elliott, que contavam as bizarrices de um garotinho que morava em uma estação espacial, entre seus favoritos. "Olhando para trás, não li tanto quanto gostaria de ter lido", admitia ele. "Nem as coisas certas (quando eu tiver filhos, farei o máximo para incentivá-los a ler, sabe, tipo bater neles se não quiserem ler). Eu li *Biggles* e as famosas séries de ficção científica do capitão W. E. Johns – lembro-me em especial de um livro chamado *Quest for the Perfect Planet*, uma influência capital, sem dúvida." Nessa trama futurística, o professor Lucius Brane leva sua tripulação em uma excursão pela galáxia para encontrar um novo lar seguro para a humanidade, cruzando com ecossistemas diferentes e bizarros em cada planeta.

No entanto, a fonte de emoção mais viciante das leituras de juventude naquele período foi a revista em quadrinhos *Eagle*, que fora lançada no início dos anos 1950 por um vigário de Lancashire, mas estava em seu auge durante os anos mais impressionáveis de Adams. O maior sucesso de suas páginas era, obviamente, *Dan Dare: Pilot of the Future*, de Frank Hampson (apresentando orgulhosamente Arthur C. Clarke como "conselheiro científico"), no qual Tommy, um saltador de

---

* Revista de textos de ficção e contos de aventura publicada em diversas épocas e por diversas editoras no Reino Unido e nos Estados Unidos, da metade do século 19 até a metade do século 20, e destinada a garotos pré-adolescentes e adolescentes. [N. de T.]

** Seriado de comédia britânico transmitido pelo canal de televisão BBC2 nos anos 1970 e escrito por Michael Palin e Terry Jones, do Monty Python. Os episódios abordavam diferentes aspectos da cultura britânica e parodiavam a literatura anterior à Segunda Guerra Mundial voltada para meninos em idade escolar. "*Ripping*" é uma gíria inglesa que significa "excelente", "bom", e "*yarns*" é um coloquialismo para designar "histórias exageradas". [N. de T.]

*** As *pulp magazines* eram revistinhas de ficção que custavam barato e foram publicadas do final do século 19 até os anos 1950. O termo "*pulp*" se refere ao papel de polpa de madeira (de baixo custo) no qual elas eram impressas. Embora muitos escritores respeitados escrevessem nas *pulps*, as revistinhas eram mais conhecidas por suas histórias sensacionalistas e capas extravagantes. Os super-heróis dos quadrinhos modernos às vezes são considerados como descendentes dos "heróis das *pulps*". [N. de T.]

estrelas de queixo saliente, lutava contra as hordas de Vênus, caracterizadas por icônicas cabeças abobadadas: "A revistinha era desenhada maravilhosamente bem, publicava histórias muito boas e marcou toda uma geração de crianças. O Mekon era o vilão mais fantástico e exótico que já havia existido. Eu costumava passar um tempão só desenhando o Mekon."

Aos 13 anos, alavancado pela nota perfeita concedida por Halford, Adams ficou inspirado não somente para devorar avidamente as histórias da *Eagle* toda semana, mas também para transformar os quadrinhos em uma diversão interativa, escrevendo para eles. Como observa M. J. Simpson, o primeiro texto de Adams a ser editado e publicado, em certo sentido, foi um relatório sobre os avanços em revelação da Sociedade de Fotografia da escola, escrito para o jornalzinho *The Brentwoodian* quando ele tinha apenas 10 anos ("Alguns dos resultados foram hilários, como a tentativa de Buckley, que ficou verde!"). Ele continuou publicando artigos no periódico, quando os entregava no prazo – um deles começava assim: "Confesso e lamento sinceramente que a preguiça e a letargia por parte minha tenham privado essas colunas de um relato do valoroso corpo do Coro da Capela na edição de janeiro... A todos os ávidos seguidores do coro, apresento minhas humildes desculpas".

No entanto, o espetáculo de suas palavras cuidadosamente escolhidas era bem diferente nas páginas sagradas da *Eagle* de 23 de janeiro de 1965:

Caro editor,
O suor escorria pelo meu rosto e caía no meu colo, deixando minhas roupas muito molhadas e grudentas. Fiquei sentado ali, olhando. Eu tremia violentamente enquanto estava sentado, olhando para a fendinha, esperando – sempre esperando. Minhas unhas fincaram na pele quando apertei as mãos. Passei o braço na minha cara quente e molhada, descendo por onde o suor estava gotejando. O suspense era insuportável. Mordi o lábio para tentar parar de tremer com o terrível peso da ansiedade. De repente, a fenda se abriu e cuspiu a correspondência. Agarrei minha *Eagle* e rasguei o papel da embalagem.
Meu suplício tinha acabado por mais uma semana!
D. N. Adams (12), Brentwood, Essex

Uma simples carta, talvez, mas, além de receber imensos elogios de seus colegas de turma, Adams se gabava de que, com os dez xelins que ganhou por tê-la escrito, ele poderia, naquela época, praticamente ter comprado um iate. Ele também sentiu, em pouquíssimo tempo, que podia fazer melhor e, um mês depois, veio seu segundo momento de fama, uma narrativa propriamente dita e impressa:

CONTO
— "Departamento de achados e perdidos dos transportes de Londres"...
É aqui – disse o sr. Smith, olhando para dentro pela janela. Ao entrar, ele tropeçou no degrauzinho e quase atravessou a porta de vidro.
— Que perigo... Preciso me lembrar desse degrau quando for embora – murmurou ele.
— Posso ajudá-lo? – perguntou o funcionário do achados e perdidos.
— Pode. Eu perdi uma coisa no ônibus 86 ontem.
— Bem, o que foi que você perdeu? – perguntou o funcionário.
— Me desculpe, mas não me lembro – disse o sr. Smith.
— Bem, então não vou poder ajudá-lo – respondeu o funcionário, exasperado.
— Não encontraram nada no ônibus? – perguntou o sr. Smith.
— Infelizmente não, mas você não consegue lembrar nada sobre essa coisa? – disse o funcionário, tentando desesperadamente ser útil.
— Sim, eu consigo lembrar que era uma coisa, seja lá o que fosse, muito ruim.
— Algo mais?
— Ah, sim, agora me veio à cabeça, era uma coisa parecida com uma peneira – acrescentou o sr. Smith, apoiando os cotovelos no balcão extremamente polido e descansando o queixo nas mãos. De repente, o queixo foi de encontro ao balcão, fazendo ecoar um estrondo. Mas antes que o funcionário pudesse levantá-lo, o sr. Smith pulou pelos ares, triunfante.
— Muito obrigado! – disse ele.
— Por quê? – perguntou o funcionário.
— Encontrei – respondeu sr. Smith.
— Encontrou o quê?
— Minha memória! – disse o sr. Smith, virando as costas, tropeçando no degrauzinho e atravessando a porta de vidro!

Que a primeira ficção publicada por ele tenha mais a ver com uma breve apresentação vaudevile do que com os contos de aventura que, ao contrário, enchiam as revistinhas em quadrinhos, foi tanto significativo como natural, visto que a ficção científica não exercia nenhum monopólio na mente pré-adolescente de Adams: "Quando criança, eu costumava me esconder debaixo das cobertas com um rádio velho que eu tinha arrumado em um brechó e escutar, extasiado, *Beyond Our Ken*, *Hancock*, *The Navy Lark* e até *The Clitheroe Kid*[*], qualquer coisa que me fizesse rir. Eram como pancadas de chuva e arco-íris no deserto... Eu simplesmente adorava todos aqueles antigos programas de rádio. Achava que havia algo extremamente importante em ser engraçado, mas eu mesmo não fui engraçado de verdade por um bom tempo e tive de aprender aos poucos, de certa forma". Esses programas mais antigos logo dariam espaço a um som novo e jovem, visto que as bizarrices radiofônicas surreais e atrevidas da equipe da *ISIRTA*, que haviam se mudado do Footlights Club para as ondas hertzianas, atingiam mais certeiramente os ouvidos da juventude do que qualquer outro. Essa verdadeira progenitora do Monty Python seguiria firme, inspirando não somente Adams, mas também Marshall e Renwick, além de toda uma onda de comediantes.

    A admiração que Adams nutria pela geração do riso talvez ultrapassasse até a fascinação pela sua maior inspiração em ficção científica de todas. Apesar de a série ter ido ao ar duas vezes no outono de 1963, Douglas afirmava ter perdido a primeira aventura de *Doctor Who*, mas recordava que, a partir da segunda excursão do Doutor na nave *TARDIS* – em especial a partir do primeiro momento de suspense que apresentou os Daleks, em toda a maldade metálica e horripilante deles –, *Doctor Who* se tornou o único programa que ele não se atrevia a perder, assistindo literalmente com hora marcada na sala de televisão comunal da escola. Nos anos seguintes, a enigmática mistura da BBC entre drama histórico-educacional e travessuras espaciais se desenvolveria de modo a expandir a mente de qualquer criança vivaz – à medida que o velho e irritável humanoide travava guerra em uma cabine de polícia contra forças do mal através do espaço e tempo, apresentando uma quantidade de figuras de linguagem que se impregnariam na mente de Adams para utilização futura – monstros verdes ridículos, naves espaciais distantes e perigos ou suspenses inimagináveis (que geralmente podiam ser vencidos por meio de um tecno-blá-blá-blá ininteligível ou da famosa frase "Depois eu explico"). E, contudo, a primeira reação documentada do garotinho ao Doutor foi imitá-lo – armado com uma parafernália espalhafatosa, ou seja, um novo gravador de fita, ele se sen-

---

[*] Programas radiofônicos cômicos da Inglaterra difundidos pela BBC entre os anos 1950–1970, que apresentavam esquetes e comédias de costumes em episódios com duração de trinta minutos, geralmente. [N. de T.]

tou e escreveu um episódio inteiro da emocionante peripécia *Doctor Which*[*] — que narrava a luta do Doutor contra uma raça de Daleks inexplicavelmente alimentada por Rice Krispies — e mostrou o resultado para o resto da Barnard House nas festividades do Natal de 1964. Com apenas 12 anos, o vigoroso varapau havia dado o primeiro passo para criar ficção científica cômica em áudio e, acima de tudo, havia escrito algo que fez todos os seus amigos darem gargalhadas.

Esse não foi o único aspecto da vida escolar que se repercutiria no trabalho de Adams mais tarde. Como peça integrante da Sociedade de Debate, M. J. Simpson observa que Adams teria tido de escolher um lado na deliberação proposta em outubro de 1965: "Essa câmara julga que a rota de desvio de Brentwood não beneficiará a população da cidade". Ao longo dos anos 1950 e mesmo depois, a terra verde e agradável da Inglaterra foi trinchada por estradas e coberta de concreto para o horror de muitos, e, fosse qual fosse o lado da discussão que Adams atacou, pode-se supor que "É necessário construir desvios!" nunca decidiria a questão.

NO ONE I THINK IS IN MY TREE[**]

Comédia e ficção científica eram, aparentemente, os dois combustíveis mais cruciais para a criatividade florescente de Adams naqueles anos de formação em que ele parecia uma esponja, mas nenhum dos dois era o mais importante para ele. O início dos anos 1960 desabrochou com novas ideias em ambas as formas de arte, mas isso não era nada comparado ao que a chegada dos Beatles fez com toda uma geração — e mais intensamente com Douglas Adams do que com qualquer outra criança. Foram os Shadows que o cativaram primeiro, com as propriedades chacoalha-esqueleto da guitarra, dando origem a mais anedotas sobre postes de luz arrebentados quando ele caminhava alegremente pela rua fazendo *playback* dos refrãos de Hank Marvin na cabeça. Porém, depois do primeiro guincho estoura-tímpano da gaita de John Lennon, nada mais era comparável: "Lembro-me vagamente dos meus dias de escola", dizia ele. "Eles eram o que acontecia no pano de fundo enquanto eu tentava escutar os Beatles."

Adams era bom aluno quando se tratava de aulas de música e, enquanto membro do coro da igreja, já estava desenvolvendo uma veneração especial pelas

---

[*] "*Doctor Who*" significa, literalmente, "Doutor Quem", e "*Doctor Which*", "Doutor Qual". [N. de T.]

[**] Verso da música "Strawberry Fields Forever". Em tradução livre, "Acho que ninguém está na minha árvore". [N. de E.]

intrincadas maravilhas de J. S. Bach. Porém, a partir de 1963, como tantas outras crianças mundo afora, mas com uma paixão ardente que poucas igualavam, Douglas era um discípulo devoto dos "Fab Four". Escondido nos confins da escola, ele tinha que correr o risco de receber punições severas para acompanhar as novidades da banda. Ao matar aula para comprar *Can't Buy Me Love* no dia do lançamento, ele ralou o joelho arrombando o alojamento da enfermeira-chefe para escutar o disco e, para completar, levou uma baita surra de chinelo. Mas com aquela música ecoando em sua cabeça, ele nem ligou. A beatlemania reinava em Brentwood – quando um pobre rapaz se vangloriou de ter escutado "Penny Lane" antes de todo o mundo, Douglas e companhia imediatamente o coagiram a conseguir cantarolar uma interpretação, ainda que razoável, de como era o próximo passo musical de Lennon/McCartney: "Os Beatles plantaram uma semente na minha cabeça, fazendo-a explodir. A cada nove meses saía um novo disco que revelava um progresso fenomenal em relação ao estágio anterior deles". A banda virou uma obsessão para a vida inteira, apesar dos pesares: "Um amigo meu da escola uma vez arrumou algumas entradas para ver o programa do David Frost ser gravado em estúdio, mas acabamos não indo. Assisti ao programa naquela noite, e os Beatles tinham ido lá tocar 'Hey Jude'. Fiquei doente durante mais ou menos um ano. Outra vez que, por acaso, não fui a Londres acabou sendo o dia em que eles deram o show em um telhado da Savile Row. Nem consigo – nunca – falar sobre isso".

Não era apenas uma fissura desenfreada de adolescente, mas sim uma obsessão crescente por som. À medida que a década progredia, nenhuma atuação desafiaria tanto as fronteiras da reprodução musical como a de George Martin e da banda. Em 1967, o efeito estereofônico de *Sgt. Pepper's Lonely Hearts Club Band* transformaria Adams em um audiófilo tecnológico pelo resto da vida, amigo de donos de lojas de eletrônicos mundo afora, nunca satisfeito com seus caríssimos aparelhos de som de alta fidelidade até ter a impressão de que Ringo estava usando sua cabeça como prato de bateria. Quando a banda se separou no final da década, embora ele afirmasse que *John Lennon/Plastic Ono Band* era o melhor disco de todos os tempos, Adams dirigiu seu fervor àqueles que ele considerava estarem dando continuidade ao trabalho dos Beatles, forçando os limites da música e inspirando Douglas e seus amigos a testarem quanto cabelo abaixo do colarinho do uniforme escolar eles conseguiriam deixar crescer sem levar bronca. O principal desses artistas progressivos era o Pink Floyd, que teve a sorte de gravar na Abbey Road junto com os Beatles e pegar algumas dicas para a nova direção intergaláctica deles, visto que Syd Barrett escorregara no Vórtice de Perspectiva Total. A canção "Set the Controls for the Heart of the Sun", de Roger Waters, foi uma inspiração especial. Era uma das variedades de indução química à contemplação musical do céu, projetadas para atiçar, tarde da noite, milhões de debates adolescentes sobre a vida em outros planetas e o futuro da raça humana (com ou sem a própria influência química dos alunos do último ano escolar, sem contar cerveja e cigarro). Naquele mesmo ano, o "dia perfeito" de Douglas havia sido realizado quando, junto com um amigo, eles fugiram da escola para irem a um show de Simon & Garfunkel em Londres – prefaciando a aventura com uma sessão de cinema para assistir a *2001: uma odisseia no espaço*, de Kubrick, que marcou profundamente a imaginação do Mingo.

Bach, os Beatles e Pink Floyd podem ser considerados como os maiores vícios musicais de Adams, sem falar que ele era vidrado em Donovan, Procol Harum, Dire Straits e outros – artistas que, com frequência, seriam genericamente rotulados como "*dad rock*"* nas décadas seguintes, mas que, naquela época, eram emocionantes, progressivos e novos. Em sua adolescência em Brentwood, Adams também havia tido a chance de presenciar algumas das primeiras apresentações de David Bowie com o Lower Third, que foram contratados para tocar no baile de Natal da escola em 1965, muito tempo antes de *Space Oddity* transformar David Jones, do sul de Londres, em um ícone alienígena no planeta todo. De modo ainda mais significativo, o Folk Club de Brentwood havia convidado, pouco mais de uma semana antes do baile, um cantor e compositor de baladas americano, em visita ao país, para tocar na escola. A atuação de Paul Simon, mais do que qualquer outra coisa, inspiraria Adams, por sua vez, a fazer música: "Quando eu aprendi a tocar violão, fui ensinado por Paul Simon. Ele não sabe disso. Quando criança, eu me sentava e tocava o mesmo disco uma, duas, três, mil vezes, encaixando a agulha no sulco do vinil, depois trazendo-a de volta e encaixando-a no mesmo sulco… até decifrar toda e qualquer nota e cada posição dos dedos e assim por diante". A admiração que Douglas sentiu por Simon durante a vida toda infelizmente nunca os levou a se conhecerem, apesar de sua fama posterior, que lhe permitiu fazer amizade com muitos de seus heróis. Logo antes que um encontro pudesse ser combinado nos Estados Unidos, o "pessoal" do cantor indagou sobre a altura de Douglas e, ao ter certeza de que Simon caberia facilmente dentro do enorme Adams como uma boneca russa, a correspondência de repente esfriou. No entanto, Simon inspirou Douglas não somente a pegar em um violão, mas também, de

---

* Literalmente, "rock de papai", isto é, uma música feita por "roqueiros velhos" para um público mais maduro e menos eufórico. [N. de T.]

certa forma, a definir sua atitude ao escrever: "Ele não é uma pessoa que tenha uma torrente natural de melodia como McCartney ou Dylan, que são simplesmente muitíssimo prolíficos em ideias musicais. Ele acha bastante difícil produzir, óbvio, e eu me identifico com isso, porque também acho bastante difícil escrever. Simon é um músico incrivelmente inteligente e culto, mas sempre faz suas composições soarem bem simples. Eu gosto de sentir que ele teve de dar duro para conseguir o que conseguiu e, depois, foi modesto o suficiente para disfarçar isso".

O encontro não ocorrido com seu ídolo musical veio muito tempo depois de Adams ter dedicado uma vida inteira a catar milho em seu próprio violão canhoto (no qual ele acabou colhendo um imenso milharal), inicialmente recebendo aulas de um violonista cego da região, David James, mas, com o tempo, se acomodando exatamente na mesma técnica habitual e meticulosa que ele utilizava para dominar as notas de Simon & Garfunkel. Ele também teve aulas de piano junto com Paul "Wix" Wickens, que persistiria até se tornar um dos tecladistas mais admirados do mundo, sendo o braço direito de Paul McCartney em shows ao vivo ao longo da carreira solo do artista, e que também deixaria sua marca na obra do *Mochileiro*. A habilidade de Adams no piano não era sofrível, visto que ele também ajudou outro menino de Brentwood, o futuro anarquista da comédia Keith Allen, a estudar o instrumento (e, inadvertidamente, fez Keith ser expulso ao lhe atribuir, em alto e bom som, os créditos pela engenhosa trama de trocar as flautas do órgão da escola antes de uma cerimônia memorável).

Entretanto, o violão continuou sendo seu companheiro de todas as horas – sua elevada posição na capela lhe permitiu, certa vez, tocar "Blackbird" como parte das orações, embora "Eleanor Rigby" tenha sido vetada. Um rapaz uma série abaixo do Mingo, Griffith Rhys Jones, recordaria que sua última lembrança de Douglas antes de ele deixar Brentwood era a de um menino mais velho dedilhando de forma obsessiva uma canção de Donovan em um palco pouco iluminado no Memorial, com "tantos manuseios inseguros em sua técnica de dedilhado" que a equipe da iluminação esgotou os diferentes filtros coloridos tentando acompanhar aquela longa apresentação.

Pouco tempo antes, o jovem Griff havia sido um proletário entoando "*Ave, César!*" diante do maior triunfo teatral de Adams, que interpretou o personagem-título em *Júlio César*, "perambulando pomposamente com um lençol de casal nos ombros e seu enorme narigão em riste", mas Douglas também estava acostumado a assumir papéis coadjuvantes nas peças da escola. Griff foi Rosencrantz enquanto

Douglas fazia o pai de Hamlet. O outro único papel notável da juventude de Adams foi protagonizado na curiosa *Insect Play*, de Josef e Karel Čapek (esse último foi o escritor de ficção científica que cunhou pela primeira vez o termo "robô", designando um autômato humanoide, em 1920), na qual o personagem Vagabundo de Douglas tinha um sonho fatal com uma série de insetos estranhos, cada qual expondo alguma faceta satírica do comportamento humano, e, então, pedia uma participação peculiar dos espectadores. O *Brentwoodian* elogiou sua atuação, descrevendo-a como "habilmente representada... incentivando adequadamente a plateia a perceber seu envolvimento, tarefa nem um pouco fácil".

Essa não foi a última vez que Adams fez isso na vida, pois ele com frequência precisava criar suas próprias oportunidades de dividir seus talentos com os amigos, assim como havia feito com *DoctorWhich*. Por um lado, ele foi cofundador do Artsphere, um grupo artístico que publicava a revista estudantil *Broadsheet*, de ideais elevados, e foi rapidamente apelidado de "Fartsphere"* pela maioria dos meninos, embora Douglas tentasse lhe dar mais vivacidade com artigos humorísticos. O outro cofundador era o poeta em germe Paul Neil Milne Johnstone, mas sua ambição versificadora e sisuda, bem como sua aparente total falta de senso de humor, determinaria que os dois nunca se dariam bem de verdade. Durante muitos anos, quando se lembrava das leituras da poesia mórbida de Paul, que envolvia cisnes mortos em poças estagnantes, Douglas explodia em gargalhadas. Adams se misturava com a galera intelectual e, mais ou menos no final de sua época em Brentwood, foi convidado a se juntar a Milne Johnstone e outros no clube literário restrito da escola, o Candlesticks. Os membros tinham de escrever e recitar um poema sobre uma vela para obter acesso e, por um golpe de sorte, uma faxina de primavera na Brentwood School em 2014 desenterrou os esforços tanto de Griff como de Douglas, e o do Mingo datava de janeiro de 1970: *A Dissertation on the Task of Writing a Poem on a Candle and an Account of Some of the Difficulties Thereto Pertaining* [Uma dissertação sobre a tarefa de escrever um poema sobre uma vela e um relatório sobre algumas das dificuldades pertencentes a ela]:

> Resisti à tentação, para esta declamação, de alcançar nobreza literária
> Pois uma nobre aspiração, em tal oração, pareceria notavelmente ordinária
> Então pensei em algo incisivo e sucinto e percebi que, para escrever a coisa certa,
> inteligência era necessária.

---

* "Peidosfera". [N. de T.]

> *Noites a fio fiquei meditando e meditando... varei madrugadas procurando minha musa no óleo da luminária;*
> *Minhas garatujas pareciam fúteis, minha musa parecia muda, e minha labuta revelava sua esterilidade solitária.*
> *Pensei e refleti e lutei e combati até que o óleo da luminária se esgotou,*
> *Então persisti escrevendo à fraca luz de velas e descobri, para minha alegria, que o truque funcionou.*
> *É claro, pois meu trabalho floresceu – com o ardor da vela –, espirituoso e astuto, e muitos inspirou...*

Douglas continuava o poema descrevendo a vela queimando, o trabalho do gênio e impondo a substituição do verso burlesco que ele estava recitando – o que apenas mostra que, naquele estágio, o adolescente havia desenvolvido uma tremenda inabilidade para fazer coisas do tipo com especial seriedade. Ele ficava muito mais confortável escrevendo e ensaiando esquetes para peças de teatro de revista, inspirado pela sua maior influência: John Cleese.

Como membro da geração de jovens ligados na Radio Prune para escutar *ISIRTA*, Adams em breve conheceria o personagem radiofônico anárquico de Cleese, John "Otto" Cleese, alternadamente lacônico e maníaco, quando esse integrou o programa em março de 1966. No entanto, quando Cleese começou a surfar nas ondas do rádio, ele já havia aparecido ao vivo na televisão para o país, no inaugural *Frost Report*, que estreou no primeiro dia daquele mesmo mês. O efeito de ter visto aquele inédito e estranho jovem monocromático e de queixo saliente na telinha foi tão eletrizante para o adolescente Douglas quanto o som dos Beatles havia sido alguns anos antes. Dando um salto de lógica, ele anunciou aos amigos: "Eu posso fazer a mesma coisa! Sou tão alto quanto ele!".

Talvez inspirado pelo fervente progresso da ciência refletido nos quadrinhos e programas de ficção científica que ele adorava, bem como pelas visitas anuais às Royal Institution Christmas Lectures for Children*, a ambição confessada por Adams até então aterrissou firmemente em um lado da fronteira entre arte e ciência: "Naquela idade em que a maioria das crianças quer ser bombeiro, eu queria ser físico nuclear. Nunca me tornei um, porque minha aritmética era muito ruim – eu era bom em matemática conceitualmente, mas era abominável em

---

* Série de palestras apresentadas todo ano na época do Natal desde 1825 na Royal Institution, em Londres, e mais tarde transmitidas pela televisão. As palestras discorrem sobre temas científicos para o público geral, incluindo os jovens, de modo informativo e lúdico. [N. de T.]

aritmética. Portanto, não me especializei em ciências. Se eu soubesse o que era um engenheiro de software, teria gostado de seguir essa carreira... mas não existia naquela época". Contudo, a partir da primavera de 1966, reiterou ele, "Eu queria ser um escritor-artista igual aos Pythons. Na verdade, eu queria ser John Cleese e levei certo tempo para perceber que a vaga já estava ocupada" .

Mais tarde, ele criticaria essa maneira de etiquetar os jovens, reclamando que "Era aquela decisão que a gente tem de tomar aos 15 ou 16 anos sobre quais *A Levels** a gente vai fazer. Ela sempre me atormenta – será que eu tomei a decisão certa? É um grande defeito do nosso sistema educacional – impõe-se uma divisão entre duas culturas a partir daquela idade: as artes, de um lado, e as ciências, de outro, uma olhando a outra com uma mistura de desprezo e ódio". Porém, uma vez que ele passou em seus *O Levels*** (quer dizer, em todos menos no de grego) e entrou nos anos finais da escola, a engrenagem se pôs a girar para seguir as pegadas consideravelmente tolas e amplamente espaçadas de Cleese.

A estreia do *Monty Python's Flying Circus* em outubro de 1969 apenas acentuou o sentimento de determinação: "*Monty Python* começou quando eu tinha 17 anos. Logo de cara, simplesmente provocou um enorme impacto em mim. Quem queria assistir ao *[Monty] Python* se reunia na sala de televisão, só para confirmar que todo o mundo concordava em assistir ao *[Monty] Python*...". A maioria dos rapazes adolescentes da virada dos anos 1970 tem histórias para contar sobre a descoberta do *Flying Circus* e a briga pelo controle dos três canais de TV oferecidos. No caso de Adams, durante a primeira temporada, a transmissão dos melhores momentos de míseros jogos de futebol ameaçou seriamente deixar a BBC1 fora da tela de televisão comum de Brentwood. Confrontado ao terror de perder a meia hora de comédia cada vez mais surreal daquela semana, Douglas e seus amigos fugiram dos muros da escola e correram cerca de um quilômetro e meio até a casa de sua avó, bem a tempo de sintonizarem desesperadamente a BBC1 e desmoronarem suados, histéricos e sem forças. Nada era mais importante agora do que *Monty Python* – com exceção, obviamente, dos Beatles, já que George Harrison dizia terem passado a tocha para a quadrilha dos Pythons para começo de conversa. Adams enxergava os dois gigantes culturais como "mensagens saídas do nada dizendo que há pessoas por aí que sabem como é ser você".

---

*   O General Certificate of Education Advanced Level, ou *A Level,* é uma qualificação de conclusão do ensino escolar no Reino Unido. [N. de T.]

** General Certificate of Education Ordinary Level, ou *O Level*. [N. de T.]

O programa de esquete já havia conquistado Adams como leal telespectador, mas o jovem fã de ficção científica não estava preparado para algo completamente diferente quando o sétimo episódio foi ao ar no final de novembro. Após um preâmbulo bobo como de costume, o episódio "You're No Fun Any More" de repente mudou totalmente de direção, tornando-se uma extensa narrativa sobre uma invasão alienígena. Uma raça de pudins interestelares colocava em ação um plano para transformar a população da Inglaterra em escoceses, a fim de poderem pousar na Terra e se tornarem campeões de Wimbledon. Não havia nada de novo na ficção científica de paródia e comédia britânica – Pete e Dud também tinham arranca-rabos com adversários alienígenas em *Not Only But Also* –, mas a mistura que os Pythons fizeram entre palhaçadas de comédia de esquete e clichês de ficção científica era exatamente o que vinha obcecando Douglas desde sua pré-adolescência, e seus heróis haviam conseguido inventá-la primeiro.

Havia claramente um tipo afiado de tolice lógica no humor de Cleese, combinada com um ódio fulminante de risadas bobas, que inspirou o jovem comediante a cunhar sua própria regra de comédia (obedecida a gosto): "Nada de trocadilhos, nada de trocadilhos e nada de trocadilhos". Esse elitismo ganhou a simpatia de Douglas instantaneamente – tanto que ele se recusou a participar de uma peça de teatro de revista por ela não estar à altura dos padrões cleesianos. Ele estava começando a levar a sério suas ambições de escritor, de certo modo: "Eu costumava passar um tempão diante da máquina de escrever, perguntando-me o que escrever, rasgando papel em pedacinhos e nunca realmente escrevendo nada", contou ele a Neil Gaiman. "Não sei quando comecei a pensar em escrever, mas, de fato, foi bem cedo. Eram pensamentos um tanto bobos, na verdade, já que não havia nada que sugerisse que eu podia mesmo escrever. A vida toda eu fui seduzido pela ideia de ser escritor, mas, assim como todos os escritores, eu não gosto tanto de escrever quanto de ter escrito. Topei com algumas antigas revistas literárias da escola há uns anos e as folheei para ver se encontrava as coisas que eu escrevia naquela época. Mas não consegui encontrar nada que eu tivesse escrito, o que me deixou confuso até eu lembrar que, toda vez que tive a intenção de tentar escrever algo, o prazo já tinha expirado havia duas semanas."

Adams ficou sabendo que Cleese – para não citar Graham Chapman e Eric Idle – havia estudado em Cambridge, exatamente como seu pai, e que todos eles haviam sido estrelas do Footlights Club, assim como Peter Cook e Jonathan Miller antes. Era para lá, concluiu ele, sem sombra de dúvida, que ele se direcionaria após Brentwood.

Esse novo plano quase descarrilou no final por causa de seus magros resultados nos *A Levels* – já que sua primeira namorada para valer, Helen Cutler, da escola de convento ali perto, fornecia uma digna distração de seus estudos. Porém, felizmente, um ensaio sobre o poeta religioso do século 18 Christopher Smart (no qual ele teve a proeza de forçar comparações com John Lennon) fez Douglas ganhar uma bolsa de estudos na faculdade de seu pai, a St. John's, a partir de outubro de 1971. "Smart viveu em Cambridge durante anos, sendo o estudante mais bêbado e lascivo que eles já haviam visto", disse Adams. "Ele atuava em peças vestido de mulher e bebia no mesmo bar que eu frequentava. De Cambridge, foi para a Grub Street, onde foi o jornalista mais devasso que eles já haviam conhecido, quando, de repente, passou por uma conversão religiosa extrema e se pôs a fazer coisas como se ajoelhar no meio da rua e rezar em voz alta. Foi por isso que ele foi jogado em uma jaula de loucos, onde escreveu sua única obra, o *Jubilate Agno*, tão grande quanto *Paraíso perdido* e que consistia em uma tentativa de escrever o primeiro verso hebraico em inglês." O zelosamente excêntrico Smart era um ótimo objeto de estudo para Adams, pois sua parca produção também incluía odes bizarras dedicadas às pulgas de seu gato Jeoffry – e, coincidentemente, se você tiver uma queda por superstições, como Nick Webb ressaltou, a linha 42 de *Jubilate Agno* diz "Porque há um mistério nos números...".

ESSA HISTÓRIA DE NOVO, NÃO

Tendo a segurança de saber que sua vaga para estudar literatura inglesa no St. John's College estava garantida no outono seguinte, Adams estava livre para se dar ao luxo de satisfazer aquela grande quase necessidade dos adolescentes de classe média daquela época: o ano sabático. Ele gastou muito de seu tempo economizando seus salários em empregos como limpador de galpão de frango ou porteiro do Yeovil General Hospital, onde ele admitiu sofrer pontadas de culpa por não ter seguido a vocação familiar: "Eu vivia trabalhando em hospitais... e tinha o sentimento de que, se houvesse Alguém lá em cima, Ele vivia me cutucando no ombro e dizendo: 'Ei! Ei! Pode sacar seu estetoscópio! É isso que você deveria estar fazendo!'. Mas nunca fiz". Eram apenas empregos estudantis, pois ele trabalhava no intuito de finalmente poder dar umas voltinhas pelo mundo – do jeito mais barato.

O ato de viajar de mochilão parece ser um fragmento remanescente de uma sociedade perdida, quase tão arcaico quanto bolsas de estudo ou os relógios digitais de sir Clive Sinclair, que só podiam ser operados pressionando um botão. É claro que ainda há por aí um monte de mochileiros corajosos segurando plaquinhas de papelão e apontando para Glastonbury (e bem poucos ex-mochileiros caridosos dispostos a lhes dar carona uma vez na vida e outra na morte), mas existe um tabu a respeito de jovens pedindo carona a estranhos aleatórios ainda maior hoje do que há 42 anos. No entanto, a vida na estrada, com o polegar esticado, encarnava o auge da vida boêmia quando Douglas foi mordido pelo bichinho do mochilão – a influência de Kerouac ainda reinou por mais dez anos, e viajar de mochilão era um estilo de vida para os marginais e filósofos, bem como para aqueles incapazes de arcar com a tarifa dos trens.

Douglas experimentou o gostinho de pegar carona Reino Unido afora em idade especialmente impressionável, graças a outros desdobramentos em sua família recomposta. Em 1964, sua mãe, Janet, havia se apaixonado por um bondoso veterinário da região, que atendia pela alcunha agradavelmente dickensiana de Ron Thrift. Quando, em 1966, veio ao mundo a primeira filha do casal, Jane, a família Thrift havia se mudado para longe, no sudoeste, estabelecendo-se na cidadezinha de Stalbridge, em Dorset, onde outro filho, James, nasceria dois anos mais tarde. Eles completaram as ramificações expansivas da árvore familiar de Douglas, que ficou felicíssimo por ganhar uma irmãzinha e um irmãozinho e um padrasto afetuoso, mas a distância em relação a Dorset partiu seu coração. Seu pai nunca estava longe de Brentwood, mas o lar de Janet e Ron, com o alvoroço amoroso e engraçado de sua mãe (os bordões familiares de Janet incluíam "Tudo vai acabar em lágrimas!", "Tá bom! Quem disse isso?" e "Não entre em pânico!"), fazia Adams se sentir mais em casa em Dorset, independentemente da distância. Portanto, quando as férias chegaram, ele foi viajar de mochilão. Ele era menor de idade, mas, é claro, sendo do tamanho de um gigante amador, ninguém nunca suspeitaria que o jovem Douglas ainda fosse um menino, e poucos se atreveriam a mexer com ele, apesar da personalidade simpática que se escondia por trás de sua carapaça exterior intimidante.

Havia um outro aspecto da visão de mundo em amadurecimento de Adams naquele estágio, além das viagens de mochilão e o crescente comprimento do cabelo. Embora seja um rito de passagem que muitos atravessam na adolescência, para Douglas foi um rito que libertaria sua mente de forma crucial para explorar todas as dimensões da realidade que ele conseguiu explorar em sua obra posterior. Como contou à *American Atheist* em 2001: "Quando adolescente, eu era um cristão engajado. Foi a minha educação. Eu até ajudava na capela da escola. Então, um dia, quando eu tinha mais ou menos 18 anos, estava andando na rua, escutei um evangelista pregando e, por dever, parei para escutar. Enquanto escutava, comecei a me dar conta de que ele estava falando algo completamente sem sentido e que era melhor eu refletir um pouquinho sobre aquilo...". A experiência conduziria Adams por uma lenta progressão através de sombras de agnosticismo durante a maior parte de sua carreira, só alcançando um ateísmo indiscutível relativamente tarde em sua vida. "Eu adorava o coro da escola e me lembro das cerimônias de cânticos sempre como algo tão cheio de emoção", continuava ele. "A vida está repleta de coisas que nos emocionam ou afetam de um jeito ou de outro. O fato de eu pensar que Bach estava errado não altera o fato de eu pensar que a *Missa em Si Menor* seja uma das mais grandiosas façanhas da humanidade. Eu ainda me emociono absolutamente até às lágrimas quando a ouço. Acho todo o negócio da religião profundamente interessante. Mas fico perplexo, sim, que pessoas inteligentes em outros âmbitos a levem a sério."

Por volta de julho de 1971, Douglas havia poupado alguns tostões e juntou um enorme casaco, seu violão canhoto e um exemplar de *The Hitchhiker's Guide to Europe* [*O guia do mochileiro da Europa*], do escritor australiano Ken Welsh (que ele pegou emprestado e nunca devolveu, admitindo que "pode ser considerado roubo"). Esse guia mordaz era a opção ligeiramente mais barata para todo viajante independente que quisesse explorar o continente com apenas alguns dólares por dia – seu atrativo pode ser resumido pela classificação da Albânia sobre a possibilidade de mochilão, que dizia simplesmente: "PODE ESQUECER". "Fui para a Áustria, Itália, Iugoslávia e Turquia, ficando em albergues da juventude e em áreas de acampamento", dizia Adams, "e complementei minha alimentação indo a visitas gratuitas a cervejarias. Istambul foi especialmente maravilhosa, mas acabei pegando uma intoxicação alimentar horrível e tive de voltar para a Inglaterra de trem, dormindo no corredor bem ao lado do banheiro. Ah, tempos mágicos..."

Douglas se dirigiu inicialmente para a Áustria, ganhando alguns xelins por tocar violão em bares pelo caminho, mas seus recursos já estavam baixos quando ele chegou a Innsbruck. Ele recordaria: "De todas as minhas lembranças da viagem de mochilão, o que ficou realmente vívido foi: 'Como eu vou sobreviver? Como vou chegar ao fim do dia?'. Eu ia para um albergue da juventude e pedia meia refeição, porque era o máximo que eu podia pagar... Houve períodos muito podres, porque você não sabia o que iria lhe acontecer no futuro…". Ele perambulou por Innsbruck durante horas tentando definir direções para encontrar um endereço útil, incapaz de se fazer entender por nenhum dos habitantes locais para os quais havia acenado por acaso. Quando percebeu que estava pedindo orientação aos membros visitantes de uma organização de surdos e mudos, ele desistiu, gastou suas últimas moedas em algumas canecas de cerveja e foi procurar um campo para dormir sob as estrelas.

Essa é a anedota que Douglas contou para os entrevistadores tantas milhares de vezes ao longo de sua vida que ela se tornou mais famosa por ele afirmar que de fato nem lembrava se ela era vagamente verdadeira do que pela história em si. No entanto, como o ponto central está longe de ser difícil de engolir, seria inútil prosseguir a um revisionismo aqui – foi assim que aconteceu e foi simplesmente a constante repetição da história que eliminou toda a ligação de Adams com aquele momento.

Continuando a história, em um campo de Innsbruck hoje conhecido por não ser nada além de um trecho de autoestrada, Douglas ficou deitado de barriga para cima contemplando sob efeito etílico uma vista particularmente surpreendente de constelações cintilantes. Ele havia passado a metade do dia à beira da estrada esquadrinhando o horizonte em busca de uma carona prestativa para achar um novo lugar. Como sua perspectiva deu uma guinada da horizontal para a vertical, parecia que o mesmíssimo desejo continuava valendo, e ele ponderou pela primeira vez na vida como seria realmente estender o polegar e pegar carona não somente pela Europa, mas pela Via Láctea inteira: "Eu estava caído de bêbado em um campo de Innsbruck…" normalmente era assim que começava a anedota. "Não muito bêbado, só bêbado do jeito que a gente fica quando toma algumas cervejas fortes após dois dias seguidos sem comer, por ser um mochileiro quebrado. Estamos falando de uma leve incapacidade de ficar em pé… A noite estava começando a cair no meu campo à medida que ele ia girando preguiçosamente debaixo de mim. Quando as estrelas apareceram… Pensei: 'Oh, parece ser muito mais interessante lá em cima'. Um título caiu do céu: *O guia do mochileiro das galáxias*. Parecia um livro que alguém tinha de escrever, mas não me veio à cabeça que eu deveria ser a pessoa que o faria… Se tão somente alguém o escrevesse, eu, quanto a mim, colocaria a mochila nas costas e daria no pé rapidinho. Tendo tido esse pensamento, adormeci imediatamente e esqueci isso por seis anos."

MAIS DIFERENCIADO DO QUE DIFERENTE

Abrigado em uma antiga escola de etiqueta e boas maneiras para a nata da sociedade de Cambridge, não é de se espantar que o Footlights tenha visto um fluxo constante de grandes realizadores passarem por seus portais conceituais — mas, por outro lado, apesar das gerações de comediantes famosos que de fato cumpriram seu tempo no clube, é preciso dizer que a maioria das que subiram no palco sumiu na escuridão. Para cada trupe de *Cambridge Circus* ou *The Cellar Tapes* prontas para uso no *showbiz*, os registros mostram vários, múltiplos, anos e anos de aspirantes a comediante cuja temporada sob os holofotes foi curta e esquecível. Quando Douglas finalmente trocou as tradições familiares da Brentwood School pelo viveiro de cabeludos que era Cambridge no final de 1971, ele teve de admitir que ficara desapontado com o Footlights Club do momento — e não apenas por eles não lhe terem permitido se inscrever.

Houve um hiato considerável nos elencos de ouro do Footlights, desde a metade dos anos 1960, com Eric Idle, Germaine Greer e Clive James, até o círculo de Adams, no qual nomes conhecidos começaram a brotar novamente — embora nenhum deles tenha surgido em nenhuma peça badalada até nascer o bando de Thompson, Fry e Laurie na virada dos anos 1980. Contudo, Adams havia planejado se tornar um Python promissor e, com sua aparência e criatividade extraordinárias, sentiu que talvez pudesse ser aquele que viraria o jogo no clube. Segundo relatos, ele terminaria e entregaria apenas três trabalhos ao longo dos três anos de faculdade, mas os estudos eram apenas um obstáculo secundário: o que importava era fazer a plateia rir. Não havia em sua cabeça absolutamente a menor dúvida de que o Footlights era o lugar ao qual ele pertencia e a partir do qual ele deslancharia para a estrada da fama. Seu entusiasmo e autoconfiança descomedidos e pueris eram duas das principais coisas que colocavam as pessoas na defensiva contra ele ao primeiro contato. Em sua primeira semana, ele esbarrou com Jon Canter, um estudante de direito do Gonville and Caius College, igualmente magricela e com uma juba encaracolada, e logo lhe informou, enquanto ambos passeavam pelo pátio, que ele seria presidente do Footlights — afirmação veementemente jogada para escanteio por Canter, visto que ele próprio já havia planejado ocupar a vaga no terceiro ano.

Não era nenhuma novidade se inscrever ambiciosamente em Cambridge só para ter acesso às possibilidades cênicas, mesmo naquela época — Graham Chapman havia feito exatamente a mesma coisa uma década antes. No entanto, para tristeza de

Adams, ingressar no Footlights não era apenas uma questão de assinar uma folha de papel: primeiro, era preciso ser convidado e, depois, era preciso impressionar – e impressionar um bando de artistas dramáticos que exibiram um instantâneo sorrisinho de escárnio diante das ambições do jovem Douglas e que também não conseguiram impressionar esse último nem um pouquinho. "Minha primeira experiência foi muito desagradável, porque achei todos bem altivos e esnobes, bem frios e desanimadores", admitiu ele – John Lloyd resumiria aquele comitê do Footlights de forma mais sucinta: "um bando de babacas". Então, assim como muitos rebeldes do Footlights no passado, Douglas virou as costas para o convencido clube e integrou a Cambridge University Light Entertainment Society, pois havia assistido à peça *Funny, Bloody Funny*, encenada por eles, em seu primeiro período da faculdade.

Apesar de terem em comum muitos ex-alunos excelentes, a CULES nunca alcançou o prestígio do Footlights e, depois de apenas um espetáculo, na qual todo o elenco foi vaiado para fora do palco na Chelmsford Prison, Adams estava determinado a levar a cabo o Plano A. Pensando bem, ele admitia caridosamente que o clube estava submetido a certas restrições: "O Footlights tinha um papel muito tradicional a cumprir: produzir uma pantomima no Natal, uma peça noturna na metade do período letivo e uma peça comercial espetacular no final de cada ano (durante a May Week*), não podendo, consequentemente, dar-se ao luxo de correr nenhum risco". Porém, ele descobriu bem cedo que a maior parte da comédia de Cambridge realmente original teria sorte se um dia entrasse em alguma das poucas produções do Footlights, ao passo que a verdadeira argamassa da criação humorística da universidade era fabricada em regulares *smokers* estudantis – sessões que ocorriam tarde da noite em anfiteatros nas quais havia muito mais liberdade para experimentar potenciais e que permitiam quebrar algumas barreiras em um ambiente menos presunçoso. Eles eram bem mais semelhantes às peças de teatro de Brentwood, e o frustrado calouro logo se sentiu mais em casa.

O primeiro amigo íntimo de Adams no campus foi um estudante (hoje professor) de história norte-irlandês, Keith Jeffrey, e em um piscar de olhos Douglas o convenceu a formar uma dupla para fazer um teste de teatro, personificando um chafariz: Jeffrey bombeava o braço de Douglas para cima e para baixo, disparando um jato de água que era cuspido na primeira fila. Isso não conseguiu impressionar

---

* Termo empregado para designar o final do ano acadêmico em Cambridge. Inicialmente, a May Week ocorria na semana de maio que precedia as provas finais. Hoje, a May Week ocorre em junho, após as provas, e inclui comemorações dos estudantes, além de atividades como competições de remo, bailes, eventos e festas ao ar livre. [N. de T.]

muitos footlighters daquela geração, mas, por sorte, o "anfitrião" do clube achou bastante graça, e seu nome era Simon Jones. Décadas mais tarde, ele destacaria que o negócio do esguicho de água havia sido "engraçado – muito mais do que o lixo pseudointelectual que eu tinha de aguentar...". Um tiquinho mais velho, com 21 anos, o inteligente ator, nascido em Wiltshire (filho do administrador de propriedades do conde de Suffolk e abençoado com uma dicção cristalina que Noël Coward teria invejado), logo virou o principal defensor de Adams no Footlights e um amigo instantâneo. Douglas chegou à conclusão de que ele era "totalmente diferente do resto do comitê, simpático e prestativo de verdade, tudo o que os outros não eram... Ele me incentivava, e, a partir daquele momento, tive um progresso cada vez maior no Footlights".

Ele talvez tivesse obtido acesso ao clube, mas isso não significava nem um pouco que ele seria escalado de verdade para alguma peça – o melhor que ele arranjou foi um pequeno papel, interpretando Torquemada em uma paródia de Ken Russell, filmada em uma mina calcária das proximidades e escrita para tapar um buraco na peça *Norman Ruins*, de 1972, na qual atuaram Simon Jones e a futura rainha da sitcom da Radio 4, Sue Limb. Intrépido, assim como em Brentwood, Douglas decidiu que tinha de tomar a iniciativa e produzir seus próprios espetáculos. Ele tropeçou em um colega bolsista de inglês, Will Adams, e seu parceiro de comédia, o estudante de economia "Martin Smith lá de Croydon" – o primeiro, alto e cabeludo, e o segundo, baixo e de óculos – em seu primeiro *smoker* documentado, intitulado banalmente de *Prepare to Drop Them Now*, mais ou menos no final do seu primeiro ano. O evento, ao mesmo tempo prazeroso e triste, marcou o fechamento do salão do Footlights situado na Falcon Yard, uma sala comprida no centro da cidade, atrás da Petty Cury, que fedia a gás e peixe por causa do armazém da Mac Fisheries abaixo dela, mas que havia, ao longo dos anos, abrigado os primeiros lampejos de genialidade de Cook, Cleese e outros – e agora estava para ser demolida com a finalidade de dar espaço a uma galeria comercial. Esse foi apenas um bico teatral para Douglas, e o esquete anterior à sua própria estreia foi um original de Smith-Adams, que o divertiu o bastante para fazê-lo abordar a dupla de escritores uma semana depois, em um almoço especial de encerramento da sala do clube – eles acharam tanta graça de ouvi-lo, cheio de vaidade, garantir-lhes que provavelmente seria bom para suas carreiras de comediante juntar-se a ele que acabaram seguindo o conselho.

Seu primeiro ano estava chegando ao fim com muito pouco a oferecer em matéria de gargalhadas de adoração da plateia – na verdade, um dos destaques daquele período todo ocorreu não em Cambridge, mas sim na Warwick University, para onde Douglas havia ido de carona, com o violão na garupa, no intuito de visitar sua namorada, Helen. Lá, em um alojamento universitário, acabou tocando em uma sessão de improviso tarde da noite com um Mark Knopfler pré-fama. No entanto, Adams não entrou em pânico, simplesmente construiu relações e se preparou para um segundo ano agitado, repleto de hilaridade.

VOCÊ NÃO QUER IR LÁ PARA CASA?

Seus planos começaram com o pé direito quando Sue Limb o escalou para interpretar o violento irlandês sir Lucius O'Trigger em sua produção de *The Rivals*, de Sheridan. Isso serviu, porém, para dar aos amigos de Douglas o primeiro gostinho do perigo puro que ele encarnava como ator — representando sir Lucius, com a espada desembainhada, Adams tinha um alcance letal e uma falta de coordenação que faziam seus colegas de elenco recuarem do palco temendo por suas vidas. "Eu era um ator um pouco estranho", admitia. "Havia papéis que eu tendia a fazer bem e outros que eu não sabia nem por onde começar. Eu não podia interpretar anões, por exemplo; tinha muita dificuldade com papéis de anão." Apesar disso, Limb gostou suficientemente dos poderes cômicos daquele ator desastrado para dar a ele e a Keith Jeffrey duas vagas no *smoker LSO In Flames* algumas semanas mais tarde. Eles atuaram nos esquetes perdidos "Post Offices Prefer Bombs" e "Trees Afoot", e Adams recebeu uma vaga solo em "The Serious Sketch". Essa foi a última manifestação cômica de Jeffrey, visto que Douglas começou a colaborar mais com o outro Adams e com Smith — mas os amigos permaneceriam próximos, dividindo uma residência suntuosa no nº 69 da Bridge Street, graças à capitania de Jeffrey no Boat Club. Aquela elegante morada era um local ideal para dar festas, e a habilidade natural de Douglas como anfitrião garantiu que ele e Keith fossem o centro de muitas noites inesquecíveis.

  A dupla de escritores Smith-Adams sempre criava em íntima parceria, incorporando o trabalho de Douglas no deles. Os dois notaram que o novo e empenhado colaborador era especialmente hábil em *começar* um esquete, e ele costumava correr morro acima, até a faculdade deles, a Fitzwilliam, mandar a dupla se sentar com um sorrisinho de impaciência e mostrar seus inspirados monólogos de abertura — tais como "Beyond the Infinite", um monólogo de abertura de espetáculo inspirado em *2001: uma odisseia no espaço* e escrito em 1974 a respeito de como o capítulo sobre o espaço no *Guinness Book of Records* era tão GRANDE, pô! A plateia era mergulhada na escuridão enquanto uma voz cavernosa entoava:

> Longe, bem longe nas profundezas do cosmos, além do mais remoto alcance da percepção humana, em meio às névoas serpenteantes de galáxias desconhecidas, onde mundos perdidos giram eternamente contra o portal do infinito; inexoravelmente adiante por milhões de anos-luz da escuridão celestial que chamamos de espaço... Espaço – onde o homem ousa afrontar horrores indescritivelmente elementares, espaço, onde o homem audaciosamente divide infinitivos que nenhum homem jamais dividiu antes...* Não vou conseguir contar a você o quanto é longe – Quer dizer, é longe, mesmo! Você pode achar que da sua casa até a farmácia é longe, mas isso não é nada em comparação ao espaço...

Todavia, aí normalmente era tarefa de Will e Martin decidir que direção tudo isso tomaria. Um colaborador nato, Douglas buscava aprovação em um nível quase atômico. Ele mostrava os textos dos quais se orgulhava com um olhar tão aguçado, procurando o efeito desejado de cada piada, que terminar um esquete ou página ou frase sem se interromper para testá-la com os amigos parecia quase impossível. Embora a famosa fala "isso não é nada em comparação ao espaço" seja hoje uma adorada citação do *Mochileiro*, é um pouco desnorteante ver como Douglas Adams era simplesmente obcecado por ela, forçando-a em diversos contextos de não ficção científica antes de encaixá-la em seu destino final. Ela era verdadeiramente um sinal precoce de seu grande dom de cortar hipérboles intergalácticas magistrais com uma espécie de anticlímax desajeitado, mas, acima de tudo, ela tinha claramente um *ritmo* que o autor achava agradável e, por isso, não podia deixar para trás. Essa não seria a última piada ou ideia que perseguiria Adams até encontrar um lugar definitivo em sua obra, e reciclar sempre foi um fator ecológico importante de sua técnica.

Essa prática também não se limitava estritamente às suas próprias piadas-chiclete – em um antigo *smoker*, Jon Canter subiu ao palco como um velho do

---

* No original, "*Space, where man boldly splits infinitives that no man has split before*". Referência à sequência de abertura de *Star Trek*, que diz "*to boldly go where no man has gone before*" ["audaciosamente indo aonde ninguém jamais esteve"]. Em inglês, o infinitivo dividido é uma construção gramatical que separa os dois termos com um advérbio, assim como no exemplo citado, no qual "*boldly*" divide "*to go*". [N. de T.]

Norte, vestindo boina e de cara enfezada, e começou um monólogo infeliz com as palavras "Vida? Não me falem de vida…". Essa foi outra frase que se recusou a sair da consciência de Douglas – embora, é claro, ele rapidamente tenha pedido permissão a Jon para reciclar a fala, atribuindo-lhe total crédito pela autoria em toda oportunidade possível (mas, em oposição, ele nunca aceitou a afirmação de Clive Anderson, que alegava ter bolado a piada "lamento não ter escutado o que mamãe me dizia quando eu era garoto"). Todos os colegas de comédia de Adams concordam que, assim como, de certa forma, era adorável Douglas achar engraçadas suas próprias piadas, ser responsável por fazê-lo rir – Adams tinha um riso muito espontâneo e animado – era um dos prazeres da vida. O fato de ele ter lembrado e cobiçado sua fala era fonte de orgulho para Canter.

Antes de formalmente criar a companhia de comédia renegada Adams-Smith-Adams – "uma espécie de grupo de guerrilha" – na primavera de 1973, Will e Martin encenaram seu próprio *smoker*, *The Heel-Fire Club*, no qual Douglas aparecia apenas em alguns papéis secundários. Eles haviam sido inspirados por uma dupla dinâmica um ano acima na faculdade que também havia sido colocada às margens do Footlights, a talentosa Mary Allen e seu namorado, John Hardress Wilfred Lloyd, recém-doutrinado no clube apesar de seus receios. Com o tempo, a amizade de Adams com o elegante e erudito Lloyd se tornaria uma das mais íntimas, complicadas e intensas de toda uma vida. Mas em Cambridge, os dois não eram próximos, pois não passavam de membros e colegas de uma crescente rede de artistas de esquete.

À deriva fora de sua parceria, Douglas havia se voltado para a comédia musical como escoadouro para seus textos, e John e Mary o haviam convidado para atuar no *smoker I Don't Know – I've Never Looked* em fevereiro, apresentando uma de suas próprias composições, "A Song for Stupid People". Acompanhado por seu dedilhado despretensioso (e embora não fosse o melhor cantor pós-puberdade), Douglas ficou fera em letras de música errantes, o que era uma bênção para qualquer esquete que viesse a seguir e que exigisse muita organização, tais como seu "Talking Blues", também conhecido como "Backdated":

Eu estava andando na rua hoje, ou talvez tenha sido ontem, na verdade pode ter sido semana passada… É, provavelmente foi semana passada…
Eu estava andando na rua, quando quem diabos eu encontro por acaso? É, quem diabos eu encontrei aquele dia, que foi ontem? Ou anteontem…
Sim, agora eu lembro quando foi, quer dizer, foi ontem às 2h15, não, às 3h15,

duas semanas atrás, eu realmente gostaria muito de saber, porque assim, da próxima vez, vou poder ir direto ao ponto.
(Vira as costas e vai embora, frustrado.)

Apesar de ser, como sempre, um marco imperdível no cenário da comédia de Cambridge e embora o elenco se vangloriasse de ter amigos como Canter e o recém-chegado ao Footlights Rhys Jones, a peça crucial da May Week daquele ano deixou Adams novamente indiferente. Ou melhor, a abordagem de *Every Packet Carries a Government Health Warning* se revelaria uma heresia para seu gosto cômico, apesar de Lloyd e Allen serem as forças motrizes por trás dela. A repugnância que Lloyd e cia. nutriam pelas pretensões da geração anterior os levou a adotar uma abordagem que voltava ao básico com trocadilhos a tiracolo e que evocava o tema burlesco de *Cambridge Circus*, de 1963. Nesse estágio, Douglas ainda permanecia firme sob a influência de rejeição a trocadilhos de seu ídolo, John Cleese, que, embora tenha feito parte da equipe de *Cambridge Circus*, expunha abertamente suas ambições de comédia mais elevadas do que as de seus amigos qualquer-coisa-por-um-riso. Adams explicou que "os esquetes do Python criavam um mundo novo com um conjunto novo de regras — essa era de fato a linha que eu estava seguindo: 'Vamos começar com um mundo que tenha certas regras e ver até onde ele chega no final das contas'. Algo que começa como uma ideia boba, na verdade, tem de ter consequências na vida real".

Por volta dessa fase, o universitário podia afirmar que a ilustre estrela do Python não era meramente um ídolo, mas sim um conhecido, senão um amigo-em-espera. Um famoso exemplo da ambição orgulhosamente manifestada por Douglas (que era vista como carreirismo e incomodava algumas pessoas em Cambridge) foi quando ele topou com Cleese por acaso em uma viagem a Londres para assistir a um espetáculo na Roundhouse. Lá estava O Cara, ali no bar, a poucos centímetros de distância, em toda a sua grandeza de 1,96 metro. Como Adams se recusava a hesitar ou dar uma de fã, ele se insinuou para seu herói de adolescência e se apresentou de forma respeitosa, mas com uma atitude sem rodeios que desconcertou o famoso cômico. Como em tantos aspectos de sua vida, Adams presumia simplesmente e sinceramente que o seu devido lugar era bem mais alto, convivendo lado a lado com os melhores. À medida que se comportava desse jeito, persuadindo inconscientemente as pessoas de que "você não ouviu falar de mim ainda" (e, é claro, logo provando ser extraordinário de uma forma ou de outra), ele *se tornou* bem-sucedido.

No primeiro período da faculdade, Adams havia sido corajoso o bastante para se apresentar a um artista comediante que era a gentileza em pessoa quando foi convidado a presidir um leilão de caridade em sua universidade – o veterano cômico Peter Jones, astro de *The Rag Trade* na TV e *Just a Minute* no rádio: "Fiquei extremamente impressionado com ele", disse Douglas. "Eu já o tinha visto na televisão e ouvido no rádio, mas ele nunca tinha me chamado a atenção. Ele tem uma personalidade afável e ligeiramente perdida, mas era incrível vê-lo cativar uma plateia durante cerca de três horas assim, sem pensar muito, e dando constantemente a impressão de estar um pouquinho fora de controle e incerto sobre o que estava acontecendo, mas, óbvio, sendo absolutamente profissional a respeito do que ele estava fazendo."

No caso de Cleese, embora o Monty Python não tivesse exatamente acolhido o estudante em seu seio, eles estabeleceram uma relação respeitosa que valeria a Adams e alguns amigos visitas regulares ao BBC TV Centre para ver *Monty Python's Flying Circus* ser gravado e, acima de tudo, um convite para ir à casa de John e sua esposa, Connie Booth, a fim de realizar uma entrevista para a revista de Cambridge, a *Varsity*. A suposição de Adams de estar em sintonia com Cleese fica implícita no artigo de uma página, no qual ele observa: "O inflexível e altivo Cleese é um mito; por dentro, ele é calmo, modesto e muito simpático, e tive a impressão de estar conversando com alguém normal de Cambridge, e não com um astro da televisão. Ele fica um pouco constrangido quando as pessoas esperam que ele aja como um homem engraçado".

Outro resultado útil por abordar John foi que Douglas recebeu permissão para representar um de seus esquetes preferidos de *ISIRTA* e *Frost Report*, "Butterling", no qual um guarda de zoológico exasperado (Cleese) acusava um estagiário aterrorizado e desajeitado (Tim Brooke-Taylor) de perder uma coleção de animais inteira em um dia (Cleese retomaria a ideia em *Ferocidade máxima*, seu "semelhante" de *Um peixe chamado Wanda*). A já clássica peça para dois atores (atribuída a "Otto" em homenagem à personalidade radiofônica de Cleese) foi encaixada no primeiro espetáculo coordenado por Adams-Smith-Adams, elaborado para ser esfregado na cara da proposta oficial de Lloyd para a May Week. *Several Poor Players Strutting and Fretting* começou após o horário de encerramento, em 14 de junho de 1974, no antigo local da St. John's, The School of Pythagoras, a apenas um curto passeio de bicicleta de onde os outros footlighters estavam apresentando coreografias no ADC Theatre. Por 30 novos pence, os renegados do Footlights que haviam acabado de sair do espetáculo oficial podiam apreciar "algo completamente diferente" – uma peça noturna apresentando a cortesia delirante e logicamente construída do trio, auxiliado pelas atrizes Stefanie Singer e Rachel Hood –, e o teatro lotado contribuiu para isso. Adams-Smith-Adams estavam na boca do povo, pois batiam perna de universidade em universidade, vestidos com requinte e fazendo alarde e publicidade, com Adams abrindo caminho como um pavão de quase 2 metros. Em pouco tempo eles se estabeleceram como a verdadeira alternativa ao Footlights.

Não que eles se opusessem realmente ao clube, é claro (Martin e Will receberam créditos de autoria por *Every Packet...*, assim como Simon Jones), tanto que, quando voltaram das férias para começar o terceiro ano de faculdade no outono, todos os três supostos rebeldes ganharam lugares no comitê – com Douglas no posto de agente de relações públicas. Jon Canter, por outro lado, finalmente venceu sua disputa inicial com Douglas, tornando-se presidente.

TOSANDO O GATO

Como piratas e papagaios eram outras claras obsessões de Adams na vida, podemos supor que muitas imitações de Long John Silver foram feitas para os amigos quando ele voltou a Cambridge de muleta naquele outono, tendo passado boa parte do verão no Yeovil Hospital – só que, dessa vez, como paciente. Ele não havia viajado para Warwick naquelas férias, pois ele e Helen haviam tomado caminhos separados – de fato, o rapaz havia se apaixonado por uma colega de Cambridge no segundo ano, mas foi vencido na paquera pelo novo amigo, Michael Bywater, que agravaria a ofensa se casando com a moça em questão. Bywater era famoso em Cambridge por ter chegado atrasado a um ensaio do Footlights com a desculpa esfarrapada: "Foi mal, acabei de derrubar um avião".

Passando o verão de 1973 com a jovem família de sua mãe, Douglas arrumou um emprego temporário, ajudando a construir celeiros na região oeste, e perdeu o controle do trator em uma colina íngreme, quebrando a pélvis – e causando tanto prejuízo à estrada como ao seu próprio corpo. Mais uma vez, outra coincidência inquietante foi observada aqui por Nick Webb: um acidente muito parecido ocorreu exatamente no mesmo local vinte anos mais tarde, mas dessa vez sendo fatal; a vítima era outro "Douglas Adams".

"Mr. Adams' pelvis by Yeovil District Hospital" ganhou espaço na programação da primeira apresentação de Adams-Smith-Adams do novo ano letivo, *The Patter of Tiny Minds* [*O padrão de mentes pequenas*], que ficou em cartaz de 15 a 17 de novembro, novamente no School of Pythagoras. A peça era, como sempre, repleta de esquetes experimentados em *smokers* anteriores, incluindo *Duplicator's Revenge* e *Nostalgia's Not What It Was*. John Lloyd forneceu alguns textos e notou a agradável química dos três artistas, com Martin no papel mais rígido, tentando manter a ordem à la David Hatch, Will conquistando a afeição da plateia na veia Tim Brooke-Taylor, e Douglas, é claro, tentando se igualar a "Otto" Cleese da melhor forma que podia. A atuação mais significante da noite foi uma canção inspirada nas manchetes locais em torno da obra do desvio de Cambridge, que ameaçava a construção do radiotelescópio de 2 milhões de libras esterlinas da universidade. Em "How to Plan Countries", um homem fica sabendo que sua idílica casa de campo está sujeita a um plano de demolição, a fim de abrir caminho para uma estrada, e fica impotente diante da burocracia cega. Embora coescrita, essa ideia constituiria outra obstrução persistente no cérebro criativo de Adams, só implorando para ser desenvolvida sob alguma outra forma. Douglas pode não ter escrito a letra da música, mas o primeiro verso poderia ser cantado por Arthur Dent sem tirar nem pôr:

> *Comprei uma casinha de campo no Jardim da Inglaterra*,*
> *Com telhado de sapé e rosas na entrada;*
> *Toda manhã acordava com o canto dos passarinhos na janela,*
> *Paz perfeita, não havia melhor morada.*
> *Então o planejador local chegou*
> *Com seus esquemas de planejamento local;*
> *Ele me mostrou seus mapas e escavadores irlandeses*
> *E estilhaçou a minha vida ideal.*

Na esteira de sua primeira apresentação em *Tiny Minds*, veio a pantomima do Footlights daquele ano, *Cinderella*, e Adams devia estar contente, pois agora era um elemento central do clube. Ele obteve o ótimo papel do "rei Supimpa", o pai seguramente e horizontalmente despreocupado do príncipe encantado. Agora residente no *campus* do St. John's, dividindo o quarto K6 com os amigos Nick Burton e Johnny Simpson, ele se espelhou no comportamento desse último para fazer o papel do monarca. Adams recordava que "ele tinha aquele jeito nervoso e hiperenérgico de tentar parecer relaxado. Estava sempre tentando ser tão legal e

---

* Como é conhecida a província de Kent. [N. de T.]

descontraído, mas nunca conseguia se sentar e ficar parado". Aquela geração de universitários partilhava uma certa ideia transatlântica e pós-hippie do que significava ser legal, e em poucos anos Douglas admitiria alegremente que o personagem de Zaphod Beeblebrox devia muito à supimpice safada e calculada de Johnny.

Como o espetáculo da May Week daquele ano já estava se aproximando, Adams-Smith-Adams devem ter-se sentido confiantes de que as contribuições deles seriam consideráveis e continuaram desenvolvendo seus perfis, dando um passo surpreendente, na metade de janeiro, ao alugarem um local em Londres, o Bush Theatre, em Shepherd's Bush, para uma produção especial do espetáculo mais recente deles. Dessa vez, Mary Allen – optando por adotar o nome artístico "Adams" para qualquer coisa relacionada ao sindicato Equity – desempenhava os papéis femininos e Lloyd, que estava em seu novo emprego de produtor júnior na BBC Radio Light Entertainment havia menos de duas semanas, encontrou tempo para completar o elenco sob o pseudônimo "John Smith", formando a trupe "Adams-Smith-Adams-Smith-Adams". O grupo se agregou tão bem que foram encomendados papéis timbrados com o nome "Tiny Minds", visando lançar a programação de eventos como uma companhia de esquete em tempo integral.

Embora Douglas tenha feito uma apresentação memorável na pele de um pirata louco chamado Mr. Y-Fronts Silver, dando uma entrevista de TV extremamente refinada de dentro de um ônibus londrino que ele havia sequestrado e estava dirigindo como um navio pirata, o tema principal da noite foi tosa de gato. Enquanto a equipe do Monty Python não hesitava em dispensar conclusões para as piadas, alguns esquetes do espetáculo do Bush Theatre, separados o bastante para pegar a plateia de surpresa, tendiam a terminar sugerindo a tentação irresistível e sensual de privar um felino de sua pelagem, culminando na canção melosa "Sheer Romance", cantada por Mary "Adams":

Sabe, meu amor, muitas vezes acho que sempre te conheci nos meus sonhos,
Você veio até mim à luz do luar, naquela noite estrelada do começo de junho.
Sabe, meu amor, acho que te amo, você faz meu coração acelerar,
Me sentindo tão romântica, acho que vou lá tosar o gato... *

O espetáculo ficou em cartaz apenas uma noite, mas o elenco arrecadou 25 libras muito proveitosas para cada ator e se beneficiou do apoio teatral do

---

* Essa expressão tem duplo sentido, pois "*shave the cat*" também poderia significar "depilar a virilha feminina". [N. de T.]

dançarino Lindsay Kemp, cujo espetáculo precedia a apresentação noturna deles. (O bando do "Tiny Minds" também o veria no cinema, ao darem uma pausa nos ensaios para assistirem a *O homem de palha*, com Kemp no papel de MacGregor, o proprietário do acampamento.)

    O misto inebriante de música e absurdo da peça foi um sucesso na estreia londrina e em especial aos olhos de uma dupla de escritores de comédia que estava sentada no nível térreo do teatro. Nem todo garoto da Inglaterra que havia sido inspirado pela *ISIRTA* e *Flying Circus* havia alçado voo para o Footlights, e conhecer os rapazes oriundos de escola acadêmica David Renwick e Andrew Marshall após a reverência final foi o primeiro encontro de Douglas e cia. com comediantes não Oxbridge ambiciosos. Renwick havia embarcado em sua carreira de escritor como jornalista para o *Luton News*, mas, ao integrar a equipe de base para escrever *Week Ending*, espetáculo de esquetes satírico com uma infame demanda por texto e elaborado por David Hatch e Simon Brett, ele rapidamente criou laços com Marshall, nascido em Lowestoft, pois os dois eram alguns dos poucos escritores da casa que não haviam frequentado nenhuma das melhores universidades. Eles também ficariam um curto período em cartaz no Little Theatre, convencendo Brett a não se aposentar e trabalhar com eles. Mais tarde, Lloyd conheceria bem a dupla ao tomar as rédeas de *Week Ending*, mas, para Adams-Smith-Adams, a noite única de sucesso deles na capital havia terminado, e estava na hora de voltar para o interior, a fim de encarar as provas finais – quer dizer, após dois outros *smokers* bem-sucedidos, *Late Night Finale* e *In Spite of it All* (cada qual repleto de esforços colaborativos de Jon, John, Griff, Will, Martin e Clive), para preparar o momento deles sob a luz do Footlights.

    Foi um choque doloroso quando eles ficaram sabendo da boca do diretor da peça *Chox* daquele ano (Robert Benton, outro rapaz de Brentwood, um ano acima de Douglas) que apenas Martin Smith seria convidado a integrar o elenco. Os textos do trio – Benton se esforçava para apontar – eram perfeitos e extremamente necessários para o espetáculo (os esquetes deles cobriam quase metade do tempo de apresentação), mas as habilidades de representação deles, não. O que o diretor não conseguia propriamente confessar era que Adams não era confiável no palco, e muitos de seus melhores amigos tinham de admitir que sua incapacidade de manter uma expressão séria enquanto recitava uma fala engraçada, o "sorrisinho" contorcido que Canter recorda transparecer nos lábios de Douglas toda vez que ele tinha de recitar uma fala mordaz, era frequentemente desconcertante para o elenco e a plateia. Isso se devia somente ao entusiasmo desimpedido de

Douglas e à pura alegria de encenar esquetes como seus heróis do Monty Python, mas era uma desvantagem para qualquer diretor que quisesse escalar um elenco de comédia de arrebentar. Porém, tudo isso era irrelevante para Adams, que insistiu dizendo que quem havia bolado as ideias engraçadas sempre devia também subir ao palco para despertar as gargalhadas: "O escritor-artista era o elemento central de todo o grupo dos Pythons quando eles estavam em Cambridge. Já na minha época, era o diretor que decidia o que fazer. Na minha opinião, isso sempre produzia resultados muito artificiais...", reclamava ele. "Isso é uma coisa que ainda me deixa aborrecido, porque acho que o Footlights deveria ser um espetáculo de escritor-artista. Mas, no meu tempo, o Footlights tinha virado um espetáculo de produtor – quem vai fazer parte dele e quem ele quer que o escreva são nomeados, e o produtor é quem manda. Acho isso errado. Meu ano no Footlights estava cheio de pessoas imensamente talentosas que, na verdade, nunca tiveram a oportunidade de trabalharem juntas direito..." Ele acrescentava: "De algum modo, um quase profissionalismo nojento se instaurou, do tipo: 'Não, o que a gente faz é arrumar as melhores pessoas para escrever e as melhores pessoas para encenar'. Para mim, tem uma lógica aí que não funciona direito, porque os melhores atores não são necessariamente as melhores pessoas para encenar as coisas que outro artista escreveu a partir do seu próprio ponto de vista".

Para piorar, além do estudante de direito Clive Anderson, o elenco estava cheio de estudantes um ano abaixo na faculdade e que nem sequer haviam feito por merecer, tais como Rhys Jones e seu contemporâneo Geoffrey McGivern – um ex-aluno representante da Archbishop Holgate's School em York, que havia sido eleito ator da vez ao entrar em Cambridge, queridinho da Marlowe Society, e, segundo relatos, ele estava bem ciente dessa aclamação toda. O afastamento notado de Adams pareceu alimentar a fofoca na *Varsity*, que publicou: "Na festa do Footlights desse ano, Douglas Adams teve uma leve altercação (com socos) com Geoff 'Ego Dourado' McGivern". Contudo, na realidade, Geoff admitiu que estava meio bêbado e simplesmente tentou dar um soco em Douglas por causa de sua pompa – não houve retaliação por parte do Mingo, a não ser uma gigantesca queda encenada.

Em junho daquele ano, os três trabalhos de Adams lhe deram um indiferente bacharelado em literatura inglesa que, no fim das contas, o faria suspirar apaticamente: "Eu sentia, sim, um pouco de culpa ao ler literatura inglesa. Eu pensava que deveria ter feito algo útil e desafiador. Mas, enquanto eu estava choramingando, também aproveitei para não fazer muita coisa. Se soubesse naquela época o que eu sei hoje, teria feito biologia ou zoologia". E aquele pareceu ser o fim dos seus três anos em Cambridge, todo aquele ímpeto se extinguindo com a morte de seu sonho de longa data de deslumbrar a plateia em uma peça do Footlights. Que chance ele podia esperar agora de dar o pontapé inicial no próximo Monty Python?

DEIXAR ISSO PRA LÁ

Felizmente para o nosso Mingo, ele em breve experimentaria a intensa *Schadenfreude*, com um toque de aparente concretização de sonho, quando a *Chox* se expôs aos flashes da mídia de Londres em sua resplandecente estreia no West End em 15 de julho de 1974, promovida por Michael White, empresário teatral em voga. Além dos críticos, a nata da comédia britânica moderna estava presente – incluindo toda a equipe do Monty Python, animada para conferir os jovens pretendentes –, e o elenco já havia sido reservado pela BBC2 para uma transmissão da peça em agosto. Se a BBC tivesse previsto a recepção apática da plateia e o malho da crítica sobre o espetáculo, ela talvez tivesse se poupado o trabalho de redigir os contratos. O mais perto que o espetáculo chegou de uma reação positiva foi provavelmente a ênfase imparcial do *The Times* de que "uma pessoa ou pessoas chamadas Adams Smith Adams contribuíram com o melhor e o pior material" – mesmo escondidas por trás de uma representação considerada como "fracamente pervertida" por John Lloyd, "ostentando cartola e calça justa", as ideias de Adams se destacaram de um jeito ou de outro, e, com sorte, seus esquetes não seriam condenados pela associação com a desastrosa produção, que estava fadada a se encerrar após apenas algumas semanas.

Recém-chegado à capital, Adams estava lá na noite de estreia, é claro, bem como Lloyd, de quem ele se aproximaria cada vez mais depois de se formar na faculdade. No mínimo, assistir à estreia teria dado a eles a chance de concordarem alegremente com a reprovação geral da peça por seus heróis da comédia, inclusive Graham Chapman, que havia gostado de apenas um esquete – uma original de Adams-Smith-Adams.

Encontrar um cafofo na capital era difícil para qualquer recém-formado trilhando seu próprio caminho no mundo, mas, como Will foi morar com a futura esposa dele, Douglas achou, junto com Martin, um apartamento não muito caro e arrumadinho na Earl's Court que pertencia a duas senhoras requintadas que se indignariam com seus locatários, não fosse o aluguel que eles pagavam. Sua chegada lá coincidiu agradavelmente com um monte de créditos remunerados, graças a uma coleção dos seus melhores esquetes que havia ficado popular entre pessoas de dentro da BBC, tais como o novo colega de Lloyd, Simon Brett. Antes mesmo de terem deixado Cambridge, eles haviam conseguido convencer Brett a encaixar algum texto de Adams-Smith-Adams em *Week Ending*, transmitido por telefone de St. John's para Lloyd na BBC. O primeiro esquete de Adams escrito para o rádio ocupou o lugar do "Quebra-Cabeça" que o programa difundia regularmente, na época em que o escândalo Watergate estava se desdobrando:

NIGEL REES Quebra-cabeça desta semana: imagine um homem em frente a duas portas – uma leva para a Casa Branca, e a outra, para a cadeia. Um guarda é o sr. Nixon, que sempre fala mentiras, e o outro é o sr. Ford, que, alternadamente, fala a verdade e fala uma mentira e depois se contradiz duas vezes. O que você tem de fazer é calcular quantos assistentes de Nixon podem ser transportados de uma margem até a outra do rio antes de o barco afundar, sendo que a raposa foi colocada no meio daqueles frangos que amarelaram e entregaram os gatunos durante três anos, cada qual mendigando privilégios executivos. Depois, complete a frase: "O Nixon é um..." com não mais do que quinze xingamentos censurados e mande sua gravação em uma fita apagada para a CPI do Watergate. Membros da família do presidente não estão autorizados a participar, a menos que saibam mentir de forma muito convincente, e a decisão do presidente será uma intimação.

O tempo de 45 segundos de radiodifusão não se igualava a uma longa noite no bar, mas... era uma transmissão! Uma transmissão palpável e, ainda por cima, na Radio 4! Na semana seguinte, um curto esquete sobre o panda gigante voador, marcando as novas chegadas ao zoológico de Londres vindas da China, deu a todos os três do "Tiny Minds" a oportunidade de ouvir suas palavras no ar, mas eles não se mostraram prolíficos. Escrever sob encomendas de tópicos não satisfazia Douglas, embora eles tivessem conseguido, sim, inserir lá algum texto menos efêmero, nesse caso uma historieta completamente doida sobre o crescente culto a Marilyn Monroe – o esquete se tornaria mais conhecido uma vez reciclado, no lançamento de um disco em 1975, ficando bem mais doido durante o processo...

ENTREVISTADOR Carl, estamos todos um pouco confusos com a sua afirmação de que o seu novo filme vai ser estrelado pela Marilyn Monroe...
CARL Sim, vai.
ENTREVISTADOR ... Que morreu há mais de dez anos?
CARL É... isso mesmo.
ENTREVISTADOR Você está mentindo?
CARL Não, não. É só que ela está muito na moda no momento.
ENTREVISTADOR O papel dela é importante?
CARL Ela é a estrela do filme.
ENTREVISTADOR E está morta.
CARL Bem, nós a desenterramos e lhe demos um teste de cinema – uma simples formalidade no caso dela – e...
ENTREVISTADOR Ela ainda consegue atuar?
CARL Bem... ela ainda tem aquele enorme, é... indefinível tipo de, é... não.

Um dos muitos e muitos produtores que pilotaram *Week Ending* foi, é claro, John Lloyd. Embora tivesse ficado consternado ao ver o circo midiático (e o "voador") em torno da *Chox*, John foi rapidamente aprimorando sua técnica na BBC Radio LE, e, enquanto os footlighters mais novos estavam naufragando e se afogando na TV, ele aprendia as regras da produção radiofônica, formulando e estrelando um programa desenvolvido a partir de uma peça própria, intitulada *Oh No It Isn't*, que obviamente lançava mão de textos de Adams-Smith-Adams disponíveis. O elenco incluía Allen, Canter e o jovem Rhys Jones, cada vez mais onipresente. Lloyd não podia ter um mentor melhor para o trabalho do que o principal jovem produtor do departamento, Brett, que havia esbarrado na nova e talentosa cria do Footlights, incluindo Adams, em uma visita a Cambridge no ano anterior – ninguém poderia estar mais bem posicionado para recuperar o ridículo da Radio Prune do que ele. O espetáculo de esquete que eles criaram fez sucesso o bastante para receber a proposta de uma segunda difusão pela BBC, mas, naquele estágio, John sentiu que seus dias de artista haviam terminado e ficou feliz de ver o programa enlatado em um seriado.

No entanto, o espetáculo destacou um esquete que faria muitíssimo bem à reputação de Douglas (sem mencionar o pagamento de *royalties*, que complementaram as cem libras que ele havia angariado pelo espetáculo da BBC2) e até seria incluído no lançamento de *Douglas Adams at the BBC*, enquanto todos os outros minutos de *Oh No It Isn't* foram jogados na escuridão eterna. O diálogo entre Jon e Griff era uma das peças favoritas nos *smokers*, mas as semelhanças com o esquete "Butterling", escrito por Cleese, são flagrantes, pois ele certamente foi escrito com base no mesmo modelo, embora tenha uma inclinação filosófica incongruente:

GRIFF Ah, Pritchard, eu, é... Fiquei sabendo que o trem das 8h45 para Basingstoke estava atrasado de novo, Pritchard... Muito, muito, muito atrasado. Três dias atrasado, Pritchard!

JON Sim, estava. Bem, a gente fez uma pausa para tomar um cafezinho no posto de controle, chefe, e a água do bule demora um tempo irracionalmente longo para ferver.

GRIFF O que você disse, Pritchard?

JON Eu disse "um tempo irracionalmente longo", chefe.

GRIFF E o que você deveria ter dito?

JON "Um tempo longo pra caramba".

GRIFF Assim é melhor.

JON Eu estava querendo conversar sobre isso com o senhor, chefe. Quero solicitar um aumento de vocabulário... Quero usar palavras como "existencialismo" em serviço, chefe!

GRIFF Existencialismo? Em um posto de controle? Não parece nem um pouco relevante, Pritchard.

JON O existencialismo se aplica a todas as esferas da vida, chefe!

GRIFF Tudo bem, mas será que ele explica por que o trem das 8h45 para Basingstoke estava três dias atrasado?

JON ... Bem, foi o existencialismo que fez isso, chefe!... Foi por causa de eu não ter permissão para usar a palavra certa que tudo isso aconteceu. Sabe, eu estava tentando explicá-lo para o meu colega Bob e tive de recorrer a uma espécie de

charada... para dar a ele a ideia básica do existencialismo, deixei todos os cruzamentos abertos por toda a região oeste.
GRIFF Então foi você! Você tem noção de que o seu sistema existencial de cruzamentos fez que centenas de trens não somente descarrilassem, mas também pulassem uns sobre os outros como lagartas copulando?

O esquete da *Chox*, que impressionou a respeitada e indulgente figura do veterano Chapman, entretanto, como ele explicou a Douglas entre supostas tentativas de beijar John Lloyd, foi um dos que ficariam conhecidos sob diversos títulos, visto que foi reciclado vezes sem conta para espetáculos de esquete e shows de caridade, desde "The Hole in the Wall Club" até "The Committee":

CLIVE Agora, antes de abrir formalmente esta reunião, há algo muito importante que eu tenho de dizer. Até o momento, não sei para quem devo apontar o dedo, mas sei que é alguém que está aqui. O que fizeram foi feito de um jeito tão astuto, secreto e furtivo, meticulosamente encobrindo os vestígios, que eu não somente não sei qual de vocês fez isso, como também ainda não tenho certeza do que fizeram exatamente. Mas fiquem avisados: estou de olho em vocês. Sr. Secretário, você poderia, por gentileza, iniciar esta reunião lendo a ata da última reunião?
GRIFF Pois não. A ata da 42ª reunião da Sociedade Paranoica Crawley & District... A reunião foi devidamente convocada, e o sr. Smith falou com muita animação sobre os buracos que os vizinhos do lado vêm perfurando na parede dele. Então ele continuou dizendo... peraí, tem alguém adulterando essas anotações!

Se Adams-Smith-Adams tinham um cartão de visitas, esse cartão de visitas era o esquete "Paranoid Society". Ele seria tirado da gaveta em várias peças diferentes nos anos seguintes, culminando em uma encenação só com astros mais de dez anos depois, como parte de uma arrecadação de caridade contra o câncer, *Comedians Do It on Stage*. Era justamente o tipo de conceito simples e insano que seduzia a sensibilidade de Chapman, e o fato de o experiente comediante ter admitido que gostaria que ele próprio o tivesse escrito deve ter levado Adams às nuvens – que deve ter subido então até a estratosfera quando sentiu o endereço de Graham sendo enfiado na sua mão, com um convite explícito para dar uma passadinha lá na casa dele para tomar gim e escrever esquetes.

JIMTONNIK PARA ELES!

Como foi explicado ao recém-formado quando ele apareceu lá na casa do bom médico em Highgate, no norte de Londres, onde ele morava com seu companheiro, David Sherlock, e uma adega lotada de garrafas de gim até o teto, a razão do convite de Chapman era tão angustiante quanto retumbantemente empolgante. Com uma quarta e mais curta temporada do programa de esquetes do Python já contratada e tendo-se mantido de forma relutante desde a segunda temporada, John Cleese havia declarado oficialmente que estava parando com comédia de esquetes na TV e deixando os outros cinco Pythons continuarem o trabalho da melhor forma que conseguissem. Embora Graham tivesse estabelecido muitas parcerias de escrita em sua carreira, em especial com o mítico vendedor de piadas Barry Cryer e o "escocês brigão" Bernard McKenna, a saída de Cleese o havia deixado particularmente exposto no grupo. Era prática comum, para os parceiros de escrita, ter um "podador" e um "andante" – o primeiro ralava datilografando prontamente o texto, enquanto o segundo atirava ideias –, e Chapman era um andante nato. Ou melhor, ele tinha tendência a se esparramar languidamente com um gim-tônica e jogar areia cômica e completamente imprevisível na engrenagem criativa – tais como, no caso mais famoso, sugerir que uma torradeira defeituosa era menos engraçada do que um papagaio norueguês morto. Talvez, propôs ele, o ávido e jovem Adams pudesse virar seu novo podador? Afinal, Douglas havia crescido influenciado pelo humor pythonesco e sabia como ele funcionava: "Eu sentia que o que o Python fazia era pegar um aspecto do mundo que era aberrante e seguir a lógica dessa aberração para ver onde ela ia dar; ou dava em alguma coisa muito engraçada ou provocava algumas risadas boas e, em seguida, era preciso desviar para algo diferente…". Essa era uma técnica à qual ele aderiria de forma semelhante ao longo de sua carreira.

Dá para imaginar a tristeza do jovem fã de Cleese ao descobrir que seu programa preferido estava chegando ao fim sem seu herói, mas, por outro lado… ser convidado a *escrever* para o renomado programa *Monty Python*, tomando o lugar do homem cujos passos largos ele sempre havia planejado seguir, foi uma proposta que deve ter confirmado para Douglas que, mesmo que não existisse nada parecido com destino, a vida com certeza havia feito uma boa imitação dele – e a seu favor! A proposta de Chapman era quase tácita: ele apenas precisava de ajuda. Adams avidamente concordou em acudir e já estava trabalhando em um esquete para a quarta temporada antes de o gelo de seu primeiro gim-tônica derreter. Muito convenientemente, era um esquete de médico criado por Michael Palin e Terry Jones, mas o dr. Chapman havia decidido reescrevê-lo, com a ajuda de Adams.

MÉDICO Muito bem. Sente-se, por favor. O que você está sentindo?
WILLIAMS Eu acabei de ser esfaqueado pela sua enfermeira!
MÉDICO Oh, querido, então provavelmente é melhor eu dar uma examinada em você. Você pode preencher este formulário primeiro?
WILLIAMS ... Não dá para preencher isso depois, doutor?
MÉDICO Não, não. Aí você já teria sangrado até morrer. Você consegue segurar uma caneta?
WILLIAMS Vou tentar.
MÉDICO Isso, muito bem, é uma chateação dos diabos, mesmo, toda essa maldita papelada... É realmente uma chateação dos diabos. Deviam fazer alguma coisa em relação a isso... Bom, vamos ver então como você se saiu. Oh, querido, oh, querido, isso não está com cara boa, não é? Olha, você com certeza sabia a resposta da número quatro! Foi tirada do Mercador de Veneza – até eu sei!

As idiotices da burocracia britânica forneceram matéria a incontáveis comediantes e sempre eram uma referência para os Pythons, junto com todas as formas de ataque à autoridade, desde o Ministério das Caminhadas Ridículas até a dona de casa que era obrigada a se asfixiar com gás para garantir a entrega de seu novo fogão a gás. O esquete em questão, "Patient Abuse", foi uma aula especialmente boa para Adams na arte de ridicularizar a burocracia exagerada. Embora ele tenha recebido crédito apenas por ter acrescentado uma "bobagem" quando o esquete foi finalmente ao ar no último episódio, em dezembro daquele ano, ele havia, mesmo assim, visto seu sonho virar realidade. Suas sessões de processo criativo com Chapman eram gravadas, e ele se deleitava em tocar a fita para seus amigos, dividindo alegremente – sem nenhuma real intenção de alardear – sua sorte na comédia. Como voto de confiança extra no novato, Palin e Jones também retrabalharam o esquete da Marilyn Monroe para inclusão no *Album of the Soundtrack of the Trailer of the Film of Monty Python and the Holy Grail*. Por sua música e uma série de pequenos papéis, o antigo astro da Bonzo Dog Band, Neil Innes, ganhou o título honorífico de "Sétimo Python" (que ele concederia, com certeza de forma mais justa, a Carol Cleveland). Porém, o crédito de autoria único de Douglas pelo esquete deveria ter outorgado a ele pelo menos um *status* de "Nono Python", embora, com o tempo, a associação pudesse se tornar ligeiramente constrangedora para todos.

Douglas e Martin em breve se mudaram para uma casa na indesejável área de Kilburn e a dividiram com uma confusa variedade de ex-universitários e esquisitões transitórios – com exceção de Mary Allen, que não saía mais com John, mas estava começando sua carreira em um papel atrevido na produção do *The Rocky Horror Show* no West End. A casa não era muito luxuosa e estava infestada de ratos, problema esse que os residentes concordavam que tinha de ser resolvido. Douglas não fez objeção ao plano de envenenar os roedores e passou um tempo de alegre procrastinação construindo um restaurantezinho de veneno para as pestes condenadas à morte, utilizando palitos de fósforo e enfeitando com uma plaquinha que dizia "ALTA GASTRONOMIA POR AQUI!". Allen recorda que Douglas uma vez abriu um armário de cozinha, viu um camundongo cair em cima dele e atirou sua enorme ossatura ao chão, dando um baque no solo e lutando enérgica e melodramaticamente pela sobrevivência enquanto o pequenino roedor arranhava seu pescoço.

Adams arrumou um monte de bicos, incluindo um trabalho horrível como arquivista desajeitado, mas se recusou a seguir o exemplo de Martin e Will e se candidatar a algum emprego mais pesado: "Ambos pensaram que era uma boa ideia arranjar uma atividade extra para se sustentarem enquanto escreviam, mas eu achava que, se eu fizesse o mesmo, acabaria exercendo a atividade extra como a principal, e não escrevendo, então simplesmente fui trabalhar em um escritório aqui e ali durante algumas semanas para pagar o aluguel. E eles acabaram, como eu tinha adivinhado, dedicando-se à atividade extra deles, então eu segui em frente sozinho". Isso era bravura *a posteriori* – naquela época, Adams temia que uma carreira contábil ou algo semelhantemente medonho estivesse à sua espera e havia saído para comprar uma gravata como uma espécie de aceitação simbólica do seu destino. As coisas que lhe deram forças para deixar isso de lado foram o apoio de Chapman e principalmente o passo importante de assinar contratos com sua primeira agente, Jill Foster, que tinha a maioria dos Pythons em seu currículo. No entanto, a parceria Adams-Smith-Adams prevaleceu durante algum tempo, com uma energia progressivamente minguante, concluindo seus trabalhos no teatro de Cambridge com *Cerberus: The Amazing Three-Headed Revue*, que estreou no Arts Theatre no começo de novembro de 1974 – embora seus esquetes tenham aparecido nos espetáculos e *smokers* do Footlights pelo resto da década. *Cerberus* devia, a princípio, contar com a atuação de Geoff McGivern, provando que qualquer hostilidade por causa de *Chox* já havia virado passado – mas ele lhes causou outros problemas ao cair fora no último minuto.

Will Adams se converteria, no fim das contas, para a área editorial, enquanto Martin Smith construiu uma carreira bem-sucedida na publicidade, mas os três montaram uma porção de projetos ao longo dos anos 1970, além de espetáculos ao vivo, utilizando o papel timbrado "Tiny Minds". Em 1974, o trio juntou forças em um falso documentário histórico elaborado para a TV, que pode muito bem ter semeado algumas ideias na cabeça de John Lloyd, as quais germinaram anos depois em *Blackadder* [*Víbora negra*]. *Earls (of Warwick)* era um programa piloto para uma tomada original em *World in Action*, na qual os descendentes modernos do conde de Warwick, o Fazedor de Reis, dirigiam um negócio que de fato criava a história. Viajando no tempo, sua equipe de solucionadores de problemas épicos havia ficado a postos para inclinar a causalidade na direção que conhecemos, formando um tipo de conselho de marketing lendário, com depoimentos de Guilherme, o Conquistador, Ricardo III e da rainha Vitória, além de estudos de caso incluindo o grande incêndio de Londres em 1666 e o *design* da Guerra das Rosas, que dois artistas de campo do Departamento de Estética do conde insistiam que deveria ser tangerina e malva. Estava planejada toda uma série de falsos documentários, reutilizando ideias de esquete para abordar problemas de pirataria de ônibus e, é claro, a vergonha de tosar gatos, mas, de algum modo, essa ideia brilhantemente visionária escapuliu entre os dedos dos diretores de TV.

Apesar de sua desconfiança sobre uma posição confortável em termos profissionais, Douglas já havia começado uma espécie de emprego diurno – foi estabelecida uma rotina na maioria dos dias, segundo a qual ele se levantava em um horário decente e ia a Highgate para começar a bater na máquina de escrever, com Chapman vomitando absurdos por cima de seu ombro. No entanto, como isso ocorreu na metade dos anos 1970, época em que o alcoolismo de Graham estava degringolando perigosamente em direção ao seu ponto crítico, esse plano raramente foi muito além do horário de abertura, antes do almoço, hora em que o séquito de Chapman debandava para o quartel general dele, The Angel, e tudo podia acontecer. Às vezes, McKenna se juntava a eles. Muitas vezes até Lloyd chegava a subir a colina em sua pausa para almoçar, e o bando procrastinador entornava o caneco e devorava as palavras cruzadas dos jornais com pouco suor. "Todo o mundo bebia o dia inteiro", admitia Adams, "então, no final do dia, todos estavam completamente de porre ou Graham estava muito de porre. Eu era novo e inexperiente demais; não sabia o quanto tudo aquilo era insano ou o que fazer a respeito de aquilo ser tão insano." Escorar-se em botecos com Chapman resultou em futuras anedotas chocantes sobre o grande homem batendo o pênis no balcão para ser atendido ou balançando-o no copo de estranhos só para ver a reação deles, mas Adams descobriria que trabalhar com um sujeito que bebia em média duas garrafas de gim por dia não era nenhum aprendizado: "Ele era um homem extraordinário, obviamente um enorme talento da escrita, mesmo que tivesse se tornado um pouco indisciplinado e autocomplacente. Ele dispunha de uma enorme quantidade de afeição e lealdade sinceras, vindas de um bando bastante vasto e eclético que simplesmente o achava maravilhoso, estranho... e exasperante. Por outro lado, em nosso trabalho, ele era o subversivo, mas, em vez de subverter o grupo de amigos dele, estava *me* dando trabalho, como se eu fosse aquele tipo de cara mal saído das fraldas que não soubesse nada. Acho que, se eu tivesse mais experiência naquela época e fosse mais capaz de desafiá-lo ou saber com certeza sobre o que desafiá-lo — em outras palavras, se eu tivesse mais noção sobre meu ofício —, acho que teria conseguido me sair melhor. Mas, no final, não era uma colaboração entre iguais".

Os últimos resquícios da TV Python propiciaram uma estrutura mais forte, embora houvesse alguns resmungos a respeito das visitas de Adams às reuniões de roteiro. Terry Gilliam confessava uma desconfiança fora do comum em relação ao intruso, e o próprio Douglas tinha de admitir: "Era um pouco como ser um motorista de táxi que estava passando por ali e havia sido chamado para tocar tamborim em um disco dos Beatles". A ausência de Cleese também deu ao sempre entusiasmado Terry Jones mais carta branca para moldar os programas, resultando em episódios cada vez mais conduzidos por um enredo, presságio da transição da equipe para o cinema. Foi com Jones que Adams fez a amizade mais duradoura, criando vínculos a partir do amor que ambos sentiam por uma legítima cerveja ale.

Mais empolgação estava para chegar quando Douglas foi convidado a se juntar ao grupo em uma filmagem ao ar livre em Exeter, concedendo-lhe a honra adicional de aparecer para valer no programa. Entre vestir uma máscara cirúrgica para fazer gracinhas em frente à câmera no papel do "doutor Emile Konig" durante a demorada montagem de abertura de "The Light Entertainment War" (que era, por pura coincidência, o episódio 42) e atravessar a rua vestido de mulher para colocar um míssil em cima de um carrinho de sucata, o tempo de Adams na telinha dava um pouco menos de quinze segundos, mas, ainda assim, era uma honra a mais – principalmente ser espremido em roupas de mulher para virar uma honorária "*pepperpot*"*, criação de mulheres insanas e desalinhadas dos Pythons. Essa oportunidade veio com uma camada extra de prazer para Adams, pois era para o episódio "Mr. Neutron" – a segunda tentativa do grupo de mergulhar fundo em uma narrativa de ficção científica, na qual o pedaço de mau caminho extraterrestre de Chapman tinha a habilidade de destruir a Terra em um relance de seus olhos de laser. Se a morte e o azar dos outros proporcionavam um antigo combustível cômico, aprendeu Douglas, então era impossível provocar gargalhadas maiores do que encenando o apocalipse planetário – a palhaçada definitiva: "Acho que as pessoas pensam que é mais fácil atravessar um cataclismo com uma piada. É uma forma pythonesca de aceitação, recorrendo a uma absurdidade maior".

Uma desgraça mais palpável foi evitada de raspão quando o figurante pegou o volante da van de sua mãe no caminho de volta para casa depois das filmagens daquele dia. Conduzindo a gangue dos Pythons por estradas cheias de neblina após uma agradável noite em um restaurante local, Adams apenas perscrutava a escuridão com incerteza quando Eric Idle observou sabiamente que eles estavam viajando não em uma estradinha secundária, mas na própria rodovia – e indo na contramão! O cavalo de pau desesperado que Douglas deu impediu, por ínfimos segundos, uma colisão frontal e a lenda do fim tragicamente precipitado do Monty Python.

IT DON'T COME EASY**

Com o programa de TV deles finalmente chegando ao fim, cada indivíduo do Monty Python estava ativamente organizando projetos solo: Palin e Jones planta-

---

* O termo "*pepperpot*" foi inventado por Graham Chapman para designar um tipo de personagem frequente nos esquetes do Monty Python: mulheres de meia-idade representadas pelos homens do grupo. Essas matronas em geral estavam acima do peso e vestiam um conjunto desmazelado, completado com um chapéu pequeno e fora de moda. Elas também tinham uma voz esganiçada que soava muito como homens imitando mulheres. As *pepperpots* receberam nomes diferentes nos vários esquetes: sra. Premissa, sra. Conclusão, sra. Fumante, sra. Não Fumante, sra. Coisa, sra. Entidade etc. [N. de T.]

** Música de Ringo Starr. Em tradução livre, "Não vem fácil". [N. de E.]

vam as sementes de *Ripping Yarns*, Gilliam fazia incursões no cinema, e o mais ativo de todos era Idle, laboriosamente preparando o terreno para o *Rutland Weekend Television* – no qual Douglas e Martin Smith foram convidados a atuar, sendo barrados apenas por não serem membros do sindicato de arte dramática Equity. Restou a Adams facilitar a comédia de destaque proposta por Chapman, mas, antes que a dupla conseguisse realmente aprender a trabalhar junto, surgiram outros projetos que exigiam as competências em comum deles. E, como se Douglas não tivesse concretizado desejos suficientes, o projeto mais urgente (e absurdo) à disposição veio de um Beatle de verdade.

Ringo Starr havia sido eleito como o palhaço do grupo muito cedo e consolidou essa reputação fazendo uma pequena aparição descontraída como ele mesmo no último episódio de *Monty Python*, substituindo John Lennon, que estava se recuperando de um acidente de carro. Era inevitável que Ringo e Graham se dariam bem de cara, pois naquela fase ambos eram beberrões inveterados e tinham em comum amigos igualmente sedentos, Harry Nilsson e Keith Moon, com quem Starr havia recentemente esbarrado nas filmagens de uma produção da Apple Films, *O filho de Drácula* – originalmente *Count Downe*. Ringo era fã obstinado de terror e ficção científica e organizou o filme como um musical de Nilsson, estrelando o cantor no papel de herdeiro relutante de Drácula, lutando contra o Lobisomem, barão Frankenstein e seu monstro e toda uma gangue de goblins horrorosos determinados a coroá-lo como rei deles, enquanto Van Helsing o ajudava a virar as costas para o vampirismo e experimentar o amor humano. Starr representou Merlin, conselheiro da família Drácula, por nenhuma razão aparente além da probabilidade de os figurinistas só terem uma fantasia de feiticeiro sobrando. O roteiro original da atriz Jennifer Jayne mal conseguia dar coesão às sequências musicais de Nilsson, e sua atuação monótona, junto com o desempenho notavelmente sem manha de Ringo, não foi um bom augúrio para um lançamento badalado, e o filme logo foi tirado de circulação.

Portanto, foi menos estranho do que parece o fato de Ringo e algumas pessoas da Apple Corps terem pintado na casa de Graham, montado uma mesa de edição Steenbeck para mostrar o filme e instigado o anfitrião, com o auxílio de Adams e McKenna, a improvisar uma trilha sonora engraçada. O trio tentou se convencer a não atender ao pedido. Douglas relembrava seus argumentos: "Não há necessidade, porque o filme não é ruim, na verdade é até muito bom, e essa seria uma maneira de realmente arruiná-lo – esse é um exercício que não tem como dar certo!". Porém, eles arregaçaram as mangas e trabalharam no rebatizado *Dracula's Little Boy*, com Chapman fazendo sua melhor imitação de Ringo, enchendo as partes chatas e idiotas do enredo com tagarelices pythonescas até criar uma trilha pronta e transcrita – ao que o pessoal de Ringo lhes agradeceu e guardou o fruto dos esforços deles para apodrecerem em um mítico arquivo da Apple. O filme nunca mais deu as caras. "Isso é o que você ganha por trabalhar com astros de rock", suspirava Adams.

Teoricamente, um contato muito mais positivo com roqueiros se apresentou a Graham e Douglas em 5 de julho, quando o Monty Python foi convidado a dividir a programação no Knebworth Rock Festival com o Pink Floyd, heróis de Adams, além de Captain Beefheart e outros. A oportunidade de vestir um traje completo de "*gumby*"*, dando apoio ao personagem do coronel anti-idiotice de Chapman enquanto ele preenchia os intervalos entre as bandas, era um sonho para o jovem fã – mas, embora as lembranças daquele dia sejam vagas, tem-se a recordação de que os interlúdios cômicos foram quase alvo de tomates da multidão barulhenta e desordenada.

Outra decepção viria com a encomenda seguinte de Ringo a Chapman e Adams, em 1975 – o roteiro de um especial de TV para promover seu último disco, *Goodnight Vienna*, que havia sido gravado com muitos dos mesmos músicos da trilha sonora de *O filho de Drácula*, e apresentava um tema igualmente nerd, dessa vez sendo pura ficção científica. Agarrando a oportunidade de realizar a ambição de escrever uma comédia científica de formato longo, Douglas trabalhou com Graham para desenvolver o conceito, com base na capa do disco de Ringo – a cabeça de Starr sobreposta ao corpo do alienígena Klaatu, em uma famosa pose do filme de extraterrestre *O dia em que a Terra parou*, de 1951, em pé ao lado do poderoso robô Gort. Para compor uma estrutura à qual pudesse sustentar alguns dos últimos sucessos de Ringo, a recente parceria (sob os pseudônimos de Nemona Lethbridge e Vera Hunt) decidiu que as aventuras ufológicas de Ringo podiam fornecer uma vasta gama de palhaçadas e, coincidentemente, permitir a Adams lançar mão de uma ideia de enredo que havia sido rejeitada pelos diretores de *Doctor Who* no ano anterior.

A experiência de Adams com o Python lhe deu coragem para tentar realizar outra ambição, e ele começou a enviar ideias e esboços ao escritório da produção de *Doctor Who* rapidamente após sua chegada a Londres. A ideia pela qual ele tinha mais apreço era um comentário satírico sobre a mediocridade da sociedade moderna,

---

* Os "*gumbys*" eram um grupo de personagens do Monty Python composto de indivíduos lerdos e vestidos de forma idêntica, com botas de borracha, calças de pescador, suspensórios, óculos redondos e lenços amarrados na cabeça, um estereótipo dos turistas ingleses oriundos da classe trabalhadora. [N. de T.]

semelhante ao seu abrangente desdém pela burocracia e figuras da autoridade medíocres, no qual um planeta resolve seus problemas de superpopulação descartando todos os intermediadores – "Os executivos da publicidade, agentes de relações públicas, produtores de filmes, fabricantes de desodorante, sul-africanos, os Osmonds, David Frost, políticos, coelhinhas... conselheiros de carreira, limpadores de telefone; esse tipo de pessoa" – e mandando-os embora em uma "Arca B", na esperança de que a "Arca A", de grandes artistas, pensadores e líderes, e a "Arca C", de pessoas que realmente faziam as coisas, fossem logo em seguida. Contudo, como o Doutor descobriria, a tripulação superficial do espaço estava destinada a colidir com um sol e já não era sem tempo! O esboço desse enredo havia obtido a primeira de muitas cartas de recusa vindas de seu programa de ficção científica favorito, mas Ringo deu então a Adams uma chance de provar que eles estavam errados e também a oportunidade de desencadear a ação com uma introdução sugestiva:

> **NARRADOR** Era uma vez... há muito, muito tempo em uma terra bem distante, quero dizer, realmente muito longe, quero dizer, você pode achar que da sua casa até a loja de utensílios é longe, mas isso não é <u>nada</u> em comparação com esse tipo de distância...
> Através de um buraco, vemos um enorme pé metálico, que então encolhe, e vemos que ele pertence a um ROBÔ prateado... O ROBÔ anda, atravessa a parede, e atomiza a GAROTA Nº 3 enquanto ela foge correndo.
> **RINGO** Oh! Bem, eu não gostava dela mesmo. Boa tarde.
> **ROBÔ** Você é o Rinog Trars?
> **RINGO** Não, mas é quase isso.
> **ROBÔ** Rinog Trars, eu fui enviado pelos nossos mestres da galáxia de Smegmon para conferir a você os poderes ancestrais da sua raça, os Jenkinsons.
> **RINGO** Acho que você está falando com o cara errado.
> **ROBÔ** Meus circuitos são infalíveis, não pode haver nenhum erro... É perto daqui, eu tive um dia cheio hoje. Venha comigo!...
> **MULHER** Que diabos foi aquilo?
> **HOMEM** Devem ter sido os limpadores de telefone.
> **MULHER** Ah, eu tinha esquecido que era terça-feira.

A ideia de um "limpador de telefone" pode ser um tanto quanto sem sentido hoje, mas Adams certamente tinha birra deles na metade dos anos 1970 – ele também havia escrito um esquete, "The Telephone Sanitisers of Navarone", no qual um bando de rebeldes obstinados ataca um forte e limpa os auscultadores. Limpeza de telefone foi a profissão escolhida para o herói secundário desse especial da TV, até seu novo amigo robô rabugento lhe presentear, por engano, com um estilo de vida completamente novo e um portfólio de habilidades incríveis:

> **RINGO** Mais algum poder?
> **ROBÔ** Sim, você pode ir a boates.
> **RINGO** Ótimo!
> **ROBÔ** Você pode escrever sitcoms para a televisão.
> **RINGO** (EM DÚVIDA) Hummmm...
> **ROBÔ** E você pode compor arranjos florais bem bonitos.
> **RINGO** Isso será útil.
> **ROBÔ** E, simplesmente fazendo assim (ELE DÁ UM ACENO DE MÃO), você pode destruir o universo inteiro.
> **RINGO** Como, só assim?
> Ele começa a acenar com a mão. A tela treme.

Após uma quantidade de aventuras que levavam à Roma Antiga e a uma velha garagem imunda, cujo dono (um papel reservado para Keith Moon) alegava ser um porto espacial, Ringo e o Robô finalmente chegam a uma nave desconhecida...

> Eles estão em uma área com um solo recurvado que sugere uma centrífuga. Salpicados em volta dele estão sarcófagos futurísticos, cada qual com seu sofisticado sistema vital – como em *2001: uma odisseia no espaço*.

> **RINGO** Deve haver um manual em algum lugar... (LENDO EM VOZ ALTA UMA PLACA E ENFATIZANDO A PALAVRA "RON") Espaçonave Ron – Frota B, unidade 3 – Cápsula 7 – Limpador de telefone classe 4. Engraçado, uma vez eu tive um colega que se chamava assim... Cápsula. Ele era um sujeito estranho... Não tinha sido batizado Cápsula – o nome verdadeiro dele era Lonsdale Cowperthwaite. Nunca descobri por quê.

Eles são pegos por trás por guardas paramilitares. Um deles toca no braço do ROBÔ, que se acende novamente com as palavras "zona erógena". O rosto do ROBÔ irradia uma luz vermelha de novo... Nesse momento, eles já chegaram à ponte da nave... O CAPITÃO está sentado em uma cadeira, da qual só vemos o espaldar...

NÚMERO 3 Capitão, os intrusos estão aqui.
CAPITÃO Bem, gim e tônica para todos eles!
NÚMERO 3 Não deveríamos interrogá-los primeiro?
CAPITÃO Por quê? Eles não gostam de gim e tônica? Talvez eles prefiram beber outra coisa?
RINGO Não, gim e tônica está ótimo.
ROBÔ Para mim também...
Então o CAPITÃO gira a cadeira, e vemos que ele está vestido como um peru muito grande e realista.

Entre a predileção do Capitão por gim e tônica e a fantasia de peru, os escritores de comédia esporádicos pareciam cientes da arca na qual eles provavelmente seriam colocados. Porém, não haveria desfecho para o conceito reciclado de *Doctor Who* aqui – a odisseia espacial errante de Ringo se concluía com o Robô virando goela abaixo o gim, tendo seu coração de metal partido por um caranguejo espacial, antes de a chegada do verdadeiro Rinog Trars provocar o aniquilamento total do universo inteiro com um único aceno de mão.

O primeiro rascunho que sobreviveu pecava, óbvio, por falta de coerência – era essencialmente uma série de concatenamentos entre as músicas de Ringo – mas, ainda assim, era uma das melhores coisas que Chapman e Adams haviam escrito juntos, um teste de simulação muito sólido para o *Mochileiro* e mais engraçado (o que não era difícil) do que a versão final do especial da TV americana de Ringo, que repetiu o conceito da dupla. Chapman reclamaria que o programa foi por água abaixo porque os executivos da TV não conseguiram entender as piadas e que ele ficou inacabado demais, mas Adams atribuiria a culpa a outra pessoa – a um dos seus quatro maiores heróis de todos os tempos: "O programa não foi realizado, em parte, por causa das várias dificuldades de Ringo – o músico perdeu o interesse nele – e também porque o acordo não deu certo, tanto de um lado como de outro. A coisa poderia ter ido adiante se ele quisesse lidar com os transtornos. Mas ele não quis".

THE END OF THE ROAD SHOW

Quase único dentre os projetos Chapman/Adams, tendo sido feito e transmitido de fato, estava "For Your Own Good", uma simples meia hora bem feijão com arroz para a segunda temporada da sitcom *Doctor on the Go*, de Humphrey Barclay, na LWT. Nela, a vida do dr. Dick e seus colegas são viradas do avesso com a chegada do pai insolente e rico de um dos rapazes à ala do hospital em que trabalham. Até esse projeto foi uma luta para chegar às telinhas, o único de diversos roteiros coescritos a ser aceito, não obstante a posição de editor de roteiro ser do leal amigo Bernard McKenna. Com a versão radiofônica do seriado de Richard Gordon sendo produzida com êxito por David Hatch – outro velho amigo de Cambridge de Graham –, a encarnação televisiva de Barclay fez bom uso de Cleese e do dr. Chapman como adaptadores ideais de sitcoms, junto com Bill Oddie e o dr. Graeme Garden, além de outros. Um aperto financeiro, no entanto, fez Cleese decidir começar a escrever por conta própria mesmo fora do Monty Python, deixando Chapman na mão e ávido para presentear o jovem Douglas com o mesmo poder incrível de escrever sitcoms que Rinog Trars. Uma sitcom na ITV, na qual um elenco brandia estetoscópios e piscava para a câmera a cada sequência de abertura, não foi um terreno fértil para Adams, mas Chapman pelo menos mostrou ao seu protegido como ele conseguia pagar algumas contas com 25 minutos de humor médico levemente vulgar. É um debate ainda em aberto se os ancestrais médicos ou os empregos de verão de Adams foram de grande ajuda, mas o episódio resultante, pelo menos, foi transmitido em fevereiro de 1977, e Adams até permaneceu lá para os ensaios, acompanhando o processo do roteiro até as telas.

  Contudo, o que mais importava naquela época – e vinha sendo montado e aperfeiçoado muitas vezes – era o voo solo do grande Chapman. Os planos solo dos outros Pythons estavam progredindo admiravelmente, e Graham não podia ficar para trás – Adams havia, porém, entrado por sorte na gravação do piloto da nova sitcom de seus heróis Cleese e Connie Booth, *Fawlty Towers*, e, confiante, declarou que ela era uma total bagunça, cheia de sequências frouxas e sem chance de sucesso. Essa surra teria sido uma espécie de alívio para qualquer Python competidor, se o veredito de Douglas não estivesse tão drasticamente errado. As ambições de Graham eram, porém, mais modestas – Chapman e Adams tinham uma cacetada de ideias que haviam sido boladas na esperança de uma quinta temporada do Monty Python, e ele não desejava muito explorar seus talentos fora de comédias de esquete televisivas naquela fase. O que Graham queria mesmo era continuar com certa "normalidade", exceto, naturalmente, com ele agora no centro do palco.

Apesar do hábito de Adams, agora quase indispensável, de começar com uma narração agourenta de ficção científica vinda de um lugar muito longe do universo, a visão de Chapman para *Out of the Trees* – originalmente intitulado *The End of the Road Show* [O show do fim da estrada] – era mais pé no chão: a ideia era que cada esquete seria costurado a partir das reflexões de dois linguistas viajantes. Porém, o único episódio a ser feito (que Chapman tinha a intenção de transformar no segundo episódio do seriado) mostrou mais sinais do estilo de Adams em seu decorrer, apesar de McKenna se envolver no último minuto para pôr o texto nos trinques, controversamente (e ingramaticalmente) começando e terminando com as palavras "do que":

> Filme de arquivo de galáxias etc. Seguido por planetas, seguido pela Terra.
>
> **LOCUTOR** Do que o universo, uma infinidade de galáxias poderosas, dentro de cada galáxia uma miríade de sistemas estelares poderosos, dentro de cada sistema estelar uma multiplicidade de planetas poderosos e, em um desses planetas poderosos, o poderoso trem elétrico da British Rail...

Esse trem levava o que teria sido o elenco do seriado, que Douglas havia garantido que incluía seu grande defensor Simon Jones no papel da metade de um jovem casal apaixonado e, na pele de um garçom mal-humorado, um ex-membro do Footlights de uma safra um pouco mais antiga: Mark Wing-Davey, filho da atriz Anna Wing, que dispôs de pouco tempo para provar seu talento na telinha, mas construiu uma grande amizade com Adams durante a produção. Muitos esquetes da escola pythonesca abordavam, de uma forma ou de outra, os obstáculos insignificantes que a vida ergue em nosso caminho, tradicionalmente opondo dois personagens típicos – um antagonista indiferentemente não cooperativo e um protagonista cada vez mais desesperado. Sem esse eterno diálogo cômico, de desespero e obstrução, o *Mochileiro* teria uma duração de cerca de dez minutos. Esse primeiro encontro de Jones e Wing-Davey em videocassete, embora fosse uma discussão incontestavelmente vulgar, mostrou que ambos eram perfeitos para os papéis tradicionais. Uma explosão de raiva do frustrado Jones dava uma prévia perfeita do estilo de Arthur Dent:

RAPAZ Eu gostaria de um sanduíche também, por favor.

GARÇOM Pensei que quisesse café... Eu queria que você se decidisse.

RAPAZ Que tipos de sanduíche você tem?

GARÇOM Bom, tem... é... de queijo e tomate...

RAPAZ Tá, o que mais?

GARÇOM Como assim, "mais"?

RAPAZ Bom, quero dizer, o que mais além de sanduíches de queijo e tomate?

GARÇOM Achei que você quisesse um sanduíche...

RAPAZ Olha, dá para você escutar, por favor? É muito, muito simples!

GARÇOM Estou escutando, meu chapa, vai lá e pega você o seu café e seus sanduíches, eu tenho mais o que fazer, seu monte de bosta!

As conversas dos passageiros do trem remetiam a muitos esquetes do programa, os quais todos se encaixariam perfeitamente em um contexto do Python. Adams tinha visível orgulho de uma notável paródia histórica: "Minha sequência preferida daquele programa era um esquete muito bacana sobre Gêngis Khan, que tinha se tornado tão poderoso, importante e bem-sucedido como conquistador que realmente não tinha o menor tempo para conquistar mais nada, pois estava constantemente ausente consultando seus conselheiros financeiros e tal — era, em parte, um reflexo do que Graham resmungava a respeito dos demais membros do Monty Python...". Ambos os escritores foram estranhamente evasivos sobre o alvo aqui, mas, sem dúvida, Khan era uma ridicularização direta e penetrante da atitude autoritária e *blasé* de Cleese em relação a sua própria agenda. Desde o início de sua carreira, os colaboradores de Cleese tinham de aprender a se preparar psicologicamente para seu cronograma detalhado, sua insistência para ter repouso e recuperação regularmente e sua permanente angústia de nunca ter tempo para si mesmo. *Out of the Trees* contém, discutivelmente, uma quantidade de alfinetadas aos outros Pythons (tem um escoteiro com verborreia que parece remeter a Palin). Tendo sido riscado da agenda de seu ex-parceiro pouco tempo antes, não era de se espantar que Chapman estivesse disposto a transformar seu antigo amigo em fonte de risos catártica:

Khan entra em sua tenda.

KHAN Ah, meu caro, que batalha foi essa?

OGDAI A Batalha de Samarkand, ó Khan!

KHAN Ah, meu caro, eu realmente não consigo mais distinguir. Nós ganhamos?

OGDAI Ganhamos, ó Khan, foi uma vitória esmagadora!

KHAN Depois de vinte anos nessas batalhas de meia hora, eu realmente tenho a impressão de que deve haver algo mais importante na vida...

OGDAI Precisamos continuar a ofensiva na Pérsia e então estaremos preparados para dominar o mundo inteiro!

KHAN ... Quando?

OGDAI Amanhã!

KHAN Ah, veja bem, amanhã vai ser complicado, sabe, porque eu ia dar uma palestra sobre técnicas de carnificina em Bucara semana que vem, e tinha pensado em prepará-la justamente amanhã.

OGDAI Ih, você não pode adiar?

KHAN Olha, acho que não, sabe, eles me pagaram muito bem por ela, então estou meio comprometido.

OGDAI Quarta-feira?

KHAN Bom, ainda não tenho nada marcado, mas tenho certeza de que vou ter alguma coisa para fazer na quarta, então melhor nem marcar... Acho que vou estar livre por volta das 4h, mas eu estava querendo sair cedo para emendar no final de semana, então deixa eu ver... não! Sinto muito, R&R.

OGDAI O quê?

KHAN Repouso e recuperação. É a única coisa de que eu não abro mão!

Talvez o esquete mais memorável da meia hora (não por ajuda da BBC, que apagou as fitas, de modo que apenas os trechos filmados sobreviveram até uma cópia gravada pelo próprio Chapman ser doada ao National Film and Television Archive) tenha sido "The Peony Incident", que, novamente, apresentava Jones como um jovem amante, além de Adams em outro pequeno papel anônimo, como assaltante. Inspirado em uma briga genuína vivida uma tarde entre

Graham e seu namorado, David Sherlock, o gesto da namorada de Jones de arrancar negligentemente uma flor desperta a violenta ira da força policial local, provocando confusões e mais confusões histéricas, até um total ataque nuclear internacional ser a única solução:

> Filmagens de arquivo de explosões, lançamento de mísseis, devastação.
> **SIMON** (Voz em off) Peraí, o mundo parece estar acabando!
> Uma nave espacial comprida e vermelha, como em *UFO*, de Gerry Anderson, aproxima-se da Terra fumegante. Dois alienígenas vestindo roupas espaciais estão dentro dela.
> **ALIENÍGENA 1** Chegamos tarde demais! Chegamos tarde demais! Eles cortaram a peônia! A missão falhou! Impossível efetivar a prevenção do corte da peônia!
> A Terra explode.

Mesmo pelos padrões de ficção científica da BBC nos anos 1970 os efeitos especiais do programa eram assombrosamente rudimentares, mas o orçamento modesto não impediu a filmagem da comédia, que Adams descrevia como "apenas semibrilhante", e foi uma pena nenhum seriado ter dado continuidade à trama. "Ele era bom em algumas partes, excelente em algumas partes... e também horrível em algumas partes", dizia Douglas. "Nada mais foi feito simplesmente porque os Pythons começaram tudo de novo em filmes... e Graham ficou envolvido com isso." O fato de esse período ter sido o epicentro da luta de Chapman contra a bebida não deve ter ajudado – *Out of the Trees* foi gravado no outono de 1975, poucos meses depois de sua experiência assustadoramente dipsomaníaca quando representava o rei Artur em *O Cálice Sagrado* –, e ele sabia que um dia teria de parar de beber – ou morrer. Em parte por ele estar trabalhando com outro colaborador, David Yallop, houve certa confusão sobre se mais um ou dois outros episódios do programa haviam sido escritos, mas Adams recordava: "O segundo episódio nunca foi feito, embora houvesse algumas coisas legais nele. Meu esquete preferido se chamava 'A Haddock at Eton' e falava sobre um peixe que havia obtido uma vaga na Eton para mostrar que a escola estava se tornando mais igualitária. E acabava sendo terrivelmente tiranizado lá...".

Entre inúmeros empregos temporários e, óbvio, sua característica determinação de despontar como escritor solo, Douglas simplesmente não podia se dar ao luxo de ficar à disposição de Graham por muito mais tempo, fosse ele um Python ou não. A gota d'água foi uma miscelânea despropositada de memórias e fantasias de Chapman em livro, *A autobiografia de um mentiroso*, que foi começada com Adams, mas, no final, tinha um total de quatro créditos de coautoria e, fora uma aparição passageira saindo de uma espaçonave em forma de cigarro e uma menção a Stalbridge para desviar a atenção do local de nascimento de Chapman, havia poucos vestígios de Adams em suas páginas. Muito cedo na produção do livro, o jovem e agoniado colaborador havia sido forçado a romper sua associação profissional com Chapman por meio de uma carta, reproduzida na autobiografia oficial do Python:

> Soube por Jill que, mais uma vez, você não está se sentindo bem para trabalhar pelo resto da semana. Essa situação já vem se arrastando há tanto tempo, e tão pouco foi de fato realizado, que só posso supor que o projeto do livro está muito, muito no final da sua lista de prioridades. Visto que se tornou totalmente impossível para mim acreditar em você quando diz que vamos começar amanhã ou semana que vem ou mesmo qualquer dia, tive de assinar um contrato de emprego que eu não podia me dar ao luxo de recusar... Terei dias de folga ocasionais, que estarei disposto a passar gravando matéria-prima com você em fitas, a partir das quais poderei trabalhar em casa depois. Se isso não lhe convier, então o projeto vai ter de esperar até setembro – eu sei que é tarde, mas eu estive pronto e disposto a trabalhar durante muito tempo, e nada foi feito. Ao mesmo tempo, estou tentando lançar minha própria carreira, e a frustração constante e o anticlímax de intermináveis dias cancelados ou desperdiçados fazem com que seja muito difícil eu me concentrar nela. Se você quiser mesmo escrever o livro, vamos combinar então uma data definitiva para escrevê-lo, mais para a frente este ano. Se você não quiser escrevê-lo, então é decisão sua. Espero que a desintoxicação esteja indo bem. Afetuosamente, Douglas.

A carta não estava datada, mas pressagiava uma perda de fôlego geral daquela associação sempre chocha por volta do final de 1975. "Eu e Graham quase chegamos a brigar feio por causa da autobiografia dele", dizia Adams. "Na verdade, ele experimentou cerca de cinco coautores, dentre os quais eu fui o primeiro. E, sério, eu pensava que não ia dar em nada, porque achava que era impossível fazer aquele tipo de coisa em dupla. Acredito que tem uma parte muito ruim [no livro], que foi aquela que eu e ele escrevemos juntos."

Inicialmente, admitia ele, "Eu pensei 'Meu Deus, é fantástico, é maravilhoso!'. Mas Graham, naquela fase – que foi bem documentada, então não estou sendo desleal – estava passando por problemas razoavelmente sérios com a bebida. No final do ano, uma enxurrada de boas ideias foi desperdiçada, e não muita coisa tinha sido realizada para valer... Quando tomamos caminhos separados, tivemos uma discussão. Não consigo lembrar direito sobre o que foi, mas ficamos definitivamente abalados um com o outro durante algumas semanas ou meses mais ou menos. Embora tenhamos feito as pazes depois disso, nunca mais ficamos tão próximos". Um dia particularmente estranho de outubro assistiu a uma reunião extraordinária entre o letrista Tim Rice, o animador Bob Godfrey, um Graham quase de porre amnésico, Bernard e Douglas. Graças a uma cadeia de complicados direitos audiovisuais, englobando os gigantes da indústria Beryl Vertue e Robert Stigwood, foi exigido um roteiro para uma adaptação do *Guinness Book of Records* para o cinema. Chapman foi apontado para escrevê-lo, mas se mostrou tão desinteressado quanto bêbado. McKenna relembrou Adams balbuciando seu eterno amor por Chapman no táxi de volta para casa e ficando muito aborrecido quando todos explodiram em gargalhadas. Aquele tipo de dia perdido não podia continuar para sempre.

Seguindo entusiasmadamente o caminho traçado para seu estrelato de escritor-artista, Adams estava sobrecarregado com muitos projetos simultâneos para ficar sentado de bobeira como antes. Acima de tudo, ele finalmente havia encontrado um colaborador com quem podia trabalhar de igual para igual e que, além disso, nutria a mesma obsessão pela qualidade e não alimentava a imensa capacidade de procrastinação de Adams com gim e palavras cruzadas.

TALVEZ UM DIA EU SIMPLESMENTE SURPREENDA O MUNDO

Embora apenas simpatizassem moderadamente um com o outro em Cambridge, à medida que o círculo social de comédia que eles frequentavam em comum na capital os aproximava, e sendo que eles matavam o tempo no The Angel ou na hamburgueria Tootsies, em Notting Hill, Douglas Adams e John Lloyd desenvolveram uma intimidade fraterna talvez sem paralelo em suas vidas pessoais e profissionais. Em 1975, possivelmente em um daqueles almoços de bebedeira em botecos, Bernard McKenna ofereceu os quartos de criança da casa que ele possuía em um bairro relativamente chique, Greencroft Gardens, pertinho de West Hampstead, para os dois. Não demorou muito para os novos locatários porcalhões – aqueles que tocavam rock extremamente alto e pareciam nunca abrir as cortinas – começarem a encontrar uma maneira só deles de bater piadas juntos na máquina de escrever: um relativo luxo para Adams depois do papel de babá que ele fez ao trabalhar com Chapman. Uma das coisas que mais uniram a dupla foi quando eles perceberam que ambos eram ardentes amantes de ficção científica – na verdade, Lloyd era mais versado e apaixonado tanto por ciência fatual como por ficcional naquela época, mas a dupla discutia e refletia sobre as peculiaridades teóricas do universo e da existência até de madrugada.

Uma diferença crucial entre os dois amigos era que Douglas raramente precisava botar o relógio para despertar de manhã, enquanto John tinha de acordar com as galinhas e chegar cedinho ao trabalho no departamento da LE na BBC, onde estava rapidamente estabelecendo uma reputação sem precedentes como produtor com um ouvido de ouro, especialmente em edições minuciosas. Lloyd não havia abandonado por completo as artes cênicas, mas, desde que havia sido incentivado por David Hatch a entrar no "emprego de faxineiro de comédia" que era ser produtor, sua aptidão natural combinada com uma forte ética profissional o haviam colocado no caminho para ser um dos criadores de programa mais prolíficos e bem-sucedidos da história da empresa, dando mais vida a *Just a Minute* e pilotando programas de longo prazo como *The News Huddlines* e *The News Quiz* até alcançar a excelência. Sempre na função de "podador", John também dirigiu o espetáculo do Footlights daquele ano, *Paradise Mislaid*, que, mais uma vez, lançou mão de alguns textos restantes de Adams-Smith-Adams, embora os mesmos tenham passado despercebidos – escapando, pelo menos, do fiasco de ampla repercussão de *Chox*.

Nesse meio-tempo, quando não estava desperdiçando preciosos dias de trabalho no The Angel, Adams também continuava trabalhando no teatro, e um novo espetáculo com Martin e Will foi agendado para uma estreia outonal em um local pequeno no West End, hoje jogado às traças como o Stringfellows, mas naquela época conhecido como Little Theatre. No entanto, esse não era um original de Adams-Smith-Adams, mas sim a primeira e última criação de Renard-Adams--Smith-Adams. Gail Renard era uma ruiva brilhante e ambiciosa vinda do Canadá que também havia escrito para *Doctor on the Go*, entrando para a lista de clientes da agente Jill Foster, com o apoio de Cleese em vez do de Chapman. A decisão de trazê-la para o grupo Adams-Smith-Adams como membro integral não foi decepcionante. Enquanto o quarteto costurava a peça *So You Think You Feel Haddocky* (esse título horrível, que significa algo como "Então você acha que está se sentindo peixento", ganhou passe livre, pois vinha diretamente de Chapman), os pobres e ambiciosos cômicos colocaram a mão na massa juntos, fazendo vaquinha para repartir desesperadamente refeições e sopas instantâneas minúsculas, divididas com precisão durante os ensaios, todos jovens o bastante para terem a esperança de que o projeto deles se tornaria "a próxima febre do momento".

Renard também era fanática pelos Beatles — tendo conseguido, notavelmente, combinar uma entrevista com John e Yoko quando ela era adolescente – e é improvável que aquela mistura inebriante de beleza, ambição, fabulosidade e quase desnutrição não tenha surtido um potente efeito em Douglas, mas qualquer tentativa de levar isso em frente certamente foi rejeitada. De acordo com Gail, uma iniciativa desajeitada de Adams fez, sim, com que os dois ficassem sem se falar durante um bom tempo, mesmo enquanto a peça estava em cartaz. Outra conversa relembrada por Renard ocorreu quando Douglas voltou do passeio que fez pela Grécia no verão de 1975 – sim, ele estava duro, mas férias, especialmente nas ilhas gregas, tendiam a ser mais importantes do que comida para Douglas e, claro, parcialmente acessíveis ao orçamento dele graças a seu hábito de pegar carona. Chegando ao primeiro ensaio depois da viagem, Adams espreguiçou seu 1,96 metro com um bocejo e perguntou à companhia se eles já haviam cogitado sobre os benefícios de viajar de mochilão pela galáxia. Claramente, aquela ideia nunca estivera enterrada tão fundo no seu inconsciente quanto ele com frequência afirmava.

So You Think You Feel Haddocky não mudou a vida de ninguém. Embora o quarteto tenha continuado a fazer algumas tentativas de deslanchar como companhia de comédia, elas não foram mais longe do que algumas reuniões sobre um possível programa de TV infantil. No final, o grupo faliu – era o fim definitivo da estrada para o trio rebeldemente formado Adams-Smith-Adams, embora o crédito por aquele famoso esquete voltasse à tona de vez em quando. Os "clássicos" foram desenterrados em *Who Dares Wins* [*Quem ousa ganha*], de 1981, pressagiando o espetáculo *An Evening Without* (sem mencionar o programa *Injury Time*, associado à Radio 4), e retrabalhados em *The Utterly Utterly Definitive and Pretty Damn Amusing Comic Relief Revue Book* [*O total, absoluto e incrível pra caramba livro revista da Comic Relief*], de 1989.

Um choque de realidade se impôs a Adams quando ele aceitou um emprego inesperado, mas oportuno para amenizar suas dívidas, como guarda-costas de um xeique árabe e de sua família, que eram tão alucinantemente ricos que podiam se dar ao luxo de pedir tudo o que havia no cardápio do Dorchester Hotel toda noite para ver quais comidas lhes apeteciam e depois mandar pedirem entrega do McDonald's. Tudo o que Adams, com sua natureza pacífica e físico chamativo, tinha de fazer era ficar sentado do lado de fora da suíte da família durante doze horas seguidas e parecer imponente – a qualquer sinal de perigo, óbvio, ele não teria a mínima ideia do que fazer, exceto, talvez, afiar um comentário convenientemente contundente. Era uma pura chatice – a noite inteira, ele ficava lá mofando com um livro, tentando manter sua sanidade mental toda vez que o elevador computadorizado do hotel chamava sua atenção aleatoriamente, ao parar em cada andar e se abrir com um desejo de servir pré-programado e sem malícia, berrando uma música ambiente para o guarda-costas entediado, antes de subir ou descer para outro andar. Em um dia inesquecível, quando estava amanhecendo, um segurança exausto, perambulando pelo corredor, chegou até ele e reclamou que podiam, pelo menos, deixá-lo ler no trabalho. Quando já não aguentava mais, Douglas passou o emprego para Griff, outro que não tinha um tostão no bolso, mas o Mingo ainda mal conseguia ganhar um troco com suas comédias.

Outro bico, que tinha mais a ver com as ambições de Adams naquela época, foi alguns dias trabalhando como aderecista em um dos filmes de treinamento de John Cleese para a Video Arts – nesse caso, um sobre contabilidade. Quase não valeria a pena mencionar esse breve emprego se não fosse o fato de que o estressado dedilhador de ábaco representado por Cleese se deparava com dificuldades para encontrar a resposta de uma soma irritante – e tinha de ser um numeral divertido. Durante a pausa, uma certa dose de debate eclodiu sobre qual seria, na verdade, o número de dois dígitos mais engraçado. Cleese sustentou que ele e Chapman uma vez haviam chegado à conclusão de que não havia número mais engraçado do que o 42, e, portanto, tinha de ser aquele.

Em meio a trabalhos temporários, Lloyd e Adams tinham uma quantidade de ideias no gatilho, algumas sendo ideias próprias de esquetes aplicadas a sitcoms – *Knight & Day* era um conceito de classe média um tanto quanto convencional, inconscientemente surrupiado de Gilbert e Sullivan, no qual "uma dupla bizarra e original" dividia um apartamento com uma cama de solteiro, um dos caras trabalhando à noite e o outro de dia, com resultados potencialmente hilários. Douglas também havia bolado a ideia de dois guardiões de farol brigões que separavam o alojamento deles ao meio, bem ao estilo de *Steptoe & Son*. Esses conceitos foram combinados em uma base muito mais sólida para uma sitcom, inicialmente uma peça cômica, que apresentava de novo um dueto masculino conflituoso – *Sno 7 and the White Dwarfs*, que, sem dúvida, foi desenvolvida mais adiante graças à mistura de comédia e ficção científica que entusiasmava os dois escritores. Lá em cima, no Círculo Ártico, dois astrônomos, o maníaco por limpeza Nigel e o desmazeladamente relaxado Simpson – inacreditáveis protótipos de Rimmer e Lister, de *Red Dwarf* –, passavam os dias contemplando as estrelas e dando nos nervos um do outro:

> **NIGEL** Simpson... você se lembra de quando nós dois deixamos Cambridge? Você foi indicado como potencialmente o maior astrônomo da nossa geração – você se lembra disso?
> **SIMPSON** (RINDO DESDENHOSAMENTE) Pois é, alguém talvez tenha dito isso.
> **NIGEL** Então, o que você está fazendo?
> **SIMPSON** Bom, pelo menos não estou recebendo o título de cavaleiro, já é um consolo. Embora um dia eu possa recebê-lo, nunca se sabe. Talvez um dia eu simplesmente surpreenda o mundo. Ou encolha e desapareça por completo – realmente não me importo, tanto faz de um jeito ou de outro, contanto que seja divertido...
> **NIGEL** Tudo o que você faz é deliberadamente calculado para me irritar!
> **SIMPSON** Não! Toda vez que eu faço alguma coisa você simplesmente calcula como ficar irritado com ela!

A localização dos cientistas poderia ter fornecido contexto para um monte de enredos com temas científicos, incluindo um em que eles descobrem que executivos de publicidade intergalácticos designaram o nosso Sol como ponto final da campanha via supernova deles, que divulgaria pelo universo um instigante e borbulhante *slogan* de arrebatar: "AS COISAS VÃO MELHOR COM BULP!"* (outra ideia coincidentemente repetida no primeiro romance de *Red Dwarf*). Havia também uma sequência envolvendo uma máquina projetada para analisar qualquer objeto e que vivia insistindo que o hamster de Nigel era uma salsicha, mas o dueto de escritores ficou desapontado ao conhecer em uma festa um astrofísico que lhes disse que, na verdade, já existia uma máquina do tipo.

---

* Referência a um *slogan* da Coca-Cola de 1963. [N. de T.]

Nenhum desses projetos deu em nada – a resposta típica da BBC a qualquer ideia envolvendo espaço era que ficção científica era "muito anos 1950", o que, retrospectivamente, lembra muito a Decca insistindo com Brian Epstein que "guitarras estão saindo de moda" uma geração antes. John e Douglas saíram ganhando mais ao retomarem um projeto abandonado – quer dizer, sequer começado – por Chapman, o roteiro para o filme do *Guinness Book of Records*. Tendo carta branca, eles propuseram um confronto intergaláctico muito tolo, no qual uma frota invasora de vilões extraterrestres desafia a raça humana – o secretário-geral da ONU era John Cleese – a participar de uma competição pela própria sobrevivência da humanidade. Qualquer tipo de esporte, corrida, salto à distância ou com vara, ou façanha atlética, seja qual for a espécie, é vencido sem esforço pelos alienígenas, geneticamente superiores. No entanto, os humanos vencem no final graças a suas grandes proezas na corrida com ovo na colher, no concurso de comer picles, na competição de andar de costas ou em qualquer uma das milhares de artimanhas para quebrar recordes inúteis e bizarros. O projeto do filme foi por água abaixo justamente quando a dupla de escritores tinha a esperança de ganhar deles na lábia umas férias para irem escrever em algum lugar exótico de graça, o que teria sido uma lufada de ar fresco para o moral de Adams, enquanto Lloyd, é claro, continuava tendo seu emprego diurno. Adams já estava aprendendo a prever a eterna reclamação de que não havia "nenhum mercado para ficção científica".

Outra coisa que John tinha e que Douglas parecia não conseguir arrumar era uma namorada – no caso, a irmã de Griff, Helen Rhys Jones – e, no começo de 1976, o casal decidiu encontrar um lugar para morar junto. Eles acharam uma excêntrica república em Roehampton, uma casa da alta sociedade arcaica que pertencia a uma velha senhora que havia mantido seus tecidos de chita com crochês e atavios por toda parte – e, óbvio, Douglas foi morar com eles. Lloyd relembra aquela época como relativamente feliz. Ele voltava para casa após um dia cheio no escritório, com frequência trazendo o jantar – o mais comum era ele comprar, vamos dizer, uns dois patos para assar, dos quais um servia de isca somente para o esfomeado Douglas comer enquanto ele botava a mesa para os três. Para John, aquele lar feliz só foi estragado quando eles colocaram um anúncio para arrumar um quarto locatário. Um americano com transtornos obsessivos-compulsivos agudos se mudou para lá e acabou arrancando todos os carpetes por eles serem "fedorentos" e atacando o jardim com uma motosserra por ele ser todo desorganizado.

As lembranças de Douglas com relação a Roehampton não eram tão doces. De fato, a casa – principalmente o estranho quarto dele, que era um labirinto de guarda-roupas, sete no total – fornecia o cenário da espiral que abatia o escritor em dificuldade, à medida que a tortura diária de ser deixado em casa, sem nenhum trabalho pago no horizonte e nada fluindo de sua caneta ou da máquina de escrever, começava a causar estragos. Notavelmente, seu único prazer, que combinava procrastinação e conforto, além de propiciar uma suposta fonte de inspiração, era um bom banho quente – ou melhor, vários banhos quentes, todo santo dia. Adams fumava desde muito jovem, escapando das garras do tabaco apenas de forma intermitente, e, tendo influências tão psicodélicas, não é nenhum choque saber que seu tabaco muitas vezes era misturado com coisas mais pesadas (embora ele apenas admitisse oficialmente que fumava maconha "meia dúzia de vezes por ano", afirmando, em outras circunstâncias, que era "um garoto de vida limpa"). Ele brincava que já havia experimentado um pouco de cocaína, apenas como estratagema para destruir seu septo, visto que, de qualquer forma, seu nariz infamemente deformado não passava de um elemento decorativo, ao passo que o álcool e carros velozes talvez tenham se tornado vícios ligeiramente mais aditivos uma vez que ele havia ficado rico o bastante para bancá-los. Porém, mais do que qualquer outro prazer, os banhos eram algo à parte. Ele era perfeitamente capaz de encher a banheira logo ao acordar de manhã e passar o dia inteiro se transformando em uva passa, apenas substituindo a água de vez em quando, e vagabundear pela casa de roupão até chegar a hora de ficar novamente de molho no banho, onde ele permanecia, divagando e esperando alguma coisa acontecer. "Eu estava convencido de que tinha minhas melhores ideias no banho", dizia ele, "então, eu me levantava de manhã, entrava no banho e ficava ali deitado até ter uma ideia. E, óbvio, uma vez que eu tinha saído, me enxugado e vestido a roupa e tal, eu já tinha esquecido o que era, então eu tomava outro banho para me lembrar."

Quando Lloyd chegava em casa à noite, cumprimentando seu companheiro de casa escrupulosamente limpo com o já estabelecido termo semiafetuoso de "Vasta Criatura", em geral ele descobria que nada digno de nota havia sido escrito e tinha de recorrer à sua própria animação e ética profissional para que começassem o turno da noite juntos. Essa não era a única maneira como "Johnny", incontestavelmente atraente, causava devastação acidental no crescente complexo de inferioridade de Adams. Ao longo de sua vida, rico ou pobre, Douglas nunca teve problemas para arrumar namoradas, mas não podia competir com Lloyd, que, quando não estava em um relacionamento, tinha fama de estar constantemente acumulando encontros com mulheres bonitas, espremidos entre sua agenda extremamente cheia de programas de comédia e responsabilidades de produção e suas próprias atividades de atuação cênica e escrita. Não é sensato para nenhuma obra sobre história da comédia demorar-se muito em assuntos libidinosos, mas não é nenhuma novidade o fato de haver competitividade sexual entre dois bons amigos com vinte e poucos anos. Douglas e John eram, indiscutivelmente, competitivos, fosse no papel, na cama ou em jogos de tabuleiro. Porém, enquanto Adams era mais do tipo que tocava os dois lados de um disco do Pink Floyd para uma garota e tentava deslumbrá-la com humor filosófico, Lloyd, sendo alto, mas não desengonçado, e tendo olhos azuis penetrantes – enquanto os de Douglas eram castanhos e tristes –, fazia mais sucesso com o sexo oposto, e isso incomodava claramente os hormônios em ebulição de Adams. Um exemplo particularmente doloroso de sua fanfarronice imatura foi relembrado com diplomacia por Mary Allen em *Wish You Were Here*: Douglas havia ficado gamado por uma conhecida e, sem sutileza, deu um jeito de fazê-la se juntar ao seu círculo íntimo de amigos nas famosas férias em Corfu, que inspiraram a série de livros *Liff*. Os planos românticos de Douglas requeriam uma distribuição de quartos atrapalhada e constrangedora... que não adiantou nada, pois, no fim das contas, John foi para a cama com a desejada convidada. Parece inapropriado dar detalhes, mas episódios como esse definitivamente alimentaram ainda mais a natureza intensamente competitiva da amizade de Adams com seu colaborador mais próximo, e ele não era do tipo que esquecia algum dia ou perdoava por completo o menor amasso em sua armadura que fosse causado por John Lloyd.

O CAMINHO DO HOMEM SIMPLES PARA O DESGOSTO

Na metade de 1976, Douglas ficou temporariamente animado por ter uma chance de superar John quando foi escolhido em uma pré-seleção de footlighters potenciais para voltar e dirigir a peça da May Week daquele ano, um esforço conscientemente punk intitulado *A Kick in the Stalls* [*Um chute nos estábulos*]. Embora tenha sido eleito para a função em grande parte porque a votação havia sido realizada pouquíssimo tempo depois da única transmissão de *Out of the Trees*, nosso Mingo via a peça como uma forma de absolvição atrasada após a profunda decepção de *Chox,* e debandou para a sua antiga universidade, determinado a construir um espetáculo dessa vez digno de seus próprios padrões elevados.

Como era de costume, o nome e o estilo da peça não cabiam a Adams – enquanto fã de rock progressivo, a crescente tendência punk da época exercia pouca fascinação sobre ele. Porém, o comediante não via problema em trabalhar com o título pichado e brutal da peça, ilustrado no cartaz com o elenco de aspecto ameaçador, estendendo os punhos para a frente e mostrando a frase "AH, COMO RIMUS"* tatuada em volta das falanges dos dedos. Ele estava querendo fazer da essência propriamente dita do espetáculo algo mais intrincado, inteligente e subversivo do que nunca – o que ele não estava preparado para enfrentar era a absoluta falta de entusiasmo dos talentos daquele ano. Seu decreto de que o espetáculo sempre devia ser realizado por escritores-artistas sofreu por falta de ambos, e ele se viu de fato batendo em portas e tentando recrutar estudantes à força para participarem. O presidente daquele ano, Chris Keightley, estava ocupado demais com seu doutorado em bioquímica para atuar, mas trabalhava no roteiro em íntima parceria com o diretor, em reuniões regulares na casa do tesoureiro do clube, o dr. Harry Porter – um conferencista veterano muito querido que se tornaria o maior arquivista do Footlights. Keightley ficou contente de descobrir que Adams era um pupilo afiado em ciências – enquanto a maioria dos footlighters era extremamente hostil à disciplina dele, Douglas debatia com avidez sobre temas de astrofísica, estrutura atômica e mecânica quântica nos intervalos das reuniões em que eles tentavam inventar piadas.

Duas peças-chave do quebra-cabeça do *Mochileiro* caíram do céu para Adams naquela época. A mais controversa de ambas dizia respeito a um manuscrito original do século 17, que estava à vista na sala de estar de Porter, *The Plain Man's Pathway to Heaven* [*O caminho do homem singelo para o céu*], obra de um puritano severo, zeloso aluno de Cambridge de quatro séculos anteriores, chamado Arthur Dent. Douglas nunca recordou ter pegado o precioso livro em momento algum, embora Porter tenha entrevisto uma reação desconfortável, sim, por parte de Douglas quando o assunto foi trazido à tona, muitos anos depois – o que parece mais justo aqui é registrar isso não como uma coincidência, mas sim como outro exemplo da habilidade que Adams tinha de arquivar influências de modo imperceptível. Decerto, ele achou graça sinceramente quando um pobre pesquisador lhe enviou uma longa dissertação sobre os paralelos (completamente equivocados) entre sua obra e a de Dent – foi uma "piada" que o escritor nunca pretendeu fazer.

De muito mais proveito para Douglas foi um livro que Keightley havia pegado, *I Was a Kamikaze*, de Ryuji Nagatsuka, que, por sua natureza intrínseca, havia sido fruto de um fracasso. O Monty Python havia criado seu próprio esquete de

---

* No original, "*OH, HOW WE LARFED*". "*Larf*" significa "*laugh*" ("rir") na prosódia *cockney* falada na Inglaterra. [N. de T.]

kamikaze, no qual figurava um monte de escoceses entusiasmadamente suicidas, mas o formato análogo ao esquete "Butterling", com um piloto japonês incompetente se explicando ao seu superior, era uma rica linha a ser explorada pela dupla:

Balbúrdia frenética de música flamenca, que continua durante algum tempo.

VOZ Japão, 1945...

O cenário consiste em uma sala de instrução com um banco, no qual está sentado um piloto kamikaze com seu equipamento e bandana na cabeça. Em cima do banco estão depostas as bandanas de muitos outros pilotos kamikazes, presumidamente mortos. Um comandante está em pé, pronto para abrir a "reunião".

COMANDANTE Pois bem, todos vocês sabem qual é o propósito dessa missão... A tarefa sagrada de vocês é destruir os navios da frota americana no Pacífico. Ela demandará a morte de cada um de vocês, sem exceção. Inclusive você.
PILOTO Eu, comandante?
COMANDANTE Sim, você... O que você é?
PILOTO Um piloto kamikaze, comandante.
COMANDANTE E qual é a sua função como piloto kamikaze?
PILOTO Sacrificar minha vida pelo imperador, comandante!
COMANDANTE Em quantas missões você já voou?
PILOTO Dezenove, comandante.
COMANDANTE Sim, estou com os relatórios das suas missões anteriores aqui... Vejamos. Não conseguiu encontrar o alvo, não conseguiu encontrar o alvo, se perdeu, não conseguiu encontrar o alvo, se esqueceu de levar a bandana, não conseguiu encontrar o alvo, não conseguiu encontrar o alvo, a bandana escorregou na frente dos olhos, não conseguiu encontrar o alvo, voltou com dor de cabeça...
PILOTO Bandana apertada demais, comandante.

Esse foi o destaque de uma peça com múltiplos fios condutores, composta de esquetes entrelaçados e autorreferenciais em torno da anexação russa do estado de "Bogoffia" – que foram trabalhados assiduamente por Adams e sua equipe, com um elenco que incluía os ambiciosos calouros Charles Shaughnessy, Nonny Williams e Jimmy Mulville, e textos adicionais do parceiro de escrita de Jimmy, Rory McGrath, de Will e Martin e de Jon Canter. No entanto, as ambiciosas metas do diretor não se traduziram em uma noite teatral de sucesso em junho daquele ano. Seu papel como diretor havia sido promovido em certa medida, e ele até havia gostado de sua primeiríssima entrevista (embora com o nome "Doug Adams"), na qual o *Cambridge Evening News* enfatizava alegremente sua ligação com o Monty Python, apesar de ele ter protestado, admitindo ter tido "muita sorte", mas o comunicado de imprensa do espetáculo o descrevia humildemente como "revisor ortográfico e subassistente em meio período da equipe do Monty Python". Sua biografia no programa da peça ia mais longe, zombando de algumas de suas já infames fraquezas:

> Douglas é maior do que a média da espécie e veste um par de calças em cada perna. Diretor este ano, ele não pôde realizar o espetáculo do ano passado, porque ficou repentinamente alto no último minuto e teve de ser internado no hospital para retirar suas roupas por combustão. Ele é muito sensível com relação ao seu nariz enorme... Ele tem um estoque interminável de histórias engraçadas, que divertem a todos até depois de caírem no sono. Mas isso não importa, pois a primeira coisa que ele faz quando chega de manhã é contar o que você perdeu. Trabalhou recentemente com os membros do Monty Python, mas, quando a estrada M62 ficou pronta, ele voltou para assumir uma tarefa menos cansativa. Sempre generoso, ele raramente leva dinheiro no bolso, para não distribuí-lo por aí. Esporte preferido: dar um peteleco nas costas de elefantes e ficar vendo-os se contorcer. Possíveis últimas palavras: "Bom, basicamente, acho que a base básica disso é basicamente um lixo, na verdade".

Porém, segundo relatos, as quase três horas apresentadas às plateias, tanto em Cambridge como na turnê por Oxford, Southampton e no Robin Hood Theatre, em Nottinghamshire, provocou os piores tipos de reações nas poltronas do teatro. O jornal local teve de seguir os artigos exageradamente elogiosos que vinha publicando com o veredito de que *A Kick in the Stalls* era "decididamente sem graça e lamentavelmente demorada demais... uma falta quase total de originalidade", e outros críticos tiveram tendência a concordar. Ela seria pouco a pouco aprimorada, e o esquete "Kamikaze Briefing" sempre se destacava recebendo elogios, mas, enquanto Douglas estava no comando, houve problemas. Simples questões práticas de palco aparentemente haviam sido ignoradas por causa da obstinação característica de Douglas, fazendo com que um esquete sobre o eremita asceta São Simeão Estilita, que viveu durante anos no topo de uma coluna tentando comungar com Deus, levasse mais tempo para ser montado do que para ser encenado, com os ajudantes de teatro empurrando desesperadamente a pesada plataforma para o lugar certo na escuridão interminável.

Um jovem espectador, perplexo com tais incompetências e ao mesmo tempo apreciando os esquetes genuinamente engraçados respingados aqui e ali durante a longa e escura noite, era Geoffrey Perkins, um ex-aluno de Oxford que estava presente na estreia. Embora fosse um astro do teatro de Oxford apenas um ano antes, Perkins havia cometido o erro de arrumar um emprego sisudo em uma empresa de transporte marítimo em Liverpool, mas ainda estava clara e teimosamente interessado em comédia – e aprendendo como não estragá-la. Dali a um ano, Simon Brett apadrinharia sua entrada na BBC Radio LE. Contudo, voltando a junho de 1976, a primeira impressão que Perkins teve de Adams, seu futuro colaborador, foi a do gigante diretor desnecessariamente de pé em cima de uma cadeira bamba para dar um discurso pós-espetáculo ao elenco e à equipe, enquanto o bebum Mulville o interrompia grosseiramente. "Era evidente", escreveria Perkins, "que ali estava alguém mais disposto a arriscar o pescoço do que a maioria das pessoas, alguém que seguiria em frente em face de adversidades e alguém que em breve cairia de uma cadeira. Eu estava certo em todas nos três casos."

A Kick in the Stalls passaria por uma cirurgia drástica antes de chegar a Edimburgo em agosto daquele ano e seria encenada com considerável aprovação pelo novo diretor, Rhys Jones, que havia arrancado por completo todas as interligações e alusões dos esquetes cuidadosamente tricotadas por Adams, mas, pelo menos, baixava as cortinas antes da meia-noite. Essa injúria, somada à ferroada dos críticos, não fez nada bem ao ego deprimido de Douglas e pareceu não favorecer suas perspectivas nem um tiquinho. Como ele admitiu, "o espetáculo final tinha algumas partes boas, mas eram pouquíssimas e esparsas, e a experiência toda foi de dor e agonia. Eu tinha de fazer aparecer alguma coisa como por encanto. No final do espetáculo, eu estava completamente desmoralizado e exausto". Houve apenas duas outras fontes de consolo para ele naquele verão.

A primeira foi um interlúdio – mas um interlúdio que lhe daria uma das anedotas mais retocadas e repetidas em uma vida alicerçada nelas. Essa anedota seria catapultada em um romance, serviria de modelo para um conto de Jeffrey Archer e, por fim, viraria uma lenda urbana poderosa e internacional, ainda contada pelo povo mundo afora como se realmente tivesse acontecido com cada um. Porém, ela aconteceu com Douglas Adams em um dia de abril na estação de trem de Cambridge. Tendo chegado cedo ao embarque, Douglas comprou o *Guardian*, um café, um pacotinho de biscoitos e se sentou para aguardar à mesma mesa que um sujeito com cara de homem de negócios e completamente banal. Era a consternação de Adams que sempre fazia as pessoas acreditarem na história como verdadeira, o espanto ao perceber que aquele vizinho de aspecto respeitável havia apanhado os biscoitos dele (de Douglas), aberto o pacote e pegado um. Com termos necessariamente americanos, ele escreveria que aquela situação era "o tipo de coisa com a qual os ingleses não sabem lidar. Não há nada em nossa experiência, criação ou educação que nos ensine como lidar com alguém que, em plena luz do dia, acabou de roubar nossos biscoitos". No entanto, a reação do jovem Douglas foi, após um tempinho para se recuperar com dignidade, estender a mão e pegar o segundo biscoito, marcando seu território de forma muito clara – sob olhares mutuamente fuzilantes, outro biscoito foi surrupiado em seguida pelo homem de negócios. E assim continuaram, cada um mantendo a mesma estratégia com teimosia, à medida que o pacote se esvaziava lentamente, ao que o oponente de Douglas se levantou, trocou "olhares significativos" com ele e foi embora, para alívio do injustiçado escritor. Óbvio, apenas alguns minutos depois seu trem chegou, ele pegou seu jornal e achou seu pacote de biscoitos fechado, bem ali na mesa. "O que eu mais gosto dessa história", dizia ele, "é que, no último quarto de século, um cara perfeitamente comum tem andado por aí, em algum lugar da Inglaterra, exatamente com a mesma história – só que ele não sabe o final da piada."

A outra possível fonte de consolo foi um espetáculo seu, uma peça novinha em folha para Edimburgo que se opunha à encenação de *Stalls* mutilada por Griff. Com Martin e Will fora dos palcos, o antigo grupo "Tiny Minds" seria fortalecido com uma parceria diferente – David Renwick e Andrew Marshall. Sendo dois dos melhores improvisadores de *Week Ending*, Marshall e Renwick haviam se dado bem de cara não só com Lloyd, mas também com o colega e escritor John Mason. Junto com Mason, eles receberam a proposta de ter o próprio programa de esquetes deles na Radio 3 em 1975 – uma paródia educacional, *The Half-Open University*. No verão do ano seguinte, entretanto, Mason havia decidido estudar artes cênicas para virar ator, deixando os outros dois irem para a Radio 4 com *The BurkissWay*, também produzido por Brett, dando rédea solta ao estilo desavergonhado de tolices inteligentes, inspirado pelo Monty Python, que quebrava as expectativas do público constantemente. Com o tempo, o programa se tornaria um sucesso badalado e estrondoso, na veia do *ISIRTA* (com semelhanças mais evidentes depois que Jo Kendall integrou o grupo de Fred Harris, Chris Emmett e Nigel Rees). Porém, no verão de 1976, a criação de Renwick, Marshall e Brett ainda não havia chegado às ondas do rádio para valer, e os escritores ficaram empolgados para irem a Edimburgo terem uma chance de encenar um texto deles. Foi Mason que reservou o local, uma minúscula loja maçônica, batizada com o nome do infame criminoso Deacon Brodie – por isso a referência a Dorothy L. Sayers no título *The Unpleasantness at Brodie's Close**. Como um membro de "Brodie's Close Rollers", John tinha até uma camiseta impressa para divulgar a peça, de modo que, em vez de panfletar, ele passeava por aí alardeando o *slogan* "Eu fui desagradável no recinto de Brodie". Douglas costumava segui-lo de perto para manter o contexto com sua própria camiseta, que dizia "Eu também".

ACHO QUE DEVO AVISÁ-LOS...

Embora os dois parceiros de escrita trabalhassem bem juntos, Marshall foi obrigado a se retirar da atuação após o roteiro ter sido costurado, devido a compromissos docentes prévios, mas havia virado amigo pessoal de Douglas mesmo sendo uma pessoa de quem era singularmente difícil se aproximar. Rapaz nativo de Lowestoft e três anos mais novo do que Adams, Marshall de repente se viu cercado por footlighters ruidosos e alegava que sua suposta morosidade se devia simplesmente à timidez, embora ele também fosse alto e musculoso, com uma presença imensamente imponente. Douglas disse em entrevistas: "A gente costumava ficar extremamente nervoso na hora de apresentar o Andrew para todo o mundo. Você estava com um bando de gente no bar, o Andrew chegava, e você dizia: 'Andrew, esse é o John, essa é a Susan…'. Todos começavam a se apresentar, e o Andrew ficava ali parado. E, quando todo o mundo terminava de falar o

---

* A escritora inglesa Dorothy L. Sayers havia escrito *The Unpleasantness at the Bellona Club* em 1928. O título da peça dos comediantes, "*The Unpleasantness at Brodie's Close*", significa "O desconforto em Brodie's Close". [N. de T.]

que quer que estivessem falando, o Andrew então dizia alguma coisa tão surpreendentemente grossa que deixava todo mundo completamente embasbacado. No silêncio que se seguia, ele se afastava, emburrado, para um canto do bar e ficava ali sentado, bebericando uma cerveja. Eu ia até ele e dizia: 'Andrew, por que diabos você foi dizer aquilo, qual o sentido disso?', e aí ele dizia: 'E por que diabos eu não diria? Qual o sentido de tudo?... inclusive sequer de estar vivo? Parece especialmente sem sentido para mim'". Apesar de passar uma primeira impressão sombria, Marshall não apenas era extremamente engraçado, acrescentando loucura chapmanesca à lógica cleesiana de Renwick, como também se mostrava um bom amigo. Visto que também era fanático por ficção científica, ele e Adams podiam conversar sobre o gênero a noite inteira, em especial quando Douglas estava carente de companhia. Não obstante sua reputação, Andrew raramente era quem precisava de alguém para animá-lo – o fato de Adams ter designado Marshall publicamente como a versão original de Marvin, o androide paranoide, revela mais do que uma simples projeção.

Fazendo um irresistível aparte, o livro que Andrew recorda ter entusiasmado os dois amigos até o amanhecer era *Dimension of Miracles*, uma farra curiosamente filosófica e humorística pelo espaço e tempo escrita em 1968 por Robert Sheckley, um excêntrico autor de ficção científica nova-iorquino. Ele conta a história de um inocente viajante do espaço, Tom Carmody, que ganha um prêmio duvidoso, obrigando-o a zanzar pelo universo para ir buscá-lo – sendo, em seguida, deixado ao léu e tendo de achar o caminho de volta para casa. Visto que ficção científica engraçada era um dos principais interesses de Adams, recordava ele, "As pessoas viviam dizendo: 'Se você escreve essas coisas, é porque deve conhecer a obra de Robert Sheckley, não é?'. Então, eu finalmente me sentei e li *Dimension of Miracles*, e foi bem assustador. O cara que construía a Terra... era completamente fortuito. Existem coincidências, e, embora elas sejam muito tentadoras para as pessoas, há, no fim das contas, apenas um número reduzido de ideias. Eu tinha a impressão de que o que eu fazia era mais parecido com Sheckley do que com [Kurt] Vonnegut". Esse último era, ainda assim, um escritor de predileção especial, mas Douglas tinha de ressaltar: "Fico constrangido quando as pessoas tentam estabelecer paralelos entre ele e eu – em um nível muito, muito superficial, é uma comparação fácil: ele escreve coisas que a) são engraçadas e b) utilizam ficção científica para passar suas ideias, e eu escrevo coisas que são engraçadas e utilizam ficção científica para passar minhas ideias. Mas o Vonnegut é, em essência, um escritor profundamente sério, que utiliza comédia para passar suas ideias, e eu sou, em essência, um escritor cômico que, de vez em quando, tenta empurrar uma ou outra ideia 'por baixo dos panos', por assim dizer. Portanto, desse ponto de vista, acho a comparação constrangedora, porque ele é um excelente escritor, e eu me considero, em essência, um escritor frívolo, temo dizer".

Apesar do interesse de Adams por ficção científica como gênero, Marshall e Lloyd eram muito mais fãs do que ele. O Mingo dizia: "Eu li as trinta primeiras páginas de uma quantidade tremenda de ficção científica. Uma coisa que eu descobri foi que, não importa o quão boas sejam as ideias, muitos dos livros são terrivelmente mal escritos. Anos atrás, li a trilogia *Fundação*, do Asimov. As ideias são cativantes, mas o estilo! Eu não o contrataria nem para escrever mala direta! Eu amei o filme *2001*, assisti seis vezes e li o livro duas vezes. Aí eu li um livro chamado *The Lost Worlds of 2001*, no qual Clarke relata seus desentendimentos com Kubrick – ele enumera todas as ideias deixadas de lado, 'Olha essa ideia que ele deixou de fora e mais essa ideia!', e, no final do livro, a gente fica com uma admiração intensa por Kubrick... E o que é bom? O Vonnegut, ele é ótimo, mas não é um escritor de ficção científica. As pessoas o criticam por dizer isso, mas é verdade. Ele começou com uma ou duas ideias que ele queria expressar e, por acaso, encontrou algumas convenções de ficção científica que caíam bem com o propósito dele. É engraçado, as pessoas fazem essa comparação, e eu sempre fico incrivelmente lisonjeado, porque não acho que seja uma comparação justa".

Voltando a Sheckley: ao longo dos anos, alguns acusaram Adams de tê-lo plagiado até certo ponto – e o Mingo não ajudou a si mesmo quando deu a Neil Gaiman a impressão de que nunca havia lido *Dimension of Miracles* antes de ficar famoso com o *Mochileiro*. No entanto, tendo em vista o fato de os dois homens terem se conhecido, virado amigos e quase trabalhado juntos mais tarde, não faz sentido sugerir qualquer ato impróprio. Todo fã do *Mochileiro* pode se esbaldar notando paralelos entre as aventuras de Tom Carmody e de Arthur Dent – a vida calma e caseira do herói totalmente anti-heroico é interrompida por um alienígena petulante, e ele é rapidamente expedido pelo espaço sideral e submetido a torturas cômicas; ele pega seu prêmio, que atua como uma fonte crucial de narração em estilo de guia (embora o prêmio passe por mutações, transformando-se em todo tipo de forma esquisita a cada materialização), encontra o projetista de planetas profissional que criou a Terra e visita o planeta durante seu período pré--histórico. É engraçado e repleto de ideias inteligentes, mas, página após página, distintamente diferente de qualquer coisa que Adams tenha escrito:

Um momento depois, uma trovoada e um relâmpago vieram do meio da sala de estar… um homem apareceu no centro do brilho. (Ele) era de altura mediana, robusto, tinha cabelos louros encaracolados e estava vestindo uma capa dourada e calças laranjas. Seu aspecto parecia normal, exceto que ele não tinha orelha. Ele deu dois passos para a frente, esticou-se no ar vazio e estendeu um rolo de pergaminho, rasgando-o bastante ao fazê-lo. Limpou a garganta – um som como o rolamento de uma esfera enfraquecendo sob uma combinação de peso e fricção – e disse:
– Saudações!… Nós somos vindos como o respondente fortuito de um desejo inefável. O seu! Algum homem, sim? Não então, portanto! Isso deve?
O estranho esperou uma resposta. Carmody se convenceu, com várias provas conhecidas só por ele, que o que estava acontecendo com ele estava, de fato, acontecendo com ele e respondeu em um nível de realidade:
– Mas o que raios significa tudo isso?… Quem é você?
O estranho examinou a pergunta, e seu sorriso esmoreceu. Ele murmurou, meio que com seus botões:
– As contorções extraídas da névoa! Eles me processaram errado de novo! Eu podia me mutilar de pura mortificação. Que eles se assombrem infalivelmente! Não faz mal, eu reprocesso, adapto, me torno…
O estranho apertou os dedos contra a cabeça, deixando-os afundarem a uma profundidade de cinco centímetros. Seus dedos se agitaram como os de um homem tocando um piano muito pequeno. Ele imediatamente se transformou em um homem baixo e atarracado de altura normal, com um princípio de calvície, vestindo um terno amassado e carregando uma pasta abarrotada, um guarda-chuva, uma bengala, uma revista e um jornal.

Douglas tinha prazer em admitir: "Quando li uma compilação das histórias do Robert Sheckley pela primeira vez, eu realmente fiquei bem frustrado, de verdade, porque pensei: 'Isso é exatamente o que eu queria experimentar e fazer e ele fez de um jeito mil vezes melhor'". Mas depois, referindo-se a uma acusação mais grave, ele esbravejou acertadamente: "É engraçado como as pessoas se apressam em presumir, quando veem alguma vaga semelhança em um livro/filme/etc. e outro, que deve ser o resultado de uma cópia deliberada, como se existisse um número infinito de ideias totalmente distintas no universo e fosse absolutamente inconcebível que duas ou mais pessoas pudessem inventar coisas parecidas entre si". *Dimension* e o *Mochileiro* são excelentes obras complementares, a segunda sendo quase como uma adaptação feita lá do outro lado do oceaxno e alterada tão drasticamente que guarda apenas uma ínfima semelhança com a primeira, mas nada mais do que isso.

O indispensável artifício de ligação entre os esquetes de *The Unpleasantness at Brodie's Close* foi inspirado em *Desencanto,* filme britânico de 1945. John Mason e sua namorada, Becky, faziam os papéis de amantes que tentavam concluir um encontro secreto intensamente romântico, mas eram interrompidos toda hora pelas irrupções de esquetes bobos. Adams contribuiu com um esquete sobre um fabricante de cereais com o ótimo plano de colocar águas-vivas mortas dentro dos pacotes para impulsionar as vendas e, mais uma vez, repetiu seu pirata de ônibus (uma experiência teatral que aterrorizava e silenciava a plateia até que alguém o mandou raspar a barba espessa e morena que ele vinha aperfeiçoando – o tamanho de Douglas como pirata era, ao que parece, excessivo visto das primeiras fileiras, e a barba piorava a situação), além de um colossal *barman* de mal com a vida, que caçoava da falta de verticalidade dos clientes: "Aposto que as mulheres não largam do seu pé, você sendo 'medianamente alto' assim". Apesar de nenhum membro da equipe ainda ser universitário, foi um alegre período de jogo de cintura e trabalho em conjunto. O local não tinha iluminação além do interruptor na parede, nem bastidores ou camarins, o que fez com que o traseiro de Douglas tivesse um papel de figurante inesperado em vários esquetes, pois ele se curvava atrás de uma cortina esfarrapada tentando trocar as calças discretamente. A qualidade do texto ofuscou qualquer defeito da produção, e a receita foi tão revigorante que eles acrescentaram mais duas datas, e todos foram embora de Edimburgo com pelo menos cinco trocados no bolso cada um, o que era uma façanha com a qual a maioria dos comediantes modernos podia apenas sonhar.

Porém, a ebulição que o projeto instilou em Adams, seja ela qual tenha sido, não durou muito. O novo seriado de Marshall e Renwick na Radio 4 estava começando, Lloyd tinha de voltar para seu emprego. E ele? O que tinha? O "Feitiço do Tempo"* de acordar dentro de um labirinto de guarda-roupas, esperar o telefone tocar e escutar toda aquela água gorgolejando pelo ralo da banheira. Seus ganhos como escritor naquele ano estavam em torno da marca de 200 libras, mas seu saldo negativo beirava as 2 mil libras. Ele era, simplesmente, um fracasso.

---

* Referência ao filme homônimo de 1993, no qual o personagem de Bill Murray vê-se repetindo o mesmo dia várias vezes. [N. de T.]

Martin e Will sempre se deram perfeitamente bem como dupla, e ambos já eram escritores de *Week Ending* àquela altura do campeonato, mas Douglas achava cada vez mais impossível se confinar às restrições de tempo e tópico do programa – Lloyd o orientava quando estava no comando, tentando fazê-lo entrar na equipe, mas uma tentativa de escrever um esquete sobre o caixão de lord Lucan foi entregue com duração de 15 minutos. De forma parecida, o produtor deu duro tentando criar piadas para programas de grande audiência como *The Two Ronnies*, mas nada poderia estar mais longe do escopo de Adams. Ele continuou tentando, e finalmente algumas piadas curtas suas foram aceitas em *The News Huddlines* – mas apenas 2,5 dos 12 minutos de texto fornecidos foram ao ar. Por que aquelas pessoas não percebiam do que ele era capaz? Quando é que alguém com poder para fazer as coisas acontecerem veria que misturar ficção científica com humor era um território rico e inexplorado e daria a ele uma chance de provar isso?

O verão escaldante de 1976 havia acabado, e o vento incessante e melancólico que se sucedeu refletia muitíssimo bem o estado de espírito do escritor em dificuldades. Sua agente, Jill Foster, podia acertar o relógio com os telefonemas queixosos que ele dava diariamente às 10h, mas não havia trabalho que fosse suficiente para aplacar seu (enorme) corpo e sua alma. Acima de tudo, ele estava simplesmente sem a menor autoconfiança: "Eu perdi toda a confiança em minha capacidade de escrever ou atuar ou fazer qualquer coisa que fosse... e entrei em uma espiral catatônica de depressão", contou ele a Danny Danziger, do jornal *The Independent*, em 1991. "Suponho que, por causa do meu histórico, tendo crescido como filho de pais divorciados, como uma típica criança-peteca, quando fico deprimido tenho tendência a me sentir supérfluo, pensar que o mundo na verdade estaria melhor sem mim e não está nem um pouco interessado no meu bem-estar. Quando eu entrava nesse estado de depressão, vivia tentando encontrar atividades que fizessem meu cérebro parar de andar em círculos. Um dia, eu decidi aprender alemão: arrumei uma pilha de livros 'Aprenda alemão sozinho' e passava toda santa hora em que eu estava acordado queimando os neurônios com aqueles livros. E, por uma estranha coincidência, no fim do mês eu estava andando por acaso no jardim e vi uma mulher procurando por alguém que houvesse morado no apartamento antes. Ela era alemã. Então eu me sentei e conversei em alemão com ela e descobri que tinha aprendido incrivelmente bem. Mas, desde então, nunca mais falei alemão e acho que nem lembro mais uma palavra."

Ele se candidatou a outros "empregos de verdade" – uma ameaça que era familiar a ele e a seus amigos –, mas dando um passo dramático dessa vez, visto que era com finanças e comércio de residências em Hong Kong e no Japão. Porém, isso era apenas um indício do seu desespero. Pouco tempo depois, ele se viu "passando o dia inteiro agachado atrás do sofá, chorando. Quer dizer, a coisa foi feia. Acho que foi provavelmente o mais perto que eu cheguei de me matar". Acima de tudo, Douglas havia cometido o erro fatal de comparar seu progresso com o de seus heróis, dizendo a si mesmo: "'Eu sou um derrotado completo e total. Nada deu certo, nada vai dar certo, eu não cheguei a lugar algum, e tudo o que eu tentei fazer foi um fiasco abjeto'. E o que realmente me perturbava", continuava ele, "o que realmente fazia daquilo algo intolerável era o fato de que o George Harrison, que era o mais novo dos Beatles, tinha 24 anos quando eles fizeram o *Sgt. Pepper's*. E aquilo realmente era um problema para mim…". Primeira coisa que alguém lidando com depressão precisa aprender: nunca se compare a George Harrison.

Uma noite, John e Helen voltaram do trabalho para casa e encontraram um trapo soluçante no lugar da "Vasta Criatura" deles. Douglas lhes disse que estava na hora de ele sair da casa. Com uma idade grandiosa e avançada, beirando os 25 anos, todos os seus golpes de sorte e desejos que haviam virado realidade depois da faculdade o haviam decepcionado – ou ele havia decepcionado a si mesmo. De um jeito ou de outro, ele admitiu sua derrota, foi amorosamente acolhido por sua mãe e seu padrasto e viajou de balsa para o seio de sua família materna na cidade de Stalbridge, em Dorset.

A REDENÇÃO NATALINA

"Minha mãe era maravilhosa", insistia ele. "Devia ser um inferno ficar comigo naquela fase, porque eu estava completamente imóvel e apenas oprimido pela depressão. Mas minha mãe foi muito, muito compreensiva, e eu sempre lhe fui muito grato por isso." O fato de estar em casa durante os preparativos para o Natal, com um irmão e uma irmã mais novos (de 8 e 10 anos), proporcionou um ambiente totalmente diferente para Douglas, mas não conseguiu silenciar a vozinha de desapontamento em sua cabeça – ele havia se formado em Cambridge, mas era incapaz de se sustentar na capital sem ser socorrido por sua mamãe. Por outro lado, a pura humilhação da experiência podia lhe dar um novo ímpeto criativo, e ele estava ciente da necessidade de virar o jogo: "Como eu tinha engordado um pouco e não estava me sentindo bem, comecei a me obrigar a correr pelas estradinhas da região. Havia uma colina perto de casa, e eu me lembro da primeira vez que tentei subi-la: consegui correr cerca de cem metros colina acima e pensei: 'Isso vai me matar, certeza', o que fez com que eu me sentisse ainda mais deprimido. Mas eu persisti e, depois de um tempo, estava correndo 8 quilômetros duas ou três vezes por semana. No final, isso desempenhou um papel muito, muito importante na batalha psicológica para me ajudar a levantar a cabeça e seguir em frente". Ao longo de sua vida, Douglas sempre teve propensão a expandir em largura para complementar seu comprimento "assusta-nanico", punindo-se regularmente com explosões de exercício intenso para tentar manter as coisas em proporção. De um jeito semelhantemente maníaco, longos períodos de atividade frenética com frequência pediam em seguida períodos ainda mais longos de repouso absoluto na cama – não somente no sentido de curar uma depressão típica, mas simplesmente como efeito colateral físico do esforço de sua composição imensa. Ele também sofria de uma fragilidade notória nas costas – John Lloyd uma vez aplaudiu uma façanha radical de Douglas: travar as costas durante uma semana apenas por passar manteiga em um pedaço de pão.

Não era como se Adams estivesse totalmente desprovido de trabalho e prazos a cumprir, embora tivesse ido se enfiar no mato. Simon Brett tinha conhecimento da criatividade cômica e singular de Douglas desde os tempos do Footlights e não precisou de muita persuasão quando Marshall e Renwick sugeriram o Mingo como um excelente fornecedor de textos adicionais, para quando a segunda temporada de *The Burkiss Way* se aproximasse. As primeiras encomendas deviam ser enviadas de Stalbridge pelo correio a tempo de cumprir o prazo de 5 de novembro e se destinavam a ser utilizadas no primeiro episódio, mas os primeiríssimos textos solo de Douglas só chegaram às mãos de Brett seis semanas mais tarde, logo antes do Natal. O programa começou como uma paródia de um curso por correspondência ministrado pelo professor Emil Burkiss, mas em breve virou apenas um terreno de diversão para Marshall e Renwick explorarem todas as possibilidades da comédia radiofônica, pregando peças nos ouvintes (e em alguns anunciantes) e tecendo sátiras plausíveis em uma estrutura extremamente boba e experimental, que mudava de uma semana para a outra – como resultado, o formato (ou a falta dele) deu a Adams muita margem para escrever o que ele quisesse. O tom despudoradamente pythonesco do programa era um bônus.

Óbvio, seu maior desejo era tirar sarro de ficção científica – ou melhor, de fatos científicos reputados, esculhambando a teoria de que "os alienígenas eram nossos antepassados" de Erich von Daniken, autor de *Chariots of the Gods*, em um esquete representado por Fred Harris (no papel de Melvyn Bragg) e Chris Emmett no quinto episódio da segunda temporada, finalmente transmitido na metade de janeiro:

> **BRAGG** Boa noite! E hoje, em *Este programa está muito acima do seu nível*, vamos conversar com Erik von Kontrik, autor de livros campeões de vendas, tais como *Espaçonaves dos Deuses**, *Algumas outras espaçonaves dos Deuses* e *Isso não deve acontecer com as espaçonaves dos Deuses*. Agora, professor Von Kontrik, uma das coisas mais interessantes das suas séries de livros, nas quais você afirma que a humanidade é descendente de seres do espaço sideral, é que todos eles buscam provar exatamente a mesma coisa, utilizando exatamente o mesmo indício. Então, por que isso?
> **KONTRIK** Focê acha que eles són todaz iguaiz? Focê leu todaz elez?
> **BRAGG** Bem, sim, li, é por isso que eu...
> **KONTRIK** Entón, qual a prroblema se eles són todaz iguais, se focê leu todaz elez? Querro dissêr, ezta é o finalidade todo a exerrzízio...
> **BRAGG** Ah, entendi, então você só escreve por dinheiro? Isso quer dizer então que você não acredita de verdade no que diz? Que o homem é descendente de formas de vida extraterrestres?
> **KONTRIK** Como posso nón acrreditar? As prrovas són incontrowerzíveis!
> **BRAGG** E você usa mais uma vez essas mesmas provas no seu novo livro, que será lançado semana que vem?
> **KONTRIK** Nón, nón, nón, eu utilisso prrovas completamente novos, que eu fabrricou – hum hum, descobrriu! Descobrriu! Só na ano passado...

---

* Paródia do título *Chariots of the Gods*, que significa "Carruagens dos Deuses". [N. de T.]

BRAGG Inacreditável...

KONTRIK Essa é o questón! É inacrreditável! Estou lanzando também uma nofo lifro para crrianzas! Ele é baseada em prrovas incontrowerzíveis de que o humanidade é dezendente de gatinhos fofinhas e pequenininhas. E também um obrra pequeno e sovisticado para donas de haus zolitárias, prrovando que o humanidade é dezendente de Sacha Distel. Uma capítulo adorráfel sobre a zopa primorrdial nesse lifro!

ÁUDIO MÚSICA HORRIPILANTE

EFEITOS SOM DE FOGUETE, O TETO DESABA

BRAGG Só um minuto, o que foi aquilo?

KONTRIK E eu chegou à conclusón de que o lifro dos formigas vai me pagarr uma novo iate, o lifro dos gatinhas fofinhos vai me pagarr alguns daquelas lindos Lagondas...

BRAGG Shh! Tem alguma coisa acontecendo, hum...

ALIENÍGENA Erik von Kontrik!

KONTRIK Iá?

ALIENÍGENA Eu sou um Oolummmm-Bbbbbbb da raça dos seus antepassados, da galáxia de Smegmon! Viemos pela nossa parcela dos *royalties*!

Repetindo a saudação do alienígena que havia sido escrita no roteiro do Ringo Starr, o esquete se concluía com uma loucura crescente, à medida que a Terra ia sendo invadida por hordas de formigas, gatinhos fofinhos e Sacha Distel. O ridículo da situação se encaixava sem transição junto aos textos de Andrew e David. Três episódios depois, Adams resolveu fornecer talvez o conceito mais pythonesco da temporada inteira – apesar de igualmente satirizar o próprio Monty Python – quando a ação mudava para "42 Logical Positivism Avenue", uma série de reportagens sobre tentativas de esquetes cômicos que foi transmitida ao longo do oitavo episódio.

EFEITOS PASSARINHOS PIANDO

FRED Olá! Muito bem, estamos aqui em frente ao número 23 da Gungadin Crescent, em Sawbridgeworth, onde, segundo as informações quentíssimas que recebemos, um esquete provavelmente acontecerá hoje a qualquer momento. Mas,

devo dizer, se alguma coisa engraçada está para acontecer aqui, certamente não dá para suspeitar, por causa do aspecto exterior calmo e de classe média dessa casa completamente banal. Se bem que há uma ligeira expectativa no ar, um ou dois passantes já pararam para olhar. Derek, você acha que teremos um esquete aqui hoje?
CHRIS Bem, devo confessar, David, que não tenho muita dúvida quanto a isso. Para mim, a casa parece exatamente certa – geminada, pequena janela saliente, jardinzinho arrumadinho na frente. Acho que podemos esperar algo razoavelmente surreal, no mínimo um viking…

O fato de entregar esse trabalho logo antes do Natal, no entanto, não extinguiu por completo o complexo de inferioridade que havia criado raízes no escritor, antigamente tão vanglorioso. A equipe de *Burkiss* havia feito comentários elogiosos e os irmãos mais novos de Douglas o idolatravam como se ele fosse um escritor sofisticado da cidade grande, mas a ameaça da gravata no seu guarda-roupa ainda pairava – quer dizer, até ele ser finalmente persuadido por seu antigo rival no Footlights, Jon Canter. Douglas convidou Jon para passar as festas de fim de ano no nevoso condado de Dorset – o judaísmo de Canter havia causado um pânico momentâneo em Janet Thrift, pois ela não tinha a menor ideia de como cozinhar um Natal *kosher* – e, no dia 25 de dezembro daquele ano, Jon fez Douglas se sentar e ver que ainda havia esperança. Jon sabia exatamente como era difícil batalhar para ser escritor cômico e também sabia que o que Adams tinha em mente não era um sonho impossível. Ele estava quase pagando seu aluguel em uma casa na Arlington Avenue, em Islington, bairro em franco desenvolvimento (e que em breve se tornaria muito metido) da parte centro-norte de Londres. Ele dividia a casa com dois casais, incluindo um contemporâneo seu de Cambridge, Johnny Brock, e a mulher dele, Clare. Todos eles sabiam da situação de Douglas e teriam prazer em acolhê-lo se ele quisesse usar o sofá deles (por sorte, volumoso) até ele dar a volta por cima. A uma semana do Ano-Novo, Douglas estava disposto a levar a sério as palavras de seu velho conhecido – e teve a sorte de encontrar uma razão para tirar proveito do convite apenas algumas semanas depois, quando Simon Brett, incentivado pelo texto de *Burkiss* – que havia encantado tanto ele quanto seu chefe, John Simmonds –, ligou para Adams e o convidou à capital para discutir outras ideias.

O TEMPO É UMA ILUSÃO. A HORA DO ALMOÇO É UMA ILUSÃO MAIOR AINDA.

Então foi assim que, na penúltima sexta-feira do mês de fevereiro seguinte, Douglas Adams viajou nervosamente lá para o escritório da BBC LE para se reunir com seu potencial benfeitor, que logo lhe propôs ir comer alguma coisa em um restaurante japonês ali perto. Um acordo positivo foi alcançado sem muita dificuldade – uma versão profundamente revisada do esquete "Kamikaze Pilot" foi encomendada para o 12º episódio da temporada em curso dos programas *BurkissWay*. Porém, Brett havia chamado Adams para ver se seu estilo único de comédia podia se adaptar a um contexto mais vasto, assim como o de Marshall e o de Renwick haviam se adaptado. Cautelosamente, Douglas esboçou algumas ideias relativamente simples, sabendo que toda tentativa de vender ficção científica que ele já havia feito em sua vida era respondida com um dar de ombros: "Eu bolei várias ideias e várias permutações de pessoas morando em quitinetes e esses tipos de coisa, que pareciam ser o que a maioria das sitcoms daqueles dias tendia a abordar. E ele dizia: 'Sim, sim, sim, isso pode dar certo, isso pode não dar certo...'".

Essa conversa continuou na maior parte do almoço, mas Brett não estava tão impressionado com essas ideias banais, não importava o quão expansivos fossem os gestos de Adams enquanto ele as esboçava. O que aconteceu depois, assim como tantas coisas na história do *Mochileiro*, para sempre terá um pé no mito e outro na história, mas, na lembrança de Adams, Simon se inclinou para trás e meditou sonhadoramente que o que ele sempre quis *realmente* experimentar era uma comédia de ficção científica.

Podemos certamente considerar como decoração anedótica a afirmação de que Adams tenha então caído da cadeira, mas o efeito no jovem Douglas foi claro o bastante. Quando seu queixo foi capaz de fazer outra coisa além de ficar caído, ele admitiu a Brett que, sim, ele tinha algumas ideias nessa vertente também. Que tal, ponderou ele, uma série de histórias separadas, cada qual se concluindo com o total aniquilamento do planeta Terra, senão do universo? Brett achou graça da ideia de *The Ends of the Earth*, mas quantas formas de explodir o planeta Douglas havia imaginado? Enquanto eles trocavam figurinha sobre a ideia Brett pagou a conta, e os dois entusiasmados clientes saíram do restaurante para dar uma examinada geral na ideia durante o caminho de volta ao escritório do produtor na BBC. Adams continuava criando e inventando animadamente quando a porta se fechou atrás deles.

SEGUNDO
EPISÓDIO

CRI-
A-
ÇÃO

"EMOÇÃO E AVENTURA E COISAS REALMENTE BÁRBARAS."

– *NÃO ENTRE EM PÂNICO.*

– NÃO ESTOU ENTRANDO EM PÂNICO!

– ESTÁ, SIM.

– ESTÁ BEM, ESTOU. O QUE VOCÊ QUER QUE EU FAÇA?

– VENHA COMIGO E SE DIVIRTA. A GALÁXIA É UM BARATO...

FORD PREFECT E ARTHUR DENT

Tudo começou de forma muito simples. Quando voltou para a casa de sua família em Dorset, Douglas Adams havia recebido a encomenda de um programa próprio, "uma aventura de comédia de ficção científica no tempo e espaço, trançando fantasia, piadas, sátira, universos paralelos e distorções do tempo" – e, a princípio, ele nem precisava se preocupar com um prazo. Depois que o esquete do kamikaze foi gravado, entretanto, Brett tinha poder para fazer a proposta oficial, com o aval de John Simmonds – o escritor ganharia 165 libras pelo programa-piloto, metade paga na entrega e o resto depois da gravação. O roteiro do piloto seria um dos poucos projetos de escrita que não exigiriam nenhuma prorrogação: o contrato foi assinado em 10 de março e o roteiro entregue menos de quatro semanas mais tarde.

Douglas estava, enfim, sendo movido por um objetivo definido quando saía em disparada pelas estradinhas da região, voltava arquejante para casa para tomar um banho, comer um sanduíche de Bovril e fumar um cigarrinho esperto. Aperfeiçoar os trinta minutos que o lançariam no mundo suscitou uma revitalização que, durante um bom tempo, não titubeou em sua trajetória. Tendo dado a partida em uma posição de completa tristeza, ele contou em uma entrevista após a publicação de seu primeiro romance: "No *Mochileiro*, tem um quê de escrever a mim mesmo para sair daquele estado. Fiquei surpreso e encantado ao, inicialmente, receber muitas cartas de pessoas que diziam: 'Eu estava terrivelmente deprimido e chateado até me sentar e ler o seu livro. Ele realmente me mostrou o caminho para sacudir a poeira'. Eu o escrevi para fazer isso comigo, e parece que ele exerceu o mesmo efeito em muitas outras pessoas. Não posso explicar. Talvez eu tenha escrito, sem querer, um livro de autoajuda".

Não é muito de se espantar que a história inicial que Adams iria contar tenha adquirido forma tão rápido, à medida que ele a expunha com detalhes e entusiasmo no escritório de Simon Brett depois do almoço. Havia simplesmente tantas ideias emperradas fermentando em seu cérebro que era mais uma questão de escolher e pegar. Ele dizia alegremente: "Se uma coisa estava para ser jogada fora, eu a usava. Nunca desperdiço nada. De repente, acho uma coisa que escrevi aos 10 anos e que, na verdade, vai servir – ela não foi publicada, então vou usá-la. Todo tipo de ideias flutuam soltas no fundo da minha mente, e eu vivo querendo usá-las, mas elas nunca se encaixam, e aí um dia eu me deparo com uma situação, fico procurando uma ideia e penso: 'Ah! Aquela coisa que eu imaginei quando tinha 10 anos serviria aqui!'". Um perfeito exemplo disso era a piada da "memória igual a uma peneira" – publicada primeiro quando o escritor tinha 12 anos, ela foi reciclada para o personagem do professor Chronotis quando Adams tinha 27 e, de novo, aos 35.

NÃO SERIA MAIS PRÁTICO SE EU PIRASSE LOGO DE UMA VEZ?

Demolição era um tema em alta naquela época em Dorset – uma antiga fábrica de luvas que compunha a vista da casa dos Thrift estava nas manchetes locais, pois a proprietária do edifício tombado contíguo, Silk Hay, havia comprado a briga de entravar a resolução dos planejadores urbanos de derrubar o quarteirão inteiro para construir apartamentos novos, enquanto Janet Thrift lastimava a destruição da vista, reclamando que todos os planos haviam sido deixados trancados na última gaveta da câmara, em um porão, em outra cidade. Da "escrivaninha" improvisada de Douglas – uma tábua de madeira equilibrada em um canto de seu quarto –, ele podia ver os caras da empresa de demolição JCB se instalando e passou a conhecer os operários. Na época, eles foram temporariamente vencidos, e a fábrica se beneficiou de um curto adiamento, mas não se podia dizer o mesmo de um chiqueiro que ficava em um quintal a alguns metros à esquerda – ele foi reduzido a cascalho enquanto Adams datilografava. O herói da sua história seria um daqueles corajosos britânicos que se acorrentavam a grades para impedir esse tipo de coisa – só que, no mundo de Adams, um perigo maior se emboscava no céu. Douglas sempre teve em mente que a primeira das seis histórias que ele havia planejado escrever retrataria a ideia familiar de protestar contra a construção de uma rodovia em um nível intergaláctico, mas em algum momento caiu a ficha de que seria difícil contar essa história se todos os terráqueos envolvidos ignorassem quais perigos se aproximavam deles vindos de fora da órbita (na verdade, o rascunho original dizia "Apenas duas pessoas na face do planeta sabiam disso. Uma era um lunático surdo e mudo na Bacia Amazônica, que, de horror, já se atirava de um penhasco de 15 metros, e a outra era Ford Prefect"). Sua memória colecionadora começou a remexer em seu baú – seu herói humano precisaria de um guia alienígena. Que tal fazer dele um pesquisador errante para a ferramenta mais desejável, "O guia do mochileiro das galáxias"?

Uma vez que sua memória de elefante havia pescado no limbo o conceito de "guia do mochileiro", ficou claro que o conceito de apocalipses independentes de *The Ends of the Earth* não era necessário – com essa forma ideal de viagem espacial interestelar, ele podia levar os ouvintes aonde ele quisesse: "Quando você é estudante, ou seja lá o quê, e não tem dinheiro para comprar um carro ou uma passagem de avião ou mesmo de trem, tudo o que você pode fazer é ter a esperança de que alguém pare e lhe dê carona. No momento, não podemos nos dar ao luxo de ir a outros planetas... mas é legal pensar que alguém poderia, mesmo aqui e agora, ser levado daqui apenas viajando de carona... Realmente, não há razão alguma de esperarmos até construirmos a nossa própria espaçonave de longa distância para podermos viajar pelo universo. Eu gosto para caramba da ideia de ser capaz de pegar uma carona na nave de alguém". Ele explicou a Neil Gaiman: "Quanto mais eu pensava nisso, mais me parecia uma ideia promissora para uma trama contínua".

Embora um esboço* alternativo apresentasse o herói morando inicialmente acima de uma vendinha e depois escapando para um universo rachado pela guerra entre uma força bondosa, conhecida como "Mrs. Rogers", e uma maligna quentinha chinesa, conhecida como "O Malcriado", Douglas e Simon logo chegaram a um acordo sobre uma sinopse, que tinha mais a ver com aquela famosa primeira meia hora – a principal diferença de ambos os esboços era o nome do protagonista, "Aleric B" (*sic*):

> **ALERIC** Minha nossa! Estamos mesmo dentro de um disco voador? Meio bagunçado, não é?
> **FORD** O que você estava esperando?
> **ALERIC** Ah, sei lá. Painéis de controle brilhantes, luzes piscando, telas de computador.
> **FORD** Isso aqui é uma nave de serviço: bagunçada, mas bem equipada.
> **ALERIC** Destemida, mas encardida.

O motivo pelo qual Adams escolheu esse nome – talvez por suas qualidades alienígenas enganosas – ele nunca revelou, mas igualmente misteriosa foi a anotação bem rápida de um nome melhor: Aleric, não, *Arthur* Dent. Já sabemos que a biblioteca de Porter não veio de imediato à mente de Douglas, que mais tarde racionalizou a decisão: "Eu queria que o nome fosse, por um lado, perfeitamente comum, mas, por outro, distintivo. 'Arthur' é um nome desse tipo – não é como Dominic ou Sebastian ou algo obviamente esquisito ou até afetado. É um nome sólido, 'antiga Inglaterra' e perfeitamente comum, mas, na verdade, poucas pessoas se chamam assim. Tinha uma figura na escola que atendia pelo sobrenome Dent. Ele parecia simplesmente ter a sonoridade certa. E também, acho eu, como o Arthur era muito alguém com quem aconteciam coisas – alguém que reagia às coisas que aconteciam

---

* Texto 1 na seção "Trechos inéditos do *Mochileiro*" (p. 454).

com ele em vez de ser um instigador em si –, parecia haver algo de "dent*" no personagem, e era mais ou menos isso que eu tinha em mente…".

A piada que batizou o salvador de Arthur era óbvia naquela época, embora o modelo de carro em questão talvez seja menos predominante nas estradas do Reino Unido hoje. No entanto, Ford Prefect precisava ser mais do que um mero E.T. regurgitando explicações. Para Douglas, o parceiro de Dent era, em primeiro lugar, "uma resposta ao *Doctor Who*, porque o Doutor está sempre correndo de um lado para o outro salvando pessoas e planetas e geralmente fazendo boas ações, por assim dizer; e eu pensei que a ideia central do personagem de Ford Prefect era que, entre salvar o mundo de algum desastre de um lado e, de outro, ir a uma festa, ele sempre escolheria ir à festa, supondo que o mundo, se valesse alguma coisa, cuidaria de si mesmo. Então esse foi o ponto de partida de Ford. Ele não era baseado em nenhuma figura específica, mas, pensando bem, alguns aspectos do comportamento ulterior de Ford se tornaram cada vez mais inspirados em lembranças do comportamento mais extremo de Geoffrey McGivern nos botecos". Ford não diz a Arthur "Venha comigo se você quiser viver", mas sim "Venha comigo e se divirta".

Outra diferença drástica com relação ao esboço original era que, inequivocamente, ele não havia sido elaborado para ser um seriado de ficção científica com tom de humor, mas sim uma sitcom. Ford e Arthur viajavam de mochilão em enredos independentes de meia hora toda semana, em diferentes planetas e em diferentes dimensões. A natureza multidimensional da Terra – celebremente situada na seção ZZ9 Plural Z Alfa, notória por ser traiçoeira –, que seria central nos romances do *Mochileiro*, foi claramente planejada no primeiro rascunho, antes de ser cortada e deixada de fora do programa radiofônico como um todo, mas algumas linhas foram astutamente guardadas para reciclagem:

FORD Eu salvei você da Terra… ela acaba de ser vaporizada no espaço.
ARTHUR Escute. Estou meio chateado com essa notícia.
FORD É, eu entendo. Mas tem um monte de outras Terras iguaizinhas.
ARTHUR Você pretende me explicar isso? Não seria mais prático se eu pirasse logo de uma vez?

---

*   "*Dent*", no inglês, pode significar um amassado em uma superfície. [N. de T.]

FORD ... O universo no qual existimos é apenas um entre uma multiplicidade de universos paralelos que coexistem no mesmo espaço, mas em diferentes comprimentos de onda da matéria, e, em milhões deles, a Terra ainda está viva e pulsando mais ou menos como você se lembra – ou, pelo menos, de um jeito muito parecido –, porque toda variação possível da Terra também existe.
ARTHUR Variação? Não estou entendendo. Você quer dizer como um mundo no qual Hitler teria vencido a guerra?
FORD Isso. Ou um mundo no qual Shakespeare teria escrito pornografia, ganhado muito mais dinheiro e recebido o título de cavaleiro.

Um episódio parecia ter sido inspirado na experiência de Douglas como guarda-costas, pois os dois heróis ficavam presos em uma jornada impossível para conduzir comida pelo sistema digestivo de um alienígena rico, enquanto a guerra assolava seu intestino. Em outra ideia de enredo boa demais para ser esquecida, eles descobriam que os golfinhos eram uma raça superior à humanidade. Os paralelos swiftianos, no sentido de que as experiências dos mochileiros em mundos estranhos refletiriam satiricamente nossa própria sociedade, foram enunciados de forma explícita na declaração: "Em certo sentido, o *Mochileiro* é uma espécie de *As viagens de Gulliver* no espaço. Vai-se embora para o espaço, deixa-se o mundo, depara-se com todo tipo de povos extraordinários que se comportam de maneiras extraordinárias e descobre-se que, quanto mais as coisas mudam, mais elas permanecem as mesmas. As fraquezas humanas são representadas em uma escala realmente grande... A vantagem da ficção científica é conseguir olhar pela outra ponta do telescópio e enxergar as coisas em uma perspectiva totalmente distinta".

Muitos fãs poderiam argumentar que considerar o programa como uma "sitcom", de certa forma, diminui seu valor – e que seria ainda pior insinuar que Adams estivesse escrevendo algo que pudesse ser descrito como "paródia". Quando se trata de decidir de que lado do assunto se posicionar, se definimos o *Mochileiro* como paródia, ou empregando um termo caprichosamente delineado, "ficção-científica-com-humor", vemo-nos atolados em uma área de disputa por nomenclatura que, no fim das contas, tem pouca serventia. Enquanto comédia contínua com personagens em uma situação, o programa poderia ocupar algum lugar nos confins da sitcom, tal como a conhecemos, de qualquer forma, mas o velho disparate de que o *Mochileiro* não é uma paródia do gênero demanda mais atenção. O próprio Douglas Adams foi citado negando quase qualquer elemento de paródia – mas aí foi em uma entrevista com fãs conservadores de ficção científica, os quais ele sabia que não aceitariam com amabilidade serem lembrados de que haviam dedicado tanta devoção a uma piada. Com referência à piada de *Star Trek* reciclada dos tempos de Cambridge, como recitado por Peter Jones no terceiro episódio:

> Muito longe nas névoas dos tempos de outrora, nos grandes e gloriosos dias do antigo Império Galáctico, a vida era selvagem, abundante e, em grande parte, isenta de impostos... os homens eram verdadeiros homens, as mulheres eram verdadeiras mulheres, e as criaturinhas peludas de Alfa Centauro eram verdadeiras criaturinhas peludas de Alfa Centauro. E todos ousaram desbravar terrores desconhecidos, realizar feitos poderosos, audaciosamente dividir infinitivos que nenhum homem jamais dividiu antes, e assim foi concebido o Império... Muitos homens, é claro, tornaram-se extremamente ricos, mas isso era perfeitamente natural e não era nenhum motivo de vergonha, porque ninguém era pobre de verdade – pelo menos, ninguém que valesse a pena mencionar...

Adams comentou: "Eu nunca considerei que estivesse realmente escrachando a ficção científica. Só tem um trecho em que eu me lembro de ter deliberadamente 'escrachado' alguma coisa do gênero de ficção científica, que foi o negócio de 'audaciosamente dividir infinitivos que nenhum homem jamais dividiu antes'. Era só uma daquelas situações em que eu concluía: 'Não consigo pensar em nada melhor – vou colocar isso mesmo'. Mas, senão, pelo que me toca, eu não estava escrachando a ficção científica, eu estava usando a ficção científica como veículo para escrachar todo o resto". O que não é muito diferente de um incendiário dizendo: "Eu não tinha a intenção de ser um incendiário, simplesmente toquei fogo no tapetinho da lareira...".

Porém, no fim das contas, isso acaba se reduzindo a uma questão de esnobismo. Os inocentes termos de "pastiche", "paródia" e "escárnio" foram, ao longo dos anos, maculados por uma boa quantidade de manchas, o que tornou o uso deles de certa forma ofensivo e reducionista na opinião de alguns. Por conseguinte, qualquer coisa que contenha elementos de um dos gêneros citados acima só pode ser frívolo, idiota ou profano. Uma rápida consulta ao dicionário esclareceria a questão, obrigando qualquer observador sensato a admitir que, se o *Mochileiro* não era inicialmente uma paródia de ficção científica, então ele não era nada. Podia não ser uma paródia tão superficial e maluca quanto *S.O.S.: Tem um louco solto no espaço*, de Mel Brooks, de 1987, mas, por ele despertar gargalhadas com as tradições, conceitos e recorrências da ficção científica, era incontestável que "pastiche", "paródia" e "escárnio" fossem os pilares essenciais do seriado – o conceito desencadeador da saga em si era, em seu cerne, *Carry on War of the Worlds*, do Monty Python. O Monty Python, é claro, era repleto de paródias bobas de todo tipo e conseguia, ao mesmo tempo, comentar inteligentemente inúmeros assuntos: o filme *A vida de Brian* funciona como uma paródia de épicos religiosos, mas ninguém afirmaria que ele não tinha nada a dizer. Uma suposta forma de humor "inferior" não precisa evitar abraçar questões de grande importância, e o *Mochileiro* se tornaria um excelente exemplo desse fato.

Apesar da guerra feroz entre os fãs para decidir se o *Mochileiro* era comédia ou ficção científica, os verdadeiros devotos sabem perfeitamente bem que, no fim das contas, ele é um glorioso exemplo de ambas. Tanto uma como a outra eram só lucro para Adams, que ria: "Sem querer, eu fiz uma coisa bem inteligente, pois criei um programa de que os fãs de ficção científica gostam porque eles acham que é ficção científica e que também agrada às pessoas que não gostam de ficção científica porque elas acham que está esculhambando a ficção científica". Acima de tudo, dizia ele, "Eu só queria fazer coisas que eu achava engraçadas. Mas, por outro lado, o que quer que eu ache engraçado será condicionado pelo que eu penso, pelos meus interesses ou preocupações. Você pode não ter intenção de demonstrar seu ponto de vista, mas seus pontos de vista provavelmente interferirão, porque eles tendem a ser questões que preocupam você e encontram, portanto, uma maneira de se intrometer na sua escrita".

Não havia muita coisa digna de nota no campo da comédia de ficção científica por volta de 1977 – passavam apenas seriados de comédia americanos bizarros e doidos, como *Meu marciano favorito* (que estava simultaneamente inspirando uma nova sitcom alienígena e lelé da cuca, *Mork & Mindy*, com sua primeira aparição em *Happy Days*, enquanto Douglas se sentava para trabalhar), e invasores em desenho animado, como Marvin, o Marciano, da Warner Bros., que estreou em 1948. Mais na vertente de Adams, isto é, ficção científica divertida, baseada em ideias e para adultos, estava *O dorminhoco*, de Woody Allen, de 1973, e a farsa espacial principiante e de baixo orçamento *Dark Star*, de John Carpenter, lançada um ano depois, estrelando uma tripulação do espaço profundo louca de dar nó e às voltas com um alienígena malcriado e uma bomba com consciência. Bem esquecida naquela época, e ainda mais hoje, uma sitcom passava no horário nobre da ITV em 1970: *The Adventures of Don Quick* era baseada na maior obra de Cervantes e mostrava uma dupla de astronautas encontrando criaturas estranhas pela galáxia. Porém, a criação mais estranha de todas viria em 1977, ano em que David Croft e Jimmy Perry, fabricantes de sitcoms nostálgicas e confortantes, já estavam trabalhando em uma farsa espacial só deles para a BBC1, *Come Back Mrs Noah*, que seria um fiasco notório. Apesar disso tudo, enquanto Adams se empenhava em despachar seus heróis para a loucura do espaço, ele certamente se sentia um pioneiro.

Além de uma adaptação da série épica *Fundação*, de Isaac Asimov, em 1973 na BBC (outra ficção que foi diretamente parodiada pelo *Mochileiro*, pois o próprio *Guia* manda um lero-lero especificamente para a empoeirada *Enciclopédia Galáctica* de Asimov), não havia passado nenhum seriado de ficção científica notável nas rádios inglesas desde *Journey into Space*, de 1953, uma fábula imensamente influente e popular sobre astronautas britânicos que se deparavam com os riscos de viajar no espaço e tempo. Mas é claro que nenhum meio de comunicação poderia ser mais perfeito do que o rádio para explorar conceitos insólitos com o menor orçamento possível, pois o ouvinte fornecia todos os cenários, figurinos, maquiagens e efeitos especiais aos olhos da mente. Adams teve de explicar em entrevistas anos mais tarde: "Sendo absolutamente honesto, a razão pela qual eu trabalhei para o rádio foi, para começo de conversa, porque naquela fase eu ainda era novo demais para fazer televisão, por assim dizer. Mas isso foi a melhor coisa que podia me acontecer, porque descobri como o rádio era um meio de comunicação maravilhoso e extraordinário. E ele ainda é, em muitos aspectos, o meu preferido". O audiovisual era um desafio e tanto de aprendizado para um escritor que, na maior parte do tempo, havia apenas adaptado esquetes para um veículo exclusivamente de áudio no passado. Como ele explicou, se na TV ou no cinema o seu personagem vai parar em um vulcão, "você pode então prosseguir e falar sobre legumes, mas dá para ver que ele ainda está dentro de um vulcão, ao passo que, no rádio, você tem de ficar dizendo: 'É muito curioso eu estar falando sobre o preço dos legumes enquanto estou aqui neste vulcão...'".

Obviamente, ele havia encontrado um jeito sorrateiro de simplificar esse desafio, utilizando seu terceiro personagem principal, o epônimo Guia propriamente dito, o qual ele sentia que, de um lado, "devia permitir o desenvolvimento quase ilimitado de ideias livres e, ao mesmo tempo, manter uma forma e propósito relativamente simples e coerentes". Porém, mais importante ainda era que "O livro" também podia funcionar como um narrador charmoso, subversivo e notoriamente duvidoso – não que Adams quisesse facilitar as coisas para si mesmo: "Uma das coisas que eu acho que você aprende", disse uma vez, "é fazer os personagens contarem a história. Você é obrigado a fazer isso, porque não tem ninguém mais para fazê-lo. Quando você escreve livros, há a tendência de você, enquanto autor, ficar no meio do palco falando abobrinha, enquanto seus personagens estão meio que sentados nos bastidores, tamborilando os dedos na mesa e se perguntando quando é que serão chamados. Mas aí tem partes nas quais você simplesmente vai precisar que alguém diga as coisas que não podem emergir do diálogo, então tivemos de ter um narrador. Agora, a figura do narrador é interessante, porque, como eu decidi que haveria um, eu sabia que não queria que ele ficasse dizendo o que estava acontecendo, porque seria chato, então acabei descrevendo um monte de coisas que *não* estavam acontecendo".

O primeiro episódio foi escrito de forma relativamente rápida, mas sua primeira tentativa de escrever por conta própria uma comédia de formato longo levou Douglas a adotar uma abordagem extremamente pedante de escrita – inegavelmente alcançando bons resultados em termos de qualidade, mas, no final, carregando um peso nas costas quando os prazos se aproximavam de forma ameaçadora: "Tentar compor as partes do narrador, com informações e piadas ao mesmo tempo, era um abacaxi difícil de descascar. Em geral, o que acontece é que as piadas e as informações quase se excluem mutuamente, então você acaba redigindo um primeiro rascunho de cinco páginas com o discurso do narrador, que vai levar a metade do programa para ser lido. Portanto, você tem de começar a cortar – e é aí que você aprende que uma das partes mais criativas do processo de escrever é quando você tem uma espécie de matéria bruta em uma folha de papel e começa a cortar, aperfeiçoar, desbastar um trechinho aqui, outro acolá, eliminar toda palavra que não seja absolutamente essencial e não esteja desempenhando nenhuma função vital. E, uma vez feito tudo isso, você começa a achar que o sentido se modificou muito ligeiramente e talvez tenha adquirido algum tipo de tom ou insinuação, e aí você pensa: 'Que interessante, vamos nos aprofundar um pouco mais nisso...'. Você acaba escrevendo um texto cerca de dez vezes mais curto do que o primeiro". Essa atitude sóbria e perfeccionista de cinzelar o texto seria a chave do sucesso de Douglas e a causa de úlceras para quem algum dia precisasse que ele entregasse um trabalho dentro do prazo.

ISSO É VOCÊ CONTINUANDO?

O porão do prédio Rex House, na Lower Regent Street, no centro de Londres, é hoje uma das 10 bilhões de academias de ginástica entulhadas naquela densa região, mas, na maior parte do século 20, foi o Paris Theatre, um estúdio acolhedor, onde uma média de quatrocentos espectadores se divertia com gravações de programas radiofônicos, desde *Round the Horne* até *ISIHAC (I'm Sorry I Haven't a Clue)*, ou apresentações dos Beatles e dos Stones nos anos 1960. Simon Brett reservou o local para gravar o piloto do *Mochileiro* na terça-feira do dia 28 de junho de 1977 – mas com a incomum ressalva de que nenhuma plateia seria necessária. Essa foi a primeira das muitas batalhas que Brett teve de ganhar contra seus chefes na BBC, tentando comunicar a natureza singular do programa ao qual eles haviam dado sinal verde hesitantemente. Por sorte, foi uma batalha fácil, devido à pura lógica de não matar de tédio uma plateia enquanto efeitos especiais complicados estivessem sendo montados para dar vida à criação de Adams. Desde o comecinho, o escritor tinha interesse em fazer um programa diferente de tudo o que já havia sido feito antes, e, como Canter havia prometido, o sofá gigante da Arlington Avenue ficava à sua disposição quando ele viajava regularmente para a capital no intuito de trabalhar junto com Brett para que tudo desse certo.

Com uma veemência que somente alguém que insistia em escutar os discos do Pink Floyd com os melhores fones de ouvido poderia manifestar, Adams estava determinado a fazer com que o *Mochileiro* provocasse decididamente um impacto de áudio épico: "Embora já tivessem se passado dez anos desde que *Sgt. Pepper's* havia revolucionado a maneira como as pessoas do universo do rock pensavam sobre produção de som, quando eu ouvia comédia radiofônica daquela época, parecia-me que ainda não havíamos progredido muito além de 'Batida de porta A, batida de porta B, passos em um caminho de pedrinhas e o bizarro *Bang* das histórias em quadrinhos'. Não era tanto por falta de imaginação quanto pela preocupação perfeitamente sensata de que uma dedicação excessiva a efeitos sonoros criava facilmente uma mixórdia irritante, que depreciava um roteiro sólido e não conseguia disfarçar um roteiro fraco. E eles também demoravam muito, e esse tempo, assim se pensava, podia ser mais bem aproveitado fazendo mais programas... Eu sentia que era possível fazer muito mais com som do que eu ouvia os outros fazerem naqueles tempos. As pessoas que estavam explorando e experimentando até onde o som podia ir eram pessoas do universo do rock – os Beatles, o Pink Floyd e tal... Eu tive a ideia de criar cenas de som. A ideia era de que nunca haveria um momento no qual o mundo alienígena desse trégua, de que o ouvinte permaneceria nele durante meia hora. Não estou dizendo necessariamente que atingimos esse objetivo, mas acho que o que conseguimos fazer surgiu como resultado do empenho para alcançá-lo... Eu queria que as vozes e os efeitos e a música fossem orquestrados tão sem transição que criassem uma imagem coerente de um mundo completamente diferente – eu dizia isso e muitas coisas parecidas, fazendo gestos e mais gestos com as mãos, enquanto as pessoas faziam sinal com a cabeça pacientemente e diziam: 'Tá bom, Douglas, mas do que *exatamente* você está falando?'".

A coleção de discos cósmicos de Douglas foi crucial para criar essa paisagem sonora alienígena, e os dedilhados e gemidos experimentais de dois compositores predominavam em especial: do californiano Terry Riley e do transilvano Gyorgy Ligeti. Porém, é claro que a principal prioridade era encontrar o tema musical certo para apresentar o *Mochileiro* ao ouvinte. "Eu pensava que, como tudo acontecia no espaço, precisava ter alguma coisa bem espacial, com sintetizadores", disse ele. "E, visto que era engraçado, precisava ter alguma coisa para mostrar que não era sério demais, algo como uma música de banjo. Então eu pesquisei na minha coleção de discos, procurando alguma coisa com sintetizador e banjo..." A faixa "Journey of the Sorcerer" do disco dos Eagles de 1975 havia sido composta por Bernie Leadon logo antes de ele sair da banda – e antes de eles fazerem sucesso para valer com "Hotel California". Longe de emprestar um ar de frivolidade, o banjo estridente e esparso da canção, som do sem-teto espacial solitário, acabaria exemplificando o senso de alienação do seriado, um som agourento vindo do lado sombrio do universo, criando um tom adequadamente sério, que o ridículo subsequente sabotava.

O elemento mais importante da paisagem sonora vinha, naturalmente, dos atores, e Adams tinha ideias muito claras quanto ao elenco. McGivern já estava perdoado havia muito tempo de qualquer soco dado no passado e seria o Ford ideal – mas, acima de tudo, Douglas queria retribuir a gentileza que Simon Jones lhe havia demonstrado e fazer dele o astro do programa – e a carreira de Jones desde Cambridge também havia, convenientemente, incluído um período de trabalho na peça teatral de *Doctor Who*. Adams telefonou para seu velho amigo, supostamente lhe prometendo um papel "que era bem a cara dele", mas, nos anos seguintes, teve de ressaltar: "O Arthur não foi *baseado* em Simon Jones. O Simon está convencido de que eu disse isso uma vez, mas o que eu disse foi que eu tinha escrito o papel tendo ele em mente. O que é uma coisa muito incomum de dizer sobre um ator. Mas há somente o reflexo mais ínfimo do Simon propriamente dito no papel em questão. Ele não é baseado no Simon, mas sim no que eu pensava serem os pontos fortes do Simon enquanto ator. Pela mesma razão, ele também não é autobiográfico... no entanto, Arthur Dent não é tão distante de mim que seja impossível usar coisas que aconteceram comigo quando eu escrevo sobre ele".

Desde que Simon havia deixado Cambridge, sua carreira cênica havia começado com o pé direito, pois ele obteve um papel invejável em um seriado musical da ITV que viria a empregar um bando de atores essenciais do *Mochileiro: Rock Follies*. A história cultural dos anos 1970 vem sendo, é claro, simplificada de modo interminável e conveniente para as gerações seguintes por décadas de documentários que nos contam que os dinossauros de capa do rock progressivo foram varridos em 1976 por hordas de punks saqueadores e pronto. Contudo, para quem, assim como Adams, estava menos inclinado a apertar as calças, a vida continuou, e outras músicas estavam ao alcance da mão. Os musicais de rock de Lloyd-Webber, Rice e Richard O'Brien, sem mencionar o ABBA, o Queen e toda uma onda de versões disco de obras clássicas (em especial do preferido de Adams, Bach) que derivaram da americana Wendy Carlos, pioneira do sintetizador, e da trilha sonora distópica que ela criou para o filme *Laranja mecânica*, de 1971, construíram uma ponte entre o glam rock ou rock progressivo e a nebulosa new wave de Kate Bush, Elvis Costello, Squeeze e outros, enquanto a ascensão dos sons pesados em vocoder e sintetizador lançados pelo Kraftwerk logo se tornaria central no som do *Mochileiro*. *Rock Follies*, produzido pela TV Thames, era um sucesso popular ente o público convencional, independentemente do que o movimento punk estava prestes a desencadear, e apresentava Jones na pele de Juan, um pretensioso garçom. Mas o ator ficou intrigado pelo papel que Douglas havia criado para ele e aceitou sem objeção – embora, é claro, ele tivesse de ressaltar que não era nem um pouquinho parecido com Arthur.

Além de Jo Kendall, heroína de *ISIRTA* e *Burkiss Way*, que fez depois o supérfluo papel de Lady Cynthia Fitzmelton, uma dignitária local e esnobe orgulhosa de começar o vandalismo na cidadezinha de Arthur, a "nojenta Cottington", havia papéis para dois outros respeitáveis footlighters. O barman era representado por David Gooderson (que em breve encarnaria Davros), enquanto Bill Wallis, antigo colaborador de Peter Cook que mais tarde faria participações especiais em *Blackadder*, entrou no último minuto para atuar no papel duplo do sr. Prosser, chefe de demolição, e de seu equivalente interestelar, o capitão Vogon – que ainda não seria identificado naquela época como Prostetnic Jeltz. Teria sido fácil demais retratar os antagonistas alienígenas do piloto como verdadeiros vilões, na veia de Mekon ou dos Daleks. Portanto, Adams estipulou o seguinte, repetindo a opinião do seu próprio guia europeu quanto a pegar carona na Albânia:

> Você quer pegar carona com Vogons? Pode desistir. Trata-se de uma das raças mais desagradáveis da galáxia. Não chegam a ser malévolos, mas são mal-humorados, burocráticos, intrometidos e insensíveis. Seriam incapazes de levantar um dedo para salvarem suas próprias avós da Terrível Besta Voraz de Traal sem antes receberem ordens expressas por meio de um formulário em três vias, enviá-lo, devolvê-lo, pedi-lo de volta, perdê-lo, encontrá-lo de novo, abrir um inquérito a respeito, perdê-lo de novo e finalmente deixá-lo três meses sob um monte de turfa, para depois reciclá-lo como papel para acender fogo. A melhor maneira de conseguir que um Vogon lhe arranje um drinque é enfiar o dedo na garganta dele, e a melhor maneira de irritá-lo é alimentar a Terrível Besta Voraz de Traal com a avó dele.

A briga de Prosser e Dent era muito mais longa e apresentava um pedantismo pythonesco mais cansativo no rascunho original — mais tarde, um acorde dramático também continha a anotação "ARBUSTO!", fazendo alusão a *O Cálice Sagrado* —, e não há nada mais pythonesco do que a famosa placa "Cuidado com o leopardo". Para Adams, a burocracia simplesmente tinha de ser o perigo mais alarmante do universo, e, ao ligar diretamente a papelada mesquinha do conselho municipal com a magnitude de uma invasão alienígena, ele compôs uma introdução perfeita ao seu universo, dando aos chefes da BBC e aos ouvintes finais uma sólida ideia do que estava por vir e de como suas aventuras espaciais podiam comentar sem rodeios a vida na Terra.

No que diz respeito a paródias, uma vez que Ford e Arthur foram sugados pela espaçonave vogon, a tortura cruel que ameaçaria o herói em repetidos momentos de suspense em uma ficção científica tradicional era escrachada ao substituir lasers ou lâminas por poesia ruim (com uso, é claro, da audaciosa apresentação do peixe-babel, solução trabalhada com esmero para o problema dos idiomas da galáxia), de modo a permitir que Douglas se divertisse à custa de um velho conhecido. O seriado era cheio de alusões elaboradas para serem fisgadas pelos amigos íntimos de Douglas, embora ele tenha protestado que "há trechos e pedaços da história que são como piadinhas pessoais, mas em geral eles são muito, muito pequenininhos – não dá para colocar uma coisa que faça a maioria dos ouvintes pensar: 'Tem uma coisa aí que eu não entendi, e eu tenho a impressão de não era para eu entender mesmo'. É uma maneira muito arrogante de tratar o público. Portanto, se eu escrevi um detalhe só para divertir algumas pessoas ou a mim mesmo, em geral é algo que fica em um lugar onde, de qualquer forma, teria de estar alguma coisa – como um pouquinho de cor de fundo". A cor de fundo em questão aqui causou grandes desavenças com seu colega fundador do Artsphere, P. N. M. Johnstone: "Essa figura dividia um quarto comigo na escola. Ele me mantinha acordado a noite toda escrevinhando uma poesia horrorosa sobre cisnes e coisa e tal. Quando o programa foi ao ar no rádio, havia uma parte sobre a poesia vogon, que era a terceira pior do universo. Alguém me perguntou qual era a pior, e, sem pensar, eu disse: 'Bem, é a do Milne Johnstone, não é?'. Ele ignorou isso durante um tempo e aí, quando apareceram o livro e o disco, ele começou a ficar cada vez mais litigioso. Acabamos recebendo uma maldita carta e ficamos sabendo que, embora não tivesse publicado nada, ele havia passado a editar todas aquelas revistas de poesia e a organizar vários festivais". A solicitação formal de Johnstone, perfeitamente justa, era para trocar o nome, pelo bem de sua própria reputação. Assim, a maioria dos livros impressos e seriados de TV ridicularizava os versos de "Paula Nancy Millstone Jennings", com a imagem de Douglas vestido de mulher inclusive ilustrando o trecho na TV. A adaptação do ICA Theatre jogou a cautela para o alto e citou Paul, visto que, aparentemente, ele havia sido um agente de imprensa de temperamento difícil para o teatro, e parece que o pobre e caluniado poeta tinha uma infame falta de senso de humor – o que, óbvio, era justamente a razão pela qual Douglas não pôde resistir a tirar sarro dele, para começo de conversa. Os dois nunca fizeram as pazes, e Johnstone morreu três anos depois de seu carrasco cômico.

O último papel (e o mais importante) a ser escalado era, é claro, o personagem do título. Adams e Brett concordaram que os trechos bizarros e muitas vezes extravagantes do Guia seriam mais bem expressos por uma voz nítida e aveludada da Radio 4, que Douglas logo identificou como "com um quê de Peter Jones". As primeiras sugestões incluíram Michael Hordern e Michael Palin – sobre esse último, vinte anos mais tarde Adams contou aos fãs em seu fórum: "Michael me lembrou outro dia que, inicialmente, eu tinha pedido para ele fazer a voz do guia, e ele ficou imaginando o quão diferente teria sido sua carreira se ele tivesse aceitado. Teria sido mais ou menos exatamente igual, esse é o meu palpite". Depois de muita discussão angustiada, recordou ele, "no final, a secretária de Simon Brett ficou muito irritada de nos escutar debatendo aquela mesma lenga-lenga sem parar e não enxergando o óbvio. Ela disse: 'Que tal o Peter Jones?'. Eu pensei: 'É mesmo, seria um jeito de resolver o problema, não seria?'. Então perguntamos ao Peter, ele estava disponível e fez o papel".

Jones tinha confiança o bastante no roteiro para sair de sua casa em Cornwall e enfrentar a longa viagem até Londres, mas, à primeira vista, Douglas não tinha certeza de que o velho nativo de Shropshire, que chegou parecendo mais do que nunca um gerente de banco em sua hora de almoço, tivesse alguma noção do que se tratava o trabalho: "Quando ele chegou à primeira leitura do roteiro e o estudou como se fosse uma solicitação de empréstimo para comprar uma fazenda de ostras em Shrewsbury, eu me precipitei nervosamente e tentei desesperadamente explicar as coisas. Imagina: 'Tem esse tipo de peixe, sabe, que eles têm de colocar no ouvido e que absorve a energia das ondas cerebrais' ou 'É aquela raça cruel de poetas alienígenas, entende?'... e ele permanecia sentado, dizendo 'Ahaaan...?'. E, finalmente, um tempo aterrorizantemente longo depois de eu ter terminado de explicar: 'Hum. Sei'. Outra pausa. E então, por fim, um risinho bem discreto e: 'É, gostei. É bem engraçado'". Adams parecia ter esquecido que Peter Jones havia tido sua própria experiência de quebrar as fronteiras da comédia radiofônica, instigando Peter Ustinov a dar um exemplo precoce de improviso cômico em *In All Directions* duas décadas antes. Naturalmente, "Peter era extraordinário. Ele sempre fingia não entender nada do que estava acontecendo e conseguia transformar seu senso próprio de 'não sei que história é essa' em 'não entendi por que isso aconteceu', o que era a ideia central de sua atuação. Peter nunca recebeu o reconhecimento que merecia. Ele é extremamente bom. Raramente encontrava os outros atores, porque gravava suas partes de forma completamente separada. Era como colocar um músico de sessão em um disco de rock de múltiplas faixas, sentado sozinho em um estúdio fazendo a parte do baixo".

E assim, com todas as partes no lugar certo para fazer o que parecia ser uma revolução interestelar na Radio 4, mas que, na verdade, era simples para caramba em comparação com o que viria a seguir, pela primeiríssima vez, Arthur Dent se deitou na lama para salvar sua casa, e as forças da burocracia convergiram para mudar sua vidinha de terráqueo insignificante para sempre:

NARRADOR (Acaba a música. Voz sem emoção, nem características distintivas.) Esta é a história de um livro chamado

O guia do mochileiro das galáxias, talvez o mais extraordinário, certamente o mais bem-sucedido dos livros publicados pelas grandes editoras de Ursa Menor...

A introdução sempre pareceu estar gravada em pedra, mas o diálogo de abertura passou por intensas reformulações, e várias conversas nem entraram nos livros de roteiro notoriamente exaustivos:

EFEITOS BARULHOS TÍPICOS DE CONSTRUÇÃO DE ESTRADAS, ESCAVADEIRAS, FURADEIRAS PNEUMÁTICAS ETC.

(A conversa a seguir se dá por cima desse barulho. O homem do conselho, sr. Prosser, está falando de forma ditatorial usando um megafone, e Arthur está gritando suas respostas, relativamente indistintas à distância.)

PROSSER Desista, sr. Dent, o senhor sabe que é uma causa perdida. Não adianta nada ficar deitado no caminho do progresso.
ARTHUR Não ligo mais para a ideia de progresso. Tem mais fama do que merece.
PROSSER Mas o senhor precisa perceber que não vai conseguir ficar deitado na frente do trator o resto da vida.
ARTHUR Está bem. Vamos ver quem enferruja primeiro...
PROSSER Sr. Dent, quer me fazer o favor de ser realista...
ARTHUR Escute, estou ótimo. Estou começando a gostar bastante daqui embaixo. Os tratores me protegem do vento, a lama é agradável e quentinha – é um estilo de vida ao qual eu poderia me adaptar facilmente.
PROSSER Infelizmente, o senhor vai ter que aceitar. Esse desvio tem que ser construído e vai ser construído! Não há nada que o senhor possa dizer ou fazer...
ARTHUR Por que é que tem que ser construído?
PROSSER Como assim, "por que tem que ser construído"? É um desvio. É necessário construir desvios.
ARTHUR Ninguém considerou as alternativas?

PROSSER Não há nenhuma alternativa. O volume do tráfego...

ARTHUR Vocês poderiam demolir os carros, em vez das casas. Aposto que vocês nem pensaram nisso.

PROSSER Não é uma casa particularmente bonita, de qualquer forma.

ARTHUR Por acaso gosto bastante dela.

PROSSER Fui autorizado pelo conselho...

ARTHUR E acho que ela já se acostumou comigo.

PROSSER Fui autorizado pelo conselho...

ARTHUR Se eu deixar você derrubá-la, acho que nenhuma outra casa nunca mais vai confiar em mim. Elas sentem, sabe?

PROSSER Fui autorizado pelo conselho...

ARTHUR Aposto que a sua casa não confia em você...

PROSSER O senhor vai me deixar continuar?

ARTHUR Tá, pode continuar.

PROSSER Fui autorizado pelo conselho...

ARTHUR Isso é você continuando?

PROSSER É! Fui autorizado pelo conselho...

ARTHUR Ah, perdão, é só que parecia que você estava dizendo exatamente a mesma coisa.

A edição bruta da gravação integral foi habilmente colocada nos trinques pela lenda da BBC Radiophonic Workshop, Paddy Kingsland, com a presença de Simon e Douglas para garantir que a edição final correspondesse ao som na cabeça do escritor, e eles até conseguiram sair cedo do trabalho e ir tomar um drinque no Dover Castle para comemorar. A principal tarefa de Kingsland era, é claro, destruir a Terra, como determinado no roteiro:

EFEITOS UM ZUMBIDO GRAVE E VIBRANTE QUE AUMENTA RAPIDAMENTE EM INTENSIDADE E TOM. VENTO E TROVÃO, ESTRONDOS ESTRIDENTES E ÁSPEROS. TODAS AS PEQUENAS FRUSTRAÇÕES IRRITANTES QUE OS ENGENHEIROS DE EFEITOS SONOROS DA BBC JÁ TIVERAM PODEM SE MANIFESTAR NO FINAL POR MEIO DE UMA EXPLOSÃO DEVASTADORA, QUE DEPOIS VAI ABRANDANDO ATÉ VIRAR SILÊNCIO.

Esse efeito foi realizado com uma mistura de muitos efeitos sonoros tradicionais – trovoadas, explosões, colisões de trens – e deu mais do que certo quando mixado e transmitido por pequeninos alto-falantes de rádio, sendo considerado como "o destaque técnico do programa". A maneira como esse final fictício parecia sugerir um começo auspicioso, enchendo Adams de confiança enquanto ele viajava de volta para Dorset, era um sinal tão incorreto da estrada que ele tinha pela frente quanto a convicção de Arthur Dent ao acordar naquela quinta-feira singular, de que ele passaria o dia lendo um pouco e escovando o cachorro.

VOCÊ NÃO QUER DOMINAR O UNIVERSO, QUER?

Simon Brett trabalhou bem a serviço da visão de Douglas. Em 12 de julho, ele pôs para tocar a fita do programa-piloto final para seus chefes, que ficaram ali sentados em um silêncio sepulcral durante a meia hora inteira. Ao final da reprodução da fita, Con Mahoney, chefe tradicionalista da LE, perplexo, conseguiu apenas se virar para o produtor e perguntar: "Mas, Simon, isso é engraçado?". Brett garantiu aos mandachuvas que aquilo certamente era engraçado e, por sorte, seu excelente histórico profissional bastou para convencê-los. "Simon estava fazendo um jogo bastante político", disse Douglas, "posicionando o programa de modo a permitir que ele fosse em frente. Por exemplo, nos disseram que não dava para fazer comédia em estéreo – os ouvintes não saberiam em qual dos alto-falantes seria transmitida a frase de efeito da piada! Então, durante um breve momentinho na história do *Mochileiro*, o programa foi oficialmente um drama apenas para superar aquele pequeno obstáculo do sistema... bastava saber quais eram os botões certos a apertar no momento certo, por assim dizer."

Graças à fé que Brett depositava em Adams, a BBC finalmente deu o sinal verde oficial ao *Mochileiro* no último dia de agosto, com o orçamento de 180 libras por cada um dos cinco episódios restantes. Infelizmente, a essa altura, nem Simon nem Douglas estavam disponíveis para voltar ao trabalho – o primeiro, porque havia tomado a grande decisão de sair da Radio 4 e seguir Humphrey Barclay indo para a LWT; e o segundo, porque estava realizando outro sonho de infância – ele havia finalmente sido convidado a lançar sua própria aventura em *Doctor Who*.

A jornada do piloto do *Mochileiro* pelo sistema da BBC havia levado muito tempo, e o otimismo de Adams era frágil demais para aguentar o suspense enquanto o verão transcorria. Então, munido do roteiro de seu próprio programa de ficção científica da Radio 4, ele pensou que talvez fosse a hora certa de testar o escritório da produção de *Doctor Who* mais uma vez, com uma ideia fresquinha. Ele havia feito uma segunda investida no departamento apenas um ano antes, com uma intrincada proposta de filme intitulada *Doctor Who and the Krikkitmen*, na qual um exército de autômatos impiedosos, moldados a partir de um time de críquete (mas cujas campanhas galácticas, na verdade, inspiraram o esporte propriamente dito, graças a "uma daquelas curiosas aberrações de memória racial"), não recuavam diante de nada para remodelar a chave em formato de *wicket*, no intuito de libertar os mestres Krikkits do envelope do tempo que os impede de destruir toda forma de vida do universo, exceto eles próprios. Apenas o Doutor e Sarah-Jane Smith podem detê-los, apesar de terem, inicialmente, fracassado em impedir que os robôs assassinos roubassem as Cinzas durante um jogo no Lord's Cricket Ground. Embora Adams possa ter vagamente recordado uma sequência da aventura *The Daleks' Master Plan*, da era de William Hartnell, que envolvia o esporte, a principal influência aqui foi o capelão de Brentwood, Tom Gardiner, que uma vez deu um sermão memorável, perguntando: "Se visitantes de Marte descessem no campo do time de críquete da escola, como vocês lidariam com eles?", o que com certeza cativou totalmente a atenção do jovem Douglas. Na verdade, o críquete propriamente dito despertava muito pouco interesse no escritor – o esporte era, inclusive, descrito em sua proposta como "um jogo incompreensivelmente chato e inútil" – e ele admitia: "Não sou grande fã de críquete. Eu apenas me deparei com um artigo sobre a história das Cinzas – uma trave de críquete que foi queimada em Melbourne, na Austrália, em 1882. Eu o li por acaso em um estado emocional de devaneios, e foi daí que eu tirei a ideia. Não tinha um significado profundo nela". Em 1976, a reação do editor de roteiro Robert Holmes a esse enredo foi supostamente um desanimador "Gostaríamos de ver uma prova de talento maior do que isso" – aparentemente, o piloto do *Mochileiro* preencheu esse critério.

Em julho, Adams saiu do seu cantinho no sofá da Arlington Avenue e foi até a BBC para encontrar Holmes, Tony Reed, novo editor de roteiro, e Graham Williams, produtor, levando uma história que falava sobre o segredo sombrio das atividades imorais de mineração dos Senhores do Tempo e contava como um renegado de Gallifrey descobria um jeito de atravessar o universo em um planeta oco até a casa dos Senhores do Tempo com sede de vingança. Douglas o descreveria como "provavelmente o enredo mais bem trabalhado que eu já criei", mas sua proposta épica aparentemente afundou os chefes da série cada vez mais em suas poltronas, tirando um sofrido "Agora eu sei como o Kubrick se sentia!" da boca do produtor quando a leitura terminou. No entanto, foi pedido a Adams que retrabalhasse a proposta, e ele voltou com um roteiro que era "longo demais – no papel, era duas vezes mais longo do que deveria ser. Ele começava como uma história relativamente simples, mas tinha de se contorcer para evitar vários problemas e se entrelaçar com algumas coisas que estavam se tramando. O roteiro todo não deixava de fazer sentido de cabo a rabo – na verdade, os chefes da série ficaram estupefatos que ele fizesse. Mas, quando ele foi cortado para ter a duração adequada, começaram a surgir grandes lacunas. O enredo inteiro, afinal, articulava-se em torno da ideia de vida eterna, o que, na realidade, era um pouco chato, mas, a princípio, era uma analogia sobre incitação às drogas. Eu tinha imaginado uma empresa irresponsável que procurava por aí pessoas que tinham o maior medo de morrer e lhes vendia 'represas temporais' que retardariam o tempo, fazendo-o passar cada vez mais devagar, até as pessoas estarem nos últimos poucos segundos de suas vidas...". Após muitas brigas com Reed, incluindo a necessidade de forçar um arco narrativo na 16ª temporada, envolvendo a "Chave do Tempo" (estranhamente parecida com a busca da chave dos Krikkits escrita pelo próprio Adams), *The Pirate Planet* apresentava pouca semelhança com o rascunho inicial do escritor, embora lhe tenha permitido se divertir com um clichê de predileção, apresentando um pirata espacial grosseirão completo, com papagaio robótico e tudo. Nessa ocasião, entretanto, aferrar-se ao perfeccionismo não era importante – o que contava era que a história havia sido encomendada, paga e finalmente feita.

Como a encomenda foi feita no final de outubro, para entrega no iniciozinho de 1978, as obrigações autorais de Adams estavam começando a se acumular, pois ele tinha pelo menos cinco horas de entretenimento para escrever – e já estava há seis semanas tentando inventar o que aconteceria em seguida com Ford Prefect e Arthur Dent. De volta à casa, em Dorset, foi estabelecida uma rotina rigorosa de corrida e escrita, enquanto sua mãe servia sanduíches e xícaras de chá. A estrutura hostilmente rígida de *Doctor Who*, há quinze anos no formato original do programa, com talvez seu Doutor mais amado e icônico no comando – o volúvel e irreprimível Tom Baker –, convinha aos instintos lógicos de Adams enquanto escritor, em comparação com a liberdade extremamente vertiginosa do *Mochileiro*, mas ele estava ciente da natureza esquizofrênica de escrever ambos os programas ao mesmo tempo: "Por mais estranho que pareça, eu achava bem libertador escrever o *Doctor Who*. Chegou uma hora em que eu estava escrevendo os dois simultaneamente e, em vários sentidos, embora as pessoas suponham que houvesse um pouco de fertilização cruzada, na verdade eles habitavam universos tão totalmente diferentes que realmente não houve. Mas eu notei, sim, uma coisa estranha: eu estava escrevendo episódios do *Mochileiro* que pareciam acontecer todos dentro de corredores e escrevendo episódios de *Doctor Who* que pediam cenários imensos, enormes, impossivelmente elaborados. Eu pensava: 'Estou fazendo tudo ao contrário'". Esse nível irrealista de ambição visual seria sentido na versão final de *Pirate Planet*, que foi ao ar no ano seguinte. Notoriamente, nenhum programa de TV na história foi zombado por seus efeitos especiais ultrapassados de forma tão implacável como a versão clássica de *Doctor Who*, com frequência injustamente, mas a estreia de Adams foi particularmente comprometida pela produção visual básica. Com o tempo, ele aprenderia a se manter dentro dos limites do programa e, mais importante ainda, compensar qualquer insuficiência de efeitos com conceitos brilhantes e diálogos afiados. Com certeza, todo fã da série que tenha assistido àquela primeira aventura de Adams detectou um aumento de desfaçatez na gozação do Senhor do Tempo:

> **DOUTOR** ... vingança de Newton...
> **ROMANA** Newton? Quem foi Newton?
> **DOUTOR** O velho Isaac! Amigo meu da Terra. Descobriu a gravidade. Quer dizer, digo que ele descobriu a gravidade, mas eu dei tipo um empurrãozinho.
> **ROMANA** O que você fez?
> **DOUTOR** Subi em uma árvore.
> **ROMANA** E?
> **DOUTOR** Deixei cair uma maçã na cabeça dele.
> **ROMANA** Ah, e aí ele descobriu a gravidade?
> **DOUTOR** Não, falou para eu me mandar daquela árvore. Depois eu expliquei a gravidade para ele na hora do jantar.

O humor sempre foi um aspecto crucial do DNA do programa, certamente desde a estreia de Patrick Troughton no papel do personagem-título, mas talvez o entrecruzamento com a escrita em andamento de sua própria comédia tenha feito com que os roteiros de Adams ficassem ainda mais irresistíveis para o naturalmente cômico Baker. Tom era conhecido por vociferar a respeito de muitos roteiros novos, tacando-os do outro lado da sala e fazendo picadinho dos escritores, mas o fato de ser presenteado com a criação de Douglas apenas suscitou aquele famoso sorrisinho dentuço e deu ao astro algo para trabalhar de verdade. Os dois estabeleceram um relacionamento raro, e Douglas se entusiasmava: "O Tom é realmente uma pessoa única. Uma daquelas que oscilam entre ser uma das pessoas mais maravilhosas, incríveis e interessantes que você já conheceu e ser alguém que você empurraria com prazer de um penhasco!". Para tristeza sua, no entanto, o escritor sentiu que a leviandade no programa podia ir longe demais – ele zombou da expressão "escrachado", a qual ele insistiu que significava simplesmente "não vamos fazer isso direito" e continuou refletindo: "O roteiro não deveria ter sido tão abertamente engraçado ou piadista quanto foi. Eu o escrevi com muito humor, mas a questão é que, quando você faz isso, muitas vezes o humor acaba sendo representado à exaustão. Eu tive a impressão de que havia humor demais: 'Ah, o roteiro tem humor! Então temos que usar as mesmas vozes engraçadas e caminhadas ridículas', o que eu acho que não ajuda".

Seu verdadeiro terreno de diversão cômica estava atualmente encrencado com seus dois heróis nas garras dos Vogons – "ou morrer no vácuo do espaço ou... me dizer o quanto gostaram do meu poema!" – e, embora ele tivesse cuidadosamente instituído um ponto de partida para mais aventuras (a revelação de que a Terra era considerada não mais do que "praticamente inofensiva" bastou para convencer Arthur a se juntar a Ford em qualquer aventura que viesse pela frente), Douglas teve de admitir que tinha apenas uma vaga ideia do que realmente aconteceria em seguida.

POSSO ATÉ MESMO DETERMINAR SEUS PROBLEMAS DE PERSONALIDADE COM PRECISÃO DE DEZ CASAS DECIMAIS

A carga de trabalho de Adams ao longo do outono de 1977 certamente provou a sua mãe, seu padrasto e seus irmãos que ele não estava se iludindo quanto às suas ambições, e, ainda assim, a ameaça da normalidade ainda pairava sobre o ambicioso rapaz, enquanto sua máquina de escrever matraqueava e ele tentava empilhar páginas, dando prosseguimento às aventuras tanto de Arthur Dent como do Doutor. Em suas piores crises de ansiedade, ele deixava bilhetinhos para si mesmo pregados na parede: "Se algum dia você tiver a oportunidade de arrumar um emprego decente e estável... aceite. Essa não é uma ocupação para um rapaz saudável e em amadurecimento... Isso não foi escrito após um dia ruim. Isto foi escrito após um dia normal".

Por onde ele poderia começar, confrontando a primeira página em branco após seu piloto bem-sucedido? Pois bem, caso necessário, havia um estratagema que nunca deixava sua mente em paz e que viria a calhar aqui ou, pelo menos, esquentaria os dedos para começar a datilografar:

> **NARRADOR** *O guia do mochileiro das galáxias* é um livro realmente admirável. A introdução começa assim: "O espaço", diz ele, "é grande. Grande, mesmo. Não dá pra acreditar o quanto ele é desmesuradamente inconcebivelmente estonteantemente grande. Você pode achar que da sua casa até a farmácia é longe, mas isso não é nada em comparação com o espaço...". E por aí vai.

Esse velho conhecido, entretanto, não se mostrou útil até seus dois heróis serem jogados pela descarga no esgoto do espaço com apenas trinta segundos de ar em seus pulmões. Antes disso, precisou haver a comparação poética entre o bacharel em inglês e o capitão Vogon, além da paródia dos clichês de ficção científica com o guarda, cuja vida vazia se articula amplamente em torno dos repetidos gritos de "Toda resistência é inútil!". O pontapé inicial que Douglas finalmente deu, após muitas reformulações, trouxe-o de volta ao eterno tema do dinheiro e de como a movimentação de "pequenos pedaços de papel coloridos" era incapaz de fazer felizes as formas de vida descendentes de primatas — uma observação notavelmente incisiva vinda de um rapaz sem muita grana. O fato de mencionar, como quem não quer nada, a garota da lanchonete de Rickmansworth era somente um exemplo de como ideias aleatórias cresciam e se transformavam em elementos narrativos capitais.

Porém, quase de imediato, ele se viu encurralado. Menos de meia hora fora do planeta, ele já havia feito seu dueto anti-heroico navegar até quase encontrar uma morte certeira, em suas palavras, "só para ver o que aconteceria. Infelizmente, é claro, se alguma coisa fosse acontecer, eu teria de inventá-la... Todo jeito de sair de um apuro parecia se resumir a soluções magicamente simples — que eram uma forma de tirar o corpo fora. Não há sentido em fazer uma tempestade em copo d'água sobre o terrível aperto em que estão seus personagens, se for para você trapacear e tirar o seu time de campo na hora de escrever o desenlace. Eu comecei a pensar que talvez devêssemos simplesmente terminar o seriado ali e, quem sabe, tocar música suave nas quatro horas e meia dos episódios restantes, o que nos pouparia muito tempo e dores de cabeça em todos os sentidos, mas isso não – e era aí que o bicho pegava – pagaria meu aluguel. Eles tinham de ser salvos. O problema era a absoluta *improbabilidade* de toda solução que me vinha à cabeça...".

Derrotado, ele desistiu pelo resto do dia e ligou a TV. Estava passando uma demonstração de judô em plena ação: "Se você tiver um problema", dizia o instrutor no programa, "o truque é usar o próprio problema para resolvê-lo...". Usar o peso do adversário contra ele é uma técnica de artes marciais muito conhecida, mas, no caso de Douglas, "Eu pensei – se o meu problema é improbabilidade, vamos usar a improbabilidade para resolver o problema. Então, só de gozação, eu inventei o Gerador de Improbabilidade Infinita, o que me deu uma coisa totalmente nova sobre a qual escrever". Apesar do tecno-blá-blá-blá à base de uma boa xícara de chá quente, que explicava a existência de uma espaçonave que podia fazer absolutamente tudo aquilo de que o escritor precisasse para continuar a história na próxima página, os fãs de ficção científica, os escritores e até os técnicos e físicos teóricos com diplomas de mais alto nível ficaram maravilhados e discutiram sobre a invenção que movia a astronave *Coração de Ouro*, como ela funcionava, que consistência a teoria tinha... mas, como tantas outras coisas no universo do *Mochileiro*, o aparelho era simplesmente isso: uma ferramenta cara de pau, sem-vergonha e brilhante para continuar a história, o primeiro de muitos *dei ex machini* – ou melhor, *scientia ex machina*. Adams não era o único a querer pular logo para a perseguição e dar prosseguimento à trama em vez de escrever um ensaio enfadonho sobre física teórica: o segundo romance de Kurt Vonnegut, *As sereias de Titã*, que era um de seus favoritos, era complexo e tinha múltiplos fios condutores, mas o enredo era constantemente lubrificado com uma substância chamada A Vontade Universal de se Tornar, uma pitada de mágica que evitava explicações e simplesmente permitia que se tirasse o "in" do inacreditável.

A improbabilidade, portanto, permitiu que Adams viajasse para voltar ao caminho certo – mas para onde ir agora? A nova astronave, um aparelho futurístico reluzente ao estilo de Roddenberry para contrastar com a melancolia deliberadamente patética do disco voador vogon, precisava ser tripulada por alguém. Por sorte, algo bem parecido com um comandante já havia sido mencionado no roteiro-piloto, no trecho a respeito de uma bebida alcóolica que apresentava outro eterno queridinho dos fãs: "O homem que inventou esse drinque espanca-cérebro também inventou o comentário mais sábio já feito, que era esse: 'Nunca beba mais de duas Dinamites Pangalácticas, a menos que você seja um elefante de trinta toneladas com pneumonia bronquial'. Seu nome é Zaphod Beeblebrox, e nos aprofundaremos sobre sua sabedoria mais tarde". Este aparte, todavia, foi retirado durante a edição, antes da transmissão. Esse presidente Beeblebrox era claramente um cara muito gente fina, não apenas um comentário satírico sobre aquele tipo de sujeito que gostaria de governar a galáxia, mas agora ele precisava sair dos bastidores e parar de ser apenas um nome ridículo.

Douglas mantinha um bloquinho de anotações ao lado da máquina de escrever e com frequência rabiscava nomes esquisitos e ideias atraentes para ele, brincando com sonoridades e anagramas como todo bom amante de palavras cruzadas, mas ele tinha a impressão de que o nome "Zaphod Beeblebrox" havia simplesmente surgido assim, um dia, sem que ele tivesse lembrança de tê-lo escrito no bloquinho. Com seu jeito tipicamente sarcástico, porém, ele adorava dissuadir os fãs de interpretarem qualquer coisa em sua obra como tendo algum significado, explicando: "Eu me sentei e fiquei olhando pela janela durante um tempo, tentando imaginar um bom nome para um personagem. Então eu disse a mim mesmo que, como recompensa, eu me autorizaria a ir preparar um sanduíche de Bovril quando conseguisse inventá-lo... Zaphod era definitivamente uma ideia que valia três sanduíches. Arthur surgiu facilmente após alguns biscoitos e uma xícara de chá. A poesia vogon eu me lembro de ter sido difícil e só me veio à mente após vários quilômetros de agitação pelas estradinhas de Stalbridge, vestido de moletom e tentando eliminar os efeitos do processo de inventar o peixe-babel (seis torradas com manteiga de amendoim, um pacote de batatas fritas e uma ducha)".

A intenção inicial era que o salvador de Ford e Arthur fosse o americano rico cujas vísceras eles seriam contratados para explorar e proteger, mas todo esse fio narrativo logo foi abandonado com a confirmação de que a nave seria, na verdade, comandada pelo presidente da galáxia, totalmente condenável, e uma garota ("ah, isso, isso, por favor, alguém realmente adorável e bárbaro"). Exacerbada pela posse de duas cabeças (uma das quais estava inicialmente destinada a falar francês), uma faceta da história de Zaphod comum a todas as versões do *Mochileiro* é sua incapacidade de saber os motivos de suas próprias ações e entender qual é seu objetivo supremo — Adams sentia que a nave dele precisava ser, de alguma forma, um trambique para ganhar dinheiro, talvez ele fosse depenar o americano rico? A verdadeira razão da motivação nebulosa de Zaphod para fazer tudo o que ele fazia foi que Adams então decidiu que o egomaníaco de três braços era um pirateador interestelar dos Beatles, carregando uma coleção completa dos discos da banda que havia sido salva da Terra destruída e com a qual ele planejava ficar rico além de toda a imaginação, vendendo a melhor música já gravada para todas as formas de vida – isso também explicava sua paradinha no nosso planeta com a aparência de um humano chamado "Phil". Quando esse plano fabuloso foi aniquilado (para evitar imensas complicações de direitos autorais, senão por outro motivo), o que sobrou para o escritor foi um personagem carismático ainda em busca de uma missão.

A vida em Stalbridge se mostrava cada vez mais uma experiência solitária para o jovem extrovertido – estando em uma parte do mundo em que não tinha amigos, ele mantinha seu irmãozinho e sua irmãzinha acordados até bem depois da hora de eles irem para a cama – e, da mesma forma, o sofá de Islington ia adquirindo uma marca mais pronunciada do formato de Douglas à medida que o ano transcorria, e os indulgentes habitantes da casa com frequência eram mantidos acordados pelo convidado datilografando loquazmente tarde da noite – e tinham de abrir caminho entre seus pertences espalhados e sapatos jogados, sapatos estes quase do tamanho de canoas.

Como o universo de Arthur se expandia infinitamente, o segundo episódio logo se encheu de acontecimentos e personagens, e Adams vasculhava suas experiências para ter inspiração. As portas suspirantes e satisfeitas consigo mesmas e a tapeçaria subserviente da Companhia Cibernética de Sirius eram como uma extrapolação onírica dos elevadores aparentemente conscientes que haviam azucrinado seu posto de guarda-costas noturno, enquanto Johnny Simpson ainda era, na mente de Adams, o protótipo de presidente galáctico supimpa. Além disso, óbvio, havia o androide paranoide (que não era particularmente paranoide, mas soava bem), seu novo achado comicamente pervertido em termos de mecanoide de serviços gerais, que mostrava todas as ramificações de empresas desmioladas como a Sirius, que criava "Personalidades Humanas Genuínas" – naquele estágio, chamadas, sem sutileza, de "Marshall". A melancolia artificial do robô moroso era claramente construída a partir da visão que Douglas tinha de Andrew, mas também fazia bom uso da frase de Canter, "Vida? Não me falem de vida...", além de incluir nuances de Woody Allen em seu estado mais hipocondríaco, quando o robô era martirizado por seus diodos do lado esquerdo. A alegria caseira da personalidade oposta de Eddie, o computador de bordo, tinha raízes no ânimo matronal de Janet Thrift.

O curta-metragem *George Lucas apaixonado*, de 1999, tirou sarro da ideia de o criador de *Star Wars* ter-se inspirado inteiramente na vida real, assim como Shakespeare, no sucesso de bilheteria *Shakespeare apaixonado*, mas um palpite semelhante sobre a criação do *Mochileiro* necessitaria de muito menos imaginação – em vários sentidos, Adams estava cercado por suas inspirações. E, mesmo assim, desde a preocupação de Zaphod em ser descolado até a obsessão de Ford de ir a festas, passando pelo oposto, que era a depressão definidora do androide paranoide, tudo podia ser igualmente visto como reflexos da própria personalidade do escritor. "Em certo sentido, cada personagem que você escreve vem de você, porque você só tem a sua própria experiência na qual se inspirar, e a sua própria experiência de outras pessoas é apenas a *sua* experiência de outras pessoas, então todo personagem, na verdade, vem de você. Mas suponho que eu teria de confessar que Arthur Dent era o mais parecido comigo. Uma das coisas que parecem ser essenciais sobre esse personagem é que todo o mundo acha que ele é um pouco burro, mas, na verdade, ele é mais inteligente do que você pensa. A razão pela qual ele parece ser um pouquinho lerdo para entender é que, honestamente, as coisas são mais complicadas e confusas do que a maioria das outras pessoas vê... Para começo de conversa, eu só tive a sensação de que 'ele era alguém com quem estavam acontecendo coisas', e, de modo gradual, o tom de voz dele começou a se afirmar." Com frequência, Adams tinha dificuldade em identificar qual personagem se encaixava em qual lado do diálogo, mas ele aprenderia que: "Qualquer escritor lhe dirá que, depois de um tempo, se um personagem está funcionando, ele vai começar a lhe dizer o que ele quer fazer, e não vice-versa. E, toda vez que você fica lá sentado tentando colocar palavras na boca de um personagem, é porque o personagem não está funcionando". As novas vozes acrescentadas ao elenco, embora apenas destinadas a serem personagens passageiros em uma odisseia episódica, colocaram óleo na engrenagem da imaginação de Douglas, e sua confiança aumentou.

A figura restante no convés da *CdO* era, óbvio, Tricia McMillan – apesar de os nomes Goophic ou Smoodle terem flutuado durante um tempo, até "Trillian" vir à mente. "O nome dela era uma espécie de ligeira enganação, na verdade", admitiu Adams. "Quando ela é apresentada ao público, você pensa: 'Trillian – ela deve ser uma alienígena!'. Aí, mais tarde, você se dá conta de que era apenas um apelido e de que, na verdade, ela vinha da Terra. É uma ligeira surpresa, não é?" Sendo o único papel feminino notável no primeiro seriado inteiro, o personagem, como se não bastasse, havia sido planejado inicialmente para ser apenas outro homem: "Eu pensei que seria útil ter mais alguém da Terra, de modo que Arthur pudesse ter alguém com quem bater um papo meio que normal, senão ele ficaria totalmente perdido, e o leitor/espectador/ouvinte/sei-lá-quem também ficaria completamente perdido. Precisava ter alguém que entendesse quando Arthur mencionasse alguma coisa específica da Terra, portanto devia ser outra pessoa que tivesse sobrevivido à destruição da Terra. Porém, na verdade, isso não era de fato necessário, pois Ford obviamente desempenhava essa função, então acho que o principal problema de Trillian era que o papel não era realmente imprescindível… Todo mundo sempre me perguntou: 'Por que a Trillian é uma personagem tão enigmático?'. É porque eu nunca realmente soube nada sobre ela". Ela era, é claro, extremamente inteligente e tinha boa intuição – viajando pela galáxia apenas para evitar a fila do desemprego, assim como todos os outros astrofísicos qualificados – e, daquele jeito compensatório obviamente exagerado que tantos autores homens delineiam suas mulheres, ela era, sem fazer esforço, superior aos homens, mais curiosamente defeituosos. Adams continuou: "Eu sempre acho as mulheres muito misteriosas, de qualquer forma – nunca sei o que elas querem. E sempre fico muito nervoso quando tenho de escrever sobre uma, porque acho que vou cometer erros imperdoáveis. Você lê narrativas de outros homens sobre mulheres e pensa: 'Eles não as entenderam!', e eu tenho muito medo de entrar nessa área". Douglas pode ter frequentado uma escola só para meninos, mas ele não tinha nada de virgem ingênuo, e figuras femininas fortes prevaleceram em sua vida. No entanto, sua única heroína demoraria muito tempo para adquirir uma verdadeira densidade, e a apresentação dela em prosa dizia muito – "Ela era esguia, morena, humanoide, com longos cabelos negros e ondulados, uma boca carnuda, um narizinho estranho e saliente e olhos ridiculamente castanhos" –, visto que a "totalidade" das características dos homens não era detalhada de forma tão carinhosa. A revelação indireta de que ela era "baseada em uma antiga namorada" que tinha esquilos-da-mongólia de estimação exprimia bem o alvo do desejo impossível de Arthur: "bonita, charmosa, devastadoramente inteligente, tudo aquilo para o que eu vinha me guardando…".

É um traço divertido da ficção científica que muitos fãs estejam sempre procurando inconsistências, e, logo no segundo episódio, Douglas estava criando problemas para si mesmo nesse âmbito. A coincidência de a nave pegar o cara que vinha desejando Trillian ardentemente há seis meses e o semiprimo de Zaphod poderia ser explicada pelo Gerador de Improbabilidade, mas o fato de Beeblebrox conhecer instintivamente Ford pelo nome que esse último havia feito a besteira de assumir na Terra – seu nome de batismo foi revelado, afinal, como sendo algo parecido com "Ix" – causou muitas zombarias, e as repetidas vezes em que pormenores insignificantes foram esmiuçados em convenções e eventos literários acabaram levando Adams a dizer com sarcasmo: "Foi muito simples. Logo antes de chegar, ele registrou o novo nome oficialmente no Escritório Nomenclaturoide Galáctico, onde eles tinham tecnologia para descosturar o antigo nome do tecido do espaço-tempo e alinhavar o novo em seu lugar, de modo que, para todos os efeitos, seu nome sempre havia sido e para sempre seria Ford Prefect. Eu incluí uma nota de rodapé explicando isso no primeiro livro, mas ela foi cortada porque era muito chata". No universo do *Mochileiro*, havia explicações agradavelmente malucas para absolutamente tudo, reduzindo a pó qualquer "inconsistência", mas os fãs, ainda assim, gostavam de fazer o criador suar para fornecê-las. Além disso, piadas aleatórias nesse estágio levariam a oceanos de estresse e dilemas tecnológicos por anos a fio, especialmente com relação ao braço e à cabeça adicionais do presidente supimpa: "As duas cabeças e os três braços eram uma piada para ser usada uma única vez no rádio. Se eu soubesse os problemas que eles iriam me causar... Eu tinha muitos argumentos para esclarecer de onde vinham a cabeça e o braço adicionais, mas todos eles se contradiziam. Em uma versão, eu insinuava que ele sempre havia tido duas cabeças, em outra, eu dizia que ele havia se equipado com mais uma. E, em algum lugar, falei que ele havia instalado o braço adicional para melhorar seu desempenho no esquiboxe".

Há um certo nível de hipocrisia quando Douglas afirma que escreveu seu seriado inteiro de forma espontânea, pois cada episódio agora prenunciava os desdobramentos da semana seguinte. Nem bem a tripulação da *CdO* havia tomado seu posto, Eddie já estava anunciando sua chegada no lendário planeta Magrathea. Adams havia inicialmente esquadrinhado um atlas estelar para tentar estabelecer algum tipo de verossimilhança astronômica em seu seriado, mas logo desistiu e deu rédea solta à sua imaginação: "Magrathea... essencialmente, não é tanto que soe 'espacial', mas mais porque soa como um nome real... Dá para acreditar que seja o nome de um lugar. Estranhamente, uma porção de estrelas reais não deixa de ter nomes extremamente ridículos. Um monte de gente supôs que eu tivesse inventado o nome 'Betelgeuse'".

Com o hábito de escrever esquetes ainda fresco na mente do escritor, foi uma bênção o guia lhe permitir interromper sua linha de raciocínio para fazer qualquer digressão que ele achasse divertida. Todo dia, o ponto de partida do escritor era listar os conceitos que ele tinha a esperança de abordar antes de o dia terminar em um caderninho com a legenda, escrita em letras de forma de garoto de escola, "O guia do mochileiro das galáxias, de Douglas Adams (com partes de John Lloyd)". Tendo chegado a Magrathea, esperando ter algum tipo de revelação, a frustração de Douglas era evidente. Fora a imagem de um casal de turistas americanos aparecendo, de alguma forma, crentes que estavam em Amsterdã, Adams tinha um bando de ideias desenvolvidas pela metade e contraditórias, pressagiadas por desânimo:

> O que eu estou prestes a dizer agora é profundamente chocante, então comecei um novo livro para dizer isso. Eis aqui a coisa profundamente chocante que eu estou prestes a dizer: DESCARTE AQUELE ENREDO PELO MOTIVO DE QUE ELE É UM LIXO E UM FARDO NAS COSTAS DE TODO O MUNDO, PRINCIPALMENTE DAS MINHAS.
> Então, em que ponto estamos? No início de outro dia novinho em folha e não mais além do que isso. Ótimo.
> Ford se encontra e conversa com Slartifarst, o Fiasco... Ele também está junto com Marvin.
> Os esquilos-da-mongólia têm uma conta bancária gorda, eu suponho. Desgraçados sortudos.
> Suponho que tenhamos de mencionar o fato de que Zaphod vai contrabandear Beatles, mas isso não parece relevante no momento. É uma porcaria de um despiste. Não importa.
> Eles pegam a garota de Rickmansworth? Porra, eu não tenho a mínima ideia, não é? Vamos esperar até chegar essa parte.
> Eu preciso de quê? De um vilão, eu acho. Decididamente, um vilão ajudaria.
> Alguns detalhes engraçados sobre os planetas anteriores que os Magratheanos construíram. Encontrar mais alguns Magratheanos – Garkbit e Bwootlething.
> Disco voador – bule metálico.
> Os Vogons vieram para destruir Magrathea também. Um terrível castigo merecido por terem sido tão arrogantes para criarem mundos. Reclamação de uma pessoa que não gostava de seu mundo e que ficou esperando por eles todo esse tempo...
> Zaphod fez um acordo com os ratos no qual eles descobririam a questão e pouparim todo o dinheiro que eles pretendiam gastar para fazer a Nova Terra. Ele os faz ficarem bêbados de Dinamite Pangaláctica, e eles acabam saindo para fazer programas de entrevista holográficos. Então, nossos quatro amigos recebem uma gorda comissão para irem descobrir a questão: "Quer dizer, não precisa ser *a* questão, mas tenho certeza de que você vai conseguir pensar em uma boa".

Assim - com a promessa de muito dinheiro -, eles vão para o Restaurante no Fim do Universo. Arthur pode ser pago para fazer a descoberta da questão, porque uma vez ele passou por Rickmansworth na estrada A40.
O jeito de lidar com todas as pessoas famosas ou indesejáveis é colocá-las em programas de entrevista.

O célebre esquete filosófico estrelando a baleia trágica e o vaso de petúnias exasperado foi outro conceito que veio diretamente da TV – nesse caso, de um episódio de *Cannon*, um programa policial americano: "Um cara que provavelmente era um dos comparsas dos malvados foi baleado, e sua única função na história era ser baleado. Comecei a pensar: 'Muito bem, quem é ele e de onde ele saiu?'. Ele deve ter crescido e tido uma mãe e um pai que o mandavam ir à escola e que tinham orgulho do filho, e de repente ele é baleado na rua, e ninguém nem liga. Aquele tipo de violência sem sentido e irracional para a qual ninguém dá bola... Eu fico quase anormalmente chateado com isso. Pensei em incluir no texto um personagem cuja função exclusiva seria ser morto por motivo nenhum... Recebi uma grande quantidade de cartas dizendo o quão cruel e insensível era esse trecho – cartas estas que eu certamente não teria recebido se tivesse simplesmente mencionado o destino da baleia casualmente e seguido em frente. E provavelmente também não as teria recebido se não fosse uma baleia, mas sim um ser humano".

Em Magrathea, Adams não pôde deixar de se inspirar em *Dimension of Miracles* quando decidiu apresentar um criador de Terras decepcionantemente comercial, mas ele estava, afinal, escrevendo para um meio de comunicação totalmente diferente. Além disso, Slartibartfast (inicialmente chamado de "Maviviv") era um fabricante de planetas inteiramente singular. "Eu pensei que esse personagem deveria ser um homem digno e de idade avançada, oprimido pelo peso de um sofrimento secreto. Fiquei imaginando o que deveria ser esse sofrimento e pensei que talvez ele pudesse ser triste por causa de seu nome. Então, decidi dar a ele um nome que qualquer um ficaria triste de ter. Eu queria que ele soasse o mais grosseiro possível, mas, ao mesmo tempo, que ainda fosse capaz de ser transmitido no rádio. Então, eu comecei com algo claramente intransmissível, 'Phartiphukborlz'*, e simplesmente fiquei brincando e trocando as sílabas até conseguir um nome que soava de forma tão rude, mas que era quase, embora não totalmente, inofensivo." Douglas

---

* Trocadilho com as palavras "*fart*", que significa "peidar", "*fuck*", "foder", e "*balls*", "saco". [N. de T.]

repetiria essa astúcia com os programadores do Pensador Profundo, Lunkwill e Fook. Notoriamente, a outra razão de usar um nome ultrajante era fazer uma piada interna à custa da pobre secretária do produtor, que foi forçada a datilografá-lo meticulosamente várias vezes no roteiro, apesar da revelação que a misteriosa figura faz a Arthur: "Meu nome não é importante".

Adams e seus amigos com frequência haviam cansado a lua com debates bêbados sobre as questões fundamentais da "vida, do universo e de tudo mais", e que se danem os papinhos de elevador. Portanto, o tema abertamente filosófico da jornada de Arthur era compreensível, em especial porque o escritor ainda estava ativamente preocupado com sua própria recuperação emocional:

> **ARTHUR** Sabe, isso tudo explica um monte de coisas. Toda a minha vida eu sempre tive uma impressão estranha, inexplicável, de que estava acontecendo alguma coisa no mundo, uma coisa importante, até mesmo sinistra, e ninguém me dizia o que era.
>
> **SLARTY** Não, isso é só uma paranoia perfeitamente normal. Todo mundo no universo tem isso.
>
> **ARTHUR** Bem... talvez isso queira dizer alguma coisa... fora do universo...
>
> **SLARTY** Talvez. E daí? Talvez eu esteja velho e cansado, mas acho que a probabilidade de descobrir o que realmente está acontecendo é tão absurdamente remota que a única coisa a fazer é deixar isso pra lá e simplesmente arranjar alguma coisa pra fazer. Veja o meu caso: eu trabalho em litorais. Ganhei um prêmio pela Noruega. O que adiantou ganhar isso? Que eu saiba, nada. Passei a vida inteira fazendo fiordes... De repente, durante algum tempo, eles entraram em moda e eu ganhei um grande prêmio... Que importância tem isso? A ciência conseguiu algumas coisas fantásticas, não vou negar, mas acho mais importante estar feliz do que estar certo.
>
> **ARTHUR** E o senhor está feliz?
>
> **SLARTY** Não. Aí é que está o problema, é claro.
>
> **ARTHUR** Que pena. Estava me parecendo um estilo de vida e tanto... Estou tendo sérios problemas com meu estilo de vida...

Outras ideias de insucesso diziam respeito ao que aconteceu com o magratheano após sua rejeição pelos ratos:

Chegando ao fim da vida, triste, desiludido, preocupado se os fiordes foram apenas uma extravagância à toa, Slartibartfast cai na lábia de uma seita dogmática que prega que o homem não pode se dar ao luxo de agir, de influenciar as coisas, mas deve deixar o universo do jeito que ele o encontrou. Assim, Slarty passa a revisitar todos os mundos que criou enquanto era engenheiro magratheano, sendo extremamente legal, sendo honrado por ser um velhinho tão fofo, e então, silenciosamente, destruindo-os e seguindo o seu caminho, nem pesaroso, nem triunfante, nem nada, apenas silenciosa e seguramente. Ele está sereno por ter descoberto uma coisa na qual pode mergulhar todo o seu ser. Quando está morrendo, ele descobre que o líder da seita era uma fraude e um charlatão. Ninguém sabe como ele reagiu a essa notícia, porque ele morreu logo em seguida.

E um possível arco narrativo que transformaria a casa do guia propriamente dito em uma atrocidade terrorista aparentemente lucrativa:

O Guia do Mochileiro das Galáxias foi a primeira editora a ser atingida por um ataque balístico interestelar. Depois, um ou dois de seus rivais, tais como "A Nebulosa do Caranguejo com Trinta Grutfoos por Dia" ou "A Hiperconstelação Hrung Varquethzon sem Gastar Muito" e "Onde Molhar o Biscoito em Antares", sofreram atentados guerrilheiros de pequeno porte nas poucas semanas seguintes, mas a maioria deles foram casos superficiais, quase certamente conspirações organizadas pelas próprias empresas em uma tentativa de reduzir os enaltecimentos publicitários que a empresa Mochileiro havia recebido em massa por causa daquele ataque totalmente bizarro e inexplicável.

Havia também a "Desejoteria" – um conceito que levou, de um lado, à Máquina Nutrimática e também, no final, ao diálogo com o Prato do Dia no Milliways:

Ideias a serem anotadas antes de eu esquecê-las.
DESEJOTERIA. Eles estão esperando carona em algum lugar e entram na Desejoteria, a última palavra em lanchonetes self-service - você pega o car-

dápio e deseja com muita intensidade o que você estiver querendo, e aí o seu pedido se materializa na sua frente e, na mesma hora, o dinheiro se desmaterializa no seu bolso. Isso soluciona problemas de propaganda enganosa, porque quem é que vai dizer que não serviram exatamente o que foi desejado?
- Eu não desejei isso! Não desejei que fosse gorduroso desse jeito!
- Vou querer, como desejo principal, costeleta de rinoceronte vegan e, como desejo de acompanhamento, vou querer...
- Olha aqui, seu mané, se quiser me comer, você me come, se não quiser, dá o fora daqui e me deixa relaxar nessa gordura um tempinho. Nunca me senti tão bem desde que era um feto.
- Não vou ficar aqui aturando isso! Não vou levar desaforo da minha própria comida para casa.
- Você ainda tem muito o que aprender sobre culinária vegan. Seu otário.
- Cala a boca, sua costeleta, senão vou te espetar com esse garfo.
EFEITO SONORO: punhalada
- Ahhhhh, que delícia!
- Vem cá, vamos embora daqui, quero vomitar.
- Você não deveria dizer coisas assim em uma Desejoteria.
- Agora que você me diz isso... Haauuuuuuullll...

Apesar das ideias deixadas de lado, depois de um começo molenga, Douglas sempre lembrava que esses primeiros quatro episódios haviam jorrado de sua máquina de escrever. É claro, nem sempre era tão simples assim – a tinta, as fitas e o papel com os quais ele trabalhava obviamente não lhe permitiam cortar, encorpar ou reeditar como os programas de edição de texto mais tarde permitiriam, e ele ainda tinha de interromper sua atividade regularmente para voltar a *The Pirate Planet*, que devia ser entregue em fascículos. Portanto, quando as gravações do *Mochileiro* vieram em novembro, ainda havia muito trabalho a ser feito. Ele tinha em mente uma boa razão para a criação da Terra por Slartibartfast e sabia que ela envolveria os esquilos-da-mongólia de Trillian (depois alterados para "ratos" pelo produtor entrante do programa), mas, com a produção em andamento, ele simplesmente teria de aperfeiçoá-la à medida que ele continuava. Notícia preocupante para Geoffrey Perkins.

ENTRE, PERKINS!

Ao deixar a empresa, Simon Brett havia nomeado especificamente seu protegido, Perkins, impedindo-o de desperdiçar seus talentos cômicos no setor de transporte marítimo. No entanto, embora estivesse prestes a tomar as rédeas da paródia de programa de perguntas e respostas *ISIHAC* (atuando como babá do popular jogo *Mornington Crescent*), Geoffrey ainda era o produtor mais jovem do departamento e teve de gastar saliva para continuar o trabalho de Brett no *Mochileiro*. Uma vez que obteve êxito, o jovem inexperiente, de voz suave e aparência acanhada, levou Douglas a um restaurante grego e admitiu abertamente que não tinha a menor ideia do que estava fazendo. Contudo, para alívio dele, o escritor abriu o jogo e disse que também estava perdido, inventando tudo à medida que escrevia. Portanto, eles combinavam perfeitamente. Um produtor mais experiente teria, quase com certeza, minimizado qualquer interferência do escritor, mas, como todo mundo do departamento estava ciente, aquele não era um seriado de comédia normal.

Outras mudanças no quadro de funcionários foram necessárias com a perda de Paddy Kingsland para a programação infantil, mas Dick Mills e Harry Parker chegariam para dar reforço radiofônico aos estúdios da BBC – que ficavam no local de uma antiga pista de patinação no gelo situada no distrito de Maida Vale –, junto com o lendário engenheiro de som Alick Hale-Monro e seu "time craque de beberrões inveterados" na sala de edição, além da secretária de produção Anne Ling, do gerente de estúdio Colin Duff e da confiável Lisa Braun. A principal preocupação, no entanto, era escalar os novos personagens. Adams e Simon Jones já haviam, é claro, trabalhado com Mark Wing-Davey, que supôs que os dois tivessem conhecimento de sua persistente reputação de excêntrico bem-vestido e cabeludo em Cambridge, o que pode tê-lo ajudado a obter o papel de um exibido intergaláctico. Porém, foi seu estilo ao incorporar um queridinho da mídia de má fama no drama de TV situado em Cambridge *The Glittering Prizes* que incentivou Adams a nomeá-lo para o papel de Beeblebrox. Como Peter Jones era um velho amigo de sua família, Mark pediu sua opinião e foi encorajado a assinar o contrato com a radiante referência: "É razoável, acho". A amante de Zaphod seria representada por Susan Sheridan, atriz vocal em ascensão. David Tate, ator radiofônico mais experiente, faria o papel de Eddie e uma porção de papéis secundários toda semana. Adams o condecorou como a espinha dorsal do programa: "Eu gosto das partes do Eddie. Mas uma das minhas partes preferidas da coisa toda é a reportagem do boletim de notícias galáctico: 'E um bom-dia para todas as formas de vida inteligentes em toda a galáxia. E, para o resto do pessoal, o segredo é lascar as pedras, gente!'". Eddie foi, obviamente, o primeiro de muitos computadores a ser ridicularizado por Adams, mas o ano de 1977 também presenciou o primeiro passo do Mingo em direção a uma mudança de opinião quando se tratava de máquinas que ele enxergava inicialmente apenas como calculadoras enfeitadas: "Me lembro da primeira vez em que vi um computador pessoal", ele disse. "Foi na loja Lasky's, que ficava na Tottenham Court Road, e ele se chamava Commodore PET. Era uma pirâmide bem grande, com uma tela no alto mais ou menos do tamanho de uma barra de chocolate. Fiquei vagueando em torno dele durante um tempo, fascinado. Mas não servia para nada. Eu não conseguia de jeito nenhum ver de que modo um computador poderia ter qualquer utilidade na vida ou trabalho de um escritor. No entanto, senti, sim, um primeiro pequenino pressentimento de uma sensação que se intensificaria até dar um sentido totalmente novo às palavras 'renda disponível'."

Stephen Moore era simplesmente tão afiado quanto Tate para ajudar com as vozes ridículas, mas sua identificação com Marvin (rebatizado, por insistência de Perkins, para evitar a conotação militar de "Marshall"*) seria a pedra angular de uma carreira longa e bem-sucedida. Outro ator furtado de *Rock Follies*, a atuação desse londrino quadragenário no papel de um namorado moroso no espetáculo foi o que chamou a atenção do produtor, mas à medida que a peça transcorria, seu repertório se expandia, incluindo "O homem na cabana" e, é claro, aquela desventurada baleia. O último dos papéis principais, Slartibartfast, foi feito por um ator veterano de sitcoms, Richard Vernon, que era renomado por suas caracterizações de aristocratas charmosos (ele personificaria lord Emsworth, do Blandings Castle, no rádio na década de 1980), mas Vernon era, presumidamente, uma escolha que empolgava Douglas principalmente devido ao pequeno papel que ele havia feito como o senhor antiquado no trem de *A Hard Day's Night*, dos Beatles.

Seria justo dizer que o elenco se reuniu no Paris Theatre em 23 de novembro para a primeira gravação do seriado, mas os efeitos de áudio muitas vezes necessitavam que a maioria das contribuições dos atores fosse gravada separadamente para fazer ajustes de som com precisão, usando uma técnica definida por Wing-Davey como "atuação de armário" – Moore ressaltava que, pelo que lhe tocava, ele não havia se reunido com seus colegas durante várias horas, tendo sido socado dentro de um cubículo para gemer como Marvin pela maior parte do dia. O defeito dessa prática foi

---

* "*Marshall*", em inglês, pode significar "marechal". [N. de T.]

destacado na segunda temporada, quando o querido e idoso ator Richard Goolden foi deixado dentro do cubículo durante horas após concluir suas falas como bisavô de Zaphod, por ser educado demais para pedir sua liberdade. Outra iniciativa incomum para uma comédia da Radio 4 foi a decisão de gravar cenas ao estilo do cinema, fora de ordem, tirando máximo proveito de qualquer talento que estivesse disponível no momento. Sheridan recorda ter-se retirado para o BBC Club na hora do almoço com Peter Jones, ambos concordando que eles não haviam entendido nada do que estavam representando, mas que havia claramente algo especial naquilo...

A criação do primeiro seriado do *Mochileiro*, sem ninguém saber exatamente o que estava fazendo nem aonde estava indo, mas com todos empenhados em fazer o cérebro trabalhar até a alma para tudo dar certo, foi um dos períodos mais eletrizantes da vida de Adams, mesmo que fosse uma "tortura para os nervos": "Estávamos fazendo algo extraordinário ou simplesmente ficando malucos? Na maior parte das vezes, era muito difícil saber. Como o departamento da BBC LE simplesmente nunca tinha tentado fazer nada parecido antes, estávamos, em grande parte, tendo de inventar o processo de acordo com o qual estávamos trabalhando à medida que progredíamos... Lembro-me de ter ficado sentado em um estúdio subterrâneo escutando o som de uma baleia se chocando contra o solo a 500 quilômetros por hora durante horas a fio, só tentando descobrir maneiras de ajustar o som. Depois de horas daquilo, dia após dia, você começa a duvidar da sua sanidade mental. É claro, eu não tinha a menor ideia se alguém ia escutar aquele negócio, mas havia uma sensação real de que ninguém havia feito aquilo antes. E isso era fantástico; uma grande responsabilidade vinha junto". De forma um pouco desconcertante, a atuação de Moore no papel do mamífero marinho torturado existencialmente foi apagada misteriosamente e regravada duas vezes antes de conseguir ir ao ar – enquanto Perkins notava o quão conveniente era que as fitas com os padrões sonoros do andar mecânico e desengonçado de Marvin sempre estivessem jogadas pelo chão, acabando grudadas na sola dos sapatos das pessoas. Hoje, uma temporada inteira do *Mochileiro* poderia ser montada com uma modesta pasta de arquivos de áudio. Em 1977, era um caso de experimentação análoga não muito mais avançada tecnologicamente do que as inovações em padrões sonoros de fitas de áudio de "Tomorrow Never Knows", dos Beatles, mais de uma década antes. Foram passadas horas em Maida Vale somente para descobrir o que toda aquela parafernália era capaz de fazer. Efeitos sintetizados foram, no início, acrescentados com uma máquina de música ambiente rudimentar, a ARP Odyssey. Como as gravações rapidamente saíram um pouco do cronograma, ficando com uma semana de atraso em um piscar de olhos, Perkins tinha de fazer cautelosos jogos políticos para garantir o máximo de tempo de estúdio pagando o mínimo de hora extra (o *Mochileiro* com frequência se fazia passar por outros programas para roubar apenas algumas horinhas). Contudo, por sorte, quando os gerentes do estúdio mandavam os funcionários pararem de trabalhar, a equipe estava tão absorta criando o mundo de Adams que eles continuavam trabalhando de graça. Perfeccionismo contra o relógio raramente contribui para gerar um ambiente de trabalho relaxado, e o hábito que Adams tinha de datilografar de novo páginas inteiras por causa de um ponto e vírgula fora do lugar não ajudava, nem seu costume de inserir orientações imensamente ambiciosas no roteiro, tais como os efeitos do Gerador de Improbabilidade Infinita:

EFEITOS É UMA RAJADA DE SOM MUITO FURIOSA QUE RAPIDAMENTE VAI MORRENDO NO FUNDO, ENQUANTO O DIÁLOGO COMEÇA. LOGO APÓS, UMA MARÉ LENTA E SILENCIOSA DE SOM VAI SE FORMANDO POR TRÁS DAS VOZES, PARCIALMENTE REFLETINDO O QUE ELES ESTÃO DIZENDO QUE ESTÃO VENDO AO REDOR DELES, MAS TAMBÉM COM VÁRIOS ELEMENTOS ALEATÓRIOS DE CARACTERÍSTICAS IRREAIS E ONÍRICAS, PARECIDAS COM PARTES DE REVOLUTION NO. 9 DO ÁLBUM BRANCO DOS BEATLES. TODOS OS SONS MUDAM IMPERCEPTIVELMENTE ANTES QUE SEJA DE FATO POSSÍVEL OUVIR EXATAMENTE O QUE ELES SÃO. ENTÃO, POR EXEMPLO, O SOM DE ONDAS DO MAR LAMBENDO A AREIA QUASE PODERIA SER, EM VEZ DISSO, UMA RESPIRAÇÃO ASMÁTICA, E O SOM DO TRÂNSITO NA RUA QUASE PODERIA SER CASCOS DE CAVALO GALOPANDO, MAS NÃO É.

(OBS: Vale a pena passar um tempinho compondo direitinho a fita, porque ela será útil em ocasiões no futuro.)

A zelosa equipe gastou um dia inteiro só para obter esse único efeito, que, é claro, nunca mais foi usado. Essa experimentação tão manifesta tinha de resultar em um certo número de falhas, tais como as primeiras tentativas feitas por Marvin de cantarolar "Shine on, You Crazy Diamond", "Rock & Roll Music" e "Also Sprach Zarathustra", que nunca foram transmitidas e causaram problemas de direitos autorais com o Pink Floyd quando lançamentos comerciais foram feitos, apesar da amizade pessoal que Douglas acabou fazendo com grande parte da banda (embora não com Roger Waters, que compôs a música).

Como 1978 estava se aproximando, o escritor precisava de uma base mais permanente na capital, e, por um feliz acaso, Jon Canter foi obrigado a sair da Arlington Avenue, pois os Brocks estavam esperando o primeiro filho deles e precisavam de mais espaço – muito mais espaço, quando Douglas liberasse o sofá. No entanto, Adams não esqueceria a hospitalidade deles, não apenas dedicando seu primeiro livro ao pessoal da casa, mas também imortalizando o telefone deles na taxa de improbabilidade segundo a qual Arthur e Ford haviam sido salvos pela *Coração de Ouro*: 2267709 (embora a probabilidade tenha sido rapidamente alterada nas repetições seguintes, pois certos fãs que não tinham o que fazer começaram a ligar para o número pedindo para falar com Marvin). Um ano depois de ter dado a Douglas confiança para voltar a escrever, Jon achou um apartamentinho não muito caro na Kingsdown Road, N19, e a dupla estabeleceu domicílio em janeiro. Era pequeno demais para dois jovens daquele tamanho – eles tinham de se revezar para se espremer na cozinha –, e o prédio não era nada engraçado, pois os dois muitas vezes se sentiam confinados, por medo de cruzarem com vizinhos assustadores, mas, em outros aspectos, foi uma época feliz para ambos – e especialmente para Douglas, uma vez que sua ambiciosa criação foi finalmente revelada ao mundo.

O primeiro *feedback* exterior – e o mais importante, para Douglas – veio quando os episódios de abertura foram concluídos, e ele pediu para Michael Palin e Terry Jones darem uma passadinha e escutarem o programa. Geoffrey e principalmente Douglas observaram os heróis cômicos, dando atenção obsessiva a toda nuance de riso, e os teriam mantido prisioneiros durante horas se eles não tivessem protestado que tinham um jantar marcado. Enfim autorizados a irem embora, Palin e Jones levantaram sobrancelhas preocupadas e trocaram olhares, temendo que, embora o que eles haviam escutado "não era tão ruim assim", o protegido do Python pudesse estar entrando em um beco sem saída.

QUAL É O RESULTADO DE SEIS VEZES NOVE?

Com o prazo vencendo, as gravações finais do seriado estavam chegando cada vez mais perto, sendo que os roteiros ainda deveriam ser escritos, provocando o desenvolvimento pessoal mais controverso de todos: "Meus músculos de escrever estavam tão cansados que, embora eu tivesse uma vaga ideia do que deveria acontecer nos dois últimos episódios, eu tinha simplesmente esgotado todas as minhas palavras. Como John Lloyd quase sempre ganhava de mim no Scrabble*, calculei que ele devia saber muito mais palavras do que eu e perguntei a ele se concordaria em colaborar comigo nos dois últimos roteiros. 'Prehensile', 'anaconda' e 'ningi' eram apenas três das milhares de palavras em que eu nunca conseguiria pensar sozinho". A mudança em termos de organização domiciliar não havia enfraquecido em nada a amizade entre John e Douglas, que muitas vezes podiam ser vistos jogando sinuca juntos até as 5h em um dos inúmeros bares de Londres, naqueles tempos de leis rígidas sobre a venda de álcool. Acompanhados pela gerente de estúdio (mais tarde, esposa de Perkins) Lisa Braun e por Helen Rhys Jones, eles também estiveram entre os primeiros espectadores do Reino Unido a presenciarem o nascimento de uma nova era de fanatismo em ficção científica, na pré-estreia de *Star Wars* no final de 1977. Após isso, ao entrar em contato com produtores para arrumar trabalho, Adams logo era obrigado a esclarecer: "O programa tem algumas revelações terríveis a fazer sobre as origens e o propósito da raça humana, mas, fora isso, é... bem, uma comédia, acho. Todo o mundo vai dizer, óbvio, que estamos pegando carona na onda de *Star Wars*, então eu gostaria apenas de pedir um pouco de clemência, porque eu vinha negociando minha ideia de comédia de ficção científica há muitos anos e só consegui vendê-la há seis meses".

A devoção de Lloyd à ficção científica era maior do que a de seu parceiro de escrita ocasional, e já havia um tempinho que ele vinha meticulosamente construindo seu próprio romance de humor espacial, *Gigax* – cujo título fazia referência, em parte, ao criador de "Dungeons & Dragons", Gary Gygax. Porém, no universo de Lloyd, de modo conveniente para o futuro criador de *QI*, a palavra do título significava o alcance inteiro da compreensão humana, do microcosmo ao macrocosmo – não muito diferente do Guia propriamente dito. John cobriu Douglas de páginas de anotações e rascunhos brutos generosamente, dando-lhe carta branca para saquear o que ele quisesse a fim de cumprir seus prazos.

Ambos haviam desenvolvido uma nova rotina de escrita: John datilografava, enquanto Douglas se especializava em andar de cima pra baixo, em uma garagem contígua à casa chique de um amigo deles, Alex Catto, em Knightsbridge, onde o

---

* Jogo de tabuleiro de palavras cruzadas. [N. de T.]

aplicado produtor da Radio 4 estava descansando a cabeça. Adams já havia escrito quase tudo do quarto episódio, que revelaria o significado da vida, do universo e de tudo mais, mas alguns detalhes estavam abertos a discussões. "Tem uma história em uma música do Procol Harum de alguém indo buscar iluminação e recebendo uma resposta banalíssima", disse Douglas. "Então me veio à cabeça pegar a questão e construí-la e construí-la e construí-la e a resposta ser um número – completamente banal. Devia ser um número sem significado, parte de uma piada." Assim, o programa de pesquisa de 10 milhões de anos estava afetando o computador de referência pornô Pensador Profundo, concebido por Douglas. Entretanto, a questão de exatamente quando e como se chegaria à Resposta Fundamental, fundamentalmente decepcionante, 42, ainda demoraria mais tempo para ser finalmente estabelecida. Já sabemos que o número foi considerado por unanimidade como comicamente perfeito pelos Pythons, e Adams havia seguido a pista deles algumas vezes aqui e ali, com a 42ª reunião da Sociedade Paranoica e o comentário do esquete na 42 Logical Positivism Avenue, mas a inserção do número em um momento tão decisivo da narrativa do *Mochileiro* não foi feita sem muita deliberação, tendo John como elemento central no processo, da mesma forma como ele acabaria auxiliando *Blackadder* a obter tanta perfeição linguística, com suas intermináveis e pedantes "lustradas" nos roteiros, incentivadas pelo elenco. Tem-se registro de Griff dizendo que ele estava presente quando a frase de efeito crucial foi gravada em pedra, e o debate foi caloroso, mas todo o mundo ficou satisfeito com o múltiplo de sete, sobre o qual eles finalmente chegaram a um consenso.

Foi uma decisão relativamente insignificante e que atormentaria Adams pelo resto da vida, pois teorias da conspiração intermináveis foram elaboradas a respeito do significado do número, as quais ele tinha de rebater constantemente: "Quando você é um escritor de comédia trabalhando com números, você usa um número que seja engraçado, tipo 17 e ¾ ou sei lá o quê. Mas eu pensei que, se a piada principal era a resposta da vida, do universo e de tudo e se essa resposta era um número, tinha de ser uma piada boa... Qual é o número mais comum e corriqueiro que você pode encontrar? Eu não queria frações no final dele. E também não queria que ele fosse um número primo. E achava que ele nem deveria ser ímpar. Há algo ligeiramente mais tranquilizador em números pares. Então, eu só queria um número comum e corriqueiro e escolhi o 42. É um número que não assusta. Que você pode levar para casa e apresentar para os seus pais".

Daria para encher um livro com toda a maluquice já escrita sobre esse número de dois dígitos, 101010 em base binária – e pelo menos uma pessoa já fez isso. No Egito Antigo, o destino dos mortos devia ser decidido por 42 demônios, existe um deus hindu com 42 braços, o 42 é sagrado no Tibete, há 42 gerações de Abraão a Jesus, e multiplicar seis por nove dá, sim, 42 – na base treze, ao que Adams, indignado, respondeu: "Posso ser um caso perdido, mas não escrevo piadas na base treze!". Peter Gill compartilhou uma daquelas coincidências divertidas e sem sentido do *Mochileiro* em seu livro, *42*, observando que a página relevante do guia europeu original de Ken Welsh sugeria aos australianos que o Reino Unido "dá a solução da questão mais enigmática de todas: de onde vieram nossas famílias? Muitas pessoas acham a resposta um pouco decepcionante". Houve certa agitação quando alguns cientistas afirmaram que o número era o valor de uma constante científica essencial para determinar a idade do universo, mas eles em breve descobriram que ele não era tão constante assim. Na verdade, a melhor resposta à pergunta "Por que 42?" foi provavelmente dada por Terry Jones em nome de um exausto Douglas quando um jornalista besta a trouxe de volta à tona mais uma vez em uma turnê de imprensa, provocando suspiros gerais – "Posso responder a essa, Douglas? É SÓ UM NÚMERO ENGRAÇADO, CARALHO! PRÓXIMA PERGUNTA!".

A majestosa sequência do Pensador Profundo se mostraria tão popular que ela constituiu o ponto central de muitas reprises do *Mochileiro*, mas no seriado radiofônico original era apenas mais uma etapa louca da jornada de Arthur. E logo depois da fácil escapatória dos ratos e o confronto com os tiras sensíveis Shooty e Bang-Bang (certamente também inspirados nos comparsas genéricos de *Cannon*), o episódio 5, com a ajuda de Lloyd, levaria a tripulação da *CdO* ao Restaurante no Fim do Universo.

A arte de comer é um tema tão onipresente no *Mochileiro* quanto riqueza, filosofia, chá e burocracia, e o pontapé inicial do episódio final do seriado seria dado de acordo com isso:

> A história de toda a civilização galáctica importante atravessou três fases distintas e identificáveis – as de sobrevivência, interrogação e sofisticação, também conhecidas como as fases do Como, do Porquê e do Onde. Por exemplo, a primeira fase é caracterizada pela pergunta: "Como vamos poder comer?". A segunda, pela pergunta: "Por que comemos?". E a terceira, pela pergunta: "Onde vamos almoçar?".

Portanto, era inevitável que o lugar supremo para marcar um almoço figuraria em algum lugar. Nesse caso, a inspiração veio, mais uma vez, do Procol Harum: "Toda vez que estou escrevendo, tenho mania de colocar música no fundo, e, nessa ocasião específica, estava tocando 'Grand Hotel'. Essa canção sempre costumava me interessar, porque, embora a letra de Keith Reid fosse toda sobre uma espécie de lindo hotel – com prataria, candelabros, todo esse tipo de coisa –, de repente, no meio da música, tinha um clímax orquestral enorme que vinha do nada e não parecia ser sobre nada. Fiquei ruminando o que era aquela coisa imensa acontecendo no fundo. E, finalmente, pensei: 'Ela soa como se tivesse de ter uma espécie de espetáculo de boate rolando. Algo imenso e extraordinário, tipo, bem, tipo o fim do universo...'". A ideia inicialmente era representar a sequência de modo a sincronizar com a canção, mas essa foi uma daquelas ideias que Geoffrey teve de vetar no estúdio. Na verdade, embora o escritor fosse, é claro, o oráculo de qualquer decisão, na metade do cronograma das gravações, Perkins teve, sim, de mandar diplomaticamente Adams sair da cabine de edição, devido a suas ambições irreais e seu desejo de regravar uma em cada duas cenas muito depois de o resultado perfeito já estar gravado em fita e o tempo deles ter esgotado. "O Geoffrey foi um elemento muito crucial e central do projeto", Adams contou a Neil Gaiman. "Quando eu estava escrevendo o roteiro, ele era a pessoa com quem eu ia discutir sobre o que eu iria colocar nele e o que eu não iria. Eu fazia o roteiro, e ele dizia: 'Essa parte é boa, e aquela parte é uma porcaria'. Ele dava sugestões de elenco. E tinha suas próprias ideias sobre o que fazer com as partes que não estavam dando certo. Como jogá-las no lixo. Ou sugestões sobre como eu podia reescrever. Eu era guiado por ele ou pelo resultado da discussão. Quando estávamos em produção, eu ficava lá, mas, àquela altura, o programa era muito do produtor. O produtor dava instruções aos atores, e, geralmente, se alguém tinha algo a dizer ou sugestões ou desacordos ou pontos de vista a expressar, esse alguém ia conversar com o Geoffrey, que decidia se ignorava ou não a questão. É muito raro que o escritor comece, de fato, a dar instruções aos atores; o protocolo é assim. Para ser sincero, às vezes eu quebrava esse protocolo, mas não dá para ter mais de uma pessoa no comando. Quando eu escrevia o roteiro, eu estava no comando, mas, quando ele era gravado, era Geoffrey que estava no comando, e as decisões finais eram dele, estivessem elas certas ou erradas."

A visita da tripulação do *CdO* ao Milliways era muito mais simples no rádio – o infame esquete do "Prato do Dia" seria escrito especialmente para a terceira adaptação teatral, e até sua parte final foi pesadamente cortada por falta de tempo, perdendo o seguinte:

ARTHUR Vocês fazem quentinha pra viagem?

GARKBIT Haha, não, senhor, aqui no Milliways servimos somente o que há de mais fino em Ultraculinária.

ZAPHOD (Com nojo) Ultraculinária? Não me dê náuseas. Olhe pra isso... Zylbatburguer algoliano coberto com um toque de cuspe de dodô vulcaniano.

GARKBIT Saliva, senhor, saliva. A glândula salivar do ultradodô vulcaniano é uma iguaria muito procurada.

ZAPHOD Não por mim.

Desde a chegada explosiva de Arthur e cia. até o fim de toda existência propriamente dita (realizada no rádio com um gorgolejo gravado num banheiro em Maida Vale), o Milliways foi outra sequência muitíssimo bem-sucedida, em grande parte devido à atuação da lenda radiofônica Roy Hudd como mestre de cerimônias, que obrigou o comediante a apresentar um jargão ininteligível de ficção científica até ele literalmente rolar no chão pedindo para pararem.

Adams sabia que queria encerrar o seriado com seu velho enredo da *Arca B*, reciclado tanto do programa de Ringo quanto da proposta rejeitada de *DoctorWho*, mas foi a forma como seus heróis iriam de um cenário para o outro que o derrotavam, pois o relógio estava avançando. Era aí que Lloyd assumia as rédeas, não apenas escrevendo alguns trechos célebres do Guia com um estilo indistinguível (uma habilidade crucial de produtor que ele repetiria em *Blackadder*, criando a amada cena do "bairro corrompido" da terceira temporada), mas também apresentando os Haggunenons – uma raça alienígena com cromossomos tão impacientes que estavam em constante estado de evolução camaleônica, o que era uma péssima notícia para qualquer espécie que não estivesse. Era uma ideia brilhante tirada diretamente de *Gigax*. E, é claro, a rápida menção à criação de Douglas no diálogo que os apresentava foi puramente carinhosa:

ARTHUR Qual era o nome que o segundo-no-comando disse? Haggunenon. Por que não o procuramos no livro?

TRILLIAN Que livro?

ARTHUR *O guia do mochileiro das galáxias*.

ZAPHOD Ah, aquele folhetim de segunda.

Visto que a odisseia de Adams era uma série de conceitos frouxamente interligados, essa era a única parte que sempre havia sido claramente uma criação de Lloyd. Embora o ataque dos vilões de formas cambiantes (retaliação por Zaphod e cia. terem roubado a nave do almirante deles no estacionamento do Milliways) tenha permitido que Douglas separasse sua dupla original dos novos personagens e seguisse em frente para atormentar os limpadores de telefone, o estresse de entregar os roteiros na mão do elenco a tempo já estava, talvez, começando a ser perceptível nas orientações de efeitos sonoros brincalhonas e inúteis, quando Zaphod, Trillian e Marvin são comidos por um Haggunenon que estava se fazendo passar por uma Besta Voraz:

EFEITOS UM BRAÇO IMENSO PASSA VARRENDO E OS PEGA. O MONSTRO REVIRA OS OLHOS, QUE SE TORNAM VERMELHOS, VERDES E DEPOIS ADQUIREM UMA TONALIDADE ROSA ARROXEADA. ELE LAMBE OS BEIÇOS, PISCA ALGUMAS VEZES E, ENTÃO, REGISTRA MENTALMENTE QUE ELE ACABOU DE LEMBRAR QUAL A LINHA 10 DAS PALAVRAS CRUZADAS DO JORNAL GALÁCTICO DE HOJE, TOMA NOTA MENTALMENTE PARA ESCREVÊ-LA QUANDO TIVER UNS MINUTINHOS DA PRÓXIMA VEZ.
ELENCO (Gritos etc...)
MARVIN (Resignado) Ai... Ó, céus, ó, céus... Meu braço saiu.

Com Arthur e Ford substituindo o baterista dos Beatles e seu amigo robô, o negócio da *Arca B* propiciou uma caminhada relativamente fácil para uma espécie de conclusão. Lloyd e Adams desenvolveram em conjunto o conceito de deixar o terráqueo e o Betelgeusiano encalhados na Terra pré-histórica – incluindo uma referência irresistível ao Scrabble. Em retrospecto, a contratação de sir David Jason para representar o capitão imerso na banheira parece impressionante, mas, naquele estágio, ele era uma voz familiar da Radio 4, bom amigo de David Hatch e astro de um programa só dele, *The Jason Explanation*, além de fazer aparições regulares em *Week Ending* (no qual ele representava o político David Owen, que, estranha coincidência, também era normalmente visto no banho). Isso foi cinco anos antes de ele aceitar o papel de Delboy Trotter em *Only Fools and Horses*, que faria dele um nome famoso – e, outra coincidência, a escolha inicial para esse papel, Jim Broadbent, já havia gravado suas participações no *Mochileiro*, na pele de Vroomfondel e Shooty.

A trombada da *Arca B* com a Terra permitiu que os escritores narrassem os ataques à carga de intermediários fúteis – que, é claro, revelaram-se ser os progenitores da humanidade – e dessem um desfecho ao seriado, caso contrário incansavelmente brincalhão. O fim se delineava com um senso de fascínio sincero e bastante inesperado diante do nosso belo planeta, enquanto "What a Wonderful World", de Louis Armstrong, atingia um *crescendo*. Douglas deitou o verbo com a equipe de produção sobre a necessidade de expressar pelo som uma espécie de retirada cinemática épica quando Ford e Arthur trilham o caminho deles no novo mundo. Geoffrey Perkins escutou atentamente e, então, simplesmente alcançou o efeito desejado apertando o botão do atenuador devagarzinho. Um ano após a encomenda inicial, o seriado ficou pronto.

A VIDA JÁ É BASTANTE RUIM SEM QUE EU QUEIRA INVENTAR AINDA MAIS

Era uma noite escura e não tão tempestuosa quando *O guia do mochileiro das galáxias* foi finalmente liberado ao público britânico, na BBC Radio 4 às 22h30 da quarta-feira, dia 8 de março de 1978. Enquanto Arthur Dent se deitava na lama pela primeiríssima vez, as programações das outras estações de rádio e dos três canais de TV disponíveis no Reino Unido estavam quase desprovidos de concorrentes interessantes, mas, graças ao que ele descreveu como "um imenso esplendor de nenhuma publicidade sequer", o cálculo de Adams a respeito da audiência era cínico: "Os morcegos ouviram. Um cachorro latiu". Apesar de suas apreensões, ele agiu com a ingenuidade costumeira ao cruzar por acaso com Simon Brett dois dias depois e perguntar se havia tido alguma crítica boa. Brett teve de rir, pois a cobertura crítica de qualquer estreia da Radio 4 no meio da semana era igual a zero; mas ele seria desmentido: a natureza única do *Mochileiro* já havia cativado os ouvidos de alguns críticos radiofônicos dos jornais de domingo. Para encanto de Adams, eles o aprovaram com cautela. O *Telegraph* observou que "a experiência anterior de Adams parece indicar um talento para o surreal", e até o crítico mais perspicaz do *Observer* comentou que o programa "começou de forma promissora com uma astúcia difícil, isto é, um enredo lunático usado com convicção... Esse talvez seja simplesmente o programa de comédia radiofônica mais original dos últimos anos".

Apesar dessas críticas de bom augúrio, os índices de audiência que Perkins recebia a cada episódio se aproximavam de cerca de 0,0%, como já era de se imaginar, e o elenco e a equipe poderiam ser orgulhosamente perdoados por presumirem que haviam feito um fiasco brilhante. Notoriamente, o rumo dos acontecimentos não mudou até o produtor notar o que estava acontecendo na sala de pós-edição. Além de emprestar seu conhecimento profundo em produção à paisagem sonora do *Mochileiro*, demonstrando sua habilidade com escalação de elenco e direção de comédia, foi Geoffrey quem assumiu a responsabilidade dos anúncios engraçados e regulares, pedindo para o locutor John Marsh entoá-los após os créditos finais, tais como "E este programa será reprisado utilizando uma distorção do tempo pela BBC Home Service em 1951" ou "Zaphod Beeblebrox está se apresentando atualmente em *Nada de sexo, por favor, somos zingat-ularianos ameboides* no teatro estelar Brantersvogon". Uma semana, o anúncio dizia que os ouvintes podiam enviar o próprio "guia do mochileiro" deles escrevendo para a "Editora Megadodo, Megadodo Publicações, Ursa Menor", o que provocou uma chuva de solicitações atrevidas, que chegaram às mãos de Perkins por causa de funcionários do correio bem informados, que tiveram o bom senso de escrever "Tente a BBC!" nos envelopes. As estatísticas daquela primeira transmissão permaneceram mínimas, mas Perkins calculou que, lá pela quarta semana, eles estavam recebendo uma média de vinte cartas por dia de fãs viciados nas aventuras de Arthur Dent – talvez a própria definição de um "sucesso *cult*".

O *Mochileiro* foi o destaque do programa-vitrine da Radio 4, o *Pick of theWeek*. Após os céticos chefes da BBC se darem conta da devoção dos fãs do seriado, uma reprise instantânea foi agendada para começar duas semanas depois que o último episódio fosse transmitido e depois, de novo, seis meses mais tarde – uma honraria incomum para qualquer comédia radiofônica no Reino Unido. No entanto, embora todo esse enaltecimento fosse incontestavelmente uma glória para o ego magoado, mas vivaz, de Douglas, ele não proporcionou nenhum lucro financeiro imediato para um homem que ainda lutava para abater uma monstruosa dívida. Portanto, a proposta de David Hatch para Adams assinar um contrato de produtor em tempo integral na BBC Radio LE, junto com John, Geoffrey, Jimmy e Griff, era uma decisão que era mais ou menos óbvia do ponto de vista de Douglas – e uma decisão que era totalmente óbvia do ponto de vista de seus amigos e colegas.

John Lloyd e Geoffrey Perkins se tornariam dois dos melhores produtores de comédia da história do entretenimento britânico, e ambos concordavam que ninguém era menos adequado para a função de produtor do que o curioso e gigante amigo deles. Mesmo na tarefa infame e de nível iniciante que era produzir *Week Ending*, ele corria o risco de deflagrar uma greve do amigável elenco com suas orientações ditatoriais – "Você poderia tentar fazer aquela fala um pouco mais como John Cleese faria?" – e seu irritante hábito de manter o dedo pressionado no botão de controle do intercomunicador da sala, de modo que o elenco ofendido não podia, na verdade, responder a nenhum de seus pedidos bizarros. Nessa ocasião, Perkins teve de interferir para amenizar a situação. Não é de se espantar que Adams tenha durado apenas cinco semanas, entre um mandato e outro de Rhys Jones. Ele tinha prazer em desdenhar: "Bem, todo mundo já produziu o *Week Ending* – quando eu digo todo mundo, é porque foi *todo mundo*. A rainha não produziu *Week Ending*, eu sei. Não que ela não tenha sido chamada, é claro, mas estava ocupada".

Fora esse caso particular, Douglas foi, inevitavelmente, um funcionário muito diferente dos aplicados Lloyd e Perkins. John pediu para ele elaborar uma questão esquisita para o seu novo programa temático de perguntas e respostas, *The News Quiz*, além de algumas partes para *The News Huddlines*. Havia um esquete sobre a Harrods escrito para o programa de rádio *Not Now, I'm Listening* [*Agora não, estou ouvindo*], e, para desdém dele, Adams foi mandado para entrevistar humoristas à moda antiga, como Des O'Connor e Max Bygraves, em um documentário que seria transmitido uma única vez sobre pegadinhas. Na verdade, a maior vantagem do emprego era que Lloyd estava no escritório vizinho, no prédio da BBC LE logo atrás da Broadcasting House. Portanto, os dois podiam trabalhar alegremente em seus próprios projetos quando ninguém estava olhando.

O trabalho que eles recordavam com mais ternura era um desenho animado infantil que, de um modo peculiar, tinha a ver com muitos dos interesses de Douglas, em especial *DoctorWho* e ecologia, e apresentava a vantagem extra de ter caído do céu bem em cima de suas cabeças. O criador de *Doctor Snuggles*, o inglês Jeffrey O'Kelly, havia sintonizado o rádio no *Mochileiro* e ficado tão impressionado com a engenhosidade da transmissão que ele identificou e solicitou os escritores especificamente para inventar algumas novas aventuras para seu herói de pelúcia. John e Douglas afirmaram terem sido convencidos pelos sobrenomes engraçados da equipe de produção holandesa – Visch, Oops e Plinck –, mas a promessa de quinhentas libras por roteiro talvez também tenha incentivado os dois amigos a encontrar tempo em meio aos dias agitados na BBC para escrever alguns episódios, deixando a animação dar carta branca à imaginação deles. Em "The Remarkable Fidgety River", o filantropo de pelúcia obcecado por chá (dublado pelo antigo parceiro de improvisação de Peter Jones, Peter Ustinov) e seus amigos Dennis, o texugo, e Nobby, o rato, tentam convencer um rio paranoico a correr para o mar, mas descobrem que enormes pedaços do oceano estão faltando. Uma viagem à galáxia sorridente e colorida do programa na astronave no melhor estilo Heath Robinson, a "Dreamy Boom Boom", leva a turminha a um distante planeta de água habitado por alienígenas chamados "Sloppies":

> **SNUGGLES** (Voz em off) Dá para reconhecer facilmente o Grande Mestre do Planeta de Água.
> **MESTRE** Olá! O que podemos fazer por vocês?
> **SNUGGLES** Boa tarde, eu sou o Doutor Snuggles, da Terra. Hum... Vocês têm tirado água dos nossos mares?
> **MESTRE** É dessa água que você está falando?
> **SNUGGLES** É, parece essa, sim...
> **MESTRE** (Indicando lixo de rua e pneus velhos nos pedaços de mar.) Nós pensamos que fosse apenas lixo, sabe? Vocês não parecem tratá-la muito bem, mas, já que a querem de volta, podem pegar, temos muito mais.
> **SNUGGLES** Obrigado, precisamos bastante dessa água, e eu prometo fazer com que ela seja mais bem tratada no futuro.

No segundo episódio, "The Great Disappearing Mystery" ["O grande mistério do desaparecimento"], os amigos embarcaram na "Máquina de se Perder" de Snuggles em direção a um planeta governado inteiramente por pássaros – conceito este que seria revisitado, com o tempo. O desenho era praticamente um "Mochileiro júnior" e era bastante divertido, mas, naquela época, estava longe de ser uma prioridade para John e Douglas, pois ambos estavam prestes a se tornarem escritores publicados.

QUER DIZER, É BOM VOCÊS SABEREM QUE HOJE ESTOU COM UM HUMOR TERRÍVEL!

"Chegou um editor e me pediu para escrever um livro, o que era uma ótima maneira de entrar no mercado editorial", brincou Adams. "Pensei que era uma oportunidade de ouro, porque, obviamente, a maioria das pessoas enfrenta uma horrenda quantidade de dificuldades quando escreve um romance para ver no que vai dar e então tenta fazer alguém se interessar por ele. E eu sabia que, de repente, tinha conseguido uma chance de passar por cima de tudo isso." Assim como tantas outras coisas em sua carreira, porém, essa afetação desmentia a dolorosa gênese do *Mochileiro* no papel.

Após o alívio de chegar à fala final da primeira temporada, Douglas teve o prazer de garantir a John que eles embarcariam juntos em uma segunda temporada, meio a meio – e que o mesmo valeria para a adaptação romanceada que já lhes havia sido sugerida. Essa proposta certamente não veio da míope BBC Enterprises, que fez pouco caso da educada indagação de Geoffrey quanto a possíveis discos ou livros do *Mochileiro*, enfatizando asperamente que produtos derivados do rádio não vendiam. Outros editores demonstraram mais tino para negócios, mas a Pan Books saiu vencedora, graças à nova amizade de Adams com um editor de tamanho igualmente considerável, Nick Webb, que ficou sabendo do programa de rádio pela namorada de seu irmão caçula e rapidamente concluiu que ele faria sucesso ao menos semelhante no papel. Ele convidou Lloyd e Adams para tomar um drinque em maio daquele ano e se apressou em negociar os direitos autorais de uma adaptação em prosa, cujos créditos iriam equitativamente à dupla. Apesar de uma ligeira frieza quando Webb teve de justificar ao diretor editorial, Sonny Mehta, por que havia gastado 3 mil libras em uma comédia radiofônica da qual ninguém na Pan ouvira falar, a novidade suscitou muita cordialidade e animação. Após todos aqueles anos tentando convencer as pessoas de que ficção científica cômica era o máximo, os dois nerds alegres haviam, finalmente, assinado um contrato para escrever um livro.

No entanto, Douglas parou para refletir depois. O *Mochileiro* era a única ficção longa que ele havia criado do zero, e foram apenas as obrigações de *Doctor Who* que o haviam impedido de terminar sozinho. John podia ter começado seu próprio romance, mas qual era o sentido de fazê-lo adaptar o trabalho solo de Douglas daquele jeito? Escrever com seu melhor amigo havia dado a Douglas uma grande confiança, mas sua cabeça já estava feita: ele podia escrever por conta própria, devia fazê-lo e iria fazê-lo. Ele sabia, porém, que John não ficaria nem um pouco alegre com a ideia, então sentiu que a melhor maneira – certamente a maneira menos angustiante emocionalmente, para sua sensibilidade inglesa – era explicar sua decisão por escrito, expressando-a de forma totalmente direta. John entenderia. Embora estivesse logo ali, no prédio vizinho da BBC, Douglas escreveu a carta e a enviou pelo correio interno da BBC. Ele era agora um romancista solo. E, mais uma vez, tinha de levar o pobre Arthur de volta à Terra e deitá-lo de novo na lama, para que seu pesadelo recomeçasse, em prosa.

Ninguém poderia censurar Lloyd por sua reação arrasada – era ele quem tinha ambições de escrever um romance de ficção científica cômica, e, em termos apenas práticos, seu saldo negativo era tamanho que sua metade do adiantamento teria sido um imenso alívio. Contudo, é claro, foi a maneira fria como Douglas havia agido que mais o magoou. Embora John tivesse se acalmado isolando-se durante alguns dias, os caminhos de ambos inevitavelmente se cruzaram. John deixou bem claro que ele não estava mais disposto a ser tratado como um "saco de pancadas emocional", ao que Adams respondeu, na defensiva, que ele deveria arrumar um agente. Isso foi feito rapidamente, e, quando o novo agente de Lloyd lhe garantiu que ele podia conseguir embolsar uma porcentagem de todos os lucros do *Mochileiro* perpetuamente, Adams ficou alarmado e perseguiu Lloyd para ressaltar, emotivamente, que o que ele quis dizer era para o amigo arrumar um agente no intuito de negociar o próprio livro dele, e não de entrar em litígio com relação ao livro já existente. No entanto, apesar de estar com raiva, John teve de protestar que só queria sua parte inicial do adiantamento, a qual ele ficou contente em receber. O revés, no fim das contas, foi decisivo para Lloyd: por volta daquela época, *To the Manor Born*, um programa-piloto de rádio no qual ele havia dado duro, também estava sendo transferido para a TV sem ele. Após tantos triunfos na Radio 4, isso finalmente havia sido a gota d'água, levando-o a se dirigir, portanto, à BBCTV para pedir uma chance de provar seu talento – o que logo resultou na criação de *Not the Nine O'Clock News* [Não é o jornal das nove]. Aliás, embora ele recebesse 35 libras por minuto de difusão audiovisual indiscriminada na primeira temporada daquele programa de esquete extremamente influente, Adams ficaria, de modo previsível, depreciando o sucesso do amigo e insistindo, com um senso de comparação excepcionalmente ruim, que "*Not the Nine O'Clock News* está para *Monty Python* assim como os Monkees estavam para os Beatles". Se ele tivesse visto o piloto, no qual um magnata gordo cercado de dançarinas de boate era designado como "Douglas Adams e suas contadoras", sem dúvida ele teria sido ainda mais contundente. Depois da última temporada do programa, Lloyd e seu colaborador, Sean Hardie, refletiram sobre outra ideia de sitcom, que Lloyd apelidou de *Rich Bastard*, sobre um milionário bem-sucedido que, no entanto, alimenta inveja por seu vizinho pobre e insignificante. O alvo desse projeto não teria passado batido por Douglas, se tivesse sido concretizado.

Se uma animosidade genuína entre os dois amigos parece ter durado pouco tempo, reza a lenda que o mérito foi todo de Janet Thrift, semeadora de doçura e luz, que interveio com um desaprovador "Ai, ai, ai, meninos!", deu um puxão de orelha em ambos, forçando-os a fazerem as pazes e ficarem amigos de novo. É tradicional observar que a amizade deles "nunca mais foi a mesma" depois daquilo, mas também não é incomum que dois colaboradores homens e jovens tenham um vínculo alimentado tanto por competição amarga como por afeição. Nenhuma amizade na vida de Douglas seria tão cheia de ambas – independentemente de quão bem-sucedido ele tenha se tornado, sempre havia o medo de que John, o garoto dos olhos azuis, o tivesse superado de alguma forma. "Foi muito idiota", contou Adams a Gaiman. "Por um lado, eu pensei: 'Pode ser uma boa ideia colaborar', e, após uma reflexão racional, pensei: 'Não, eu sou capaz de fazer isso sozinho'. Era um projeto meu, e eu tinha todo o direito de dizer: 'Não, vou fazê-lo sozinho'. O John tinha me ajudado e sido muito bem recompensado pelo trabalho. Eu falei precipitadamente sobre colaborar e mudei de ideia. Estava no meu direito, mas deveria ter lidado com isso de uma forma melhor. Veja bem, por um lado, eu e o Johnny somos amicíssimos, e isso há séculos. Mas somos mestres em pisar na bola um com o outro. Temos brigas ridículas quando eu estou determinado a alfinetá-lo e quando ele está determinado a me alfinetar. Então… Acho que ele reagiu de modo exagerado, mas, por outro lado, a história da nossa amizade sempre foi um ou o outro reagindo de modo exagerado a algo que o outro fez."

Todavia, foi uma sorte para Adams que sua mãe tenha botado panos quentes entre ele e Lloyd, pois seu projeto final enquanto produtor de rádio teria sido um desastre sem a ajuda de John. O Footlights encenava uma pantomima todo ano desde tempos imemoriais, mas, para comemorar o aniversário de 95 anos do clube, David Hatch selecionou Douglas para montar uma celebração só com astros durante as festas de fim de ano na Radio 2, a qual o Mingo logo decidiu que deveria se chamar *Black Cinderella II Goes East*. Fora o nome, porém, ele não tinha nem tempo nem vontade de realmente escrever o roteiro – contos de fadas recheados de trocadilhos maliciosos eram quase uma heresia para ele –, então ele deu um pulo na sua antiga faculdade para arrumar escritores. Não pertencentes à geração de beberrões inveterados que se seguiu a Adams no Footlights, os escritores de piadas mais confiáveis pareciam ser Clive Anderson, estudante de direito e zombeteiro incurável, e Rory McGrath, estudante de línguas peludo. Douglas lhes passou a primeira encomenda deles vinda da BBC, montando uma espécie de versão estendida das paródias de clássicos da *ISIRTA*, para estrelar não apenas o elenco inteiro daquele programa já extinto (Cleese se recusou, mas Adams lhe implorou para, pelo menos, gravar suas falas como Fada Padrinho em uma fita em casa) e também Peter Cook no papel do Príncipe Nojento, além de um bando de footlighters bem-sucedidos, inclusive Richard "Stinker" Murdoch. Porém, a confiança do inexperiente produtor nos estudantes era um pouco inapropriada, e um dos momentos mais lindamente irônicos da vida de Adams foi quando a dupla perdeu o prazo para entregar o roteiro, obrigando o produtor, em pânico, a voar para Cambridge e sair do trem direto para o pub no qual ele sabia que encontraria os dois – o Baron of Beef, bem em frente ao St. John's –, onde ele, furioso, deu a maior bronca pela atitude negligente de ambos quanto ao cumprimento de prazos e quase os mandou de castigo para o quarto até que tivessem entregado o equivalente de uma hora de poção mágica. No final, a dupla teve de passar o roteiro a uma mulher na estação para que ela o entregasse a Douglas na Liverpool Street.

Adams estava claramente levando a sério a pantomima, mas suas habilidades de produtor simplesmente não estavam à altura da tarefa. A apenas alguns dias da gravação, ele se viu forçado a ir, com o rabo entre as pernas, ao prédio vizinho pedir ajuda a Lloyd. Para a maioria dos atores que participaram, parecia que John era o produtor e que Douglas estava ali somente para ficar de papo com as celebridades. Adams tinha seu orgulho, no mínimo, mas, naquela fase, ele podia muito bem ter se desconectado mentalmente do trabalho por completo – mais cedo naquele ano, haviam-lhe oferecido o cargo de editor de roteiro de *Doctor Who*, e, após muita agonia, ele havia aceitado a proposta, com data de início em outubro. "Fiquei muito confuso com isso", admitiu ele. "Várias pessoas me davam conselhos conflitantes – algumas diziam: 'Isso é obviamente o que você deve fazer, porque tem muito mais a ver com o que você afirma serem seus pontos fortes', já outras diziam: 'Você não pode desertar o rádio assim, desse jeito, de uma hora pra outra!'. David Hatch me disse esta última frase com muita firmeza, porque ele era chefe do departamento e havia me dado o emprego. Mas a próxima pessoa a desertar o departamento foi ele próprio, o que fez eu me sentir um pouco melhor."

O OBJETO MAIS ÚTIL

Antes de cair de cabeça no Doutor em tempo integral, Adams havia outro compromisso urgente com Arthur Dent, um especial de Natal do *Mochileiro* que havia sido encomendado em agosto. A princípio, Geoffrey e Douglas tinham a intenção de experimentar um episódio temático, no qual Marvin brilharia ao entrar na órbita da Terra, tornando-se a estrela-guia e caindo em um estábulo específico, onde o Menino Jesus "curaria" o androide da depressão e, a partir disso, supostamente guiaria a todos – inclusive os descendentes bíblicos de Arthur e Ford –, em meio a um coro natalino e alegre. A ideia, incontestavelmente cafona, foi abandonada para evitar uma possível ofensa religiosa, em favor de uma continuação geral da saga em andamento. Esse foi o presságio da segunda temporada, que também havia sido encomendada, a princípio com sete episódios, mas no final reduzida a cinco – com os honorários aumentados para 345 libras por meia hora.

A criação do especial necessitou de uma medida preocupante quando Perkins percebeu que o único jeito de fazer Douglas entregar o roteiro era, na verdade, ir morar com ele, passando a limpo na máquina de escrever uma versão final do que quer que Adams conseguisse botar no papel. No entanto, as dificuldades de tirar Ford e Arthur da Terra pré-histórica e salvar todo o resto do pessoal do Haggunenon em forma de Besta Voraz demandaram mais ajustes específicos no roteiro na hora de gravar no estúdio, o que foi possível até o último minuto graças à utilização inédita de "cópias expressas" – rolos de papel carbono que reproduziam várias tiragens ao mesmo tempo na máquina de escrever, o que levou alguns membros do elenco a observarem equivocadamente que o roteiro havia sido batido em papel higiênico. Como Douglas agora datilografava as coisas no último minuto, um novo nível de pensamento ultrarrápido era exigido de todos, principalmente quando Roosta, o mochileiro especialista intensamente anunciado (mas, no final, nunca completamente imaginado), foi apresentado. Sem ninguém para fazer esse papel, Alan Ford, amigo de Wing-Davey e ator de voz rouca e sotaque forte, foi chamado meia hora antes da gravação, pois, por acaso, ele morava ali por perto. Alguns dos diálogos brutos não apenas foram cortados, mas nem sequer foram incluídos nos registros do roteiro oficial. Neles, os prisioneiros pré-históricos esperavam pegar uma carona para fugir da enrascada, apesar de estarem de porre por causa do "horrível" vinho de flor de sabugueiro de Arthur:

> **ARTHUR** Num é horrível. Somentch revoltantch. Pequena diferensss.
> **FORD** Cara, relachhh. Podia ser pior.
> **ARTHUR** Cê já dississo.
> **FORD** Bem, eu tava certo, num tava? Quedizêêê, se fô serjusto, já tá pior.
> **ARTHUR** Droga, se pelo menos eu num tivesse tão zóbrio.
> **FORD** Ah, asneirazzzz, devetê um jeito de dar o fora desse planeta, sem ser ficar bebum.

O dilema da dupla – de que nada ia acontecer se eles continuassem bebendo – tinha claros paralelos com o reconhecimento, por parte de Adams, de que o segredo de um bom texto era manter a garrafa de uísque trancada bem longe. Havia alguns planos para salvar nossos dois heróis de meia-tigela da Pré-História, antes que a nítida ideia de uma toalha fossilizada levando Zaphod a resgatá-los nascesse. Um conceito com cheirinho de *DoctorWho* foi rapidamente abandonado:

UMA IDEIA QUE PODE VALER A PENA DESENVOLVER
Uma garota da Era Vitoriana cujo avô é um inventor ao estilo de H. G. Wells. Ela é bastante puritana e sem imaginação. Ligeiramente contra a sua vontade, a menina concorda em experimentar a máquina do tempo de seu avô, mas nem por um momento tem o menor pressentimento de que ela poderia realmente funcionar ou do que isso realmente significaria se ela funcionasse. Abrimos a história do ponto de vista dela, descrevendo como ela entra na máquina, como o avô manuseia as alavancas e, um instante depois, como ela está em pé no meio de um campo, onde encontra Ford e Arthur. Ford, é claro, rapidamente saca o significado da história dela e vê uma possibilidade de eles escaparem.
Estou deixando essa ideia pra lá

O retorno de Zaphod à ação, subitamente orientada direto para os escritórios do *Guia do mochileiro*, não era menos problemático. Fazer com que os Haggunenons sofressem uma mutação e virassem um veículo para escapar era uma saída bastante fácil, mas imaginar o raciocínio por trás de qualquer coisa que o imprevisível ex-presidente galáctico fizesse resultou em mais explicações cortadas, graças à útil bajulação de um piloto arcturano (representado pelo ator escocês Bill Paterson, mais ou menos no início de sua carreira longa e bem-sucedida), pedindo para saber o que o egocêntrico de duas cabeças aparentemente morto estava tramando:

ZAPHOD Não sei. É isso que eu estou querendo descobrir. Mas, seja o que for, isso significava que, nesse meio tempo, eu tinha de roubar a nave movida a Improbabilidade Infinita e, para fazer isso, eu tinha de me tornar presidente. Agora, é preciso um tipo de sujeito bem esquisito para fazer ambas essas coisas, então eu fui transformado nesse sujeito. Quer saber o que aquela minha vozinha me disse? Ela disse: "Isso é para explicar por que você é um vagabundo arrogante e desmiolado, caso algum dia você já tenha se perguntado isso". Tá, pensei, já ouvi falar de autoconhecimento, mas isso é ridículo. Mas sabe o que esse meu antigo eu se esqueceu de levar em consideração? Ele se esqueceu de levar em consideração que a nova personalidade capaz de roubar a nave e tudo talvez não esteja interessada no propósito por trás disso, certo? Pense nesse lance. Eu já disse demais, está na hora de irmos...

A atriz de voz Susan Sheridan estava sendo tão solicitada (ela estava fazendo um papel principal no filme da Disney de longa gestação que seria finalmente lançado com o título *O Caldeirão Mágico*) que Trillian teve de ser excluída. Douglas queria fazê-la "se casar à força com o presidente da seção algoliana do Rotary Club Galáctico", o que era um fim desonroso para o único personagem feminino permanente do seriado. Esse não foi o melhor achado de Douglas e acabou sendo descartado em algumas falas de narração. Marvin, naturalmente, tinha de ser salvo e atuou em um dos "esquetes" mais amados do programa, na qual ele conseguia convencer um perigoso robô astrossapo a se destruir de frustração diante da injustiça da vida mecanoide.

Após ter sido gravado em novembro, o especial foi ao ar na véspera de Natal daquele ano, com uma inclusão que, de longe, foi a mais importante: a primeira menção às toalhas. O guia do mochileiro de Ken Welsh já destacava as múltiplas finalidades práticas de os mochileiros terem sempre à mão a toalha deles. Entretanto, assim como o número 42, o fato de o *Mochileiro* elevar a humilde toalha de praia a proporções míticas intrigou a imaginação dos fãs durante décadas – Mark W. Tiedemann, escritor de ficção científica, até sugeriu que a trama de fios entrelaçados da toalha se assemelhava à forma do universo propriamente dito. Porém, como sempre, a ideia da toalha teve origem inteiramente em uma piada interna entre os amigos de Douglas. Embora John e Douglas não estivessem mais coescrevendo o romance, eles já haviam planejado umas férias em Corfu (Grécia) juntos para escrevê-lo, junto com Mary Allen e vários outros amigos. John teve o prazer de ficar escrevendo despreocupadamente, enquanto Douglas queimava seus neurônios tentando colocar no papel sua comédia sonoramente impressionante – ele voltaria para casa com apenas vinte páginas de rascunho escritas para ela. Um fruto essencial da viagem foi que a escassez de entretenimento à disposição, combinada com o clima fresco de setembro, incitou os amigos a recorrerem a brincadeiras de grupo após ingerirem certa quantidade de vinho retsina todas as noites na Taverna Manthos. Uma vez que a brincadeira de charadas acabou, Douglas se lembrou do exercício favorito de um antigo mestre de inglês, Frank Halford, no qual a turma deveria inventar novos verbetes para o dicionário. Lloyd ficou particularmente extasiado com o prazer de pegar nomes de lugares bem conhecidos e encaixá-los nas definições de sentimentos, ações e objetos que despertavam sentimentos em todos os jogadores, mas nunca haviam sido descritos com as próprias palavras deles antes. Ele logo passou a tirar proveito das férias anotando os melhores vocábulos para uso futuro.

No entanto, fora essa criação incidental de um clássico da comédia e as disputas por garotas, para os amigos, o tema mais inesquecível da viagem pareceu ser toalhas e a completa incapacidade de Douglas de ficar de olho na sua e saber onde ela havia ido parar, nas poucas ocasiões em que excursões à praia foram possíveis: "Enquanto eu arrancava os cabelos de frustração, procurando no banheiro, no varal, no quarto, debaixo da cama e até em cima da cama, o resto do pessoal ficava sentado esperando pacientemente, tamborilando os dedos em suas toalhas enroladinhas. Aí caiu a ficha de que as dificuldades que eu tinha com a minha toalha eram provavelmente um sintoma da profunda desorganização da minha vida inteira. Portanto, seria justo dizer que quem fosse *realmente* uma pessoa estável seria alguém que realmente soubesse onde estava sua toalha...".

A princípio, havia apenas um comentário de passagem sobre essa teoria no seriado, por causa do medo que Adams costumava ter de perder a atenção dos ouvintes com piadas internas. Contudo, para sua surpresa, a ideia da importância das toalhas foi recebida com intensa aprovação, e logo foram elaboradas referências em todo suporte que o *Mochileiro* abraçava. No livro, ele observou desde o início que Ford, mochileiro veterano, havia comprado sua importantíssima toalha na Marks & Spencer (na filial de Salisbury, de acordo com o seriado), ao passo que, além da solução da "toalha fossilizada" para a encrenca pré-histórica de Ford e Arthur, a opinião do *Guia* de que a toalha era "um dos objetos mais úteis para um mochileiro interestelar", tal como escrita para o rádio e posteriormente impressa no livro, propiciou um daqueles monólogos que muitos aficionados pelo *Mochileiro* são capazes de recitar direitinho a qualquer momento. O trecho até inspirou um dos formatos mais incomuns do trabalho de Douglas: tecidos. Em 1979, o protótipo de uma toalha do *Mochileiro* foi recusado por ninguém menos do que Marks & Spencer, mas, pouco tempo depois, um executivo de relações públicas empreendedor chamado Eugen Beer viu o potencial do merchandising e, com a surpreendente concessão de "direitos de toalha mundiais", entrou no mercado vendendo grandes toalhas de praia com o truncado discurso bordado – apenas alguns milhares foram vendidos, fazendo delas um precioso item de colecionador hoje em dia.

Douglas descobriu que tinha tantas coisas a dizer sobre toalhas que sua inserção inicial no *Guia* acabou sendo cortada pela metade, guardando mais informações para o primeiro episódio da segunda temporada:

> Muito já se escreveu sobre o tema das toalhas, e a maioria dos textos ressalta as múltiplas funções práticas que elas podem oferecer a um mochileiro moderno... No entanto, somente O guia do mochileiro das galáxias explica que a toalha tem um valor psicológico muito mais importante, pois um sujeito que seja capaz de rodar por toda a galáxia, acampar, pedir carona, lutar contra terríveis obstáculos, dar a volta por cima e ainda assim saber onde está sua toalha claramente merece respeito. Daí a expressão que virou uma gíria entre mochileiros, exemplificada no seguinte diálogo: "Vem cá, você sancha esse cara dupal, o Ford Prefect? Taí um mingo que <u>realmente</u> sabe onde guarda a toalha!". Sancha significa "conhecer", "estar ciente de", "encontrar", "ter relações sexuais com". Dupal significa "cara muito incrível", e mingo, "cara realmente muito incrível".

Criar seu próprio vernáculo galáctico para o seriado era um dos maiores prazeres de Adams, desde o animado grito "Urras" de Zaphod, passando pelos xingamentos "se zarcar", baseado no profeta Zarquon, e "Bélgica", para evitar transmitir o palavrão "foda". E, é claro, ele adorava celebrar o ideal mochileiro de mingo dupal. "Dupal" começou como substantivo, mas o criador logo passou a utilizá-lo como adjetivo no livro, enquanto "mingo", que em inglês é *"frood"*, pode ter surgido de uma simples fusão de *"friend"* e *"dude"* ("amigo" e "cara") – embora a equipe de produção tenha, sim, recebido um cartão de visitas de um fabricante de móveis chamado Frood, mas isso foi arquivado na categoria "coincidência". Deve-se admitir, portanto, que Douglas Adams concebeu "o mingo" como alguém quase totalmente diferente de si mesmo.

AONDE VOCÊ ESTÁ INDO?

Se Douglas pensava estar estressado no final de 1977, sua carga de trabalho um ano depois deve ter-lhe dado muitas oportunidades de lamentar o fim da colaboração com Lloyd, mesmo dispondo de um prazo de seis meses até a gravação seguinte. Nesse meio tempo, reprises da primeira temporada e uma infinidade de outras oportunidades empolgantes de produzir derivados do *Mochileiro* aumentaram a pressão, levando-o a confessar um sentimento de estar particularmente exposto quando surgiu a necessidade de escrever a segunda temporada: "Da primeira vez, era o meu mundinho, ao passo que a segunda vez foi como correr pelado em uma rua movimentada. Acho todo esse negócio de escrever estarrecedor...".

Porém, a maior causa de unhas roídas naquela época vinha, de longe, de seu emprego: dirigir a 17ª temporada de *DoctorWho*. Na verdade, sua primeira tarefa era retrabalhar a conclusão da temporada anterior, mas isso era só uma prévia das dores de cabeça que estavam por vir. Quando Adams recebeu a oferta de emprego no bar da BBC, a ideia era ele redigir a conclusão do seriado, e ele supôs que, fora isso, tudo o que ele faria seria achar escritores interessantes, distrair-se com erros de pontuação e dar gás a diálogos com alguns comentários mordazes. No entanto, "Eu descobri que os outros escritores presumiam que amarrar os enredos era trabalho do editor de roteiro. Então, durante todo aquele ano, eu fiquei continuamente elaborando enredos com os escritores, ajudando os outros com roteiros, efetuando reformulações substanciais em outros roteiros e ainda colocando outros roteiros em produção. Tudo isso ao mesmo tempo. Foi um ano de pesadelo. Durante os quatro meses em que tudo estava sob o meu controle, foi um barato: ter todos aqueles enredos na cabeça simultaneamente! Mas, assim que eu não consegui mais dar conta de verdade, virou um pesadelo... O que era louco no *DoctorWho*, uma das coisas que provocou meu sentimento de frustração, era fazer 26 episódios por ano com um produtor e um editor de roteiro. É uma carga de trabalho diferente da de qualquer outro seriado de ficção: se você está fazendo um seriado policial, você sabe, por exemplo, como é um carro de polícia, como são as ruas, o que os criminosos fazem. Com o *DoctorWho*, em cada história era preciso reinventar totalmente, mas ser inteiramente coerente com o que já havia sido feito antes... Eu estava perdendo minha cabeça".

Ele começou com o maior entusiasmo, tendo a esperança de dar uma reformulada oportuna no seriado preferido de sua infância. E, dessa vez, era ele quem convidava os escritores para almoçar – ele levou ao restaurante Christopher Priest, autor de ficção científica cujos textos nunca chegaram à telinha, e Tom

Stoppard, maestro das palavras que se recusou imediatamente a se envolver. Uma proposta inspirada em *Gigax*, de Lloyd, *The Doomsday Contract* (na qual a Terra seria comprada por um conglomerado intergaláctico), foi empurrada com insistência por Douglas, mas, apesar de muitas alterações no intuito de adaptá-la para um público vespertino (por exemplo, eliminando as partes com escravos infantis carregando armas), a história foi por água abaixo, e John estava ocupado demais com o *Not the Nine O'Clock News* para continuá-la.

Dos seis arcos que compuseram a temporada de Adams, três não apresentaram problemas significativos – "The Creature From the Pit" ["A criatura do poço"], "Nightmare of Eden" ["Pesadelo do Éden"] e "The Horns of Nimon" ["Os chifres do Nimon"], esse último inspirado na mitologia grega –, embora nenhum deles também tenha sido fonte de orgulho para Adams. O episódio de abertura da temporada, "Destiny of the Daleks", foi um caso à parte. Terry Nation, criador dos Daleks, não foi elogioso quanto à competência de Adams, descrevendo-o mais como um "homem de ideias" do que um editor de roteiro. Isso parece injusto se levarmos em consideração a famosa anedota de como "Destiny" foi apresentado a Douglas: pouco mais de algumas páginas de fragmentos brutos e "explosões em corredores", os quais o novato tinha de modelar para produzir um roteiro aproveitável. O resultado, uma narrativa em quatro episódios, era repleto de peculiaridades adamsianas identificáveis, pois o enredo se articulava em torno de um jogo de pedra-papel-tesoura decisivo. Uma sequência de abertura controversa explicava a regeneração de Romana, a Senhora do Tempo (com Mary Tamm sendo substituída por Lalla Ward, que havia sido convidada a fazer uma participação especial na aventura anterior): a companheira do Doutor experimentava novos corpos como se eles fossem vestidos de festa – o que provocou intermináveis dúvidas e correções retroativas pelos fãs da série desde então. A insistência de Adams de que os universos do *Mochileiro* e de *Doctor Who* não tinham nenhuma conexão significativa também foi contradita por sua decisão de mostrar o Doutor tirando sarro de um livro, *Origens do universo*, do famoso escritor medíocre do universo do *Mochileiro*, Oolon Colluphid.

Ao planejar os episódios restantes, Douglas ainda insistia que o final de sua temporada englobaria o enredo da invasão dos Krikkits, mas Graham Williams estava igualmente determinado a fazê-lo entender que isso estava além do alcance deles: "Eu tinha em mente uma história que eu queria fazer, e o produtor disse: 'Não, aí já é demais. Não quero fazer essa história. Invente outra coisa'. Eu gostava tanto da minha história que fiquei teimando que queria fazê-la, pois eu pensava que iria chegar uma hora em que o prazo estaria se esgotando e ele teria de aceitá-la, pois ela já estaria prontinha...". No entanto, o segundo arco, "The Gamble with Time", de David Fisher – um pastiche do filme de 1929 *Amante de emoções* passado em Monte Carlo na década de 1920, envolvendo um vilão que havia feito fortuna viajando no tempo e forçando Da Vinci a pintar várias cópias da *Mona Lisa* –, necessitaria de mais esforço mental da engenhosidade de Adams. Como ele explicou, "um dos nossos escritores assíduos e leais (ao qual havíamos dado autonomia, já que era um cara de confiança) acabou revelando que estava tendo terríveis problemas de família: sua esposa o havia largado, e ele estava em um verdadeiro tumulto. Ele havia dado o melhor de si, mas não tinha um roteiro que daria certo – nós estávamos profundamente em apuros. Era sexta-feira, e o produtor chegou e me disse: 'Tem um diretor chegando na segunda-feira, precisamos ter uma nova história de quatro episódios pronta até lá!'. Então, ele me levou para a casa dele, me trancou no escritório e regou meu gogó com uísque e café preto durante alguns dias, e ali estava o roteiro. Por causa das circunstâncias peculiares e das leis do sindicato dos escritores, o texto deveria ser creditado com o pseudônimo usado pelo departamento da BBC, David Agnew".

Douglas já conhecia bem as agonias do trabalho de composição, mas esse foi o exemplo mais estressante de todos, pois ele foi obrigado a fabricar a coisa toda sob supervisão, com um prazo de morte súbita. E, ainda assim, o resultado foi "City of Death" ["Cidade da morte"], provavelmente o episódio mais citado como favorito dos fãs em meio século de difusão do programa, com a maior audiência de todos os tempos: 16 milhões (apesar de isso ter sido graças à ação de protesto que tirou a ITV do ar). Com a ajuda de Williams, Douglas elaborou um conto entrelaçando, da forma mais sofisticada, o drama e o humor do seriado. Foi também a primeira aventura a ser filmada no exterior – no caso, em Paris. O Doutor estraga o plano do vilão, o conde Scarlioni, para roubar sete *Mona Lisa* realizando um experimento de viagem temporal em seu porão, onde um cientista foi escravizado por sua genialidade, de forma semelhante a como o próprio Douglas se sentiu durante aquele final de semana. A trama adquire um estilo mais épico quando o conde se revela ser um alienígena, Scaroth de Jagoroth, que está tentando retornar à Terra primordial para impedir que sua nave espacial exploda: um evento que, por acaso, simplesmente deflagrou o desenvolvimento de toda vida na Terra. E apenas o Doutor, K9, Romana II e um detetive, Duggan, podem detê-lo:

DUGGAN De onde vocês dois vêm?
DOUTOR De onde? Bem, eu suponho que o melhor jeito de des-

cobrir de onde você veio é descobrir para onde você está indo e, depois, andar em sentido contrário.
DUGGAN Para onde você está indo?
DOUTOR Não sei.

Os episódios de Adams foram criticados por serem demasiado cômicos, mas "City of Death" destilou a dose certa de humor. Nem mesmo chamar os ex-footlighters Eleanor Bron e John Cleese para fazerem papéis pequenos não subjugou o drama. "Nos textos que eu escrevi para o *Doctor Who*", disse ele, "havia coisas absurdas acontecendo e coisas engraçadas. Mas eu tenho a impressão de que é essencialmente um programa dramático, apenas secundariamente divertido. Meu objetivo era criar situações aparentemente bizarras e, então, levar a lógica tão adiante que ela se tornasse real." O diálogo escrito para Baker e Ward, durante um período em que eles embarcaram em um romance acelerado que resultou em um breve casamento, também se mostrou efervescente do começo ao fim, com falas que dava para reconhecer de imediato como tendo sido elaboradas por Douglas:

ROMANA Aonde estamos indo?
DOUTOR Você está falando filosoficamente ou geograficamente?
ROMANA Filosoficamente.
DOUTOR Ah, então estamos indo almoçar.

Até hoje, a opinião oficial da *Doctor Who Magazine* é que "para muitos fãs, 'City of Death' continua sendo a realização suprema do programa, eternizado em quatro episódios lindamente construídos com tudo o que havia de corajoso, inteligente, espirituoso, dramático, humano e heroico em *Doctor Who* no auge de sua era de ouro". E a beleza extra da ideia é que, tendo passado tanto tempo tramando a destruição do planeta, Adams foi responsável pela verdadeira origem de toda vida na Terra dentro do universo de *Doctor Who*.

O pesadelo que foi "Shada" é, ao contrário, uma daquelas anedotas que todo fã da série conhece muito bem. Adams permaneceu insistindo para encerrar a temporada com seu enredo de críquete e tinha todo o apoio de Tom Baker, mas Williams ainda se recusava a considerá-lo. "Por fim", recordou Adams, "cerca de três dias antes da data em que o diretor devia tomar parte, eu tive de me sentar e escrever outra coisa. Então eu escrevi 'Shada', que foi uma coisa feita com o pânico do último minuto. Não gostei especialmente. Achei que estava bem fraco – no máximo um episódio em quatro partes medíocre esticado para ter seis partes... Ele só adquiriu notoriedade porque não foi realizado. Ficou muito mais vivo na imaginação das pessoas por causa disso." Esse amargor contradiz a qualidade da história condenada, que apresentava mais ideias criativas do que muitas das aventuras do Doutor.

Inicialmente intitulado "Sunburst", o episódio foi inspirado na antiga faculdade de Douglas, St. John's, rebatizada de St. Cedd's nessa história. St. John's é um retiro com painéis de madeira para eruditos introvertidos e também um mundo de portais, com pesadas portas corta-fogo que se abriam dando diretamente em mais portas. Vislumbrar uma delas conduzindo à *TARDIS*, pertencente a um Senhor do Tempo decadente, o professor Chronotis, que havia visto gerações de estudantes entrarem e saírem durante séculos sem levantar nenhuma suspeita naquele mundo privado, empoeirado e respeitável, foi o ponto de partida para Adams elaborar uma fábula de Cambridge diferente de qualquer outra coisa na obra do *Who*. Apesar do desdém de Douglas, ter escrito um episódio com tanta riqueza e realce em apenas alguns dias – estendendo-se desde o mundo acadêmico até a antiga mitologia gallifreyana e até apresentando um monstro inédito em forma de lava, o Krargs – foi uma das maiores façanhas do escritor. Ela foi estragada por uma ação de protesto por parte dos técnicos do TV Centre naquele outono, quando o segundo lote de sequências de estúdio, necessárias para complementar as cenas ao ar livre já filmadas, teve de ser cancelado. O enredo amaldiçoado de Adams seria ressuscitado de muitas maneiras ao longo dos anos, desde um especial em VHS até uma animação na web, mas seu cancelamento permaneceria uma das manchas mais problemáticas no brasão do seriado. Quando o programa voltou, com uma equipe de produção nova em folha, comandada pelo célebre John Nathan-Turner (que tentou remontar "Shada" e fracassou), Adams já havia ido embora há muito tempo, tendo pedido demissão em agosto de 1979. Ele reclamou para a *Penthouse*: "Me disseram: 'Queremos você, Douglas, pelas coisas específicas que você é capaz de trazer ao programa', as quais eu sistematicamente não fui autorizado a fazer. É uma coisa grande demais para qualquer um mudar. Essa temporada do *Doctor Who* será exatamente igual a qualquer outra temporada – e eu me sinto muito decepcionado com relação a isso".

Por outro lado, estando livre para se concentrar somente no progresso de Arthur Dent, ele pôde ver que as coisas andavam bem em seu próprio território. Daí a entrevista pessoal na qual ele modestamente afirmava à *Penthouse*: "Se o *Mo-*

chileiro der dinheiro, eu vou ficar contente. Mas o que vai me deixar mais contente é ter provado que não se deve subestimar as pessoas. Não gosto da noção de se estabelecer no mercado dizendo: 'É disso que as pessoas gostam, portanto é isso que vamos fazer'. Isso é ser condescendente. Eu só quero acabar com a ideia de que é preciso ser insosso para atrair seu público-alvo, mas eu conheço um monte de gente da velha guarda da BBC que ainda enxerga o *Mochileiro* como uma aberração momentânea, um golpe de sorte, e não como o que a comédia radiofônica realmente deve ser".

UMA COISA QUE SOE BEM?

O sucesso do *Mochileiro* não o deixou esperar docilmente nos bastidores enquanto Douglas se descabelava com a *TARDIS* em 1979, mas, pelo menos, uma nova razão para o pobre Arthur retornar à lama não exigiu quase nenhum esforço do escritor propriamente dito. Ken Campbell, palhaço, ator de tipos peculiares, especializado em personagens irritantes e mágico de teatro experimental, havia sido informado sobre o *Mochileiro* por fãs e, na hora, não ficou especialmente animado. Embora ninguém estivesse mais bem posicionado para experimentar uma versão do *Mochileiro* no palco – em 1976, ele e Chris Langham haviam montado o Science Fiction Theatre de Liverpool, encenando várias peças estranhas, inclusive a *The Warp*, recordista de duração, com 22 horas –, Campbell nunca teve certeza de que conseguiria realizá-lo... a não ser, talvez, que ele pudesse encená-lo como uma *atração de parque*. Douglas foi consultado e deu carta branca à equipe de Ken. Ele estava igualmente convencido de que não daria certo, mas ficou tão surpreso quanto qualquer um quando a primeira peça do *Mochileiro*, encenada nos arredores do Institute of Contemporary Arts, no Carlton Terrace, na primeira semana de maio, tornou-se um evento com tanta demanda que mesmo os gritos de Simon Jones dizendo "Mas eu sou o Arthur Dent original!" não lhe renderam um ingresso.

A adaptação frenética de Campbell, reduzindo três horas de rádio a noventa minutos, começava no vestíbulo, onde no máximo oitenta espectadores eram servidos com Dinamites Pangalácticas azuis e fumegantes por duas lanterninhas, Lithos e Terros, que dividiam o papel do livro, bem a tempo de todos eles serem empurrados para seus lugares e escoltados com segurança para longe da destruição da Terra.

Campbell havia feito com que os estrados dos assentos fossem montados em cima de "cápsulas de ar" especiais, ao estilo de aerodeslizadores, o que permitia que a plateia fosse suavemente empurrada a cada cena, à medida que o elenco ia deslocando a posição da ação ao longo do muro em volta da área de encenação. Langham representava um Arthur admiravelmente "normal", enquanto sua esposa na época, Sue Jones-Davies, a Judith Iscariotes de *A vida de Brian*, fazia o papel de Trillian, e o grande Roger Sloman, o de Prosser. A própria natureza do espetáculo e a curta duração em que ele ficou em cartaz fez com que milhares de fãs ficassem desapontados por não terem conseguido assistir. Porém, uma abordagem mais ortodoxa já estava sendo adotada por uma equipe do oeste da cidade, do Theatr Clwyd, cujo diretor de criação, Jonathan Petherbridge, estava planejando apresentar uma adaptação mais direta dos roteiros radiofônicos ao longo de algumas noites, culminando em uma sessão-maratona no dia do encerramento – com o tempo, essa produção seria condensada para se tornar um espetáculo de uma única noite (ostentando o único Haggunenon Besta Voraz inflável do mundo), que formaria a base de muitas produções amadoras das décadas seguintes.

Embora a segunda temporada do programa radiofônico tenha entrado em produção aproximadamente no mesmo momento em que a primeira versão teatral estreou, apenas um episódio foi composto nas primeiras três sessões (com Zaphod chegando ao Astrossapo e sendo dado de comer ao infame Vórtice de Perspectiva Total, enlouquecendo com seu senso de perspectiva universal – isto é, se ele não fosse tão egocêntrico e/ou a aventura inteira não acontecesse em um universo falso forjado por Zarniwoop, editor do *Guia*), antes de Perkins ser forçado a impor um hiato, em grande parte para Douglas encontrar tempo de recuperar o atraso.

Por outro lado, o projeto de áudio deles em paralelo era uma experiência menos pesada em termos criativos. Naqueles tempos em que ainda não existia a possibilidade de ouvir os programas de novo no site das rádios ou baixá-los pela internet, o único jeito de a maioria das pessoas ouvir o *Mochileiro* era durante as transmissões. Embora a BBC tivesse o bom senso de reprisá-lo copiosamente, Douglas e Geoffrey rapidamente sacaram que um lançamento comercial estava implorando para ser feito. A BBC Enterprises, é claro, dormiu no ponto quanto a isso, da mesma forma como haviam perdido a oportunidade de obter os direitos autorais do livro, mas era óbvio que o LP do *Mochileiro* seria um presente para qualquer gravadora. Após um período de pesquisa de mercado, Perkins decidiu que a Original Records – um selo independente novinho em folha fundado somente para jazz de vanguarda – devia ser a casa fonográfica do *Mochileiro*.

Para deitar Arthur Dent de novo na lama dessa vez, em vez de plantar mais palavras na montanha de obrigações redacionais, foi preciso colocar em prática a parte preferida de Adams com relação ao processo de escrever – a poda do texto. Nos quatro lados do disco duplo, as primeiras horas de transmissão do *Mochileiro* foram recriadas com modificações mínimas para dinamizar a ação, exceto no elenco. Cindy Oswin (a Lithos na adaptação de Campbell) substituiu Susan Sheridan admiravelmente bem, e uma voz grandiloquente adicional veio de Valentine Dyall, o lendário Homem de Preto (e Guardião Negro em *Doctor Who*), que fez o papel do Pensador Profundo, mais ou menos na mesma época em que ele gravou a voz sepulcral de Gargravarr, o guardião desencarnado do VPT, no rádio.

Douglas chegou a dublar algumas das mensagens de aviso de Magrathea, mas o fato de ele não possuir a carteirinha do sindicato Equity arruinou suas esperanças de participar da ação, o que mais uma vez o aborreceu: "Eu me vejo como alguém que veio de uma tradição de escritor-artista e que foi forçado a apenas escrever. Acho que é desesperadoramente injusto: tendo em vista que o meu trabalho consiste, basicamente, em dar emprego a atores, não vejo por que eu não deveria ser autorizado a tomar 5% do trabalho que eu crio... Se, de fato, eu não puder atuar também, vejo que haverá cada vez menos vantagens em continuar". Perkins não tinha o mesmo problema: além de seu trabalho na BBC, ele havia começado a escrever e atuar com um grupo de Oxford com pessoas bem mais novas do que ele, em especial Angus Deayton (que seria vizinho de Adams ao longo dos anos 1990), mas também Helen Atkinson-Wood, Michael Fenton-Stevens e o maestro musical Phil Pope. Durante os poucos anos seguintes, essa gangue inexperiente da *Radio Active/KYTV* faria uma turnê pela Austrália e, com exceção de Geoffrey, os membros masculinos (com a ajuda de um colega oxfordiano, Richard Curtis) fariam sensação e criariam o cultuado grupo paródico The HeeBeeGeeBees[*]. Eles seriam os outros astros da comédia a gravar no selo Original Records, lançando o compêndio pastiche de Pope, *439 Golden Greats*, junto com *An Evening Without*, no qual Rhys Jones, Mulville, McGrath, Anderson e Martin Bergman atuavam nos esquetes marcantes de Adams, "Paranoid Society" e "Kamikaze Pilot".

Alguns problemas de direitos autorais obrigaram Paddy Kingsland a oferecer uma trilha sonora eletrônica amplamente nova para o vinil, trilha essa que acabaria definindo o som do *Mochileiro* na segunda temporada e na TV, junto com

---

[*] O nome do grupo faz referência à banda Bee Gees e também à expressão idiomática americana "*heebie-jeebies*", que significa o sentimento difuso de "nervosismo", "apreensão" e "horror". [N. de T.]

o músico Tim Souster, que também gravou uma nova versão de "Journey of the Sorcerer", a qual Douglas abjetamente pediu para ser feita com um som "mais côncavo", enquanto contribuia com o violão. Uma ação legal por parte de Paul Neil Milne-Johnson foi evitada nas prensagens posteriores por meio de uma edição explicitamente básica do nome dele, misturando as sílabas de Peter Jones. Perkins ficou contente por ter um equipamento de tecnologia mais avançada e por dispor da quantidade de tempo exatamente certa para respirar, a fim de acrescentar uma camada extra de polimento aos sons estereofônicos. Com uma capa de disco projetada pelos artistas gráficos que trabalhavam para o Pink Floyd, Storm Thorgerson e Aubrey Powell, conhecidos como Hipgnosis – uma espécie de psicodelismo minimalista e tecnicolor que em breve se tornaria icônico ao também ser usado na capa do romance –, o primeiro disco do *Mochileiro* estava a caminho da fábrica de vinis. Dez mil cópias foram alinhadas para distribuição, disponíveis somente através de um anúncio publicitário supostamente colocado pelo misterioso Zarniwoop na quarta capa do novo livro do *Mochileiro*, que, na verdade, ainda precisava ser concluído. Em certo momento, eles foram inundados com milhares de pedidos, mas, por causa de um erro de computador por parte da distribuidora, os totais de pedidos diários foram contabilizados erroneamente como novos pedidos, resultando em uma superestimativa em massa da demanda. Uma vez que o disco chegou às lojas no ano seguinte, como a maioria dos fãs já havia feito pedidos das suas cópias, as vendas consideráveis do LP estavam tão fragmentadas que não foram registradas em nenhuma tabela de mais vendidos, apesar de terem vendido mais de 120 mil cópias. O disco propiciaria a entrada mais acessível ao *Mochileiro* para novos fãs no mundo inteiro durante os anos seguintes, mesmo que, no final, ninguém ganhasse dinheiro com ele (salvo Douglas, que havia feito um acordo especial graças à gerência da Original Records). O escritor também ganharia uma grana escrevendo observações na capa do disco com a habitual ênfase na zombaria:

> ALGUMAS INFORMAÇÕES QUE PODEM CONFUNDIR VOCÊ: *O guia do mochileiro das galáxias* propriamente dito não foi publicado nesse planeta. Não é, a longo prazo, uma opção financeiramente viável. A longo prazo, nada nesse planeta é uma opção viável, pelas razões que o conteúdo deste disco de vinil deve deixar claras. Se você quiser evitar os eventos gravados neste LP, o que você deve fazer é: 1) Deixe a Terra o mais rápido possível. 2) Não procrastine. 3) Não entre em pânico...

UM LIVRO REALMENTE EXTRAORDINÁRIO

O processo de romancear seu badalado programa de rádio foi o principal fator de preocupação durante o período em que Adams trabalhou em *Doctor Who*. Com uma paciência de Jó, Canter, seu companheiro de apartamento, tinha de aturar "Wuthering Heights", de Kate Bush, sensação dos adolescentes, tocando repetidamente (Douglas teimava que era a música do ano e precisava botá-la para tocar como um mantra, no intuito de revigorar seu estado de espírito nos intervalos de seus acessos de escrita). O romancista resolveu não recopiar simplesmente seus roteiros salpicando, de vez em quando, "disse A, disse B" após as falas, mas sim abordar sua saga do zero, aprimorando cada reviravolta e revogando sacrifícios anteriores para se adequar à sua visão, agora se comunicando diretamente com o público, sem nenhuma interferência, a não ser a Pan Books corrigindo a excentricidade de sua pontuação variável. "Não quero apenas reproduzir os roteiros – isso seria trapacear e fazer os leitores perderem tempo", Adams falou. "E eu sempre quis escrever um romance, porque, bem, todo o mundo quer escrever um romance. Eu só sei que nunca teria escrito de fato, mas alguém me abordou e disse: 'Você pode escrever um romance baseado nisso?'." Por outro lado, um início tão promissor acabaria sendo a raiz de muitas de suas futuras dificuldades com os prazos de entrega do livro, visto que ele tinha a impressão de que seu sucesso instantâneo "era como ter sido transportado de helicóptero até o topo do Monte Evereste... ou ter um orgasmo sem as preliminares". Portanto, ele tinha de dar ainda mais duro para justificar o começo fácil de sua carreira de romancista.

    Adams exultava ao ver como os diferentes veículos nos quais ele contou sua história incitaram cada versão a contradizer a outra, mas o enredo de *O guia do mochileiro das galáxias* seria, de fato, fidelíssimo aos acontecimentos e piadas dos quatro primeiros episódios. Um dos poucos acréscimos estilísticos foi a inclusão de supostos trechos da publicação epônima, completados com referências de páginas insanas – um detalhe que acabou sendo abandonado nos livros seguintes. Douglas construiu alegremente sua reputação de (nesse estágio, meramente) andar na corda bamba quando se tratava de prazos editoriais, contando em entrevistas que os editores o haviam mandado literalmente parar de escrever e entregar o manuscrito a um mensageiro, não importando até onde tivesse chegado. Sua intenção sempre foi parar logo antes do ponto em que Lloyd havia participado, de qualquer forma – foi apenas a enésima revisão do escritor que havia sido interrompida. "Estou satisfeito com a maneira como ele se lê", diria ele. "Tenho a impressão de que o texto flui legal. Parece que foi fácil escrever, mas eu sei o quão difícil foi realizá-lo."

Muitas passagens foram para o beleléu durante o estágio de poda final, dentre as quais uma que fornecia mais informações sobre os cozinheiros Vogons — uma raça que continuou fascinando Adams, sem nunca retornar à história além de seu primeiro envolvimento decisivo*. Igualmente cortada por suspender a ação, uma meditação longa e atipicamente científica de Arthur, pressagiando o famoso momento de apertar o botão**. Toda "flacidez" do tipo foi jogada na lixeira e o manuscrito seguiu seu caminho para a Pan, com um lançamento em setembro — embora não para o próprio Nick Webb, que lamentaria ter saído da empresa pouco tempo depois de assinar o contrato com Douglas, mas permaneceria um bom amigo. Após escutar "Wuthering Heights" milhares de vezes, Douglas finalmente estava livre para reprogramar seu cérebro e se voltar para o trabalho mais urgente que ainda restava: os últimos episódios do programa de rádio. Na verdade, o cronograma dos episódios restantes era totalmente caótico, e as gravações de verão agendadas por Perkins só resultaram em um único episódio. Com o tempo transcorrendo, mais uma vez Douglas teve de se sentar e desvendar onde se encontrava e que ideias lhe serviriam de pontos de apoio para chegar a uma conclusão:

> LISTA DE IDEIAS E SEMI-IDEIAS, NOÇÕES, DETALHES ETC.
> Espaçonave que é uma lata velha horrível, tudo caindo aos pedaços.
> Computador de sistema de suporte vital extremamente sensível - alguém é grosso com ele, e ele comete suicídio.
> Passos. Algo terrivelmente dramático acontece, os passos continuam.
> Viajar para outra dimensão só para passar uma tarde destruindo o Taj Mahal.
> Rio com diferentes atitudes com relação ao tempo.
> Visigodo. Discussão impossível de vencer.
> John Peel extremamente relaxado como um computador nos escritórios do Guia

Com exceção da máquina suicida, nenhuma dessas ideias acabou entrando em sua aventura radiofônica final, que levou Arthur, Ford e Zaphod a Brontitall, planeta infestado de pássaros e repleto de sapatos, desenvolvendo o conceito de cultura aviária a partir do *Doctor Snuggles* e combinando-a com o veneno do escri-

---

* Texto 2 na seção "Trechos inéditos do *Mochileiro*" (p. 457).

** Texto 3 na seção "Trechos inéditos do *Mochileiro*" (p. 459).

tor após uma expedição de compras particularmente frustrante na Oxford Street, para tentar achar um par de sapatos que coubesse em seus pés gigantes. Essas ideias, junto com a apresentação de Lintilla, arqueóloga "muito simpática e sexy", e dos milhões de clones dela, foram delineadas nas anotações de Adams exatamente como elas apareceriam nos programas finais, com uma sugestão extra de que suas histórias levariam Arthur e cia. a um "governante desinteressado" do universo, que vivia em um planeta regido por um personagem descrito apenas como "rei Graham Chapman". Quando o elenco se reuniu mais uma vez no Paris Theatre para tentar dar sentido à enxuta segunda saga, mais uma vez o estressado autor enfrentou uma intensa dificuldade para colocar as palavras no papel e no ar.

É LOUCURA VOCÊ DIZER QUE SABE O QUE ESTÁ ACONTECENDO

A razão pela qual essas sessões radiofônicas finais foram tão marcantemente angustiantes foi que David Hatch, aquele mestre das ondas de rádio, cometeu um erro incomum quando deu um jeito de conceder uma honra singular ao *Mochileiro* – a capa do *Radio Times* –, pensando que os cinco episódios seriam transmitidos não semanalmente, mas sim durante uma única semana no comecinho de 1980. Quando Perkins calculou que eles quase não conseguiriam terminar o seriado a tempo com episódios semanais, ele e Lisa voltaram de merecidas férias em setembro e descobriram que estavam diante de algo muito, muito improvável.

Cópias expressas foram mais do que nunca necessárias, pois as sessões dos quatro últimos episódios começaram a ser gravadas em novembro, tendo sido adiadas desde julho. Perkins havia decidido rotular cada episódio de "Fit" ["canto"] pela primeira vez, em referência ao poema *Hunting of the Snark*, de Lewis Carroll, o que daria às pessoas a impressão de que o surrealismo de Carroll era uma influência capital do *Mochileiro* (em especial a regra 42 do tribunal do País das Maravilhas: "Todas as pessoas com mais do que um quilômetro e meio de altura devem deixar o Tribunal de Justiça"), mas Douglas protestou: "Lewis Carroll, por incrível que pareça, eu li quando era criancinha. Seus contos me assustaram até a alma, e eu não pude nem mais ouvir falar neles desde então... No que diz respeito a livros infantis, uma influência muito maior seria *O ursinho Pooh*. O estilo de Milne é maravilhoso – é fácil de ler e lindamente escrito, vale a pena dar uma olhada de novo". Janet Thrift até insinuou ao filho que Marvin era um descendente direto do burrinho Ió, o que ele ficou surpreso em reconhecer. No entanto, ele sempre repetiu que a influência mais consciente de sua infância havia sido o cartunista da revista semanal *Punch*, Paul Crum, cujo desenho de dois hipopótamos escarrapachados na lama, com a legenda "Sempre acho que é terça-feira", adorada por Douglas, era um bom exemplo de seu prisma inabitual sobre a existência.

Alguns fatores fizeram com que a criação da segunda temporada fosse particularmente dolorosa para o escritor, sendo que um deles era o prazo de entrega concomitante do roteiro, revisado em mais de uma ocasião, para um programa-piloto de TV do *Mochileiro*. Mais cedo naquele ano, Lloyd havia enviado uma proposta de adaptação televisiva que seria produzida por ele, incitando o chefe da LE, John Howard Davies, a encomendar formalmente em maio um roteiro com data de entrega prevista para agosto – e que, no fim, foi entregue em dezembro. A obrigação de começar a história mais uma vez do zero deveria ter sido relativamente fácil, e, de qualquer forma, Adams havia começado a escrever para a TV com Chapman, mas seu leve sentimento de esquizofrenia podia ser perdoado, já que Arthur Dent estava se equilibrando em tantas situações confusas e em tantas versões diferentes ao mesmo tempo! Além dessa tarefa, havia uma atenção extra de produtores que queriam tirar proveito da mágica do *Mochileiro*, contratando Adams para realizar projetos, com um programa para escolas chamado *Exploration Earth: More Machines* [*Exploração da Terra: mais máquinas*], pagando-lhe para dar ideias, além do interesse do popular programa lúdico surreal de ficção científica para crianças, *The Adventure Game*, que teria se adequado bem ao talento que Douglas tinha para elaborar enigmas. Contudo, ele teve de recusar todas as propostas externas.

O principal inibidor de Adams, entretanto, foi a clara consciência de que havia um público ávido lá fora esperando para escutar o que aconteceria em seguida. "É muito difícil, porque a primeira temporada foi escrita logo antes do grande *boom* da ficção científica, e agora estamos voltando a uma área em que eu tenho a impressão de ter desbravado novos territórios, mas subitamente já temos edifícios-garagem e prédios de escritórios." A ambição de Douglas, assim como a de seu ídolo, Cleese, ditava um constante movimento para a frente. Uma vez que seu livro já estava nas lojas e um seriado de TV já estava em andamento, retornar ao seu veículo de comunicação inicial, que era apenas sonoro, deve ter-lhe dado um sentimento de retrocesso.

Douglas e seus amigos já haviam dividido entre eles o amor em comum pela ficção científica, mas, até 1979, ele nunca havia vivenciado a comunidade de fãs em massa. No final de agosto, a Pan Books o mandou à convenção mundial de ficção científica daquele ano, a Seacon 79, em Brighton, onde ele deu uma palestra, "Através da galáxia com a *TARDIS* e com o Polegar", experimentando, de fato, o primeiro gostinho da fama pela qual havia ansiado a vida inteira. O *Mochileiro*, que estava à disposição para ser ouvido em vários postos de escuta por todo o local, perdeu para o filme *Superman: o filme* na categoria Melhor Apresentação Dramática no prêmio Hugo. Porém, a vaia dos novos amantes de chá, toalhas e robôs depressivos foi tão eloquente quando o super-herói Christopher Reeve subiu para receber o prêmio que este último teve a sacada de anunciar à multidão "Foi marmelada!", provocando grandes gritos de aplauso. Eram os fãs de Douglas, em volta dele, aplaudindo sua criação, mas ele confessaria que apenas *pensava* ser um fã de ficção científica até explorar por completo a subcultura. A posição de Groucho Marx sobre clubes[*] começou a se tornar familiar para Adams muito cedo a partir de então, mas, enquanto a novidade estava fresca, ver a adoração que sua imaginação havia suscitado o fez se sentir consideravelmente mais alto do que seu habitual 1,96 metro.

Certamente, houve uma vantagem adicional nessa atenção toda, como Adams ironicamente reconheceu anos mais tarde, ao contar em uma entrevista: "Pelo que eu vi, a maioria dos escritores de ficção científica vai a convenções para conseguir uma transa, não é?". Aparentemente, todas as resenhas de biografias anteriores de Douglas Adams apontaram um defeito: nenhuma das narrativas fornecia a quantidade certa de detalhes lascivos que os críticos pareciam achar obrigatórios em um livro desse gênero: "Esse tal de Douglas Adams", diziam energicamente, "é um homem ou um rato? Será que, em outras palavras, ele não...?" e assim por diante. Essa obra de história da comédia tem ainda menos intenção do que nossos predecessores de ceder ao lado revista-de-fofoca da vida do nosso Mingo, mas o bônus de magnetismo sexual trazido pelo sucesso de Adams claramente figurou como uma vantagem definitiva para um homem que já era imensamente desejável para muitas mulheres, com sua mistura de humor inteligente, entusiasmo juvenil e físico devastador. Nick Webb contou uma anedota nitidamente sugestiva de como, enquanto estava no meio de uma conversa com Douglas no bar de uma convenção, ele foi varrido do caminho por uma fã corajosa, determinada e obviamente com sangue nos olhos, enquanto Jon Canter nos brindou com a lembrança de que seu companheiro de apartamento era um "alegre fornicador", completamente desinibido com relação à sua libido e pratica-

---

[*] "Eu me recuso a integrar qualquer clube que me aceite como membro." [N. de T.]

mente o oposto de Jon, que se descrevia como "um Woody Allen neurótico e judeu", sempre recebendo conselhos e incentivos românticos de Douglas. Como periódicos começaram a perseguir o engraçado prodígio da ficção científica para obter mais entrevistas eruditas no intuito de promover seu livro, Canter também achou um pouco desconcertante voltar para casa enquanto Adams estava em plena efusão de palavras, parcialmente filosofando, parcialmente seduzindo uma entrevistadora jovem e atraente.

No entanto, dois meses após a Seacon 79, foi a vez de ele realmente abrir os olhos. Douglas havia ficado animado, no início de outubro, de ter avistado seu livro nas lojas pela primeira vez, enquanto estava na rua passeando entre um bar e outro com Christopher Priest. Ele ficou corado de prazer e acanhamento quando foi reconhecido pelo dono da loja. Algumas semanas depois, a Pan mandou um carro para levar Douglas a uma sessão de autógrafos organizada pela Forbidden Planet, uma loja de quadrinhos aberta um ano antes pelo grupo Titan na Denmark Street, no centro de Londres. Porém, a uma longa distância da loja, o táxi foi forçado a desacelerar e andar a uma velocidade de tartaruga, porque as ruas estavam lotadas de jovens – normais, punks, hippies, aberrações de todas as tribos –, os quais o motorista supôs que estivessem ali por alguma forma de protesto. Foi somente quando Douglas se espremeu para atravessar a porta da loja que ele conseguiu aceitar o fato de que toda aquela gente estava ali por ele. Ao longo do dia, os livros se desmaterializavam nas prateleiras, e intensas horas foram passadas encontrando os membros da fila incrivelmente longa e sinuosa de admiradores, dentre os quais alguns expressavam sua gratidão com timidez, outros ofereciam desenhos de seus personagens favoritos, outros ainda cantavam, literalmente, seus elogios, e alguns até vinham fantasiados, como Slartibartfast ou Zaphod, superfelizes por estarem encontrando seu novo herói da comédia. A cobertura midiática que acabou sendo feita sobre essa comoção de ficção científica foi hiperbólica (em grande parte, graças ao talento que Douglas tinha para exagerar), mas é certamente verdade que a sessão de autógrafos durou tanto tempo além do horário previsto que ele chegou atrasado a um jantar na casa de Terry Jones naquela noite – com uma desculpa incrivelmente empolgante. Jones deve ter ficado extremamente satisfeito por ter-se enganado em seus receios quanto ao *Mochileiro*: ele até forneceu para a capa algumas citações sarcásticas ainda não utilizadas, tais como "Cada palavra é uma pérola... é só a ordem em que elas foram colocadas que me preocupa". Com uma tiragem inicial considerável de 60 mil exemplares, *O guia do mochileiro das galáxias* atingiu o primeiro lugar de vendas em quinze dias, vendeu 250 mil cópias em três meses e simplesmente continuou vendendo. "Acho que, no domingo após o lançamento, eu havia saído para comprar o jornal, e, quando voltei, tinha uma mensagem na minha secretária eletrônica de alguém da Pan Books dizendo: 'Dá uma olhadinha no *Sunday Times*!'." Ver que seu livro estava no topo das listas, disse Adams, "foi um daqueles momentos da vida em que você se dá conta de que 'Não estamos mais no Kansas!'*".

Portanto, o sucesso trouxe fama, sexo e seguidores instantaneamente devotos, mas nenhuma revolução em termos financeiros ainda estava à vista. Incontestavelmente, ele tinha muito mais dinheiro do que havia tido até então, como provava a lembrança que Canter tinha de Adams dando um pulo na loja da esquina para comprar uma Coca-Cola e voltando com um engradado inteiro, só porque ele podia. Pouco tempo depois, Douglas decidiu ir morar em um apartamento maior em Highbury New Park e convidou Jon a acompanhá-lo como inquilino, o que esse último confessou que "marcou, sim, uma mudança". No entanto, os *royalties* dos autores ficavam suspensos durante seis meses depois que os livros chegavam às prateleiras, e o adiantamento estava somente ajudando a estancar o saldo negativo anteriormente esmagador. Ao inventar novas coisas com as quais Arthur e Ford se meteriam na Radio 4, apesar de um belo aumento de honorário, Douglas agora estava vendo claramente o imenso abismo entre os salários do rádio e da televisão, abismo esse a respeito do qual Cleese costumava sorrir desdenhosamente. Portanto, tendo em vista especialmente as restrições de tempo, é compreensível que o último quarto do seriado radiofônico original do *Mochileiro* pareça tão desconectado.

O primeiro episódio a ser gravado naquele outono teve a atração adicional de ser filmado enquanto estava sendo elaborado, para uma matéria de TV narrada por Perkins, registrando o elenco se divertindo em uma leitura geral da sequência da Nutrimática e o produtor e Kingsland tentando (e não conseguindo totalmente) criar o som de 2 milhões de robôs desafinados cantando "Divida e Aproveite", o hino ofensivo da Companhia Cibernética de Sirius. O episódio resultante também revelou finalmente o vilão tão esperado: Gag Halfrunt, o psiquiatra de Zaphod, não mais uma piada de uma só fala, mas sim um maníaco relaxado e determinado a extinguir todo vestígio da Terra, temendo que a descoberta da Questão Fundamental provocasse um surto de contentamento em

---

* Expressão tirada do filme *O Mágico de Oz*, de 1939, e que significa não estar mais em um lugar calmo e familiar. [N. de T.]

massa na galáxia. Bill Wallis voltou no papel de Prostetnic Vogon Jeltz, recém-identificado graças ao livro e contratado para fazer o trabalho sujo de Halfrunt. O resto do episódio falava, em grande parte, sobre como fazer uma xícara de chá decente e fazia um pastiche totalmente inesperado de uma sessão espírita. Na galáxia agnóstica de Douglas, para encher meia hora de transmissão, ciência e sobrenatural eram considerados como igualmente viáveis, e a morte e "o além" — sem falar em reencarnação e existência de deuses, embora deuses nada confiáveis — eram uma mão na roda. Ele já havia decidido que o objetivo supremo do seriado era encontrar Deus, o "Governante Desinteressado", onde quer que ele estivesse e o que quer que ele fosse.

Os episódios finais contaram com astros convidados de qualidade, incluindo Rula Lenska, estrela de *Rock Follies*, no papel dos clones de Lintilla, e Ken Campbell representando o exterminador deles, Poodoo (a fala "Marvin pegou Poodoo*" provocou meia hora de ataques de riso irremediáveis no elenco). Mais de um ano após não ter podido atuar como o Slartibartfast ideal de Adams, o grande John Le Mesurier entrou em cena para retratar o Sábio Velho Pássaro, o que o idoso senhor não gostou de fazer, reclamando: "Eles me fizeram sentar em um corredor, no meio de uma corrente de ar, a tarde toda". Para fazer O Homem da Cabana, o aparentemente inofensivo solipsista Cabeça de Deus (que, assim como Douglas, que corria para entregar os roteiros na mão do elenco, era obrigado a criar e decidir o destino de pessoas que existiam apenas em sua mente), o astro em ascensão Jonathan Pryce foi chamado para trabalhar um dia. Porém, como Douglas ainda estava escondido tentando escrever, de fato, o desfecho do seriado, não havia falas para ele fazer, a não ser algumas vagas interjeições. Então, Perkins pediu para ele entrar em cena como Zarniwoop, papel ironicamente muito mais importante, deixando Stephen Moore, o substituto de voz mais avidamente entusiasmado do elenco, representar Deus. Ao receber seu diálogo, ele disse, achando graça: "O que você está aprontando, Douglas?" (a *Radio Times* foi forçada a atribuir o crédito do papel a "Ron Hate", anagrama de "*another*", "outro" em inglês). Nesse estágio, as instruções do roteiro de Adams estavam se tornando ainda mais desesperadoras em termos de inutilidade:

ZAPHOD (Enquanto ele desliza — teremos de fazer um efeito sonoro muito gráfico, pois eu passei a última meia hora ten-

---

* "*Poodoo*" lembra "*poo*", que significa "cocô" em inglês. [N. de T.]

tando bolar uma fala que dissesse "Estou deslizando pelo gelo", mas não consegui) Iuhuuuuuulll... êêêê... ahhhhh...
(A ideia dessa última parte de escrita imortal é que Zaphod tem prazer em deslizar durante alguns segundos e, depois, fica alarmado ao ver a entrada se aproximando sem nada além dela. Expresse essa ideia, Mark, se quiser/puder!)

E, quando Arthur finalmente se torna algo como um herói de ação, lutando contra as forças dos malvados sapateiros, Adams acrescentou um desafio semelhante, dizendo que ele deveria parecer: "Simultaneamente estupefato, preocupado com os pés dos guerreiros e ligeiramente desapontado. Um pouco de raiva aqui também. Vamos lá, Simon, você consegue!".

Em muitos aspectos, terminar a saga radiofônica com um titereiro hesitante e onisciente do universo foi uma saída esperta, pois assim algumas especificidades de ficção científica podiam se realizar no enredo tão implausível do seriado, que era resumido com crescente exaustão todo dia por Peter Jones, perplexo. As discrepâncias dele muitas vezes foram fracamente explicadas pela transgressão de Zaphod em um universo falso, embora isso tenha sido claramente esquecido na época. Mas então, como Adams penava para sublinhar, qualquer insinuação de que o seriado tivesse qualquer sentido e direção era ilusória: "Escrever episodicamente significa que, quando eu termino um episódio, não tenho a menor ideia do que o próximo vai conter. Quando, nas reviravoltas e guinadas do enredo, algum acontecimento parecia subitamente esclarecer as coisas que tinham ocorrido antes, eu ficava tão surpreso quanto qualquer um".

Tendo escrito um final límpido para a primeira temporada, dessa vez Adams deixou tudo solto no ar só para garantir, com a revelação de que Zaphod estava confabulando para destruir a Terra, mandando Arthur chispar pelo espaço na *CdO* e encalhar todo o resto das pessoas naquela cabana cheia de ventania para sempre. Mesmo então, o trabalho de pós-produção que esperava por Perkins e sua equipe era assustador: todos trabalharam na edição e nos efeitos sonoros até o último segundo, noite e dia, até Paddy Kingsland ter de implorar para ser autorizado a ir para casa, porque havia começado a sofrer alucinações. A fita dos últimos cinco minutos do último episódio ainda estava sendo fatiada à navalha menos de uma hora antes do horário de transmissão, mas coube a Perkins a última das últimas tarefas: acrescentar efeitos de vento e os miados do gato do Homem da Cabana à sequência, antes de sair correndo para a rua e entregar a fita terminada a um funcionário da BBC dentro de um carro veloz, que voou pelos quase 5 quilômetros que o separavam da Broadcasting House e enfiou a fita violentamente no compartimento do aparelho de transmissão, faltando menos de um minuto para ir ao ar. A semana mais árdua na história do *Mochileiro* havia acabado.

"Foi um grande erro", repetiria Adams depois. "A primeira temporada era simplesmente algo que estava ali e que as pessoas acharam. A segunda temporada teve todo aquele rebuliço em torno dela. Mas a velocidade na qual nós tínhamos de fazê-la era irracional. Foi tão complicado que criou pesadelos." Muitas ideias da odisseia final de Arthur em áudio seriam esquecidas, nunca recicladas nos livros ou em algum outro produto do *Mochileiro*. Poderíamos facilmente pôr a culpa disso na dolorosa criação delas (também foi jogado para escanteio o plano de Arthur descobrir padrões significativos no clima, sem falar na "pornografia aracnídea"). Porém, acrescentou Douglas, "Alguns anos atrás, eu estava procurando alguma coisa no livro dos roteiros e comecei a pensar: 'É como um filho renegado'. Na verdade, eu fui injusto com ele, porque tudo o que eu lembro foi o inferno de fazê-lo". Nos anos seguintes, ele repetiria que teria ficado feliz de escrever aventuras na Radio 4 por toda a sua carreira. E quando Peter Jones encerrou a 12ª meia hora com:

> O que o futuro reserva para nossos heróis agora? O que o passado ou o presente reservam para essa questão?
> Será que Arthur Dent embarcará agora em uma vingança terrível e demorada contra Zaphod Beeblebrox? Será que ficará tudo bem com ele no universo, somente com a nave movida a Improbabilidade Infinita, Marvin, o androide paranoide, Lintilla, a arqueóloga, Eddie, o computador de bordo, um bando de portas tagarelas e uma cópia surrada de *O guia* como companhia?
> Com quem será que Ford Prefect se aliará – Arthur Dent, Zaphod Beeblebrox ou uma grande Dinamite Pangaláctica?
> Será que um dia haverá outra temporada daquela entidade incrivelmente extraordinária e desconcertante, *O guia*...?
> Descubra se puder!

... A verdade era que o criador não tinha absolutamente a mínima ideia se haveria. Um ou dois anos depois, foi Mark Wing-Davey que teve uma ideia luminosa e sorrateira para um retorno à Radio 4, conspirando com Douglas para fazer a primeira transmissão radiofônica com dimensões cruzadas da história, colocando no ar dois novos episódios inteiramente diferentes do *Mochileiro* em ondas longas e curtas ao mesmo tempo, sendo que ambas as histórias terminariam exatamente no mesmo ponto – um experimento fadado ao fracasso e que com certeza faria os chefes da BBC se arrastarem para debaixo de suas mesas e gemerem. Todavia, infelizmente, o fator decisivo do fim do relacionamento entre Adams e o rádio seria uma única coisa: dinheiro. "Embora fosse muito bacana ter meu próprio seriado de rádio", escreveu ele, "em especial um que as pessoas escreviam para dizer que haviam escutado, isso não pagava direito as minhas contas."

PERFEITAMENTE NATURAL E NENHUM MOTIVO DE VERGONHA

O ano de 1980 foi um verdadeiro divisor de águas na vida de Douglas. Três anos antes, ele havia saído de uma depressão para escrever algo que cativou a imaginação de uma geração, mas o resultado imediato disso foi um estresse intenso de fazer palpitar o coração, além de momentos de triunfo roubados. Foi somente quando o dinheiro vivo começou a entrar que o artista torturado finalmente morreu, e, em seu lugar, surgiu o epicurista mais dominadoramente milionário e bem-sucedido da comédia e da indústria editorial britânica – que, apenas por acaso, ainda conseguia se torturar grandemente com sua arte.

Naturalmente, a mudança não escapou da ridicularização por parte de seus antigos amigos, dentre os quais alguns ainda estavam dormindo no chão da BBC Radio LE e fazendo pedidos de caridade sarcásticos a Douglas quando o viam. Marshall e Renwick foram até mais longe, introduzindo comentários ferinos em *The Burkiss Way* sobre um personagem chamado "sr. Diferente Adams" (que dizia, com uma fala arrastada e arrogante: "Eu vejo a comédia como uma espécie de triângulo isósceles..."), e inclusive convencendo Peter Jones a remedar suas atuações no papel do livro em uma rara participação especial, terminando o especial de Natal de 1979 no meio de sua fala:

> Em algum lugar, na parte sombria da Via Láctea, à beira de uma estrela pequena e azulada, orbitada por alguns planetas úmidos e de reputação duvidosamente desejável, há um mi-

núsculo buraco no espaço aéreo eletromagnético. Para tapar esse vácuo no espectro contínuo, os monólitos inescrutáveis do sistema solar decadente da Radio 4 Light Entertainment de vez em quando utilizam um dispositivo pequenino e imperceptível, conhecido como "The Burkiss Way". *O guia do mochileiro das galáxias* o define como "Um programa de tédio infinito, que arranca risadas baratas ao fazer patéticas paródias de outros programas de muito mais sucesso". As imitações dele são notoriamente irreconhecíveis. Essa, por exemplo, não tem absolutamente nada a ver comigo! E, como se não bastasse, ele sempre termina de um jeito idiota, justamente quando você menos...

Um ano mais tarde, outro ataque cômico foi afiado ao ser inteiramente representado pelo elenco. Fred Harris tentava imitar Peter Jones de uma forma estranhamente anasalada, em um esquete tão lancinante que foi uma surpresa ele ter sido feito após o período em que Lloyd fora o produtor do programa:

JO KENDALL E haverá outra edição da versão televisiva, do livro, da peça, do seriado radiofônico, de *O guia*, da licença de imprimir dinheiro... no mesmo roteiro semana que vem.
FRED HARRIS Sentimos muito. Mas agora...
MÚSICA JOURNEY OF THE SORCERER
CHRIS EMMETT "O guia do roteirista das galáxias." De um homem que gostaria mais de escrever *Doctor Who*. Estrelando Peter Jones no papel de...
MÚSICA ATMOSFERA DE FICÇÃO CIENTÍFICA
FRED HARRIS Uma das coisas mais interessantes sobre os Omniquargues de Seis Cabeças, do planeta Sygosworoldon, do sistema solar Grudnivulgar-Actinex, da constelação de Vá-Chatear-Outro-Tabuleiro-de-Scrabble-Pô-Preciso-Realmente-De-Um-Nome, é que eles têm apenas uma palavra para expressar todos os 400 milhões de substantivos, adjetivos, preposições, verbos e advérbios. Isso é uma coisa ao mesmo tempo boa e ruim. Ruim para eles, porque, já que a palavra é obscena, de qualquer forma ninguém é, na verdade, autoriza-

do a utilizá-la. Mas boa para os escritores de roteiro de ficção científica, porque isso me permite ficar enchendo linguiça sobre ela durante dezesseis páginas toda semana, antes mesmo de a história começar... (Arquejos) na esperança de que eu chegue a um ponto final antes de desmaiar nesse sintetizador, que estou tendo dificuldade para tocar, de qualquer forma...

Por volta dessa época, os colaboradores mais próximos de Douglas também estavam embarcando em uma saga de comédia nerd deles na Radio 4, concentrando-se em um gênero diferente, a ficção fantástica, quando Geoffrey Perkins produziu um seriado abarrotado de astros, *Hordes of the Things*, escrito por Andrew Marshall e John Lloyd. Era uma obra épica, com um elenco suntuoso e recheada de ideias engraçadas, parodiando pesadamente Tolkien e precedendo por vários meses a célebre adaptação radiofônica que a BBC fez de *O Senhor dos Anéis*. Entretanto, embora naquela época Perkins tivesse os roteiros perfeitamente aprimorados com bastante antecedência e um cronograma a galáxias de distância dos estresses do *Mochileiro*, o programa não conseguiu deixar uma impressão duradoura em ninguém, a não ser nos fãs do gênero fantástico mais devotos (e com senso de humor), até seu tardio lançamento em CD.

Tudo isso parecia vir de baixo para que Adams sequer reconhecesse, pois o novo ano trouxe outros desafios, felizmente suavizados, de certa forma, pelos números crescentes em seus extratos bancários. O que começou com um engradado de Coca-Cola em breve evoluiu para garrafas Balthazar de champanhe com os almoços mais finos e demorados, assim como as viagens de mochilão deram lugar a uma obsessão por classes superiores em voos, a fim de chegar aos melhores hotéis no mundo inteiro. E, quando se tratava de carros, ele chegou a admitir: "Eu gasto, sim, muito dinheiro com coisas de que eu não preciso, como carros velozes, o que é bem idiota, tendo em vista que eu só os pego para dar uma explorada na cidade. Eu sempre havia prometido a mim mesmo que, quando tivesse um pouco de dinheiro, eu não faria algo estúpido como comprar um carro espalhafatoso. Então, assim que o *Mochileiro* atingiu o primeiro lugar das listas de mais vendidos, saí e comprei um Porsche 911. Eu odiava. Dirigi-lo por Londres era como levar um vaso Ming a um jogo de futebol. Dar uma volta de carro era como partir para invadir a Polônia. Eu me livrei dele após derrapar saindo do Hyde Park e bater em um muro perto do Hard Rock Café... havia uma enorme fila de pessoas do lado de fora, das quais todas deram altos gritos de aplausos, então eu me livrei dele e comprei um Golf GTI". Ele faria alusão a esse acidente presunçoso no segundo livro, no qual um diálogo entre Ford e Zaphod, comprido e impregnado de uma paixão por carros, transforma a Hyde Park Corner na terceira lua de Jaglan Beta.

Douglas uma vez havia garantido a John que estaria milionário quando completasse 33⅓ anos, mas acabou antecipando esse prazo específico em alguns anos. Os homens da dinastia Adams sempre haviam tido um forte senso de privilégios: um amor pelas coisas mais requintadas da vida parecia estar gravado em seu próprio DNA. A partir da aurora daquela década de gula, os anos 1980, o fã de comédia comedor-de-sanduíche-de-Bovril evoluiu, tornando-se uma criatura bastante diferente, com a qual era mais difícil se identificar em um período de austeridade – de fato, muitos de seus amigos e colegas acharam mais difícil se identificar com ele naquela época. Nosso Mingo era capaz de não ter tato, insistindo para ir aos restaurantes mais caros com amigos que trabalhavam ganhando uma renda diferente, mas sua natureza era, acima de tudo, generosa, poucos amigos o negariam – ele costumava pagar todos os vinhos que eram caríssimos.

No entanto, a coisa mais estranha dessa transformação toda foi que Douglas já vinha se preparando para ela há muito tempo, abrindo explicitamente toda a saga do *Mochileiro* com piadas sobre a culpa sentida pelos ricaços, e muito mais nessa vertente viria em seguida. Porém, embora o dinheiro possa certamente comprar uma aproximação da felicidade (ou pelo menos preparar o terreno para que a felicidade germine), a riqueza de Douglas Adams obviamente não fez nenhum feitiço para acabar com seus problemas. Pelo contrário, cada pontada de frustração que ele havia sentido diante da máquina de escrever até então havia sido apenas uma prévia do que estava por vir.

**TERCEIRO
EPISÓDIO**

NÊ-
ME-
SE

"O GUIA É DEFINITIVO. A REALIDADE É FREQUENTEMENTE INCORRETA."

– ESCUTA, FORD, ESTÁ TUDO EM PAZ, TUDO EM CIMA.

– QUER DIZER QUE ESTÁ TUDO SOB CONTROLE.

– NÃO, EU NÃO QUERO DIZER QUE ESTÁ TUDO SOB CONTROLE. SENÃO NÃO ESTARIA TUDO EM CIMA E EM PAZ...

ZAPHOD BEEBLEBROX E FORD PREFECT

Douglas Adams estava em pé e pelado em uma praia da Cornualha, contemplando o mar, rodeado de maços de dinheiro que ele havia espalhado na areia. Um pouquinho mais longe, na praia, estavam um *cameraman*, um operador de som, um diretor de TV e alguns outros profissionais técnicos que foram autorizados a entrar no "perímetro" – junto com um bando considerável de curiosos doidos para ver como era um escritor de best-sellers sem roupa. Ele era rico, ele era jovem, e seu traseiro logo apareceria na televisão – e, contudo, ele já estava manifestando insatisfação com sua criação.

Era o verão de 1980, e a adaptação que a BBC TV faria do *Mochileiro* estava finalmente a caminho. Porém, Adams não havia permanecido ocioso antes desse papel de figurante pequeno e ligeiramente constrangedor: no final de janeiro daquele ano, as produções da segunda temporada no rádio e do Theatr Clwyd já haviam sido feitas e terminadas. A principal de suas preocupações ativas era a continuação de seu primeiro livro, cujo título já havia sido confirmado, *O Restaurante no Fim do Universo*, mas, fora o fato de saber que uma sequência atualizada do Milliways figuraria nele, colocar no papel a segunda metade de sua proposta literária quase épica não foi menos angustiante do que seu primeiro livro havia sido. No entanto, sua maior convicção era que ele sabia exatamente como seu livro terminaria – e esse fim seria sua última palavra no *Guia*. Mesmo enquanto a maré foi enchendo até ultrapassar seus tornozelos, no momento em que ele estava lançando sua franquia cada vez mais onipresente na TV, Douglas já se sentia pronto para deixar para trás sua saga de ficção científica e seguir em frente.

ALGO AINDA MAIS BIZARRO E INEXPLICÁVEL

Ao passo que o primeiro romance continha um fluxo narrativo claro e que era fácil de seguir, os acontecimentos semissintéticos e febris da segunda temporada do *Mochileiro* no rádio presentearam o autor com algo que era mais como um bufê de ideias para beliscar – ele admitiu abertamente que não tinha determinado nenhuma direção de verdade no rádio: "Você mapeia um enredo e escreve a primeira cena. Inevitavelmente, a primeira cena não é engraçada, aí você precisa fazer outra coisa e finalmente consegue escrever uma cena engraçada. Mas aí ela não é mais sobre o que deveria ser no início, então você precisa largar o enredo que tinha em mente e fazer um novo... Depois de um tempo, não tem mais sentido planejar o enredo com muita antecedência, porque isso nunca deu certo, já que a maior parte do texto era entregue em episódios. Eu sempre chegava a um ponto em que pensava: 'Se eu soubesse que acabaria acontecendo isso aqui na história, teria feito algo diferente ali antes'. Portanto, escrever os livros é uma tentativa de dar sentido ao que eu já fiz, o que geralmente envolve uma cirurgia considerável. Em especial no segundo livro, eu estava tentando, retroativamente, dar um pouco de sentido a tudo aquilo. Eu sabia como iria terminar, com o negócio da Terra pré-histórica…".

Determinado a experimentar o texto bem temperado da *Arca B* com uma forma completamente nova, Douglas tinha a esperança de que seus novos fãs ficariam felizes de ver a saga de Arthur chegar a uma conclusão em que ele e Ford aceitavam filosoficamente o destino deles em meio aos Golgafrinchanos, resignando-se com a ideia de que toda a vida na Terra seria vã e, talvez, namorando garotas legais da minoria menos ofensiva entre os sobreviventes da colisão da *Arca B*:

> Muitas horas depois, Arthur e Mella estavam sentados assistindo à lua nascendo por trás do brilho vermelho das árvores…
> — Você é muito estranho – disse ela.
> — Não, eu sou muito comum – disse Arthur –, mas algumas coisas muito estranhas aconteceram comigo. Pode-se dizer que eu sou mais diferenciado do que diferente.
> — E aquele outro mundo de que falou o seu amigo, aquele que foi atirado num buraco negro?
> — Ah, esse eu não sei. Parece coisa do livro.
> — De que livro? – Arthur fez uma pausa. – *O guia do mochileiro das galáxias* – disse por fim.
> — O que é isso?
> — Ah, é só uma coisa que eu joguei no rio esta noite. Acho que eu não vou querer mais – disse Arthur Dent.

A partir daí, no entanto, "Eu fiquei muito empacado, porque sabia como terminava, mas não conseguia definir como começava. Afinal, eu pensei: 'Ah, foda-se, vou simplesmente começar pelo fim'. Então, eu escrevi o fim, depois escrevi o capítulo antes dele, depois mais um capítulo antes… Acabei fazendo todo o caminho ao contrário e disse: 'Ah, isso deve ser o começo então'". Vários anos depois, ele explicou a Lloyd: "Tenho dificuldade com começos de livros… É um truísmo dizer que, à medida que você envelhece, cada ano passa mais rápido, e a razão disso é muito simples: quando você tem 1 ano de idade, você vive ao longo de um ano, e aí é a sua vida inteira que começa de novo. Quando você tem 30 anos, é apenas um trigésimo de tudo o que você já viu até então, o que relativamente é uma pequena quantidade. Agora, quando você começa a escrever um livro, você pensa: 'Bem, qual vai ser a primeira palavra? 'O'? Quero dizer, será que 'O' é uma palavra boa o bastante para começar este livro? Quantos livros começam com a palavra 'O'? Deve haver algo mais interessante do que isso. Talvez a primeira palavra devesse ser 'A'...? Porque, naquele momento, a primeira palavra que você escreve é o livro inteiro!". Claramente, o cérebro de Adams não lhe daria permissão para nenhuma queda de qualidade em seu segundo lançamento em edição de brochura.

Esse processo tortuoso foi sendo levado ao longo da maior parte de 1980. Embora ele dispusesse de uma forte rede de apoio – sua namorada da época era Jacqui Graham, agente de imprensa da Pan, loura e atraente, e Jon Canter quase teve de se promover de companheiro de casa (ou melhor, inquilino) a secretário em meio período, atendendo a intermináveis telefonemas para Douglas de produtores figurões e outros oportunistas –, *O Restaurante no Fim do Universo* não surgiu facilmente na máquina de escrever. Expectativas, é claro, pesaram muito sobre ele: "As pessoas presumem que, quando você atinge certo nível de reconhecimento e *status*, você deve, portanto, ter-se tornado especialista em alguma coisa; você acaba descobrindo que isso deixa as coisas mais difíceis, e não mais fáceis... Penso que é, em parte, uma consciência de si terrivelmente britânica, sabe, estar ciente de que as pessoas vão, de fato, ler esse negócio e de que você vai ficar extremamente sem graça. Portanto, por que então virar escritor é uma pergunta à qual eu realmente não tenho uma boa resposta... É errado dizer que você pode escrever o que quiser e que você ganhou o direito de escrever o que quiser. Você ganhou um público, claro, mas, para fidelizar esse público, você precisa manter os mesmos padrões, o que não significa que você vá continuar fazendo a mesma coisa: se fizer, você está sendo concessivo de certa forma, porque todo o sentido daquilo que você fez em primeiro lugar era que aquilo era novo e original. Então, você tem de tentar se empenhar em ser novo e original, o que é uma tarefa árdua".

"Dizer que eu escrevo ficção científica é quase como dizer que os Pythons fazem filmes históricos. Em certo sentido, é verdade, mas quem diz isso não entendeu nada", explicou ele à *NME* em 1982. Mais uma vez enfatizando que a natureza cômica de sua obra predominava sobre a ficção científica, Adams tinha o hábito de dizer em entrevistas: "Eu admiro particularmente escritores engraçados, porque sei o quão incrivelmente difícil isso é. Evelyn Waugh vem bem lá no alto, e Jane Austen também. As pessoas pensam que o humor é, de certo modo, uma espécie de emoção inferior, ideia que eu não aceito nem um pouco. Acho que textos bons e engraçados estão entre os textos mais requintados de todos os tipos". No entanto, uma das coisas mais impressionantes a respeito do segundo romance de Adams é que esse livro foi o primeiro que o autor escreveu sendo fã do humorista apelidado por ele de "o Mozart da língua inglesa", o único sujeito que seria mais citado como uma influência capital de sua obra, principalmente pelo próprio Adams: "Quando criança, eu lia *Dan Dare* e assistia ao *Doctor Who*, mas nunca fui um grande entusiasta de ficção científica. Quando as pessoas estão procurando influências, elas sempre meio que se voltam para a ficção científica e nunca olham para onde estão as verdadeiras influências, que são pessoas como Wodehouse, porque Wodehouse, até onde eu sei, nunca escreveu sobre robôs ou espaçonaves. Mas meu estilo, em muitos aspectos, tem raízes ali…".

"As pessoas às vezes me perguntam", acrescentou ele, "'Você já aspirou a escrever um livro sério?'. E a minha resposta desinibida e na ponta de língua é: 'Não, minhas aspirações são muito mais elevadas do que isso, eu aspiro a escrever como P. G. Wodehouse'." Isso daria a impressão, como seria de se esperar de um garoto de escola pública inclinado a ter senso de humor, de que o mundo do grande Pelham Grenville tivesse impregnado o saber de Adams em sua infância e o deleitado ao longo de sua educação, mas, de alguma forma, ele nunca havia aberto nenhum livro do mestre até um amigo lhe dar um romance da série *Jeeves* na virada dos anos 1980. Nessa ocasião, "Eu subitamente percebi, sentindo arrepios por todo o corpo, que estava em presença de um grande mestre. Desde então, devorei sua obra vorazmente, não somente porque ele é um escritor cômico grandioso, mas também porque ele é, sem dúvida, o maior músico da língua inglesa que eu já encontrei. Ele talvez não tenha nada a dizer sobre a vida real (ele daria gargalhadas só de pensar nessa ideia), mas uma arte praticada naquele nível não precisa ser *sobre* nada". Wodehouse era, é claro, o rei da comparação cômica, e muitos (como Stephen Fry, famoso Wodehouséfilo) homenageariam a própria verve de Adams com as convenções literárias, subvertidas pela famosa frase "As naves pairavam imóveis no céu da mesma forma como os tijolos não o fazem". Entretanto, ao passo que o grande romancista cômico era afiado em singulares epítetos transferidos (Bertie "dá uma garfada mal-humorada" nos ovos etc.), as emoções dos objetos inanimados de Adams tendiam a ser cibernéticas. Douglas era tão frequentemente associado a Wodehouse que ele foi chamado para escrever o prefácio de uma edição reimpressa do livro no qual o mestre estava trabalhando quando morreu, *Sunset at Blandings* [*Pôr do sol em Blandings*]:

> Mestre? Grande gênio? Com certeza. Um dos prazeres mais alegres da língua inglesa é o fato de que um de seus maiores profissionais de todos os tempos, um dos caras que ocuparam o lugar de honra mais prestigioso, foi um artífice de piadas. Embora isso talvez não devesse ser uma surpresa tão grande. Quem mais estaria lá no alto do pódio? Austen, é claro, Dickens e Chaucer. O único que não conseguia dizer uma piada nem para salvar a própria vida era Shakespeare... Talvez seja pelo fato de o nosso maior gênio literário ser incapaz de ser engraçado que concluímos que ser engraçado não conta, o que é ruim para Wodehouse (como se ele se importasse minimamente), porque toda a sua genialidade era para ser engraçado, e ser engraçado de um jeito tão sublime que ofuscava a mera poesia... Wodehouse nunca se sobrecarregou com a tarefa de justificar os caminhos de Deus para o Homem, mas somente com a de fazer o Homem, algumas horas de cada vez, inextinguivelmente feliz... Ele não precisa ser sério. Ele é melhor do que isso. Ele está lá na estratosfera do que a mente humana é capaz de fazer, acima da tragédia e do pensamento vigoroso, onde encontramos Bach, Mozart, Einstein, Feynman e Louis Armstrong, no reino do ludismo puro e criativo.

Uma opinião tão enfática deixa claro que não havia escritor que Douglas admirasse mais e no qual ele se espelhasse mais — e, no entanto, como escritores profissionais, eles não podiam ser mais diferentes. Era um fato notório que Wodehouse vivia só para escrever, para derramar suas histórias na máquina de escrever sete dias por semana se pudesse, com uma produção prodigiosa, incansavelmente publicada durante toda a sua vida longuíssima, resultando em mais de cem títulos nas prateleiras. Assim como ele aprendeu meticulosamente nota após nota os refrões de Paul Simon, para alcançar a honra de ser comparado com Wodehouse, Douglas Adams teve de agonizar a cada mísera vez que apertava uma tecla da máquina de escrever. Mas tudo bem: a Pan Books havia fixado a data de publicação para outubro: eles pensavam, com certeza, que era bastante tempo para qualquer autor novo e entusiasmado entregar a mercadoria...

ISTO É, DIRIAM MUITOS, IMPOSSÍVEL

"A princípio, eu não estava tão interessado em fazer uma versão visual do *Mochileiro*", disse Adams na primeira onda de sucesso no rádio. "Mas, enquanto eu estava trabalhando no *Doctor Who*, comecei a perceber que temos uma quantidade enorme de efeitos especiais e tal que simplesmente não está sendo usada como poderia ser. Se for do jeito que eu estou começando a visualizá-lo, acho que pode, na verdade, ficar bem extraordinário…" No começo, a BBC pensou em fazer um desenho animado do *Mochileiro*, mas o criador se opôs: "Eu nunca fiquei animado com a ideia, porque o meu impulso com essas situações fantásticas sempre foi tentar – não estou dizendo que sempre obtive êxito –, mas tentar fazê-las tão reais e sólidas e concretas quanto possível. E eu acho que você realmente se põe em desvantagem quando aposta em animação, porque ela tende a enfatizar a natureza fantástica dos acontecimentos. Quero que os acontecimentos sejam fantásticos, mas que pareçam os mais reais possíveis". Quando a emissora anunciou o seriado audiovisual com atores de carne e osso, ele explicou em entrevistas: "Em meio a certos grupos de pessoas, o *Mochileiro* hoje já é muito bem conhecido, mas ainda não é bem conhecido na Inglaterra como um todo. Então, uma das razões de fazer o seriado na TV é alcançar todas aquelas pessoas que não escutam rádio e não leem. Sendo arrogante – isso é uma coisa pavorosamente arrogante de dizer –, a televisão pode ser ou pode não ser boa para o *Mochileiro*, mas o *Mochileiro* vai ser bom para a televisão. A sitcom na televisão chegou a um estado calamitoso. Estou dizendo que o *Mochileiro* é, na verdade, uma sitcom. Uma sitcom NÃO precisa ser sobre recém-casados morando em uma quitinete ou sei lá o quê. Eu queria mostrar que, na verdade, há muito mais coisas que se pode fazer com comédia, tanto no rádio como na TV, do que está sendo feito".

Resgatar as raízes que sua história tinha na sitcom não era nenhum retrocesso para o conhecedor de comédia. Em muitos aspectos, da mesma forma que adaptar o *Mochileiro* para ficção em prosa lhe permitiu encorpar seu mundo (inventando que o sr. Prosser era descendente de Gêngis Khan, que Ford havia arrumado um trabalho terrestre como ator, enquanto Arthur era produtor na rádio local da BBC e assim por diante), a dimensão visual lhe permitiu enriquecer e definir sua galáxia do jeito que ele a imaginava (com o auxílio, naturalmente, de uma enorme equipe de pessoas criativas, incluindo Doug Burd, designer gráfico, Jim Francis, designer de efeitos novato, e Stuart Murdoch, seu jovem assistente, que se formaria em Design e trabalharia em *Blackadder Goes Forth*). Assim como a utilização inovadora de montagens com painéis de vidro pintados no programa-piloto, supervisionada pelo designer Andrew Howe-Davies e pelo artista francês Jean Peyre, podia transformar um *set* de filmagem composto de um armazém comum em um hangar vogon gigantesco (completado pela Estátua da Liberdade, que havia sido resgatada e ficava apenas visível no canto superior esquerdo), Adams agarrou a oportunidade de recontar a fábula de Arthur Dent em uma tela maior, aproveitando o luxo de ter cinco minutos a mais de tempo de difusão com relação à meia hora habitual e acrescentando partes adicionais, tais como o entusiasmo de Ford pela culinária dentrassi sendo estragado pela gororoba que os chefs consideraram boa o bastante para os Vogons (David Dixon foi obrigado a engolir tanta comida alienígena tingida de azul que seria derrubado por um caso de intoxicação alimentar paralisante enquanto estava na rua comprando presentes de Natal). Por outro lado, embora a primeira cena a ser filmada tenha sido a vista de uma nave vogon, tomada do topo de um arranha-céu ainda não inaugurado, a Nat West Tower, na cidade de Londres (mais tarde rebatizada de "Torre 42"), quando o elenco inicial e a equipe chegaram a Balcombe, em Sussex, no início de maio, para recriar a demolição da casa de Arthur, além da famosa sequência do bar no pub Red Lion, o roteiro a partir do qual eles trabalharam era essencialmente uma adaptação direta, que começava, mais uma vez, com a hoje lendária apresentação lamacenta do herói:

SEQ 5A EXT CASA – CENA A (FILME)
ARTHUR DENT, TENDO VESTIDO NA MAIOR PRESSA A PRIMEIRA ROUPA QUE ESTAVA JOGADA PERTO DE SUA CAMA, ESTÁ DEITADO NA FRENTE DE UM TRATOR GRANDE.
O MOTORISTA ESTÁ COM OS PÉS PARA CIMA, LENDO O JORNAL.
O TRATOR É AMARELO.
A CASA DE ARTHUR É APENAS UMA PEQUENA CASA DE CAMPO ISOLADA EM UMA ESTRADINHA DO INTERIOR.

Alan J. W. Bell é um nome que muitos fãs de comédia reconhecem por ser o último crédito de *Last of the Summer Wine*, sitcom de Roy Clarke que passava nas tardes de domingo com uma duração infamemente longa e que era um seriado nostalgicamente bucólico sobre um bando de aposentados travessos. No entanto, embora uma geração à frente de Douglas, Bell, posteriormente ganhador do

Emmy, era novo nos escalões superiores da TV em 1981, tendo dirigido dois episódios de *Ripping Yarns*, de Palin e Jones. Ele só tomaria as rédeas do clássico saudoso de Clarke no mesmo ano em que o *Mochileiro* estava abrindo caminho pelo sistema da BBC TV e também traria em breve a esquisitice de *There's a Lot of It About*, de Spike Milligan, para a BBC2. Portanto, a indicação dele para o trabalho de transplantar o sucesso radiofônico de Douglas para a telinha como produtor e diretor não pareceu tão estranha. Contudo, sua nomeação enfureceu o escritor desde o início, pois ele havia alimentado a esperança de ter Lloyd à disposição para realmente capturar o espírito do *Mochileiro*, de preferência com Perkins na função de conselheiro, enquanto Bell logo foi citado dizendo que inicialmente não acreditava que a história de Adams fosse filmável, além de desdenhar, de certo modo, do gênero de ficção científica. "O seriado televisivo do *Mochileiro* não foi uma produção feliz", resmungaria Adams repetidamente. "Houve um conflito de personalidades entre eu e o diretor. E entre o elenco e o diretor. E entre a moça que servia o chá e o diretor..." Porém, a verdade é que qualquer um que tivesse recebido a tarefa de dar a palavra final sobre como o *Mochileiro* chegaria às telinhas em todo o Reino Unido iria enfrentar um pesadelo com Douglas, que obviamente tinha opiniões firmes por um lado ("É muito importante que o seriado pareça tão extraordinário aos olhos quanto ele pareceu aos ouvidos, e ele não pode ser igual ao *Doctor Who* ou *Blake's Seven*"), mas admitia, ao mesmo tempo, que "Tudo o que eu tenho é uma ideia visual muito vaga sobre o *Mochileiro*, assim como eu comecei com uma ideia sonora muito vaga sobre como ele deveria ser no rádio. Temos de trabalhar e desenvolver isso". A TV não funcionava exatamente desse jeito, e alguém tinha de aceitar o presente de grego de reduzir essa nebulosa busca de perfeição a uma realidade orçamentada.

A manobra para colocar Lloyd na função de "produtor adjunto" (cargo esse que foi apenas honorário, pois o cronograma da terceira temporada de *Not the Nine O'Clock News* impossibilitou qualquer participação ativa dele) foi uma das muitas alfinetadas por parte de Adams. "Eu queria dizer uma porção de coisas no seriado de TV, mas o produtor não queria ouvir nada, infelizmente. Devo confessar que achei isso profundamente frustrante, porque poderia ter sido algo absolutamente maravilhoso. Eu tinha um conjunto definido de ideias sobre como fazer diferente de tudo o que já havia sido feito na televisão antes. Mas o produtor não estava interessado..." Porém, sua animosidade contra Bell não condiz com o quanto o sucesso internacional do *Mochileiro* pode ser atribuído à influência do produtor. Afinal, foi Bell que tomou a decisão importantíssima de deixar Arthur de roupão, cortando a sugestão anterior de Adams de vestir o herói com um traje espacial de lantejoulas. Douglas e John poderiam ter ficado se preocupando com cada cena até a aurora dos anos 1990, mas o trabalho de Bell era aparar a imaginação de Adams para adequar suas proporções à telinha – e poucos negariam que ele obteve êxito nesse quesito.

Douglas e Alan logo bateram de frente quando se tratou de escalar os atores para o programa-piloto, o qual Adams teimava que deveria reaproveitar o elenco já existente do rádio. Embora John Howard Davies, o chefe da comédia, estivesse animado para que Peter Davison, ator em ascensão, assumisse o papel de Arthur, o direito de posse do personagem por parte de Simon Jones foi considerado indiscutível por seu amigo. No final, houve um acordo vencido a duras penas, no qual Geoff McGivern perdeu para David Dixon, outro ator de *Rock Follies* que também havia causado uma impressão vistosa na pele de Ariel em *The Tempest*, uma produção da BBC. Contratado por sua aparência sobrenatural, Dixon recebeu lentes de contato violetas para distinguir Ford ainda mais da humanidade, mas isso nunca foi mostrado na telinha. No entanto, a decisão do ator de se preparar psicologicamente até atingir um frenesi antes de cada grito de "Ação!" ajudou, sim, a passar a imagem de um Ford com um entusiasmo ilimitado (geralmente por estar em outro lugar).

O programa-piloto não teve um elenco rico, mas Bill Wallis foi substituído para o papel de Prosser por Joe Melia, seu antigo colega do Footlights. Perdendo a ligação importante entre Prosser e Jeltz, Stratford Johns e Frank Middlemass foram contatados para vestirem a capa do capitão Vogon, mas, no final, o veterano sexagenário Martin Benson foi escolhido para aturar a fantasia e a maquiagem horrorosas do personagem – elaboradas por Dee Robson e Joan Stribling, respectivamente, e baseadas na instrução que Adams deu de que a raça deveria se assemelhar a "uma ilustração de Orson Welles feita por Gerald Scarfe". Bell havia até levado sir John Gielgud para almoçar, e o idoso ator ficou reclamando que ninguém nunca lhe oferecia papéis em sitcoms, mas o agente do grande homem decidiu que o papel não estava à sua altura.

Mike Oldfield havia expressado interesse em fornecer uma nova música-tema para o programa, para felicidade de Douglas, mas os créditos – que mostravam um astronauta perdido flutuando pelo espaço – já haviam sido sincronizados com a nova gravação de Souster. Bell também manteve Paddy Kingsland para as tarefas de efeitos sonoros e radiofônicos, dizendo-lhe reconhecer que o programa era "uma produção sonora com imagens". Ele também se organizou para fazer tudo o que estava em seu poder, a fim de proporcionar imagens extraordinárias, utilizando a melhor tecnologia no intuito de atingir seu objetivo de "mostrar o infinito". A criação de cenas de montagem foi um exemplo ideal disso, mas, além de efeitos digitais inovadores da Quantel, o programa-piloto também introduziu um método baseado em projeções para colocar um *Guia* animado na mão de Arthur, sem as restrições da composição em tela azul, o que causou consternação entre muitos especialistas técnicos, que ficaram quase convencidos de que algum tipo de computador de trabalho portátil havia sido desenvolvido para o seriado. A visão de Bell, incentivada por uma equipe técnica de ponta, acumulou uma quantidade de inovações impressionantes em termos de efeitos visuais, à medida que se empenhava para fazer as sugestões imaginativas do rádio parecerem convincentes.

O *Mochileiro* na TV também deu a largada para uma nova era da computação gráfica, mas, é claro, embora Adams tenha inicialmente refletido que "O que você pode fazer com diagramas de computador e computação gráfica é imensamente empolgante", nenhum computador de verdade foi utilizado. É fácil esquecermos o quanto o conceito ainda estava em estado embrionário em 1980, até vermos os truques gráficos em baixíssima resolução e avançados para a época em um programa como *Three of a Kind* e percebermos que a coisa teria rapidamente transformado o seriado audiovisual do *Mochileiro* em uma monstruosidade. Naqueles tempos pioneiros, em que os lares possuíam videocassete, Adams tinha certeza de que queria criar uma meia hora densa e de qualidade superior na televisão, com mais piadas do que qualquer um pudesse sacar em uma sessão: "Eu gosto da ideia de um programa em que, quando você chega ao final, tem a impressão de não ter entendido tudo. Há tantos programas que duram meia hora, e, no final deles, você só avançou mais meia hora na sua vida sem ter acrescentado nada a ela. Quando você não entende tudo, é muito mais estimulante". No entanto, seu roteiro apenas fornecia as linhas gerais de como isso funcionaria:

> A CENA É SUBSTITUÍDA POR UMA TELA DE COMPUTADOR COM PALAVRAS PISCANDO NELA TODA.
> COEFICIENTE DE SUSPEITA DA VERDADE: ZERO.
> FORMAS DE VIDA DESCENDENTES DE PRIMATAS: TAXA DE CREDULIDADE: NOVE.
> BETELGEUSE (pronúncia: Bee-tle-jooce) SISTEMA ESTELAR XY 8s. Z gama. Formas de vida baseadas em carbono.

ENTÃO VEMOS UMA COMPUTAÇÃO GRÁFICA DE FORD PREFECT A PARTIR DE VÁRIOS ÂNGULOS COM LEITURAS BIOLÓGICAS ADULTERADAS.

O crédito pela realização das ambições gráficas de Adams, propiciando o sucesso crítico mais duradouro do projeto, pertence ao talentoso grupo do Pearce Studios, liderado pelo animador (ou "grafimador") sul-africano Rod Lord – e, por extensão, por seu assistente adolescente em 1980, Kevin Davies, que se tornaria um dos fãs mais invejados do *Mochileiro*, pois ele desempenhou uma função criativa em vários momentos e em diversos meios ao longo da história da obra. Bell estava editando uma sequência que cobria a visita de uma criança cheia de esperanças ao *set* de filmagem de *O Império contra-ataca* para o programa de família *Jim'll Fix It* [*Jim conserta*] (que mais tarde perderia o brilho), quando o bipe de R2-D2 atiçou a curiosidade de Davies, o novo assistente do Pearce Studios, que dividia aparelhos de edição com a BBC. Sendo presenteado com um exemplo perfeito do público-alvo de seu novo programa, Alan logo se informou sobre os sentimentos do jovem Kevin a respeito da adaptação da comédia radiofônica consagrada para a TV, e o empolgado rapaz não perdeu tempo algum, colocando o diretor em contato com seu chefe, Rod. Uma vez que Bell viu o resultado da filmagem-teste da sequência do peixe-babel – na qual se dava vida ao *Guia* apresentando um pseudoneon em contraluz que se tornaria sinônimo do *Mochileiro*, com cada letra da narração de Peter Jones sendo minuciosamente revelada uma por uma, em sincronização com os efeitos sonoros de Kingsland, que emitiam bipes apropriados para dar uma ilusão perfeita de como poderia ser a computação gráfica em um canto mais sofisticado da galáxia (ou na Terra, poucos anos mais tarde) –, o diretor e produtor sabia que um dos elementos mais complicados da adaptação estava em boas mãos.

Adams logo concordou com isso, na primeira de suas visitas ocasionais aos estúdios de Lord, onde ele alegremente distribuía ideias sobre as informações que apareciam toda semana, incluindo, é claro, mais piadas internas, tais como chamar o editor do *Guia* de "Web Nixo", em homenagem ao homem que o levou para a Pan Books (embora a maneira como o editor é descrito seja uma homenagem duvidosa: "um alienígena gordo, meio com cara de safado, uma barba estranha e viseira... tira horários de almoço patrocinados por caridade. Está devendo várias caridades"). Ele também aprovou detalhes que você não podia piscar se não quisesse perder e que estavam perfeitamente de acordo com o estilo. Esses detalhes, acrescentados pelos dedicados animadores, incluíam o fato desagradável de que os Vogons se acasalavam continuamente durante três meses a cada cinquenta anos e as entradas da infame prostituta galáctica Eccentrica Gallumbit, que anunciava suas zonas erógenas de 3 quilômetros, garantindo aos clientes que ela aceitava o cartão de crédito Altairian Express e podia ser acessada pelo 69-000 (cada zero representava um de seus três seios). "Essas sequências gráficas são digressões, realmente", disse ele. "Elas são comentários sobre o enredo ou, mais frequentemente, sobre algo que não está no enredo, mas que está lá no intuito de distrair a sua atenção do que está acontecendo no enredo, se ele estiver ficando chato naquele momento."

O programa-piloto terminado casava um conjunto completo de sequências do *Guia* feitas pelo Pearce Studios com as cenas gravadas em Sussex e no BBC TV Centre em junho, utilizando *sets* de filmagem de corredores reciclados de *Alien*. Assim como em *Doctor Who*, corredores curtos seriam reciclados, distorcidos para obter novos ângulos e reutilizados inúmeras vezes para dar a ilusão de que não eram apenas poucos metros de paletes pintados. O *set* final da *CdO*, branco e brilhante, faria bom uso de um palco giratório do programa de perguntas e respostas *Blankety Blank*. O jovem Davies também foi empregado em detalhes pequenos, mas cruciais, tais como afixar o letreiro recortado de "Não entre em pânico" no Guia propriamente dito – do jeito que Lord havia projetado, o logotipo ajudaria a distinguir a frase de sua familiaridade televisiva, pois ela era o bordão do cabo Jones em *Dad's Army* [*Exército do papai*].

Embora eles tenham ultrapassado o orçamento em exorbitantes 30 mil libras, a amostra provocou ondas de aprovação fascinada por toda a BBC LE após Bell tê-la colocado nos trinques, fazendo com que a encomenda de um seriado completo virasse uma mera formalidade. No entanto, mais um obstáculo viria pela frente. A empresa sentia que era necessário acrescentar uma trilha de risadas para que o seriado desse certo na telinha – e, é claro, tendo em vista que risadas inseridas eram um fenômeno quase inteiramente imaginário na TV britânica, isso significava mostrar o primeiro episódio ao vivo para um público de aficionados por ficção científica. No dia 5 de julho, o National Film Theatre estava lotado de fãs ansiosos para finalmente conseguir ver Arthur e Ford em 2D espetacular. Foram distribuídos guias vogon ilustrados com instruções para utilizar o equipamento de áudio mono fornecido, que também foram demonstradas por Peter Jones em um curta-metragem feito especialmente para a ocasião, realizado rapidamente no centro de meteorologia da BBC, incluindo apenas a aparência visual de Jones nos padrões do *Mochileiro*. Anunciando que havia sido "escolhido entre as muitas centenas de atores que estavam desempregados e disponíveis" para demonstrar como a trilha sonora do programa havia sido tratada pelo novo modulador de peixe-babel da BBC e "cuidadosamente embaralhada, intensificada, corrigida transversalmente, dolby-ada, embaralhada, desembaralhada, embaralhada de novo e experimentada em uma torrada grandona" antes de chegar aos fones de ouvido, o velho dignitário ranzinza era instigado pelo prestativo Kevin enquanto explicava a ferramenta, lia algumas cartas convenientemente negativas enviadas por ouvintes ao *Radio Times*, fazia propaganda do disco e do livro sutilmente, resmungava por ter sido confundido com o pai de Simon Jones e pela indignidade de ter de dividir um camarim com o homem do tempo e se vingava apontando que Adams havia passado tanto tempo viajando pelo país para autografar livros que um exemplar não autografado estava valendo mais do que um autografado. Ondas de gargalhadas se seguiram, naturalmente, mas, no final, Douglas venceu em sua insistência de que uma trilha de risadas arruinaria o programa. Não haveria sessões de gravação de plateia nos cinco episódios restantes, que foram agendados para começar a ser filmados em setembro, após um verão de sorte e azar para a marca do *Mochileiro*.

SENHORAS E SENHORES, DISASTER AREA...

A adaptação do Theatr Clwyd havia sido calorosamente acolhida pelos fãs do *Mochileiro* país afora, mas, quando eles receberam a proposta de um espacinho no teatro Old Vic, a companhia foi batida dramaticamente. No começo dos anos 1980, ao contrário do que ele achava sensato, Ken Campbell havia sido convencido a tentar superar seu sucesso no ICA, buscando agradar os fãs desapontados que haviam perdido sua produção de proporções íntimas, convertendo o *Mochileiro* em um gigantesco evento extravagante e cheio de lasers, no célebre reduto do rock, o Rainbow Theatre, no Finsbury Park. A parte externa do teatro foi transformada em um porto espacial, e os clientes se deparavam com painéis computadorizados no vestíbulo, onde, mais uma vez, eles podiam comprar Dinamites Pangalácticas e hambúrgueres junto a lanterninhas vestidas de alienígena. O orçamento de 300 mil libras propiciou um palco rotatório inovador, efeitos de terremoto, lasers de cortesia da empresa californiana que ficava atrás do London Planetarium e até o rei do rock progressivo, Rick Wakeman, mergulhando a partir do teto, inexplicavelmente fantasiado de Mekon e tocando teclado dentro de um disco voador. Toda a publicidade prévia deixou claro que aquele seria o evento de ficção científica da década, o novo *Rocky Horror*. Com um elenco de vinte atores e uma banda de rock de cinco músicos, essa era a etapa suprema depois do espetáculo íntimo no ICA, um enorme empreendimento… mas Campbell teimou em ser apenas um diretor contratado dessa vez – uma decisão atipicamente sagaz vinda de um dos maiores audaciosos do teatro.

Graças ao ambiente de música ao vivo, muitos confundiram a produção com um musical, o que foi uma das muitas influências diretas de Douglas que não lhe permitiriam alegar sua dissociação da produção. Ao necessitar de uma nova invenção para substituir os Haggunenons de Lloyd, Adams havia introduzido a banda de rock mais barulhenta do universo, a Disaster Area, que era uma brincadeira galacticamente exagerada sobre sua própria obsessão com aparelhos de som. A banda e o Prato do Dia (uma vaca de Amiglion Major, fabricada, assim como muita coisa na produção do Rainbow, por Kevin Davies) formavam duas novas sequências, tanto na peça como no segundo livro e, posteriormente, no seriado de TV. O cantor líder da banda, um clone do Elvis obeso que estava morto por razões tributárias, tinha seu infame nome, Hotblack Desiato, inspirado em uma corretora de imóveis de uma Islington ainda próspera. Douglas até inventou algumas letras inabituais para uma canção da banda sobre namorados que se beijam sob uma lua que estava inexplicavelmente explodindo:

> Você sabe que eu te segui eternamente pelas correntes temporais,
> Mulher, visão dos meus sonhos espaciais,
> No campo de força, represas de tempo, nuvens de estrelas, rajadas de luz
> Não puderam me deter, não, não puderam me deter,
> Eu sabia que te encontraria, sabia que estava escrito nas estrelas da noite.
> O tempo está aí agora, chegando muito em breve,
> Agora que estou te abraçando debaixo dessa lua de cor leve,
> Carros potentes, sonhos pavorosos, buracos negros, raios luminosos,
> Esquentando ainda mais! Não! Queimando como metais!
> A lua! Não! A lua! Queimando como metais, explodiu!
> Explodiu…!

Essa forma hiperbólica e teatral de recontar a jornada de Arthur Dent desde a lama de Dorset até a Pré-História começou bem rápido a dar sinais de ser uma viagem cheia de solavancos, com a atitude "vale qualquer coisa" de Campbell representando mal uma produção tão ambiciosa. Kevin, adolescente impressionável, ficou chocado ao perceber que muitas pessoas da equipe estavam fora da realidade por tomarem diversas substâncias o tempo todo. Mas a decisão de Douglas, em uma de suas visitas aos ensaios, de trocar os atores que faziam os papéis de Ford e Arthur (a princípio, David Bett e Kim Durham, respectivamente) menos de uma semana antes da noite de estreia em 16 de julho não foi de grande ajuda, contribuindo para a atmosfera lamentavelmente amadora que o espetáculo acabou tendo. O escritor, em pânico, rodou alvoroçado tentando achar alguém de confiança para auxiliar Campbell e notoriamente ligou para o animado Geoffrey Perkins às 2h, apenas para lhe pedir, sem tato, o telefone de Sue Limb.

Alguns dias frenéticos mais tarde (depois de um truque publicitário constrangedoramente mal interpretado – jogar uma baleia inflável da ponte de Londres, o que só chamou a atenção da polícia metropolitana fluvial, que não ficou nada impressionada), a lamúria tímida que foi o *Mochileiro* no Rainbow começou antes da amolação de punhais dos críticos, pois alguns dos adereços ainda estavam sendo pregados quando as cortinas foram levantadas, e nenhum ensaio técnico do segundo ato havia sido feito. Para piorar as coisas, ao reinserir todas as cenas preferidas dos fãs que haviam sido cortadas na atuação do ICA, além do novo conteúdo, a peça se arrastava para uma conclusão só depois da meia-noite, ao som do baque das cadeiras dos poucos que haviam ficado da plateia original de 2 mil espectadores (em um local com 3 mil assentos) correndo para pegar o último ônibus para casa. Quando os jornais da manhã saíram, Peter Bradshaw, do *Guardian*, veio somente em segundo lugar entre as mais ferrenhas reprovações dos críticos geralmente cáusticos, implodindo toda a sensação do *Mochileiro*: "Eu cheguei animado à peça *O guia do mochileiro das galáxias*, de Douglas Adams, no Rainbow Theatre. Levantei dali três horas depois, exausto e desiludido. Ou o seriado radiofônico original perdeu todo o humor e vitalidade que tenha tido um dia ao ser transformado em um espetáculo gigantesco ou (será que isso é possível?) ele sempre foi um monte de lixo absurdo que por acaso ganhou um séquito crédulo para cultuá-lo... O que aconteceu no palco do Rainbow foi certamente amorfo e quase incompreensível... O que tivemos ali foi um devaneio galáctico". O *Time Out* foi mais severo, a ponto de ser perverso: "A tentativa de Campbell de transformar ficções de rádio em refugiados de pantomima revela, como nunca antes, o fato horrível de que o aplaudido Adams não tem senso de humor de verdade...".

Apesar de toda a sua intenção de ser espetacular, a produção foi, em seu cerne, uma peça relativamente singela, em um local intimidantemente vasto. Encenar ali era, como descreveu Campbell, igual a acender uma vela estrela no Albert Hall. Em poucas semanas, embora a duração da peça tenha sido aperfeiçoada e um número de espectadores respeitável para a maioria dos teatros tenha comprado entradas, esse número diminuiu tanto que o espetáculo foi retirado de cartaz com três semanas de antecedência, e os produtores sumiram, devendo dinheiro. Um dos poucos consolos da produção foi que Alan Bell descobriu uma dupla de atores que acabaria no seriado da TV. David Learner forneceu somente o corpo do androide Marvin à voz insubstituível de Stephen Moore, que havia vetado o desconforto de vestir uma fantasia de lata, enquanto Michael Cule foi rebaixado de capitão Vogon a guarda. O outro único nome notável do elenco foi Roger Blake, futuro membro do *Spitting Image,* que representou o livro como uma espécie de pregador da era espacial, ligando os capítulos a partir de um módulo de computador arcaico, enquanto garotas alienígenas exóticas o rodeavam.

Esse foi o primeiro verdadeiro fiasco público do *Mochileiro*, e outro passo em falso dado naquele mesmo mês, embora menor, também não ajudaria muito. O sucesso do primeiro disco levou a Original Records a assinar com Adams, Perkins e sua equipe para dar sequência à história, continuando na mesma linha do segundo romance, ainda inacabado, e incluindo o novo conteúdo do Rainbow. *O Restaurante no Fim do Universo* seria a última vez que o elenco do rádio (com exceção de Sheridan, novamente ausente) se reuniria em torno de um microfone em 25 anos. Embora o enredo tenha dado aos fãs um registro permanente do que aconteceu em seguida com Arthur e cia., quando o disco chegou às lojas em novembro daquele ano, mesmo dando uma prévia do conteúdo que só estrearia na TV dentro de meses, Douglas e Geoffrey ficaram consternados quando as gravações brutas foram prensadas em vinil sem a importantíssima edição final. Isso fez o resultado finalizado ficar, de certa forma, flácido: "Eu e Geoffrey ficamos aborrecidos com isso. Fizemos uma fita bruta, mas ela era longa demais e um pouco confusa, e decidimos deixá-la de lado por alguns dias e voltar para editá-la de cabeça fresca. Nesse meio-tempo, sem o nosso conhecimento, a gravadora havia pegado e publicado a fita bruta. É por isso que aquele disco é: A) longo demais em ambos os lados e B) cheio de blá-blá-blá". Acompanhado de um lançamento *single* da adaptação do tema musical feita por Souster e, apesar de outra jogada publicitária desastrosa envolvendo patos vivos que ficaram presos em uma vitrine de uma loja (destinados a remeter à obscura capa do LP, que ilustrava o companheiro de banho do capitão da *Arca B*), o segundo LP igualou as vendas do primeiro. Isso não teria sido algo tão ruim se a situação financeira da Original Records (agravada pelas vendas modestas do disco dos HeeBeeGeeBees e por outra superestimação dramática da demanda, que relegou muitas cópias aos cestos de promoções nos anos seguintes) não tivesse impedido o lançamento de produzir os generosos *royalties* que muitos profissionais da equipe deveriam receber, de acordo com o contrato que haviam assinado.

Por causa de todos esses buracos na estrada da fama, o fã-clube do *Mochileiro* estava apenas esquentando os motores no verão de 1980. Durante três dias no final de setembro, a primeiríssima convenção dedicada à obra, "Hitchercon 1", foi organizada em Glasgow com a participação de algumas centenas de fãs, que berraram de alegria à primeira vista do programa-piloto de TV concluído, e o entusiasmo deles não foi afetado pela exibição de uma gravação da produção do Rainbow. Adams não somente compareceu, mas também se viu julgando uma competição de poesia vogon e um baile de máscaras de alto estilo – para essa ocasião, ele havia até passado o final de semana anterior em uma convenção de *Star Wars*, em Leeds, só para sentir o espírito da coisa. O nível de devoção que sua criação continuava inspirando deve ter sido um reconforto após um período frustrante, e ele até teve a intenção de recorrer ao seu jovem séquito entusiasta no programa de TV, recomendando em seu roteiro que os fãs deveriam ser consultados para sugerir modelos de espaçonaves que seriam usadas na sequência do estacionamento do Milliways. Ainda houve a glória de inspirar o nome de uma nova banda de pop-funk, a Level 42, que lançou seu disco de estreia em 1981.

No entanto, como M. J. Simpson observou sagazmente, a definição dada a Glasgow em *The Meaning of Liff*, livro de 1983, era "o sentimento de tristeza infinita engendrada ao andar por um lugar cheio de pessoas felizes e quinze anos mais novas do que você". Houve um tempo em que Douglas poderia ter sido visto lado a lado com a confraria de aficionados por ficção científica, mas agora ele era "um peixe fora d'água" ali e estava começando a sentir uma pontinha de medo de ficar sobrecarregado com a responsabilidade de manter "seu povo" feliz. Ele havia dado sinal verde para um fã-clube (finalmente) oficial, o ZZ9 Plural Z Alfa, cujo primeiro boletim trimestral, *Praticamente inofensivo*, foi logo publicado. O fato de ele ainda existir mais de três décadas depois diz tudo sobre a devoção duradoura do fã-clube recém-formado em 1981, que continuaria a celebrar a galáxia do *Mochileiro* ano após ano, por meio de reuniões "informais" e regulares, agarrando ursinhos de pelúcia beebles de duas cabeças e três braços – e, é claro, a indispensável toalha. Em um piscar de olhos, o mundo dos fãs de ficção científica em geral, em constante metamorfose, fusão e fissão, inseriu o universo do *Mochileiro* em sua estranha fermentação, e fãs do planeta inteiro passaram até a escrever suas próprias aventuras de Zaphod Beeblebrox e sua tripulação, em publicações de fanfic como a australiana *Pangalia*. Douglas achou bastante difícil guiar seus mochileiros quando possuía o controle total sozinho: agora que as bárbaras desventuras deles pareciam estar espalhando-se como um vírus, estava na hora de mostrar a eles quem mandava.

O BARULHO DE VENTO

Embora Bell estivesse dando duro ao longo do verão preparando os cinco episódios restantes do programa de TV, Adams estava atolado demais com coisas para fazer no meio dessas outras mutações do *Mochileiro* para ser um verdadeiro incômodo em sua equipe – o que não era nada mal, levando em consideração que duas de suas notórias sugestões foram que os ratos deveriam ser representados por atores de terno e que Marvin podia ser um homem vestindo um colã coberto com tinta *spray* dourada. Para desgosto de Jim Francis, não importava quantos designs eram mostrados a Douglas em quase todos os âmbitos, ele rejeitava tudo, sem nenhuma ideia clara de qual era o problema. Quando se tratou do robô, cuja criação seguiu à risca a descrição de Marvin no romance, tudo o que ele conseguiu dizer foi: "Não é assim que eu o imagino", sem dar nenhuma pista de como ele deveria ser. O "robô de brinquedo" finalmente elaborado por Howe-Davies nunca foi do gosto de Adams, mas rapidamente encontrou um lugar no coração dos fãs. Apesar dessas preocupações, foi o livro *O Restaurante no Fim do Universo* que se impôs como prioridade ao criador no transcorrer do mês de agosto. Em meio à bagunça das divergentes encarnações do *Mochileiro*, que faziam Douglas se agitar e se voltar para todas as direções, a luta de trás para frente para entregar seu segundo romance a tempo não havia sido facilitada à medida que o prazo da Pan invadia rudemente a consciência do autor.

Douglas Adams é certamente um dos epigramatistas mais frequentemente citados do século 20. No topo da lista de suas frases mais citadas, sempre vem à tona a famosa: "Adoro prazos. Adoro o barulho de vento que eles fazem quando os dias vão passando". Porém, a verdadeira gênese de sua reputação de escritor garantido a provocar ataques de nervos nos editores foi a correria para fazer com que *O Restaurante no Fim do Universo* ficasse pronto para a gráfica no outono de 1980. "Eu tive de adiar e adiar e obtive prorrogação após prorrogação", admitiu ele, até que finalmente Sonny Mehta, diretor editorial da Pan, entrou em contato com ele e implorou: "Nós lhe demos todas essas prorrogações e precisamos ter o manuscrito em mãos: com ou sem morte súbita, precisamos recebê-lo dentro de quatro semanas. Agora, até onde você chegou no livro?". Já sabemos que a afirmação do escritor – "Eu não queria dizer a ele que eu não tinha começado; isso parecia injusto com o coração do pobre sujeito" – foi um exagero, mas ainda assim era evidente que a miscelânea de fragmentos que ele de fato possuía necessitaria de um esforço titânico se quisesse ficar pronta para publicação. Por sorte, Jacqui Graham estava metida ali no meio e bem posicionada para encontrar uma solução: ela alugou uma casa durante um mês e impôs uma existência "completamente monástica" ao namorado, até o manuscrito estar satisfatório. "Foi extraordinário", recordou ele. "Uma daquelas horas em que você realmente enlouquece... Eu me lembro de um momento em que pensei: 'Eu vou conseguir! Vou realmente terminar a tempo!'. O álbum do Paul Simon tinha acabado de sair, *One-Trick Pony*, e era o único álbum que eu tinha. Eu o escutava no meu *walkman* todo segundo em que eu não estava realmente sentado diante da máquina de escrever – ele contribuiu para o estado de insanidade e hipnotismo que me permitiu escrever um livro naquele período." Coincidentemente, o título do álbum de Simon era a única coisa de que Adams procurava evitar ser etiquetado[*] e que, no final, ele temeria ainda mais em relação ao *Mochileiro*. "Às vezes, eu dou uma olhada e penso: 'Isso pode continuar para sempre – vai ser o máximo!'", admitiu ele, sabendo que seria fácil, por um lado, vender as aventuras de Arthur Dent pelo preço que valiam, mas ele teve de acrescentar: "E aí eu ficava empacado logo na frase seguinte."

Outra mania estabelecida pela primeira vez com a conclusão de *O Restaurante no Fim do Universo* foi o desgosto perfeccionista do autor por seu trabalho mais recente, em meio às lembranças da dor que o processo de escrevê-lo lhe causou, ignorando qualquer avaliação do produto final. Como ele disse sobre o livro: "Eu estava muito insatisfeito com ele e tive de escrevê-lo sob muita pressão. Aí, quando o livro ficou pronto, eu realmente só queria distância dele. As pessoas

---

[*] *"One-Trick Pony"* significa, literalmente, "pônei de um só truque". A expressão é utilizada para descrever animais (ou pessoas) sem versatilidade. [N. de T.]

me escreviam e diziam: 'É muito melhor do que o último...'. Absurdo! Mas, quando eu voltei para lê-lo de novo depois de um certo tempo, na verdade eu gostei muito mais do que quando eu o havia escrito e pensei: 'Bom, acho que dá para o gasto'". Incansavelmente autocrítico, ele repetia: "Ninguém poderia dizer nada ruim sobre os meus textos que eu já não tivesse pensado dez vezes pior. Eu sou profissional nesse trabalho e não quero que massageiem meu ego". Com o tempo, seu segundo livro se tornaria a parte do *Mochileiro* que, com a maior relutância, ele admitiu preferir. Todavia, com o prazo quase expirando e sabendo que o seriado da TV cobriria exatamente o mesmo arco narrativo, deixando Arthur e Ford admirando sem esperança a beleza imaculada da Terra, ele certamente enxergou o *Mochileiro* como uma história quase encerrada, declarando, com uma aspiração familiar: "É o último de todos, eu espero... Quero experimentar outra área agora, como atuação dramática".

Se Adams tinha a esperança de que sua ambição perene fosse realizada pelo seriado da TV, além do nudismo público exigido dele em uma fria praia da Cornualha em outubro, ele deve ter ficado decepcionado. Ele havia sido figurante na sequência do Red Lion, foi reconhecido pelos fãs várias vezes nas sequências animadas e teve grande prazer em ler todas as falas em *off* a serem feitas por David Tate e outros, acionando as luzes que piscavam no computador da *CdO*, o qual cuspia fita telegráfica e inicialmente estava destinado a se assemelhar a uma velha *jukebox*. Porém, sua maior participação, por assim dizer, só se deu porque o ator contratado para "dar uma de Stonehouse" (referindo-se ao político do Partido Trabalhista inglês que havia forjado a própria morte, deixando uma pilha de roupas em uma praia de Miami em 1974) teve de abandonar o trabalho.

Apesar de pretenderem declaradamente não depender, assim como o *Doctor Who*, de pedreiras para servirem como planetas alienígenas, as esperanças prematuras de visitar a Islândia ou o Marrocos para gravar as sequências magratheanas não deram em nada, e a primeira filmagem pós-piloto, poucos dias antes do nudismo de Adams, acabou sendo realizada em uma mina de argila a alguns quilômetros de distância da praia supracitada. O primeiro dia de Learner na pele de Marvin ajudou agradavelmente sua caracterização, pois a fantasia de robô, que limitava seus movimentos, deixou-o encalhado no horrível terreno argiloso com apenas um guarda-chuva, enquanto o resto do elenco e da equipe fugia da chuva torrencial.

Por acaso, uma tarefa útil que Douglas efetuou no *set* de filmagem ao ar livre foi decorar um muro com diferentes repetições do número 42, pois Kevin Davies, pau para toda obra e fornecedor de arte habitual, que ilustrava pessoalmente o frontispício do roteiro de cada semana com piadas internas e retratos do elenco, estava ocupado com outra coisa. O grafite do Mingo era parte de uma breve introdução ao quinto episódio, que analisava um culto religioso alienígena que retornaria muitos anos depois para desempenhar um papel mais central na odisseia de Dent. Porém, aqui eles eram somente uma piada passageira sobre a lamentável criação do universo:

NARRADOR Muitas raças acreditam que ele tenha sido criado por alguma espécie de deus, embora os Jatravartids, habitantes de Viltvodle VI...

AGORA CORTAMOS PARA UMA SEQUÊNCIA ASSOCIADA A ISSO, COM DESENHOS E PINTURAS DE CAVERNA. A CÂMERA VAI PASSANDO POR ELES ENQUANTO O TEXTO É ILUSTRADO PELOS DESENHOS.
LEGENDA: "PINTURAS DE CAVERNA DESCOBERTAS NA REGIÃO DE TRAVAR, EM VILTVODLE VI."
AS PINTURAS PARECEM AS MAIS AUTÊNTICAS POSSÍVEIS E SÃO FEITAS NO ESTILO DOS ANTIGOS DESENHOS DE CAVERNAS ENCONTRADOS NA TERRA: RAZOAVELMENTE DETALHADOS E COMPLEXOS, MAS MUITO PRIMITIVOS, SEM NENHUM SENSO DE PERSPECTIVA. RESPINGADOS EM VOLTA DOS DESENHOS ESTÃO HIEROGLIFOS DE TODOS OS TIPOS E INCOMPREENSÍVEIS (PARA NÓS), QUE, ASSIM PODEMOS PRESUMIR, CONTAM A HISTÓRIA DA CRIAÇÃO NA ANTIGA LÍNGUA JATRAVARTID.

NARRADOR ... acreditem firmemente que o universo inteiro, na verdade, escorreu do nariz de um ser chamado Grande Resfriado Verde. A teoria do Grande Resfriado Verde, no entanto, não foi amplamente aceita fora de Viltvodle VI, e assim, um dia...

AGORA CORTA PARA UMA SÉRIE DE DESENHOS EM UMA PAREDE DE CONCRETO DESCOLORIDA E MANCHADA. OS DESENHOS FORAM FEITOS A CARVÃO PRETO E DE FORMA GROSSEIRA.

LEGENDA: "DESENHOS ENCONTRADOS EM UM ABRIGO ATÔMICO DE FUGA EM JIKTHROOM BETA."
A PRIMEIRA IMAGEM É UMA REPRESENTAÇÃO GROSSEIRA DO PENSADOR PROFUNDO TAL COMO NÓS JÁ O VIMOS.

NARRADOR ... uma raça de seres pandimensionais hiperinteligentes construiu certa vez um supercomputador gigantesco chamado Pensador Profundo para calcular de uma vez por todas a Resposta à Questão Fundamental da vida, do universo e tudo mais. Por 7 milhões e meio de anos, Pensador Profundo computou e calculou, e por fim anunciou que a resposta de fato era 42.

A CÂMERA RECUA PARA REVELAR QUE O RESTO DA PAREDE DE CONCRETO ESTÁ COBERTO COM O NÚMERO 42 ESCRITO E REESCRITO MUITAS VEZES COM DIFERENTES LETRAS DE MÃO E DIFERENTES NOTAÇÕES. POR EXEMPLO: QUARENTA-E-DOIS; 42; 101010 (QUE É 42 EM NOTAÇÃO BINÁRIA) = 1120 (QUE É 42 NA BASE TRÊS). A APARÊNCIA DELES É COMO SE TIVESSEM SIDO FEITOS DESESPERADA E OBSESSIVAMENTE.

Douglas estava presente principalmente para supervisionar a maneira como Bell estava tratando seu bebê durante as filmagens ao ar livre, que continuaram naquele outono. Como seu saldo bancário lhe permitiu dar asas às suas tendências *gourmets*, ele mantinha o guia anuário de restaurantes *The Good Food Guide* por perto e pagava generosamente para os atores refeições sublimes nos restaurantes cinco estrelas mais próximos dos *sets* de filmagem externa. Porém, o figurante recém-endinheirado não podia deixar de estar ciente de uma ironia: seu papel de maior destaque na telinha era a ilustração do monólogo do *Guia* sobre a incapacidade de o dinheiro fazer felizes as formas de vida baseadas em carbono, monólogo esse que havia sido escrito quando sua ideia de "boa comida" era chá e torrada. Assim como seu pai, Adams sempre teve em suas entranhas um gosto pelo luxo, mas, ao mesmo tempo, ele sabia que sua fortuna crescente o estava mudando, em um sentido que fazia sua adesão ao conceito de mochileiro viajando de graça ser menos palatável: "Não posso fingir ser a pessoa que eu era há dez anos e, se eu fosse, seria desonesto. Em dado momento, eu me lembro de ter pensado: 'Meu Deus, eu adoraria viajar de mochilão de novo!'. Mas todo o sentido de viajar de mochilão é que você o faz porque é o único método que está à sua disposição. Se você sair de casa e ficar plantado na beira da estrada e pensar: 'Vou viajar de mochilão para Istambul', sabendo perfeitamente que pode simplesmente estender um pedaço de plástico e comprar uma passagem de primeira classe para Istambul, não será a mesma experiência. Se tentar fazer isso, você será um impostor".

A escalação do elenco para o resto do seriado da TV foi baseada em um compromisso semelhante ao que havia sido feito no programa-piloto. Moore e Tate dublaram mais uma vez Marvin e Eddie, Valentine Dyall voltou como Pensador Profundo, e Richard Vernon vestiu a barba e a túnica de Slartibartfast, mas, fora isso, os papéis foram, no geral, novamente escalados por Bell. Trillian foi um papel particularmente difícil de atribuir, mas, após um processo exaustivo, Sandra Dickinson, apesar de ser loura e americana, em vez de morena e inglesa, foi a única atriz que realmente parecia sacar o humor do *Mochileiro* — tanto que, embora ela pudesse facilmente ter atuado como se fosse inglesa, Adams ficou tão aliviado de achar uma atriz engraçada que ele lhe disse abertamente para trabalhar com seu sotaque americano. Por pura coincidência, Dickinson tinha várias referências em ficção científica, tendo aparecido em *The Tomorrow People* e também sendo casada com Peter Davison, que era o novo Doutor e havia sido escolhido por Bell para fazer o papel de Arthur (alguns anos depois, eles conceberiam a atriz Georgia Moffett, "a filha do Doutor", que se casaria com o Décimo Doutor, David Tennant, em 2011). Apesar de ter de se preparar para o maior papel de ficção científica no Reino Unido, Davison era tão fã do *Mochileiro* que fez campanha para fazer qualquer papel que pudesse obter – finalmente se tornando irreconhecível por baixo da maquiagem do Prato do Dia e adotando um sotaque do oeste da Inglaterra, inspirado no guarda-costas de Hotblack Desiato, Dave Prowse, o Darth Vader original, com quem ele dividiu o impressionante *set* do Milliways.

No entanto, ninguém mais do que Mark Wing-Davey foi considerado para fazer Zaphod. Ele havia sido sondado e animado para o programa-piloto em uma aproximação de sua aparência final na telinha muito antes de o seriado completo ser encomendado, de tão ambicioso que era o plano de transpor a piada sem propósito sobre seu braço adicional e sua generosidade craniana do rádio para a televisão. Adams estipulou sobre as cabeças em um rascunho precoce do roteiro: "Obviamente, uma delas será falsa, a menos que possamos encontrar um ator disposto a passar por uma cirurgia muito exótica. A cabeça real e a falsa devem parecer, tanto quanto possível, absolutamente idênticas: qualquer falha no realismo da cabeça falsa deve ser igualada com maquiagem na cabeça real". Mike Kelt foi o especialista em efeitos visuais selecionado para dar vida à cabeça mais relaxada de Zaphod. Como ele mais tarde forneceu feitiçaria visual para filmes como *Prometheus* e *Os miseráveis*, esse apêndice precoce da era espacial pode não ser seu cartão de visitas preferido, mas ele é, por acaso, uma das coisas que vêm primeiro à cabeça de quase todo o mundo quando se fala do *Mochileiro* da TV, com uma espécie de gargalhada afetuosamente condescendente. O mecanismo era tão inovador na época que Kelt até apareceu em *Tomorrow's World*, programa de demonstração de ciência da BBC, para exibi-lo, mas, mesmo com a maior boa vontade da galáxia, o caríssimo efeito nunca caiu bem na telinha. Não é de se espantar que a geringonça, complementada com uma incômoda carapaça no tórax, tenha virado a nêmese de Wing-Davey — não satisfeita em se balançar por aí não parecendo convincente, geralmente enguiçando até parar e impondo um desafio físico adicional, o fato notório foi que a cabeça custou consideravelmente mais do que o próprio ator: 3 mil libras. A participação de Kelt na realização de Beeblebrox para a TV foi particularmente íntima: ele também providenciou o terceiro braço do presidente quando necessário, através da sofisticada técnica de ficar em pé por trás de Wing-Davey e colocar seu próprio braço na manga extra do paletó dele. Quando os tripulantes da *CdO* foram jogados no chão uns sobre os outros, nem tentaram esconder Kelt, resultando em três atores de bruços com quatro pares de pernas bem à vista.

A segunda cabeça de Zaphod foi apenas a despesa mais proeminente em uma longa lista de itens que fez o *Mochileiro* se tornar a comédia mais ambiciosa, financeiramente falando, que a BBC havia realizado — para tristeza dos antepassados de Adams no Footlights, Graeme Garden, Tim Brooke-Taylor e Bill Oddie, cujas frenéticas aventuras em *The Goodies* haviam propiciado à BBC2 dez anos de comédia satírica visualmente criativa, incluindo o design de produção de Andrew Howe-Davies. Porém, quando os comediantes apareceram no TV Centre para garantir ao departamento de comédia que a nona temporada deles seria a melhor de todas, eles ficaram chocados ao descobrirem que, como o *Mochileiro* havia torrado tanto dinheiro da verba disponível, eles simplesmente teriam de esperar a hora certa para voltar. Não dispostos a ficar em segundo lugar com relação à criação de Adams, o trio pegou sua bicicleta coletiva e partiram para a LWT, rival comercial da BBC, onde realizou seu último projeto antes da debandada. Os escritores Garden e Oddie até experimentaram fazer sua própria série cômica de ficção científica para o canal, *Astronauts*, que estreou vários meses depois do *Mochileiro*. Porém, apesar de terem durado duas temporadas, as aventuras de um trio de exploradores espaciais que viviam de picuinha logo foi relegado ao setor de comédias esquecidas junto a *Come Back Mrs. Noah*, enquanto o programa de TV de Adams não passava batido.

MEU UNIVERSO SÃO MEUS OLHOS E MEUS OUVIDOS. QUALQUER COISA FORA DISSO É BOATO.

Quando o seriado da TV estreou na BBC2 na segunda-feira do dia 5 de janeiro de 1981, o episódio final ainda estava sendo ensaiado no destacamento da BBC de North Acton (conhecido como "The Hilton") para gravação em estúdio no dia seguinte. Foram pouco menos de dois meses de gravações em estúdio, iniciadas em novembro, logo após o término das filmagens ao ar livre – que incluíram o gelado Peak District, para que Douglas finalmente realizasse seu enredo da *Arca B* na televisão, e se encerraram literalmente com um estrondo na única filmagem noturna do programa, que mostrava a confrontação com Shooty e Bang-Bang em um campo de golfe em Henley-on-Thames. Houve uma explosão tão forte às 2h que os vizinhos ligaram para a polícia e o *set* de filmagem ficou parcialmente derretido.

Entre inevitáveis ferroadas restritivas do sindicato e a pura ambição do que eles estavam tentando capturar, Alan Bell e sua equipe tiveram de enfrentar uma estrada tão tortuosa para tirar o máximo proveito de seu tempo de estúdio quanto Perkins e cia. haviam enfrentado no rádio. O programa-piloto só havia sido concluído graças à utilização de retalhos de cenas de Dixon e Jones gravadas antes de as luzes se apagarem às 22h. A burocracia foi exasperante principalmente no *set* de filmagem mais grandioso do seriado, o Milliways. O maior *set* de comédia já construído no TV Centre foi povoado com todo extraterrestre notável que havia aparecido nos quatro episódios anteriores e com o que quer que pudesse ser encontrado no departamento de figurino da BBC para criar um público berrante de alienígenas. Ele incluía os fãs entusiastas Kevin Davies e Stuart Murdoch, além de Cleo Rocos, a adolescente glamourosa que começou sua carreira tomando uma Dinamite Pangaláctica no piloto e logo encontrou um lugar ao sol acompanhando o quebrador de fronteiras Kenny Everett, DJ e comediante (e grande fã do *Mochileiro*), em seus programas de comédia da BBC. Bell organizou uma operação audaciosa para dar vida ao restaurante, e a substituição do amável Hudd por Colin Jeavons como mestre de cerimônias em estilo integralmente de cabaré apresentou um limite muito mais perturbador e ameaçador à circunstância, mas o produtor teve sorte de conseguir gravar tudo, levando em consideração o tempo consumido no estúdio instalando um corrimão chinfrim para aplacar a ira dos inspetores de segurança. O efeito global evocava inevitavelmente a sequência da cantina de *Star Wars* (o que era conveniente, pois Darth Vader estava presente em pessoa). Essa foi apenas uma de muitas referências a filmes e outras especificidades de ficção científica, o que contradizia a afirmação de Adams de que ele evitava deformar figuras de linguagem conhecidas instilando comédia – certamente, ele estava feliz de usar os filmes de George Lucas como parte dos roteiros. O infame confronto entre os Vl'hurgs e os G'gugvunts, por exemplo, foi simplificada para a televisão:

> UM VL'HURG E UM G'GUGVUNT SE VIRAM PARA ENCARAREM UM AO OUTRO AGRESSIVAMENTE. O VL'HURG É DO TIPO GUERREIRO ESPACIAL, SOMBRIO, MAU E AMEAÇADOR, QUASE UM DARTH VADER DA VIDA, EU ACHO. O G'GUGVUNT É GORDO E REPTILIANO E TAMBÉM TEM CARA DE SER MUITO MAU...
> **LEGENDA:** "SHORTS DE BATALHA DE ESTILO BESTIAL DA BREN, CORES VIOLENTAS PARA HOMENS VIOLENTOS. SEJA CRUEL COM ELEGÂNCIA. EXCLUSIVOS NA TROPA CHIQUE"...
> "VAPOR DE BATALHA VERDE: DEIXE AQUELES MOMENTOS DUROS MAIS AGRADÁVEIS. EXCLUSIVO DA LUTADORES DA HIGIENE PESSOAL."

A audiência de 3,5 milhões do primeiro episódio faria rolhas de champanhe estourarem hoje em dia, mas, nos parâmetros da TV naquela época, ela era comparável à estreia sussurrada do programa no rádio. E isso, apesar de um *trailer* especialmente gravado por Peter Jones, que observou: "A história completa de *O guia do mochileiro das galáxias* é longa, tortuosa e – para ser sincero – muito obscura. Reunir informações para o livro causou intermináveis problemas, mas, com bastante honestidade, se você for um *bon vivant* normal de quatro cabeças e seis tentáculos, você não vai se interessar, mesmo. Por outro lado, se você for um habitante do pontinho de poeira miserável chamado Terra e por acaso estiver escutando, isso talvez possa preocupá-lo... Agora, se a esta altura você já estiver preocupado, alarmado ou simplesmente aterrorizado até a alma, não entre em pânico. Sente-se, beba duas Dinamites Pangalácticas, e nada, repito, nada será capaz de perturbar a sua calma durante um bom tempo...".

Os críticos, no entanto, logo começaram a apoiar o *Mochileiro* na TV com apreço. Peter Fiddick disse de modo efusivo no *Guardian*: "O que certamente destina a versão televisiva do *Mochileiro* a ser um dos vencedores de prêmios de 1981 e muito provavelmente um clássico da televisão é o ardor com o qual ele foi levado à telinha. Só não sei como eles vão juntar todas as pessoas certas na fila para receber as recompensas...". No final, Rod Lord, Ian Williams, editor de vídeo, e Mike McCarthy, supervisor de som, ganharam BAFTAs. Além disso, eles receberam o prêmio da Royal Television Society na categoria Melhor Programa Original, e a influência da animação na evolução da computação gráfica foi frequentemente louvada. Acima de tudo, porém, o seriado da TV imortalizou a visão que o grande público tem daquilo em que o *Mochileiro* consistia – até hoje, as pessoas, em sua maioria, pensam na cabeça que Kelt fez para Zaphod ou em Jones vestido de roupão toda vez que o *Mochileiro* é mencionado e talvez nem tenham conhecimento de nenhuma versão anterior. É evidente que o rádio pode ter as melhores imagens, mas a população em geral nem vai ficar sabendo delas até que sejam emitidas por uma tela em sua sala de estar. Fiddick estava certo ao dizer que os seis episódios criados em 1980 virariam clássicos da televisão. Assim como os melhores do começo de *Doctor Who*, eles transcendem ou mesmo tiram vantagem da natureza manifestamente obsoleta da tecnologia que os propulsava. Efeitos que hoje seriam feitos trivialmente com computação gráfica provocam uma reação mais humana quando praticamente dá para ouvir as engrenagens rangendo dentro de artefatos genuínos.

Os verdadeiros sentimentos de Douglas Adams daquela época são difíceis de discernir, mas sua descrição do produtor e diretor ("um babaca tapado") e sua insinuação subsequente em uma entrevista australiana ("Estou razoavelmente convencido de que não há ninguém que trabalhe na televisão que não merecesse um bom cascudo") não poderiam ser descritas como corteses. Um fator que o aborrecia era que no rádio a equipe havia se dedicado de corpo e alma ao projeto, mas a TV não funcionava daquele jeito, e todos que estavam envolvidos tinham outras demandas ao mesmo tempo. Estava claro que havia pouco entrosamento entre Alan e Douglas – Bell até deu a Adams datas incorretas para sessões de dublagem, no intuito de minimizar a interferência do escritor –, mas a coisa mais triste em tudo isso é a devoção evidentemente subserviente à visão do autor, que fica clara em toda e cada sequência do seriado da TV, quando se comparam o roteiro que saiu da máquina de escrever de Adams e os episódios acabados. Desde a primeiríssima cena – que recriava a aurora, complementada com a estrela da manhã de Vênus como indicada pelo autor, utilizando somente uma lâmpada e uma maquete de ferrovia – até a imagem final do *Guia* diminuindo de tamanho até sumir no abismo do espaço, Bell, cético em relação à ficção científica, reproduziu todo artifício do livro, com uma espécie de verve frugal, para transpor a imaginação de Adams para a televisão. Apenas as mais ínfimas exceções foram feitas a essa abordagem minuciosa – foram cortadas poucas sequências de menor importância, como as experiências de Zaphod, Ford e Trillian em um planeta gravado em sensorama ou o preâmbulo planejado para o quarto episódio, no qual Arthur devia perder seu roupão, por exemplo.

No entanto, mesmo com todos os envolvidos empolgados para voltar ao batente no final da primavera de 1981 e realizar outra temporada de seis episódios, Perkins sendo chamado para a função de editor de roteiro (que ele considerava como o pior emprego de todos) e a BBC prometendo que o orçamento seria, na verdade, dobrado, Adams se recusou categoricamente a trabalhar com Bell. "Eu não iria começar seriamente a dar seguimento à segunda temporada na TV antes de resolvermos vários aspectos cruciais de como iríamos abordá-la", disse ele. "Eu me senti muito decepcionado pelo fato de que, embora John Lloyd estivesse destinado a ser o produtor, ele rapidamente tenha sido jogado para escanteio, em detrimento do programa. Eu sempre havia deixado claro que queria Geoffrey Perkins, no mínimo como consultor. Nenhuma dessas coisas aconteceu na primeira temporada. Era perfeitamente óbvio para mim e para o elenco que Alan tinha muito pouca simpatia pelo roteiro. Portanto, eu não queria entrar na segunda temporada sem que a situação fosse remediada de alguma forma, e a BBC não estava disposta a fornecer nenhum remédio. Essa era a briga que estava rolando nos bastidores, era por isso que eu não estava produzindo os roteiros. Eu não iria fazer os roteiros antes de ter certeza de que iríamos fazer o seriado."

À medida que o ano transcorria, Adams estava de fato moldando a temporada de continuação, com a esperança de que a BBC acabasse cedendo às suas exigências – houve discussões sobre a necessidade de elaborar fantasias de leopardo para os Haggunenons de Lloyd e de a tripulação da *CdO* visitar um planeta onde a população, os Drubbers, explodia se ficasse feliz demais. Ele definiu toda uma variedade de direções para o programa tomar em seguida, o que simplesmente exemplificava por quanto tempo muitas de suas ideias — tais como monges crédulos, S. T. Coleridge e naves de guerra roubadas para missões — fermentavam dentro daquele cérebro:

> A droga da verdade suprema. Acho que essa ideia será legal se for muito rápida. Inicialmente, era para ser um tema especial, mas acho que vale apenas uns dez minutos.
> Retorno de Slartibartfast. Mas na qualidade de quê?
> Astrologia. Como funciona se você vive viajando o tempo todo? Eles deveriam encontrar um astrólogo que perambula por aí.
> MAIS SOBRE VIAJAR DE MOCHILÃO!
> Coleridge. Aulas de voo. Perucas de floresta.
> Presidente que é pago para assumir a culpa de tudo.
> Homem que existe apenas para desempenhar uma única função específica. Sua função pode ser necessária duas vezes em um só dia e depois não ser mais necessária por 20 dias ou mesmo 20 milhões de anos. Durante esse intervalo, ele fica em um estado de animação suspensa. Deveríamos enxergar um pouco da vida a partir de seu ponto de vista.
> O refúgio submarino. O único sobrevivente da tripulação que pensa que foi encontrado e resgatado, mas na verdade foi apenas encontrado. Estou pensando agora se essa ideia é boa. Acho que eu estava meio bêbado na hora em que escrevi.
> Os monges que acreditarão em tudo durante um dia.
> A nave de guerra da Colônia. Era para ela seguir pela via expressa hiperespacial, mas ela enguiçou e continuou em uma via estelar normal, o que significa que ela chegará ao seu destino em um bilhão de anos, em vez de cinco dias. Eles vêm tentando manter vivos o espírito de batalha e o sentido daquilo pelo que eles estão lutando há incontáveis gerações...
> O homem que está sempre ocupado. Ele saiu para o almoço, ele saiu para a Venezuela. Ele morreu. Quando é que ele volta? Preciso dar uma olhada no registro de reencarnações.
> A aposta. Alguém chega e lhe oferece a oportunidade de estar em outro lugar, mas você tem de aceitar o que vier. Isso poderia ser bastante interessante, visualmente falando, no sentido de que, no meio de uma ação frenética, todo o mundo e tudo ao redor poderia congelar e talvez ficar cinza, e, digamos,

Arthur, que acabou de desejar estar em outro lugar, passeia no meio dessas figuras até encontrar o homem do conselho de remanejamento, que oferece a ele uma nova vida em algum asteroide realmente cavernoso, trabalhando na extração de algo horrível.

Outras questões: eliminar a outra cabeça de Zaphod, desenvolver Trillian

Embora Adams tivesse jurado encerrar os romances após somente duas partes, era relativamente um luxo ter Arthur e Ford no mesmo dilema tanto na prosa como na televisão – apesar de a maneira de tirá-los da Terra pré-histórica ainda ser um problema persistente, que sofreria uma reviravolta bíblica. As duas primeiras figuras a serem vistas na segunda temporada na TV não foram nossos heróis:

Créditos de abertura. O começo da segunda temporada se espelha no começo da primeira. Nascer do sol acima de uma colina. A colina se situa na Terra, mas na Terra pré-histórica. Música dramática.

NARRADOR Razão não obstante, o universo permanece constante. Em milhões de planetas através da galáxia, novos sonhos são sonhados, novas esperanças são esperadas e novos dias continuam a nascer, apesar da terrível taxa de fracasso.

Acorde trágico na música.

NARRADOR Este nascer do sol específico ocorreu mais de 2 milhões de anos atrás em um planetinha azul e verde completamente insignificante que rodeava um sol amarelo esquecido...

GRÁFICO: Planeta: Gal/Seç/ZZ9 Plural Z Alfa.
Sol 3: Terra.

Verbete GMG, Eds. 1-37: Nenhum
Verbete GMG, Eds. 38-43: "Inofensiva"
Verbete GMG, Ed. 44: "Praticamente inofensiva"
Verbete GMG, Ed. 45: Verbete excluído por falta de interesse

Verbete GMG, Ed. 46 e seguintes: Verbete excluído por falta de planeta

NARRADOR ... na região mais brega da Borda Ocidental desta galáxia [A Terra era] um fracasso particularmente notório e causava contínuas brigas e recriminações até o planeta em questão ser demolido para dar lugar a um novo desvio hiperespacial cerca de 2 milhões de anos mais tarde... No entanto, assim como um ou outro acontecimento no universo, isso a) Não era o que parecia, b) Não terminou ali nem de longe, c) Foi alvo de inúmeras tentativas de ver uma forma de sentido racional nisso – mais uma vez, apesar da terrível taxa de fracasso. *O guia do mochileiro das galáxias*, em um suplemento recente, descreve os eventos da seguinte maneira, e o relato carrega consigo a habitual garantia do *Guia* de que todo e qualquer fato nele pode ter sido checado por alguém... Essas, de acordo com alguns relatos, são as duas pessoas responsáveis pelo acontecimento...

A música aumenta de volume dramaticamente, e podemos ver agora as silhuetas de duas figuras contra o disco do sol, em pé no topo da colina. Isso será complicado, eu sei, porque o nascer do sol é, presumidamente, uma cena modelo, mas não estamos aqui para ficar de bobeira, não é? As duas figuras, que são Admão e sua assistente, Evha, estão vestidas de forma bem leve, de acordo com a moda do planeta deles, com muito pouca roupa, a não ser roupões de banho curtos e leves. Admão, em breve veremos, está carregando um estojo de dimensões curiosas... Em torno deles, no flanco da colina, tudo é muito bonito. Há flores, árvores frutíferas, gramados verdejantes. Parece um pouco o Jardim do Éden. A razão pela qual parece um pouco o Jardim do Éden, como acabaremos nos dando conta, é que é o Jardim do Éden. Talvez o foco devesse ser um pouco suavizado. Todo o cenário é tão onírico e idílico que quase poderia ser um daqueles novos comerciais de papel higiênico macio, para você ver como é bonito.

Houve planos de opor essas belezas banais a uma serpente-robô publicitária, culpando comerciais pela queda do homem, mas o único rascunho existente do roteiro desse primeiro episódio nunca conecta os estranhos com nossos protagonistas encalhados ou explica o significado do enredo do Éden, embora as anotações acrescentem, sim, mais substância ao conceito:

> LINHA DO ENREDO. EPISÓDIO UM.
> Ford e Arthur encontram Admão e Evha, um executivo publicitário e sua secretária, que deram um pulinho no planeta para fazer uma transcrição à tarde e sabe-se lá mais o quê. Eles também estão ali para ter uma reunião com um homem chamado "O Consultor". Os dois vão proceder à demonstração de um novo dispositivo no qual ele está especialmente interessado e que é uma serpente publicitária que rasteja pelo gramado e de vez em quando se ergue para anunciar coisas, bebidas, espaçonaves, maçãs, qualquer coisa. Ela tem a maravilhosa capacidade de anunciar qualquer coisa na mesma hora. Se colocada à frente de um monte de cocô de cachorro, ela improvisará algo desejável sobre ele e provavelmente fará também um *jingle*.
> De qualquer forma, não vemos isso imediatamente. Tudo o que vemos é que eles estão carregando uma caixa muito comprida e fina e conversando sobre o conteúdo dela de um jeito que atiça a nossa curiosidade, mas, é claro, não nos esclarece sobre o assunto. Eles devem fazer alusão à importância de não comer as frutas locais por alguma razão bem pragmática. Algum tipo de ordem da empresa.
> Exatamente quando estamos prestes a vê-los abrir a caixa, a cena corta para Ford e Arthur. Eles estão acordando em barracas terrivelmente malfeitas, as quais terrivelmente fizeram mal, porque eles não têm o menor jeito para esse tipo de coisa...

Além desse conceito de Éden alienígena, havia a nova figura onipresente e misteriosa do Consultor, potencialmente outra ferramenta útil para facilitar o enredo, sendo uma figura quase divina e capaz de deslocar qualquer coisa de um tempo e lugar para outro. Em suas anotações, Adams associou o personagem a uma figura que veio à sua cabeça repetidamente durante as fases iniciais de definição do enredo, mas nunca chegou realmente ao papel, um mártir trágico conhecido como "Baggy, a Mostarda":

O Consultor: Seus motivos, movimento e história são a chave para desencadear, ou melhor, encadear, essa narrativa. O que de fato sabemos sobre ele? Deus o deixou no comando, pois ele não está interessado em assumir nenhuma responsabilidade por sua criação e não está em condições de entender as implicações dela. O Consultor está furioso com isso, porque acha que é uma irresponsabilidade trazer um monte de vida à existência apenas para agradar a si mesmo e depois deixá-la a seu bel-prazer.

Isso poderia, na verdade, ser uma analogia com Baggy, a Mostarda - abandonado quando criança, deixado desamparado e tendo sido trazido à vida sem propósito nem razão, ele tem então de justificar essa existência. Talvez Baggy seja o personagem de um Messias galáctico, só que não exatamente um Messias, porque ele não veio para salvar ninguém. Ele veio como o filho de Deus, como um sinal para a criação divina de que a criação foi, assim como o filho de Deus, abandonada a seu bel-prazer. Acho que Baggy, a Mostarda é uma garota. Isso vai dar um pouco de vida às coisas nesse ponto e produzir um personagem muito mais interessante.

E, se O Consultor não lhe deu muita margem de manobra para tocar com o enredo, o autor também estava obcecado com algo chamado Momento Mágico:

É importante entender que tudo é não somente possível, como já aconteceu pelo menos duas vezes. Isso porque a galáxia está nas mãos de um Momento Mágico Grau 3 (o Momento Mágico Grau 1 é uma pausa de um segundo a cada 17 milhões de anos). É por causa desse Momento Mágico que os Krikkits escolheram essa época para ir pegar as cinzas. O Momento Mágico que atravessa o universo se manifesta de diferentes maneiras em cada mundo que ele toca... Um Momento Mágico Grau 1 é aquele momento em que o impossível se torna possível, em todo lugar, simultaneamente. E o que isso significará? Paz? Felicidade? Não sei. Simplesmente não sei.

No entanto, embora muitas soluções tenham sido consideradas para salvar nossos mochileiros, o roteiro existente delineia a ideia mais bizarra de todas: Ford ficou talhando gravetos e arrumando-os no chão para marcar a hora, reclamando: "Ford Prefect! Unidade pequena, versátil, inteligente. O mochileiro mais dupal da galáxia. Tempo mais rápido registrado de Betelgeuse a Altair e marcado duas vezes no caminho. Conta sua milhagem em anos-luz. E agora? Aqui estou eu nesse infeliz planetinha *de novo*, contando minhas semanas com gravetos". Porém, ele e Arthur logo detectam uma estranha anomalia pela qual os gravetos marcam uma estrutura invisível. Os heróis seguem placas de sinalização levando a um letreiro supremo que os faz se ajoelharem, jurando espalharem sua mensagem por toda parte. Ele carrega a legenda que se tornaria infame: "PEDIMOS DESCULPAS PELO TRANSTORNO":

> **ARTHUR** (TREMENDO) O que você acha que é isso?
> **FORD** Não sei.
> **ARTHUR** Você está sentindo algum tipo de emanação estranha... algum tipo de força alienígena estranha evocando a gente em sua direção?
> **FORD** (FITANDO ARTHUR) Não. Você está?
> **ARTHUR** (SEM SABER SE NÃO ESTÁ SE CONSTRANGENDO. ELE TEM RAZÃO DE FICAR PREOCUPADO) Bom, eu meio que acho que estou.
> **FORD** Como é essa sensação?
> **ARTHUR** Bom, é um pouco difícil de descrever. Eu nunca fui evocado por forças alienígenas estranhas antes. Exceto por Zaphod Beeblebrox, quando ele quer que alguém lhe traga um drinque.
> **FORD** Zaphod! (DEVEMOS TER A IMPRESSÃO, SE DAVID CONSEGUIR PASSÁ-LA COM UMA PALAVRA, DE QUE FORD DELIBERADAMENTE NEM PENSOU EM ZAPHOD TODO ESSE TEMPO E, AO OUVIR O NOME DELE, FICA PERTURBADO DE TODAS AS MANEIRAS POSSÍVEIS.)
> **ARTHUR** Bom, ele é um alienígena estranho.
> **FORD** Depende do que você entende por alienígena.
> **ARTHUR** Depende do que você entende por estranho.
> **FORD** Devemos ir ver essa coisa? Ou as emanações estão incomodando você?
> **ARTHUR** (LIGEIRAMENTE IRRITADO) São suportáveis.

Ford ri. Eles chegam à "coisa". Ela se revela ser uma porta. Não somente é uma porta, mas é realmente só uma porta velha qualquer. Ela está surrada, e sua tinta relativamente suja está, ainda bem, começando a descascar. É o tipo de porta que provavelmente dá para um porão ou depósito. Ela está fixada em sua própria moldura e alinhada ao longo da fileira de gravetos, razão pela qual ela parecia muito fina à medida que nos aproximávamos dela...

FORD É uma porta. Uma porta! Só uma porta suja comum!

Ford pega na maçaneta do lado dele e abre a porta.

ARTHUR E aí, o que você está vendo?
FORD Você. O que você está vendo?
ARTHUR Uma coisa totalmente de pirar a cabeça.
FORD Tipo o quê?
ARTHUR Bom, uma escada...
FORD Sua cabeça pira facilmente...

Nervosamente, Arthur entra e sobe as escadas atrás de Ford. Do ponto de vista de Arthur, olhamos para cima na escadaria. É uma visão bem surpreendente, porque ela parece subir e subir, andar após andar, patamar após patamar, até o infinito. Arthur arqueja.

ARTHUR Tem certeza de que isso é sábio?
FORD Você quer ser sábio ou apenas estar seguro?
ARTHUR Bom, acho que é sábio estar seguro.
FORD A sabedoria vem quando você aprende com seus erros, não é?
ARTHUR Certamente.
FORD Então é melhor cometermos alguns.

Além da porta, que era um presságio de *Dirk Gently*, os dois encontrariam um elevador que podia levá-los para cima e para baixo a qualquer período da história do planeta, mas a dupla encalhada no tempo estava destinada a retornar ao presente. Adams estava determinado a reciclar seu conceito de Krikkit, da mesma forma como ele já tinha a sequência da *Arca B*, e propostas envolvendo críquete já estavam sendo enviadas a lugares tão distantes quanto a Austrália. Contudo, Douglas ainda se recusava a mover um dedo para assinar qualquer coisa: "Eu fiquei bem magoado, e, para ser sincero, no final dos seis primeiros episódios a situação se tornou meio que um impasse. Eu não queria continuar fazendo o seriado se tivéssemos o mesmo produtor, e a BBC não pretendia trocá-lo... É uma pena. Era um seriado de televisão excelente, mas o seriado no rádio foi realmente revolucionário...".

Promover o programa de TV envolvia um bocado de publicidade agradável para Adams, incluindo uma entrevista pessoal na revista televisiva *Nationwide* durante as filmagens em estúdio. À pergunta estupefata de Sue Lawley sobre o segredo do sucesso do *Mochileiro*, o radiante autor respondeu: "Eu só posso inventar razões para isso. Se você realmente soubesse por que uma coisa fez sucesso, você seria então capaz de fazê-la toda vez. Em certo sentido, eu suponho que a ficção científica seja uma forma de escapismo, algo de que as pessoas gostam no momento...". O mês de julho deu mais um presente ao fã de comédia: primeiro, ele ajudou Geoffrey fazendo algumas participações em *Quote Unquote*, programa literário de perguntas e respostas da Radio 4, mas foi um presente ainda maior ganhar meia hora só para ele em *It Makes Me Laugh*, programa de compilações da Radio 4, no qual ele pôs para tocar e discutiu trechos de seus discos de comédia preferidos. O Monty Python inevitavelmente prevaleceu – Douglas usou o esquete "Novel-Writing Commentary" deles para ilustrar no ar suas próprias agonias: "Doença do escritor: Cerca de 99% do seu tempo é desperdiçado em atividades totalmente sem sentido e distrativas, e somente cerca de 10% é realmente passado imaginando, compondo, moldando e aprimorando todas aquelas maravilhosas, empolgantes e comoventes desculpas por não ter escrito nada ainda. Aí vai um esquete do Python que não ilustra nem um pouco esse aspecto...". Porém, ele também tirou um tempinho para prestar homenagem (e despertar o interesse de seus fãs com relação) à piada do alce americano de Woody Allen, a um monólogo de Cleese, a um trecho lido por ele de *Matadouro 5*, de Vonnegut, à faixa "The Intro & the Outro", da Bonzo Dog Band, ao diálogo de Pete e Dud sobre sexo – tudo isso agradavelmente interligado por Douglas, que estava claramente aproveitando a oportunidade para exercitar seus músculos de atuação dramática, meditando sobre conexões de programas de comédia computadorizados e até dando um jeito de inserir a anedota do biscoito. No ano seguinte, Jon Canter escreveu o roteiro do piloto de um programa semelhante, focado em música pop, a ser apresentado por seu ex-companheiro de apartamento – *They'll Never Play that on the Radio* [*Eles nunca vão tocar isso na rádio*] –, a respeito do qual Douglas conversou com Graham Fellows, criador do personagem Jilted John, e que, porém, acabou não virando um seriado. Naquela época, Canter havia amigavelmente deixado de ser inquilino de Adams e continuava progredindo como escritor e editor de roteiro, finalmente trabalhando no inigualável *A Bit of Fry & Laurie* [*Um pouco de Fry e Laurie*].

Ao mesmo tempo, o *Mochileiro* continuava tendo vida própria, em grande parte graças à perversa popularidade de Marvin, o androide paranoide, que estava sendo quase tão solicitado quanto Douglas em si, ganhando até seu próprio perfil no suplemento colorido do *Sunday Times* em julho, como ditado a Adams:

P Você gostaria de ser um ser humano?

R *Se eu fosse um ser humano, eu seria muito depressivo, mas, como já estou muito deprimido, tanto faz. Às vezes eu penso que deve ser bem agradável ser uma cadeira.*

P Por que você é tão infeliz?

R *Eu sempre estive exatamente no mesmo estado de espírito desde que eu fui ligado. É simplesmente a maneira como os meus circuitos estão conectados. De uma forma muito ruim.*

P Você não poderia se consertar?

R *Por que eu iria querer fazer isso? Prefiro enferrujar logo.*

P Você gosta de ler?

R *Eu li tudo o que havia para ser lido no dia em que eu fui ligado. Era tudo tão chato que não vejo nenhum motivo para ler tudo aquilo de novo.*

P Música?

R *Odeio.*

P Passatempos?

R *Odiar música.*

P De que você menos gosta?

R *Da inteira infinidade multidimensional de toda a criação. Não gosto nem um pouquinho disso.*

O *single* do tema musical da TV de Tim Souster havia sido reforçado com duas canções tiradas da produção do Rainbow: uma música romântica que pretendia ser da banda do Milliways, Reg Nullify e seu Combo Cataclismático, ("Seus braços, suas pernas, suas cabeças, você é tudo para mim...") e uma canção do Disaster Area, "Só o fim do mundo de novo", na qual Douglas conseguiu aliviar um tiquinho de sua frustrada ambição de ser uma estrela do pop tocando guitarra rítmica. Stephen Moore era amigo do produtor musical John Sinclair e, logo depois que o lançamento de "Journey of the Sorcerer" desapareceu na escuridão, ambos se juntaram para se divertirem um pouco com o sucesso crescente de Marvin (que se ampliou até dar origem à sua própria "Sociedade da depreciação"), gravando um *single* novo e dando a Douglas um crédito de cortesia só para, supostamente, tirá-lo do estúdio, senão ele ficaria lá e torraria tempo improvisando acompanhamentos em sua guitarra. Moore e Sinclair então se encarregaram da carreira pop do mecanoide deprimido por conta própria. O primeiro lançamento deles pela Polydor (cujos créditos foram atribuídos à gravadora "Depressive Discs"), "Marvin", uma declamação tristonha em estilo disco e com sintetizador, foi reforçado com "Metal Man", uma vinheta inexplicavelmente positiva para o androide paranoide, que salvava uma espaçonave de um buraco negro. O disco se tornou um ícone *cult*, habilmente tirando proveito da tendência pop eletrônica. No entanto, ele só atingiu a 52ª posição nas listas de mais vendidos, apesar de ter sido anunciado no programa infantil *Blue Peter* e em *Top of the Pops*, com Stuart Murdoch vestindo o traje metálico para fazer mímica do insucesso musical. Um acompanhamento que fazia referência à banda Blockheads, "Reasons to Be Miserable" (tecnicamente intitulado "O Lado B Duplo" e fazendo par com a tentativa melosa e dinâmica de compor uma música romântica chamada "Marvin I Love You"), saiu-se pior, e, embora mais lançamentos estivessem planejados, o melancólico robô logo retornou ao reino dos fracassos obscuros ao qual ele pertencia. Todavia, Moore acabou obtendo o trabalho invejável de ser o primeiro narrador dos audiolivros resumidos do *Mochileiro*, um suporte completamente novo para cativar os fãs.

Fora essas atrações musicais secundárias, enquanto se recusava a entregar os roteiros da segunda temporada, Douglas passava a maior parte do tempo viajando pelo mundo para promover seus livros. Durante as gravações em estúdio de novembro, ele pegou um avião para a St. Andrews University, na Escócia, para dar uma palestra e se viu em meio a um bando de escritores, incluindo a antiga editora da revista *Books and Bookmen*, Sally Emerson, que estava promovendo seu romance de estreia, *Second Sight*, e que, por acaso, correspondia misteriosamente à descrição de Trillian. Adams havia se separado recentemente de Jacqui Graham e parecia perdido lá na Escócia. Então, os dois autores desenvolveram uma camaradagem que foi uma fonte de frustração para Douglas, que em breve descobriu que Sally havia se casado pouco tempo antes com Peter Stothard, jornalista, antigo aluno de Brentwood e namorado de Sally desde a universidade. E o Mingo se viu desejando que as coisas fossem diferentes.

Pouco tempo depois da estreia do *Mochileiro* na TV, a ABC convidou Adams para ir a Nova York conversar sobre a criação de uma versão americana. Como sempre, a ideia de espectadores de costa a costa dos Estados Unidos prestando alguma atenção a um homem com sotaque aristocrático reclamando de falta de chá nunca foi cogitada nem por um instante: para que valesse a pena comprar os direitos autorais, seria preciso refazer tudo do zero. Entretanto, a quantia que eles estavam dispostos a pagar para que Adams assistisse a eles desmembrando sua criação era alta demais para ser ignorada. Portanto, em janeiro ele pegou um avião para a Grande Maçã pela primeira vez. Ele estava lá ostensivamente para criar um programa de TV e angariar um pouco de publicidade, mas, em vez disso, ele se apaixonou desesperada, insensata e perigosamente.

SINTO UMA PROFUNDA NECESSIDADE. ALGUMA DICA?

A Austrália e a Europa, por sua vez, já estavam descobrindo o *Mochileiro*. A versão francesa, *Le Routard Galactique*, tomou certo número de liberdades originais, rebatizando personagens – Zaphod virou "Zappy Bibicy" e Ford, "Ford Escort". Com o tempo, França, Alemanha, Finlândia e outros países até gravariam suas próprias traduções do programa de rádio original, frequentemente adequando o diálogo à realidade do país de forma tão bem-sucedida que muitos fãs nem ficariam sabendo das raízes britânicas da comédia. Conquistar os Estados Unidos, porém, era tão importante para Douglas quanto havia sido e continua sendo importante para quase todo outro artista comercial dos últimos um ou dois séculos – Nick Webb, pessoa de referência dele para assuntos editoriais, relembrou que Adams ficou fervendo de raiva e xingando editores que um dia afirmaram que sua criação era provinciana demais para agradar nos Estados Unidos. Douglas havia encontrado fãs de todos os cantos do mundo e sabia que a nacionalidade deles era irrelevante. Algumas pequenas estações de rádio americanas haviam transmitido o seriado da Radio 4, mas, em março de 1981, a National Public Radio o difundiu pela primeira vez por todo o país, suscitando uma reação tão forte que eles em breve o reprisaram. O primeiro romance também havia alcançado um índice de leitura respeitável na terra do Tio Sam, em uma edição de capa dura da editora independente Crown, mas, em uma situação parecida com a do rádio, a decisão da Pocket Books de vender agressivamente uma edição econômica país afora levaria as coisas muito mais longe.

A resposta de Adams à invasão britânica foi alimentada pela agradável sinergia que provinha de um novo público descobrindo algo cuja evolução já estava alguns anos adiantada – o livro seria lançado no país todo junto com a reprise da NPR, mas não antes de um anúncio publicitário aparecer na *Rolling Stone* em agosto daquele ano, oferecendo 3 mil exemplares gratuitos da edição de bolso para as primeiras pessoas que escrevessem para o "Clube do Mochileiro Hiperespacial, Divisão Terrestre, A/C Pocket Books". "A Inglaterra, país que deu aos Estados Unidos os Beatles e o *Monty Python's Flying Circus*, acabou de exportar outra maluquice: *O guia do mochileiro das galáxias*, de Doug Adams, uma paródia frenética disponível em outubro", dizia a propaganda. Apesar da familiaridade excessiva, Douglas tinha de admitir que a abordagem deles era eficaz – em poucos anos, "Doug" explicou: "Em termos de vendas hoje em dia, ele é mais popular nos Estados Unidos do que na Inglaterra (vendemos o dobro de livros para quatro vezes mais pessoas, então a obra é ou duas vezes mais popular ou metade menos popular). Acho que se exagera demais a diferença entre o humor americano e o inglês. O público dos Estados Unidos (sem ter culpa nenhuma) é tratado como um completo idiota pelas pessoas que fazem programas. Quando um público é tratado como idiota há muito tempo, ele tende a reagir dessa maneira. Porém, quando lhe proporcionam algo com um pouco mais de substância, ele tende a dar um profundo suspiro de alívio e dizer 'Graças a Deus!'". Adams ainda teria de engolir um sapo com a introdução de um planeta verde antropomorfizado e doido, elaborado para a capa por Peter Cross e geralmente conhecido como "Fofinho Cósmico" ou "Jeremy Pacman" na Inglaterra, conhecido por Douglas como "a coisinha obscena". Sua utilização em todos os produtos americanos do *Mochileiro* nos anos seguintes claramente ajudou os fãs a identificar todo novo lançamento, e, apesar de ter esperanças de erradicá-lo, Adams foi forçado a admitir que a "bolhazinha verde" dinamizava as vendas.

Entretanto, o fato de a publicidade americana citá-la regularmente, sua experiência com os Pythons era um espinho mais lancinante para Douglas, e ele sempre tinha de se defender junto aos seus heróis de que não estava nem um pouco querendo ganhar dinheiro nas costas do sucesso deles, repetindo que sua participação no programa deles era "tão irrelevante que nem valia a pena mencionar. Eu certamente não reivindicaria direitos de escritor-sócio dos Pythons, porque o

Monty Python era aqueles seis caras, e meu papel foi bem incidente e coincidente". Acima de tudo, embora no início ele tivesse prazer em pedir para Cleese e cia. lhe darem apoio e citações engraçadas para a capa, ele havia posto seu talento à prova para chegar aonde havia chegado e ficava ofendido com a ideia de lhe terem dado pezinho para subir na vida. Porém, era adequado que tivesse de diminuir a associação que ele um dia havia tido tanto orgulho de ter alcançado: "Eu tinha chegado a um ponto em que dizia aos jornalistas: 'Olha, eu só queria dizer, antes de qualquer coisa, que eu não tenho nada a ver com o Python'. Na verdade, o pior é que eu só havia escrito cerca de meia dúzia de falas que apareciam aqui e ali. Eles diziam: 'O quê? Você quer dizer o MONTY Python?', 'É, eu não escrevi para eles'. E aí eles perguntavam: 'Como era trabalhar com eles?'. Depois eu lia o relato da entrevista: 'Douglas Adams, um dos principais escritores do Monty Python...'. E eu vivia dizendo aos Pythons: 'Sinto muito, eu não disse isso!'".

Havia mais distorções esperando por Adams na ABC. Embora o *Mochileiro* sempre tivesse tido um gostinho transatlântico, pois dois dos personagens principais no seriado da TV tinham sotaque americano, a necessidade de reconstruir o universo do zero para o público dos Estados Unidos era claramente ofensiva para o escritor. "Dizem em todos os níveis da indústria do entretenimento que o público americano não gosta ou não entende o humor inglês", reclamou ele. "Dizem isso em todos os níveis *exceto* no nível do público, que, pelo que eu vejo, adora. É a opinião dos outros, das pessoas cujo trabalho é dizer de que o público gosta, mas os fãs que eu encontrei aqui e nos Estados Unidos são o mesmíssimo tipo de pessoa. O pedido que mais se ouve do público americano é: 'Não deixem americanizar isso!'... Há coisas que os britânicos pensam que são tão inglesas quanto rosbife e que os americanos pensam que são tão americanas quanto tortas de maçã. A astúcia é escrever sobre pessoas. Se você escreve sobre situações que as pessoas reconhecem, então as pessoas vão reagir a elas."

O executivo que se apressou em comprar o *Mochileiro*, Don Taffner, colecionou sucessos levando Benny Hill ao público americano e adaptando *Man About the House* para se tornar o badalado *Um é pouco, dois é bom e três é demais*. Porém, há mais histórias desastrosas do que bem-sucedidas de americanização de sitcoms inglesas, e as experiências de Douglas foram confortavelmente previsíveis: "Foi como toda história de terror que você já ouviu. Eles não estavam realmente interessados em quão bom o seriado seria – eles queriam era fazer um monte de efeitos especiais. Eles também queriam não ter de pagar por eles. De alguma forma, eles estavam conseguindo orçar o primeiro episódio, sem saberem o que ele continha. Histórias horríveis ecoavam após as reuniões com executivos, comentários do tipo 'Um alienígena seria verde?'. No final, tudo foi abandonado, porque o orçamento do primeiro episódio chegou a 2,2 milhões de dólares. Teriam sido os 22 minutos mais caros de um programa de TV já feito. O roteiro era terrível – eu não o estava escrevendo... Isso dá uma ideia da proporção louca da coisa: eles me pagaram por aquela semana quatro vezes mais do que eu havia sido pago inicialmente para escrever o seriado radiofônico inteiro". Talvez a única vantagem da semana de Adams no escritório da produção foi o design de Marvin realizado pelo artista Ron Cobb, que finalmente o revelou para o criador do robô: "Ele tinha um aspecto curvado de que o robô precisava. Dava para ver que, por um lado, ele havia sido projetado para ser dinâmico, eficiente e bonito, mas havia adotado uma postura errada. O design foi abortado, porque sempre pareceu simplesmente completamente patético". Douglas guardou em mente o nome de Cobb para quando a inevitável encarnação do *Mochileiro* no cinema desse as caras. Uma oferta tentadora pelos direitos autorais foi possibilitada por sua recusa de que a ABC desse continuidade à adaptação deles, mas, embora ele tenha tido de ficar absurdamente bêbado para finalmente dizer não a esse negócio inapropriado, mas lucrativo, ele sabia que devia fazer direito qualquer filme que saísse do *Mochileiro*: "Às vezes eu sou acusado de só fazer isso por dinheiro. Eu sempre soube que daria para tirar muita grana do filme, mas, quando era só isso que me instigava a fazê-lo, quando o único benefício seria o dinheiro, eu não quis fazê-lo. As pessoas deveriam se lembrar disso".

Além da promoção do livro, a infame saga do filme do *Mochileiro* o levaria a cruzar o Atlântico e ficar lá durante longos períodos pelo resto de sua vida – era a próxima etapa lógica após a experiência de ver sua criação adaptada para a BBC TV. Os direitos do filme haviam sido inicialmente vendidos quase de forma distraída a uma produtora independente que havia entrado em contato por impulso, mas ela acabaria sendo reembolsada e dispensada em favor dos maiores meios possíveis. Com relação à versão televisiva, em novembro de 1982, o programa de Alan Bell finalmente abriu caminho na TV americana em um formato mais curto (o seriado passaria por muitas transformações, sendo inclusive editado em duas versões longa-metragem para VHS no Reino Unido, antes de a "última" montagem ser lançada em DVD). Embora Simon Jones tenha ficado surpreso pela audiência que aplaudia os efeitos especiais "deliberadamente toscos" do programa, ele logo entrou na onda e riu que, sim, aquilo havia sido feito totalmente de propósito, e o programa adquiriu adeptos convenientemente. Ou melhor, nas palavras de Adams, "Antes do seriado televisivo, o *Mochileiro* era uma obra *cult* muito, muito, muito insignificante nos Estados Unidos, e, como resultado do seriado televisivo, ele se tornou uma obra *cult* muito, muito insignificante, o que já era um grande passo".

Foi enquanto ele estava sofrendo a infâmia de ver a ABC desmembrar seu bebê, o que foi piorado por uma otite dolorosa, que o caminho de Douglas cruzou o de Sally mais uma vez. Entre um ataque de claustrofobia autodiagnosticado no recente casamento dela e a absoluta vulnerabilidade arrasa-coração do desmoralizado estrangeiro de 1,96 metro legalizado em Nova York, o que ela descreveu como "a combinação entre sua enorme forma masculina e sua atitude de menininho perdido", a amizade deles rapidamente evoluiu para algo mais forte. Não havia melhor remédio para Adams do que esse sinal de que os sentimentos dela eram recíprocos, e Sally em breve descobriu que o menininho perdido podia virar um furacão ardente de paixão ao menor encorajamento. O casal viajou para o México quando os negócios foram concluídos em Manhattan. Logo após voltarem para casa, o *Evening Standard* revelou ao mundo que eles estavam tendo um caso, nos termos mais gratificantes possíveis para Adams: "O robusto Douglas Adams, cujo charme viril já causou estragos em muitos peitos femininos, fez uma nova conquista…". Douglas ficou tão arrebatado de paixão que quase se sentiu arrependido, enquanto homem inteligente e cético, de estar tão dominado por feromônios e hormônios. Em mais de uma ocasião, ele foi parado pela polícia por não conseguir resistir a agarrar Sally de forma apaixonada enquanto dirigia a uma velocidade considerável pela rodovia – mas, toda vez, suas desculpas eram desmentidas por seu sorrisinho imóvel.

Para Emerson, esse era um desvio radicalmente inesperado com relação ao caminho que ela havia escolhido, mas, de volta à realidade, com Adams utilizando toda fração de poder que ele tinha com as palavras para lhe garantir que ela era a mulher da vida dele, Sally decidiu que, se fosse para eles ficarem juntos, então mudanças teriam de ser feitas. Uma das primeiras coisas a serem feitas por Douglas era encontrar um novo lar, mais adequado ao seu sucesso do que o antigo apartamento que ele dividia com Canter, e a Hotblack Desiato os guiou a um ninho de amor em uma cobertura com jardim e tudo, em uma ruazinha sem saída a menos de 100 metros do escritório deles no coração de Islington, bem na esquina do cinema Screen on the Green, em St. Alban's Place. Pouco tempo depois, quando ficou claro que não havia jeito de esconder o relacionamento deles – em grande parte graças ao hábito que Douglas tinha de contar orgulhosamente a todo o mundo o quão feliz ele estava, levando-a inclusive a Dorset para conhecer a família de sua mãe –, Sally foi morar com ele em seguida. Nesse meio-tempo, Adams já tinha transformado o apartamento em "uma espécie de santuário" do *Mochileiro*: ele estava naturalmente orgulhoso de sua proeza, pregando pôsteres e material publicitário nas paredes, o que deixou pouco espaço para as coisas de Sally.

Além disso, a especialista literária, que era mais experiente, convenceu Adams a sair da agência dirigida por Jill Foster, que havia aturado muita coisa quando ela dava o melhor de si para ajudar seu cliente carente, mas que, basicamente, não era especializada em autores de romances best-sellers. Havia uma figura respeitada no mercado editorial, que podia ter sido agente durante apenas cinco anos, mas que havia, durante aquele tempo, ganhado reputação por fechar negócios recordistas para seus autores. Ed Victor, um nova-iorquino alto e com uma barba de aço, era a personificação da civilidade, mas também era osso duro de roer no mercado editorial britânico quando havia um acordo a ser negociado. Evidentemente empolgado para assinar com o escritor mais badalado do momento, Ed convidou Douglas para ir ao seu escritório, e, após algumas horas de conversa que nem incluíram almoço, apertos de mão foram dados e contratos foram redigidos para estabelecer uma íntima parceria que seguiria firme pelo resto da vida de Adams – Ed passou a enxergar Douglas mais como um irmão caçula do que como um cliente e não perdeu tempo para lhe mostrar o que podia fazer por ele.

Infelizmente, a primeira coisa a ser feita era virar a Original Records de cabeça para baixo e extrair à força os *royalties* que falhas de computador e más decisões comerciais haviam impossibilitado repassar. Até o infame Harvey Goldstein, que havia representado Geoffrey Perkins durante um breve período, não havia conseguido chegar a lugar algum com eles, mas Victor não era homem de ouvir a palavra "não". Adams havia acusado a gerência da Original Records de estar enchendo os bolsos, mas a verdade era que eles mal estavam conseguindo cobrir as despesas deles, e as novas demandas finalmente os tiraram do mercado de vez. É difícil não ver nisso uma perda de inocência de Adams, apesar de os autores tradicionalmente se ausentarem de tais acordos comerciais. Levar à falência um selo independente e entusiasta que havia oferecido um lar acolhedor ao *Mochileiro* no vinil era um passo importantíssimo para reconhecer que ele era agora a nascente de uma indústria do *Mochileiro*, menos Ford Prefect, mais Zarniwoop. Ele até havia aberto sua própria empresa de produção, chamada Serious Productions [Produções Sérias], porque "a maioria das pessoas que eu conheço com empresas escolhe nomes engraçados para elas, então eu decidi lhe dar um nome sério".

O principal trabalho do novo agente de Douglas era, naturalmente, obter um acordo literário para ele. Embora o escritor tivesse jurado que o *Mochileiro* era um livro encerrado, Ed rapidamente o convenceu do contrário, conseguindo um contrato particularmente persuasivo para um terceiro volume da série e que mantinha o acordo com a Pan, mas acrescentava muito mais zeros em contratos com editoras do mundo todo. Arthur talvez tivesse jogado seu *Guia* no rio simbolicamente, mas Ford só precisava pescá-lo de novo. Alguns aspectos do *Guia* seriam explorados em seu novo livro apenas para simplesmente serem jogados no lixo em seguida. Uma cena comprida que explicava a poluição do tempo continha uma digressão que fazia referência a *Desert Island Discs* [*Discos de ilha deserta*], um programa da Radio 4:

> Ele atirou o livro para ela. Ela olhou para o objeto. Ela o conhecia perfeitamente bem, é claro, assim como todo o mundo. Havia um programa no rádio subeta que toda semana costumava perguntar a personalidades famosas o que elas levariam consigo para um planeta deserto além de *O guia do mochileiro das galáxias*, uma toalha e *The Songs of the Lost Land* [*As canções da terra perdida*]... Ela encolheu os ombros de forma meio perplexa e interessada. Parece muito complicado, mas você reconheceria se visse. As pessoas fazem assim o tempo todo quando estão perplexas e interessadas, mas não querem fazer um estardalhaço sobre isso ainda.

No entanto, os pés de Douglas ainda estavam completamente fincados em relação a um segundo seriado da TV – o que deve ter causado alguns aborrecimentos no Slartibartday comemorativo em agosto daquele ano em Londres, do qual ele participou junto com Simon, David e Mark, que nunca mais teriam a chance de aparecerem juntos no *set* da *Coração de Ouro*. Essa foi a penúltima aparição de Douglas em convenções (o último suspiro foi uma obrigação contratual de publicidade na Chicon IV, em Chicago, em 1982). Ele chegou à conclusão de que ficava irritantemente desconfortável em tais eventos, apesar do anseio que ele teve a vida inteira de ser reconhecido por seu talento de divertir: "Eu me sentia tanto como um peixinho dourado em um aquário! Eu realmente não conseguia lidar com aquilo. Pode ser um defeito de personalidade, e eu sei que causei um pouco de ressentimento por não estar mais disponível, mas eu simplesmente me sentia muito, muito estranho com tudo aquilo. Geralmente, uma das coisas que os escritores têm é um certo grau de anonimato. Eu costumava achar que, se eu fosse a uma convenção de ficção científica, ficaria tão consciente da atenção que as pessoas davam a mim que esqueceria como andar. Eu achava muito difícil lidar com isso, e foi por isso que eu parei de frequentá-las".

Contudo, ele havia feito planos de como o seriado se desenrolaria. Então, dessa vez, em vez de adaptar diálogos e instruções para a prosa, ele colocaria sua história dos Krikkits diretamente no papel. O primeiro obstáculo que ele enfrentou tentando reorganizar uma aventura destinada ao *Doctor Who* para que ela se adequasse ao seu elenco apático foi que Ford, Arthur e cia. simplesmente não eram do tipo de se oferecer como voluntários para encarar nenhum perigo: "O problema é que", raciocinou ele, "eu tenho um enredo que realmente faz algum sentido e no qual há coisas importantes acontecendo, mas eu criei uma cambada de personagens tão irresponsáveis que, antes de escrever cada cena, eu pensava: 'Bom, OK, quem está envolvido aqui?', e ia conversar mentalmente com cada personagem, explicando o que estava rolando, e todos eles respondiam: 'Ah, é? E daí? Eu não quero me envolver'. Ou eles não queriam se envolver ou não entendiam. No final, Slartibartfast teve de se tornar o personagem que tinha de fazer todos eles colocarem a mão na massa, e isso realmente também não era a natureza dele. Veja bem, todos os personagens são essencialmente tipos. Eu tinha um monte de papéis secundários e nenhum personagem principal".

A mudança de dinamismo de Slartibartfast se devia ao seu entusiasmo pela Campanha pelo Tempo Real: uma brincadeira com relação à Campanha pela Cerveja Real*, que era apoiada por Douglas e seu colega epicurista de cerveja, Terry Jones:

— E, se vocês estão aqui para me ajudar… — continuou Slartibartfast.
— Ah, olha, na verdade não dissemos isso — respondeu Ford. — Acho que só queríamos dar umas voltas pela Galáxia e nos divertir um pouco.
— Se vocês não me ajudarem — disse Slartibartfast –, não haverá mais Galáxia nenhuma para se divertir.
— Bem…
— E nenhuma diversão nela — concluiu Slartibartfast gravemente.
Isso fez Ford cair na real. Ele se divertira tão pouco em tanto tempo que a ideia de não haver mais diversão pela frente o tocou profundamente.

---

* A Campaign for Real Ale (CAMRA) é uma organização voluntária e independente de consumidores fundada em 1971 contra a dominação do mercado da cerveja britânica por empresas que privilegiavam produtos de baixa qualidade. [N. de T.]

— O que você quer que a gente faça? — perguntou ele em voz baixa.
— A primeira coisa a fazer — disse Slartibartfast, inclinando-se para a frente e tocando em um botão — é não se alarmar.

Isso é apenas um fragmento de páginas e páginas de narrativa intensa, sob a supervisão de Sally, que nunca seriam publicadas, pois o terceiro romance começou a adquirir uma forma não familiar para os fãs de hoje. Estava começando uma tendência de que o resumo oficial de Adams apresentasse apenas uma escassa semelhança com a versão de *A vida, o universo e tudo mais* que foi finalmente publicada:

> As aventuras irracionais de Arthur Dent e Ford Prefect continuam... Neste livro, descobrimos exatamente por que é que a Terra sempre foi evitada pelo resto da galáxia – e é tudo culpa dos ingleses. Arthur e Ford começam a descobrir isso quando são subitamente apanhados de onde eles haviam ficado ilhados na Terra pré-histórica e arremessados no meio de um jogo de críquete. Nas circunstâncias mais estranhas possíveis, eles encontram de novo Slartibartfast... e embarcam em uma missão que não é nada menos do que salvar o universo de um plano de destruição arquitetado um bilhão de anos antes e colocado em operação pela primeira vez por um ser imortal que estava sofrendo um ataque de nervos por não suportar as tardes de domingo.
> Ao longo de sua jornada, eles se deparam com um grupo de monges que acreditarão em tudo durante um dia, contanto que não seja verdade. Eles vão à pior festa já organizada, a mais longa e mais destrutiva – que está rolando há quatro gerações, e ninguém ainda deu sinal de querer ir embora –, e cruzam mais uma vez o caminho de Marvin, o androide paranoide, que pensa finalmente ter encontrado sua vocação na vida*... Após salvar o universo de uma destruição sem sentido, Arthur Dent é, no final, confrontado pela última mensagem de Deus para sua criação: não é exatamente uma boa notícia, mas, para Arthur, ela parece fazer um sentido até demais.

A referência ao ser imortal aqui sugere a estreia de um personagem entre os favoritos: Wowbagger, o infinitamente prolongado. A princípio, ele era muito

---

* Texto 4 na seção "Trechos inéditos do *Mochileiro*" (p. 461).

mais do que o alívio cômico com língua afiada que apareceu em *A vida, o universo e tudo mais* tal como o conhecemos, mas suas ações deviam se articular com o enredo dos Krikkits.* O livro original também seria o primeiro com um subtítulo, como explicava um antigo prefácio:

> … Seguiram-se mil anos de carnificina horripilante, a qual pularemos ligeiramente. Quem estiver interessado em carnificina horripilante não fará nada melhor do que ler o livro de P. L. Zoom, *Krikkit: a carnificina horripilante*, ou o de Rad Banchelfever, *Carnificina ilustrada:Vol. 7, a Guerra dos Krikkits*, ou o de Ag Bass, *Krikkit: as estatísticas da morte*, ou a obra estatística muito, muito mais tardia de Bodrim Holsenquidrim, *Krikkit: ainda contando após todos esses anos*. A obra mais séria e substancial dentre centenas de milhares de livros que foram escritos sobre as Guerras dos Krikkits é, obviamente, a monumental balada histórica do professor San, intitulada simplesmente *Por quê, por quê, por quê?*, e é por causa dessa obra que este livro bem poderia ter o subtítulo *Porque sim, porque sim, porque sim*.

Como o casal de romancistas dividia suas jornadas de trabalho em St. Alban's Place, a comparação das abordagens radicalmente diferentes em relação ao ofício deles deve ter parecido extremamente cômica. Mais uma vez, Douglas estava labutando constantemente em suas páginas de abertura e na necessidade de salvar Ford e Arthur, antes mesmo que o enredo dos Krikkits pudesse dar sequência. Apesar de ele ter feito alusão a uma toalha golgafrinchana, a raça nunca mais seria mencionada, ao passo que a única piada a ser reciclada do rádio foi a fala de Zaphod: "Quero que imaginem que estou segurando uma pistola Zapogun…". Tantos começos foram começados! Um era uma história nova-iorquina que abordava mais uma vez a mensagem "Pedimos desculpas pelo transtorno"**, outro dava um rápido panorama da Galáxia***, e outro ainda era uma extensa análise do pesadelo de Arthur****, que apresentava a primeira menção à "interconectividade de to-

---

*   Texto 5 na seção "Trechos inéditos do *Mochileiro*" (p. 464).

**   Texto 6 na seção "Trechos inéditos do *Mochileiro*" (p. 468).

***   Texto 7 na seção "Trechos inéditos do *Mochileiro*" (p. 470).

**** Texto 8 na seção "Trechos inéditos do *Mochileiro*" (p. 471).

das as coisas" e que foi retrabalhada mais de uma dúzia de vezes antes de ser finalmente condensada na frase de abertura: "O já habitual grito matinal de horror era o som de Arthur Dent ao acordar e lembrar-se de onde estava". Ela também perdeu um parágrafo particularmente autodebochado:

> Ele pensou no sonho. Era uma espécie de pesadelo de ficção científica, expelido por um inconsciente que devia estar muitíssimo perturbado. Era cheio de explosões, espaçonaves, robôs furiosos. Ele sonhara que a Terra havia sido destruída. Sonhara que sua casa havia sido demolida — isso pareceu mais real. Através dos olhos da mente, ele pôde ver a parede se espatifando na poeira e no cascalho, foi muito nítido. Mas aí ela se fundiu com algo completamente mais singular, algo horrendo e pestilencial. Ele quis gritar de frustração ou de alguma coisa, pelo menos. Ele viu um rosto rindo dele. Dois rostos, ambos iguais. Arthur estremeceu com um súbito espasmo de horror quando os olhos de sua mente lhe mostraram os dois rostos brotando juntos entre o mesmo par de ombros. Os rostos riram e dançaram em volta dele.

A partir daqui, com Ford e Arthur reunidos, apesar de Arthur ter estragado o resgate deles por um OVNI ao plantar uma floresta que dizia "CAI FORA" vista de cima, O Consultor* iria fornecer o pretexto perfeito para levar qualquer personagem para onde quer que Adams precisasse que eles fossem. O personagem era uma presença perturbadora que perseguia não somente Arthur e Ford, mas também Trillian e outros, e cujos olhos escuros aterrorizavam todos com o amor ardente que eles irradiavam.

Quanto à fuga definitiva da dupla para o enredo principal, tal como a conhecemos, através do sofá Chesterfield, ridiculamente incongruente, Douglas insistia que não era um recurso tão "aleatório" quanto parecia: "Com frequência, as coisas que parecem frívolas e extravagantes são as mais difíceis de fazer corretamente... Eles estão presos na Terra pré-histórica e então, de repente, veem-se no Lord's Cricket Ground, o que acontece porque eles correram atrás de um sofá por uns campos. Tudo isso parece irrelevante ou ilógico ou sei lá o que, mas contradiz completamente o fato de que eu experimentei e experimentei inúmeras vezes, reescrevendo aquele trecho inúmeras vezes, ficando absolutamente ensan-

---

* Texto 9 na seção "Trechos inéditos do *Mochileiro*" (p. 476).

decido com ele, até finalmente encontrar os elementos certos para criar uma aparência de irrelevância extravagante, entende... Foi preciso todo aquele negócio do Ford voltando e explicando... a respeito dos destroços e entulhos e correntes no contínuo espaço-temporal (o que era realmente uma piada muito boba, mas é permitido fazer piadas estranhas e bobas) e do sofá e assim por diante. Foi necessário tudo aquilo somente para poder dizer de repente: 'Opa! Aqui eles estavam em outro lugar!'. Porque, se você apenas diz isso sem dar o ritmo certo, não funciona. Não teria sido suficiente transportá-los assim, por encanto, sem que isso fosse subitamente uma tremenda surpresa acontecendo naquele momento. É um daqueles efeitos que demandam um montão de planejamento, quando você não sabe necessariamente qual vai ser a resposta você fica apenas tateando no escuro para tentar encontrar em algum lugar alguma coisa que ajude você a chegar àquele ponto. E, quando você está trabalhando de acordo com uma convenção que diz (ou parece dizer) 'vale tudo', é preciso ser extremamente cauteloso com a maneira como você vai utilizar isso".

Enquanto o romance de Emerson fluía da máquina de escrever dela, Adams estava, como sempre, retocando o pouco que ele tinha, testando toda e cada frase com sua namorada, à medida que continuava trabalhando lentamente. Talvez ele tivesse progredido mais rápido se não deixasse rios de bilhetinhos apaixonados para ela encontrar pelo apartamento – "Eu já te amo mais do que quando te vi pela última vez, às quinze para as três". Esses bilhetes seriam tão cuidadosamente preservados por Adams quanto a correspondência apaixonada do casal, que seria descoberta por Nick Webb ao escrever *Wish You Were Here*, com cópias carbonadas das longas cartas ardentes, mas lotadas de piadas, de Douglas, que haviam sido arquivadas, de modo a partir o coração, junto com as respostas de Sally. Embora Douglas já estivesse sonhando e falando em casas de campo e filhos, essa catalogação obsessiva certamente não era o comportamento de um parceiro amoroso que sentia que sua felicidade ia durar para sempre – mas existe combustível mais potente para a paixão do que saber que sua felicidade pode ser apenas transitória?

VOCÊ É UM IDIOTA. UM NOJENTOIDE COMPLETO.

Que o enredo principal de seu terceiro livro tenha sido definido vários anos antes foi mais um obstáculo do que uma ajuda para Adams. "Visto que era, na verdade, uma história já tramada, de vez em quando dava para ouvir as engrenagens rangendo onde eu tinha de fazer algo para estabelecer um tópico do enredo e, ao mesmo tempo, precisava ser engraçado, então eu tinha de esticar demais para fazer o texto ficar cômico. Esse é o verdadeiro problema: dá meio que para ouvir os pneus cantando a algumas esquinas de distância." Ele continuou: "A luta entre substância e estrutura chegou ao auge com o terceiro livro, pois foi o único em que eu tinha um plano bem detalhado da estrutura lógica, e, virtualmente, nada disso entrou de fato no livro. Eu sempre sigo as tangentes, mas, ao passo que antes eu seguia as tangentes e continuava a partir delas, dessa vez eu estava determinado a voltar ao enredo toda vez. As tangentes permaneceram puramente tangentes. Então, havia uma verdadeira briga rolando entre o jeito como eu sentia que devia fazer as coisas e o jeito como as coisas naturalmente acabaram sendo feitas. É por isso que o texto passa um sentimento ligeiramente mal-humorado – eu fico puxando-o de volta para onde ele deve ir, mesmo que ele não tenha manifestado nenhuma intenção de ir por ali... Acho que eu devo ser uma pessoa muito esquisita".

Embora o fato de dividir a bravura do Doutor entre Slartibartfast e Trillian (com uma explosão de ação tardia por parte de Arthur) tenha permitido que um personagem querido voltasse e outro ganhasse um aprofundamento de personalidade muito necessário, todos os destaques do terceiro livro do *Mochileiro* consistiam em desvios do enredo. Muitos foram despudoradamente tirados da realidade – a bolsa que Arthur perdia sempre que viajava para algum lugar era uma brincadeira boba sobre as implicâncias de Adams em viagens, pois ele passava uma eternidade nos aeroportos tentando negociar classes superiores em voos, enquanto a Nave Estelar Bistromática era quase uma mutação espirituosamente transparente de genuínas brigas sobre contas em seu restaurante italiano habitual, inclusive a óbvia referência ao "auto-Rory" McGrath bebendo até escorregar para baixo da mesa (Rory também inspirou o nome da Premiação do Instituto de Ilusões Recreativas de Alfa da Ursa Menor). Além da festa voadora que abarcava gerações, onde Arthur encontra Trillian azarando o deus Thor, mais uma alusão ao papel central da comilança no *Mochileiro* veio com uma referência passageira aos sagrados frades almoçadores de Voondon, cujos dogmas foram expostos nas anotações originais de Adams:

O Último Almoço.
Um homem vive uma vida inteira todo dia. Ele acorda, ele nasce. Ele vai dormir, essa é a morte da sua vida do dia. Sentimos que cada dia é uma coisa sagrada

e santa, uma completude em si. O sentido da vida deve ser entendido pela descoberta do sentido de um dia. E o centro da vida é simbolizado pelo centro do dia. Qual é o coração do dia? O que está em seu centro? O almoço.

Assim como havia um gostinho bíblico em tudo o que Adams estava escrevendo, esse tema monástico foi central em *A vida, o universo e tudo mais* — Arthur se tornaria o narrador de grande parte da ação, graças aos seus diários[*] —, confusamente escritos no presente do indicativo, ao passo que também são supostamente tirados de entrevistas com um Dent idoso, que encontrou paz no Monastério de Mon, um local sagrado construído em cima de algo chamado "O Cogumelo Perfidular", um conceito que permeia as anotações de Adams sem nunca se realizar completamente. Como Simon Jones estava agora desconectado de Arthur, a ligação do autor com seu herói terrivelmente inglês com certeza se tornou mais marcante. É significativo que nesse período Adams tenha começado a escrever seu próprio diário, nem que fosse só para forçá-lo a adquirir o hábito cotidiano de colocar alguma coisa no papel, mesmo que fossem apenas queixas de suas dores corporais e dúvidas sobre a direção de seu terceiro livro (inclusive se ele deveria abandonar ou não todo aquele negócio de críquete), posto que o ano de 1981 começava a ficar cada vez pior:

> Estou me sentindo extremamente cansado. Tão cansado que me levantar é um esforço terrível, e, na hora em que eu consigo fazê-lo, o puro esforço de me pôr de pé tira da minha mente toda noção do que eu estava me levantando para ir fazer, então eu tenho de me sentar e pensar naquilo tudo mais uma vez...
>
> Um dos problemas das minhas histórias é que uma parte grande demais consiste simplesmente em descrições de estados de espírito isolados, enquanto eu deveria fazer com que as pessoas interagissem muito mais...
>
> Um dos personagens do livro deveria morar no interior e ter um disco voador caído em seu jardim: "É verdade. Aconteceu uma noite, bem tarde, então eu pensei que eu tinha sonhado, mas ele ainda estava ali na manhã seguinte". Ele o trata como seu passatempo. Ele foi gradualmente arrumando, limpando, organizando as coisas em pilhas certinhas, rotulando-as e assim por diante. Ele não contou a ninguém, porque acha que é tão capaz de não ser idiota em relação a isso quanto qualquer outra pessoa.

---

[*] Texto 10 na seção "Trechos inéditos do *Mochileiro*" (p. 487).

- Tinha... Algum...?

- Alguém dentro dele? Tinha, e parece ainda estar vivo, mas está se mexendo muito devagar ou está em coma ou não sei o quê. A nave propriamente dita parece estar cuidando dele, mas ele está obviamente doente, não há nada que eu possa fazer.

Um dia, meses depois, nós o visitamos, e lá está a criatura, grogue, mas conseguindo tomar café da manhã.

- Ele disse que vem estudando a nossa raça e cultura há anos... e não quer encontrar nossos líderes.

ENTORPECIMENTO

Uma das inspirações originais do Mochileiro foi a ideia de mostrar acontecimentos do mundo cotidiano em uma escala macrocósmica, mas parece cada vez mais difícil encontrar algum motivo para rir no mundo cotidiano. A habilidade de rir parece depender de algum tipo de conceito, falando de modo geral, do que é certo e do que é errado, mas, no entanto, quando você tenta ampliar a sua visão das coisas, não há mais nenhum certo e errado claro. Acho que Tom Lehrer disse algo do tipo quando explicou por que estava desistindo, ou tinha desistido, de escrever músicas engraçadas...

Então tá, bom, aqui vão as novidades: estamos voltando para Lord's. Bom, foda-se, é isso que estamos fazendo, infelizmente. Se quiser saber as razões - apesar da declaração impetuosamente determinada de que isso era exatamente o que não iríamos fazer -, aqui estão elas. Como eu disse para a Sally na minha carta, pegar um tema engraçado e fazê-lo ficar sério contribui para um texto melhor - ou, pelo menos, para mim isso contribui para um texto melhor - mais do que pegar um tema sério e fazê-lo ficar engraçado. Outra razão: não precisamos seguir a história à risca Slartibartfast, que é provavelmente o melhor personagem que você tem do ponto de vista do seu texto, pode estar na própria cruzada pessoal dele contra o mal, porque ele vê isso como uma ocupação adequada para um homem de idade avançada que, portanto, não precisa prestar especial atenção às tendências do momento em termos de moral. Ele só quer ter a impressão de que fez algo que, de acordo com suas ideias prontas mais antigas, valeu a pena...

A tentativa de amar pessoas que você não conhece é perigosa, porque, se você consegue se induzir a pensar que é capaz de amar alguém que você não conhece, você também consegue se induzir a pensar que é capaz de odiá-las e a achar que deveria matá-las. Você constrói os meios para destruí-las, e, de repente, eles

> viram os meios para destruir você também. É muito melhor ignorá-las e ignorar até mesmo a possibilidade de elas existirem também... Aqui vai um pensamento: talvez o povo Krikkit primeiro tenha tentado amar o resto da Galáxia – que simplesmente não notou isso – e então tenha decidido odiá-lo, em vez disso.

Não é que ele estivesse completamente empacado – o livro *A vida, o universo e tudo mais* estava pelo menos metade do caminho percorrido, com mais de uma dúzia de capítulos contando as bizarrices fantásticas e particularmente criativas de seus queridos personagens e um fim mais sombrio do que nunca para o enredo. Além do lance dos Krikkits, tal como o conhecemos, havia O Consultor mexendo os pauzinhos nos bastidores, os diários de Arthur, o negócio do Wowbagger, Marvin encontrando uma espécie de felicidade junto com os Drubbers e uma brilhante cena de tribunal na qual Zaphod era acusado de alguma coisa antes de cometê-la e recebia uma perigosa overdose da droga da verdade suprema, que também permitiu analisar o relacionamento dele com Trillian sob uma nova luz.* Outra ideia que nunca foi ao papel era a de um planeta mergulhado em um holocausto nuclear por um cartão de mudança de endereço processado erroneamente, que foi inspirado nas aporrinhações da mudança de Adams – ele retornaria a esse conceito em outra versão.

Embora o terceiro lançamento do *Mochileiro* parecesse destinado a ser o mais estranho até então, o manuscrito, que já tinha dois terços concluídos, foi jogado fora no final do ano e reescrito absolutamente do zero. Esse gesto tão drástico foi feito por Douglas em uma das raras ocasiões em que ele parecia no caminho certo para cumprir um prazo e é ainda mais notável por ele ter admitido que reescreveu a história "em circunstâncias nas quais eu não gostaria nem de montar uma estante, que dirá escrever um livro".

Essas circunstâncias foram, é claro, que, à medida que se aproximavam as festas de fim de ano, Emerson ficou com saudades de seu marido e se sentiu sufocada pela idolatria e oprimida pela carência singular de Adams: por volta do Natal, ela havia ido embora e tirado todos os seus pertences do apartamento. Adams celebrou as festas de fim de ano construindo boas piadas curtas, e, em todos os aspectos, a explicação de que "Para mim, ela foi embora com aquele cara pelo motivo ilegítimo de que ele era o marido dela" era um argumento decisivo, mas podemos ter certeza de que isso não proporcionou nenhum consolo ao soli-

---

*   Texto 11 na seção "Trechos inéditos do *Mochileiro*" (p. 490).

tário Douglas, pois ele teve de lidar completamente sozinho com seu pior espancamento emocional desde os dias sombrios de 1976. Ele implorou a Sally, insistindo que, não importava o que ela pensasse, ela sempre seria a mulher da vida dele. Mas, por fim, o Mingo saiu do caminho dela. Sua única súplica reveladora antes de ela voltar para a felicidade matrimonial recém-encontrada foi que ela não podia, em hipótese alguma, por favor, nunca ir para a cama com John Lloyd.

Ter-se disposto a se abrir para uma dor emocional tão inevitável deve ter-lhe inspirado o sábio provérbio: "Uma experiência em que você aprende alguma coisa é aquela que lhe diz: 'Sabe aquilo que você acabou de fazer? Então, não faça'". Porém, a tristeza era palpável, e ele chamou a ruptura de "uma imensa crise doméstica que me deixou arrasado. Eu não conseguia pensar em nada engraçado para salvar a minha vida; eu queria pular de penhascos e coisas do tipo". No entanto, ele não tinha escolha àquela altura, a não ser cambalear, entorpecido, até mais um avião e voar para a costa oeste dos Estados Unidos pela primeira vez, a fim de participar de uma maratona publicitária durante um mês, o que deve ter exigido dele um enorme esforço para sorrir ao longo dela. Contudo, ele teve a presença de espírito de telefonar para Sonny Mehta e lhe dizer que o último rascunho estava anulado e descartado, e precisava ser retrabalhado quando ele voltasse para casa. "Praticamente toda palavra" seria jogada no lixo — sobretudo a dedicatória pretendida, "Para Sally, que eu amo mais do que o título", que foi cortada e publicada como "Para Sally", versão menos tocante e espirituosa. Como sempre, insinuar ligações diretas entre Adams e seus personagens é um negócio arriscado, mas deve haver alguns excertos do *Mochileiro* mais indicativos do que o abandono de Zaphod por Trillian, quando vistos através do prisma da solteirice recente e do crescente tédio criativo do autor:

— Emoção e aventura e coisas realmente bárbaras — murmurou ele.
— Olha — disse ela com um tom de voz compadecido, sentando-se ao lado dele —, é compreensível que você se sinta um pouco desnorteado por algum tempo... Você completou a missão que te envolveu durante anos.
— Ela não me envolveu. Eu procurei evitar ficar envolvido nela.
— Mesmo assim você a concluiu.
Ele resmungou. Aparentemente estavam dando uma grande festa em seu estômago.
—Acho que isso acabou comigo – disse. —Aqui estou, Zaphod Beeblebrox, e posso ir a qualquer lugar, posso fazer qualquer coisa. Tenho a melhor

nave de todo o espaço, uma garota com quem as coisas parecem estar indo bem...
– Parecem?
– Até onde posso ver. Não sou especialista em relacionamentos pessoais...
Trillian levantou as sobrancelhas.
– Sou – prosseguiu Zaphod – um grande cara, posso fazer tudo o que eu quiser, só que não tenho a menor ideia do que seja isto.
Fez uma pausa.
– Uma coisa – acrescentou ele – deixou de levar à outra – em contradição com o que disse, tomou outro drinque e escorregou desajeitadamente de sua cadeira.

É notável que haja tantos momentos engraçados no livro acabado, mas, ao mesmo tempo, não é necessário cavar fundo demais em muitas das sequências de destaque de *A vida, o universo e tudo mais* para detectar, na formulação delas, uma atmosfera de rejeição e solidão mais intensa do que qualquer outra coisa antes na saga. A nova versão insultante de Wowbagger propiciou continuidade narrativa do começo ao fim (tornando-se um personagem tão amado pelos fãs que um site que oferecia xingamentos infinitos foi finalmente lançado em seu nome), mas o conceito de um ser tão atormentado pela imortalidade que decide ofender pessoalmente todo ser na história do universo em ordem alfabética faz sentido como a invenção de um homem isolado e amargo. No seio da família de Douglas, esse período acabaria sendo conhecido como "a Crise Sally". Durante um bom tempo, não havia espaço para nada em sua mente, a não ser para a dor de cotovelo de um amor perdido. Ele até delineou o enredo de uma história que se chamaria "O prêmio do sonho", sobre um incrível dom de criar felicidade, constantemente sonhado por um homem, que o possui apenas brevemente antes que o devido proprietário – que não sabe apreciar de verdade sua beleza e poder – retome posse dele. A metáfora aqui não é impossível de compreender.

À medida que o processo de reescrever *A vida, o universo e tudo mais* avançava dolorosamente, o aumento do linguajar obsceno no livro parecia manifestar um estilo em amadurecimento ou mais desleixado – mas a reação de Arthur à demolição de sua casa no primeiro livro havia sido originalmente emporcalhada com vários "foda-se". Porém, seria mais difícil limpar a palavra de baixo calão no prêmio Rory pelo "uso mais desnecessário da palavra 'foda' em um roteiro sério", pois ela era essencial à piada. Foi só nos Estados Unidos, onde o Fofinho Cósmico havia atraído um séquito juvenil muito maior, que os editores insistiram para encontrar alternativas, trocando o "bundão" de Wowbagger pelo criativo "nojentoide"* e substituindo o palavrão que começava com F pela obscenidade suprema, ao estilo de Semprini, que já havia sido experimentada e testada, "Bélgica", complementada com explicações tiradas do rádio.

A descoberta que Arthur faz do segredo de voar (que é, obviamente, jogar-se no chão e errar) manteve um pouquinho mais da positividade do rascunho original, e Adams admitiu ter orgulho de sua construção: "Eu não revisei nada na parte sobre voar – ela foi toda feita de primeira. Embora eu tenha trapaceado ligeiramente, pois, como eu sabia que tinha escrito a sequência toda de uma só vez, fiquei um pouco supersticioso com relação a ela e deixei passar coisas que eu podia ter revisado". Porém, o voo de Arthur acabaria vindo imediatamente após o centro do livro – de fato, toda a "trilogia" –, que era o encontro com o trágico Agrajag: um episódio sombrio e extraordinário com tantos redemoinhos contraditórios de interpretações potenciais que fica difícil saber por onde começar.

Arthur se transporta por engano ao seu próprio pesadelo personalizado e sombrio – a Catedral do Ódio, que se dedicava só a ele – e encontra o oponente que ele nunca soube que tinha. Acrescentando reencarnação à fermentação sobrenatural, junto com sessões espíritas e divindades, o assassinato de Agrajag, com a circunstância agravante de acontecer regularmente nas mãos do distraído Dent, desde um vaso de petúnias até um morcego gordo enlouquecido, podia facilmente ser interpretado como o próprio sofrimento de Adams na máquina de escrever em nome de Arthur – e, muitos anos mais tarde, ele tomaria a inabitual iniciativa de se oferecer para o papel trágico, quando a ideia de uma terceira temporada no rádio foi sugerida. Por outro lado, o desconforto de Dent com relação ao seu papel involuntário nas vidas de Agrajag enquanto a besta injustiçada sabe tudo sobre ele reflete a experiência de Adams com os fãs, dentre os quais alguns pontuavam cada frase, exacerbando seu estresse composicional. (Para muitos fãs de ficção científica que sentem que uma querida franquia desviou do ideal deles, a frase "seria razoável dizer que ele tinha atingido um nível de irritação que agora abrangia todo o tempo e o espaço em sua infinita sombra" quase descreve isso de forma leve.) Quando ele recebeu uma carta, por exemplo, contando que um fã havia morrido feliz sabendo que sua toalha estava ao seu alcance, a intenção era

---

* Os insultos do original são, na versão inglesa, "*arsehole*", literalmente "cu, ânus", e, na versão americana, "*kneebiter*", literalmente "mordedor de joelho". As edições brasileiras, traduzidas a partir do texto inglês, usaram a palavra "bundão". [N. de T.]

aquecer o coração do autor, mas Douglas ficou horrorizado ao ver até que ponto alguns devotos haviam guardado dentro do coração suas criações brincalhonas e achou o senso de responsabilidade tão desconcertante quanto opressivo.

Apesar da insistência de Douglas, já típica, de que esse seria o fim, seu rascunho pronto, após o prazo ter expirado havia quase um ano, pelo menos reuniu toda a tripulação da *CdO* e, excepcionalmente, deixou-os a postos para entrarem em ação se fosse novamente preciso, mesmo que Arthur tivesse desejado uma aposentadoria tranquila em Krikkit. No entanto, disse Adams, "Quando eu recebi de volta as provas da Pan, dei uma lida e tive o incômodo sentimento de que tinha alguma coisa errada. Se tivesse sido uma coisa pequena que estivesse errada, eu teria identificado imediatamente, mas era uma daquelas coisas tão grandes e erradas que você demora um tempo para ver exatamente o que é: faltavam dois capítulos! Aqueles dois tinham desaparecido e, na verdade, reapareceram mais tarde nos Estados Unidos, quando então o número de páginas da edição encadernada final já havia sido determinado. E é por isso que, na versão inglesa, o texto do livro vai até a última página. Não tem nenhuma propaganda, nem nada, no final". Embora o epílogo finalmente estabelecesse a pergunta da Questão Fundamental, deixando claro que a posse de ambas, da Questão e da Resposta, eliminaria toda existência, o encontro desnecessário com Prak, aturdido pela droga da verdade, tendo assumido o destino original de Zaphod e sendo morto por sua própria gargalhada, preparou o terreno para outras aventuras de forma ainda mais flagrante, apenas anunciando a busca pela última mensagem de Deus para sua criação, em vez de torná-la central no enredo – e, mais uma vez, desconcertando Dent ao deixar claro que ele era uma das coisas mais risíveis do universo.

Dessa vez, porém, foram os críticos que pareciam estar dizendo "quando", uma vez que o livro chegou às lojas em agosto de 1982. O *Times Literary Supplement*, em especial, torceu o nariz: "Esse terceiro volume, embora de modo nenhum careça de ímpeto entusiástico, faz pouco para sugerir que a ideia poderia ou deveria ser levada muito além a partir dali". Contudo, não necessariamente incentivados pelo estratagema de oferecer aos críticos e primeiros leitores "latas de tudo" gratuitas (latinhas seladas contendo tiras de papel nas quais vinha impresso o sentido da vida com uma tinta que evaporava em contato com oxigênio), os leitores nem prestaram atenção a nenhum malho da crítica e, para genuína surpresa de Douglas, *A vida, o universo e tudo mais* logo ultrapassou as vendas de seus dois predecessores. Um fato que fez o queixo cair ainda mais foi que a lista de mais vendidos do *New York Times* daquele Natal apresentava todos os três livros entre os dez primeiros colocados, fazendo de Adams o primeiro autor britânico a alcançar tamanha façanha desde Ian Fleming. Os recortes de jornal cuidadosamente selecionados por Douglas ficaram pregados na parede de seu apartamento pelo resto de sua carreira, constituindo uma vitrine de orgulho que, é claro, também acabaria caçoando dele, toda vez que a inspiração estivesse sendo particularmente evasiva.

OS SENTIDOS DA VIDD E DO AMOR

Os fanáticos por comédia e ficção científica dos Estados Unidos haviam guardado o *Mochileiro* tão fundo em seus corações que a vida de Adams em breve começou a dar a impressão de ser uma longa e luxuosa série de viagens de ida e volta, mas, embora sua travessia do Atlântico logo após a entrega de seu terceiro livro tenha sido parcialmente recreativa, ela o estava levando para o aparente grande evento – finalmente, o filme acabaria nas mãos das maiores figuras de Hollywood. Durante um tempo, Terry Jones havia ficado animado para trabalhar com Douglas no filme, como havia sido discutido durante longas sessões na casa de Jones, mas, quando o autor declarou que não queria arrastar o enredo original para mais um meio ("Eu estava correndo o risco de virar meu próprio programa de edição de texto!") e, além disso, como eles concordaram que as aventuras de Arthur careciam totalmente da estrutura necessária para uma comédia de ficção científica de 90 minutos campeã de bilheteria, os parceiros de bebedeira, incapazes de bolar uma ideia nova do *Mochileiro*, decidiram manter a amizades deles não profissional. No entanto, muitos outros magnatas do cinema estavam empolgados para entrar na mamata de Douglas, e o mês que ele passou em Malibu, em uma casa alugada de Donna Summer, seria efervescente, com almoços caríssimos enquanto ele refletia sobre as propostas. O melhor de tudo, porém, é que ele não estaria viajando sozinho.

Dissemos anteriormente que Adams teve de lidar sozinho com o fim de seu relacionamento, mas, é claro, com sua rede de amizades formada no forno do Footlights, na pobreza pós-faculdade e em incontáveis festas, havia muitas pessoas com quem ele podia contar. Ele e Mary Allen ainda eram chegados, mas, quando os telefonemas diários com uma hora de duração começaram a atingir um nível em que estavam roubando a vida da amiga, ela sugeriu a ele que o melhor jeito de evitar a solidão era arrumar um novo inquilino. Após consultarem as opções, eles reduziram a lista de companheiros de apartamento potenciais a apenas alguns nomes, incluindo Perkins e uma ambiciosa advogada, amiga de Mary, que Douglas havia encontrado em uma ou duas festas, Jane Belson. Houve um tempo em que Mary e Douglas quase tiveram um caso, mas ela recordava que, na noite em questão, na qual o romance passou de raspão, eles acabaram encenando *Macbeth* juntos na íntegra. Nesse meio-tempo, ela e Jane haviam criado laços por terem sido traídas pelo mesmo Don Juan, mas, quando Mary juntou Jane e Douglas no mesmo apartamento, não havia nenhuma intenção de formar um par romântico — na verdade, muitas candidatas foram recusadas justamente por estarem propensas a acabar indo para a cama com ele. Isso parece curioso, retrospectivamente, pois Douglas e Jane não poderiam ter combinado um com o outro de modo mais misterioso, nem que fossem os últimos exemplares remanescentes da espécie humana. As diferenças deles eram tão complementares quanto as semelhanças, reconheceu Adams: "Eu sou um homem de entusiasmos obsessivos e grandes explosões de energia seguidas de dois dias na cama. A Jane é totalmente diferente, e é por isso que nós nos complementamos tão bem".

Algumas semanas mais velha do que Douglas, Jane havia nascido em Londres, de pais australianos, e estudado junto com Johnny Brock. Após cursar história e economia no St. Hilda's College, na Oxford University, ela trabalhou brevemente no Tesouro Nacional, antes de ser chamada para a Ordem dos Advogados em 1978, tornando-se finalmente uma das advogadas mais admiradas e certamente mais jovens do Reino Unido, especializando-se em leis de divórcio. Acima de tudo, ela era imensamente alta, incrivelmente inteligente, tinha gênio forte e fumava como uma chaminé, muito mais do que Douglas nos momentos em que ele estava mais empacado com seus textos. Ela também possuía uma beleza arrebatadora, com seus cabelos e olhos escuros, o que, inevitavelmente, colaborou para transferir o anseio que Douglas sentia por Sally para ela — e, embora Jane conhecesse Sally melhor do que Douglas no início, ela não conseguiu resistir aos charmes dele também. Eles combinavam tão equitativamente e eram tão cabeças-duras que esse não seria o início de um romance tranquilo e perfeito, mas sim de um relacionamento apaixonado, barulhento e frequentemente explosivo, que duraria em grande parte porque, no último minuto do segundo tempo, Jane geralmente escolhia ser quem acataria quaisquer exigências de Douglas que houvessem causado uma briga específica. O primeiro exemplo disso seria acompanhá-lo à Califórnia, tirando uma folga de seu ofício bem-sucedido de advogada matrimonial (bem-sucedido apesar de certos gestos de seu namorado, tais como mandar buquês de flores cada vez mais extravagantes serem entregues a ela no tribunal a cada hora em um dia dos namorados, em meio a processos de divórcio particularmente carregados).

Coincidentemente, outro amor entrou na vida de Adams nesse ponto – ele comprou seu primeiro computador: "Era um programa de edição de texto independente chamado Nexus, que era horrendamente caro para os padrões de hoje e provavelmente menos potente do que as calculadoras que a gente ganhava nos *Christmas crackers**". Ele flertou sem sucesso com um DEC Rainbow nos Estados Unidos, antes de adquirir um Apricot ao voltar para a Inglaterra – como este último era executado em MS-DOS, foi o primeiro computador que começou a fazer algum sentido para ele.

Ao partir para a ensolarada Los Angeles, Douglas disse aos jornalistas: "Para mim, é muito importante, no momento, fazer algo diferente, pois eu não quero permanecer marcado indelevelmente pelo *Mochileiro* durante toda a minha carreira. Eu provavelmente já estou, mas gostaria de provar para o mundo lá fora que há outras coisas que eu sou capaz de fazer também. Eu gostaria de escrever um romance que não fosse de ficção científica. Eu quero escrever uma peça teatral, e a próxima coisa que eu estou prestes a fazer é, na verdade, uma coisa ligeiramente pequena, em certo sentido. Eu e um amigo estamos indo viajar para escrever uma espécie de dicionário". O terceiro membro da expedição à Califórnia, portanto, era John Lloyd. Ele e Douglas não haviam parado completamente de trabalhar juntos em ideias ao longo de seus sucessos separados: um dos derivados do badalado *Not the Nine O'Clock News* foi um almanaque com a espessura de um tijolo, *Not 1982* [*Não é 1982*], que, por ser intensamente faminto de conteúdo, utilizou bastante das brincadeiras de "definições de topônimos" que eles haviam feito em Corfu, com os melhores verbetes impressos no "The Oxtail English Dictionary"**. Quando Douglas descobriu que John pretendia compilá-los em um livro inteiro, no entanto, ele chamou Ed Victor e, em setembro de 1981, o agente literário levou os dois amigos para almoçar e comemorar o acordo que havia sido fechado com a Pan e a Faber & Faber para realizar o que seria publicado dois anos mais tarde como *The Meaning of Liff* [*O sentido da vidd*]. A aparente sinergia com o último filme dos Pythons, *O sentido da vida*, foi coincidência – inclusive o título de Gilliam na lápide e Deus dando o reto-

---

*   Tradição natalina em diversos países, os "*Christmas crackers*" são tubos feitos de papelão e embrulhados com papéis brilhantes. Eles devem ser puxados pelas extremidades por duas pessoas e dão um estalo ao abrirem. Quem tirar a maior parte fica com o que houver dentro. [N. de T.]

** "Oxtail" significa "rabo de touro" ou "rabada". A palavra, no caso, é um trocadilho com a Oxford University. [N. de T.].

que final para a última letra transformar "LIFF" em "LIFE" –, mas, embora Lloyd quisesse distanciar o livro do filme, preferindo chamá-lo de "The Oxnard Eglish Dictionary", fazendo um trocadilho com a cidade da Califórnia com esse nome, Adams argumentou que o título era uma maneira de chamar mais atenção para o livro, com a bênção de Terry Jones. O filme parecia dever muita coisa a Douglas, de qualquer forma, apresentando Simon Jones em papéis secundários (ao convite de Cleese, após *Privates on Parade*), e ecoando as maluquices astrológicas e filosóficas do *Mochileiro* em "The Galaxy Song", arraso de Eric Idle.

Naquela época, houve acusações de plágio, pois o conceito de "neologismo absurdo" procedia de um artigo escrito por Paul Jennings nos anos 1950 – presumivelmente, de onde o professor de Douglas havia tirado a ideia –, mas, embora a abordagem de *Liff* fosse muitíssimo diferente, o Mingo, atenciosamente, pediu respeitosas desculpas ao idoso Jennings. Como mostra sua referência desdenhosa acima, *Liff* nunca foi uma grande pausa com relação ao *Mochileiro* para Adams, mas sim um projeto extremamente agradável que ele podia ler e reler, orgulhando-se dele de forma menos crítica do que com seu trabalho solo – ele até acompanhou John em um passeio promocional especial anunciando "*Liffs*"* para a Granada TV quando o livro saiu. Os amigos também compuseram uma atualização, *The Deeper Meaning of Liff* [*O sentido mais profundo da vidd*], sete anos mais tarde. "Normalmente, eu não gosto nem um pouco de escrever", reafirmou ele na época, "mas foi um verdadeiro prazer fazer esse livro. Mas o que é realmente bacana é a minha família e afins, que dizem 'Sim, querido, é legal o *Mochileiro*'. A do John diz o mesmo sobre o *Not the Nine O'Clock News* – adora esse livro. Meu irmãozinho e minha irmãzinha gostam dele. O livro está sendo vendido rapidamente, mas não tão bem quanto poderia estar. Acho que é porque as pessoas não têm ideia do que seja – é totalmente enigmático e anônimo, a menos que elas por acaso reconheçam nossos nomes." Em uma tradução estranhamente deformada, embora as definições de *Liff* não tivessem nada a ver com o seriado de TV *Not the Nine O'Clock News*, a adaptação americana do programa, *Not Necessarily the News* [*Não necessariamente o jornal*], suscitou os próprios neologismos malucos de um membro do elenco, Rich Hall, que ficaram conhecidos como "*Sniglets*".

Apesar de John estar preocupado com o estresse iminente de *Spitting Image*, eles passavam dias ainda longos na praia, contemplando o Pacífico e bolando conceitos e peculiaridades humanas que pedissem um termo específico (alguns não

---

* O termo "*Liff*" (um vilarejo perto de Dundee, na Escócia) é definido no dicionário como "um livro cujo conteúdo é totalmente contradito pela capa. Por exemplo, qualquer livro com uma sobrecapa que carregue a promessa 'Este livro vai mudar a sua vida'". [N. de T.]

conseguiam dar para o gasto, tais como "*Skeffington*: um pelo pubiano perdido que fica preso por trás do prepúcio"), mas geralmente John era o cérebro organizador do projeto *Liff*, enquanto Douglas era almoçado sem piedade pelos produtores hollywoodianos. Ele acabou escolhendo Michael Gross, ex-diretor de arte de *National Lampoon*, e Joe Medjuck, seu colaborador, que também eram novos na cidade e estavam farejando projetos interessantes em nome de Ivan Reitman, produtor de *Animal House*. Fosse a clara apreciação do humor do *Mochileiro* pela dupla ou a aparente ausência da babaquice hollywoodiana no arranjo proposto para a produção (Medjuck e Reitman eram canadenses) o que tenha seduzido Douglas, e apesar de temer que o humor de *Stripes* e *Animal House* fosse diferente do humor do *Mochileiro*, foi a Reitman que ele e Ed Victor deram sinal verde para comprar os direitos do filme por 200 mil libras, costurando um acordo com a Columbia Pictures, que garantia a Adams os três primeiros rascunhos do roteiro cinematográfico. A equipe havia inicialmente almejado fazer uma animação para dar continuidade à própria comédia de ficção científica deles, *Heavy Metal*, de 1981 – um desenho bruto recheado de clichês espaciais e clones da Barbarella com seios gigantes –, mas, embora Adams tenha vetado qualquer ideia de animação, eles ficaram satisfeitos em deixá-lo tentar dar vida à sua visão para os espectadores do cinema.

Assim, apesar de dividir apreensões com Terry, Douglas foi eleito para reprocessar a evolução de Arthur Dent de terráqueo enlameado a mochileiro espacial de novo, em um meio completamente novo. Com tantos negócios a resolver em dois terços do planeta, duas figuras questionavelmente canônicas da lenda radiofônica do *Mochileiro*, Simon Jones e Stephen Moore, na última representação oficial deles na pele de seus personagens em mais de vinte anos, tiveram de seguir em frente com pouca ou nenhuma indicação do criador (embora ele tenha acompanhado Moore no papel de Marvin em uma participação convidada em *Studio B15*, da Radio 1, em janeiro de 1982).

Sheila Steafel é uma comediante subestimada: ela foi membro do elenco de *Week Ending* durante o breve mandato de Adams e apresentou sua própria celebração na Radio 4 no verão de 1982, com textos escritos para ela por pessoas como Galton e Simpson, Hamilton e Jenkin, além de Barry Cryer – com um pequeno espaço reservado para um esquete do *Mochileiro*, o qual Adams forneceu diligentemente. Era apenas um conto humorístico, introduzido, em termos de continuidade, em algum ponto antes dos acontecimentos de *A vida, o universo e tudo mais*, mas Simon ficou feliz de entrar na pele do seu personagem durante as gravações daquela noite:

SHEILA Boa noite e bem-vindos ao *Ouvido de Sheila*. E quem está comigo aqui no estúdio esta noite é um homem cujas viagens de mochilão pela Galáxia fizeram dele algo como uma celebridade. Senhoras e senhores – Arthur Dent... Em seu lindo roupão de lã. Você deve ser o homem mais bem viajado que eu já conheci. Posso lhe perguntar, em primeiro lugar...

ARTHUR Onde eu estou?

SHEILA ... Estamos na BBC.

ARTHUR Eu pensei que estivesse em uma caverna.

SHEILA Bom, eu sei o que você está querendo dizer, mas este é o Estúdio Paris, na Lower Regent Street, em Londres...

ARTHUR Estou surpreso. Na última vez em que eu estive aqui, tudo explodiu...

SHEILA Que interessante! Agora me diga: quais são as coisas da Terra de que você mais sentiu saudade?

ARTHUR ... É... coisas insubstituíveis, eu acho. Barrinhas de chocolate Mars, principalmente. Alguns tipos de chá. E, bom, eu ia dizer a Radio 4. Mas estou um pouco confuso. Você tem certeza de que isso está acontecendo?

SHEILA Você sentiu falta da Radio 4?

ARTHUR Ah, claro! *The News Quiz, Just a Minute*... são inigualáveis. Não há nada igual, ou mesmo parecido, a Kenneth Williams em nenhum lugar da Galáxia inteira... Eu procurei. Não é muito difícil, eu lhe garanto.

SHEILA Por que você não nos fala um pouquinho sobre sua experiência no espaço?

ARTHUR Bom, uma das coisas interessantes sobre o espaço é como ele é muito chato... Desconcertantemente chato. Sabe, tem tanto espaço e tão pouca coisa nele! Ele às vezes me lembra o jornal *The Observer*... na verdade, estou morando em uma caverna na Terra pré-histórica há cinco anos. Então, se você realmente quiser ouvir um monte de coisas sobre asteroides e pistolas de raio, infelizmente você procurou o cara errado... Eu posso lhe contar uma porção de coisas sobre lama e pântano e a busca pelo fogo. Sinceramente, este é o lugar em que eu sempre sonhei estar. A Inglaterra de hoje.

The Archers. Bolinhos *crumpets* com calda Marmite. Programas de entrevista. Engraçado... aqui estou eu e não paro de pensar que deveria me beliscar.
SHEILA Não, não faça isso...

Como a conclusão de "Foi tudo um sonho" leva a pensar, Adams não se demorou muito nessa peça final de roteiro radiofônico, mas a inclusão posterior do esquete na edição comemorativa de 25 anos dos roteiros do *Mochileiro* o qualifica como canônico. Um esquete muito mais difícil de inserir na tradição do *Mochileiro* foi realizado para a Radio 2 seis semanas mais tarde, em um especial de comédia apresentado por Roy Hudd, *The Light Entertainment Show*, no qual Douglas apenas permitiu distraidamente que seus personagens mais queridos dessem um pulinho. Um esquete muito curto e de mau gosto com uma conversa fiada infestada de trocadilhos foi escrito por Tony Hare e Peter Hickey:

EFEITO SONORO <u>BARULHO SIBILANTE DECRESCENTE</u>
ROY Céus! É uma espaçonave pousando! Esse programa não poupa despesas, sabe?
ARTHUR Hum, com licença? Meu nome é Arthur Dent, e eu estava me perguntando... este é o... hum... planeta Terra?
ROY É!
ARTHUR Ah, graças a Deus! Então você deve ser humano?
ROY Não, eu sou membro do Equity.
ARTHUR Estou tão aliviado de estar em casa finalmente! Eu estive viajando de mochilão por metade da galáxia.
ROY Que coincidência! Eu estive comendo metade de um chocolate Galaxy no meu camarim. Quem é esse seu amigo?
ARTHUR Ah, desculpa, eu deveria lhe ter apresentado. Este é Marvin, o androide paranoide.
MARVIN Acho que você precisa saber que estou me sentindo muito deprimido...
ROY Bom, Dusty Bin* computadorizado, o que posso fazer por você?
MARVIN Daleks!

---

* Dusty Bin era o mascote do programa de TV inglês *3-2-1* e consistia em uma lata de lixo. [N. de T.]

ROY Que bonito isso, não é mesmo? Vá lavar a boca com polidor de metais, chispa!
ARTHUR O que nós gostaríamos de saber é: você poderia nos indicar o caminho da ITV?
ROY Claro! Apenas saia pela porta do palco e siga o resto do elenco.
MARVIN Eu arrumei um emprego como substituto do Mickey Metal.

Em termos canônicos, é claro, isso pertence ao mesmo lugar que a aparição de Marvin em *Blue Peter*, e não a algum dos livros de roteiro oficiais, mas o famoso Douglas nem se incomodou com isso. Ele tinha preocupações mais elevadas do que transmissões de rádio semioficiais, pois estava remodelando sua criação para o cinema. Logo depois, ele decidiu que Islington não era o lugar certo para tentar escrever um filme. Portanto, sua volta para casa durou pouco – mais uma vez, Jane foi convencida a botar sua carreira na geladeira e voar novamente para Hollywood, ao lado do namorado, no começo de 1983.

NÃO DÁ NEM PRA TER PENA

O casal se estabeleceu em seu novo lar em Coldwater Canyon, e Jane decidiu fazer os exames da Ordem dos Advogados para trabalhar com leis americanas enquanto Douglas procurava dar conta de escrever para as telonas. Sua primeira tentativa de roteiro cinematográfico foi particularmente um fiasco. Tendo muita experiência em escrever para o rádio e a TV, ele mergulhou de cabeça despreocupadamente e traduziu sua história para a sétima arte de forma semelhante a como ele a havia adaptado para o seriado da TV. Resultado: Ivan Reitman recebeu um roteiro de 275 páginas que teria virado um épico nas salas de cinema, já que a maioria dos roteiros de filmes de 100 minutos apresentava, em média, cerca de 125 páginas. Além disso, o documento era lotado de piadas internas, assim como seus roteiros passados haviam sido, mas Douglas não estava mais escrevendo para seus amigos e colegas, e esses apartes só demonstraram sua inexperiência aos veteranos de Hollywood:

Ford chega. As roupas que ele está vestindo são todas individualmente corretas. Mas há algo no jeito como ele as combina e as veste que sugere que ele não está realmente familiarizado com a cultura da Terra. Eu sei que esse efeito é difícil de alcançar nos dias de hoje, pois todo o mundo parece se vestir dessa forma, mas podemos, pelo menos, tentar criar algo distinto.

Houve muitas maneiras cuidadosamente pensadas de abrir a ação dos romances em uma tela maior – o sucesso de *Tron* até incitou Adams a ter a esperança de uma verdadeira computação gráfica dessa vez. Porém, os *scripts* frequentemente tendiam a se desgarrar das instruções estritas do roteiro cinematográfico e virar algo mais parecido com um roteiro de filmagem com piadas acrescentadas, o que era uma garantia de irritar qualquer diretor que buscasse ter qualquer influência criativa no projeto:

INTERIOR DE UMA NAVE VOGON – A PONTE
É muito, muito feia. Ela tem o tipo de feiura brutal e funcional dos carros do leste europeu. Podemos estar razoavelmente certos de que nada feliz ou agradável nunca aconteceu nessa nave e de que qualquer coisa feliz ou agradável que tivesse a intenção de acontecer se sentiria imediatamente sem graça e constrangida e provavelmente iria procurar um corredor escuro no qual pudesse acontecer. Por sorte, a nave é cheia de corredores escuros. Buscas recentes não encontraram, no entanto, nada feliz ou agradável tentando acontecer neles. Todas elas se jogaram pra fora da nave. Enfim. A gama geral de cores poderia ser inteiramente encontrada no conteúdo de uma lavagem estomacal.
O capitão Vogon, que parece cria de um medonho caso de uma só noite entre uma lesma e uma morsa, está sentado no meio de uma variedade de instrumentos e monitores que lhe transmitem informações não edificantes.
Começa um barulho profundo e perturbador. As luzes piscam e escurecem, sugerindo um dreno maciço de força em algum lugar do sistema.

VOGON

(Enquanto anda pesadamente pelo corredor) Eu não sei, diabo de planeta apático, não dá nem pra ter pena.

Seguimo-lo pelo corredor uma parte do caminho, então paramos e o vemos continuar em frente. Embora nunca vejamos nenhum deles de forma absolutamente clara, estamos cientes de que os monitores na periferia da nossa visão estão, na verdade, mostrando a Terra sendo demolida. A cada vez que um monitor emite um sinal luminoso particularmente brilhante, ele é precedido, em cerca de um quarto de segundo, por um rugido mais alto do que o normal e uma queda das luzes. O Vogon vai sumindo no corredor. Ele passa por uma criança Vogon feiosa, algema-a e a faz chorar...

Nosso ponto de vista vai mudando gradualmente e vira para que vejamos um dos monitores claramente. Os monitores ao redor agora voltaram sua atenção para outras questões – leitura de dados, escaneamento de segurança das partes da nave, comerciais de pasta de dente vogon etc. O monitor no qual nós nos concentramos mostra apenas uma região vazia do espaço com destroços voando. Parecemos atravessar o monitor e nos dirigir lentamente para um dos pedaços de destroço. É uma toalha esfarrapada e chamuscada voando silenciosamente pelo espaço. Ela voa dramaticamente por cima de nós, igual a um efeito especial de *Star Wars*...

Um grande grafismo cobre a tela: "TOALHAS".

A tela é dividida em retângulos, cada um dos quais vira para revelar uma toalha no lado oposto. A maioria das toalhas é bem simpática, são toalhas baratinhas, com temas florais ou de personagens de desenho. Também há uma ou duas melhorzinhas – toalhas de designer. (Será que existe algo como toalhas de designer? *O Livro da Revelação* e Nostradamus concordam, ambos, que o fim dos tempos será anunciado pelo advento de toalhas de designer.)

Deve ter sido incomumente desagradável para um escritor tão aclamado quanto Douglas ficar perdido desse jeito, mas ele se dedicou com afinco, fez pesquisas e trabalhou muito duro em seu segundo rascunho, tentando reinventar sua história ao gosto de Reitman, apesar dos desafios óbvios que isso impunha: "Há certo problema estrutural que eu ainda não resolvi de todo", admitiu. "Normalmente, todo filme tem seu grande clímax no final. Então, quando o seu filme começa com a Terra explodindo, é difícil imaginar como você vai terminar esse filme exatamente. É claro, no rádio e na televisão, você não precisa terminá-lo. Ele simplesmente continuava indo e indo e indo..."

Reitman já tinha algumas ideias de como ele faria do *Mochileiro* um campeão de bilheteria – o fato de Arthur Dent ser britânico não era problema nenhum. Talvez Jones pudesse até retomar seu papel, visto que havia feito incursões na carreira do cinema, mas os astros de *Saturday Night Live* com os quais Ivan havia trabalhado poderiam convir bem à história – Dan Aykroyd seria um Ford plausível, e um ator tão carismático quanto Bill Murray poderia fazer muita coisa na pele de Zaphod. Reitman estava muito empenhado em chegar a um meio-termo que satisfizesse a visão de Douglas e vendesse um monte de pipoca e até tentou despertar o interesse de David Cronenberg para tomar as rédeas de um lançamento em 1984. Entretanto, Adams acabaria saindo do escritório do produtor com sentimentos que fariam sua atitude com relação a Alan Bell parecer quase cordial – mesmo que a experiência lhe tenha presenteado com muitas anedotas anti-Hollywood maliciosas para contar em programas de entrevistas nos anos seguintes: "Você sabe de todas as coisas que acontecem com as pessoas em Hollywood e pensa que, por você conhecê-las, elas não vão acontecer com você. Você vai para lá, senta-se, e os dias vão passando um após o outro – e tudo o que acontece com as pessoas que vão para Hollywood acontece com você. Eu fiquei muito, muito infeliz lá... E finalmente desisti. Eu e o produtor nunca conseguimos nos entender totalmente sobre como o filme seria feito, e, toda vez que eu o reescrevia, o roteiro piorava de ambos os nossos pontos de vista".

Adams ficou com uma pulga atrás da orelha em especial: ele tinha a impressão de que Reitman era completamente contra o número 42 ser a resposta da Questão Fundamental, e de que o produtor queria algo mais fácil para os espectadores, incitando Douglas a resmungar, cheio de inspiração: "Eis aqui um cara que acabou de comprar oito litros de sorvete de flocos e está reclamando de todos os carocinhos pretos". No entanto, Adams havia interpretado completamente errado a reclamação de Reitman – a piada "42" era legal, só que ele tinha o sentimento de que um desenlace tão deliberadamente desapontador era uma garantia de irritar os espectadores, transformando o investimento considerável da Columbia Pictures em um fracasso.

Ele só não queria que o Pensador Profundo fornecesse o final do filme. Mas, aí, Adams provavelmente já não estava escutando com muita calma nenhuma das opiniões de Reitman, após ter lido os comentários oficiais do produtor sobre seu segundo rascunho em julho daquele ano. Apesar do pedido de Reitman na carta de acompanhamento ("Espero que você interprete os comentários com o sentido da minha intenção ao escrevê-los"), ele não havia nem tirado um tempinho para ler o rascunho inteiro antes de sair de férias, e o ego do escritor foi fustigado a cada sucessiva chicotada à medida que ele ia virando as páginas:

- O diálogo na cena 94 está ruim.
- Na página 116, mais um personagem nos é apresentado: Slartibartfast, um velhinho engraçado que constrói fiordes. Acho que ele é um personagem divertido, mas a inclusão dele nesse pedaço é totalmente arbitrária. Ele surge do nada, desaparece de repente e não tem razão de existir a não ser para contar uma narrativa de fundo na terceira pessoa.
- Arthur tirando sarro do nome de Slartibartfast na cena 104 é como um esquete ruim de Mel Brooks.
- Cena 105 – no meio daquela perseguição, ficamos sabendo da inteligência dos golfinhos, como uma introdução à descoberta de quão espertos os ratos são. Mais ou menos nesse ponto, minha paciência com a história estava esgotada. Devo observar que não foi por causa da excentricidade das ideias, mas sim por causa da completa aleatoriedade com a qual elas são jogadas no caldeirão e da ausência de alguém dando importância a elas.

Douglas descobriu muitos prazeres durante seus sete meses na costa oeste. O principal deles foi sua afinidade por mergulho submarino: sua empatia com os golfinhos era apenas um elemento de seu pendor natural pela vida de um mamífero marinho. O mergulho se tornaria uma das maiores delícias de sua vida – um banho de enormes proporções. Porém, embora ele trilhasse o seu caminho trabalhando em vários rascunhos para a Columbia, cada roteiro reescrito só resultava em um texto que agradava menos do que o último esforço. Frustrado, Adams declarou sua derrota no final do verão: "Não foi um período bom para mim, nem um período produtivo. Fui acometido por uma leve síndrome de 'Farnham' – é o sentimento que você adquire às 16h, quando você ainda não fez muita coisa"'*. Seu retorno a Islington, repleto até estourar de histórias sobre produtores hollywoodianos ignorantes e mascando charutos, era apenas um indício de sua identificação maior com seu herói: colocando-se no lugar de Arthur Dent, Adams considerou que uma estadia na loucura de Los Angeles seria um pretexto perfeito para qualquer mochileiro que estivesse voltando de aventuras de pirar a cabeça pela Galáxia. Nesse intervalo, Reitman não tinha mais tempo para adaptar romances britânicos excêntricos: seu candidato a Ford, Aykroyd, teve de bolar um roteiro de arrebentar, que foi coescrito com Harold Ramis e que também combinava humor sarcástico com ficção científica e misticismo, contando a história de um grupo de investigadores paranormais de Nova York que salvava o mundo. *Os Caça-Fantasmas* se tornaria não somente o campeão de bilheteria de 1984, mas também uma das franquias cinematográficas mais bem-sucedidas de todos os tempos.

Um retorno a um território mais familiar era extremamente desejável. Portanto, alguns meses após a volta de Douglas e Jane para casa, Ed teve o maior prazer de anunciar que seu cliente escreveria um volume completamente novo para o que já estava sendo incorretamente designado como sua "trilogia", por 750 mil dólares – uma soma maior do que nunca. O sucesso desembestado do primeiro livro do *Mochileiro* havia sido comemorado em janeiro com uma festa especial constelada de celebridades, na qual Douglas foi premiado com um Golden Pan por ter atingido um milhão de vendas. Assim, é fácil entender que as expectativas de um quarto romance eram altas. Adams admitiu: "Ao voltar para casa e me sentir um pouco desorientado, eu senti certa necessidade de procurar abrigo àquela altura, e foi por isso que eu concordei em escrever outro livro do *Mochileiro* – simplesmente porque era algo que eu sabia fazer. O problema é que você pode dizer 'não' a uma coisa 99 vezes e só precisa dizer 'sim' uma vez para estar comprometido. Então, para ser sincero, eu realmente não deveria ter escrito o quarto livro do *Mochileiro* e senti isso quando o estava escrevendo. Fiz o melhor que pude, mas ele não veio, sabe, do fundo do coração. Foi um verdadeiro suplício e uma luta para escrevê-lo".

Victor queria que o quarto volume fosse conhecido como "Última mensagem de Deus para sua criação", pois essa era a principal razão narrativa de escrever outro episódio, mas Douglas já tinha certeza de que *Até mais, e obrigado pelos peixes!*

---

*   Farnham é uma cidade do condado de Surrey, na Inglaterra. Ela se tornou um verbete do dicionário *The Meaning of Liff*, e sua definição ("sentimento de improdutividade") é exatamente a que foi citada por Douglas aqui. [N. de T.]

seria o título de seu quarto livro – visando, tanto quanto possível, utilizar apenas frases da primeira história, embelezando a impressão de que havia um arco cuidadosamente trabalhado em sua saga. Contudo, o que sua nova história seria de verdade exigia mais reflexão – com frequência, muitas esquisitices ou pontas soltas nos livros anteriores sugeriram o caminho a ser seguido. Dessa vez, o êxodo dos golfinhos prevaleceria, mas, como sempre, aonde o destino de Arthur Dent o levaria estava longe de estar definido. Outro fio da meada frouxo que havia sido assinalado desde o início para um desenvolvimento posterior era a garota da lanchonete com a revelação culminante: ele decidiu que era a vez de ela subir no centro do palco.

Apesar de esse ter sido seu primeiro produto impresso do *Mochileiro* escrito especificamente para ser um livro, em vez de ser uma adaptação do rádio ou de roteiros de TV não utilizados, pelo menos ele não estava realmente carecendo de ideias a acrescentar no caldeirão – como o anúncio inicial revelou, Douglas almejava contar uma história do ponto de vista de um personagem que tinha se jogado de uma grande altura no intuito de se lembrar de algo importante. Embora suas anotações iniciais estipulassem "Não pode ser Arthur – ele sabe voar", essa foi a primeira intenção:

TUDO O QUE VOCÊ QUERIA SABER SOBRE OS TRÊS PRIMEIROS LIVROS, MAS NUNCA PENSOU EM PERGUNTAR.
Tem a ver com a experiência mais terrível e angustiante na vida – tentar se lembrar de um endereço que alguém lhe deu, mas que você não anotou.
No final de *A vida, o universo e tudo mais*, disseram a Arthur Dent onde encontrar a última mensagem de Deus para sua criação, só que ele não conseguia lembrar onde era. Ele tenta de tudo para refrescar a memória: meditação, telepatia, bater na própria cabeça com objetos sem ponta – ele até tenta combinar tudo jogando tênis em dupla mista –, mas nada funciona. Ainda assim, ela o atormenta – a última mensagem de Deus para sua criação. Ele não consegue parar de pensar que ela deve ser importante.
Desesperado, ele decide se jogar de um penhasco, com a esperança de que sua vida inteira passe diante de seus olhos durante a queda. A respeito do que vai acontecer quando ele chegar ao chão – ele decide que vai enfrentar esse desafio quando chegar lá. Ele perdeu toda a fé na operação direta de causa e efeito no dia em que se levantou com a intenção de colocar a leitura em dia e escovar o cachorro e acabou na

Terra pré-histórica com um homem de Betelgeuse e um carregamento de nave espacial repleto de limpadores de telefone alienígenas.

Ele escolhe um dia bonito, um penhasco bonito e se atira... cai... se lembra...

Arthur se lembra de um montão de outras coisas também, o que o deixa em tamanho estado de choque que ele erra o chão completamente e acaba no topo de uma árvore com arranhões, hematomas e muitas coisas para pensar. Toda a sua vida passada na Terra adquire um sentido totalmente novo...

Agora ele realmente quer encontrar a última mensagem de Deus para sua criação e sabe onde procurar.

Arthur Dent está indo para casa.

Foi por volta dessa época que Adams ficou sabendo que havia atraído algo na mesma veia de um Boswell[*] – sempre havia fãs que se intrometiam sabendo mais sobre Douglas e sua criação do que ele afirmava saber. O rei de todos foi Mike "Simo" Simpson, um dignitário do fã-clube ZZ9 que acabaria fornecendo regularmente um serviço ao escritor e seu "pessoal", atuando como linha direta sobre fatos e números do *Mochileiro* que não estivessem na ponta da língua deles. No final de 1983, porém, Adams recebeu a primeira visita de Neil Gaiman, jornalista em germe, que entrevistou seu herói para a *Penthouse* – com a especial intenção de obter informações exclusivas sobre o que estava por vir para Arthur. Um segundo comunicado de imprensa também atiçaria a curiosidade dos fãs ao divulgar algumas das ideias que estavam fermentando na mente de Adams, das quais a maioria nunca chegou nem perto de nenhum produto do *Mochileiro*:

> Ao longo do caminho, eles encontram algumas pessoas novas e algumas antigas, incluindo:
> Wonko, o são, e seu notável asilo.
> Noslenda Bivenda, o melhor abridor de marisco da galáxia.
> Uma ultramorsa com um passado embaraçoso.
> Um caminhoneiro que tem a razão mais extraordinária possível para reclamar do clima.

---

[*] James Boswell (1740–1795) foi um advogado e escritor escocês. Ele é conhecido por sua biografia de Samuel Johnson, figura literária inglesa. Seu sobrenome passou a designar em inglês um companheiro e observador constante, que registra suas observações por escrito. [N. de T.]

Marvin, o androide paranoide, para quem mesmo os bons tempos são ruins.

Zaphod Beeblebrox, ex-presidente galáctico com duas cabeças, das quais pelo menos uma é mais sã do que uma ema que tenha tomado ácido.

E apresentando... Uma perna.

No final, apenas Wonko (o especialista em golfinhos e única pessoa sã da Califórnia, cujo hospício do avesso que declarava o resto do mundo como insano foi inspirado em genuínas instruções para evitar processos judiciais em um pacote de palitos de dente americanos), o Deus da chuva caminhoneiro Rob McKenna e, é claro, Marvin deram as caras em *Até mais, e obrigado pelos peixes!*. Mesmo Zaphod ficou de fora, porque, como admitiu Adams: "Era como uma obrigação – as pessoas ficavam dizendo: 'Ponha um pedaço sobre o Zaphod', mas eu não estava a fim de escrever um pedaço sobre o Zaphod! Veja bem, eu não queria nem incluir o Marvin, mas o que aconteceu foi que eu finalmente tive uma ideia de uma coisa que eu queria escrever e que precisava envolver o Marvin, que era o jeito como deveria ser. Eu não senti isso com Zaphod". Ele explicou que essa sensação também azedou seus sentimentos com relação às ideias que ele havia permitido que vazassem: "Acho que a única razão pela qual muitas daquelas coisas nunca se materializaram foi que eu tive a impressão de que, durante aquele período, o mundo inteiro estava olhando por cima do meu ombro enquanto eu estava escrevendo. Toda hora alguém me escrevia para dizer: 'O que você vai fazer com tal personagem?' ou 'Por que você não faz isso para resolver a situação?'. Aí você instantaneamente evita lidar com essa situação desagradável e pensa que não é mais a sua vez de estar no controle. A meu ver, parecia que eu ainda tinha coisas demais para amarrar e dar acabamento no *Mochileiro*, então tentar escrevê-lo daquele jeito seria simplesmente uma tarefa contínua de dar nós em pontas soltas, ao passo que, na verdade, talvez fosse melhor simplesmente pensar em algo completamente diferente".

No entanto, o autor explicou amavelmente suas ideias não utilizadas ao jovem Gaiman – o extraordinário abridor de mariscos que podia lhe dar "um lampejo de memória por toda a história até os tempos mais primórdios" foi claramente inspirado em excessos gastronômicos, enquanto a perna estava, em determinado momento, destinada a se tornar um membro silencioso da tripulação da *CdO* no filme, sendo uma parte independentemente inteligente da máquina de guerra astrossapa, ludibriada por Marvin para se autodestruir. A mais intrigante de todos, contudo, era a morsa, que tinha a inspiração nos Beatles, típica de Adams.

Ela não estava ligada à famosa música psicodélica "I Am the Walrus", mas havia sido inspirada em uma ocasião memorável que o estudante Douglas perdeu agonizantemente: "Eu tive a ideia depois de assistir *Let It Be* e sentir muita pena daquele policial, obviamente super sem graça, que teve de ir lá mandar os Beatles pararem de tocar. Quero dizer, saber isso é, na verdade, um momento extraordinário: *Os Beatles estão tocando ao vivo em cima de um telhado em Londres*, e o trabalho daquele pobre policial era ir lá e mandá-los pararem. Pensei que alguém ficaria tão mortificado que faria qualquer coisa para não estar nessa posição embaraçosa... Um pensamento passa pela cabeça dele: 'Eu faria qualquer coisa para não ter de fazer o que eu tenho de fazer agora', ao que alguém aparece e lhe diz: 'Olha, ou você tem a opção de ir lá fazer aquela coisa que você não quer fazer... ou eu posso lhe oferecer uma vida em um planeta completamente diferente'. Então ele escolhe ir e virar aquela criatura, um estranho tipo de morsa...". Essa ideia foi inicialmente anotada para Arthur na segunda temporada do seriado da TV – ele e Zaphod viveriam uma completa aventura na zona intermediária que surge quando o tempo é parado (o que, por acaso, é apenas uma festa de coquetel que nunca acaba). A espécie de animal foi decidida, por fim, pela arte gráfica da capa inglesa, que ostentava uma imagem lenticular que alternava entre um dinossauro e uma morsa. Esses artifícios arbitrários foram comprados como uma coleção pelo designer da Pan, Gary Day Ellison, e utilizados nas capas da primeira edição – os primeiros lançamentos da Pan em capa dura –, sem que houvesse, afinal, qualquer conexão com a história do livro.

 De volta ao seu lar, geográfica e criativamente falando, à medida que o ano de 1984 transcorria, Adams sabia que estava na hora de realmente arregaçar as mangas para honrar o adiantamento de tirar o fôlego que ele havia recebido pelo seu quarto livro – um adiantamento que havia sido bancado, em grande parte, por editoras estrangeiras, incluindo a Simon & Schuster, dos Estados Unidos. Portanto, naturalmente, ele foi direto procurar algo bem diferente para fazer. Como o mergulho submarino era um luxo ausente no norte de Londres, isso significava comprar e brincar com todas as engenhocas nas quais ele pudesse botar a mão – câmeras, equipamentos de música (inclusive um sintetizador chamado Zaphod) e, é claro, computadores: um BBC Micro e um Tandy 100 foram acrescentados à bagunça de sua toca na cobertura onde ele morava, quase tão bagunçada quanto a *TARDIS*. Descobrir as potencialidades dessas máquinas era uma excelente fonte de procrastinação, mas se distrair com jogos nelas consumia muito mais tempo precioso. Douglas logo se cansou dos joguinhos de atirar básicos, ao estilo de *Space*

Invaders, então disponíveis aos jogadores. Ele adorava, em especial, a ingenuidade narrativa dos jogos de aventura em texto criados pelos programadores americanos da Infocom e mencionou sua admiração pela empresa a um executivo da Simon & Schuster, observando que, diferentemente da maioria dos jogos, "Havia um verdadeiro humor e inteligência envolvidos". Ele primeiro ficou furioso quando descobriu que o executivo interpretou isso como uma deixa para abordar a Infocom com a proposta de uma licença do *Mochileiro*, irritado por ser visto como um peão comercial, mas a ideia de ver seu próprio universo se imiscuir nas mentes de milhares de jogadores, fazendo algo inteiramente novo no campo recém-criado da "ficção interativa", era genuinamente empolgante. Havia o estímulo extra de tirar da competição programadores compatriotas – já em 1981, a Pan havia distraidamente permitido que um programador amador criasse um jogo textual do *Mochileiro* para Commodore PET, que era uma história de caça ao tesouro conectada apenas de forma frouxa à saga, exceto pelo fato de Eddie, o Computador, ser o guia da busca através de vários locais de predileção, tais como o Milliways. Quando o jogo foi vendido aos editores ingleses da Supersoft, o emaranhado jurídico se tornou mais impenetrável, mas, por fim, a empresa foi forçada a recuar e alterar todas as referências ao *Mochileiro* em seu produto – as mesmas ordens foram dirigidas à Fantasy Software, que havia elaborado um lucrativo jogo de plataforma para Spectrum intitulado *The Backpacker's Guide to the Universe**.

Com uma clara necessidade de mostrar força e retomar o controle do *Mochileiro* nessa nova arena do entretenimento, a Simon & Schuster foi posta de lado, enquanto Ed Victor tratava diretamente com a Infocom, obtendo, segundo relatos, um acordo de sete dígitos para Adams colaborar com eles em seis jogos, começando com uma aventura inicial do *Mochileiro* que, mais uma vez, faria Arthur Dent regressar ao seu pesadelo de demolição – mas, dessa vez, caberia ao jogador decidir para onde ele iria a partir dali. Por coincidência, a Infocom se situava em Cambridge, no estado de Massachusetts, mas Douglas e Jane pegaram a longa estrada na direção leste para voltar para casa e, no caminho, deram um pulo no escritório da empresa em Nova York, a fim de encontrar o gênio técnico que trabalharia com Adams no projeto, Steve Meretzky. Embora fosse um fã recente do *Mochileiro*, Meretzky, também alarmantemente alto, era o homem ideal para difundi-lo oficialmente ao público de jogos eletrônicos – sobretudo por ter adicionado uma referência de última

---

* *O guia do mochileiro do universo*. O título original da obra de Adams é *The Hitchhiker's Guide to the Galaxy*, *O guia do viajante de carona da galáxia* em uma tradução mais literal. [N. de T.]

hora à obra em seu primeiro jogo de sucesso, *Planetfall*: uma toalha colecionável que carregava a legenda "Plano de fuga nº 42: Não entre em pânico!".

A primeira reunião correu bem. Steve e Douglas concordaram sobre o caminho a seguir para realizar o jogo. Embora Adams estivesse empolgado para mergulhar de cabeça e aprender a escrever em código Muddle, a linguagem de programação escolhida pela Infocom, e embora ele estivesse sempre tentando criar coisas novas em seu computador (ele mostrou orgulhosamente a Steve um enigma de palavras cruzadas em 3D elaborado em BASIC), eles decidiram que isso acarretaria um risco demasiado grande. Portanto, o trabalho seria dividido e completado separadamente: Adams escreveria em casa o texto que seria implementado nos Estados Unidos por Meretzky, uma vez que o material fosse enviado para lá pelo primitivo meio de comunicação eletrônico de comutação de pacotes.

No entanto, essa convergência de ideias não foi nada em comparação com a visão que ficou dançando na consciência de Douglas durante essa visita – seu primeiro contato com um Macintosh da Apple, modelo 128k, não oficialmente levado às lojas por Steve Jobs até janeiro de 1984. A simplicidade analógica absoluta da máquina bege claro seduziu o escritor, que confessou mais tarde que havia sido amor à primeira vista – dali em diante, todo novo lançamento da Apple abriria caminho em seu escritório, formado por uma rede labiríntica de fios, oferecendo-lhe, ao mesmo tempo, a ferramenta de escrita mais conveniente que ele já havia possuído e a fonte de procrastinação mais irresistível. Depois de tanto tempo satirizando a ideia do que era um computador, dispositivo que cuspia fita telegráfica, a maneira como a Apple abordava a utilização dos computadores pessoais se harmonizava perfeitamente com um amador entusiasta como Douglas: "Eu adoro o meu Macintosh, ou melhor, a minha família de não sei quantos Macintoshes que eu venho incansavelmente acumulando ao longo dos anos... O que me manteve fascinado e hipnotizado todo esse tempo foi a percepção que está no cerne de seu design, que é a seguinte: 'Não há nenhum problema tão complicado que você não possa encontrar uma resposta muito simples para ele se olhá-lo na direção certa'". Todavia, apesar de sua cobertura estar parecendo cada vez mais uma espaçonave caída do céu, Douglas guardou sua fiel máquina de escrever no lugar de honra, confessando: "Eu a utilizo quando fico empacado. Há algo maravilhosamente fundamental em bater nas teclas e vê-las marcando a página, algo que um programa de edição de texto nunca vai substituir inteiramente".

Tão enamorado ficou Douglas pelo novo Apple que ele notoriamente tomou posse dos dois primeiros modelos no Reino Unido, deixando seu novo amigo, Stephen Fry, adquirir o terceiro. Àquela altura, a cena da comédia dos anos 1980 havia florescido tão profusamente que até Douglas tinha de admitir que suas esperanças de ser um ator bem-sucedido já haviam ficado para trás, pois uma nova geração, nascida na esteira do sucesso de *Not the Nine O'Clock News*, teria de ser abraçada se ele quisesse manter qualquer credibilidade na comédia britânica. Felizmente, o fã-clube do *Mochileiro* predominava em toda a geração "alternativa", e, em grande parte graças ao apoio de John Lloyd, Adams fez amizade com muitos daqueles jovens inovadores, tornando-se camarada particularmente dos escritores de *Blackadder*, Richard Curtis, que foi acolhido no apê californiano de Douglas e Jane por um bom tempo durante sua própria tentativa inédita e falha de fazer um filme, e Ben Elton, que com frequência foi anfitrião de Douglas em sua casa australiana. Porém, o sucesso de *The Cellar Tapes*, espetáculo do Footlights em 1981, havia, é claro, despertado especial interesse nele. O Mingo talvez não pudesse ser condenado de supostamente ter tido uma paixonite por Emma Thompson no início, mas sua amizade mais duradoura foi com o membro mais alto do elenco, Stephen, que rapidamente estabeleceu uma ética de trabalho tão onipresente que Adams se admirou da ideia de "um armário inteiro cheio de Stephen Frys, todos *fazendo coisas*". Uma dessas coisas envolvia fazer amizade com heróis como Peter Cook e Vivian Stanshall. Douglas Adams era outra figura que o jovem Fry, que havia ficado ligado no *Mochileiro* desde a primeira transmissão, estava encantado de chamar de amigo, principalmente porque a dupla tinha em comum uma adoração por engenhocas e computadores (da Apple, em especial) que ninguém conseguia rivalizar ou mesmo entender por completo: uma tentativa vigorosa e particularmente longa de configurar uma ligação para compartilhar dados, um tipo de proto-Skype, foi finalmente abandonada quando os amigos se deram conta de que eles podiam simplesmente pegar o telefone e conversar um com o outro. Fry se tornou como um segundo irmão caçula para Adams, e ambos testavam engenhocas e jogavam juntos na cobertura do escritor, enquanto as irmãs mais novas, Jane e Jo, ficavam zombando da "nerdeza" deles. Douglas homenagearia a verborragia florida de seu jovem companheiro de jogo em seu próximo livro, com um personagem secundário estranho, amigo de Arthur, Murray Bost Henson, um jornalista de tabloide polissilábico com algo misterioso no ouvido.

SELECIONE O DISPOSITIVO GRÁFICO: SUA CARGA ESTÁ PESADA DEMAIS

A atração pelo Mac da Apple e a empolgação de trabalhar com Meretzky em um projeto verdadeiramente pioneiro foram boas para Douglas, mas não foram nada mais do que uma garantia de úlceras para Sonny Mehta e sua equipe na Pan, que estavam esperando o quarto volume das aventuras de Arthur Dent à medida que o ano de 1984 transcorria. Adams sabia disso e fez várias tentativas determinadas de arrancar as palavras de sua imaginação. Ele até viajou para a região oeste da Inglaterra no intuito de se isolar de tudo, reservando um quarto no hotel Huntsham Court, em Somerset, durante várias semanas de gênio criativo ininterrupto. Infelizmente, seus bolsos cheios e sua natureza sociável fez com que seus anfitriões se tornassem bons amigos desde a primeira noite – ele até investiu no hotel –, e várias parcelas de sua estadia foram passadas experimentando os vinhos mais caros das adegas de Huntsham. Portanto, ele voltou para Islington com pouco resultado de seu retiro (isto é, além de um cheque de 25 mil libras, metade do pagamento por um calendário americano do *Mochileiro* que nunca chegou à gráfica e foi o dinheiro mais fácil que Adams ganhou na vida).

Criar o jogo do *Mochileiro* era, de longe, a melhor desculpa para não escrever *Até mais, e obrigado pelos peixes!* – a forma suprema de procrastinação, que combinava experimentações com novas tecnologias e a promessa de um polpudo pagamento no final. Como o tempo estava se esgotando para lançar o produto em plenas compras de Natal, Meretzky se juntou a Adams em Huntsham, no intuito de planejar algumas das partes do jogo que exigiam mais habilidade, e eles inventaram em conjunto o enigma final enquanto passeavam pela praia do Exmoor National Park. Naturalmente, Adams nunca foi alguém de abordar qualquer projeto com nada menos do que uma determinação suprema de ser original, e a ideia de uma interação plausível entre o programa e o jogador se tornaria uma fascinação por toda a sua vida, como ele explicou: "Uma das primeiras coisas que me disseram sobre a ficção interativa me desanimou: foi a ideia de que o público, o leitor, determina o que acontece. Me disseram coisas grosseiramente simplistas sobre isso... Parecia que o escritor abdicava de seu posto. Mas, uma vez que você começa a escrever esses jogos, você descobre que o escritor não abdica de nada, mas sim assume um tipo completamente diferente de controle. É mais como a experiência de ser um comediante ao vivo. Você vai assistir a, por exemplo, Barry Humphries, um dos caras mais brilhantes que existem em termos de saber como brincar com a plateia, e o que você o vê fazendo é dar a impressão de que ele fica continuamente inventando piadas novas, dependendo do que obtém da plateia... ele engana os espectadores, levando-os a pensar que, quando eles o interrompem, na verdade estão dizendo coisas originais. Mas não estão, porque ele já viu plateias o bastante para saber exatamente o que os espectadores vão dizer naquela hora e tem um extraordinário tipo de sistema de arquivamento no fundo da mente, o que significa que, seja lá o que a plateia disser, ele já tem uma resposta que, com um tiquinho de adaptação sob medida naquele instante, virá a calhar na situação. E a plateia vai embora absolutamente deslumbrada, porque parece que ele inventou o ato inteiro enquanto atuava, mas não foi bem assim, porque ele ficou continuamente provocando os espectadores para que eles lhe dessem respostas que eles pensavam estarem inventando... É exatamente assim que se escreve um jogo de computador. Você instiga e provoca continuamente o jogador".

Com efeito, a aventura de Adams entraria para a história dos jogos como um dos títulos mais provocativos de todos os tempos: "O primeiro jogo a ir além de ser amigável ao usuário; ele, na verdade, insulta o usuário – mentindo para você, ele também é desonesto com o usuário". Isso não era apenas um acesso de Douglas bolando algumas ideias excêntricas – tais como o inventário contendo "Nenhum chá" e "A coisa que a sua tia lhe deu e que você não sabe o que é" – e então deixando o jogador andar vagarosamente através de um texto familiar. Ele ressaltava que o jogo era baseado "de forma muito, muito vaga no livro, o que foi feito deliberadamente, pois eu não queria somente dar tipo uma percorrida no livro. Já vi alguns jogos baseados em livros que eram exatamente como o texto original, só que você tinha a possibilidade de digitá-lo, o que eu acho que realmente não é uma boa maneira de fazer isso. Então, eu quis escrever um jogo que tivesse o mesmo ponto de partida e desse o mesmo tipo de impressão do *Mochileiro*, o mesmo tipo de lógica, mas fosse aonde o jogo quisesse ir". Ele definiu essa expansão do conteúdo original como "apresentando tanta relação com os livros quanto *Rosencrantz e Guildenstern estão mortos* apresenta com *Hamlet*... Ele faz o jogador entrar e ser ninado em uma falsa sensação de segurança. E, aí, é um deus nos acuda, ele segue uma quantidade extraordinária de direções. O jogo só olha de relance acontecimentos que ocupavam uma função central nos livros, ao passo que as piadinhas curtas que eu tinha utilizado como coisas descartáveis foram as que eu empreguei como peças-chave no jogo. A razão disso foi para me manter interessado em fazê-lo, e eu queria ser justo com as pessoas que não tinham lido os livros. Portanto, leitores e não leitores estavam, na medida do possível, em pé de igualdade... o jogo é igualmente difícil para ambos".

Ao longo do enredo, ao acionar a chave do Gerador de Improbabilidade Infinita, os jogadores se viam controlando não somente Arthur, mas também Ford, Zaphod e Trillian, à medida que zanzavam pelo espaço e tempo tentando descobrir o que fazer. "O objetivo do jogo", acrescentou Douglas, "é desvendar qual é o objetivo do jogo. Mas vou lhe dizer que o seu total de pontos é um indício não somente de quanto você progrediu na aventura, mas também do quão feliz você deve estar naquela altura. Se você 'desfrutar' da cerveja quando tomá-la, ganhará mais pontos. Pode acreditar, você vai precisar do máximo de pontos que conseguir!". A Infocom chegou ao ponto de solicitar que certos enigmas fossem simplificados, especialmente porque não havia nenhuma possibilidade de salvar o jogo naquela época, e qualquer erro matava o jogador em um piscar de olhos e o mandava direto para o início ou mesmo pior: fazia-o regredir a um beco sem saída e perder horas de expectativa de vida. Se o jogador fosse habilidoso o bastante para tirar Arthur de sua ressaca sombria do começo e colocá-lo na nave vogon pra começar, a sequência do peixe-babel que vinha depois era considerada como o desafio mais espinhoso de todos os jogos da Infocom até então. Porém, embora a empresa quisesse alterações, Douglas insistiu despreocupadamente para Steve mandar seus chefes "irem à merda" – além disso, um guia de acompanhamento com dicas "invisipistas" estaria disponível, a fim de ajudar os jogadores a pular qualquer coisa brincalhona ou vaga demais. Os enigmas exigiam pensamento lateral, mas cada fase da charada do peixe-babel parecia tão arbitrária que seria impressionante se alguém desvendasse a sequência sem as dicas engraçadas de Douglas e ainda mais incrível que o jogo fosse, de alguma forma, rotulado com o nível de dificuldade "Padrão":

```
PORÃO VOGON
É uma sala sórdida, cheia de colchões encardidos,
xícaras não lavadas e pedaços não identificáveis de
roupas de baixo alienígenas fedorentas. Uma porta
dá para bombordo, e uma câmara de ar comprimido dá
para estibordo.
Ford Prefect está ali.
Ao longo de uma parede fica uma grande máquina de
distribuição. No canto, há um compartimento de vidro
com um interruptor e um teclado. Parece que o com-
partimento de vidro contém: um dispositivo gráfico
vetorial atômico.
```

> RETIRAR ROUPÃO

OK, você não está mais vestindo o roupão.

> PENDURAR ROUPÃO NO CABIDE

O roupão agora está pendurado no cabide, cobrindo um buraquinho. Ford boceja.

— Transferência de matéria sempre me deixa exausto. Vou tirar um cochilo.

Ele coloca algo em cima de sua bolsa.

— Se você tiver alguma dúvida, aqui está *O guia do mochileiro das galáxias*.

Ford baixa o tom de voz até sussurrar.

— Eu não deveria estar lhe dizendo isso, mas você nunca vai ser capaz de zerar o jogo sem consultar o *Guia* sobre um monte de coisas.

Quando ele se enrodilha em um canto e começa a roncar, você pega *O guia do mochileiro*.

> PEGAR BOLSA

Já está pega.

> COLOCAR BOLSA NA FRENTE DO PAINEL

OK, a bolsa está colocada de lado na frente da portinha do painel.

> COLOCAR CORRESPONDÊNCIA INDESEJADA EM CIMA DA BOLSA

OK, a pilha solta de correspondência indesejada está agora em cima da bolsa.

> COLOCAR TOALHA POR CIMA DO BUEIRO

A toalha cobre completamente o bueiro.

> PRESSIONAR BOTÃO DO DISTRIBUIDOR

Um único peixe-babel é disparado pela abertura. Ele voa pela sala e atinge o roupão. Em seguida, escorrega pela manga do roupão e cai no chão, aterrissando em cima da toalha. Uma fração de segundo depois, um robozinho de limpeza se desloca rapidamente pelo chão, apanha o peixe e continua em sua velocidade alucinante em direção a um pequenino painel-robô na base da parede. O robô colide com a bolsa, fazendo o peixe-babel voar pelos ares, descrevendo um arco gracioso envolvido por uma nuvem de correspondência indesejada. Outro robô entra voando e começa a recolher loucamente a pilha de papel desordenada. O peixe-babel continua seu voo, aterrissando com um ruidoso "esguicho" na sua orelha.

Adams teve prazer em admitir que não sabia se certas partes haviam sido escritas por Steve ou por ele próprio, mas havia muito conteúdo novo, expansões de partes familiares, justamente quando ele deveria estar enchendo seu disquete com o manuscrito de *Até mais, e obrigado pelos peixes!*. Por exemplo, se você desse um sanduíche de queijo para um cachorrinho comer, o animal não conseguiria engolir as naves dos Vl'hurgs e dos G'gugvunts quando você estivesse em presença delas – o seu primeiro erro digitado seria a frase que os levaria a declarar guerra:

> ESCUTAR O LÍDER DOS VL'HURGS
— Planeta odiado! — rosna o Vl'hurg.
— Lar daquele que se atreveu a dizer "COLOCAR BOLSA PERTO DO DISTRIBUIDOR" — diz o G'gugvunt com uma voz esganiçada.
— Palavras detestadas! Até agora escutá-las sendo pronunciadas dói na minha alma — late o Vl'hurg —, mesmo que já tenham se passado 10 mil anos…
— E tantas megamortes sem sentido! Mundos destruídos! Minha raça e a sua jogadas no lixo! Tudo isso por causa daquele que se atreveu a proferir as palavras "COLOCAR BOLSA PERTO DO DISTRIBUIDOR".
— Tortura ao guerreiro vl'hurguês, é preciso dizê-lo de coração a coração! Porém, mesmo agora, o hálito quente de nossa vingança sopra forte nesse mundinho…
— Vingança contra aquele que disse "COLOCAR BOLSA PERTO DO DISTRIBUIDOR".
— Tá, não precisa ficar repetindo — rosna o Vl'hurg.
— Um pensamento feliz — acrescenta o G'gugvunt. — Após milênios de conflito sangrento e perpétuo, nossas raças foram reunidas por essa busca pela fonte do comentário ofensivo. Talvez, após a nossa vingan-

> ça ser saciada contra aquele que disse "COLOCAR BOL-
> SA PERTO DO DISTRIBUIDOR"...
> — Quer parar de dizer isso, por favor?
> — ... talvez continuemos a viver em paz e harmonia e...
> — Conversaremos sobre isso DEPOIS que nós... Quem é esse?
> As duas criaturas se viram e encaram você. A frota
> continua a voar na direção do Sol...

O pessoal da Pan, que havia sido muito paciente, logo teve de colocar o autor contra a parede e descobrir a quantas andava o quarto livro. Culpado, Adams encolheu os ombros, o que causou um pandemônio entre eles. Sonny explicou a Ed que, não importava o que Douglas tivesse implorado para ele sugerir, não havia absolutamente nenhuma possibilidade de prorrogar o prazo – a campanha publicitária já estava planejada com perfeição, a capa já estava pronta, as impressoras da gráfica já estavam aquecidas, eles só precisavam do manuscrito, e uma falha de entrega não era, de jeito nenhum, uma opção. Percebendo, a apenas algumas semanas do prazo final, que Douglas só tinha escassas 25 páginas prontas do livro pelo qual ele havia recebido um adiantamento de gerar manchetes de jornal, Sonny e Ed foram ao apartamento de St. Alban's Place para fazer uma reunião extraordinária, na qual ficou decidido que, pela manhã, Douglas se apresentaria no Berkeley Hotel, onde uma suíte havia sido reservada (bem situada para ir fazer *cooper* no Hyde Park), levando consigo mudas de roupas, uma máquina de escrever (para evitar a perda de dias inteiros com comportamentos duvidosos no Mac) e, como luxo especial, um violão. Mehta, enquanto isso, tinha uma torre de manuscritos trazidos da Pan e um videocassete Betamax instalado para mantê-lo entretido com uma pilha de filmes clássicos (que inspirou o interesse de Ford pelo cinema da Terra), enquanto seu autor errante tinha efetivamente dias de trabalho ao teclado, colocando no papel as aventuras mais recentes de Arthur sob constante supervisão. Ao final de cada dia, Sonny lia os resultados, geralmente dando incentivo qualificado, posto que não havia tempo para repensar, depois eles jantavam juntos, e em seguida o autor de best-sellers milionário era mandado para a cama, a fim de se preparar para outro longo dia de escrita sob pressão que começaria na manhã seguinte. Douglas se debruçava sobre sua velha máquina de escrever, sob o olhar de Sonny, tentando criar sob coerção, com os dedos batendo no teclado, nem sempre narrando, mas muitas vezes datilografando "Quem ele pensa que é, porra?" e páginas semelhantes de insultos escolhidos, antes de retirar o papel da máquina de escrever, lançar ao seu carcereiro um sorriso resignado e arremessar as páginas amassadas na lixeira (onde Sonny acabaria encontrando-as, exibindo orgulhosamente algumas das invectivas mais sofisticadas no mural da Pan para todos apreciarem).

Essa experiência frustrante e humilhante marcou a história do mercado editorial: a lenda do autor procrastinador – mas, com um olhar retrospectivo de três décadas, só a ideia de esperar que um romancista de sucesso entregasse uma nova obra com expectativas extremas em menos de um ano, enquanto estava criando um jogo de computador do zero, já parecia um arranjo imprudente desde o início. É claro, o plano deu certo – após duas semanas, a dupla saiu do Berkeley com um manuscrito que continha um começo, um meio e um fim, em termos, e foram juntos tomar um porre tão eufórico que eles simplesmente apagaram suas lembranças daquela quinzena atormentada. No entanto, Mehta nunca mais passaria por nada parecido: na próxima vez em que um prazo envolveu o nome de Adams, sua editora literária recém-nomeada, Sue Freestone – uma especialista editorial americana que era incisiva, crucial e eminentemente paciente –, recebeu a tarefa de arrancar o derradeiro ponto final dele.

O livro que resultou da quinzena em que Douglas ficou preso, embora seja o volume mais fino do *Mochileiro* por razões óbvias, foi outro campeão de vendas. Contudo, em pouco tempo, os fãs e o autor pareciam concordar amplamente que esse era o episódio mais fraco, e Adams tirou um prazer perverso de seu habitual joguinho pós-publicação de se desculpar e explicar o que ele considerava como os defeitos do livro: "Em primeiro lugar, a razão pela qual você se torna bom em alguma coisa é que você dá muito, muito duro para fazê-la direito. E, como resultado, você pensa: 'Bom, de agora em diante o mundo vai ter de ler o que quer que eu escreva'. Você cai em uma armadilha, e é aí que você precisa dar duro em dobro para garantir que não vai deixar passar nada que não seja bom o suficiente. E, infelizmente, acho eu, esse foi o meu erro com *Até mais, e obrigado pelos peixes!* – eu fiquei completamente perdido". Ele reclamou mais: "Um problema do livro, e há muitos, é que, até então, eu vinha escrevendo pura fantasia, o que eu era obrigado a fazer, já que tinha destruído a Terra no primeiro rolo, por assim dizer. Portanto, meu trabalho era fazer com que o fantástico e o onírico parecessem ser o mais real e verdadeiro possível, esse sempre foi o ponto crucial do *Mochileiro*. Porém, em *Até mais, e obrigado pelos peixes!*, aconteceu algo curioso. Eu voltei para o dia a dia e, de alguma forma, pela primeira vez, ele parecia ser irreal e onírico. Era meio que o oposto. Acho que, em grande parte, é porque eu pensei que me livraria do problema de não ter a Terra como referência ali simplesmente trazendo-a de volta, e acredito que uma parte de mim sabia, uma parte de mim dizia que não dava para realmente fazer isso. Então, não era a Terra verdadeira, e, portanto, ela estava fadada a se tornar irreal e onírica, e isso foi de fato um problema no livro".

A lógica do universo do *Mochileiro* sempre foi drasticamente maleável. Embora fosse preferível encontrar uma solução científica verdadeira para qualquer problema no enredo, como vimos, elementos místicos, ou pelo menos sobrenaturais, não estavam fora de cogitação para Adams quando ele precisava fazer uma transição. A súbita habilidade que Arthur adquire de se harmonizar com emoções e sensações telepaticamente, a facilidade com a qual ele utiliza um software da Apple para encontrar a mulher que ele ama (que, na vida real, estava morando no apartamento de Adams em Islington, onde a caverna pré-histórica de Arthur havia estado) e o persistente domínio da capacidade de voar exigiam, todos, grandes saltos de imaginação para lubrificar a engrenagem do enredo. Contudo, de certas maneiras, tais como a pura alegria de um amor retribuído que o herói experimenta, essas habilidades poderiam ser vistas como uma compensação de todas as coisas horríveis que Adams vivia fazendo com Dent toda vez que escrevia um volume do *Mochileiro*. É dito sobre Arthur, em um momento em que ele está todo arrumado: "Apenas os seus olhos ainda diziam que, fosse lá o que o universo pensasse estar fazendo com ele, gostaria muito que, por favor, parasse" – mas não era o universo, era Adams. Como ele disse a Gaiman: "Arthur passou por uma modificação fundamental ali, porque, até então, ele era o nosso representante em um mundo fantástico, um ser humano comum, aquela pessoa com quem podíamos nos identificar e ver através de seus olhos as coisas estranhas que aconteceram. Agora, de repente, tudo virou do avesso, e temos uma verdadeira Terra comum e esse personagem, que, longe de ser nosso representante, apenas passou os últimos oito anos de sua vida alternadamente morando em uma caverna da Terra pré-histórica ou sendo arremessado pela galáxia. Então, ele não é mais alguém cujos olhos podemos usar para ver coisas. Tudo virou de cabeça para baixo, e eu acho que eu não soube lidar com isso até ter ido longe demais e não poder voltar atrás".

Se essa análise foi uma orientação errada de propósito ou não, como Simon fora do manto de Dent, foi dado um inegável e considerável passo à frente para fazer autorreferências em *Até mais, e obrigado pelos peixes!*. A habilidade de Dent com computadores e suas viagens californianas eram as menores de suas ligações com as experiências recentes do autor. O personagem até ganhou a famosa anedota do biscoito para contar, como se estivesse afirmando decisivamente os direitos do homem que havia realmente vivenciado aquele desastre de etiqueta, desastre este que, naquele intervalo, havia crescido até virar uma lenda urbana, sendo reivindicado por pessoas no mundo inteiro como se fosse a própria história delas, não importando quantas vezes Douglas houvesse repetido a anedota em campanhas publicitárias e no outro lado da mesa de David Letterman. "Arthur, acho eu, é o personagem mais parecido comigo", admitiu. "Quero dizer, em geral eu nego: 'Não, ele não tem nada a ver comigo; ele é só a imagem que eu tenho de uma pessoa comum'. Mas não é coincidência que a minha imagem de uma pessoa comum seja alguém relativamente alto e moreno e ligeiramente vago e perplexo com o mundo, hum… e que trabalha na BBC. E, se Arthur é quem fica perplexo mais frequentemente, Ford geralmente é quem o deixa perplexo. Então essa é a relação entre eles, uma relação muito fértil. Ford definitivamente não sou eu, ele é o veículo de todas as coisas que acontecem com Arthur e que esse último acha tão difícil resolver ou entender."

Mas, é claro, a história de amor entre Arthur e Fenchurch foi o pedaço mais ardentemente insinuado de autobiografia disfarçada no romance, e Adams foi forçado a comentar evasivamente: "Sempre é difícil introduzir o aspecto biográfico, porque as conexões nunca são tão evidentes. Acho que a minha vida estava um pouco mais estável àquela altura, mas, por outro lado, ela foi tornada instável ao tentar escrever aquele livro". Fenchurch, repetiu ele, "não era baseada em ninguém em especial, mas sim em uma quantidade de pensamentos ou observações diferentes de pessoas ou acontecimentos. A ideia de Arthur se apaixonando por ela estava realmente se alimentando muito das minhas lembranças de adolescente". Sally Emerson, entretanto, disse que Douglas lhe contou que ela era a inspiração, e certos detalhes foram diretamente tirados do caso amoroso deles, tais como a velhinha vendendo bilhetes de rifa que atrapalha o primeiro encontro a sós de Arthur e Fenchurch. Essa cena foi inspirada em uma abelhuda que disse a Sally e Douglas, durante um jantar em Nova York, que ela nunca havia visto duas pessoas tão apaixonadas. Tudo isso deve ter sido bem difícil de engolir para Jane Belson, mas, na verdade, esta última era certamente a *verdadeira* Fenchurch — em retrospecto, Sally era Trillian, a garota inalcançável de sua fantasia, ao passo que Jane era o par ideal; ela havia ficado, ela havia entendido, ela era a companheira de viagem ideal de Douglas.

A primeira e última cena de sexo de Adams se revelou uma inclusão particularmente polêmica para muitos fãs. O jovem Neil Gaiman parecia estar falando em nome de todos eles quando disse a Douglas que considerava o preâmbulo incontestavelmente desdenhoso, encerrado por "Os que querem respostas devem continuar lendo. Outros podem preferir pular direto para o último capítulo, que é bem legal e é onde aparece o Marvin", como "paternalista e injusto". Contudo, embora isso dê uma ideia bem clara da abordagem direta que Adams foi forçado a adotar, apertado tão desesperadamente contra o relógio, é também uma das maiores risadas em um livro que é apenas salpicado de piadas, em vez de ser construído a partir delas. O capítulo poderia ter sido consideravelmente mais explícito em determinado ponto, com Douglas experimentando literatura erótica (o que envolvia um aparte sobre a diferença entre um picolé, que diminui à medida que é lambido e chupado, e uma parte específica da anatomia masculina). Porém, isso foi abandonado com uma observação para si mesmo: "Tenso com sexo: escrita erótica. Não basta dizer 'Enfia isso ali, lambe aquilo'. Você precisa seduzir o leitor até ele se sentir... tenso com sexo...".

No entanto, o infame preâmbulo permaneceu na lista de queixas dos fãs, que sempre rebaixaram *Até mais, e obrigado pelos peixes!* esmagadoramente à posição de livro menos amado da trilogia original de cinco volumes. Gaiman foi irrefutável quando afirmou que um processo normal de escrita e edição teriam eliminado uma quantidade de defeitos e que muitos elementos, tais como o deus da chuva caminhoneiro, não foram desenvolvidos o bastante, não conseguindo fazer sucesso totalmente. O ridículo cataclísmico da viagem do robô espacial a Bournemouth só foi documentado apressadamente. Com relação ao retorno da Terra, nas próprias palavras de Arthur, a razão foi reduzida de forma relativamente simples a "coisas da vida". Sabe-se bem que o segredo da prosa cômica de Douglas Adams é o escrutínio perfeccionista de seus métodos de edição e reedição, mas, de *Até mais, e obrigado pelos peixes!* em diante, o *Mochileiro* seria, de longe, compactado de forma menos meticulosa – colocar no papel as palavras, nem que fossem quaisquer umas, era o obstáculo principal, em primeiro lugar. Por outro lado, a falta de tempo de edição para o quarto livro permitiu o primeiro impropério nas edições americanas, pois não houve tempo para encontrar uma alternativa ao enfático "foda-se" de Adams, e "Bélgica" não teria combinado naquele contexto.

Engodo para os fãs ou não, porém, nenhuma reedição teria demovido Douglas da decisão polêmica de apagar as luzes dos olhos de Marvin "pela última vez, para sempre" no planeta Sevorbeupstry, após Arthur e Fenchurch seguirem as indicações de Prak para a última mensagem de Deus ("Pedimos desculpas pelo transtorno" finalmente encontrou o seu lugar na saga). Reconhecidamente, a paciente existência de Marvin equivale a várias vezes a duração de vida do universo, portanto qualquer "morte" só poderia ser simbólica da sinceridade do autor sobre terminar a série do *Mochileiro* de uma vez por todas, mas Adams continuou: "É muito estranho quando eles encontram a mensagem na cena da caminhada através do deserto. Eu me senti muito assombrado por ela quando a escrevi – não é especialmente engraçada nem nada, mas, por mais que seja curioso, eu fiquei muito orgulhoso dela. Na verdade, eu senti muita pena e compaixão por Marvin, pois eu me senti próximo do personagem de um jeito que às vezes eu não tinha me sentido, porque eu estava escrevendo apenas por obrigação. Mas, sim, o livro tem menos peso do que os outros. Em certo sentido, cheguei perto de confessar isso na última página". Essa última página fez parte de um dos trechos mais estranhos que Adams já havia escrito, um epílogo aparentemente obscuro, mas, tendo em vista a pressão sob a qual ele foi escrito, claramente autobiográfico e autopiedoso. Pouco importavam Arthur ou Marvin: se Douglas tinha um único avatar, esse avatar era "um dos maiores benfeitores de todas as formas de vida", um engenheiro genético que negligencia seu planeta devido à sua incapacidade de se concentrar e criar uma raça de super-guerreiros, distraindo-se com tantas outras coisas, como olhar pela janela, mas tudo dá certo e todos vivem felizes para sempre no final, graças à sua procrastinação.

"Havia um motivo para contar esta história, mas, temporariamente, fugiu da mente do autor" seria, então, o ponto final da saga do *Guia do mochileiro das galáxias*. O anti-herói saltador de estrelas e bagunceiro de Adams estava finalmente feliz, e ele podia deixá-lo em paz. Sim, o cinema permanecia um território não conquistado, mas, quando Reitman terminou seu filme de fantasmas, o projeto ficou rolando sem uma gota de suor por parte do Mingo no QWERTY – como ele disse a Kevin Davies em 1985: "Aparentemente, estão sendo organizados vários almoços a esse respeito, mas eu não fui convidado a nenhum deles recentemente – o caminho até Los Angeles é muito longo só para ir almoçar". Dessa vez, era realmente "completamente e definitivamente definitivo": hora de partir para outra.

"DESSA VEZ, NÃO HAVERIA TESTEMUNHAS."

FORD APANHOU SUA TOALHA E CORREU ANIMADO ATÉ A PORTA. A VIDA ANDAVA UM POUCO CHATA NOS ÚLTIMOS TEMPOS. MAS TUDO INDICAVA QUE IA SE TORNAR BASTANTE ANIMADA DALI EM DIANTE.

PRATICAMENTE INOFENSIVA

Apesar do *mea culpa* familiar do autor, *Até mais, e obrigado pelos peixes!* foi outro sucesso de vendas, mostrando que a reescrita e compactação pedantes de cada parágrafo não eram um segredo completamente indispensável do sucesso do *Mochileiro*. O jogo de computador também comercializou quase meio milhão de cópias, voando das prateleiras. Ele era complementado com artifícios de marketing, brindes extras da Infocom chamados "Feelies", em cada caixa de disco – incluindo um chumaço de algodão*, ordens de demolição em inglês e em vogon e até uma microscópica frota espacial, que eram notáveis por sua ausência em um pequeno saquinho de plástico. Douglas embarcou em suas viagens pelo mundo para promover ambos os produtos, impulsionados ainda mais por uma nova transmissão americana do programa de rádio, organizada pela Infocom. O ano de 1984 terminou com a descoberta de um novo uso para sua toalha, com a qual ele entrou e avançou lentamente pelo lago Michigan congelado para tirar uma foto, mas, ao voltar para casa, ele prometeu permanecer no Reino Unido durante o máximo de tempo possível, explorando a nova liberdade criativa que ele havia reivindicado. Enquanto isso, empolgantes *royalties* do *Mochileiro* jorravam de surpreendentes cantos do globo, informando-lhe que as travessuras de Dent estavam se tornando tão populares no Japão quanto haviam sido em toda a Europa e nos Estados Unidos.

NÃO HÁ NADA QUE NÃO POSSAM FAZER

O negócio do *Mochileiro* continuaria sendo emocionantemente marginal para Adams à medida que o ano de 1985 transcorria, e ele pôde saborear a sensação de estar livre de prazos e geralmente desfrutar de momentos dupais com isso. "Eu tive de deixar o *Mochileiro* porque eu sentia que estava continuamente correndo o risco de só ser capaz de mantê-lo imitando a mim mesmo. Eu tinha de sair e começar algo novo." Essa era uma reivindicação familiar, mas dessa vez era verdade: "Finalmente! Na verdade, eu tinha chegado a um estágio em que tinha esquecido completamente o que era que eu estava querendo fazer em primeiro lugar, eu só sabia o que eu estava fazendo meio que a pedido de todas as outras pessoas… Tive indigestão mental e emocional por um período bastante longo. O processo de

---

* O algodão era uma ferramenta do jogo. [N. de T.]

escrever livros é, na verdade, muito infeliz, você se senta em uma sala sozinho dia após dia tentando ser engraçado em um pedaço de papel ou tela de computador ou seja lá o que for… e pensa: 'Por que estou empacado aqui tentando inventar algo engraçado e não consigo? Sério, esse é um jeito muito triste de ganhar a vida, por que estou fazendo isso?', 'Bom, porque dá para ganhar muito dinheiro com isso', 'Ah, mas a razão inicial era outra…'".

Douglas delegou a edição do primeiro livro com os roteiros radiofônicos do *Mochileiro* a Geoffrey Perkins e chegou a um ponto em que, sete anos depois, podia olhar para trás e ver seu primeiro sucesso quase como a obra de outro homem. 1985 foi um ano em que se falou bastante do *Mochileiro*, é claro. Ele até curtiu seu primeiro bate-papo on-line, cortesia da Micronet Celebrity Chatline, e se viu apreciando o uso do pretérito perfeito. Neil Gaiman também havia herdado de seu colega, Richard Hollis, a tarefa de escrever para a Titan Publishing o primeiro livro sobre a carreira de Douglas: *Não entre em pânico*, um projeto que havia sido proposto desde antes da virada da década, e Adams se expôs ao máximo de forma cautelosa. No entanto, ele decidiu impor limites na primeira convenção do *Mochileiro*, organizada naquele verão pelo fã-clube ZZ9 Plural Alfa Z, que tivera a oportunidade de realizar um encontro modesto (ou melhor, "informal") dois anos antes, mas o final de semana de caridade em Birmingham foi planejado para ser um espetáculo, com Eddie, o computador, saudando os fãs na TV do quarto de hotel deles, além de convidados, incluindo Mark Wing-Davey e Alan Bell. Para decepção dos fãs, o grande criador só participou por meio de uma confusa entrevista embriagada, gravada por Kevin Davies.

Além das toalhas de luxo de Beer a acrescentar na variedade relativamente modesta de merchandising (Maggie Phillips, a assistente de Ed Victor, teve o maior prazer em dizer aos entusiasmados oferecedores de produtos para inventarem suas próprias ideias de franquias e deixarem Douglas em paz), Adams tinha outro jogo da Infocom em preparação, é claro – mas não do *Mochileiro*. A empresa havia tido a esperança de continuar as adaptações dos livros, retomando a narrativa na superfície de Magrathea, mas Douglas insistiu que estava sofrendo de "sequencite aguda", e eles concordaram em adiar o próximo lançamento até sua ideia preferida poder ganhar vida. *Bureaucracy* foi outra aventura em texto que utilizou o tema predominante de tantas das comédias de Adams, trazendo-o abertamente para o centro do palco. Não haveria a menor ligação com o *Mochileiro* e nenhum elemento de ficção científica. Isso preocupou quem havia destacado cheques na Infocom pela contratação do astro, mas, para mantê-lo feliz, eles seguiram a ideia dele, que havia sido baseada em uma proposta frenética durante um almoço que fez todo o mundo engasgar seus pratos de *nouvelle cuisine*. Douglas tinha inúmeras histórias de burocracia insana para contar, mas foi o desafio kafkiano de fazer seu banco entender que ele havia se mudado para Islington que realmente engatilhou o projeto – uma busca épica ao estilo de *Indiana Jones* para que o cartão de mudança de endereço do jogador fosse reconhecido pelas autoridades competentes. "Tem algumas coisas no jogo que não são de fato burocracia", concedeu ele, "mas sim apenas coisas chatas e irritantes – como quando você vai a um restaurante de hambúrguer e só quer um hambúrguer, e a garçonete fica lhe fazendo perguntas, sabe, se você quer a carne bem ou mal passada, que tipo de batatinha você quer, se você quer que ela seja assim ou assado – e aí você diz: 'Porra, apenas me traga um hambúrguer!'. Então eu elaborei isso no programa. Era uma oportunidade de fazer todas as coisas que irritam você." O jogo foi anunciado em maio de 1985, sem Meretzky a bordo, e, para falar a verdade, Douglas se esquivou de um envolvimento direto logo cedo durante o desenvolvimento. A Infocom colocou um exército de programadores no projeto, mas, quando ele apareceu nas lojas dois anos mais tarde, aventuras em texto já eram notícia velha. Douglas havia ajudado a acentuar isso trabalhando em um jogo da LucasArts/ Activision derivado de *Labirinto – A magia do tempo*, filme de fantasia de Jim Henson e Terry Jones, que trazia grafismos impressionantes (para a época) junto com o formato de texto e apresentava uma sequência muito eloquente, na qual um encontro romântico no cinema era estragado pela intromissão de um nerd inoportuno. Embora o jogo da Infocom *Restaurant* (que eles haviam tido a intenção de chamar de *Milliways*) tenha sido começado pelo programador Stu Galley e atravessasse uma série de fases conceituais (com ideias envolvendo enigmas no laboratório de Slartibartfast e o desafio de ser descolado o bastante para entrar no Milliways), qualquer promessa de mais aventuras em texto do *Mochileiro* afundou com a Infocom no final da década.

Adams tinha inúmeras ideias de outros jogos que nunca foram além do estágio vagamente teórico – tais como programar Ronald Reagan para lidar com debates políticos, falsificar questões e responder a perguntas com base em nenhuma inteligência inata. A ideia era que, uma vez imitado, o líder mundial computadorizado pudesse ser interligado com jogos semelhantes de Thatcher e outros, criando um tipo de Nações Unidas em 120k com todos os computadores dizendo coisas sem sentido uns aos outros. "Depois disso", recordou ele, "faríamos um programa chamado *Deus* e programaríamos todos os atributos de Deus nele e teríamos todas as diferentes denominações de Deus ali... sabe, um Deus metodista, um Deus judeu e assim por diante... Eu queria ser a primeira pessoa a ter um software gravado no cinturão bíblico*, o que eu tinha a impressão de que era um rito de passagem que qualquer mídia precisava celebrar. No entanto, com a recessão no setor de informática americano, tudo aquilo não deu em nada, em grande parte porque as pessoas que queriam fazer o jogo comigo descobriram que não tinham carro, nem dinheiro, nem emprego."

Quando *Bureaucracy* batia contra um de seus muitos obstáculos, Douglas pedia socorro ao seu antigo rival amoroso e ultrajante polímata de Cambridge, Michael Bywater. Piloto, organista, fã de Procol Harum e humorista cáustico, ele tinha em comum com Adams uma obsessão tecnológica, sendo o especialista em computadores da revista *Punch*. Apesar de Michael não ter tido um sucesso na veia do *Mochileiro* para catapultá-lo à fama, os dois amigos tinham o mesmo nível de espirituosidade, intelecto e nerdeza tecnológica. Quanto mais tempo eles passavam juntos, mais o estilo peculiar de genialidade, agressividade e charme lânguido de Bywater, volúvel, de óculos e sem grana, impressionava Adams, que sabia que podia confiar no amigo para dar vida a *Bureaucracy* (bem como para escrever muitos dos textos do fadado *Milliways*, para o qual ele propôs pegadinhas convenientemente brincalhonas, tais como penalizar os jogadores por ganharem o máximo de pontos, e geralmente para controlar Arthur e cia. imitando o estilo de Adams sem esforço).

No entanto, os segmentos de temática selvagem de *Bureaucracy* seriam tirados das experiências reais de Adams, graças a um telefonema inesperado. Na verdade, Douglas vinha, havia algum tempo e nos lugares certos, dando indiretas nem um pouco sutis de que estava interessado em criar algo que tivesse a ver com preservação ambiental. Porém, quando o suplemento colorido do *Observer* lhe pediu para pegar um avião até Madagascar e seguir um dos preciosos sobreviventes da família dos lêmures, o aie-aie, ainda assim aquela viagem foi uma surpresa agradável, embora sua afirmação posterior de que pensou que eles haviam escolhido o cara errado fosse, de certa forma, insincera.

Não ficção zoológica e exploração da selva pareciam um ponto de partida e tanto, mas talvez o momento fosse propício para um recomeço. Entre a volta dos Estados Unidos e a oferta de Madagascar, a madrasta de Douglas ligou para ele e sua irmã, Sue, irem ao Droitwich Spa Hospital, onde o pai deles estava em condições

---

* Região sudeste dos Estados Unidos onde a prática da religião protestante desempenha um grande papel na sociedade e na política locais. [N. de T.]

críticas. Tendo evoluído de professor a agente de liberdade condicional e depois a consultor de gestão e palestrante ("Espero que haja alguma lógica por trás da vida do meu pai", disse Douglas, encolhendo os ombros), o sr. Adams de meia-idade fazia questão de se manter em forma e se exercitar para cuidar de sua hipertensão. Apesar disso, Christopher faleceu em junho de 1985, aos 58 anos, pouco depois de o zeloso Douglas ser dispensado de sua longa vigília ao lado do leito para tirar um cochilo rápido (o que ele descreveu como "extremamente típico do papai"). Podemos conjecturar de forma apenas indiscreta sobre até que ponto Douglas foi afetado pela distância de seu pai ou talvez até quanta inveja o velho Adams sentia com relação ao sucesso que o filho fez por conta própria, mas, embora possa ter havido uma frieza em termos de afeição entre eles, não havia rancor. "Meu pai era um fantasista, cheio de ideias que nunca deram muito certo", disse Douglas. "Nós não tínhamos um bom relacionamento, mas foi uma jornada interessante descobrir o quanto eu me pareço com ele. Eu sou um pouquinho mais pé no chão e, no final, recebi aprovação, e ele não." Ele segredou que sentiu um frio na barriga quando viu diante dele Christopher preparado para o enterro, tão fiel a si mesmo, e sua promoção psicológica a chefe masculino de sua linhagem caminhava de mãos dadas com a nova direção que ele havia planejado para a sua vida.

  Que o turbilhão emocional tenha exercido alguma influência ou não, a verdade é que Douglas pediu a mão de Jane em 1985, mas, pouco tempo depois de ela ter dito "sim", ambos se viram recuando, em um joguinho de amarelar no altar. Haveria muitos falsos alarmes, confrontações épicas, barulhentas e deslumbrantemente eruditas e reconciliações apaixonadas ao longo dos anos seguintes – Jane calculou que três dos nove anos do namoro explosivo deles foram passados separados –, mas Douglas e Jane continuaram sendo um casal exemplar em meio a uma vasta rede resplandecente de jovens exuberantes, queridinhos da mídia e jogadores poderosos da década.

  Ambos sempre tiveram um talento especial para dar festas, e, enquanto casal, os eventos sociais deles podiam notoriamente rivalizar com as famosas noitadas organizadas por David Frost[*]. Fora a onipresença de garrafas jeroboam de champanhe, as festas deles eram famosas principalmente pelo entretenimento musical que elas ofereciam, com apresentações anuais de canções natalinas (para as quais eles convidavam apenas a nata dos cantores) e sessões muito aguardadas

---

[*] Jornalista, comediante, escritor, figura da mídia e apresentador de televisão inglês cujas festas de verão ao ar livre, realizadas anualmente, eram muito badaladas. [N. de T.]

ACIMA
Christopher e Janet Adams mostram seu orgulho pelo estranhamente inconfundível recém-chegado Douglas, 1952.

ESQUERDA
O pequenino Mingo, cerca de 1954.

TOPO À ESQUERDA
O jovem Douglas e a irmã Sue celebram sua ascendência escocesa.

EMBAIXO À ESQUERDA
Encenar o papel de Vagabundo no palco da Brentwood School deu ao Mingo o gostinho da fama pela primeira vez.

TOPO À DIREITA
Douglas dá as boas-vindas a seus novos irmãos Jane e James Thrift.

EMBAIXO À DIREITA
Apesar de ter sido, por um breve período de tempo, capitão do time Junior Second XI, da Brentwood School, Adams nunca ligou muito para o "monótono e inútil" jogo de críquete.

uniforme de guerrilha de Adams-Smith-Adams. Will Adams (à esquerda): "Esta era uma foto publicitária de *Poor ~~P~~ayers Strutting and Fretting*. Nós pegamos os figurinos emprestados do Arts Theatre e as fotos foram tiradas por ~~Mi~~ke Cotton na estação de Cambridge, em 15 de maio de 1973".

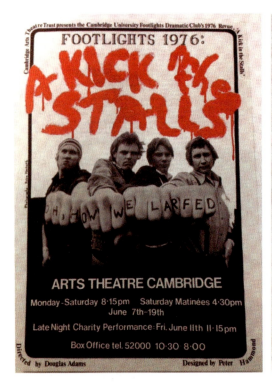
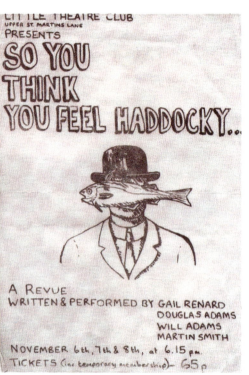

Cartazes dos esforços de diretor de Douglas: *A Kick in the Stalls*, de 1976, e *So You Think You Feel Haddocky*, do ano anterior. Will Adams: "Foi a sugestão menos ruim em uma lista de ideias irrelevantes para títulos, incluindo, pelo que me lembro, 'Bunking With Grandfather' ['Acampando com o vovô'] (subtítulo de um filme estrangeiro que Douglas tinha visto). Eu fiz o design do cartaz num estilo meio Magritte e tentei fazer o título ter algum sentido…".

Montagem para a estreia em Londres de *The Patter of Tiny Minds*, em janeiro de 1974. De cima para baixo: Mary Adams (Allen), John Smith (Lloyd), Will Adams, Douglas Adams, Martin Smith. Nenhum gato foi tosado para fazer esta foto.

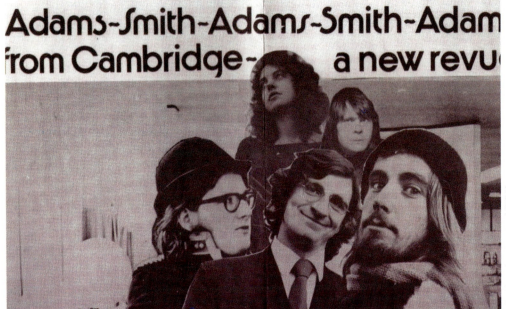

As fotos desta página são cortesia de Will Adams

Mais três tentativas de Douglas, Martin e Will de investir na força do Footlights e transformá-los nos verdadeiros reis da comédia de Cambridge.

NO TOPO E À ESQUERDA
Adams-Smith-Adams zoando por aí em fotos publicitárias, "tiradas no mato perto de Madingley com a Land Rover de alguém, em 17 de outubro de 1973...", de acordo com Will Adams.

ACIMA
O jovem Douglas com Jon Canter no lounge de seu flat na Holloway Road, cerca de 1979.

TOPO
Apesar de ele ser um anfitrião perfeito, ninguém se diverte mais do que Douglas nas festas de "acústicos parciais" dele e de Jane. Esta é sua reação à música tocada por David Gilmour, Margo Buchanan e Robbie McIntosh.

EMBAIXO
Douglas ensaia o membro mais novo da banda de sua casa, Polly Jane Rocket Adams, com apenas algumas semanas de idade.

TOPO
25 de novembro de 1991: Douglas e Jane rindo durante seu casamento (o pai da noiva, Bill Belson, está à direita jogando confete), antes de sair para a festa no Groucho Club, incrível cortesia do Golden Pan.

EMBAIXO À ESQUERDA
Um Mingo orgulhoso nos bastidores do show do Pink Floyd em Earl's Court depois de receber seu presente de 42º aniversário no palco, com sua irmã, "Pequena" Jane Thrift, em outubro de 1994.

EMBAIXO À DIREITA
A família de Douglas, juntos no estúdio de *Dirk Gently*, em 2011. A partir do topo à esquerda, em sentido horário: James Thrift, Joe Thrift, Jane Thrift, Sue Adams, Max Thrift, Polly Adams e Ella Thrift.

ACIMA
Os meninos dos estúdios Paris Theatre pedindo uma carona, em janeiro de 1980. A partir da esquerda: o Mingo, Geoffrey Perkins, David Tate, Geoff McGivern, Mark Wing-Davey, Simon Jones e, por apenas uma tarde, Alan Ford como Roosta, o mochileiro especialista.

DIREITA
A voz do Livro para a transmissão ao vivo de 2014 da Radio 4, John Lloyd, com seu velho amigo e parceiro assistindo e aprovando.

EMBAIXO
A geração do século 21 no BBC Radio Theatre, em março de 2014. A partir do topo, da esquerda pra direita: Marvin, o Androide Paranoide, Stephen Moore, Geoff McGivern, Toby Longworth, Simon Jones, Mark Wing-Davey, Neil Sleat, Ken Humphrey, Susan Sheridan, Samantha Béart, Andrew Secombe, Philip Pope e Dirk Maggs.

TOPO
"Desgraçado, não é?" – Marvin, o Androide Paranoide e Arthur Dent contemplam a esmagadora inevitabilidade de ir parar numa pedreira, em 1981.

EMBAIXO À ESQUERDA
"Estou com o idiota" – a nêmese animatrônica de Mark Wing-Davey é uma das memórias mais duradouras que a pessoas têm da série televisiva de 1981 da BBC, apesar da indignação causada pelo fato de que a cabeça falsa de Mike Kelt custou mais do que o próprio ator.

EMBAIXO À DIREITA
David Hatch deu ao *Mochileiro* a honra singular de estar na capa da Radio Times em 1980... porém a primeira sé de rádio terminaria uma semana depois.

TOPO
Kevin J. Davies, um fã sem igual do *Mochileiro*, era apenas um adolescente quando teve a oportunidade de trabalhar nas animações da série de TV ao lado de Rod Lord, designer de inúmeros itens de cena, e é ainda parte crucial de quase todos os eventos do *Mochileiro* até hoje.

EMBAIXO
Mark, Simon e Douglas no Slartibartday de 1981, debatendo a possibilidade de uma terceira transmissão radiofônica do *Guia* seguida de aparições em diferentes mídias e na Radio 4. A possibilidade acabou sendo zero.

© William Heinemann, © Tor Books/Pan Macmillan, © 2008 Editorial Anagrama, © 1992 Harmony Books, © 2010 Pearl Publishing, © 1981 John Books Ltd, edição da The Folio Society de *O guia do mochileiro das galáxias*, ilustrada por Jonathan Burton e com introdução de Terry Jones, disponível em www.foliosociety.com; edição da Folio Society de *O Restaurante no Fim do Universo*, ilustrada por Jonathan Burton e com introdução de Adam Roberts, disponível em www.foliosociety.com

TOPO
Elenco do *The Illustrated Hitchhiker's Guide to the Galaxy* descansa no meio do ensaio, com o "Diretor" Kevin J. Davies. A partir da esquerda: Trillian (Tali), Arthur Dent (Jonathan Lermit), Zaphod Beeblebrox (Francis Johnson), Kevin J. Davies e Ford Prefect (Tom Finnis).

EMBAIXO
Cartaz da turnê de uma esperançosa adaptação teatral feita por Jonathan Petherbridge; anúncio de dinamite pangaláctica de um programa da desastrosa produção de 1980 no Rainbow Theatre; arte da adaptação de 1993 da DC Comics.

TOPO
A Trillian de Zooey Deschanel na *Coração de Ouro* com o Marvin de Warwick Davis (dublado por Alan Rickman). Ambos são temas bastante populares de cosplay até hoje.

ESQUERDA
Ford (Mos Def), Arthur (Martin Freeman) e Zaphod (Sam Rockwell) chegam para salvar Trillian da Terrível Besta Voraz de Traal – ou, certamente, da burocracia Vogon.

EMBAIXO
O gerador de improbabilidade infinita traz resultados quase sempre imprevisíveis – como estes produtos tricotados, que agora alcançam preços altos no eBay.

Douglas Noël Adams: Escritor, 11 de março de 1952 – 11 de maio de 2001

Aí está um mingo que realmente sabia onde estava sua toalha.

de "acústicos parciais" dadas pelos membros das bandas favoritas de Douglas que por acaso aceitassem seus convites – Gary Brooker, David Gilmour e em especial um amigo chegado, Robbie McIntosh, o guitarrista que se juntou a Paul "Wix" Wickens na banda de turnê de Paul McCartney.

Em tais ocasiões, o lar de Adams e Belson ficava abarrotado, em todos os cantos, não apenas com os amigos mais chegados do casal, mas também com os novos conhecidos de Adams dos escalões superiores da comédia alternativa, produtores hollywoodianos, cientistas de ponta, escritores e acadêmicos – sir Clive Sinclair discutindo sobre design inteligente com um exasperado programador de computador aqui, Salman Rushdie e Hugh Laurie sentados de pernas cruzadas com um membro dos Monkees ali perto da banda, Jim Henson em pé perto da porta com um enorme salmão, só para provocar Douglas checando o título de seu último romance, e, em um cantinho específico, algum tipo de entrelaçamento libidinoso envolvendo uma atriz famosa tão devassa que, legalmente falando, é melhor deixar os detalhes indefinidos mesmo três décadas depois. A comida não podia ser nada menos do que a mais fina, os copos eram mantidos cheios de líquido borbulhante e uma névoa de tabaco ficava suspensa no ar – a fumaça, segundo dizem, tinha uma proporção de legalidade surpreendentemente alta, levando em consideração a quantidade de músicos nas festas, embora houvesse inevitavelmente uma estranha farinha branca salpicada no banheiro, apesar de toda a repugnância que os anfitriões tinham em comum pelo lado ilegal do entretenimento. Mas tudo sempre girava em torno da música, e, embora Douglas sem dúvida morresse de vontade de se juntar aos músicos (e tenha se juntado), não havia maior prazer para ele do que ser espremido no meio de seus familiares e amigos, a centímetros de distância de seus artistas preferidos, enchendo seu apartamento com rock and roll reverberante. Apesar de todo o caráter tempestuoso do relacionamento deles, Douglas e Jane constituíam o núcleo de um turbilhão social, e nunca houve sombra de dúvida de que eles haviam sido feitos um para o outro, casados ou não.

O casal, cujo noivado foi breve, voou junto para a missão de Madagascar e lá encontrou Mark Carwardine, um zoólogo de 26 anos, pela primeira vez. Depois de tanto tempo vivendo uma vida de luxo, com viagens de primeira classe e serviço de quarto em hotéis, existia um abismo entre Mark e Douglas – o primeiro ficou indignado quando Adams abandonou uma máquina fotográfica Nikon novinha em folha e de última geração porque ela era pesada demais para incluir em sua bagagem –, mas o puro entusiasmo e sinceridade de Adams pelo desafio que eles tinham em comum logo começou a diminuir o abismo, principalmente quando eles tiveram a sorte de encontrar e fotografar um aie-aie na segunda noite de aventura: era a primeira vez que o pequenino mamífero com carinha de vampiro foi fotografado em estado selvagem. Esse breve cara a cara com uma criatura que havia se divorciado do nosso próprio clã mamífero havia tantos milhões de anos consistiu em uma das maiores revelações da vida de Adams – uma vida de contemplação das estrelas trazida de volta para cá embaixo, para a Terra, ao se dar conta dos preciosos tesouros da evolução neste único planeta misteriosamente vivo. A redescoberta do fascínio zoológico também foi um marco em sua jornada de "agnóstico sério" a ateu ferrenho.

"A expedição inteira foi a experiência mais tremenda", vibrou ele. "Eu tinha acabado de fazer uma turnê promocional pelos Estados Unidos antes disso e estava convencido de estar virando um chato do serviço de quarto. Isso realmente me consertou." Mark se desculpou pelas acomodações para dormir em concreto duro e pelos transportes insalubres, mas Douglas garantiu a ele com sinceridade que era exatamente disso que ele estava precisando. Talvez o fato de o rico homem estar dando uma de mendigo em uma breve viagem à selva possa ser visto como um caminho fácil para se redimir do luxo irracional, mas a mensagem urgente de preservação que Carwardine queria martelar no mundo era uma mensagem que Douglas agora desejava, com igual ardor, ajudar a transmitir. Ele fez um pacto com Mark de que eles estenderiam bastante a expedição do aie-aie quando houvesse tempo, no intuito de chamar a atenção para uma espécie inteira de amiguinhos em extinção que moravam na Terra, acionando o alarme com humor, em um projeto que ele acabou descrevendo como "um cruzamento entre *Life on Earth* e *Three Men in a Boat*[*]". Ele já tinha um título: *Last Chance to See* [*Última chance de ver*]. Agora, ele só precisava achar espaço em sua agenda. "Me deram um fio a desenrolar", disse ele, "e seguir essa pista começou a levantar questões para mim que se tornaram alvo da maior fascinação."

Com tantas ofertas a peneirar diariamente, a agenda de Douglas – ou melhor, como eram os anos 1980, sua Filofax[**] abarrotada – estava longe de estar vazia, e falar sobre escrever um novo trabalho a encheria ainda mais. No verão de 1985, Richard Curtis e seus amigos haviam ficado admirados com a transmis-

---

[*]   Documentário de história natural de David Attenborough e livro humorístico de Jerome K. Jerome, respectivamente. [N. de T.]

[**] Marca inglesa de carteiras com organizadores pessoais. [N. de T.]

são do *Live Aid*, e a ideia rapidamente evoluiu para englobar o tema de caridade na comédia, apoiando a organização Charity Arts com um espetáculo ao vivo, a princípio da mesma forma como Cleese havia iniciado o *Secret Policeman's Balls* [*Baile do policial secreto*] para a Anistia Internacional. Porém, a recém-fundada Comic Relief em breve teve ideias maiores: um teleton, um *cover* de Cliff Richard nas listas de músicas mais ouvidas, narizes de palhaço e, é claro, um livro licenciado. Nenhum nome podia vender mais exemplares de algo do tipo do que o de Adams, e o comediante derrotado apreciou a oportunidade de trabalhar com seus engraçados amigos de vanguarda e ser uma peça central da maior iniciativa colaborativa na história da comédia britânica. Naturalmente, foram Richard e Peter Fincham, ex-footlighter extremamente organizado, que garantiram que *The Utterly Utterly Merry Comic Relief Christmas Book* [*O total e absoluto livro de Feliz Natal da Comic Relief*] andasse na linha, mas Douglas levou a sério sua função de supervisor. Tendo escrito material descartável para programas de teatro do *Mochileiro* e o jogo de computador, ele estava fervendo com ideias e certamente dividia o ímpeto caritativo de Curtis: seu senso de preservação lógica não se restringia àqueles que não haviam evoluído para utilizar o fogo – ele era tanto humanista como zoólogo germinante. Douglas nunca foi um socialista champanhe, mas ele era certamente um defensor champanhe do Partido Verde. Como mostra em seus livros a obsessão pela culpa ligada à riqueza, ele pode ter sido um capitalista acidental, mas era muito mais de esquerda do que os milionários comuns. Na verdade, ele ficou tão engajado nessa nova causa que, para a Comic Relief, ele extrairia de sua imaginação exausta um texto novinho em folha do *Mochileiro*, impulsionando as vendas potenciais ainda mais do que a participação de pessoas como Rowan Atkinson, The Young Ones, Adrian Mole (personagem de Sue Townsend), Palin e Jones (sem falar no pequeno papel feito por um Beatle de verdade, graças ao fato de Palin ter aliciado George Harrison para apresentar seu pastiche, *Biggles*).

Griff, seu antigo colega de escola, também participou com uma piada muito fraca – pois estava mais preocupado com *Lavishly Tooled Instant Coffee Table Book*, escrito por ele e Mel Smith, em parceria com McGrath e Anderson –, que apresentava uma paródia venenosa do *Mochileiro*, "Até mais, e obrigado pelo adiantamento!", porém, tão espantosamente mordaz que só podia ter vindo de comediantes que realmente conheciam Douglas melhor do que ninguém – e um "conteúdo adicional" para o livro foi fornecido de cortesia por Canter e Lloyd. Ao lado da imagem de uma carteira gorda flutuando no espaço, a falsa publicidade dizia:

"Muito além, nos confins inexplorados da região mais brega da borda ocidental desta galáxia, há um pequeno sol amarelo e esquecido."
Este parágrafo de abertura – isso mesmo, PARÁGRAFO – fez história no mercado editorial! As vendas do livro foram tão fantásticas que a forma de vida descendente de primata que o escreveu foi persuadida a fazê-lo de novo. Sim, Douglas Adams escreveu exatamente o mesmo parágrafo para começar seu livro seguinte. E, por incrível que pareça, deu certo! O povo da Terra lhe deu pequenos pedaços de papel colorido o suficiente para comprar tantos relógios digitais quanto ele pudesse querer. Mas, ainda assim, os editores descendentes de primatas, não estavam satisfeitos. O que era estranho. Porque Douglas estava delirantemente feliz da vida...
E, agora, 2 mil anos depois que um homem foi pregado em sua máquina de escrever por ter pensado que aqueles pedaços de papel eram uma ideia bem legal, lá vem ele de novo!... Então NÃO ENTRE EM PÂNICO – lá vem ele de novo. Quase vinte páginas do que é, com certeza, o último livro do *Mochileiro*. Último por enquanto...
SOBRE O AUTOR: Douglas Adams não é casado, não tem filhos e ainda não mora em Surrey. No entanto, ele tem, sim, um Porsche e um Golf GTI Cabriolet, ambos equipados com telefones. Tem também uma dúzia de computadores, um enorme aparelho de som de alta fidelidade, uma cobertura em Islington, uma casa em Islington, um apartamento em Nova York e um agente literário de primeira...
ESTE LIVRO FOI FABRICADO INTEIRAMENTE COM IDEIAS RECICLADAS.

Em certo sentido, essa paulada havia sido composta pela dupla para o lançamento do filme deles, *Corra! Os ETs chegaram*, de 1985, que utilizou descaradamente a ideia de viagem de mochilão interestelar quando o alienígena solitário de Mel tenta pegar carona para reencontrar seus amigos, cuja nave havia caído na Terra. Mas a derrota de bilheteria que o filme levou foi um castigo suficiente. Além disso, Douglas se vingaria ligeiramente em seu romance seguinte, mencionando um "comediante alternativo" que gastou o dinheiro que havia ganhado com comerciais de cerveja em conversões *yuppies* de armazéns.

Sendo um ex-escritor de esquetes e fã de Wodehouse, é um grande mistério que contos nunca tenham ocupado um espaço maior na carreira de Adams.

Ele frequentemente tinha mais ideias distintas e complexas do que qualquer enredo de romance poderia abarcar: cada uma delas poderia encontrar seu próprio lugar em um formato mais organizado e ser aprimorada até atingir a perfeição, sem a espécie de dedicação de longo prazo que inspirou um provérbio dos escritores de antigamente: "Escrever é fácil – basta encarar uma folha de papel em branco até a sua testa sangrar". Mas o único verdadeiro flerte de Douglas com o gênero foi feito para ser doado à Comic Relief. Em vez de preparar rapidinho algo previsível demais envolvendo Marvin, o uso que Adams acabou fazendo de sua marca tomou de propósito um caminho menos obviamente do agrado do público, visitando a juventude do personagem do qual ele mais havia se esquivado nos últimos tempos, Zaphod – embora, na verdade, o jovem herói não fizesse muita coisa no enredo.

Em um conto reminiscente de *Alien*, o único funcionário da Companhia de Resgate e Paradas Muito Radicais Beeblebrox está à disposição para descobrir que uma forma de vida horrendamente perigosa fugiu para a Terra. Essa criação humanoide da Companhia Cibernética Sirius parece inofensiva, mas, como "não há nada que não fariam se permitidos e não há nada que não lhes é permitido fazer", há uma grande insinuação de que a demolição posterior da Terra possa ter a ver com detê-los. Sendo outra tentativa vigorosa de ridicularizar Reagan, o palhaço com o dedo no botão ao longo da década, de certa forma o tiro saiu pela culatra, pois os leitores não entenderam as indiretas e se perguntaram se as criaturas não deviam ser Jesus. Embora o livro contenha uma dose saudável de blasfêmia, para um presente do Papai Noel que combinava dois temas alegres – comédia e Natal –, há uma melancolia predominante em grande parte do livro *Utterly Merry*, uma sensação de paranoia nuclear da metade dos anos 1980 que deveria ter deixado evidentes as intenções de Adams. O sentimento de "salve a Terra" retorna em "A Christmas Fairly Story" ["Uma história bastante natalina"], um conto humorístico ainda mais curto e recheado de piadas, escrito por Terry Jones, ilustrado por Michael Foreman, colaborador regular, e parcialmente retrabalhado pelo editor, enquanto Douglas aproveitou a oportunidade de colocar seu nome ao lado de outra criação dos Pythons mais uma vez em "The Private Life of Genghis Khan" ["A vida privada de Genghis Khan"]. A falta de clareza do esquete de *Out of the Trees* deu a Douglas a liberdade de retrabalhar as ideias dele e de Chapman em prosa. Como não havia nada parecido com uma frase de efeito no esquete original, ele decidiu remodelá-lo nos padrões do *Mochileiro*, com uma aparição tardia de Wowbagger, o infinitamente prolongado, tendo a segurança de saber que a maioria dos leitores já teria lido *A vida, o universo e tudo mais*.

Aqueles primórdios da caridade, aliás, inspiraram o primeiro romance da criadora de *Bridget Jones*, Helen Fielding, uma antiga amiga de Curtis da Oxford que dirigiu alguns dos primeiros filmes da África. Na época, ela também era namorada de John Lloyd, e sua posterior estreia no ramo da semi-ficção, *Causa nobre*, oferece uma visão única da vida privada da elite da comédia nos anos 1980. O medo que Lloyd tinha de ser a inspiração do namorado galante e brilhante que era apresentador de TV foi apaziguado pela confirmação da autora de que o único personagem que ela considerava como tirado diretamente da vida real era Julian Alman, astro da comédia imensamente alto e desajeitado – um milionário obcecado por engenhocas que, apesar de ter tido a audácia de solicitar uma classe superior em um avião precário para um campo de refugiados, era essencialmente decente e amável –, mas "nunca houve nenhum homem mais estragado pela riqueza do que Julian". Esse personagem, ela não podia negar, era Douglas.

O livro foi finalmente lançado no outono de 1986. Adams afirmou em uma carta destinada aos doadores que aquele era "o primeiro livro de comédia de todos os tempos a ter sido terminado com um atraso de menos de três meses", embora, em uma irônica troca de papéis, um anúncio de página inteira cobria a incapacidade de Lenny Henry entregar a tempo o conteúdo a Douglas. Porém, apesar de a provocação religiosa citada anteriormente ser relativamente moderada, o sucesso da primeira edição do livro, de meio milhão de exemplares, foi ofuscado por uma campanha profundamente não caridosa por parte de grupos de pressão cristãos para banir o livro, devido a elementos como a peça de natividade dos *Young Ones*[*] e "The Gospel According to a Sheep", um conto humorístico encantador, escrito por Curtis, com contribuições de Adams. Resultado: não houve reedição, dando aos grupos "cristãos" a satisfação de saber que haviam causado no mundo um nível de sofrimento maior do que teria havido se não fosse por eles.

O trabalho de Douglas para a Comic Relief foi todo por uma boa causa, o que, é claro, iluminou muito sua consciência sobre a falta de qualquer outro texto que ele conseguiu fazer naquela época – mas lá estava, mais uma vez, um prazo crucial preparando sua emboscada nas sombras. "Há uma porção de coisas que eu quero fazer, e a principal, o cerne de tudo, terá de ser escrever livros", ele admitiu, relutantemente. "O *Mochileiro* me deixou esgotado de escrever, e eu tenho a impressão de não ter mais nada a dizer naquele meio em especial, há outras coisas que eu quero fazer. Tenho pensado em escrever na área de terror/mistério/

---

[*] Programa de comédia britânico. [N. de T.]

ocultismo. Sério, o negócio é bolar todo um novo conjunto de personagens e um novo cenário – não é só que sejam novos, mas também que sejam um cenário e um conjunto de personagens que eu agora, aos 33 anos, tenha imaginado de forma refletida, em vez de ter inventado quando eu tinha 25 anos." O novo prazo chegou como cortesia de um dos maiores acordos editoriais – em 10 de janeiro de 1986, Ed Victor presidiu magistralmente o leilão telefônico dos direitos de publicação dos dois próximos livros de Douglas Adams e desligou duas horas depois obtendo um contrato com a Simon & Schuster no montante de 2,2 milhões de dólares, enquanto os direitos no Reino Unido mudaram Douglas da Pan para a Heinemann por uma quantia mais serena, 575 mil libras. Douglas estava com tudo pronto para criar seu mistério de terror bem polêmico, sua primeira tentativa vigorosa de fazer algo novo desde que Arthur Dent havia enfrentado os tratores. Ele decidiu, corajosamente, tentar honrar os dois contratos editoriais em um ano, entregando o primeiro romance por volta do Natal de 1986, para um lançamento na primavera, e então seguindo em frente para escrever a continuação.

Outra razão para se afastar de sua criação mais famosa veio em 1986, com um novo rascunho do filme do *Mochileiro*, creditado a Douglas e à subordinada de Reitman, Abbie Bernstein. O autor, mortificado, considerou-o como "o pior roteiro que eu já li. Infelizmente, ele carrega meu nome, apesar de eu não ter contribuído nem sequer com uma vírgula... Fico chocado de pensar o quanto aquele roteiro prejudicou a minha reputação ao longo dos anos". Palpavelmente recalibrado para um público de mauricinhos americanos (Ford parece com certeza ter sido escrito para John Belushi, apesar da morte do ator em 1982), o novo rascunho era lotado de reviravoltas e acontecimentos completamente novos, baseados, em larga medida, em tentativas repletas de ação de deter os Vogons e salvar o mundo. O romance entre Arthur e Trillian permaneceria, como já era de se esperar, um tema central com relação a todos os conceitos do filme dali em diante.

Tendo recusado profundamente qualquer continuação do *Mochileiro*, Adams estava empolgado para experimentar algo muito diferente, mas, no final, teve de fazer as pazes com sua própria imaginação. Em vez de escrever alguma coisa, ele se sentou à máquina de escrever e explicou a si mesmo: "O fantástico e o extraordinário são os meus pontos fortes. Com certeza. Isso é o que eu sei fazer. Acho que provavelmente não sou muito bom em fazer coisas sobre o dia a dia. Odeio pensar o que isso diz sobre mim, mas é assim. Acho que as minhas coisas do dia a dia são boas por serem um contraponto das coisas que eu sei fazer melhor – o fantástico".

Essa confissão foi só um jeito de aquecer seus dedos para datilografar. No final do ano, ele ostentou uma frase de sua nova criação: "No topo de um promontório rochoso, um monge eletrônico estava montado em uma égua entediada...".

A INTERCONECTIVIDADE FUNDAMENTAL DE TODAS AS COISAS

Sue Freestone estava, é claro, preocupada de ter apenas uma frase com a qual trabalhar quando o primeiro prazo expirou, mas Douglas tinha suas razões – não somente o livro da Comic Relief e os planos de viagem com Carwardine, mas, obviamente, havia todo aquele dinheiro a gastar. Ele já havia comprado um apartamento em Nova York, no mesmo quarteirão de Simon Jones e sua nova esposa, Nancy Lewis, empresária americana do Monty Python, a qual ele havia conhecido no *set* de filmagens de *O sentido da vida*. No entanto, os pesadelos imobiliários de Douglas e Jane no ninho deles em Londres poderiam encher um livro por si só. Uma vasta casa georgiana em ruínas situada em Duncan Terrace foi vislumbrada como o lar ideal de um milionário moderno e um local de festas por excelência, com a orientação dos inspiradores vizinhos de Adams, que eram arquitetos. Haveria certamente infinitas tomadas elétricas para as engenhocas de Douglas no andar de cima, um sistema de som que custava tanto quanto a casa de uma família razoavelmente grande e, no subsolo, uma piscina. Porém, este último plano foi entravado pela proximidade dos cofres do Royal Bank of Scotland, e o subsolo acabou se tornando o lar da irmã de Douglas, Jane (agora conhecida como "Pequena Jane"), quando ela começou a estudar medicina na metrópole. Contudo, por culpa de ninguém, devido a uma absurda série de problemas, que englobava mofo, ambição astronômica e a necessidade de quebrar o edifício inteiro de quatro andares, a casa da Duncan Terrace se tornou um típico buraco negro financeiro à medida que o projeto se expandia e se modificava.

O custo final teria sido suficiente para fazer qualquer milionário recuar, mas, por acaso, a reforma do prédio conflitou com um dos infortúnios mais sombrios da vida de Adams, quando veio à tona que o contador no qual ele havia confiado para administrar seu primeiro grande pagamento – e que havia pessoalmente aprovado o empreendimento da Duncan Terrace – havia utilizado uma quantia de seis dígitos do dinheiro de Adams para sustentar desesperadamente um investimento irrecuperável. De repente, surgiu um abismo nas finanças de Douglas. "O choque foi indescritível", contou ele. "Eu pensava que era rico e, um instante depois, pensei que estava falido. Eu não entendo nada de dinheiro, só entendo de compras." Quando sua renda começou a chegar, o escritor financeiramente ingênuo a dividiu de três maneiras: um terço para o prazer, outro para a aposentadoria e o último para o contador pagar os impostos; embora, como sugere a alusão ao fato de Hotblack Desiato passar um ano morto por razões tributárias, Adams a princípio quisesse distância da malandragem de não pagar impostos mediante expedientes legais. O pesadelo de descobrir que suas economias fiscais haviam virado fumaça piorou quando tentativas de processar o homem responsável foram barradas pelo suicídio do contador. De uma só vez, a generosidade observada naquele homem rico bancando o mendigo na selva ou doando seu tempo para a caridade foi substituída por uma genuína necessidade de recuperar suas perdas fazendo a testa sangrar intensamente: "Isso significa que eu estou realmente trabalhando para ganhar a vida de novo, ao contrário de, sabe, embolsar um dinheiro de que eu não preciso. Eu sempre soube que teria de ganhar muita grana de um jeito ou de outro, simplesmente porque eu não tenho a menor ideia de como o dinheiro funciona, e, portanto, não o economizo muito bem – nunca consigo saber exatamente por quê".

  Freestone observou prestativamente que a única frase que ele havia escrito não bastava para constituir uma sensação editorial, mas Adams reagiu impondo a si mesmo um intervalo de redação planejado: "Eu passei um ano refletindo sobre o livro, ficando preocupado de não conseguir fazê-lo e entrando um pouco em pânico. E, aí, eu finalmente reuni ideias o bastante e, a partir do momento em que o prazo expirou, eu me sentei, escrevi e terminei o livro em questão de duas ou três semanas. É, com certeza, o livro que eu mais gostei de escrever em séculos, e eu tenho a impressão de ter dado um novo sentido à minha vida, porque eu estava ficando entediado pra caramba com o *Mochileiro*. Ele vinha governando a minha vida na maior parte dos últimos dez anos". Quando indagado por fãs entusiasmados sobre o que esperar dos novos livros, ele respondeu: "Vai dar para reconhecer que eles são meus, mas eles serão radicalmente diferentes – pelo menos do meu ponto de vista. A história é baseada no aqui e agora, mas a explicação se revela ser ficção científica". Esse é realmente o ponto essencial do universo de Dirk Gently – o fato de a primeira alusão à sua agência de investigações holísticas envolver um robô alienígena em um planeta distante mostrava que isso não era uma imensa guinada para Adams em termos de conteúdo (principalmente porque o *Mochileiro* já era lotado de aspectos sobrenaturais), mas sim um distanciamento crucial em termos de atmosfera e forma. Em poucos capítulos do *Mochileiro*, já estamos no espaço sideral, e quase tudo pode acontecer, mas o que seria uma piada boba para Arthur Dent agora podia ser a base de um mistério verdadeiramente sinistro para Dirk Gently.

Acima de tudo, foi a liberdade de ser apenas tão divertido quanto a história exigisse que impôs os limites desse novo projeto: "Um dos meus objetivos nesse livro é que, embora ele seja uma comédia, ele não será, como o *Mochileiro* era, uma comédia acima de tudo, porque no *Mochileiro* tudo precisava se curvar às piadas. Muitas vezes eu tinha de abandonar partes do enredo ou virá-las do avesso ou exercer verdadeira violência com uma trama no intuito de fazer com que uma piada ficasse engraçada. O que eu quero fazer com esse novo livro é um enredo firmemente organizado, com uma porção de ideias bem amarradas, e aí *deixá-lo* ser engraçado quando ele quiser, e não forçá-lo a despertar gargalhadas. Uma vez que isso estiver claramente definido, então todo tipo de coisa se tornará naturalmente engraçada... O *Mochileiro* sempre foi, em primeiro lugar, sobretudo, principalmente, em todos os aspectos, uma comédia. Acho que, no passado, eu fui escrachado demais – só porque eu não era capaz de pensar em algo engraçado o bastante, mas devia haver algo engraçado aqui, porque esse livro está destinado a ser engraçado etc. Então eu creio – espero – que terei me tornado menos escrachado. Acho o escracho muito irritante".

Michael Bywater observou com sagacidade que o humor de Adams, em sua melhor faceta, vinha de um anticlímax que sabotava o épico contrastando-o com o dia a dia. Isso se dava, em grande parte, pelas reações dos personagens diante da natureza fantástica da vida, do universo e tudo mais. Como sempre, Adams tinha muitíssimas ideias a explorar em seu enredo, que ele descreveu como "uma comédia-épica-musical-romântica-com-viagens-no-tempo-e-histórias-de-detetive-de-suspense-terror-e-fantasma. Minha intenção inicial era fazer um suplemento culinário também, mas deixei isso para lá". O humor continuava vindo, em larga medida, dos personagens tentando lidar com o que o universo estava fazendo com eles. E foi de Bywater que ele tirou seu novo herói quase completamente formado. Quando foi confirmado que o rechonchudo detetive Gently, que usava óculos, fumava como uma chaminé e era ambiciosa e excentricamente brilhante, mas igualmente arrogante, havia sido diretamente inspirado de aspectos de sua própria pessoa, Bywater confessou que não sabia se devia ficar indignado ou lisonjeado. No entanto, o pseudogênio, antigamente conhecido como Svlad Cjelli, "mais uma sucessão de acontecimentos extraordinários do que uma pessoa", nem aparece na narrativa até o capítulo 13 e é apresentado com uma sutileza digna de Wodehouse como "um binóculo", o que dá espaço para Adams inventar suas próprias versões dos personagens estereotipados e tradicionais de qualquer grande história de detetive – os suspeitos (embora esse âmbito fosse mais "quem fez o que e por que" do que "quem é o culpado"), o rival policial cínico, sargento Gilks, e, é claro, o Watson de Dirk, ou melhor, Hastings. Tendo semeado tantas dúvidas sobre a natureza autobiográfica dos últimos contratempos de Arthur Dent, não pode haver nenhuma dúvida de que Richard MacDuff, notoriamente alto, rico, formado em Cambridge, residente de Islington, programador de computadores, fanático por música e namorado abominável, foi criado explicitamente como exemplo de como Adams realmente enxergava a si mesmo – ele até atribuiu os créditos de um ensaio no qual ele vinha trabalhando, "Music and Fractal Landscapes" ["Música e paisagens fractais"], ao seu avatar idealizado.

O outro novo personagem-chave não era, é claro, nem um pouco novo, mas sim o idoso gallifreyano de *Shada*, o professor Urban Chronotis, conhecido aqui como "Reg", diminutivo de professor régio de cronologia. A atmosfera misteriosa do St. John's, aquele mundo de portas dentro de portas, revelou-se tentadora demais para ser deixada para trás em um roteiro de TV abandonado. Mais uma vez, Douglas estava fazendo sua parte em termos de reciclagem. Porém, assim como em todas as melhores ficções científicas, a beleza de *Who* – e, com efeito, a do *Mochileiro* – é que todo acontecimento, desde as mais grandiosas eras até as esquisitices mais ínfimas, pode ser explicado, de um jeito ou de outro, sem recorrer à "mágica", embora com uma atitude alegremente perversa com relação à ciência tal como a conhecemos. É por isso que as ideias que criaram raízes na mente de Adams com a liberdade do formato de *Doctor Who* podiam ser tão irresistivelmente intrincadas e imaginativas, perfeitas para serem traduzidas em um universo novo com suas próprias explicações para cada nó bizarro do enredo. Além disso, o fato de Reg obviamente nunca ser identificado como um Senhor do Tempo acrescentou toda uma nova camada de mistério a respeito de quem ele realmente era, e, se houvesse alguma comparação, o perigo supremo do enredo foi tirado de "City of Death", e não de "Shada". *Dirk Gently* também apresentou seu próprio lubrificante de enredo equivalente ao Gerador de Improbabilidade Infinita: a clarividência muito reprimida de Gently, racionalizada como uma fé na "interconectividade fundamental das coisas", segundo a qual toda grande coincidência devia, em algum nível significativo, ser o resultado de um processo lógico. Aliada a isso estava sua refutação da famosa citação de Sherlock Holmes, que dizia que "Uma vez eliminado o impossível, o que restar, não importa o quão improvável, deve ser a verdade". Dirk insistia que "O impossível frequentemente tem uma espécie de integridade para com a verdade que o meramente improvável não tem".

No frenesi narrativo que ele se impôs, Adams também tinha um excesso de outras ideias fresquinhas a acrescentar na miscelânea – um modelo crível de vida após a morte, muitas meditações sobre a natureza da física quântica, uma ideia de quem realmente havia sido a pessoa que impediu Coleridge de continuar *Kubla Khan*, uma dimensão ecológica irresistível e – enquanto o *Coral número 5* de Bach ecoava repetidamente em torno de sua escrivaninha – a verdadeira inspiração da mensagem divina de Johann Sebastian. Os críticos enalteceram a notável limpidez com a qual tantos conceitos díspares se casavam, e Adams, merecidamente, fulgurou de alegria: "Estou extremamente satisfeito com ele, devo dizer. Acho que uma das coisas que vão pegar as pessoas um pouco de surpresa é que, pelo fato de os meus livros, até agora, terem tendência a ser muito episódicos – é uma coisa atrás da outra durante cerca de 180 páginas e aí tudo cessa –, esse livro, durante um bom tempo, parece ser um monte de acontecimentos aparentemente e radicalmente desconectados, dos quais todos gradualmente se revelam fazer parte da mesma coisa que está rolando".

No entanto, talvez os maiores sucessos tenham sido a criação de Dirk e a comicidade aparentemente sem esforço que emana de suas fraquezas ao estilo de Ukridge, personagem de Wodehouse, e da forma desprezível como ele trata seus clientes. Tendo não somente concluído o primeiro caso de Dirk para publicação, mas até mesmo poupado tempo compondo o texto por conta própria em seu Mac, o vento parecia favorável para Douglas, que havia declarado sua intenção de voar diretamente para a segunda aventura realista de Gently, a qual ele sucessivamente intitulou de "As geladeiras do desalento", "As comidas congeladas da morte", "Onde estão eles agora?", "Desolação, dúvida e Dirk Gently" ou "Dirk Gently e a agonia da dúvida", antes de determinar um título tirado diretamente da franquia da qual ele ainda estava fugindo conscientemente: *The Long Dark Tea-Time of the Soul**.

---

* *A longa e escura hora do chá da alma*, não publicado no Brasil. [N. de T.]

ME AJUDE, PELO AMOR DE DEUS

Contudo, a vitória de concluir seu primeiro livro da série *Dirk Gently*, embora com um leve atraso, não se repetiria da segunda vez. O cronograma dos sonhos havia dado uma deslizada, e esse seria o primeiro livro de Adams a expirar não apenas o prazo de entrega do manuscrito, mas também o prazo de impressão.

O ponto de partida de Douglas dessa vez foi a culpa. Ele tinha planos para o personagem literalmente congelar de remorso até ser reconfortado por uma bruxa dizendo que ele era, na verdade, uma pessoa perfeitamente decente. No final, porém, a viagem no tempo e os eventos fantasmagóricos do primeiro livro seriam substituídos por um fenômeno familiar no *Mochileiro* — a existência de deuses e, especificamente, divindades nórdicas. Pode-se presumir, com segurança, que o leitor deva interpretar o deus do trovão Thor descrito em *Tea-Time* como inteiramente distinto do cabeça de bagre que dá em cima de Trillian em *A vida, o universo e tudo mais* ou de qualquer um dos deuses que estão se divertindo no espetáculo de boate do Milliways. Mas, aí, a ideia simplista de que a principal distinção entre o *Mochileiro* e *Dirk* é o nível de humor se complica pelo fato de *Até mais, e obrigado pelos peixes!* já ter demonstrado um estilo dramaticamente mais maduro do que os livros anteriores de Douglas e retratado um deus da chuva entre nós. Todavia, diferentemente dos deuses cuja existência surgiu de repente, pouco depois da criação do universo do *Mochileiro*, esses asgardianos (que viajam entre planos de existência através da estação de trem King's Cross, de forma bem parecida com a plataforma 9¾ de *Harry Potter*) são literalmente criados a partir da fé humana e então abandonados para percorrerem o planeta muito tempo depois de a crença neles ter-se extinguido. Havia muito menos fios narrativos a entrelaçar na sequência — apenas temas secundários, como uma sátira da indústria musical e a transfiguração de objetos inanimados — e também quase nenhuma continuidade em relação à primeira história. Embora ele confessasse de bom grado uma afinidade especial com o gigantesco e frustrado Thor (o que talvez jogue uma luz diferente sobre a confrontação do deus do trovão no leito de seu debilitado pai), o *alter ego* anterior de Adams, MacDuff, foi esquecido, e Dirk agora tinha uma nova coprotagonista, sob a forma da nova-iorquina Kate Schechter, um grande passo à frente para Adams em termos de caracterização feminina plausível, embora ela fosse outra mulher dominadora.

Com um novo prazo, cansativamente estendido até outubro de 1988, esse caso policial relativamente sem rodeios ainda se recusava a deslizar pelos dedos de

Douglas e entrar em seu disquete. Uma camada extra de perigo foi acrescentada ao estresse pelo tique-taque do relógio que marcava sua saída do país. Ele e Mark Carwardine, tendo chegado a um acordo sobre determinado número de tachinhas a pregar no mapa do *tour* que eles fariam das espécies em extinção, haviam lentamente construído um itinerário ao longo dos anos desde o encontro com o aie-aie. Finalmente havia chegado a hora de dar a volta ao mundo para realizar o grosso da pesquisa – por sorte, isso também coincidia com a relutante aquiescência de Douglas com seus conselheiros financeiros para desaparecer de sua terra natal durante um ano, lamentavelmente por razões fiscais, o que ocorreu uma década depois de sua observação: "O exílio tributário é o que costuma acontecer com aqueles que fazem papel de bobo publicamente".

Uma turnê publicitária na Austrália foi definida como pontapé inicial de seu exílio, mas, à medida que o dia da partida se aproximava, as últimas aventuras do detetive Gently permaneciam uma bagunça de batatas quentes, cabeças decepadas, elfos, deuses e geladeiras (sem contar algo que tinha a ver com o romancista Harold Robbins pedindo para galinhas vivas serem entregues em seus quartos de hotel, um curioso aparte que, por razões jurídicas, exigiu que o nome fosse trocado por "Howard Bell"). No final, ele afirmou que o livro só foi terminado porque ele passou três noites em claro, intercalando períodos de escrita intensa com explosões de suor em sua bicicleta ergométrica, escutando os 8min23s do *Concerto para piano em dó maior* de Mozart. Porém, ele ainda estava tentando garantir que todas as pontas soltas estivessem bem amarradas no táxi a caminho do aeroporto para Perth. Mesmo ao chegar ao outro lado do planeta, ele telefonou para Sue Freestone e lhe disse que eram necessárias mais 500 palavras, as quais ele acabou escrevendo à mão, de ressaca após uma noitada na cidade com Ben Elton, e ditando à distância para sua editora, antes de corrigir o manuscrito final usando o meio de comunicação característico daquela década: o fax. "É diferente de Tolstói, não é?", tagarelaria ele com Terry Wogan em uma de suas visitas infamemente prolixas ao sofá de *Wogan*. "Mas o estranho é que, em tais circunstâncias, você na verdade inventa as melhores coisas. Coisas que não poderia ter escrito de outro jeito."

Todo livro de Adams era lançado com uma enxurrada de publicidades absurdas, mas os artifícios de *Tea-Time* talvez tenham sido os mais bizarros. Indiretamente, a equipe da Pan ouvira Janet Thrift brincando que era capaz de escrever um livro mais rápido do que o filho, e isso os incitou a pedir para ela fazer propaganda do novo livro dele, vendendo broches enfeitados com xícaras de chá com decoração-floral-Thrift como parte do "Dia do chá". E ela acabou se vendo em forma de manequim de papelão nas livrarias de todo o país. Se isso ajudou ou não, *Tea-Time* acabou sendo bem acolhido, fazendo com que Adams refletisse: "Há altos e baixos, todo autor tem uma coisa cíclica que na realidade não tem nada a ver com qual livro é bom e qual livro é ruim. Os críticos adoram você durante um tempinho até decidirem que está na hora de detestar você. E, de fato, as críticas na Inglaterra foram feitas, em larga medida, por pessoas que haviam me odiado durante um tempo e que ficaram extremamente irritadas ao descobrirem que achavam que aquele livro era bom e ao terem de dizê-lo com palavras tipo 'enfurecedoramente' por toda a parte". Indagado sobre seu próximo romance, ele acrescentou: "Vai ser uma espécie de livro de suspense, muito diferente, cuja história se passa no Brasil, na Costa do Marfim e na Ilha de Páscoa. Mas, em outras palavras, quando eu costumava escrever redações de história na escola, meu professor dizia: 'Menos piadas, mais fatos, por favor, Adams!'. Então, basicamente, eu sempre escrevo comédia de um tipo ou de outro, mas esse livro vai ser mais de suspense". Essa história nunca veio à tona, mas sua maior prioridade no momento era entrar na área de não ficção.

Além de uma trouxa balançante com as câmeras e engenhocas de última geração e de altíssima tecnologia e metade da obra de Dickens, quando Douglas embarcou no projeto pessoal para ter sua última chance de ver formas de vida selvagens, tais como o dragão-de-komodo, na Indonésia, seu querido papagaio bobo e incapaz de voar, o kakapo, na Nova Zelândia, e o golfinho do rio Yangtzé, supremamente obscuro, mas não inteiramente extinto, o aventureiro também levou consigo a angústia de outra separação de Jane, que, dessa vez, parecia de certa forma definitiva (embora, repetindo infelizmente a dedicatória de *A vida, o universo e tudo mais*, *Tea-Time* tenha ido para a gráfica com a inscrição "Para Jane"). "Passamos oito anos nos perguntando se era uma boa ideia nos casarmos", desabafou ele com o jornalista de um jornal qualquer daquela época. "Costumamos ficar presos em uma armadilha porque aquilo parece tão certo, mas, quando você está na casa dos 30, começa a se fazer muitas perguntas interessantes. Porém, a ideia de sair e ter de atrair pessoas de novo me apavora." As fraquezas de Douglas eram suficientes para gerar inúmeras e apaixonadas batalhas de vontade entre os dois, como John Lloyd aludiu debochadamente na apresentação que ele fez de seu velho amigo em uma entrevista coletiva de 1987 para fazer propaganda do primeiro *Dirk*: "Douglas Adams é enormemente gordo, e aquilo de que ele se vangloria com maior orgulho é que ele é mais alto, mais jovem e tem uma vista melhor do que eu... Ele mora em Islington com uma advogada e um Macintosh da Apple, mas nós dois sabemos com qual deles ele realmente quer se casar". Porém, Douglas havia recém-adicionado à bagagem do relacionamento uma explosiva vontade de ser pai, a qual a brilhante advogada Jane não se sentia pronta para dividir. Sempre se fala muito do relógio biológico feminino, mas o desejo masculino de procriar pode arder com igual ferocidade, e Adams sentia que aquele era o momento perfeito. Ele até foi ouvido reclamando, quando Lloyd se tornou pai pela primeira vez na virada dos anos 1990, que "aquele filho da mãe ganhou de mim novamente". Adams só tinha a esperança de que aquele tempo de separação lhes faria bem e também o afastaria do canteiro de obras de Duncan Terrace.

Se você quiser saber detalhes do périplo de Douglas e Mark, não se deve aceitar, obviamente, nenhum substituto de *Last Chance to See* em sua integralidade erudita. As viagens deles também constituiriam a base de um seriado da Radio 4 com o mesmo nome, que foi transmitido em outubro de 1989. Ele mostrava a infame luta para encontrar camisinhas em Pequim (a fim de impermeabilizar um microfone) e posteriormente uma demonstração impressionante de atuação dramática por parte de Douglas, quando a gravação de sua reação ao ver um dragão-de-komodo engolindo uma cabra (o escritor quase vomitou) foi acidentalmente apagada e teve de ser recriada na BBC. Em muitos sentidos, todos os sucessos de Adams haviam composto o treinamento perfeito para essa forma de diário de viagens ecológico, no qual ele, Mark, o produtor Gaynor Shutte e sua equipe percorreram este mundo maravilhoso, obtendo apenas um vislumbre de como a forma de vida supostamente mais inteligente tratava o equilíbrio da natureza que afetava toda a vida e lidando, no caminho, com uma burocracia internacional descontrolada, muito além, inclusive, da imaginação de Adams. *Dirk Gently* já havia trazido o foco do autor de volta à Terra, mas, como o *Mochileiro* era essencialmente um guia de viagem paródico, repleto de observações perplexas com relação tanto às nossas espécies como aos muitos espécimes evolucionários inteiramente alienígenas, havia pouca necessidade de modificar a abordagem para dar ao leitor uma perspectiva surpreendentemente nova da vida na Terra.

Infelizmente, apesar da natureza colaborativa de *LCTS*, Adams, procrastinador mais experiente, não foi a melhor influência para Carwardine, e houve muito mais discussões exageradamente gesticuladoras e deslumbrantes em restaurantes no sul da França do que jornadas de trabalho completas para compor a prosa. Portanto, o texto acabou sendo entregue à Heinemann e publicado em 1990, com algumas das explorações deles faltando, incluindo um breve encontro com o peixe-boi amazônico que fortaleceu o misterioso sentimento de conexão que Douglas tinha com seres vivos tão amplamente diferentes – a teoria de que os humanos tiveram um estágio de desenvolvimento evolucionário crucial em um ambiente aquático ou semiaquático há vários milhões de anos atrás era uma de suas hipóteses mais queridas da arqueologia antropológica. Contudo, talvez as experiências de Adams no Zaire (atual República Democrática do Congo) tenham proporcionado o sentimento de conexão mais forte com o assim chamado reino animal e, por mais que tentasse não antropomorfizar os indivíduos que eles encontravam, sua admiração pelo gorila-de-dorso-prateado (o qual ele teve a honra de encontrar, embora apenas brevemente) resplandece na página. No mundo não natural, Douglas podia ser mais tribal do que o normal (ele lembrava-se de ter sido apresentado em uma festa a um homem narigudo de 1,96 metro chamado Douglas e ter saído cuspindo fogo de tão confuso que ficou com essa afronta à sua singularidade), mas achava difícil resistir a se identificar com o chefe preguiçoso e em amadurecimento do bando de gorilas. No entanto, em vez de descrevê-lo ou descrever qualquer outro assunto individual com típicas referências de observação ao comportamento humano, ele se empenhou em "preencher a lacuna imaginativa" entre "nós" e "eles", considerando o mundo a partir da percepção sensorial deles – afinal de contas, nós não apenas vemos a baleia cair no *Mochileiro*, nós sentimos a queda junto com ela: "Quando eu estava escrevendo o *Mochileiro*, sempre tentava adotar diferentes perspectivas sobre as coisas do dia a dia, de modo a enxergá-las com um olhar novo. E subitamente me caiu a ficha de que todos os animais do mundo tinham sistemas perceptivos completamente distintos e que o mundo que nós víamos era específico somente para nós. A partir do ponto de vista de todos os outros animais, é um lugar totalmente diferente. Eu também descobri que, como tinha um assunto externo e importante com o qual lidar, eu não sentia nenhum tipo de impulso de ser engraçado o tempo inteiro – e, por incrível que pareça, um monte de gente disse que é o livro mais engraçado que eu já escrevi". Essa técnica imaginativa perceptiva ficou ainda mais complexa quando o autor estabeleceu contato com o trágico rinoceronte-branco-do-norte, cujo poderoso aparato nasal (sua percepção mais crucial) farejava de longe o mundo infestado de caçadores ilegais ao seu redor. Douglas se dedicou particularmente às causas dessas duas últimas espécies, tornando-se um defensor de alta visibilidade da ONG Save The Rhino (dedicada à proteção dos rinocerontes) e conseguindo convencer Bill Gates a desembolsar uma quantia de seis dígitos para os cofres de um projeto de proteção aos gorilas-de-dorso-prateado.

Embora lançado dois anos depois do livro, *LCTS* se tornou realmente multimídia, gerando também um CD-ROM para Mac e PC repleto de fotografias, gravações, detalhes adicionais e até cenas inéditas da equipe. Assim como com todas as outras partes do projeto, os críticos elogiaram Adams e cia. por um trabalho tão excelente, conferindo-lhe as qualidades de engraçado, estimulante e incisivamente inteligente. Porém, ele reclamou: "*LCTS* era um livro que eu realmente queria promover tanto quanto possível, porque as espécies em extinção da Terra constituem um imenso tópico de discussão. O que eu geralmente não gosto no ato de promover é que você tem de se sentar lá e choramingar sobre si mesmo. Mas ali estava uma grande questão que eu queria muito discutir. Eu estava esperando fazer a rodada normal de imprensa, TV e rádio, mas ninguém estava interessado. Eles apenas diziam: 'Não é o que ele faz normalmente, então fica para outra vez, muito obrigado'. Resultado: o livro não vendeu muito bem. Eu havia passado dois anos e gastado 150 mil libras do meu próprio bolso para fazê-lo. Eu pensava que era a coisa mais importante que eu já havia feito, mas não conseguia fazer ninguém prestar atenção".

Adams simplesmente não podia escapar de um problema que estava na cara, toda vez que tentava fazer os outros se interessarem por suas novas paixões: "Há uma espécie de público inflexível do *Mochileiro*, que quer *Mochileiro*, mais *Mochileiro* e nada mais do que *Mochileiro*. Então, eles meio que leem *Dirk Gently* e dizem: 'Muito legal, gostei... mas quando é que você vai fazer mais *Mochileiro*?', e eu respondo: 'Não vou, nunca mais!'".

VIVENDO E APRENDENDO. OU SÓ VIVENDO...

Muitos altos e baixos pessoais acolheram Douglas no final de seu exílio financeiro. Com pesar, ele se juntou à multidão no funeral de seu padrasto, Ron Thrift, que era tão popular que o vilarejo inteiro de Stalbridge saiu às ruas de luto, e seu livro seguinte foi dedicado ao falecido. Por volta daquela época, porém, pelo menos a casa em Duncan Terrace estava finalmente pronta para ele se mudar com seu valioso tesouro de parafernálias eletrônicas – e a mudança era ainda mais bem-vinda porque ele e Jane cruzaram esse limiar juntos, inevitavelmente magnetizados como sempre foram. Em 25 de novembro de 1991, quando a Pan deu uma festa especial para Douglas no Groucho Club, no intuito de marcar a publicação de

LCTS e comemorar seu terceiro Golden Pan, em companhia de uma lista exaustivamente constelada com seus amigos mais íntimos e toda a sua família, Adams deu algumas batidinhas em sua taça para chamar a atenção e anunciou que, "após um romance de dez anos igual a um furacão", ele e Jane haviam ido ao Finsbury Town Hall e oficializado as coisas pra valer diante de testemunhas naquela mesma tarde. O local de entretenimento favorito das celebridades da Inglaterra explodiu de aplausos e brindes aos recém-casados inseparáveis, enquanto os amigos deles se admiraram do caráter secreto do feliz acontecimento e ponderaram sobre a chegada da cegonha. Apenas uma minoria insensível ficou ruminando se a coisa toda não havia sido encenada para justificar o epigrama de Adams: "Bem, nós já havíamos tentado de tudo, então pensamos em tentar o casamento".

Porém, havia outra presença invisível no dia do casamento de Douglas, em algum lugar nas sombras daquela mente esculpida com requinte. Ao mesmo tempo que o assediado Mingo havia se desvencilhado com cansaço de um contrato três anos antes, ele havia assinado outro acordo com a Heinemann, prometendo dois livros com uma ideia de prazo apenas vaga. O primeiro lançamento acabou sendo provisoriamente marcado para o outono de 1991. Durante muito tempo, Ed Victor havia instado Douglas a transformar o breve aparte sobre a espaçonave *Titanic* de *A vida, o universo e tudo mais* em uma narrativa integral, com ou sem os personagens regulares do *Mochileiro* – e, de fato, Adams vinha matutando havia muitos anos se essa trama não poderia virar um seriado de TV ou um filme. Portanto, o título foi provisoriamente aplicado em uma das metades do contrato. Quando os editores pressionaram o autor para divulgar o outro título dez meses antes do casamento, ele se rendeu ao inevitável e decidiu dar a eles o que queriam. Apesar do uso do título pelo fã-clube ZZ9 durante mais de uma década, a frase que ele selecionou para reciclar do primeiro volume do *Mochileiro* dessa vez foi *Praticamente inofensiva* – então, sim, disse ele ao mundo, a jornada de Arthur Dent ainda não estava concluída.

O casamento de Douglas e Jane havia sido celebrado um mês *depois* do prazo original desse novo episódio, o que era só um aquecimento para Adams, que tinha algumas ideias, mas nunca havia se sentido tão emocionalmente desconectado da odisseia de Arthur. Por outro lado, suspirou ele, "As pessoas muitas vezes me disseram, especialmente quando eu estava escrevendo os livros *Dirk Gently*: 'Você não está essencialmente sempre fazendo a mesma coisa?'. Eu me lembro de uma entrevista que eu dei a um programa de TV matinal sobre o primeiro romance *Dirk* [*Gently*], e o entrevistador disse, de um jeito bastante peremptório: 'Esse livro é igual a todos os seus outros livros, não é? É só um monte de ideias'. Fiquei atordoado com isso". Havia acontecido tanta coisa desde que ele havia deixado seu *alter ego* feliz e formando par com Fenchurch! Além disso, a distância que ele sentia do universo que ele havia criado garantiu um novíssimo nível no quesito esquiva de prazos. Não que ele pudesse alegar estar totalmente desconectado do *Mochileiro* – em 1988, o seriado radiofônico havia sido um dos primeiros programas da BBC a ser lançado em CD. E, a partir de 1990, a Dove Audiobooks vinha pagando Douglas para ler as versões completas e integrais de todos os romances, fornecendo talvez a última versão das histórias. Essa era mais uma maneira de fortalecer seus músculos de atuação dramática. Embora ele pudesse ficar um pouco travado fora do roteiro e geralmente evitasse caracterizações e ênfases explícitas, a interpretação que Adams fez dos livros deu vida à ação e interação maravilhosamente, exprimindo o tom monótono e carrancudo de Marvin, a fala arrastada de Zaphod e assim por diante, nunca traindo nenhum indício de angústia por estar atado ao *Mochileiro* para sempre. Ele explicou ao público de suas leituras: "Eu não sou muito bom em imitar jeitos de falar. Tem um monte de personagens diferentes, e eu basicamente os divido em: 'voz baixa elegante', 'voz alta elegante', 'voz menos baixa elegante', 'voz menos alta elegante' e 'australiano'. Mas não tem nenhum australiano no *Mochileiro*…".

Oportunidades imensamente maiores para evitar a escrita cruzaram o caminho de Adams naquele intervalo. Palestras públicas estavam se tornando, em especial, uma fonte de renda maior do que nunca. Douglas havia começado a adquirir habilidade em comunicar a plateias seu ponto de vista sobre o universo após a publicação do seu primeiro romance. Nos mais ou menos doze anos desde então, a rodada esgotante de eventos literários que exigiam sua presença no mundo inteiro havia aprimorado seu talento de lidar com plateias. Como ele tinha prazer em admitir: "O que resta da minha ânsia de atuar eu utilizo de vez em quando indo fazer leituras dramáticas dos livros em faculdades americanas e coisas do tipo". No entanto, o respeito e mesmo a adoração por ele no seio da comunidade científica fez com que ele fosse cada vez mais solicitado para dar palestras sobre qualquer coisa além de sua obra literária, o que abriu portas completamente novas para ele no posto de respeitado *pensador*, e não apenas escritor. Suas múltiplas filosofias interessantes não precisam ser simplificadas aqui novamente, as palestras podem ser encontradas por toda a internet, transcritas e gravadas.

Um personagem-chave de seu fã-clube científico era, é claro, o professor Richard Dawkins, que havia entrado em contato com Adams pela primeira vez para elogiar o lançamento original de *Agencia de investigações holísticas Dirk Gently*, exatamente quando o autor estava se admirando com as ideias sobre biologia evolucionária dos trabalhos de Dawkins. Em 1991, o cientista convidou seu novo amigo para ler o trecho do "Prato do Dia" em sua Royal Society Christmas Lecture for Young People. Douglas também apresentou Richard à futura esposa desse último, a ex-Romana II, Lalla Ward, e eles ficaram juntos, sob a proteção de Adams e Stephen Fry, em uma das famosas festas Adams-Belson. Ateia engajada, Jane havia brigado com Douglas durante anos sobre o agnosticismo dele, mas foi preciso Richard para eliminar os últimos vestígios de dúvida da cabeça de Adams ou, pelo menos, para fazê-lo admitir que: "se fosse provado que existe um deus, eu teria a impressão de ter sido vítima de um conto do vigário monumental. Eu teria o sentimento de que o universo havia cometido abusos estúpidos. Vou esperar para ver, mas não vou perder nenhuma noite de sono com isso". Uma das falas de Adams de que Dawkins mais gostava havia sido cunhada muito antes de o escritor abandonar totalmente qualquer fé. Era a meditação de Ford sobre o aparente mito de Magrathea: "Não basta apreciar a beleza de um jardim sem ter que imaginar que há fadas nele?".

Douglas também era chamado para dividir suas meditações sobre tecnologia com o setor de informática e vinha se envolvendo em muitos projetos para entender melhor o que o futuro podia reservar. Vários anos antes, Christopher Cerf, amigo em comum seu e de Meretzky, havia indicado Adams como consultor para um programa de TV de Jim Henson, que seria intitulado *The Muppet Institute of Technology* e apresentaria o Urso Fozzie trabalhando no "Departamento de estupidez artificial", mas o especial não foi ao ar. Na metade dos anos 1990, ele também foi convidado a fazer parte de um grupo exclusivo, conhecido como Apple Masters, que se reunia para se dar ao luxo de pensar criativamente sobre o que estava por vir, e ele até apareceu em um comercial longo da empresa. Os romances do *Mochileiro* existentes estiveram dentre os primeiros a serem lançados como e-books na primeira engenhoca de leitura da Apple, mas Douglas ficou exasperado de ser vencido na última hora por Stephen King e não obter a honra de ser o primeiro autor de grande importância a lançar um livro on-line.

No entanto, seu projeto mais vigoroso de promoção tecnológica foi *Hyperland*, de 1990, um especial da TV originalmente destinado a fazer parte de um seriado coordenado pelo produtor Max Whitby (que também esteve no comando do CD-ROM de *LCTS*) e coproduzido pela Apple e pela BBC. É claro, Whitby teve de direcionar Adams e digitar um roteiro ditado para que ele ficasse pronto, mas o escritor não podia ter encontrado jeito melhor de desviar os olhos das exigências de seu editor do que discorrer sobre a questão imensamente urgente de como a internet mudaria as nossas vidas, bem no comecinho da década que assistiria a milhões de pessoas se conectando, consideravelmente mais atrasadas para a festa do que Douglas propriamente dito. A cereja no bolo foi uma reunião com Tom Baker, que foi escalado para fazer o papel de "agente de software", explicando ao confuso Adams, reles mortal, como a internet iria – ou poderia – funcionar: a obsessão singular de Douglas, o entretenimento interativo, era uma peça central do programa. Quando assistido hoje (de forma fácil, graças ao YouTube), esse documentário cômico pode não ter sido perfeitamente presciente, mas é nesse aspecto que se situa a desvantagem de estar tão à frente da maioria – de cada dez previsões corretas, as pessoas instruídas sempre conseguem identificar pelo menos uma mancada desgraciosa. Porém, quando levamos em consideração que o programa foi ao ar ao mesmo tempo que Tim Berners-Lee estava justamente concluindo sua proposta da World Wide Web, ele era uma cartilha notável do que estava por vir.

Contudo, Ed Victor e a diretoria da Heinemann logo começaram a empurrar Douglas contra a parede com mais firmeza a respeito da primeira metade do contrato. Estava se tornando mais difícil do que nunca para ele encontrar desculpas razoáveis para esperar até depois da expiração do prazo seguinte, independentemente de quão *blasé* ele parecia ser quando se regozijava com sua reputação em suas muitas aparições em programas de entrevista. Ele provocou grandes gargalhadas no programa de seu velho amigo Clive Anderson no Channel 4 quando segredou: "Eu tenho um relacionamento estranho com editores, no qual eles me dão muito dinheiro para escrever um livro e eu... não escrevo. E não consigo entender isso! Pelo que me toca, uma vez que eles já me pagaram, parece estar tudo certo". Um ano depois, ele meditou mais sobre sua abordagem já infame: "Eu sou o arquétipo absoluto do tipo de escritor que realiza os últimos 90% do trabalho nos últimos 10% do tempo... Isso vira uma espécie de problema zen, porque precisa haver um prazo em que todos acreditem, inclusive eu. Mas, tendo expirado tantos prazos anteriores, você nunca acredita de verdade no prazo atual, seja ele qual for... Eu passei cerca de um ano em estado de pânico. Eu delineio todo tipo de linhas gerais que instantaneamente são abandonadas porque não funcionam. Mas estou determinado a solucionar o problema esquemático, pois sei que, se eu conseguisse trabalhar com um enredo detalhado, escreveria livros melhores".

Uma possível fonte de agonia adicional quanto a sentar o traseiro para trabalhar em um volume fresquinho do *Mochileiro* foi o fato de ele ter se dado conta de que sua criação não era mais a única comédia de ficção científica britânica bem-sucedida internacionalmente. *Red Dwarf*, uma sitcom espacial de Rob Grant e Doug Naylor, já era difundida havia alguns anos pela BBC2, e os escritores estavam galgando os degraus da fama com suas próprias adaptações romanceadas, histórias em quadrinhos e outros produtos de merchandising. A jornada dolorosa de Grant e Naylor para obter o primeiro sinal verde para o seriado carrega uma semelhança surpreendente com as frustrações de Adams no final dos anos 1970, o que não faria sentido se não fosse pelo fato de que o seriado de TV do *Mochileiro* não era considerado como um exemplo promissor do gênero para os mandachuvas da TV que eles estavam cortejando. O grau de influência da criação de Douglas em *Red Dwarf* sempre permaneceu estranhamente inexplorado no passado: Naylor desdenhou de qualquer insinuação de comparação, enquanto Adams foi curto e grosso e só disse, de forma não convincente: "Claro que eu já ouvi falar de *Red Dwarf*, mas nunca assisti". Rob Grant, ao contrário, admite com prazer que é grande fã do seriado radiofônico e dos livros, ao mesmo tempo que tem certeza de que a criação dele e de Doug deve pouco ao *Mochileiro* — não obstante paralelos inconscientes, tais como um episódio inteiro extraído da anedota de Ford sobre jogar sinuca com planetas. Acima de tudo, o enredo conta as travessuras não de um homem comum dos dias modernos, mas sim de trabalhadores subalternos futurísticos mergulhados a 3 milhões de anos de distância na vastidão vazia do espaço sideral (que, essencialmente, é desprovido de alienígenas). O universo deles sempre foi concebido como uma brincadeira com a tradicional sitcom de classe média filmada em estúdio e encenada para uma plateia ao vivo, o que era muito conflitante com relação à maneira como Adams sempre enxergou o *Mochileiro*.

Porém, quando questionado por Anderson sobre o retorno da criação que havia feito seu nome, Adams não parecia estar enfrentando nenhuma dificuldade latente quando anunciou: "Eu tive um descanso tão longo do *Mochileiro*... o bom disso tudo foi que, pelo que me toca, foi uma espécie de intervalo perfeito para eu explorar as ideias pelas quais eu me interesso. Não estou mais entediado com ele, porque não o escrevo há sete anos, então... 'Vamos tirá-lo do fundo do baú: é, acho que vai ser bem legal! É, não tem por que eu não conseguir, eu sou livre para fazê-lo!'. Eu me dei conta de que havia sofrido um bloqueio mental que me impedia de escrever o *Mochileiro*, só porque eu tinha de me autorizar a me libertar dele. Agora que estou livre, na verdade é bem divertido escrevê-lo de novo". Porém, ao apanhar mentalmente suas marionetes do *Mochileiro* lá no sótão e tentar relembrar o que cada um dos personagens estava fazendo e o que poderia ser feito com eles, o único astro que ele sabia que apareceria definitivamente no novo volume era, segundo ele, "Arthur". Vários anos após deixar seu desafortunado herói feliz e apaixonado, o pobre Dent teria de ser arrancado de seu paraíso e, mais uma vez, imerso em um enredo que com certeza fortaleceria sua extrema desconfiança pelo universo em geral. Para não desapontar os fãs, Adams rapidamente emendou: "Creio que Marvin provavelmente fará uma breve aparição. Ford é uma espécie de presença nos bastidores. Ainda não me decidi sobre Zaphod, porque agora eu vejo Zaphod como um personagem irresgatável dos anos 1970, um cara que estará perpetuamente preso em calças boca de sino...". Ele já estava brincando com várias maneiras de trazer Marvin de volta, incluindo um episódio no qual o mochileiro itinerante Dent fica sem graça ao dar de cara com o androide de novo, pouco depois de vê-lo "morrer"*, mas esse fio da meada acabaria sendo condensado em um parágrafo estrelando Ford, sem nenhuma referência ao astro melancólico ressuscitado do *Mochileiro*. Adams explicou, sem arrependimento: "É claro que sou extremamente grato aos fãs, mas é uma questão de expectativas, e você tende a amarrar muito a cara diante de algumas delas. Quero dizer, as pessoas sempre pedem mais Marvin, mas eu não posso colocá-lo como uma obrigação. Marvin não aparece nem um pouquinho em *Praticamente inofensiva*. Tinha algumas cenas no fundo da minha mente que eu poderia ter escrito, mas elas nunca se mostraram relevantes. Eu estaria forçando a barra se as incluísse. Não que eu não tenha forçado um pouco a barra de vez em quando no meu tempo, mas eu não queria que Marvin fosse uma obrigação... Eu realmente acho a coisa toda bem complicada, a ideia de que há um pouco do interior da sua mente que de alguma forma se tornou público e no qual as pessoas podem ficar passeando. É como estar sentado aqui em casa e ver um estranho entrar dizendo: 'Não gosto muito daquele sofá'".

Havia dois conceitos primordiais que, segundo Douglas, impulsionariam *Praticamente inofensiva*: primeiro, a diversão que a multidimensionalidade poderia oferecer, as batidas de asa de borboleta que podem influenciar fundamentalmente quem nós somos de verdade – com efeito, a versão final do livro seria singularmente obcecada com o que faz de nós quem nós realmente somos, com muitas reflexões solipsistas sobre a percepção individual, compartilhada entre personagens. Além disso, como não havia nenhum sinal de que ele próprio realizaria

---

* Texto 12 na seção "Trechos inéditos do *Mochileiro*" (p. 491).

o desejo de ser pai, Adams ficou empolgado com a ideia de Dent subitamente se encontrar na posição de pai despreparado, tentando fazer as pazes com uma filha adolescente que ele nunca soube que tinha – Random Dent. Como acontecia com tanta frequência, essa motivação principal da história só daria as caras de verdade na narrativa após metade do caminho andado, mas, teoricamente, Adams disse: "É a história da filha do Arthur Dent. Ela é filha de um imigrante e vive em um mundo no qual ninguém nunca ouviu falar da Terra, e Arthur fica papagueando sobre o planeta o tempo todo, porque é tão importante para ele. E ela não sabe bulhufas sobre a Terra, mas, como um lar, ela é o ambiente que fez a garota ser quem ela é. Então, no final, ela é levada de volta à Terra e descobre de onde veio e por quê".

O principal fio solto que ele tinha de seguir, entretanto, era a revelação feita por Agrajag de que Arthur Dent não podia morrer antes de visitar Stavromula Beta – e de que talvez estivesse na hora. Porém, naquele estágio, a reviravolta de que a região fatal era muito mais perto de casa do que Arthur suspeitava ainda precisava ser planejada, enquanto o criador ficava brincando de alterar e alinhar fragmentos de capítulos em potencial:

> A primavera é a melhor estação em Stavromula Beta. As chuvas são menos torrenciais, os níveis de ácido são baixos, e, durante um período de cerca de duas semanas, pouquíssimas plantas realmente atacam pessoas. Stavromula Beta é o Éden antes da queda. Tudo é lindo, mas há algo que eles não devem fazer...

Adams tinha uma baita bagunça de ideias de histórias metade começadas e conceitos nebulosos para tentar reciclar dessa vez, incluindo páginas de biografia de Baggy, a Mostarda[*] (agora um esquecido "editor fundador" do *Guia*), e sua temporada com os boghogs em um planeta chamado EAgora, que acabou se tornando uma das muitas Terras alternativas em um trecho secundário do livro. Porém, nada disso estava se consolidando em nenhum tipo de narrativa convincente, e, como o ano de 1992 estava definido como o fim da linha inalterável, estava chegando a hora de reservar quartos de hotel e amarrar o procrastinador gigante na traseira de uma van.

---

[*] Texto 13 na seção "Trechos inéditos do *Mochileiro*" (p. 494).

... VOCÊ TAMBÉM ENTRA EM PÂNICO!

O destino de Arthur podia ter sido pior – a primeira intenção de Adams era matar Fenchurch no acidente de nave que encalhou Dent como fazedor de sanduíches no planeta primitivo Lamuella, mas, no final, o desaparecimento dela relacionado à Zona Plural deu a ele uma novíssima busca sem esperanças que podia alimentar a ideia de Adams, segundo a qual o apreensivo herói retornava às suas vagabundagens intergalácticas, explorando o universo à procura do seu amor perdido e de um sentido para sua vida. Contudo, a história de Arthur não foi a que mais preocupou Douglas dessa vez. A princípio, seus cadernos escritos à mão revelam que ele começou esboçando um jeito de Beeblebrox voltar, assim como Marvin:

> Zaphod estava passando um aperto e teve de ir ganhar a vida como pirata. Bom, talvez não pirata, mas... (Ele inventa outra definição) Quando isso é questionado, seu sangue-frio desaba, e ele grita: "Como cê acha que eu me sinto por causa disso?"... Ele insiste para que Marvin mantenha a arma apontada para eles, enquanto ele cai no maior chororô e fica se queixando de sua sina. Marvin cumpre seu trabalho (não) reclamando...

Mas essas palavras rabiscadas não deram em nada – ambos os personagens permaneceriam fora de cena ao longo do livro todo, embora Zaphod ainda fizesse parte do pano de fundo das vidas dos outros, que seriam perturbadas ao se aventurarem com as dimensões. Acima de tudo, tanto tempo depois de tê-la circunscrito a um perfeito objeto de adoração, Trillian ocuparia o centro do palco dessa vez – ou melhor, para compensar falhas passadas, haveria duas Trillians: a que nós conhecemos, que pegou carona na *CdO*, e... quem?

> Será que Tricia é uma conselheira sentimental? Ela cria ratos. Arthur a engravida no final de *A vida, o universo e tudo mais*. Trillian abandonou Random, esse é o seu crime – ela realmente o cometeu. Mas, mesmo que isso não tivesse acontecido – mesmo que a Random não tivesse nascido –, o crime ainda seria um crime latente... A Tricia é exatamente a mesma que a Trillian, só que ela não fez as coisas que a Trillian fez, simplesmente porque as circunstâncias foram diferentes. Que tal o negócio de quando o Zaphod a chama para conversar em uma festa? Com certeza aconteceu algo mais. Será que Arthur o acompanhou? Será que ela não lhe atendeu? Será que ele não veio?...

> Quando ela pergunta se Random é filha dela e de Zaphod, Random diz não, sua e do Arthur. Tricia não consegue acreditar. Com Zaphod - é claro - ela não poderia procriar. Talvez essa seja uma das razões pelas quais ela foi para a cama com o Arthur naquele momento... Tricia é seduzida pela ideia de que teria ido com o Arthur... Quantos anos ela tem agora? 42

A gravidez de Trillian seria finalmente causada por uma doação de sêmen feita por Arthur para pagar suas viagens pela galáxia.

Mais uma vez, Douglas tinha muitas ideias aparentemente díspares a combinar. Inspirada em *LCTS*, havia a zoologia ficcional das bestas perfeitamente normais e dos Boghogs, uma raça de alienígenas que se alimentava da TV da Terra[*] e que evoluiria até se tornar o perigosamente amnésico Grebulons. De alguma forma conectada a tudo isso, havia também a ideia de Rupert, o décimo planeta[**] recém-descoberto em nosso sistema solar, e de como ele afetaria o risível setor do horóscopo, tal como promovido por pessoas como o astrólogo Russell Grant:

> A astrologia, diz o *Guia*, é uma coisa muito curiosa. Não há um planeta na galáxia em que algo do tipo não tenha se desenvolvido. Astrologia, a crença de que massas rodopiantes de rocha a anos-luz de distância saibam algo sobre o seu dia que você não sabe. Isso é um pequeno passo de fé para um homem. Aí tem a crença, que vem junto com ela, de que algum imbecil que está acima do peso e faz escova no cabelo saiba algo sobre o que as massas rodopiantes de rocha a anos-luz de distância sabem sobre o seu dia que você não sabe. Isso é um salto gigante para a humanidade...
> A astrologia, segundo um dos verbetes mais sucintos na mais integralmente notável e indispensável de todas as obras de referência e filosofia, *O guia do mochileiro das galáxias*, é uma porcaria.
> Mas, continua o verbete, é inútil discutir sobre isso, porque a pura verdade é que as pessoas <u>gostam</u> de acreditar nas coisas. Quanto mais absurda uma afirmação, maior é a satisfação que se extrai de acreditar nela. A astrologia é simplesmente a aplicação comercial desse princípio.
> O editor do *Guia* naquela época era um tal de Lajawag Rankbat, o mais odiosamente cretino de todos os editores do *Guia*. Ele ficou tão im-

---

[*]   Texto 14 na seção "Trechos inéditos do *Mochileiro*" (p. 496).

[**] Considerando Plutão como o nono planeta, de acordo com a classificação antiga. [N. de E.]

pressionado com a força desse argumento que excluiu o trecho e o substituiu por uma seção de horóscopo nas edições seguintes. Óbvio, ela foi um grande sucesso popular e contribuiu imensamente para a prosperidade comercial do *Guia*...

E a quantas andava o próprio *Guia*? A preponderância das páginas de rascunho descrevendo editores passados, tais como Lajawag[*] e Baggy, mostrava que Douglas sabia que o seu outro "personagem" central precisava ter um papel importante a desempenhar, mas qual? Tudo aquilo constituía uma trama tão emaranhada que ele decidiu inventar rapidamente outra coisa por completo.

Por sorte, surgiu uma oportunidade de ouro para retardar o progresso: Melvyn Bragg, editor do *South Bank Show*, programa temático sobre arte da ITV, entrou em contato com Douglas pedindo para abordar o processo de escrita do novo livro do *Mochileiro* em seu programa, ao que o autor respondeu que, com a maior boa vontade da galáxia, na verdade ele não o estava escrevendo, mas que tal um documentário sobre o próprio ato de não escrever algo? As agonias, a procrastinação, o barulho de vento dos prazos se aproximando na maior velocidade – ele poderia escrever o documentário, estrelá-lo, fazer dele algo realmente especial... e manter a mente longe de sua atual incapacidade de entregar a mercadoria.

O programa resultante seria tão ambicioso que teria pelo menos um pé na obra oficial do *Mochileiro*. Adams redigiu um roteiro gloriosamente autocomplacente, abrindo com o monge eletrônico (Paul Shearer, compadre de Fry e Laurie no Footlights), narrado por Peter Jones após mais de uma década longe de seu cargo de Livro: "O monge atualmente acreditava que o vale e tudo o que havia nele, incluindo o próprio Monge e sua égua, eram da mesma cor: um tom uniforme de rosa claro. De modo ainda mais surpreendente, o monge acreditava que Douglas Adams estava trabalhando febrilmente em um novo livro... Mas, por incrível que pareça, apesar de ter vendido 198 squigwizilhões de livros, Douglas Adams ainda achava muito difícil acreditar que ele realmente era capaz de escrever um. Ele precisava que outras pessoas – ou coisas – acreditassem nisso por ele".

Desde que Vonnegut, em *Matadouro 5*, senão antes, havia começado a bagunçar as leis que mantinham os personagens trancados com segurança dentro de uma narrativa, um tema familiar da ficção científica era o herói se dar conta de que

---

[*] Texto 15 na seção "Trechos inéditos do *Mochileiro*" (p. 497).

era ficcional e de que seu criador tinha um monte de explicações a dar. Quando se tratava da relação entre Douglas e Arthur, nada poderia ser mais desconcertante – o pobre Arthur podia enfim descobrir exatamente quem era que vinha fazendo coisas tão terríveis com ele durante tantos anos!

Jones, Dixon e Moore, amigos de Adams, ficaram felizes de voltar para fazer uma reunião de elenco sentimental, Bywater representou um Dirk previsivelmente soberbo, e Shearer dublou MacDuff. Simon pode ter precisado recorrer a um cabelo não totalmente autêntico para que sua aparência correspondesse à que ele tinha uma década antes (o ator havia usado uma peruca mesmo naquela época, mas foi por causa de um corte de cabelo muito ruim devido a outro papel, e não às devastações do tempo). E o único pedaço de Marvin que podia ser identificado era a cabeça, o que exigiu que um dublê vestisse um casaco pesado, enquanto Moore fazia a voz do personagem, mas o tema geral certamente se encaixava com o conteúdo do próximo livro, intensamente solipsista, multidimensional e capaz de distorcer a percepção. Além disso, quando Adams e a equipe revisitaram as vidas passadas do escritor, reencenando suas experiências de aluno de Cambridge e de guarda-costas, além de se dar ao luxo de prolixos debates antiteístas com Dawkins, ninguém estava mais bem posicionado para sabotar qualquer indício de ensimesmamento no projeto do que as próprias criações do autor:

INT. COZINHA. DIA.
O MONGE ELETRÔNICO está sentando lendo o *National Enquirer*, mas o põe de lado de forma encabulada quando percebe que a câmera o está focalizando.
MONGE (FALANDO COM UM SOTAQUE GALÊS METÁLICO E UM TOM ALTO) Acho que a coisa mais difícil em ser um personagem de um romance de Douglas Adams não é tanto se perguntar o que vai acontecer em seguida, mas sim se perguntar se alguma coisa vai acontecer em seguida. Você nunca sabe de verdade se o seu personagem vai se desenvolver e virar algo realmente bem complexo e interessante, sumir do mapa e nunca mais ser mencionado ou apenas inesperadamente se transformar em um distribuidor automático de Coca-Cola. Isso causa um estrago danado no seu senso de motivação.

A câmera gira panoramicamente para o lado esquerdo, revelando MARVIN sentado à mesa da cozinha e vestido com um casaco enorme.

MARVIN Como você acha que eu me sinto? Uma hora estou ali sendo atormentado o tempo inteiro – "Abra a doca número três, Marvin!", "Marvin, você pode ficar aqui e nos defender dessa máquina de batalha gigante?" – e aí eles dão no pé e me abandonam. Tudo me abandona no final. Até o meu corpo me abandonou, sabe? Por que você acha que eu estou aqui sentado com um velho casaco impermeável bolorento? Toda e cada pecinha de mim se desprendeu – com bastante entusiasmo, na minha opinião...

O MONGE ELETRÔNICO parece estar incrivelmente irritado. Olha para cima.

MONGE Sobre o que você acha que eles estão conversando lá no alto?

MARVIN Ah, o de sempre – "Eu fui para Cambridge, foi muito interessante. Entrei para o Footlights, foi muito interessante. Fui embora de Cambridge, foi muito interessante". Todos eles levaram exatamente as mesmas vidas e dizem exatamente as mesmas coisas sobre elas e depois afirmam, contra todas as evidências disponíveis, que é muito interessante...

Arthur e Ford se materializam no Islington dos dias modernos e abrem caminho para Duncan Terrace, onde o Monge, Dirk, Marvin e uma águia se reuniram para incentivar o criador deles a respeitar seu prazo atual, mas toda tentativa de interferir diretamente é frustrada pelo paradoxo do criador encontrando a criação. Portanto, Arthur só pode ouvir da sala ao lado as coisas imperdoáveis que Douglas diz sobre ele, ao mesmo tempo que tenta descobrir a verdade sobre a atual insanidade que o rodeia:

ARTHUR está em pé em cima de uma escadinha perto da estante de livros de Douglas, lendo *O Restaurante no Fim do Universo*, enquanto O MONGE ELETRÔNICO está sentado ao piano tocando e cantando "I Believe".

ARTHUR "... Pode-se dizer que eu sou mais diferenciado do que diferente..." Arthur Dent! Sou eu! (FECHA O LIVRO) Douglas Adams? Deve ser um biógrafo!

INT. ISLINGTON. DIA.

Enquanto DOUGLAS expõe suas teorias, ARTHUR fica explorando a casa, determinado a encontrar o caminho da sala de estar.

DOUGLAS Acho que é importante entender de onde veio a nossa percepção e que ilusões ela pode criar. Se você imaginar o homem acordando pela primeira vez em seu mundo e olhando ao seu redor, um homem primitivo, a situação é bem igual a uma poça acordando e pensando: "Hum! Esse mundo em que eu me encontro é bastante interessante. Ele me serve com bastante precisão, não é? Na verdade, ele me serve com uma precisão assombrosa! Não pode ser coincidência. Acho que esse buraco foi feito exatamente para que eu coubesse nele...". Essa é, acho eu, a ilusão da qual sofremos, e o único jeito de fugir dessa ilusão é enxergar as coisas a partir de outras perspectivas. E há duas áreas em que podemos fazer isso: uma é tentar entender o mundo perceptivo de outros animais, e a outra é o mundo perceptivo que os computadores agora abriram para nós, dando-nos a habilidade de remanipular os dados que na verdade nós manipulamos em nossas cabeças, para criar o mundo no qual vivemos.

MELVYN E isso vai entrar no seu novo livro, *Praticamente inofensiva*?

DOUGLAS Sim... vai entrar na história, mas acho que está bem no cerne do que o livro fala...

INT. ESCRITÓRIO DE DOUGLAS. DIA.

FORD está explorando o Macintosh de Douglas, quando ARTHUR entra alvoroçado e animado com exemplares dos livros do *Mochileiro*.

ARTHUR Ford! Olha isso! Olha isso tudo!

FORD Eu sei.

ARTHUR Esses livros são sobre mim! São a minha biografia!

FORD A sua biografia?

ARTHUR É! Bem, você é mencionado aqui e ali nele, pra encher linguiça. Mas, fora isso, essa é a história da minha vida!
FORD Arthur, isso é ficção.
ARTHUR O que você quer dizer?
FORD É como se você, eu, nós, pessoas reais e vivas, tivéssemos, de alguma forma, sido aspirados para um universo paralelo no qual somos entidades fictícias...
ARTHUR O que isso tudo significa?
FORD ...O termo "ZZ9 Plural Z Alfa" significa alguma coisa para você?
ARTHUR Deveria significar?
FORD São as coordenadas do setor galáctico da Terra. Tente se lembrar. "Plural" significa que é em um tipo de falha geológica quântica. Todas as Terras possíveis interferem continuamente umas nas outras... Mas por que um escritor de uma Terra possível estaria, na verdade, imaginando acontecimentos em outra...?

Armados com esse conhecimento, os dois mochileiros assumem o comando e começam a escrever suas próprias vidas – o que culmina com Arthur ditando um diálogo entre ele e Trillian no qual eles estão discutindo sobre Fenchurch, diálogo este talvez costurado por Adams apenas para o documentário. Ele parecia, porém, ressaltar o seu sentimento de que *Até mais, e obrigado pelos peixes!* era um passo em falso e deveria ser descontado – por sorte, a ideia de tirar o corpo fora com um "foi tudo um sonho" nunca entrou de verdade na versão final do romance:

– Eu sei, foi esquisito. Não posso realmente levar em conta. De alguma forma, também não parecia real. O lugar todo tinha uma espécie de aspecto onírico – disse Arthur.
– Acho que tudo tem um aspecto onírico pra você, Arthur – disse Trillian.
– Hum... o que você disse?
– Deixa pra lá.
– Ela não tinha os pés no chão.
– Deve ter sido um relacionamento bacana entre vocês dois.

— Não! Estou querendo dizer, literalmente, que os pés dela não tocavam o chão. Tinha um vão de cerca de dois milímetros. Dois milímetros podem não parecer muito, mas, quando é entre você e o chão, acho que é magnífico.

— Você tem certeza de que não sonhou a coisa tòda, Arthur?

— Ah, muito mais do que certeza. Muito mais... Quero dizer, todo sonho que eu tenho envolve estar sentado à mesa da cozinha verificando minhas contas e depois assistindo um pouco de televisão. Aí eu acordo e descubro que estou vivendo em um planeta alienígena. Faz a gente refletir, não é? Quer dizer, como a sua vida surpreende você?

Nessa fantasia, como parte de uma cena improvisada que tirava sarro da caça de Adams em busca de um "enredo em forma de Y", eles mostravam Sue Freestone explicando ao escritor errante sob sua tutela que eles tinham quatro semanas até tudo virar um deus nos acuda, pois a arte gráfica da capa do livro já estava finalizada, as impressoras prontas para rodar e toda a publicidade preparada. No entanto, esse pedaço não era totalmente fantástico. Apesar disso, outro prazo desapareceu no horizonte, o episódio de *South Bank Show* foi ao ar sem nenhum lançamento de livro para acompanhá-lo, e *Praticamente inofensiva* ainda permanecia um emaranhamento de ideias desarticuladas.

Naquele momento, a Heinemann, recém-adquirida pela Random House, havia desistido da segunda metade do contrato deles e revendido todos os direitos do segundo livro para a Pan, retendo, ao mesmo tempo, os direitos de antologia de todos os livros — mas isso só confirmava a resolução da empresa de obter de Douglas à força o livro do *Mochileiro* que pertencia a eles. Em março, ocorreu o inevitável: Sue mais uma vez teve de reservar uma suíte de hotel cara, e Adams estava de volta à prisão até que um romance coerente se materializasse — só um dia de liberdade foi concedido, para seu 40º aniversário. Com suas habituais explosões de concentração intensa, os díspares fios narrativos começaram a se entrelaçar, embora com um aspecto episódico familiar, pois Dent viajava de porto espacial em porto espacial, procurando algum tipo de sentido para seu apuro, antes de finalmente se estabilizar e encontrar seu lugar entre o povo simples de Lamuella:

> Arthur se tornou parte dessa vida primitiva. Sua contribuição para o estilo de vida deles foi a "invenção" de sanduíches. Incrivelmente difícil de pensar em qualquer outra coisa que ele pudesse transmitir, sério. Quer dizer, o que você

faria? Forno de micro-ondas? Eu não sei como eles funcionam nem quando estou com um manual na mão, muito menos fabricar um! E eles precisam de eletricidade. Eu acabei descobrindo isso quando li o manual...

Com uma espécie de repetição ampliada do descabelamento que deu vida ao Gerador de Improbabilidade Infinita, Douglas finalmente se deu conta de que precisaria tirar algo bastante extraordinário da cartola para reunir todas as suas ideias, resultando no nível talvez mais audacioso de lubrificação de enredo da história da ficção – quase desde a primeiríssima página de *Praticamente inofensiva*, o leitor é explicitamente instruído a não pensar muito sobre o emaranhado de acontecimentos que se desdobram e que são saturados de coincidências, sobreposições e intermináveis confusões, pois tais coisas estão além da compreensão humana. Só precisamos saber que tudo faz algum sentido na MGTC ou "mistureba generalizada de todas as coisas", que é toda a existência tal como a conhecemos – ou melhor: ela não existe na prática, mas "é apenas a soma total de todas as maneiras diferentes que haveria para compreendê-la, caso existisse uma". E, afinal, quem é aquele que entende e controla tudo isso, a *Scientia ex machina* responsável por tudo o que ocorre entre a capa e a contracapa do livro (já impressas)? *O guia do mochileiro das galáxias* e seu novíssimo atributo, a "engenharia reversa temporal", que tem o benefício comprovado de permitir que o *Guia* convoque aparentemente à vontade qualquer meio de transporte que seu dono deseje, mas com a consequência posterior de que literalmente qualquer acontecimento imaginável em qualquer dimensão pode ser levado a passar pelo mesmo caminho – e, é claro, esse poder está nas piores mãos possíveis.

Enquanto Adams lutava dolorosamente para dar sentido à sua narrativa, o que poderia ser mais perfeito do que fazer com que o próprio tema que o havia alçado na vida e o atormentado desde os seus 20 e poucos anos se revelasse ser não somente o dispositivo narrativo ideal, como também o vilão definitivo e invencível? Ou, pelo menos, isso era o *Guia* Versão II – "a mais incrível de todas as coisas que já existiram. Breve em uma dimensão perto de você!" –, uma reedição sinistra que carregava a legenda "ENTRE EM PÂNICO!" e se desdobrava em um modelo em forma de pássaro pandimensional tão poderoso que até Ford, o preguiçoso supremo, reconhecia o perigo de vê-lo cair em mãos erradas – tais como as de uma adolescente confusa e abatida como Random Frequent Flyer Dent:

– O que diabos é você? – perguntou Random.
– Eu sou o *Guia*. No seu universo, sou o seu *Guia*. Na verdade, habito o que é tecnicamente conhecido como a mistureba generalizada de todas as coisas... Seu universo é vasto para você. Vasto em tempo, vasto em espaço. Isso se deve aos filtros através dos quais você o percebe. Mas eu fui construído sem filtros, o que significa que percebo a mistureba generalizada que contém todos os universos possíveis, mas que não tem, por si mesma, tamanho algum. Para mim tudo é possível. Sou onisciente e onipotente, extremamente vaidoso e, o melhor, venho em uma embalagem prática e portátil. Você precisa descobrir o quanto essas afirmações são verdadeiras.
Random abriu um sorriso suave.
– Seu monstrinho. Você está me enrolando!
– Como eu disse, tudo é possível.

À medida que a pressão se tornava cada vez mais insuportável, pelo menos Adams podia se despedir com um tipo de retorno ao espírito independente que havia inspirado o *Mochileiro* em suas origens. Apesar de o escritor ser, por si só, uma marca registrada intensamente poderosa por mérito próprio, ele fez a força malévola por trás desse novo *Guia* ser a Corporação InfiniDim, uma empresa controlada pelos Vogons que era insossa, mas mortífera, e que havia destruído o espírito bacana da Megadodo Publicações de modo não muito diferente da maneira como John Birt dirigia a BBC, com enfoque comercial. Como Van Harl, o novo editor seboso, diz a Ford: "O que fazemos é vender um único *Guia* bilhões e bilhões de vezes. Exploramos a natureza multidimensional do universo para cortar os nossos custos industriais. E não vendemos para mochileiros duros. Que ideia mais idiota era essa! Encontrar um setor do mercado que, mais ou menos por definição, não tem um centavo no bolso e tentar vender justo para ele. Não. A InfiniDim vende para os viajantes de negócios endinheirados e para as suas esposas durante as férias em um bilhão de bilhões de futuros diferentes... Esse é o empreendimento comercial mais radical, dinâmico e ousado já visto em toda a infinitude multidimensional do espaço-tempo-probabilidade". Vista de um único ângulo, a história da atualização do *Guia* poderia ser considerada como um aviso contra a marcha de constante modernização da nova tecnologia, mas, é claro, como estamos falando de Douglas, isso nunca foi o caso – era a ideia de que os nossos futuros estavam nas mãos de empresas gananciosas e anônimas que o preocupava.

Ainda assim, o processo de escrita progredia tortuosamente, e em breve Bywater foi enviado para intervir e oferecer ajuda – e até mesmo escrever páginas de conteúdo que Adams foi convidado a reescrever, apenas por questão de manter o ritmo, pois ninguém avaliava tão bem quanto ele a necessidade de colaboração que Douglas sentia. Mas, na presença de Michael e Sue, a meio caminho andado de sua derradeira investida vigorosa, Douglas Adams acabou se dando por vencido, caindo no chão e chorando abertamente de pura frustração por tentar criar mais um episódio da saga da qual ele nunca poderia escapar. Despojado de toda dignidade, ele se lamentou com eles, dizendo que simplesmente *não aguentava mais*.

Vale a pena se aprofundar um instante sobre esse assunto. Adams, como seus velhos amigos bradavam de modo contínuo, era um homem despreocupadamente rico e bem-sucedido. De que direito aquele epicurista bem-nascido, fisicamente imponente, mundialmente famoso, influente, orgulhoso e milionário estava pedindo a nossa compaixão, só porque ele não conseguia digitar as aventuras de uma gangue de fracassados intergalácticos? Mas a tarefa imediata deveria ser imaterial – se você conhecesse um carteiro ou uma cozinheira que tivesse sucumbido e derramado lágrimas amargas por causa das frustrações de seu trabalho, seria simplesmente uma reação humana sentir pena dos dois e, se possível, oferecer ajuda e soluções para os problemas deles. No entanto, durante sua crise emocional, a melhor ajuda oferecida a Adams por seus amigos – inclusive por Sue, cuja função integral girava em torno de forçá-lo a cumprir prazos – foi lhe dizer, em suma, para não se preocupar. Bywater relembrou a loucura da última crise redacional de Douglas como algo parecido com um hospício vitoriano: seu imenso amigo, consternado, movimentava-se com estardalhaço pela suíte, cego por causa das lágrimas, enquanto Michael tentava fazer o desesperado "babaca" entender que a Terra podia continuar girando perfeitamente sem outro maldito volume de Arthur Dent. Com amargura, Douglas desabafou seus medos com Jane, pedindo desculpas, cheio de agonia, porque, se não conseguisse respeitar o próximo prazo, ele poderia ser processado, eles teriam de devolver o adiantamento estonteante e provavelmente precisariam restringir todo o estilo de vida deles... Ao que sua pragmática esposa respondeu, sem delongas, "E daí?". Ela era mais do que forte o suficiente para sustentar ambos, e isso não era – ela lhe garantiu sem sombra de ironia – o fim do mundo. Adams havia passado tanto tempo vivendo a vida luxuosa de um autor mundialmente famoso que a ideia de que um fracasso seria, afinal, inofensivo e de que ele seria amado e protegido caso fornecesse ou não o sustento da casa simplesmente nunca havia passado pela sua cabeça.

Dali em diante, assegurado, sem dúvida nenhuma, de que as únicas pessoas que provavelmente se importariam de verdade se *Praticamente inofensiva* chegasse às livrarias ou não – certamente, à custa da sua própria sanidade mental – eram a diretoria da Heinemann e os fãs vorazes, que estavam esperando as tão adiadas doses de ousadias espaciais, o progresso de Adams para concluir o quinto volume da trilogia do *Mochileiro* enveredou pelo caminho certo. Só estava faltando uma coisa, ele garantiu a Michael e Sue: terminar e lacrar inextricável e absolutamente o mundo do *Mochileiro* de uma vez por todas – sem finais felizes, sem fios narrativos soltos ou elipses atrevidas, apenas um Armagedom e um ponto final. Seus ajudantes sugeriram sete maneiras diferentes de como o romance poderia atingir uma conclusão tão cataclísmica. Como todos nós sabemos, ele optou por levar o pobre Arthur a um beco sem saída no planeta em que tudo começou – ou, certamente, em um planeta bem parecido com ele – no local fatal do clube londrino Stavro Mueller Beta (rua número 42), enquanto, em algum lugar, imediatamente fora de órbita, Prostetnic Vogon Jeltz estava esperando a irrevocável demolição de todos os planetas Terra possíveis dentro do setor notoriamente traiçoeiro de ZZ9 Plural Z Alfa:

> [Arthur] Não sabia o que deveria fazer, mas isso não tinha mais importância. À sua volta, as pessoas estavam começando a correr e a gritar, mas de repente percebeu que não havia mais nada a ser feito, nem agora nem nunca. Perante aquela novidade de sons e luzes, ele só conseguia distinguir a silhueta de Ford Prefect jogando a cabeça para trás e rindo loucamente. Uma incrível sensação de paz o inundou. Sabia que, finalmente, pela primeira e última vez, tudo estava definitivamente acabado.

Praticamente inofensiva foi lançado em outubro de 1992 e, é claro, rapidamente se tornou um campeão de vendas, encantando fãs que haviam se sentido trapaceados pelo romance anterior. Como o próprio Douglas reclamou, seus "métodos", por mais excruciantes que fossem, tendiam, sim, a dar certo.

É HORA DE VOCÊ ASSUMIR AS SUAS RESPONSABILIDADES...

Nesta altura, faria dramaticamente sentido dizer que a associação de Douglas Adams com o *Mochileiro* terminou com aquela hedionda nota final – mas, é claro, ela não terminou, e o ano de 1993 fez renascer o interesse e a atividade em torno do que já era considerado como um clássico da comédia.

Em primeiro lugar, havia a questão da adaptação da DC Comics, que Adams havia assinado dois anos antes, consignando outra repetição de Arthur se deitando na lama em um formato completamente novo. Como os três primeiros romances foram adquiridos para serem retrabalhados em tiras de quadrinhos pela empresa – e em uma série de figurinhas baseadas nessas tiras –, alguns dos maiores talentos textuais e gráficos foram engajados, mas Douglas ficou tão *blasé* a respeito do projeto que ele não tinha nem certeza de quais livros haviam sido adaptados. Seu único envolvimento, além de pedir que eles reelaborassem várias vezes o design de Marvin para que o personagem parecesse absolutamente o mais sem graça possível, foi insistir estritamente que a equipe (em sua maioria, inglesa) americanizasse o menos possível sua obra, com exceção da ortografia, e seguindo à risca o livro, embora toda versão do *Mochileiro* tivesse se beneficiado por se distinguir radicalmente das outras. Resultado: os primeiros lançamentos periódicos dos quadrinhos foram uma decepção para muitos fãs. Apesar de ser uma pena que somente os três primeiros livros da trilogia tenham surgido em formato de tiras, é duvidoso que muitos fãs de quadrinhos tenham ficado ligados no *Mochileiro* pelo que eles leram.

Enquanto isso, Jones e Dixon não ficaram sem seus figurinos por muito tempo, graças àquele inigualável fã do *Mochileiro*, Kevin Davies, que, em todos aqueles anos desde seu entusiasmo de juventude pelo programa, havia continuado a construir uma carreira na área de animação, trabalhando inclusive em *Uma cilada para Roger Rabbit*. Mais de uma década antes, o jovem Kevin havia sido uma figura familiar ao longo de todas as etapas da criação do seriado televisivo, aparecendo com o pesado equipamento de vídeo daqueles tempos para capturar tanto quanto possível a produção do programa. Ele sugeriu então a Douglas e à BBC que ele produzisse um "making of" superlativo. O seriado seria lançado em vídeo em 1992, mas a BBC Worldwide tomou a inabitual iniciativa de incluir um convite para os fãs entrarem em contato se estivessem interessados no recurso especial de Kevin. Obviamente, os consumidores fizeram o necessário para dar sinal verde ao projeto. Além de entrevistas novinhas em folha e, é claro, a inestimável gravação daquele período, Davies decidiu estruturar o documentário com mais aparições dramatizadas de Arthur e Ford, trazendo de volta, dessa vez, o veterano Michael Cule no papel do guarda Vogon para acompanhá-los, bem como um Marvin mudo, mas miraculosamente estofado de novo (Jim Francis sabia onde encontrar o corpo – Kevin o havia até mesmo guardado em sua sala de estar durante convenções).

O conceito era mais simples do que em *The South Bank Show*: Arthur pega carona para casa (em uma nave de Blake's 7, perseguida pela *TARDIS*), força a passagem através de uma montanha de cartas à la *Até mais, e obrigado pelos peixes!* e se deita na cama para ler o que o seu próprio *Guia* tem a dizer sobre suas aventuras na TV (com especial consternação ao saber das contribuições de um tal ator chamado Simon Jones). A experiência de Kevin foi uma mão na roda para ele e sua equipe, pois foram misturadas cenas reais e de animação: por exemplo, um peixe-babel de desenho animado instruía Arthur sobre as técnicas de animação do programa. O final apresentava uma computação gráfica particularmente satisfatória para a época, quando Ford chegava para salvar seu velho amigo de um perseguidor Vogon, explicando que o local inteiro era apenas uma simulação de computador, que ia sumindo gradualmente enquanto o universo piscava, deixando de existir em torno deles.

Muitas continuações do *Mochileiro* fora do papel estavam sendo cogitadas naquela época, e Davies achou Adams aberto a todo tipo de sugestões, como outro seriado de TV ou talvez, apesar de receios anteriores, uma animação. A ideia que chegou mais longe, entretanto, foi o plano original de gravar uma terceira temporada no rádio, à qual Douglas se referia como "A fase terciária" e que adaptaria *A vida, o universo e tudo mais* para o formato primordial do *Mochileiro*. O projeto foi instigado pela BBC Worldwide, baseado nas vendas fenomenais do CD das duas fases iniciais, mas, embora ele acabasse opinando que "era o caso de deixar o pessoal do marketing me dizer o que fazer, o que nunca é realmente uma boa ideia", ele parecia disposto a realizá-lo naquele momento: "Seria um barato, e eu adoraria fazê-lo, mas só se eu mesmo o fizesse e estivesse intensamente envolvido, assim como nas temporadas anteriores. E eu não sei quando vou ter tempo para isso... E depois eu fiz 40 anos e comecei a perceber que eu não teria tempo de fazer todas as coisas que eu queria fazer, mas todos queriam uma terceira temporada no rádio, então, na verdade, eu pensei que deveria lhes dar isso".

Douglas já estava trabalhando em um projeto relacionado ao rádio com Lloyd e Eugen Beer, esperando ganhar a licença de uma estação radiofônica com discurso independente, a Radio Barking, com um "horário religioso" sobre Wodehouse apresentado pelo próprio Mingo. Porém, como essa licitação estava fadada ao fracasso, ele passou a considerar seriamente um novo seriado na Radio 4. Durante muito tempo, ele havia admirado as apresentações de áudio empoladas de Dirk Maggs, que havia começado em comédia radiofônica, mas em breve impressionou muito com os marcantes "filmes em áudio" da Radio 1, estrelando o *Super-homem* e o *Batman*. Tendo aprovado a contratação de Dirk como produtor (Perkins estava envolvido por sua ascensão para o topo da hierarquia da comédia televisiva), os dois descobriram que tinham em comum uma obsessão por tecnologia de áudio de última geração. No entanto, a contratação de Alick Rowe, experiente escritor de rádio, horrorizou Douglas quando ele viu o primeiro episódio apresentando um dinossauro falante, o que podia ter dado ao pré-histórico Arthur alguém com quem expor teorias, mas não fazia nenhum sentido em termos paleontológicos e também ecoava preocupantemente *Dimension of Miracles* [*Dimensão de milagres*]. Depois que Adams o definiu, com eufemismo, como "discussão e enrolações etc.", ele relutantemente pegou o teclado para escrevê-lo por conta própria, embora no início tivesse repetido que escrever *A vida, o universo e tudo mais* duas vezes já era mais do que o bastante. Quando a questão das imensas disparidades de enredo entre os livros e os últimos "cantos" do rádio foi levantada, insinuando que os fãs poderiam sentir cheiro de trapaça, ele respondeu cordialmente que tais fãs podiam ir catar coquinho. Contudo, ele estava explodindo de ideias fresquinhas e havia encontrado um colaborador ideal em Maggs, baterista brilhante e produtor. Além disso, o elenco original havia sido sondado, e Brian Johnstone e Fred Trueman, comentadores de críquete, foram contratados para fazer o papel deles mesmos. Porém, após um período de experimentação, Adams relutantemente abandonou o navio. Uma razão dessa relutância foi que ele havia alimentado esperanças de finalmente atuar em seu próprio seriado: um dia, Dirk chegou a Duncan Terrace e pegou Douglas ensaiando um trecho em particular de seu audiolivro de *A vida, o universo e tudo mais*. O escritor perguntou ao produtor qual papel ele tinha a impressão que poderia lhe cair melhor, enquanto a agonia de Agrajag ecoava pelo escritório. Maggs foi evasivo, mas estava claro que esse era o único personagem com o qual o escritor mais se identificava. Uma vez que Dirk havia lidado com a desagradável tarefa de desapontar todo o talento que havia se aprontado para tomar parte, ele chegou a um acordo com Adams de que a fase terciária ficaria apenas na geladeira por enquanto, mas que eles acabariam achando tempo para dar conta dela.

Além dessa atividade, como resultado do espléndido trabalho de Davies no "making of", quando Adams foi procurado pelos editores da Weidenfeld & Nicolson com a ideia de utilizar o mais recente software de arte digital para dar vida ao seu primeiro romance com uma edição ilustrada de grande luxo, ele sugeriu que

Davies coordenasse o projeto sem demora. Após um teste bem-sucedido, ficou decidido que o livro seria abordado como um "filme impresso", abrindo com créditos do elenco e da equipe, incluindo o fotógrafo Michael Joseph, e detalhando uma espécie de plano do filme do *Mochileiro*, que continuava marchando em desenvolvimento, tendo ficado brevemente sob a supervisão de David Puttnam, também cliente de Ed Victor, em um processo lento que Adams acabaria descrevendo como "igual a tentar grelhar um bife fazendo uma sucessão de pessoas entrar na cozinha e soprar em cima dele".

Na verdade, apesar do nadir de *Praticamente inofensiva*, a atitude de Douglas com relação ao *Mochileiro* nunca havia sido mais alegremente filosófica, graças à intervenção de dois heróis musicais. Em primeiro lugar, outro famoso cliente de Victor havia dado uma bronca severa em Adams após um acesso de lamúria autoral, como ele recordaria: "Teve um período em que eu fiquei com uma profunda ojeriza da saga e realmente não queria nem mais ouvir falar dela para sempre e quase gritava com quem usasse as palavras comigo… O *Mochileiro* agora é algo do passado que eu adoro; foi ótimo, foi formidável, e vem sendo muito bom para mim. Há um tempinho atrás, eu tive uma conversa com Pete Townshend, do The Who, e acho que, naquela altura, eu vivia dizendo: 'Ai, meu Deus, espero que eu não seja lembrado apenas como a pessoa que escreveu o *Mochileiro*!'. E ele meio que me repreendeu um pouquinho, dizendo: 'Olha, eu sinto o mesmo com *Tommy* e, durante um tempo, eu pensava assim. O negócio é que, quando você tem algo do tipo na sua história, isso abre um montão de portas. Isso lhe permite fazer muitas outras coisas. As pessoas se lembram disso. É algo que a gente tem de agradecer'. E eu pensei que ele tinha bastante razão". Adams também era amigo de Mike "Nez" Nesmith, o integrante dos Monkees que costumava usar um gorro. A amizade deles datava da primeira viagem do escritor a Los Angeles, onde os dois haviam estabelecido laços por terem em comum um amor pelos desenhos de Paul Crum, em especial pelos hipopótamos amargurados. Com a ajuda de Nez, foi em 1993 que Adams finalmente decidiu amealhar 350 mil dólares para comprar de volta os direitos do filme do seu bebê e reassumir o comando do projeto. Foi dito que isso exigiu um refinanciamento e um aniquilamento do seu fundo de pensão, mas, segundo relatos, como a Sony ofereceu 100 mil libras apenas pelos direitos do jogo, talvez não tenha sido um risco demasiado grande. O primeiro diretor indicado para o filme foi John Lloyd, que havia passado a dirigir comerciais com estupendo sucesso. Porém, como ele ainda tinha de se avançar para longas-metragens (evitando ofertas ruins, tais como as sequências medíocres de *Corra que a polícia vem aí*), tudo permaneceu indefinido. No entanto, Adams ficou contente de ser citado em outubro, dizendo que o filme havia "saído do segundo plano e estava sendo aprimorado no primeiro plano".

Infelizmente, apesar do excelente trabalho de todos os envolvidos (incluindo Douglas e Ed, que fizeram um papel pequeno na pele de Shooty e Bang-Bang em uma filmagem dentro da discoteca de Stringfellow, na qual Adams é visto lutando com seu último romance não publicado, o qual parece ser *Cachinhos dourados e os três ursos*), o livro *O guia ilustrado do mochileiro das galáxias* talvez tenha sido a reiteração menos próspera da saga quando chegou às lojas em setembro de 1994. Muitas das imagens eram maravilhosamente lúdicas, pois Adams solicitou ilustrações atípicas, tais como a megamula arturiana sem perna se arrastando pela areia, mas o elenco de modelos foi tão incomum que uma nota de rodapé totalmente nova precisou ser acrescentada a respeito de Zaphod, adicionando uma observação pontual inusitada, que fazia referência à crise da vaca louca:

> Impressões subjetivas podem variar de acordo com as calibrações equivocadas da realidade local e os sistemas perceptivos do observador. Por exemplo, qualquer entidade que esteja sofrendo de EEH, ou doença do humano louco, provavelmente perceberá o cabelo do presidente como sendo curto e escuro e deverá consultar um peripsicosemiolotanatiatra imediatamente.

O livro enfrentou dificuldades parcialmente devido à sobrecapa prateada, que se sujava facilmente na loja, e ao doloroso preço de venda recomendado, 25 libras. Contudo, para um leitor moderno, embora as cenas ainda sejam agradáveis, é a utilização excêntrica de fontes e o grafismo distorcido, traindo a natureza primitiva do software empregado, que dá ao *Guia ilustrado* o estilo inconfundível do começo dos anos 1990, fazendo com que o livro seja um dos artefatos mais antiquados de todo o universo do *Mochileiro*. O que mais aborreceu Douglas, entretanto, foi a indiferença retumbante que acolheu seu enigma "42", cuidadosamente elaborado por ele próprio. Era uma grelha de globos, sete por seis, que, afirmou ele, abrigava dez maneiras diferentes de encontrar o célebre número (os globos pintados de azul compunham grosseiramente a forma dos dígitos, os pintados de amarelo apresentavam os algarismos romanos XLII, a

Terra estava na 42ª posição, o código de barras se traduzia como 42, todas as linhas davam 42 em notação binária e assim por diante). "O sentido do enigma", disse ele, "era o seguinte: todo o mundo ficava procurando significados ocultos e charadas e interpretações no que eu havia escrito. Então eu pensei que, só para mudar um pouco, eu construiria um enigma de verdade e veria quantas pessoas o decifrariam. É claro, ninguém prestou nenhuma atenção. Acho que isso é extremamente significativo."

Os itens de colecionador pesadões e brilhantes representaram uma nova experiência para Adams ao sobrarem em massa. O escritor acabou comprando todo o estoque encalhado que ele pôde para vender pela internet, o que, admitiu ele, era "um jeito de ganhar dinheiro, quase tão lucrativo quanto vender lápis por unidade". Porém, naquele momento, tais coisas realmente não tinham o menor poder de incomodar Douglas – três meses antes de o novo livro chegar às lojas, Polly Jane Rocket ("*rocket*", no caso, significava "rúcula", folha de salada desejada por Jane durante a gravidez, e não "foguete") Adams havia nascido, e seu extático pai, de 42 anos, tinha pouco interesse pelo *Mochileiro* (ou, aliás, por qualquer outra coisa) no futuro imediato: "Eu sempre tinha pensado que um bebê me atrapalharia, atravancaria o meu caminho para conquistar certas coisas, mas ter a Polly preencheu todo tipo de lacunas na minha vida que eu nunca soube que existiam. É bom ter algo por perto que manifestamente é muito mais importante do que qualquer outra coisa na sua vida".

PELAS LEIS GALÁCTICAS DE SALVAMENTO...

Na verdade, ele fez uma única exceção bem definida à sua obsessão recém-descoberta pela paternidade: em março, no seu aniversário de 42 anos, inevitavelmente impregnado de significado, David Gilmour, amigo de Adams, presenteou-o com um ingresso exclusivo para se juntar ao Pink Floyd em duas das músicas do show deles no Earl's Court em outubro – isso também era um reembolso parcial pela sugestão dada por Adams de que o álbum mais recente da banda deveria se chamar *The Division Bell*, sugestão pela qual ele fez Gilmour doar 5 mil libras para causas ambientais. Há muito poucos autores que não se lançaram em outras atividades ou não continuaram a alimentar outras ambições artísticas. Adams havia formado uma dupla ocasional com Ken Follett, chamada

The Hard Covers*, que deu apoio à banda Rock Bottom Remainders**, de Stephen King, em pelo menos uma ocasião. Todavia, dividir um palco com seus heróis (sem ter de se fantasiar de Mr. Gumby dessa vez) propiciou uma magnitude de emoção diferente. Como sempre, ele ensaiou toda e cada nota de "Brain Damage" e "Eclipse" com exatidão científica, estando fora de sincronia com o resto da banda por apenas meio compasso. A multidão, é claro, reconhecendo instantaneamente o artista convidado, que fazia todo o resto da banda no palco parecer baixo em comparação, fez uma ovação desenfreada. Coincidentemente, Adams recebeu outra homenagem musical três anos depois, quando o álbum que definiu a carreira do Radiohead e alcançou o topo das listas de mais vendidos tinha um título inspirado no diálogo de Zaphod, *OK Computer*, e apresentando a música "Paranoid Android", inspirada em Marvin (e ele recebeu homenagens semelhantes do Coldplay, as faixas "42" e "Don't Panic"). Adams nunca parou de fazer experimentos com sua própria música e, em 1994, confessou em *Desert Island Discs* que "Eu tenho um álbum dentro de mim, que estou determinado a fazer". Apesar de desdenhar de álbuns de conceito, ele refletiu modestamente que seu disco seria "algo no estilo de *Sgt. Pepper's*, creio eu".

Fora isso, como todos os seus amigos notaram, Douglas tinha pouco tempo para qualquer coisa que não fosse Polly: "Além de ser uma fonte de enorme alegria e prazer", sorriu ele, radiante, "é simplesmente fascinante assistir a alguém começando a entender o mundo e ver aqueles modelos começando a se erguer dentro da cabeça dela". Para alguém que havia se preocupado de forma tão obsessiva com perspectivas na vida, tornar-se pai após tanto tempo de esperança apresentava a vantagem adicional de fornecer a última cobaia para suas observações sobre a natureza humana. Nick Webb contou uma anedota exemplar, dizendo ter visto Polly, ainda bebezinha, esparramada em cima da considerável barriga de seu pai, e o encantamento deste ao observar o seu minúsculo rostinho, absorvendo todos os estímulos à sua volta. Adams então disse: "Olha, ela está reinicializando!". Não havia dúvida de que Douglas seria um daqueles pais orgulhosos com um único e principal assunto de conversa durante um bom tempo, apesar de sua babação por Polly ser abrandada por Jane, que criou uma senha útil para avisar

---

* Possivelmente uma brincadeira do termo "*cover*", que pode ser tanto uma capa de livro como uma interpretação musical. [N. de E.]

** Banda de rock and roll americana formada por escritores publicados, muitos dos quais músicos amadores e escritores populares de livros, revistas e jornais de língua inglesa. O nome vinha do termo editorial "*remaindered books*", "livros encalhados", e suas apresentações levantavam fundos para caridade. [N. de T.]

quando os convidados estavam começando a se cansar do assunto: DODAG, que queria dizer em inglês, "Querido, nossa filha é um gênio"*.

Um ano após o nascimento de Polly – e um ano antes de ela ganhar seu próprio Macintosh –, a casa de Douglas e Jane ficou lotada com os amigos mais íntimos e a família deles para uma forma de batizado humanista, no qual uma amiga de Jane, Sue Lloyd-Roberts, Mary Allen, Johnny Brock e "Michael Calígula Bywater", em vez de jurarem que se afastariam do pecado por sua afilhada, assinaram um contrato redigido por um especialista, prometendo educar e cuidar, cada um de seu jeito inimitável, da criança sob sua tutela – o juramento de Bywater foi "Ser o tutor da Criança em matéria de bebedeira, putaria, baderna, atirar para todos os lados, além de lhe ensinar a tocar piano como um anjo". A cerimônia foi, ao mesmo tempo, muito engraçada, naturalmente, mas também emocionante, pois Douglas expressou sem pudor seu espantoso orgulho, lendo o soneto *On First Looking into Chapman's Homer*, de Keats, muito citado por Wodehouse: "Senti-me então como um observador do firmamento/Quando um novo planeta mergulha em seu conhecimento...". Ninguém poderia prever com que rapidez absurda a cerimônia cômica acabaria fornecendo um apoio essencial para o neném, que ainda não tinha noção de nada, mas poucas crianças poderiam ter sido cercadas por uma rede mais repleta de amor e proteção, graças à abundância de amizades de Douglas e Jane.

Diversas ocupações surgiram nos anos seguintes. Douglas continuou apoiando suas organizações de preservação ambiental, dirigindo-se para o Kilimanjaro em 1995 (ele nunca esperou chegar realmente ao topo) com sua irmã, Jane, e alguns amigos, vestidos com uma fantasia de rinoceronte elaborada por Gerald Scarfe, no intuito de angariar fundos para a causa do rinoceronte-branco. Ele também começou a escrever regularmente vários artigos para o *Guardian*, o *Independent* e para revistas sobre tecnologia. No entanto, sendo um papai coruja (e embora outro contrato editorial estivesse pairando no ar da mesma forma como os tijolos não o fazem), durante o resto da década Adams decidiu adotar uma atitude muito mais relaxada e prosaica com relação à vida, fazendo parte da The Digital Village – apenas uma dentre uma multiplicidade de novas e quentíssimas "empresas pontocom" recém-estabelecidas e multimídia (ou melhor, "múltiplas mídias": a diferença era que eles recriariam projetos específicos em vários formatos separados), mas com o incontestável valor agregado de ter Douglas como "fantasista-chefe". Ele ainda tinha sua própria empresa,

---

* "Darling, Our Daughters's a Genius". [N. de T.]

que havia sido recentemente rebatizada de Completely Unexpected Productions [Produções Completamente Inesperadas], mas, com essa nova organização, ele sentia que poderia realizar muito mais e, o melhor de tudo, não fazê-lo sozinho: "Quando comecei, eu trabalhei no rádio, eu trabalhei na TV, eu trabalhei no teatro. Eu curti e experimentei diversas mídias, trabalhando com pessoas e, quando possível, manuseando partes de equipamentos. Então eu acidentalmente escrevi um romance best-seller, e a consequência disso foi que eu tive de escrever outro e depois mais outro. Após mais ou menos uma década, eu fiquei um pouco enlouquecido com a ideia de passar minha carreira inteira sentado em uma sala sozinho digitando. Daí a The Digital Village".

A TDV nasceu da associação de Douglas com Robbie Stamp, produtor de TV, e Richard Creasey, o chefe dele na Central TV. Adams sempre estivera disposto a fazer uma aparição excêntrica na TV, eloquentemente elogiando Graham Chapman em *The Late Show* [*O show tardio*] em 1989. Todavia, alguns convites se revelaram excêntricos demais para o seu gosto, como para um especial de Natal de *Tomorrow's World* [*Mundo de amanhã*] dois meses depois, no qual ele foi induzido a participar de *Call My Bluff* [*Descubra meu blefe*], um jogo baseado em blefes e dispositivos eletrônicos, junto com Eartha Kitt. Essa bagunça mereceu um grito de "Nunca mais!" para a sua assistente notar, mas um berro ainda mais firme sucederia à sua aparição em *Have I Got News for You* [*Será que eu tenho notícias pra você*], agendado para coincidir com a publicidade de *Praticamente inofensiva*. O programa de perguntas e respostas da Hat Trick (inicialmente destinado a se chamar *John Lloyd's Newsround* [*Rodada de notícias de John Lloyd*] e ser apresentado pelo próprio) estava apenas em sua quarta temporada (das quase cinquenta que já foram ao ar até hoje, pois o programa continua sendo veiculado) e ainda era apresentado por Angus Deayton, vizinho de Adams. Eles providenciaram uma escalação que nunca poderia ser superada: Douglas acompanhou Paul Merton *versus* Ian Hislop e Peter Cook. Porém, as expectativas com relação a uma competição tão lendária só podiam ser altas demais, e, embora Douglas tenha se destacado bem, o comediante Merton conseguia, sem esforço, ofuscar qualquer piada que seus parceiros de Oxbridge inventassem, deixando seu colega de equipe se sentindo, de certa forma, prejudicado. "Eu não sou uma pessoa espirituosa", repetiu ele. "Uma pessoa espirituosa diz algo engraçado na lata. Um escritor de comédia diz algo muito engraçado dois minutos mais tarde... Ou, no meu caso, duas semanas mais tarde."

Depois disso, ele jurou que se absteria de qualquer participação improvisada na TV, mas pensava ardentemente em apresentar algo que seguisse um roteiro e tivesse um sentido, algo criado junto com Stamp e Creasey. Embora a série de documentários que eles haviam planejado – e que se chamaria *A vida, o universo e a evolução* – nunca tenha sido realizada (o mais perto que Douglas chegou de apresentar qualquer outra coisa na TV foi a gravação de cenas especiais para o 25º aniversário da releitura do seriado de vanguarda *The Ascent of Man* [*A ascensão do homem*], de Jacob Bronowski, na BBC, em 1998), ela conduziu o trio a formar o núcleo de uma empresa novinha em folha, projetada, em larga medida, para fazer os tipos de programas e produtos multimídia que deram rédea solta aos fascínios do fantasista-chefe. A princípio, Ed Victor relutou em se envolver, mas Douglas o convenceu a integrar a equipe, oferecendo até espaço de escritório enquanto a organização se punha de pé. Após tanto tempo aprisionado na redação solo, fazer parte de uma equipe criativa foi reconfortante para Adams, que se entusiasmou: "É igualzinho a se estivéssemos na indústria cinematográfica por volta de 1905, quando a indústria inteira estava realmente sendo inventada ao seu redor e toda ideia que você tinha era nova".

A empresa tinha toda uma lista de empreendimentos dos sonhos que nunca veriam a luz do dia, e nem todos eles eram puramente projetos pessoais de Douglas. Ele teria sido produtor-executivo do seriado dramático *Floresta de avatar* se tudo tivesse ocorrido conforme o planejado, ao mesmo tempo que ele tinha planos ainda maiores de atuar como Gene Roddenberry em seu próprio drama de ficção científica épica (e totalmente séria), *O império secreto*, "uma história alternativa de tecnologia e viagem espacial" que teria apresentado um pequeno grupo de personagens que renasceriam, ao estilo de *Blackadder*, na vanguarda de diferentes tecnologias em momentos que duravam séculos – mas, nesse universo, as viagens espaciais se difundiam depois da missão *Apollo 13*. Nunca saberemos se essa ideia teria incorporado seu outro conceito de TV, um tipo de narrativa moderna de *Os contos de Cantuária* chamada *O oráculo de Delfixus*, repleto de viajantes espaciais contando histórias. Os projetos da TDV que viram a luz do dia incluíram um álbum de Robbie McIntosh, amigo de Douglas, e uma gravação da representação prodigiosa – e infamemente ensopada de suor – feita por Adams de destaques do *Mochileiro* diante de uma plateia convidada no Almeida Theatre de Islington em agosto de 1995. Apesar de sua lamentável decisão de vestir uma camisa cinza debaixo de holofotes intensos, essa seleção, com a confrontação de Agrajag no lugar de honra, mostrou Douglas absolutamente em sua melhor forma como comediante, a coisa mais próxima que temos de uma apresentação de *stand-up* dele. No entanto, todos esses produtos foram diminuídos pela atenção dada ao retorno de Douglas à programação de jogos.

Starship Titanic ocupa um lugar na longa história dos videogames que sofreram com o grande estresse de um desenvolvimento demasiado extenso, mas está longe de ser o mais desastroso. No período desde o encerramento das atividades da Infocom, os monstros de olhos esbugalhados que haviam desviado Adams da área de jogos reinaram com supremacia, mas ele sentiu que estava finalmente na hora certa de casar os grafismos mais recentes com um desafio mais cerebral. E, mais uma vez, a ênfase foi firmemente colocada em ultrapassar as fronteiras da interação com o jogador – fazendo com que o obstáculo central da criação do jogo fosse o desenvolvimento de um analisador de discurso como nenhum outro. Segundo ele, "Parecia-me que o que o computador nos permitia fazer era voltar no tempo até a época anterior à imprensa e recriar a velha arte de contar histórias de forma interativa. Eles não chamavam isso de interativo naqueles dias, é claro. Eles não conheciam nada que não fosse interativo, então não precisavam de um nome específico para isso". A TDV tinha uma excelente equipe de especialistas e contratou os jovens mais inovadores e brilhantes para trabalhar junto com eles em seus escritórios de Camden Town, muitos dos quais viravam a noite trabalhando para atingir a meta bastante realista de Douglas, que não era de fato dar vida a um robô tagarela e infalível, mas sim criar a *ilusão* de uma inteligência conversadora por um programa que evoluiu e se tornou o "Spookitalk". O dinheiro sempre estava curto, embora a empresa fosse significativamente sustentada por um velho amigo de Adams, Alex Catto, que havia providenciado o local para o debate "42" original, com investimento da Apple (que forneceu toda a tecnologia) e outros. Porém, a oferta precoce que um bando de investidores de risco fez por um terço da empresa foi recusada devido à doença comum das empresas pontocom: superestimar o valor da empresa. Essa decisão específica se revelaria uma desvantagem fatal a longo prazo. O jogo também foi cofundado pela Simon & Schuster Interactive, com um contrato que incluía um romance licenciado e um audiolivro.

No entanto, esta não é a história de corajosos programadores insones: todo o trabalho duro deles estava a serviço de uma nova aventura de Douglas Adams. Era inevitável que ela estivesse fundamentalmente conectada ao universo do *Mochileiro* por meio de sua premissa básica – um famoso cruzeiro espacial de luxo atravessa uma falha maciça espontânea da existência em sua viagem inaugural. Porém, fora isso, em nenhum lugar da história e em nenhum formato de todos os seus vários materiais suplementares, não é dado nenhum indício de que esse universo é o mesmo, em nenhuma dimensão. (Na verdade, qualquer tentativa do jogador de se referir ao *Mochileiro* é especificamente rejeitada como "confusão de universos".) Porém, para entender o enredo que Adams queria expandir, é necessário comparar o jogo (fundamentalmente uma aventura de aponte e clique em primeira pessoa, inspirada em *Myst*) e o romance. A história desse último foi ainda mais dolorosa do que o desenvolvimento técnico, que foi inicialmente designado para ser produzido sob a forma de CD-ROMs e chegar às lojas no Natal de 1997, mas acabou tendo que ser reformado e recuperado pela S&S, que o lançou quatro meses após o planejado – e provocou um revés extra no lançamento para Mac, que foi ainda mais tardio.

Em primeiro lugar, Douglas não estava conseguindo trabalhar sozinho para satisfazer as penosas exigências do jogo em termos de diálogo e conteúdo de fundo. O escritor Neil Richards foi contratado pela TDV e, junto com ele, Bywater foi chamado para canalizar habilmente o humor de Adams, assim como ele havia feito na Infocom (com textos adicionais da respeitada escritora de comédia Debbie Barham). A equipe trabalhou em conjunto sem interrupção e com genialidade para dar vida à nave defeituosa, que foi projetada com a elegância da *art déco* pela arquiteta Isabel Molina e pelo ilustrador Oscar Chichoni, com todos os seus robôs de serviço meio doidos e sua literatura pseudoeduardiana, tendo a segurança de saberem que Robert Sheckley, antecessor enigmático de Adams, havia concordado em delinear as linhas gerais do enredo do romance de acompanhamento. Embora o pioneiro da ficção científica tivesse uma reputação mais duvidosa do que Adams, ele entregou o manuscrito no prazo. O problema foi que, por razões que agora nunca nos serão reveladas graças ao desenvolvimento da tecnologia de picotar papel, o romance em questão foi rapidamente rotulado de *impublicável* por todos os que tentaram entendê-lo. A princípio, Douglas insistiu que enlouqueceria se sentasse o seu traseiro para escrever ele próprio a coisa toda, se fosse preciso, em vez de lançar um livro como aquele em seu nome ("Douglas Adams" era um atributo comercial demais para não ser destacado na capa, independentemente de quem houvesse realizado todo o trabalho árduo). "Escrever romances é o que eu faço normalmente, e ali estava um mamão com açúcar, porque, com um ponto de partida surpreendente com relação à minha prática habitual, eu havia desenvolvido uma história que tinha não somente um início, mas também um meio e – por mais fenomenal que isso possa parecer – um fim identificável. No entanto, os editores insistiram que o romance teria de sair ao mesmo tempo que o jogo para permitir que eles o vendessem. (Isso me pareceu estranho, já que, anteriormente, eles tinham conseguido vender livros meus sem absolutamente nenhum jogo em CD-ROM para acompanhar, mas isso é lógica de editor, e os editores vêm, como todos nós sabemos, do planeta Zog.) Eu não podia fazer ambos simultaneamente."

Ele se deu conta de que havia feito uma oferta obviamente absurda, e a surpresa foi pequena quando Michael Bywater se voluntariou para entrar de fininho e fazer bom uso de todo o seu profundo conhecimento da nave e do destino dela (compilado ao escrever não somente o jogo, como também a revista paródica integrada e os documentos do site), passando as três semanas que restavam antes da expiração do prazo digitando obsessivamente uma adaptação romanceada mais legível, com a condição de receber um pagamento extra. Infelizmente, apesar da íntima colaboração deles, essa solução não deixou Douglas muito mais confiante de que o livro ficaria pronto do que se ele próprio tivesse se voluntariado. Angustiado, o escritor se lamentou com Jane, cujo conselho ele seguiu e decidiu escolher uma terceira opção (aparentemente Belson estava muito do lado da ex-mulher de Michael desde o divórcio deles).

Parte da tarefa de dar vida à nave, com todas as suas hilárias personalidades, havia, é claro, exigido extensas sessões de gravação de cada permutação de diálogo possível, além da música fornecida por "Wix" Wickens. Phil Pope foi um dos principais membros do elenco, mas os convidados de honra foram John Cleese, que só concordou em fazer a voz de uma bomba excêntrica sob o pseudônimo sem sentido "Kim Bread" (um nome literário que ele havia solicitado pela primeira vez para o papel secundário que ele fez em "City of Death"), e Terry Jones, que, segundo Douglas, havia nascido para representar o papagaio guinchante da nave. Se o papagaio aparecesse voando na sua presença enquanto você estivesse conversando com a bomba, efetivamente um terço do Monty Python o estaria distraindo enquanto você estivesse resolvendo enigmas, o que certamente garantiria altas vendas. Porém, tendo ficado extremamente encantado com os esboços e as animações de teste que lhe foram mostrados na TDV, Jones informou que estava empolgado para se envolver de qualquer jeito que fosse útil. Portanto, Adams o chamou com um convite para se divorciar da humanidade durante o tempo que eles levassem para encher linguiça em sua parte até ela virar uma narrativa integral e engraçada. Por pura sorte, Terry pensou que seria um desafio divertido, e seu único pré-requisito foi que ele queria escrevê-lo inteiramente nu, com o que Douglas concordou prontamente. Entretanto, como uma desagradável repetição da desavença com Lloyd dezoito anos antes, Bywater ficou roxo de raiva e mortificado por ser cortado daquele jeito após todo o seu trabalho duro. E, mais uma vez, a decisão de Douglas de explicar sua iniciativa por meio de uma carta para o homem que ele via quase todo dia, padrinho de sua filha, não foi a maneira certa de fazer tudo voltar a um mar de rosas. Os advogados foram importunados com um caso potencialmente lucrativo, e, embora eles não tenham sido necessários, a longa amizade da dupla começou a capengar, ressentidamente, dali em diante. A edição de capa mole escrita por Jones chegou às livrarias com pontualidade – ao contrário do jogo – e vendeu respeitáveis 80 mil exemplares, sendo certamente profissional, convincente e, de vez em quando, muito engraçada. Foi apenas em comparação com o verdadeiro *Mochileiro* que ela sofreu.

A tese, antítese e síntese de *Spaceship Titanic* são as mesmas nos dois formatos – e, mesmo onde elas diferem, Terry foi suprido com um panorama geral e os arcos narrativos dos protagonistas. Mas, apesar de ele próprio ter influenciado o humor de Douglas desde a adolescência e ter abarrotado o romance com ideias e piadas do estilo do Mingo, o livro de Jones apresentava um tom muito diferente, mais pé no chão, ao longo de suas páginas. Ambas as versões contam mais uma fábula de fraude empresarial: a espaçonave *Titanic* é designada pelos mestres superiores do planeta Blerontin, sendo o golpe de mestre do maior gênio da galáxia, o presunçoso Leovinus, embora, na verdade, ela tenha sido construída pelos artesãos subestimados do planeta vizinho Yassacca. No entanto, a nave – incluindo a figura em forma de deusa que a impulsiona, Titania, criação e único verdadeiro amor de Leovinus – foi fabricada com material de baixa qualidade pelos parceiros do grande gênio para enganar a companhia de seguro. Após sua desastrosa falha maciça espontânea da existência, a *Titanic* colide dramaticamente com uma casa na Terra. No jogo, essa é a deixa do jogador (que é incentivado a pôr mãos à obra por um curto clipe de Douglas gritando com ele na TV) para embarcar na poderosa nave e começar a colocar as coisas em ordem a bordo. O romance personifica esse papel em um trio de terráqueos – Lisa, uma advogada de Los Angeles determinada e ambiciosa, seu namorado, Dan, e Netty, que a princípio parece ser uma donzela fútil, mas que no final se torna a verdadeira heroína. O jogo impõe ao jogador uma série de desafios interligados, começando (é claro) com a tarefa de obter um nível de acomodação superior junto ao burocrático Deskbot, antes de gravar uma melodia (composta por Adams de verdade) na seção de música, encontrar os ingredientes de um coquetel galáctico e assim por diante, geralmente conduzindo à recuperação de diferentes partes da anatomia perdida de Titania. Já o progresso feito pelo trio do romance passa por uma quantidade de reviravoltas singulares. É fácil esquecer, pondo de lado sua erudição medieval e suas histórias infantis mágicas, que Terry Jones é provavelmente o Python mais sem-vergonha ainda vivo, e sua obra apresentou regularmente temas que vão além do indecente, chegando até o completamente obsceno. Ao passo que Adams gastou páginas prefaciando seu único trecho vagamente erótico com repúdios encabulados, os personagens de Jones – talvez como consequência do ato de escrever pelado – rasgam as roupas uns dos outros na primeira oportunidade (embora essa oportunidade seja, presumidamente, uma morte iminente). Uma vez que Lisa seduz o único protagonista alienígena, O Jornalista (conhecido como "O" para abreviar), o Blerontiniano, excitado, passa a maior parte do resto do livro ofegando para fornicar mais, ao estilo terráqueo.

Como sugerido pela colaboração deles com a Comic Relief, as piadas de Jones tendiam a ser muito mais independentes e, por conseguinte, mais numerosas do que os fãs de Adams estavam acostumados. Além disso, o problema tradicional da ficção científica, isto é, a interação alienígena, que havia sido elegantemente resolvido por Douglas pelo peixe-babel, foi simplesmente atropelado por Jones com uma explicação dada pelo Blerontiniano de que a língua nativa deles era quase idêntica ao inglês, o que era "muito conveniente para escritores de ficção científica". Essa pitada de quebra da quarta parede era fantasticamente espirituosa, mas nenhum prazo teria forçado Adams a incluí-la. Talvez suscitada pelo tempo de redação perigosamente compactado, essa brincadeira pelo menos é totalmente coerente, pois o livro é abertamente engraçado desde a primeiríssima página:

> – Onde está o Leovinus? – perguntou o Revólver de Blerontis, inspetor-chefe de quantidade de todo o distrito de gás nordeste do planeta Blerontin. – Não! Eu não quero outro maldito sanduíche de pasta de peixe!
> Ele não usou exatamente a palavra "maldito", porque ela não existia no idioma blerontiniano. A palavra que ele usou poderia ser traduzida de maneira mais literal como "de tamanho semelhante ao do lóbulo da orelha esquerda", mas o sentido era muito mais próximo de "maldito". Na verdade, ele também não usou a expressão "pasta de peixe", já que não existem peixes em Blerontin sob a forma em que os entenderíamos por peixes. Mas, quando se está traduzindo de um idioma usado por uma civilização sobre a qual não sabemos nada, localizada a uma distância tão grande, no centro da galáxia, é preciso ser aproximativo. De modo semelhante, o Revólver de Blerontis não era exatamente um

"inspetor de qualidade", e certamente o termo "distrito de gás nordeste" não dá a mínima ideia da magnificência e da grandiosidade desse cargo. Olha, talvez seja melhor eu começar de novo...

Na introdução (que, comprovando surpreendentemente a produção apressada, foi mal formatada, com vastos espaços de tabulação quebrando o texto em mais de uma dúzia de páginas), o homem cujo nome está no topo do livro garante ao leitor que Terry "escreveu um romance, no geral, mais engraçado, mais sem-vergonha e mais maravilhoso do que eu teria escrito e, por tê-lo feito, merece um crédito único e completo – 'Papagaio e Romance por Terry Jones'". Embora poucos fãs do *Mochileiro* concordem com o veredito de Douglas, foi uma façanha incrível para um homem que nunca havia nem escrito ficção científica antes.

Ambas as narrativas se concluem com um retorno à Terra (em um minijogo em 3D, em CD-ROM) e um encontro com Leovinus (outro "maior gênio da galáxia", parecido com o avatar de Adams aprisionado no epílogo de *Até mais, e obrigado pelos peixes!*), que no jogo é representado, obviamente, pelo próprio Mingo, referindo-se sem pudor à sua reputação de dominância cerebral. A topografia proeminente de seu rosto também foi escaneada para uma parte do jogo, junto com Stamp e o produtor original, Ted Barnes. Na pele de Leovinus, Adams fez um curto discurso de despedida para o jogador vencedor, discurso esse que parecia contradizer os milhões de libras gastos no projeto, ao conter, de forma enternecedora, todas as características distintivas de um vídeo caseiro, tendo sido filmado em um parque e apresentando um ator colossal e não extremamente talentoso envolvido em uma cortina. Contudo, embora relativamente inócuo ao ser visto pela primeira vez em 1998, em retrospectiva essa pequena atuação de Douglas atingiu uma qualidade estranhamente perturbadora:

> Boa tarde, meu nome é Leovinus. Você provavelmente sabe disso. Sinto muito pelo que aconteceu com você, sinto ainda mais pelo que aconteceu comigo. Você perdeu uma casa, eu perdi uma vida e um sonho. Você pode não ligar para a minha vida e o meu sonho. Bom, eu não ligo realmente para a sua casa. Construir essa nave era o meu sonho, e agora esse sonho acabou. Tudo o que eu quero é o amor de uma boa mulher e também uma vara de pescar. Obrigado por ter restaurado a Titania. Eu sei que ela não é real, quer dizer, ela é real, mas não realmente real, se é que você me entende. Então, para ser sincero, estou mais

inclinado a depositar confiança a longo prazo na vara de pescar. Pelas leis galácticas de salvamento, essa nave agora é sua. Não há nada como ela no universo. Desejo que você a aproveite. Espero que você consiga resolver o negócio da bomba. Quanto a mim, não tente me procurar, você não vai me encontrar. A obra da minha vida está concluída, estou indo pescar. Adeus.

Apesar de figurar como um elemento alienígena em todos os ambientes de jogos, *Spaceship Titanic* acumulou críticas expressivas na primavera de 1998 e ganhou um prêmio "Codie", sem com isso interromper o fluxo dos títulos de videogame que favoreciam sede de sangue, em vez de pensamento lateral. Além disso, com trinta funcionários talentosos trabalhando durante mais de dois anos, ele não deu lucro. "O que nós decidimos fazer nesse jogo", suspirou Douglas, "foi visar ao setor não psicopata do mercado. E isso foi um pouco presunçoso, porque realmente não existe um setor não psicopata nesse mercado."

Se o jogo impressionou de alguma forma, foi como um dos exemplos pioneiros de mídia multiplataforma, repleta de conteúdo extra, de um jeito que hoje é quase de praxe nos jogos modernos: uma intranet secreta de Yassacca virou tão popular entre os jogadores que a desbravavam que a comunidade do fórum secreto cresceu on-line durante anos. Havia até mesmo a opção de baixar o romance inteiro de graça na internet – o único contratempo era que todas as palavras estavam listadas em ordem alfabética.

O GUIA DO MOCHILEIRO DA TERRA

Em paralelo ao desenvolvimento tumultuado de *Spaceship Titanic*, uma equipe vinha trabalhando continuamente em outro projeto principal da TDV, que acabaria se transmutando, devagar e dolorosamente, no atual h2g2.com – um conceito imaginado do zero por Adams e seus outros instigadores, mas que, no linguajar moderno, poderia ser fundamentalmente reduzido a uma "Wikipédia com sarcasmo". A Apple, na verdade, havia vislumbrado a possibilidade de criar uma forma de Guia do mochileiro "real" nos anos 1980, mas, no final, a tecnologia estava começando a se equiparar ao modelo de referência on-line que Douglas havia descrito vários anos antes (o fato de Ford atualizar os verbetes de seu *Guia* na rede subeta em *Até mais, e obrigado pelos peixes!* não tem mais o menor cheiro de exotismo tecnológico), e, em homenagem ao vidente nerd, o código que estruturava o site seria conhecido como "DNA".

Muitos dos recursos desse pretendido "Guia do Mochileiro da Terra" hoje são tidos como corriqueiros graças a uma grande variedade de sites, aplicativos e opções on-line, mas Douglas não seria o homem que faria de sua clara visão do futuro uma realidade popular.

> Quando eu inventei o *Mochileiro,* eu não me considerava como um escritor de ficção científica profético, mas vivia repensando no *Guia* como uma boa ideia – algo que, em vez de ser compilado por um editor, todo o mundo pudesse construir trabalhando junto. Mas havia duas coisas que precisavam estar implementadas. Uma era a web, que permite às pessoas compartilharem tudo. Porém, há uma limitação na internet em termos de criar um guia colaborativo em tempo real e a qualquer momento – as pessoas se conectam nas mesas de trabalho delas. A verdadeira mudança ocorrerá quando vier a próxima etapa inevitável: a computação móvel, que está começando a chegar agora. Estamos começando a obter acesso à internet em telefones celulares e assistentes digitais pessoais. Isso cria um divisor de águas, porque, subitamente, as pessoas são capazes de obter informações apropriadas em relação ao lugar onde elas estão e a quem elas são – em pé na frente do cinema ou em um restaurante ou esperando um ônibus ou avião. Ou sentado tomando uma xícara de café em um bar. Com o h2g2, você pode fazer pesquisas sobre o lugar em que você está no momento para ver o que ele diz, e, se a informação de que você precisa não estiver ali, você mesmo a adiciona lá. Por exemplo, uma observação sobre o café que você está tomando ou um comentário de que o garçom é muito grosso.

A ideia, é claro, era que essa rede de referência e crítica seria totalmente guiada pelos usuários e agregada por uma pequena equipe editorial – que a TDV não podia se dar ao luxo de providenciar. Eles haviam estabelecido planos mais intrincados, coordenados por um supervisor de projeto que não durou muito, de preencher o site com avatares de *Mochileiro* em desenho para todos os membros, mas eles foram rapidamente abandonados em favor de um modelo de site mais direto, que Adams ajudou a lançar ao vivo, da Biblioteca Nacional da Inglaterra, no programa *Tomorrow's*

World em abril de 1999 – provocando, inevitavelmente, uma falha de servidor assustadora quando milhares de colaboradores potenciais se conectaram ao mesmo tempo, muitos dos quais oferecendo tiradas brilhantes, tais como "teh anser is 42!!!1!"*.

O importantíssimo aspecto móvel de h2g2, ressaltado mais acima por Adams, entraria supostamente em ação com o lançamento do protocolo de aplicação sem fio (WAP) oito meses depois, possibilitado pela intervenção da Vodaphone, mas esse acordo tinha o problema incapacitante de que a operadora angariava todos os lucros. Na verdade, foram debatidas tantas estratégias para ganhar dinheiro nas reuniões da empresa, no intuito de tentar fazer os maravilhosos planos do h2g2 produzirem ganhos, não apenas para os criadores, mas também para os funcionários deles e a sobrevivência da própria TDV, que a recém-alcançada serenidade de Douglas com a popularidade do *Mochileiro* se ampliou ainda mais, transformando-se no desejo de usar todo fragmento de sabedoria popular para levantar fundos. Um posto de negociação foi impecavelmente preparado e ligado a uma estratégia, naqueles tempos pré-bitcoin, a fim de pagar pesquisadores com "dólares altairianos", até alguém observar que, na verdade, eles não tinham muito mais do que uma toalha para *vender* pela internet. Um plano de montar uma cadeia de restaurantes chamada "Milliways", nos quais os clientes poderiam almoçar com amigos no mundo inteiro através de uma webcam, estava, segundo boatos, prestes a ser fundado por uma princesa árabe, mas isso era apenas mais um conceito intensamente improvável a acrescentar aos marcos da viagem esburacada da empresa.

Douglas recebeu ovações por suas palestras criativas sobre ciência e tecnologia, incluindo um discurso improvisado, ostensivamente enérgico e bem-sucedido, diante dos cientistas mais brilhantes do Reino Unido, no Digital Biota 2 de Cambridge em 1998, e intitulado *Is There an Artificial God?* ("Existe um Deus artificial?", no qual ele tentou explicar "as quatro eras de areia" e não conseguiu muito, mas ninguém ligou). Ele se sentia em casa em companhia de pessoas tão intelectuais e com frequência refletia: "Certamente, na minha área, eu fiquei muitas vezes impressionado pelas correspondências entre o jeito como um físico vai tentando obter novas ideias e novas percepções sobre a maneira como as coisas funcionam e o jeito como, como escritor de comédia, são as correspondências e correlações súbitas e inesperadas entre coisas até então desconectadas que, de repente, conduzem você a um novo princípio, uma nova compreensão…".

---

* "A resposta é 42!", porém, com erros ortográficos propositais. [N. de T.]

No entanto, seus próprios textos para o h2g2 (além de seu apelo inicial a todos os pesquisadores potenciais: "Temos o primeiro floco de neve, vamos agora construir uma nevasca!") tendiam a ser mais modestos, englobando as meticulosas regras inglesas de fazer chá e curas de ressaca pós-natalinas. Com o apelido "DNA", Douglas tinha, é claro, o usuário número 42, mas também podia ser encontrado em seu próprio fórum, em douglasadams.com, lançado no final de 1998. Obviamente, ele tinha experiência com a vida on-line há mais tempo do que quase todo o mundo, misturando-se com os seus fãs e aparecendo regularmente em grupos de discussão e comunidades de fãs (com frequência ligadas ao Pink Floyd ou a engenhocas eletrônicas). De forma semelhante, seu flerte com editoração gráfica na metade dos anos 1980 o havia incentivado a mandar para os fãs um curto boletim informativo chamado "The Ring Pull", informando-lhes sobre o que ele estava fazendo. A WWW facilitou todas as comunicações desse tipo, é claro: "O ciberespaço é – ou pode ser – um lugar bom, acolhedor e igualitário para se encontrar. Eu gosto de me corresponder com pessoas em áreas completamente diferentes da rede, que não têm nada a ver com quem eu sou, mas simplesmente são sobre coisas pelas quais eu me interesso. Às vezes eu recebo um: 'Desculpe a pergunta, mas você não é o Adams que escreveu…?', etc., o que não faz mal, mas eu realmente quero deixar isso para trás, se puder. Aquilo de que eu não gosto é ser atormentado por espertinhos. Acho que faz parte, mas, ainda assim, eu não gosto, e essa é a minha opinião. Se você tiver alguma razão obscura para pensar que eu não sou eu, então, por favor, guarde-a para você e não me chateie com ela. Eu sei quem eu sou e, se você tem algum problema quanto a isso, é problema seu".

É difícil negar que grande parte do tom das contribuições de Douglas no seu próprio fórum tendia a dar a impressão de um velho ex-escritor-de-ficção-científica-cômica bem rabugento à medida que os anos 1990 transcorriam. Quando aquele famoso rosto aparecia na mídia, o volumoso corpo de Douglas dava a impressão, de determinadas maneiras, de estar envelhecendo a um ritmo mais rápido do que o de seus contemporâneos, e seu cabelo grisalho cortado bem rente e cada vez mais ralo acrescentava esteticamente uma ou duas décadas aos seus 40 e poucos anos, especialmente depois que ele passou a usar óculos (uma grande tristeza, pois ele costumava se divertir fazendo exames de vista desnecessários só pelo prazer de ouvir dos oculistas que ele tinha a melhor visão que eles já haviam examinado). Com o envelhecimento em mente, ele continuou cuidando da saúde, já que seu apetite copioso o havia empurrado em direção à marca dos 120 kg e ele havia sido diagnosticado com hipertensão e diabetes tipo 2. Portanto, sua rotina de exercícios permaneceu tão vigorosa quanto o seu tamanho podia suportar. Como se fosse para complementar sua aparência mais professor, seu comportamento on-line também parecia frequentemente cada vez mais irascível, suas perspectivas sobre os defeitos da vida pareciam às vezes francamente ranzinzas, ao passo que antes ele era capaz de rir de qualquer coisa. No entanto, ser uma celebridade on-line obviamente escondia muitas armadilhas, e aquela web era pré-2.0, a etiqueta cuidadosa e consciente das relações públicas no Twitter ainda nem pensava em nascer, portanto ele podia ser mal-humorado à vontade. Assim como Douglas voluvelmente lamentou ter preferido a arte à ciência, ele foi ingênuo quanto a admitir o fenômeno que acaba ocorrendo com a maioria dos comediantes – a perda, na meia-idade, do amor pela comédia propriamente dita. Peter Cook uma vez previu abominavelmente que a Inglaterra estava correndo o risco de "afundar dando risadinhas no mar". Na virada do milênio, Adams escreveu um texto que mostrava que ele concordava com isso, inspirado no que parecia ter sido uma famosa apresentação de *stand-up* de George Carlin:

> Muitas vezes me perguntam se eu não sou um pouco vira-casaca. Há vinte anos (socorro!), no *Mochileiro*, eu construí minha reputação tirando sarro da ciência e da tecnologia: robôs depressivos, elevadores não cooperativos, portas com interfaces de usuário elaboradas a partir de um design exagerado e ridículo (qual o problema de apenas empurrá-las?) e assim por diante. Agora parece que eu virei um dos principais defensores da tecnologia... Hoje em dia, todo o mundo é comediante, até mesmo as garotas do tempo e os locutores de continuidade. Damos risada de tudo. Não mais de forma inteligente, não com choque súbito, espanto ou revelação, somente de modo incansável e sem sentido... Sempre há um momento em que você começa a se desapaixonar, seja por uma pessoa ou uma ideia ou uma causa, mesmo que seja um momento que você só narra para si mesmo anos após o acontecimento: uma coisinha pequena, uma palavra errada, uma nota desafinada, que significa que as coisas nunca mais serão exatamente as mesmas. Para mim, foi ouvir um comediante ao vivo fazer a seguinte observação: "Ah, os cientistas! Eles são tão estúpidos! Sabem aquelas caixas-pretas com gravações de voo que eles colocam nos aviões? Elas são feitas para serem indestrutíveis, né? Não são sempre as coisas que não acabam esmagadas? Então *por que eles não fazem os aviões com o mesmo material?*". A plateia caiu na gargalhada ao pensar em como os cientistas eram burros e zeros à esquerda incompetentes, mas eu fiquei ali

sentado e me sentindo pouco à vontade. Será que eu estava sendo pedante por pensar que a piada não fazia muito sentido, porque, em primeiro lugar, os gravadores de voo eram feitos de titânio e que, se os aviões fossem feitos de titânio em vez de alumínio, eles seriam pesados demais para decolarem do chão? Então eu comecei a analisar a piada. Vamos supor que Eric Morecambe tivesse dito isso? Será que, nesse caso, seria engraçado? Bom, não muito, porque isso dependeria de a plateia perceber que Eric estava sendo estúpido – em outras palavras, eles teriam de saber, como uma questão de conhecimento geral, a respeito dos pesos relativos do titânio e do alumínio. Não havia jeito de desconstruir a piada (se você acha que isso é um comportamento obsessivo, tente conviver com ele), a não ser concluir que o comediante e a plateia estavam conspirando juntos, complacentemente, para debochar de pessoas *que sabiam mais do que eles sabiam*. Isso me deu e ainda dá um frio na espinha. Eu me senti traído pela comédia, da mesma forma como o gangsta rap hoje faz eu me sentir traído pela música rock. Eu também comecei a me perguntar quantas das piadas que eu fazia eram apenas, bem, ignorantes.

O humor natural de Adams não estava correndo o risco de perder seu brilho, mas ele repetiria: "Estamos em um ponto muito, muito interessante da nossa história, com todo tipo de encruzilhadas para a raça humana. Se quisermos entender e reagir a elas corretamente, precisamos mudar algumas perspectivas, e seria interessante refletir sobre jeitos de contar histórias que ilustrem isso. Eles podem muito bem ser irônicos de todas as formas e engraçados quando apropriado. Porém, se eu não disser mais: 'Meu principal dever é ser engraçado', então posso acabar fazendo algo que me satisfaça um pouquinho mais".

No entanto, talvez ele tivesse um bom motivo para não estar dando pulos de alegria naquela época: na esteira da lendária "quebra das pontocom" em 2000 e com todos os problemas da TDV atingindo um estágio crítico, ele em breve foi ouvido se lamentando: "Eu acabei de perder a minha brilhante empresa pontocom, que, assim como as brilhantes empresas pontocom de todo o mundo, era baseada na ideia de que, se você multiplicar zero por um número suficientemente grande, o resultado de repente dará alguma coisa". No início de 2001, a BBC, de modo bastante conveniente, assumiu a hospedagem de h2g2 durante a década seguinte, adotando o "DNA" como parte essencial de sua tecnologia on-line – o que pareceu ser um pequeno consolo.

CONHEÇO O FUTURO DE TRÁS PRA FRENTE. PASSEI METADE DA MINHA VIDA LÁ

Embora a empresa tivesse, acima de tudo, a intenção inicial de fazer televisão de qualidade superior, as outras únicas produções da TDV dignas de nota foram transmitidas pela Radio 4, exatamente onde a carreira de Adams havia começado. Douglas era uma voz familiar na maior estação de comunicação oral do mundo. Na primavera de 2000, sua tarefa foi pesarosa: homenagear o grande Peter Jones, que simplesmente havia se tornado cada vez mais engraçado ano após ano, como astro de *Just a Minute*, mas que havia sido o primeiro membro principal da equipe do *Mochileiro* a falecer, aos 79 anos, presumidamente cancelando qualquer futura aventura de Arthur e cia. no rádio.

Nos estertores da morte da TDV, Adams apresentou dois projetos radiofônicos: *The Internet: The Last Battleground of the Twentieth Century* ["A internet: o último campo de batalha do século 20"] e um seriado difundido no final de 2000, o qual ele tentou impedir que fosse chamado de *The Hitchhiker's Guide to the Future* ["O guia do mochileiro do futuro"], mas o escritor logo se resignou ao inevitável. Em certo sentido, esses projetos eram tentativas de poupar bastante tempo divulgando suas opiniões sobre tecnologia moderna para o mundo – ele havia se tornado um guru tão conceituado que era repetidamente abordado após suas palestras por pessoas aterrorizadas das áreas editorial, de radiodifusão e tal, que se perguntavam como o veículo de comunicação delas poderia sobreviver no admirável mundo novo – com *The Hitchhiker's Guide to the Future* ele pôde delinear, de uma vez por todas, a necessidade muito real que elas tinham de ter medo. Os documentários foram, é claro, apresentados com humor, misturando opiniões de especialistas – o som fascinante de especialistas em tecnologia surfando na onda de uma nova era – com a hipótese pessoal de Adams sobre a internet: "Eu só gostaria que ela tivesse existido quando eu estava crescendo. Eu estudei em um internato em Essex, e, quando eu tinha cerca de 14 anos, minha família se mudou para Dorset, que era lindo, mas onde eu não conhecia ninguém. E, como eu estava longe, lá na escola, durante dois terços do ano, eu nunca realmente tive a oportunidade de conhecer ninguém e era muito solitário. Ser capaz de entrar em contato com pessoas através da internet teria transformado a minha vida – eu não teria simplesmente ficado em casa lendo ficção científica e ouvindo rádio e... na verdade, talvez tenha sido melhor assim, pensando bem".

A reputação que Adams tinha de bolar epigramas perfeitos sempre fez com que seu nome fosse um daqueles aos quais era propício atribuir, equivocadamente, provérbios modernos contundentes – aquele que falava sobre sangrar a testa era um que ele negava especificamente, e ele também não deu origem à sábia afirmação de Danny Hillis de que "tecnologia é a palavra que utilizamos para designar coisas que ainda não funcionam". Das páginas e páginas de citações de Adams, podemos hoje resumir à vontade, entretanto, uma das teorias mais agradáveis com uma abordagem semelhante:

> Estabeleci um conjunto de regras que descrevem nossas reações com tecnologias:
> 1. Tudo o que já estava no mundo quando você nasceu é normal e comum e é apenas uma parte natural da maneira como o mundo funciona.
> 2. Tudo o que é inventado entre os seus 15 e 35 anos é novo e emocionante e revolucionário, e você provavelmente pode fazer carreira com isso.
> 3. Tudo o que é inventado após os seus 35 anos é contra a ordem natural das coisas.

Na verdade, algumas das meditações tecnológicas de Adams parecem hoje tão compreensivelmente imaturas que é difícil resistir à vontade de abraçá-lo quando, por exemplo, ele levou ao ar suas frustrações sobre as primeiras tecnologias móveis: "Não dá! Se a máquina é pequena o bastante para caber no seu bolso, ela é pequena demais para você digitar nela. Bom, descobri a solução. Desculpe-me se você já sabia, talvez eu seja a última pessoa no mundo a ter descoberto isso. Enfim, a solução é a seguinte: você segura o palmtop entre as suas duas mãos e digita com os polegares. Sério. Dá certo. Você fica um pouco desajeitado no começo, e as suas mãos doem um pouco de usar músculos que elas não têm o hábito de usar, mas você se acostuma surpreendentemente rápido. Eu acabei de metralhar mil palavras agora…". Para qualquer adolescente contemporâneo com os músculos do polegar do tamanho de uma noz, essa descoberta encantadora deve parecer a de um homem das cavernas se dando conta de que os esconderijos dos mamutes eram mais quentinhos no inverno.

O novo seriado radiofônico abriu os olhos de muita gente para o que estava logo ali, ao alcance da mão, no novo milênio. Ele foi lançado com um bando de vídeos de acompanhamento e conteúdos adicionais no site – um peso no currículo da TDV, mas obviamente nenhum ganho financeiro para a empresa. No entanto, talvez o anúncio mais empolgante feito pela TDV perto de seu fim tenha vindo no final de 1998 – embora, seguindo um modelo já familiar, ele não tenha dado em nada. Em um universo diferente, contudo, o verão de 2000 teria visto o lançamento de "uma nova linha de jogos do *Mochileiro* para computadores pessoais e consoles, que está atualmente sendo descrito como 'um jogo de aventura e ação envolvendo críquete, chá, petúnias e almoços muito demorados'". Como o comunicado de imprensa afirmou mais tarde, a razão pela qual essa aventura em 3D foi discutida foi a aparição, com certeza absolutamente final e há muito tempo sonhada, da maior pedra no sapato de Adams: dessa vez, o filme do *Mochileiro* sairia. Pra valer.

Foi com grande pesar que o acordo de Adams e Nesmith havia ido por água abaixo alguns anos antes, mas eles prometeram trabalhar juntos um dia, talvez em um filme de Dirk Gently, o que parecia igualmente improvável. Porém, uma maneira de levar a primeira aventura de Gently para as telonas havia passado pela cabeça de Adams quando ele viu uma célebre adaptação da Oxford Playhouse. O Mingo gostou dela o bastante para revê-la em uma segunda encenação, possibilitada pelo patrocínio financeiro de Rowan Atkinson. Independentemente de qual fosse o empreendimento em conjunto dele e de Nez, disse Douglas, "eu só espero que haja outros projetos no futuro em que eu e ele trabalhemos juntos, porque eu gosto dele pra caramba, e nós nos damos muito bem. Além disso, quanto mais tempo eu puder passar em Santa Fe, melhor". James Cameron foi brevemente cortejado como um diretor potencial, depois que ele e Douglas simpatizaram em uma excursão para fazer *rafting* em uma corredeira – naquela época, o *Titanic* de Cameron havia se tornado um sucesso incomensuravelmente maior do que o de Adams. Pouco tempo depois, todavia, um grande consolo surgiria na forma de Jay Roach, diretor e produtor com um hábil toque cômico e que estava prestes a alcançar sua primeira glória quando conheceu Douglas – *Austin Powers* foi uma das surpresas dentre os campeões de bilheteria do final dos anos 1990, uma paródia estrelada por um espião excêntrico e que havia, por sua vez, passado por um processo dos infernos antes de provar para todo o mundo que ela tinha valor. Não somente Roach era grande fã do *Mochileiro*, como também o seu astro, Mike Myers, estava empolgado para colocar o nome dele na longa lista de Zaphods possíveis. Obviamente, àquela altura Douglas encarava todo anúncio de filme com uma hesitação semelhante à de alguém ouvindo um enésimo alarme falso, mas ele tinha certeza de que havia encontrado o colaborador certo dessa vez: "O momento decisivo da coisa toda, em vários sentidos, foi quando eu conheci o Jay Roach, porque eu me dei muito bem com ele logo de cara e pensei: 'Taí um sujeito muito brilhante e inteligente. Ele não somente é um sujeito brilhante e inteligente, mas aí vai um indicador de quão brilhante e inteligente ele é: ele quer que eu trabalhe em íntima parceria com ele no filme'. O que sempre é algo que faz um escritor estimar um diretor. Na verdade, quando eu estava fazendo o seriado radiofônico original, foi inédito fazer o que eu fiz, porque eu havia apenas escrito o roteiro, mas meio que me intrometi em todo o processo de produção. O produtor e diretor ficou um pouco surpreso com isso, mas, no final, aceitou de muito bom grado. Portanto, eu tive uma influência capital na maneira como o programa se desenvolveu, e isso é exatamente o que o Jay quer que eu faça nesse filme. Então, eu pensei: 'Ótimo, taí alguém com quem eu posso trabalhar!'. Obviamente, estou dizendo isso no começo de um processo que vai durar dois anos. Então, quem sabe o que vai acontecer? Tudo o que eu posso dizer é que, a essa altura do campeonato, as coisas estão estabelecidas da forma mais favorável possível. Estou muito otimista e animado com isso".

Com ambos trabalhando juntos, antes do final do ano, "vinte anos de prisão de ventre" pareciam ter terminado quando eles bateram o martelo ao chegarem a um acordo concreto com a Caravan, posteriormente rebatizada de Spyglass Entertainment, uma empresa independente que era, no entanto, "colada" com um gigante midiático supremo (e infame deformador do patrimônio da literatura inglesa): a Disney. Alguns fãs já estavam subindo pelas paredes só de pensar na Casa do Mickey disneyficando o amado *Mochileiro* deles, mas Douglas retrucou: "Há muitos mal-entendidos sobre o fato de que vai ser um filme da Disney. A Disney é um imenso império midiático e não faz só os filmes de Walt Disney. Sim, eles fizeram *Bambi* (foi o primeiro filme que eu vi na vida), mas também fizeram *Pulp Fiction*" (cuja cena da injeção de adrenalina fez Douglas desmaiar em um avião).

Houve brevemente um plano de adaptar os livros para os cinemas Imax em episódios de 40 minutos: "Estou tremendamente empolgado com o Imax, porque eu acho que ele não vem sendo utilizado corretamente... O que eu percebi foi que não é preciso usar a totalidade da tela o tempo inteiro ou que é possível utilizar diferentes partes dela. Então eu consigo imaginar o filme abrindo com o quarto do Arthur Dent no canto inferior e aí o Arthur acordando e assim por diante. O resto da tela fica preto, mas então, gradualmente, dá para ver que há estrelas e uma Frota de Construção Vogon se deslocando pela escuridão. Acho que isso tem um tremendo potencial". Esse formato também contornaria a tarefa aparentemente impossível de fazer a narrativa caber em um espaço de 90 minutos, mas logo ficou evidente que um filme exclusivamente para Imax seria uma morte comercial.

O *Mochileiro* era uma das várias obras de fantasia – do qual *Belas maldições* e *Watchmen* são exemplos predominantes – que ficaram emperradas em um inferno de produção durante tanto tempo que rumores doidos eram o assunto principal de toda revista e site de cinema. É verdade que Adams ficou contente de considerar ou Hugh Laurie ou Hugh Grant – em sua primeira explosão de popularidade alimentada por Richard Curtis – para o papel de Arthur (o único personagem que ele insistia que precisava ser inglês), com Jim Carrey exercitando seus músculos faciais de ouro para alavancar a bilheteria na pele de Zaphod, mas sempre pareceu cedo demais para que qualquer boato significasse alguma coisa. E ele provocou: "Todo o resto é fofoca e telefone sem fio. Especialmente as coisas que vêm de uma 'fonte confiável' anônima. Eu gostaria de tentar uma experiência, é o seguinte: eu, pelo presente, nego categoricamente que o papel do Arthur Dent será representado pela Oprah Winfrey".

Adams afirmou, melancolicamente, que o novo interesse por sua obra estava muito em queda devido ao sucesso de outra comédia de ficção científica, baseada em uma história em quadrinhos, *MIB: Homens de Preto*, que certamente trouxe a comunidade alienígena aqui para a Terra e apresentou uma galáxia miniaturizada, além de um homem comum descobrindo um mundo extraterrestre muito engraçado na soleira de sua casa. Mas, por outro lado, o sucesso tinha tão pouco em comum com o *Mochileiro* que havia mais do que um princípio de paranoia nas insinuações de Douglas, quando ele disse: "*MIB: Homens de Preto* saiu ano passado, então de repente alguém já havia chegado lá primeiro. E *MIB* é... Como posso dizer isso com delicadeza? Ele tinha alguns elementos que eu achei bem familiares, se é que eu posso dizer. E, subitamente, um filme de ficção científica cômica que seguia muito a mesma veia do *Mochileiro* se tornou um dos filmes mais bem-sucedidos já feitos. Então isso meio que mudou a paisagem um pouco... Tem sido muito frustrante não ter feito o filme nos últimos quinze anos", acrescentou, desnecessariamente, "no entanto, eu me sinto extremamente encorajado pelo fato de que é possível fazer um filme muito, muito, muito melhor hoje com ele do que o que poderia ter sido feito quinze anos atrás... Se eu dissesse que não estou muitíssimo contente com isso, estaria sendo, é claro, um safado mentiroso. Embora venha sendo uma espera beeem longa desde que a ideia foi sugerida pela primeira vez, a época atual é melhor do que a de antes para fazê-lo. Porém, eu realmente quero ser cauteloso. Anunciar um acordo para assinar um contrato é uma coisa muito diferente de anunciar o lançamento de um filme". As comparações com *MIB* podem parecer falsas, mas o ano de 1999 assistiu ao lançamento de um filme com uma dívida muito mais clara ao *Mochileiro – Heróis fora de órbita* contava a fábula de uma gangue de alienígenas parecidos com os Grebulons, que imploram para o elenco de um programa de TV mal disfarçado de *Star Trek* lutarem por eles. As figuras notáveis nessa tripulação inútil eram Alan Rickman, na pele de um Spock moroso e sem importância, e Sam Rockwell, no papel do maior fracassado a bordo.

Após alguns anos trabalhando no novo plano, encarando no mínimo dez viagens de ida e volta por ano (apesar de seu amor por engenhocas eletrônicas, Douglas odiava reuniões virtuais via satélite) e ainda nutrindo um sentimento de exclusão nas discussões (o que provocou sua famosa carta aberta a David Vogel, executivo da Disney, que enumerava exaustivamente todas as maneiras possíveis de entrar em contato com ele, portanto, "Se você não conseguir falar comigo, eu saberei que você está de fato tentando muito, muito mesmo não falar comigo"), Adams estava confiante o suficiente quanto ao progresso do filme para tomar uma decisão verdadeiramente impactante. Depois de, sem dúvida, ter conversas vociferantes com Jane, que sempre relutava em se americanizar, a família Adams debandou para os Estados Unidos, de forma oficial e permanente. Jane havia obtido qualificações para praticar direito lá (mesmo que ela nunca o tenha feito), enquanto Polly cresceria com dentes ótimos e muita vitamina E solar, e nenhum aspecto da produção do filme escaparia ao seu pai (também não fazia mal nenhum a costa do Pacífico oferecer uma base muito mais conveniente para praticar mergulho submarino, o maior prazer dele). "Eu adoro o senso de espaço e a atitude 'positiva' dos americanos", ressaltou ele. "É um bom lugar para criar os filhos, e até mesmo as escolas públicas são consideradas de excelente qualidade. Morando em Islington, a gente provavelmente teria de se mudar para a Polly entrar em uma boa escola, de qualquer forma. Seria isso ou mandá-la para o outro lado da cidade." A aversão de Adams por Los Angeles foi mais do que compensada por sua adoração pelos locais idílicos mais calmos ao longo da costa, especialmente Santa Barbara, que por acaso se situava a uma distância relativamente confortável do rancho de John Cleese. Douglas inclusive conseguiu convencer seu antigo mentor a fazer uma breve aparição como entrevistador em um vídeo pop especial para "Rockstar", música de Margo Buchanan, amiga sua, que estrelava Polly, aos 6 anos, no papel-título, e foi realizado para testar as capacidades do novo software da Apple, o iMovie – Adams exibia orgulhosamente o primeiro papel principal de Polly para quem estivesse à vista.

Ele fez questão de deixar a mudança para depois do lendário retorno de Paul McCartney ao Cavern Club, ao qual ele compareceu escoltado por seu antigo amigo

David Gilmour. Antes de fugir para a luz do sol em tempo integral, Douglas explicou: "As pessoas dizem que a grama do vizinho sempre é mais verde, mas é mesmo, e há uma razão para isso – chamemos de rotação de culturas". O nosso Mingo sempre tendia a ser modesto quanto à sua reputação de profeta, mas, por fim, foi para consternação geral que a conclusão de uma afirmação sua para Dawkins foi sua pior previsão: "O mundo é uma coisa com uma complexidade e riqueza e estranheza completamente extraordinárias... a oportunidade de passar setenta ou oitenta anos da sua vida em um universo como este é um tempo bem aproveitado, pelo que me toca". Aí, vinha sua recomendação de despedida, segundo a qual era uma boa ideia, "nas profundezas da meia-idade, simplesmente fazer as malas e ir para outro lugar. Você reinventa sua vida e começa de novo. É revigorante".

ENTÃO, É ISSO...

Enquanto a família se estabelecia em seu novo condomínio fechado e glamoroso, no vilarejo de Montecito, o trabalho no filme continuava acelerado – embora ele já tivesse derrapado feio por causa da oferta da Disney, que deu sinal verde para um orçamento de 45 milhões de dólares, ao passo que Adams se recusava a aceitá-lo e insistia em obter quase o dobro dessa quantia para realmente levar sua visão para as telonas. Ed Victor estava fora de si com a obstrução de seu cliente e amigo, que impedia o projeto de finalmente ser realizado e concluído, mas Adams teimava que não suportaria que o filme fosse descartado como uma produção "cafona". "O *Mochileiro* é cafona!", rebatia Ed. "É o charme dele. Não é *Star Wars*. Você vive querendo fazer *Star Wars* com piadas. Mas não é!" Porém, após quase duas décadas de gestação frustrada, Douglas precisava ver sua criação conquistar os cinemas do mundo na forma mais grandiosa possível e não estava disposto a fazer concessões depois de tanta luta. Era como se, tendo triunfado em praticamente todo formato no qual ele havia retrabalhado a história – embora com reservas quanto aos visuais –, o *Mochileiro* realmente pedisse essa última homenagem do criador, essa derradeira peça do quebra-cabeça que havia escapado de suas garras, uma reinvenção polida na maior arena do entretenimento, para o Mingo ganhar o mais americano dos conceitos: "o senso de encerramento".

Victor estava mais entusiasmado do que ninguém para que o filme simplesmente fosse feito e com uma excelente razão, é claro – havia mais um romance de Douglas Adams sob contrato, mas dessa vez o acordo com a Pan Macmillan era particularmente extraordinário, representando um mundo totalmente novo de esperanças sonhadoras, silenciosas e ardentes de que eles obteriam o livro pelo qual haviam pago. Quase uma década já havia passado desde *Praticamente inofensiva*, mas prazos não eram mais um fenômeno cujo barulho de vento Adams gostava de ouvir, eles eram meramente dispensados, com a esperança de que o grande homem acabaria enfim compondo sua próxima aventura. Porém, eles sentiam que, quanto maiores os intervalos entre os romances, mais fraco seria o poder de venda que o nome do autor irradiaria nas prateleiras das livrarias.

Tendo sido submetido a um montão de títulos, assim como os livros anteriores, o oitavo romance de Adams foi inicialmente imaginado no começo dos anos 1990 como uma terceira aventura de Dirk, "Uma colher curta demais", antes de seu substituto atual, *O salmão da dúvida*, virasse conhecimento público. O título era uma inversão da lenda celta do salmão do conhecimento (um peixe místico é pego por Finn McCool após sete anos árduos, mas então suas preciosas gotas de sabedoria são colhidas por outro quando Finn vira as costas – fundamentalmente, um aviso contra a procrastinação), mas nenhum fragmento do texto veio à tona para explicar qualquer relevância específica do tema para o livro que Adams estava tentando, de vez em quando, escrever.

Como de costume, ele tinha vários fios narrativos a conciliar e nenhuma ideia clara de como entrelaçá-los, embora os capítulos que davam seguimento à saga de Gently – e que continuavam apresentando Kate e o frustrado Thor – contivessem alguns dos textos mais engraçados escritos sobre o detetive, o que desmentia qualquer declaração de que o escritor desejava se afastar da comédia. Dessa vez, Dirk era alertado sobre o problema de um gato com o traseiro entalado em outra dimensão e a novidade de uma misteriosa figura que estava depositando dinheiro em sua conta bancária, que normalmente estava no vermelho. Isso, de alguma forma, incorporaria um dos trechos mais brilhantes de Adams, que tentou enxergar o mundo do ponto de vista de um rinoceronte-branco causando rebuliço em Los Angeles. Uma peça de divulgação – a Pan chegou até a divulgar de forma irrefletida e otimista a imagem que eles planejavam colocar na capa – obviamente não esclareceu nada:

> Dirk Gently é contratado por alguém que ele nunca chega a conhecer para fazer um trabalho que nunca é especificado, então começa a seguir pessoas aleatoriamente. Suas investigações o conduzem a Los Angeles,

FUGA

através das mucosas nasais de um rinoceronte, até um futuro distante dominado por agentes estatais e cangurus fortemente armados. Piadas, peixes ligeiramente cozidos e as propriedades emergentes de sistemas complexos formam o pano de fundo do mais desconcertante e incompreensível caso de Dirk Gently.

Alguns trechos talvez teriam sido excluídos se Adams tivesse chegado a uma fase de polimento, incluindo o caráter desajeitadamente direto de sua voz narrativa, por exemplo quando ele admite, ao apresentar um personagem bem-vestido: "sou péssimo com roupas e, se começasse a dizer que ela usava um não sei o quê Armani ou algo da grife fulana de tal, você saberia na mesma hora que estou fingindo mas, como está se dando o trabalho de ler o que eu escrevi, pretendo tratá-lo com respeito, mesmo que às vezes, da forma mais amigável e bem-intencionada possível, eu acabe mentindo para você". No entanto, o enredo havia sido redigido com pelo menos um punhado de capítulos perfeitamente expostos e ostentava novas e brilhantes filosofias de Gently, tais como "As soluções sempre vêm de onde você menos espera, o que significa que não adianta ficar olhando para lá, porque não é dessa direção que elas virão... A lógica vem depois. É como nós refazemos nossos passos. É ser sensato depois do ocorrido. Antes do ocorrido, você tem que ser muito idiota". Porém, apesar de tudo isso, Adams simplesmente abandonou a ideia na metade da década, pois sentia que Dirk simplesmente não se adequava à história que permanecia oculta em algum lugar daquele cérebro poderoso, o que resultou em uma mudança planejada muito inesperada: "Por algum motivo, não conseguia continuar, então tive que deixá-lo de lado. Não sabia o que fazer com ele. Voltei a dar uma olhada no material cerca de um ano depois e de repente me peguei pensando: 'Na verdade, as ideias e os personagens não combinam. Tentei usar o tipo errado de ideias, ideias que na verdade se encaixariam muito melhor em um livro do *Mochileiro*, mas não quero escrever outro livro do *Mochileiro* no momento'. Então, meio que abandonei o projeto. Talvez algum dia escreva outro livro do *Mochileiro*, porque tenho um monte de material só esperando para ser aproveitado".

Muito para sua própria surpresa, o tempo passado longe de Arthur e seus cúmplices havia permitido que muitas ideias que lhes diziam respeito criassem raízes na mente de Douglas, que teve prazer em garantir aos fãs que, ao contrário do que tudo indicava, o *Mochileiro* não estava morto e que a conclusão zangada do "último" livro do *Mochileiro* não impedia, de modo algum, um novo volume da "cada vez mais equivocadamente chamada trilogia": "Alguém me disse outro dia: 'Eles estão todos realmente mortos?', e eu tive de responder: 'Bem, é A) ficção, B) ficção científica e C) ficção científica cômica... o que você quer dizer com 'realmente'?' Pela parte que me tocava, matar todos eles no final era só uma questão de fazer tudo direitinho". Aquele fim proporcionou outra vantagem dessa vez, refletiu ele diante da ávida indagação da *Doctor Who Magazine* sobre mais aventuras de mochilão: "Eu hesito em dizer 'nunca mais', porque olha o que aconteceu com o Sean Connery! Então, eu não posso dizer 'nunca mais', porque senão eu vou imediatamente sair correndo para fazer outro. Na verdade, escrever outro agora seria muito mais fácil do que antes, pois eu tomei a precaução de matar todos os personagens no final do último livro. É muito mais fácil começar, porque eu sei onde todos os personagens estão – eles estão mortos! Em um romance de ficção científica, a morte não é obstáculo para nada. Um monte de gente ficou muito chateada com isso, como se alguém tivesse realmente matado pessoas reais, de certa forma. São personagens de um romance de ficção científica, pelo amor de Deus! No passado, todos eles acabavam ficando espalhados por todo lado no final dos romances. Então, quando você ia escrever o romance seguinte, passava o primeiro terço dele agindo menos como um autor e mais como um cão pastor, tentando arrebanhar todos os personagens. Esse é um dos motivos pelos quais Zaphod não apareceu no último livro: eu simplesmente não consegui imaginar como trazê-lo para o grupo".

Com todos os pesadelos do passado esquecidos, Douglas estava determinado: "Vai chegar uma hora em que eu vou escrever um sexto livro do *Mochileiro*. Eu meio que quero fazer isso, porque as pessoas disseram, de forma bastante justa, que *Praticamente inofensiva* é um livro muito sombrio. E foi um livro sombrio. A razão disso é bem simples – eu estava vivendo um ano abominável, por todo tipo de razões pessoais sobre as quais eu não quero me aprofundar, eu apenas tive um ano completamente infeliz e estava tentando escrever um livro contra esse pano de fundo. E adivinha? Foi um livro bastante sombrio! Eu adoraria terminar o *Mochileiro* com uma nota ligeiramente mais alegre, então cinco parece ser um tipo de número errado, seis é um tipo de número melhor. Acho que muitas das coisas que estavam inicialmente no *Salmão da dúvida* não estavam realmente boas e poderiam ser arrancadas e reunidas com algumas ideias novas".

Um enredo que sobreviveu para provocar os fãs para sempre descrevia um personagem chamado Dave, que vivia em um lugar que ele havia construído por esforço próprio, milhões de anos após a extinção da humanidade, o que plausivelmente poderia trazer outra fonte de irritação para Dent. E aí, é claro, o escritor também tinha em mente aqueles acontecimentos no planeta dos pássaros, que envolviam a arqueóloga clonada Lintilla e que seriam tirados do rádio para serem narrados no registro do romance. As últimas opiniões documentadas de Douglas sobre o melhor de sua obra do *Mochileiro* mostrou que, quando se tratava de favoritos, "Em diferentes estados de espírito, vou preferir ou o rádio ou o livro... só pode ser um dos dois, não é? Eu tenho sentimentos diferentes com relação a cada um. O seriado radiofônico foi onde tudo teve origem; foi onde a semente brotou... Por outro lado, o atrativo dos livros para mim é que eles são muito eu. O grande atrativo de um livro para qualquer escritor é a obra ser muito ele. Só isso. Não há mais ninguém envolvido. Isso não é bem verdade, é claro, porque a coisa se desenvolveu a partir de um seriado radiofônico no início e carrega a marca de todas as pessoas que contribuíram, de um jeito ou de outro, para o programa de rádio a partir do qual a produção literária cresceu. No entanto, em um livro há um sentimento de 'isso tudo é obra minha'".

Porém, dois anos depois dessa positividade, Douglas contou em entrevistas que, fosse qual fosse o livro em que ele estava trabalhando, não seria nem de Dirk Gently e nem do *Mochileiro*. Na verdade, ele estava sofrendo de sua habitual falta de inclinação a se dedicar 100% e cumprir contratos, mas, em teoria, ele tinha pelo menos quatro títulos separados evoluindo em sua imaginação. Uma ideia completamente independente foi escrita como *The Difference Engineer* e parecia relembrar as linhas gerais de seu primeiríssimo enredo do *Mochileiro*, no qual um terráqueo se via preso em uma cisão da galáxia causada por uma guerra, com um lado chefiado por uma figura feminina parecida com uma deusa, inicialmente destinada a se chamar mrs. Rogers. Nessa história, o herói, um homem comum, era um mecânico que consertava uma espaçonave acidentada e se juntava aos seus donos sem perceber que, na realidade, eles eram os vilões. Ele também tinha em mente uma continuação de *Last Chance to See* para o futuro, quando Polly entrasse em uma certa fase: "Acho que vou esperar os hormônios dela entrarem em operação, aí eu vou me mandar!".

Todavia, como nenhum editor estava ameaçando aprisioná-lo em uma suíte de hotel de luxo, nenhuma das façanhas literárias de Adams podia prevalecer com relação ao filme. Apesar da lenta evolução do seu roteiro cinematográfico, Douglas ficou, de certa forma, soltando fumaça pelas suas famosas ventas por causa da reação à sua fervorosa carta aberta a Vogel. O executivo da Disney contratou um novo escritor, Josh Friedman, que havia redigido o roteiro de *Reação em cadeia*. Douglas ficou magoado com a nomeação dele, mas os produtores lhe garantiram que isso era uma prática normal e que Friedman era um artesão capaz de fazer a história andar da forma como Hollywood precisava que ela andasse. Embora ele já fosse fã do *Mochileiro*, o roteiro cinematográfico que Friedman produziu vazou na internet, e, repetindo o dissabor com Abbie Bernstein, a reação revoltada dos fãs jogou o nome de Douglas na lama. O site de entretenimento IGN divulgou uma crítica lacerante do roteiro, expressando especial repulsa pelo novo conceito de o braço e a cabeça adicionais de Zaphod serem capazes de atirar a torto e a direito, graças a efeitos gerados por computador, que Douglas e Jay haviam realizado juntos.

A aparente inclusão de novos personagens (Kwaltz, colega igualmente horrível de Jeltz, e Questular Rontok, vice-presidente galáctico, que estava ali para guiar o antagonismo burocrático dos vilões Vogons) também fez sobrancelhas se arquearem. Mas elas se levantaram ainda mais diante de todo o segundo ato, que apresentava outra figura desconhecida até então, Humma Kavula, um dono de discoteca suspeito – algo entre Sallah, de *Indiana Jones*, e o Q do James Bond – que os orientava para o ato final, em Magrathea:

INT. DA ESTAÇÃO ESPACIAL DE HUMMA KAVULA. SALA DE STRIP-TEASE.
Enfumaçado, barulhento. Em um pequeno palco, uma CRIATURA alienígena está fazendo strip-tease. Ela tem muitas pernas e tentáculos, alguns dos quais arbitrariamente cobertos com pequenas vestimentas com borbolas e sobre os quais o bicho fica ondulando. Uma PLATEIA de espécies misturadas está assistindo. A maioria está entediada, mas algumas criaturas da mesma espécie que a stripper estão assistindo com excitação. A última peça de roupa é retirada com um floreio, revelando uma área de pele que pulsa com uma luz verde. As criaturas que estão assistindo vão à loucura. Eles pulsam uma luz verde no corpo todo e gritam "Hubba hubba hubba!" As criaturas de outras espécies olham inexpressivamente para seus drinques. Zaphod, Ford, Trillian e Arthur passam andando ao longo da parede do fundo e entram por uma portinha em...

INT. DA ESTAÇÃO ESPACIAL DE HUMMA KAVULA. SALA DE COMÉDIA.
Um grande LAGARTO está no palco, completamente imóvel.

Após alguns segundos ele se mexe ligeiramente. Uma plateia de lagartos cai na gargalhada. Ford cochicha com Arthur.
FORD É tudo uma questão de escolher o momento certo.
Arthur assiste com uma incompreensão inexpressiva enquanto novos berros e gargalhadas sacodem a plateia.
FORD (cont.) Além disso, você tem que ser um lagarto.
Humma Kavula, um cara muito mal conceituado, abraça Zaphod silenciosamente.
HUMMA KAVULA Meu chapa! Por aqui.
Ele os conduz a uma sala privativa.

O personagem de Questular passou por várias mudanças, sendo desde o bonzinho que tem de resolver as confusões de Zaphod (gastando um tempão da duração do filme discursando sobre o pano de fundo da trama com o "engenheiro nerd" Eldred Varsimon, o designer da *CdO* selecionado para perseguir e capturar a nave) até o vilão principal do filme, a mão maligna que guia os Vogons – tais alterações drásticas mostram o quanto o personagem foi concebido de forma afrouxada, até o último rascunho de Adams.

A natureza episódica do material-fonte pedia uma espécie de parte intermediária completamente singular, e Douglas sempre foi claro quando dizia: "O máximo que eu posso dizer sobre o filme é que ele vai ser especificamente contraditório com relação ao primeiro livro". No entanto, ele compartilhava a consternação dos fãs com o roteiro que havia vazado e, com efeito, sentou-se imediatamente e bateu, do zero, um rascunho novinho em folha, de graça, mantendo a bordo as introduções úteis de Friedman, mas colocando-as mais em harmonia com seus próprios planos. Para completar as novas atrações, havia a ideia de que o planeta natal dos Vogons guiava a adesão bitolada deles à burocracia ao ter uma defesa natural contra pensamentos originais – uma chuva de pedras que esmagava quem tivesse uma boa ideia –, uma onda cerebral magratheana, parte do plano deles de criar uma raça de parasitas que dava tão errado que os fazedores de planetas desapareciam, indo hibernar. Adams ficou tão orgulhoso de sua miscelânea de filosofia evolucionária e palhaçada geral que distribuiu cópias para todo o mundo na TDV ao recém-sair do avião vindo de Los Angeles em uma de suas últimas visitas ao seu país.

Apesar de mais de vinte anos sendo alvo de fãs, ele próprio havia se tornado algo como um fã literário, graças à descoberta das maravilhas da série *Harry Potter*, de J. K. Rowling – a princípio, com Polly em mente, mas, no final, com até mais fascinação infantil do que ela poderia manifestar. Douglas havia ficado animado para escrever, ele próprio, algo para crianças antes de Polly nascer (conseguindo apenas redigir alguns fragmentos de não ficção cômica), e sua obra figurava em uma longa lista de inspirações de *Harry Potter* – Rowling contou a Adams que metade de suas ideias tendia a ser abandonada porque o *Mochileiro* havia chegado lá antes. Porém, o sucesso da série do menino feiticeiro, então o maior fenômeno editorial britânico desde o *Mochileiro* mais de vinte anos antes, logo ultrapassou suas realizações, tornando-se uma obsessão internacional incontestável. A última vez em que Simon Brett, o coparteiro do *Mochileiro*, viu seu velho amigo foi em um evento especial para autores no Buckingham Palace, onde ele notou que Douglas parecia um garotinho frívolo diante da perspectiva de encontrar Rowling, enquanto garantia a Simon que havia tomado uma decisão certeira: dali em diante, ele se concentraria somente no que ele sabia que fazia direito: escrever livros. Por coincidência, aquele evento também foi o mais perto que Adams já havia chegado de encontrar seu único igual no mundo da fantasia cômica, Terry Pratchett. Nunca "rivais", esses dois grandes pilares do humor fantástico simplesmente nunca haviam tido nenhuma chance de se encontrar antes, mas se reconheceram imediatamente e conseguiram dizer "Oi!", "O quê?" e "Como é?" um ao outro, antes de serem separados por uma enxurrada de festeiros. Essa seria a última visita curta de Douglas à sua terra natal.

A promessa que Adams fez a Brett de mergulhar de cabeça para escrever seriamente um romance parecia sincera, e havia um bom motivo para isso. Mais uma vez, à medida que transcorria aquele ano de 2001 inesquecível para os fãs de ficção científica, o filme parecia ter-se deparado com outro obstáculo: dessa vez, o confiável Jay Roach foi forçado a abandonar o barco e trabalhar em filmes cujos caminhos para o lançamento eram mais tranquilos – outra sequência de *Austin Powers* e o primeiro título da série *Entrando numa fria*. Sentindo-se novamente derrotado, Adams não podia acusar Roach e lhe disse, com tristeza: "Hollywood está repleta de Vogons que se acham poetas". Entre esse novo golpe duro e sua absoluta consternação com a eleição do que ele considerava ser o presidente mais idiota da história do mundo, pior do que Beeblebrox e Reagan juntos, Douglas estava finalmente começando a mudar sua opinião e concordar com o ponto de vista de Jane de que aquela aventura americana só podia ser uma aposta de curto prazo, independentemente de como Polly havia desabrochado no novo mundo. Se as coisas não estivessem evoluindo satisfatoriamente com a Disney por volta do verão de 2002, todos eles voltariam para casa.

Até lá, o Mingo só precisava se manter calmo e otimista, suportar as mais recentes tempestades de Hollywood, brincar com seus inúmeros fios narrativos para o romance, aproveitar muitos dos melhores almoços que Los Angeles poderia lhe oferecer – e, é claro, continuar praticando exercícios físicos, lutando com êxito contra seu diabetes e se certificando de que o enorme maquinário que impulsionava sua estrutura de 1,96 metro estivesse nas melhores condições. O Mingo já havia levado um ligeiro susto: ele costumava, após concluir sua ginástica na Platinum Fitness, uma das academias mais exclusivas de Santa Barbara, visitar seus novos amigos, os Ogles, uma família australiana que morava ali do outro lado da rua. Uma semana, por volta da hora de transmissão do episódio visionário final de *The Hitchhiker's Guide to the Future* lá no Reino Unido, ele havia chegado com um ar triste e exausto e havia dormido como uma pedra na cama de seus anfitriões, acordando revigorado, mas com uma sensação de formigamento em um braço. Ele ficou preocupado, mas os médicos o examinaram de todos os jeitos possíveis e não encontraram nada de errado que não fosse de se esperar em um homem absurdamente alto, com quase 50 anos, que regularmente tentava parar de fumar e era um gourmet.

Por isso, foi sem grande preocupação que Douglas chegou à academia naquela manhã de sexta-feira, uma semana depois, em 11 de maio de 2001, preparado para ser posto à prova no simulador de escada aeróbico – com música, naturalmente, a constante companheira em seus fones de ouvido enquanto ele malhava no aparelho. O sol estava (inevitavelmente) brilhando em Santa Barbara, a BBC havia salvado o h2g2 da destruição, o final de semana já estava à vista, e sua mãe estava em algum lugar, pelos ares, vindo de Stalbridge e pronta para fazer uma visita bem-vinda. Talvez ele estivesse de vento em popa por um motivo extra, pois, somente dois dias antes, o Minor Planet Center havia anunciado que o asteroide 18610, identificado havia pouco tempo flutuando em algum ponto entre Marte e Júpiter, havia recebido o nome oficial de "Arthurdent" – um asteroide recém-descoberto naquela época também seria denominado, alguns anos mais tarde, de 25924 "Douglasadams", enquanto a biologia já o havia homenageado em 1995 ao batizar uma espécie de peixe da Nova Zelândia de *Bidenichthys beeblebroxi*. Douglas podia se contentar de que ele e seus personagens haviam deixado uma marca permanente tanto no nosso planeta como na própria galáxia.

Era um exercício físico com o qual Douglas estava bem acostumado. Após o requisito de 20 minutos suados subindo uma escada invisível e, embora exercícios abdominais fossem o próximo suplício, o exausto Mingo aceitou a toalha que o instrutor lhe deu, deitou sua estrutura monolítica em um banco e, enquanto o próximo exercício estava sendo preparado, rolou do banco e caiu no chão ruidosamente e inconsciente. Quando seu personal trainer, Peter, teve certeza de que aquilo não era uma piada maravilhosa ou uma tática para ir embora mais cedo, uma ambulância foi chamada, levando uma maca pesada na maior velocidade até o hospital, mas Adams nunca recobrou o menor sinal de consciência, nenhuma última palavra, nenhum som. A súbita parada cardíaca havia sido tão fulminante e poderosa que foi inteiramente indolor – o hardware que impulsionava Douglas Adams simplesmente parou de funcionar, irreparavelmente.

Seria tentadoramente oportuno ressaltar, como tantos já o fizeram, a poesia do fato de Douglas ter sua toalha ao alcance das mãos em seus últimos momentos ou fazer alusão a como "as luzes apagaram-se em seus olhos, pela última vez, para sempre" ou qualquer outra observação superficial interconectada de forma improvável. Mas a verdade é que não houve nada poético na morte de Douglas Adams aos 49 anos. Dramaticamente, não dá certo. Foi simplesmente injusto e continua dando a impressão de ter sido injusto todos os dias desde então. Seu fim não foi "um ponto final agradável" ou um destino irônico, mas sim um acontecimento aleatório totalmente indesejado em um universo que, por sua própria natureza, só existe porque não faz nenhum sentido.

QUINTO
EPISÓDIO

APRÈS-VIE

"O REPOSITÓRIO-PADRÃO DE TODO CONHECIMENTO E SABEDORIA"

TORCEU E REZOU PARA QUE NÃO HOUVESSE VIDA APÓS A MORTE. ENTÃO PERCEBEU QUE HAVIA UMA CONTRADIÇÃO NISSO E SIMPLESMENTE TORCEU PARA QUE NÃO HOUVESSE VIDA APÓS A MORTE. ELE IRIA SE SENTIR EXTREMAMENTE ENVERGONHADO SE TIVESSE QUE ENCONTRAR TODO MUNDO.

ATÉ MAIS, E OBRIGADO PELOS PEIXES!

Janet Thrift é querida por sua indispensabilidade afetuosa e maternal em qualquer crise emocional. Daí a descrição atrevida que seu filho fez dela: uma personalidade amável e gentil que servia de substituta para Eddie. Ela sempre tinha um misterioso sexto sentido que lhe avisava quando seu filho mais velho estava precisando de alguma coisa. Sue Freestone recordou uma época em que o gramado de Douglas havia vergonhosamente crescido demais. Porém, apesar de seu amor por engenhocas, ele não tinha um cortador de grama e enchia a paciência de todos ao seu redor reclamando da tarefa chata dia após dia... até sua mãe aparecer em Islington, tendo percorrido de carro a longa estrada desde Stalbridge levando um cortador de grama elétrico, com o qual ela procedeu à limpeza imaculada da grama de Douglas antes de colocar a máquina de volta no porta-malas e pegar o carro de volta para casa, sem dizer uma palavra. Adams insistia que ninguém havia dito nada a ela sobre o estado do jardim. Contudo, nem mesmo Janet poderia pôr ordem na cena que a estava esperando na Califórnia naquele dia de primavera – os vorazes paparazzi acampando do lado de fora da casa de Santa Barbara, a impetuosa e durona Jane subjugada por uma viuvez súbita e, é claro, uma confusa e devastada netinha de 6 anos, da qual haviam roubado o pai que havia feito dela o centro de seu universo em seus últimos anos na Terra.

É difícil imaginar como as três mulheres mais importantes da vida de Douglas Adams conseguiram lidar com a desgraça naquele dia, mas, como este livro é uma celebração da comédia, e não uma história que explora a "tragédia da vida real", nós dispomos, sim, do luxo de deixar tamanha dor para trás e avançar treze anos no tempo até o que tem acontecido mais recentemente.

A GAROTA DA LANCHONETE

Meu trajeto para ir almoçar com uma caloura de filosofia que eu nunca havia encontrado antes foi generosamente caracterizado por detalhes que a maioria de nós aceita sem pestanejar, mas que certamente teriam sido uma fonte de empolgação e mesmo diversão para Douglas Adams, se tão somente ele pudesse vê-los.

Uma olhada em uma rua movimentada lhe mostraria que a Apple, graças aos esforços de Steve Jobs e dos feiticeiros criativos que ele apoiava, não é mais um pobre diabo para os conhecedores de computação, mas triunfou muitas e muitas vezes com relação a todos os concorrentes, tornando-se um império, ao passo que um dia já foi uma elite da rebelião. Os iPods, lançados no mesmo ano da morte de Adams, proliferaram ininterruptamente no ônibus que eu peguei para ir ao meu almoço. Um adolescente salpicado de metal e vestindo uma camiseta escrito "GEEK" (na última década, a palavra "*geek*" vem sendo amplamente reivindicada por muitos para significar "alguém que gosta de algumas coisas". Os *geeks* no sentido tradicional da palavra permanecem furiosos com isso) está mergulhado distraidamente no especial do aniversário de 50 anos do *Doctor Who* em seu iPad, enquanto outros utilizam seus i-trecos ou, caso contrário, seus smartphones para tweetar ou responder a e-mails na hora, e eu estou utilizando minha escassa cobertura telefônica para consultar as últimas notícias sobre o reencontro do Monty Python na sala de espetáculos londrina O2. Outro passageiro está curtindo uma das muitas publicações derivadas do gigante multimídia de curiosidades intelectuais e cômicas produzido por John Lloyd, *QI*, que certamente poderia ter vencido o medo que Adams tinha de programas de perguntas e respostas. A divisão entre ciência e arte tão frequentemente deplorada por Douglas nunca esteve tão tênue, com o professor Brian Cox sendo a personificação de uma recém-descoberta e popular abordagem da astrologia e da física, que ajudou a intensificar o progresso da escola "nerds são legais". Eu pesquiso o local combinado para o almoço no aplicativo Google Maps do meu iPhone e noto que um cliente deixou um comentário desaconselhando a quiche, antes de guardar minha engenhoca no bolso de novo.

Nick Webb declarou que "Douglas Adams" resultava em 941 mil referências no Google em fevereiro de 2003 – em fevereiro de 2014, elas haviam aumentado progressivamente para 1,42 milhão. A marcha da tecnologia não desacelera e, embora ainda possamos estar presos em labirintos de fios e longe da expectativa de Douglas de "computadores como grãos de areia descartáveis e numerosos", é tão fácil pensar que estamos vivendo no mundo para o qual Adams passou tanto tempo nos preparando e que ele não está aqui para apreciá-lo. Seus memes e epigramas permeiam a internet e todas as redes sociais. Todos nós estamos hoje esmagadoramente equipados com nossos próprios *Guias do mochileiro*, celulares, tablets e iPads, que são utilizados quase distraidamente, e costumamos fitar as nossas telas brilhantes com olhos vidrados enquanto passeamos lentamente pela rua, iguais a zumbis fadados a trombar em postes, procurando um sinal de wi-fi para consultar mensagens ou assistir a um vídeo estrelando um felino excêntrico. Quando chego ao meu destino, eu recorro ao meu próprio guia para seguir um pontinho que pisca convenientemente, indicando a lanchonete escolhida pela minha parceira de almoço para o nosso encontro.

Saudando-me alegremente da nossa mesa na lanchonete está uma moça jovem – notavelmente alta, de cabelos escuros, olhos castanhos, sinais inconfundíveis da fisionomia de Adams, suavizados pelos genes de Belson: Polly Adams, aos 20 anos, parece tanto uma das heroínas de Douglas quanto sua filha, e quase toda sílaba que ela pronuncia parece modulada por um riso contido: "Sendo geneticamente 50% meu pai, é lógico que uma em cada duas palavras que eu digo deve ser brilhante! Você só precisa resolver por onde começar...". E então nosso almoço começa.

"Quando o 50º aniversário do *Doctor Who* estava rolando", continua ela, "um bando de gente me tweetou para dizer: 'Seu pai está na TV!', então eu liguei a BBC3, e lá estava ele falando sobre como escreveu "City of Death": 'Me deram um final de semana para escrever isso, eu simplesmente tomei muito uísque e escrevi!'. E aí eu pensei: 'Geneticamente, isso pode funcionar comigo também... Tenho um trabalho para entregar na segunda-feira, vou pensar!'." Nosso encontro foi possibilitado pela conclusão de sua primeira maratona de provas, mas encontrar uma mulher de 20 anos pela primeira vez e indagar sobre uma história de família trágica é uma situação tão curiosa de se viver que a minha primeira pergunta de verdade bateu um recorde na escala do óbvio: tendo em vista a natureza celebremente filosófica da obra de seu pai, por que seguir os passos de Vroomfondel e Majikthise?

Polly registra claramente a abertura banal, mas responde com entusiasmo: "Eu fico realmente fascinada com ciência e história e muitas outras coisas que não sejam necessariamente filosofia. Mas eu nunca curto de verdade quando me ensinam uma dessas coisas, sendo que eu posso usar o que aprendo em filosofia para ensinar a mim mesma mais coisas empolgantes. As pessoas sempre me perguntam por que eu não estou estudando ciência, já que sou realmente fascinada por essa disciplina, mas alguém que se especializa em física... eu posso aprender tanto quanto ele, que passa três anos estudando. Na minha segunda aula, o professor citou o trecho 'Deus imediatamente desaparece, numa nuvenzinha de lógica', e, no final, eu fui até ele e disse: 'Foi muito engraçado você ter escolhido essa citação, porque...' e tal, e ele disse que foi o fato de ter escutado o *Mochileiro* que o havia incitado a fazer filosofia, e agora ele está me dando aula por causa disso. Que barato!".

Com gestos menos expansivos, mas igualmente entusiasmados como os do pai que desapareceu treze anos antes, conversamos sobre muitos dos interesses dela – viagens, frequentemente com amigos íntimos, tais como Neil Gaiman e sua esposa, comédia e entretenimento estudantil, o que os cientistas podem estar farejando na Organização Europeia de Pesquisa Nuclear (CERN), mas, é claro, as maiores perguntas a respeito do Mingo estão além de sua capacidade de recordação tanto tempo após o ocorrido, pois ela era uma criança tímida que havia apenas acabado de ser tirada de sua carapaça pelo sol californiano na época em que tudo foi interrompido de forma tão abrupta – ela calcula as etapas de sua infância com base nas edições de *Harry Potter*, tanto inglesas como americanas.

A coisa mais importante que eu descubro, obviamente, é que ela não viveu a vida inteira na sombra de Douglas Adams e de *O guia do mochileiro das galáxias* – ela leu os primeiros dois ou três livros, mas naturalmente prega *Last Chance to See* com grande fervor. No entanto, o vasto clã do *Mochileiro* constituiu uma grande parte da rede de famílias que educaram e sustentaram Polly, ajudando a transformá-la na pessoa simpática e sincera que eu conheci, ao passo que o clichê e o estereótipo insinuariam que ela fosse ou uma rebelde odiosa ou uma princesa mimada. Embora ela ainda tenha uma carreira inteira pela frente (sem contar um emprego de verão trabalhando junto com os elfos de QI) e esteja determinada a realizá-la por mérito próprio, e não graças ao seu nome famoso, ela é hoje a pessoa-chave de toda e qualquer decisão feita em nome de Adams. Robbie Stamp é o homem com todos os planos para desenvolver e operar, mas nada nunca pode ir em frente no universo do *Mochileiro* sem o aval da filha do criador.

Essa é, contudo, uma herança novíssima que Polly deve aceitar, e o nome de Douglas Adams tem estado muito ocupado ao longo do século.

Nunca houve dúvida de que o *Mochileiro* sobreviveria ao seu criador.

EU POSSO NÃO TER IDO PARA ONDE TINHA A INTENÇÃO DE IR...

"Douglas, você foi embora da festa cedo demais. Todos os seus amigos, mesmo aqueles que nunca conheceram você, sentirão a sua falta." Talvez seja apropriado que esse post de Stephen Fry no site pessoal de seu velho amigo tenha sido a primeira alusão que o mundo mais vasto recebeu de que algo absolutamente estarrecedor havia acontecido. Hoje estamos bem acostumados a ver mensagens de "descanse em paz" pipocando no Twitter e nos sites de notícias on-line, mas, ao dividir seu pesar imediato com o mundo daquele jeito, Fry estava, pelo menos, mantendo Adams na vanguarda do desenvolvimento da internet – a mensagem foi recebida por milhares de fãs de Douglas, atônitos, de uma só vez, e, como o próprio homem observou apenas no segundo parágrafo de seu romance final, más notícias viajam tão rápido que os Hingefreel de Arkintoofle Menor tentaram aproveitá-las para servir de combustível de espaçonave. A incompreensão foi total: quando uma figura querida morre cedo demais, é claro que os fãs acham difícil de digerir, mas essa morte atingiu um nível completamente inédito de privação aparentemente disparatada. Como pode o homem que sempre estava à frente de seu tempo, o guia do futuro mais popular da Terra, o "poeta de coisas novas" de Fry, ter-nos deixado em um ponto tão insanamente cedo e crucial da nossa jornada?

No entanto, questões práticas precisavam ser resolvidas. Cinco dias depois, Douglas Adams foi cremado em Santa Barbara, com a presença de seus amigos mais chegados da Costa Oeste e muitas músicas dos Beatles tocando. Foi somente quatro meses mais tarde que a terrível informação realmente começou a ser processada, quando Jane e Polly voltaram para Islington e o exército de parentes, amigos e colaboradores de Douglas (inclusive alguns com quem ele nunca se reconciliou direito e outros, como Lloyd, que haviam perdido para sempre um amigo do peito) foi reunido nas nobres imediações de St. Martin-in-the-Fields, em Trafalgar Square, para uma cerimônia de homenagem póstuma apropriadamente grandiosa e eclética. Outra iniciativa que com certeza teria recebido intensamente a aprovação teórica de Adams foi o fato de a cerimônia ter sido transmitida ao vivo pela internet e de vídeos terem sido postados no site da BBC para que os fãs do mundo inteiro acompanhassem o luto e a celebração da vida, independentemente de onde eles estivessem. Embora um pouco ofuscado pelos atentados de 11 de setembro uma semana antes, foi o evento catártico de que a assembleia, ainda chocada, precisava – o aspecto religioso obrigatório foi mais do que compensado pela participação de Dawkins. Houve também discursos das irmãs de Douglas, Sue e Jane, e de seu irmão, James, e amigos, inclusive Johnny Brock e Robbie Stamp, contando apenas uma ínfima porcentagem das milhões de anedotas sobre o gênio estabanado e generoso que eles haviam conhecido. Houve Bach, "Rockstar" e Procol Harum, além de David Gilmour provocando milhares de arrepios com uma interpretação acústica de "Wish You Were Here".

Quase no final, Simon Jones subiu ao púlpito para dizer adeus ao titereiro de Arthur Dent: "Ele disse que havia escrito o papel pensando em mim... Então, durante anos, tentei lidar com o problema de como eu sempre me enxerguei e como Douglas aparentemente me via: um inglês confuso no exterior, sempre em busca de uma xícara de chá decente. Porém, foi somente nos últimos poucos meses que me caiu a ficha de que a verdade podia ser, de certa forma, diferente...

Arthur podia ser, na realidade, o próprio Douglas: o homem que talvez nunca tivesse conseguido pegar mesmo o jeito das quintas-feiras... Quanto mais eu penso nisso, mais eu percebo que talvez tenha sido a minha vaidade que me fez achar que ele havia, de fato, escrito o papel para mim; eu estava, na verdade, representando Douglas. Tudo o que eu realmente sei é que ele era imensamente leal e um amigo generoso, a quem eu devo mais do que posso dizer".

Algum tempo depois, as cinzas de Adams foram descansar permanentemente no Highgate Cemetery, onde fãs gratos logo deram origem à tradição de depositar em seu túmulo canetas, lápis e todo tipo de parafernália para escrever – homenagens um pouco irônicas para um homem que preferia engenhocas eletrônicas, mas, ao morrer, Douglas Adams foi imediatamente transformado em uma espécie de santo padroeiro de escritores procrastinadores do mundo inteiro. Corre a ideia de que, se ele teve tanta dificuldade e alcançou tantas conquistas, deve haver esperança para todos os que nutrem o mais ínfimo anseio de tecer palavras.

E então foi isso. Por volta do final de 2001, com o encerramento das homenagens e programas especiais transmitidos pela BBC2 e pela Radio 4 – *Omnibus: The Man Who Blew up the World* [*Ônibus: o homem que explodiu o mundo*] e *Até mais...* –, a verdade precisava ser encarada: o maior humorista de ficção científica de todos os tempos, aliás um dos humoristas mais afiados da história da literatura inglesa, não estava mais entre nós, não tínhamos nenhum substituto, e não haveria mais prazos expirados, nem livros ou pontos de vista originais sobre o universo para mudar a maneira como pensamos.

Exceto que... Adams havia deixado vários fios narrativos soltos, espalhados por vários universos. Durante a própria cerimônia de homenagem póstuma, Ed Victor anunciou que uma coletânea de textos não publicados compilados pelo editor americano de Adams, Peter Guzzardi, já estava sendo preparada, com o título provisório "Até mais", preferido por Jane – a coletânea emergiria vários meses mais tarde, chamando-se *O salmão da dúvida*. Chris Ogle, amigo do autor, havia cuidadosamente recuperado todos os dados dos muitos Macintoshes instalados no escritório de Douglas, e Ed havia entregado um precioso CD a Peter, que então passou a ter a tarefa invejável, mas pesada, de tentar agregar as peças da forma mais próxima possível de uma versão coerente do que teria sido o próximo romance de Adams. *O salmão da dúvida* de Guzzardi teria resultado em um volume muito fino por si só (embora tivessem restado resmas de folhas de *Dirk Gently* não publicadas, incluindo uma narrativa inteira envolvendo um mafioso, Gently explodindo um Jaguar e Satã). Portanto, o editor resolveu unir forças com Sue

Freestone e Jane para chegar a um acordo sobre as escolhas pessoais delas com relação a outras peças para acompanhar a narrativa inacabada, inclusive, sinistramente, a própria introdução de Adams ao último livro inacabado de P. G. Wodehouse, que também "foi interrompida súbita e desoladoramente no meio do caminho", com todos os fios narrativos pairando no ar. Incluir o ensaio de Douglas sobre *Sunset at Blandings* era uma resposta positiva e incontestável para quem quer que argumentasse contra a publicação dos textos brutos de qualquer autor, mesmo os de verdadeiros perfeccionistas como Douglas e a nata dos escritores. Em retrospecto, há uma certa legitimidade na crítica de que o livro que finalmente anulou o contrato pendente de Douglas parecia demais um pacote sortido. Hoje sabemos que havia tamanha riqueza de excelentes textos tirados diretamente do teclado de Adams e que poderiam ter sido utilizados! A inclusão de, por exemplo, entrevistas dadas a revistas e sites talvez tenha sido um erro (o qual foi ressaltado pelo audiolivro, que exigiu que o pobre Simon recitasse, incongruentemente, a coisa toda palavra por palavra). Ainda assim, sendo presumidamente as últimas palavras de um mestre, hordas de fãs devoraram o livro com gratidão, mas ele se revelaria apenas uma amostra de degustação de uma atividade contínua.

Para um culto se tornar religião, o primeiro requisito é a ausência permanente de seu ícone-mor. De 2001 em diante, "Douglas Adams" viraria um fenômeno de um jeito que ele não poderia ter sido quando era um autor engraçado com os projetos mais demorados do mercado. Assim como Perkins às vezes tinha de arranjar as coisas para evitar que o autor ficasse por perto complicando e prolongando as sessões de edição, a ausência de Adams – embora pessoalmente esmagadora para todo indivíduo criativo envolvido, fosse ele amigo ou fã – não impediu o desenvolvimento e o lançamento de mais criações carregando seu nome consagrado do que em qualquer período de sua carreira. O problema óbvio da situação é que se torna uma necessidade crucial, para todos os que aceitam a tarefa de manter "o universo de Douglas Adams" vivo, decidir e anunciar "o que Douglas teria desejado". Isso acarreta uma reação igual e instantânea de milhões de fãs, que traçam limites a favor ou contra toda homenagem e adaptação, tão logo elas são sugeridas. Tentar prever os processos cognitivos de uma mente tão singular deve ser quase uma impossibilidade até para seus amigos mais íntimos. "Quase impossibilidade é um termo correto", reconhece Ed Victor, "mas há ocasiões em que temos absoluta certeza do que Douglas não teria desejado." Jane foi, naturalmente, o árbitro supremo durante muitos anos, e, criativamente, Robbie vem sendo o colaborador que mantém a chama acesa. As parcerias criativas de Adams tiveram um histórico de implodir, o que poderia fazer a posição de Stamp se assemelhar a ganhar um jogo de "batata quente", mas a principal diferença de Robbie é que ele nunca procurou bater de frente com Douglas criativamente do mesmo modo que Lloyd ou Bywater o fizeram – ele sempre foi, essencialmente, o facilitador das ideias de Douglas, e, em larga medida, esse continua sendo o caso agora que aquelas ideias estão em estase.

Dois dos lançamentos menos controversos sucederam *O salmão da dúvida* um ano e pouco depois – a biografia autorizada *Wish You Were Here*, uma jornada descontraidamente intelectual através da psique de Adams, que tinha a vantagem de ter sido escrita por Nick Webb, amigo e primeiro editor que encomendou seus serviços (que também foi embora da festa cedo demais, em 2012), e fazia o leitor sentir que havia passado a conhecer melhor o escritor, apesar de apenas vislumbrar períodos inteiros de sua carreira. Por outro lado, houve uma abordagem mais significativa do *Mochileiro* realizada pelo homem que o próprio Adams reconhecia como o especialista mundial no assunto, M. J. Simpson, e que era tão densamente detalhada quanto se poderia esperar de um devoto dedicado. Após isso, uma quantidade de livros não oficiais chegaram às lojas, muitas coletâneas de ensaios, dois estudos sobre "a ciência do *Mochileiro*" em inglês e alemão e um sobre a filosofia da série, todos repletos de suposições radicais, tais como Marvin, Eddie e o Guia Versão II serem o Cristo, Deus e o Espírito Santo, respectivamente. (Pense sobre isso um minutinho. Mas só um minutinho.)

Em um caso, "o que Douglas teria desejado" foi especificamente ignorado, com o lançamento de novas edições do *Mochileiro* com artes gráficas abstratas do lendário Storm Thorgerson mais uma vez na capa, artes que haviam particularmente desapontado Adams em vida e haviam sido vetadas (ninguém pode presumir o que ele teria feito com as edições subsequentes, que apresentavam adesivos com desenhos para você criar o seu próprio design). De forma semelhante, ele sempre vetou adaptações romanceadas das histórias que ele escreveu para o *Doctor Who* (porque ele não queria que ninguém as fizesse em seu lugar e não podia ser pago o bastante para fazê-las por conta própria), mas romances baseados em "Shada" e "City of Death" e escritos por Gareth Roberts foram enviados para as lojas sem provocar o Apocalipse.

De qualquer forma, na época em que as duas biografias foram para as livrarias, elas se tornaram menos definitivas em função de desenvolvimentos paralelos dos dois maiores projetos inacabados de Douglas.

... MAS EU ACHO QUE ACABEI CHEGANDO AONDE EU PRECISAVA ESTAR

Na verdade, havia uma única adaptação quase esquecida do *Mochileiro*, que foi encaixada antes dos nossos dois principais projetos decolarem, indo ao ar na primavera de 2003: *The Big Read* foi a tentativa da BBC de descobrir o livro favorito da nação, concedendo aos dez candidatos de maior predileção meia hora de celebração, durante a qual os ingleses eram encorajados a votar em seu livro preferido, na BBC1. O primeiro romance do *Mochileiro* acabaria vindo em quarto lugar (ganhando de *Harry Potter*, mas sendo impedido de subir ao pódio apenas por *Fronteiras do universo*, *Orgulho e preconceito* e *O Senhor dos Anéis*), com a defesa de Sanjeev Bhaskar, que conduziu os espectadores por uma jornada emocional através de sua vida de fã de Adams, desde a época em que ele havia escutado o seriado radiofônico quando criança até alçar voo em sua própria carreira na comédia. É claro, ele implorou para fazer o papel de Arthur nas seções dramatizadas, com Spencer Brown na pele de Ford, Roger Lloyd Pack na de Slartibartfast e um punhado de celebridades interpretando papéis pequenos, incluindo Nigel Planer fazendo a voz de Marvin, a dupla de comediantes Adam & Joe se confrontando com o Pensamento Profundo de Stephen Hawking e Patrick Moore como o Guia. No entanto, esse elenco exclusivo não foi tão comentado quanto o reencontro iminente do elenco original.

Dirk Maggs era um homem de palavra, e o trabalho recomeçou na tão aguardada fase terciária após o leve impulso dado pelo reencontro do elenco na cerimônia de homenagem póstuma a Douglas. Desde o trabalho dos Beatles em "Free as a Bird" uma década antes, não havia sido posto em operação nenhum projeto póstumo tão acaloradamente aguardado. Assim como a banda, Maggs e sua equipe tiveram de proceder com a suposição de que o membro da equipe ausente estava apenas de férias ou, caso contrário, indisponível, para que o peso do respeito pelo falecido não reprimisse o fluxo criativo. Desde o falso alarme de 1993, uma segunda tentativa de retomar o *Mochileiro* no rádio pela TDV havia sido aniquilada em 1997 pelos desenvolvimentos do filme, mas uma conversa entre Maggs e Bruce Hyman, produtor da Above The Title, em St. Martin-in-the-Fields levou a um acordo, introduzindo Helen Chatwell, colega de Hyman, e John Langford, editor de roteiro. Esse acordo foi anunciado oficialmente em novembro de 2003 – *A vida, o universo e tudo mais* enfim ganharia vida em glorioso áudio cinemático. Simon disse: "Eu e Peter Jones costumávamos almoçar juntos a cada cinco anos mais ou menos, e ele reclamava: 'Por que não fazemos mais alguns?', e eu respondia: 'Bom, o Douglas só quer trabalhar com outras mídias. Ele sempre teve uma ideia fixa sobre fazer o filme...' Nós apenas imaginávamos o trabalho, que, entretanto, também colocaria um ponto final na série – o *Mochileiro* começou no rádio e deveria terminar no rádio, é isso o que vivíamos dizendo".

Visto que essa não era mais uma produção oriunda diretamente da antiga casa de Maggs, a BBC Radio LE, o então fechado Paris Theatre foi substituído pelo Soundhouse Studios em Acton como local para o tão esperado ressurgimento dos Arthur, Ford, Trillian, Zaphod e Marvin originais após quase um quarto de século (embora, mais uma vez, Stephen Moore tenha sido colocado dentro de um cubículo, mas, pelo menos, refletiu ele, dessa vez eles lhe permitiram ter uma janela), sem mencionar o retorno do locutor original, John Marsh. As carreiras dos atores principais os haviam atirado para todas as direções: a voz de Susan Sheridan era constantemente solicitada principalmente em animações, Simon Jones era aplaudido na cena teatral de Nova York, e Mark Wing-Davey era diretor e professor universitário em Nova York, mas teve de percorrer a distância mais longa, vindo de avião da Austrália, para participar. Assim como Stephen Moore, cujos invejáveis êxitos de comediante fizeram com que ele interpretasse os pais dos personagens Adrian Mole e Kevin, de Harry Enfield, a carreira de Geoffrey McGivern pode ter sido a de um ator de tipos, em vez da de um mega-astro que ele proclamava em Cambridge que se tornaria, mas ele pode se contentar de que nenhum outro ator na história da comédia na TV interpretou tamanha diversidade, sendo coadjuvante de tantas estrelas diferentes em tantos programas – desde Smith e Jones até Fry e Laurie, desde Reeves e Mortimer até *This is Jinsy* [*Este é Jinsy*]. Geoff havia virado o sujeito a quem recorrer para gerações de comediantes. Naturalmente, o papel central do elenco estava vago sem Peter Jones, o terceiro ator a tirar licença permanente, após David Tate em 1996 e Richard Vernon um ano mais tarde. No entanto, foi um tanto quanto agradável contratar William Franklyn, ator de áudio amável e de sobrancelha arqueada, que era amigo de Jones, para preencher aquela lacuna essencial, coroando uma longa carreira antes de Franklyn, por sua vez, dar o último suspiro em 2006. A última nova escalação surpresa foi cortesia do extraordinário – e hoje, infelizmente, já falecido – Richard Griffiths, que deixou para trás o personagem de Vernon Dursley ["Valter" na edição brasileira] para herdar o papel de Slartibartfast de Richard Vernon.

Foi realmente tarefa de Simon ajudar a preencher o vazio de Douglas no coração do projeto, mas ele recordou a experiência como "Puro prazer! Eu fiquei aliviado de ver que os anos haviam sido gentis com aqueles de nós que haviam restado. A Susan, que eu não encontrava há séculos, estava exatamente com a mesma aparência – mais jovem, talvez. O Geoff e o Mark eu tinha encontrado frequentemente ao longo dos anos, então, se eles envelheceram, eu não notei. Eu preferiria – e tenho certeza de que eles também prefeririam – dizer que eles amadureceram, assim como velhas garrafas de vinho do porto finíssimo. Sou obrigado a admitir, tendo perdido quase todo o meu cabelo e vendo que os que restaram ficaram grisalhos, que eu me sentia mais marcado pelo tempo do que os outros. Porém, independentemente da nossa aparência, nós soávamos exatamente da mesma forma e, graças ao milagre do rádio, nós éramos – e somos – as mesmas pessoas que sempre fomos… Foi realmente surpreendente a facilidade com a qual reassumimos os nossos velhos personagens. Talvez nunca os tivéssemos perdido". Hyman refletiu: "Não consigo imaginar como Geoffrey e sua equipe conseguiram fazer o *Mochileiro* com apenas uma fita magnética de 6 milímetros e uma lâmina de barbear. Nosso estúdio parecia a cabine de comando da *Coração de Ouro*". Porém, apesar do uso experimental que Maggs fez de toda a tecnologia sonora de última geração, eram os atores que vinham em primeiro lugar, e o processo diário no Soundhouse foi um genuíno encontro repleto de amor e amizade para todos.

 Além de estrelas convidadas, tais como Joanna Lumley, Leslie Phillips, que emprestou o charme do seu jeito lento de falar a Hactar, e Chris Langham, que trocou Dent por Prak, o *Mochileiro* trazido de volta à vida por Maggs depositou sua confiança em um núcleo duro de comediantes leais, incluindo Toby Longworth, colaborador assíduo, na pele de Jeltz (infelizmente, o Vogon original, Bill Wallis, estava indisponível e faleceria em 2013) e Andrew, filho de Harry Secombe, além de ex-alunos de Oxford que haviam estrelado *Radio Active* junto com Perkins, Michael Fenton-Stevens e o maestro Phil Pope – que renunciou à composição da trilha sonora épica geral em favor do amigo de infância de Adams e amplificador de McCartney, "Wix" Wickens, enquanto recorria ao seu talento em pastiche para gravar a balada à la MccCrtney do povo Krikkit: "Tudo é tão adorável".

 O estilo do áudio cinemático de Maggs nunca imitou precisamente a atmosfera alcançada por Perkins (embora fosse mais parecido com ela do que Adams havia imaginado em 1993, pois o escritor havia planejado descartar o tema musical e substituí-lo por algo mais dinâmico, a canção "Two Tribes", de Frankie Goes to Hollywood). Porém, quando *A vida, o universo e tudo mais* finalmente foi ao ar na Radio 4 no outono de 2004, poucos fãs não ficaram supercontentes de acompanhar essa novíssima "atualização" de uma lenda da BBC Radio:

INT. ATMOSFERA DO LIVRO.

EFEITOS SONOROS Um zumbido musical contínuo e sem perturbações vai surgindo, estratificado com os sons das animações do livro.

A VOZ [PETER] Esta é a história do *Guia do mochileiro das galáxias*, [WILLIAM] ... BZT!... talvez o mais extraordinário, certamente o [PETER] mais bem-sucedido livro... BZT!... [WILLIAM] já publicado pelas grandes editoras de [PETER] ... BZT!... Ursa Menor. [WILLIAM] ... BZT!... Agora em sua sete elevado à décima sexta edição, ele vem sendo continuamente revisado e atualizado, sendo, inclusive, ajustado com um escudo de calor extremamente experimental à prova de jo-jo-jog e resistente a respingos... BZT!... (Voz rouca), além de um novo circuito de voz sofisticado... nem sempre com... BZT!... sucesso total.

Na verdade, o mais perto que qualquer uma das fases subsequentes chegou de mostrar a língua para os fãs puristas do *Mochileiro* foi ao superar o complicado obstáculo de como explicar a falta de lógica da fase secundária, mas, pelo menos, a solução foi além da ideia de Adams de ignorar inteiramente qualquer lacuna do enredo:

ZAPHOD ... O que foi que aconteceu, aliás?
TRILLIAN (Que não está sozinha na busca de um jeito de explicar essa anomalia inevitável) Você teve um surto psicótico duplo, fugiu para Ursa Menor no intuito de provar alguma teoria da conspiração, sendo encontrado dias depois apenas perambulando pelos corredores do Guia do Mochileiro procurando por Zarniwoop, um almoço grátis e uma bebida forte. Mas não nessa ordem.
ZAPHOD O que prova que eu estive lá, certo?
TRILLIAN Bem, eu não estive.
ZAPHOD Uau! Totalmente muita emoção e aventura e coisas realmente bárbaras...
TRILLIAN É tudo alucinação!
ZAPHOD Ei, o vórtice da perspectiva total não é alucinação!

TRILLIAN Ou você tomou Dinamite Pangaláctica demais.

ZAPHOD (Atormentado) (Reflexivo) Isso não é tecnicamente possível.

No entanto, por mais constelado de celebridades que o elenco possa ter sido, houve uma atuação, na metade do seriado, que pegou o ouvinte de surpresa, quando uma voz muito familiar interrompeu tudo, rosnando: "Aposto que você não estava esperando me ver de novo!". Era Douglas, fazendo a aparição que ele tanto desejou em sua própria saga radiofônica após mais de uma década desde que ele havia solicitado o papel de Agrajag e três anos depois de ter sido impedido de se juntar aos seus amigos ao microfone do jeito normal. No entanto, graças às suas gravações de audiolivro, além de uma certa quantidade de silvos acrescentados e batidas de asa produzidas por um guarda-chuva velho, o injustiçado Agrajag reencarnaria mais uma vez:

EFEITOS SONOROS Agrajag e Arthur respirando durante um momento. Então:

AGRAJAG ... Nascido na escuridão, criado na escuridão. Uma manhã, pela primeira vez coloquei minha cabeça para fora naquele reluzente mundo novo e ela foi partida ao meio por algo que se parecia muito com um suspeito instrumento primitivo feito de pedra.

ARTHUR O quê?

AGRAJAG Feito por você, Arthur Dent, e manejado por você. Você transformou minha pele em uma sacola na qual guardava pedras interessantes. Fiquei sabendo disso por acaso, já que, em minha vida seguinte, retornei como uma mosca e você me matou. De novo... A coisa mais interessante sobre a reencarnação é que a maioria das pessoas, a maioria dos espíritos, não percebe o que está acontecendo com eles.

ARTHUR Eh... Olha, eu realmente... (Reage em seguida)

AGRAJAG Eu tinha consciência. Ou melhor, eu me tornei consciente. Gradualmente. Não podia evitar, não é mesmo? A mesma coisa continuava acontecendo, de novo, de novo, de novo! Em cada vida que já vivi fui morto por Arthur Dent. Qualquer mundo, qualquer corpo, qualquer tempo, assim que estou me acostumando lá vem Arthur Dent – paft!, me mata... Difícil não notar, não é? Meio que um lembrete. Meio que uma maldita pista!... Dent, seu maníaco multiassassino de mim!!!

Jones descreveu a experiência de atuar em oposição ao seu amigo falecido como "distintamente surreal", o que com certeza pode ser considerado como uma afirmação dramaticamente incompleta. É claro, não foi apenas a interpretação póstuma que provocou arrepios na nuca de todos os ouvintes quando esse 16º episódio foi transmitido, mas também o contexto horripilante e complexo – um homem morto estava representando uma vítima reencarnada de assassinatos recorrentes e jurando matar seu assassino, que havia sido criado por ele próprio e que estava sendo interpretado por um amigo dele que ainda estava vivo. Por "hábito" – se é que tamanha matriz de coincidência e tragédia de pirar a cabeça possa ser resumida como "hábito" –, a fase terciária resultou em uma das produções radiofônicas mais extraordinárias já difundidas, mais ainda do que qualquer coisa nas fases originais – assim, outro elemento de encerramento muito necessário foi realizado na vida após a morte de Douglas.

Por essa e muitas outras razões, o novo seriado foi acolhido de forma bastante calorosa, mas, apesar de os episódios fresquinhos terem se beneficiado de um caminho fácil graças a uma mistura de produção de qualidade e emoção, o universo paralelo que estava sendo desenvolvido a quilômetros de distância, na periferia norte da capital, apresentou um risco tão grande quanto o de sempre. Embora os dois projetos estivessem em dimensões separadas, Maggs e cia. foram convidados a visitar o *set* de filmagem do filme do *Mochileiro* e devem ter agradecido às estrelas-guias deles pelo fato de a imaginação dos ouvintes fazer todo o trabalho duro no lugar deles.

UM FATO IMPORTANTE E POPULAR

A confirmação absolutamente incontestável de que a produção iria finalmente realizar um dos filmes mais conturbados de todos os tempos foi divulgada mais ou menos na mesma época do anúncio da fase terciária. Contudo, obviamente, mesmo após a busca de Douglas, que havia durado um quarto de século, muitos perigos precisavam ser superados antes que o mundo pudesse saber, enfim, que um Arthur Dent novinho em folha estava se preparando para se deitar na lama em frente aos tratores nas telonas mundo afora.

Robbie Stamp havia sido cruelmente pressionado por jornalistas para dar detalhes do futuro do filme poucos dias após o falecimento de Adams, mas foi só depois de Jane enfatizar que o trabalho duro de Douglas deveria ter alguma resolução que ele entrou em ação para orientar o projeto, continuamente encalhado, e fazê-lo voltar a navegar a todo vapor. Um sangue novo na Disney – ou melhor, Touchstone Pictures, a subsidiária da Disney – havia eliminado todas as fundações do filme, mas, entre Stamp, o espólio de Adams, a Spyglass e Jay Roach, que se arrependeu profundamente de ter decepcionado Douglas, uma equipe dedicada foi formada para interromper o vai e vem da Disney. "Eu nunca conheci ninguém mais inspirador do que Douglas", disse Roach à Variety. "Ele media 1,96 metro e era forte como um touro, com uma risada estrondosa e grande habilidade de contar histórias, além da visão mais revigorante sobre a vida. Ele me levava a uns restaurantes exóticos, pedia tudo o que tinha no cardápio, e passávamos horas conversando. Ele era uma autoridade em tudo, desde tecnologia até teoria evolucionária, mas a mensagem dele era toda uma questão de fazer as pessoas olharem para fora de si mesmas e não serem tão narcisistas. Eu queria difundir esse sentimento com o filme."

O ás na manga de Roach foi trazer Karey Kirkpatrick, um cavalheiro nativo do sul dos Estados Unidos e freelancer da Disney que, no entanto, havia conseguido vender um conto de Nick Park e Peter Lord sobre heroísmo de aves em uma fazenda de Yorkshire, *A fuga das galinhas*, a plateias de cinema no mundo inteiro. Kirkpatrick se tornaria um fanático pelo *Mochileiro* ao longo de seu trabalho, mas, se ele soubesse a corda que estava colocando em seu próprio pescoço, talvez tivesse feito objeção. Assim, a nova abordagem do escritor com relação ao roteiro cinematográfico interminavelmente reescrito deu conta do recado. É verdade que sua contribuição foi minimizada para acalmar os temores dos fãs – ele não poderia ter recebido seus créditos de coautoria a menos que uma quantidade significativa do roteiro cinematográfico fosse obra sua –, mas, se alguém podia construir uma ponte entre o excêntrico texto bruto e os sonhos de merchandising dos patrocinadores, esse alguém era ele.

Em uma reunião decisiva com os mandachuvas, Karey leu para os executivos reunidos o trecho de abertura de *O Restaurante no Fim do Universo*, resumindo toda a primeira desventura e lhes garantiu: "Taí o filme de vocês! A história até aqui! E precisa ser sobre o Arthur Dent. Você descobre a galáxia através dos olhos de Arthur, então precisa ser o filme dele". Essa observação final pode parecer chocantemente óbvia, mas Douglas havia sido tão martelado de comentários e críticas ao longo dos anos que todos os ângulos haviam sido considerados, desde fazer do filme a história de Zaphod até "o filme dos Vogons". Todavia, apesar de todos os seus acréscimos controversos, Kirkpatrick deu duro para trazer o *Mochileiro* de volta às suas raízes ao máximo, reintroduzindo piadas, ideias e fragmentos remanescentes da tradição do *Mochileiro* no roteiro que Adams havia suavizado para agradar aos produtores (incluindo até mesmo, em determinado momento, toda a parte da nave vogon).

Talvez a principal alteração, devido à ênfase na religião dos Jatravartids no resumo do enredo de *O Restaurante no Fim do Universo*, tenha sido a transformação do comparsa de Zaphod no mercado negro, Humma Kavula, em chefe do templo do Grande Resfriado Verde, tendo supostamente mudado seus comportamentos piratas após sua derrota nas eleições presidenciais contra Zaphod (apesar de sua intensa campanha "Não votem em idiotas"). Como resultado, a criação da Arma do Ponto de Vista, agora desejada por Humma, foi atribuída ao Pensador Profundo – uma figura lindamente representada como Buda, tal como imaginada por Adams, só que com a voz de Helen Mirren e um atrevido logotipo da Apple escondido.

Com esse novo vilão, Rontok, o vice-presidente que sempre estava flutuando, foi reformulado como uma companheira Vogon, que perseguia o chefe dela pela galáxia em busca de amor, propiciando um novo ângulo romântico à história de Zaphod e liberando Trillian e Arthur para desfrutarem de um final feliz. O aspecto romântico sempre seria um dos sapos mais horrendos que os fãs tradicionais tiveram de engolir, mas, embora Adams tivesse desejado muito evitar algo tão antiquado quanto rapaz-encontra-garota, esse é o exemplo mais flagrante de como Hollywood, e especialmente a Disney, precisava, por definição, edulcorar a criação selvagem de Adams e socá-la em um molde familiar. Desde o comecinho, nunca se teve a intenção de fazer o filme do *Mochileiro* traduzir fielmente a complexidade estabanada do programa de rádio ou dos romances na telona. O filme estava fadado a transformar a história básica em um grande campeão de bilheteria, alegre e capaz de vender pipoca – e, além disso, não era como se Douglas não tivesse extraído enormes quantidades de texto da tensão do relacionamento de Arthur e Trillian em uma ou outra encarnação. Os fãs sabem que eles nunca se destinaram a ficar juntos, mas e Hollywood? Simplesmente tinha de acontecer. Kirkpatrick deu o sangue para encontrar um equilíbrio entre a declaração de amor de Dent e a rejeição de pieguice do *Mochileiro*. E, embora o discurso final "A única pergunta à qual eu sempre quis responder é 'Será que ela é a mulher da minha vida?'" ainda embrulhasse o estômago de muitos fãs leais (apesar de ser instantaneamente minimizado por um rato revoltado), a história de amor poderia ter sido muito mais herética. Com a nova ênfase em Dent, em determinado momento surgiu a ideia de fazer com que Trillian fosse metade alienígena, transformando Arthur literalmente no último humano sobrevivente:

> **RATO BENJY** Parece que não vamos mais precisar da nova Terra, afinal de contas, agora que encontramos o único nativo sobrevivente do planeta.
> **SLARTIBARTFAST** Mas... eles, os oceanos estão quase prontos!
> **RATO FRANKY** É isso, está dispensado, Slartibartfast. (Slarty, ligeiramente magoado, recua e se retira.)
> **ARTHUR** Com licença, quando você diz "o único nativo sobrevivente"... você quer dizer eu? E quanto a...
> **RATO BENJY** Realizamos alguns testes de DNA rudimentares na nave. Ela é metade nativa. O verdadeiro pai dela era um Blahardid, a raça hiperinteligente, mas extremamente nômade, nativa do planeta Bastablon. Ele aparentemente deu um pulinho na Terra e teve um caso de uma só noite com uma tal de ms. Francis McMillan.
> **TRILLIAN** O que explica muita coisa.

Grande parte do filme foi criada com esse conceito implantado antes de ele ser abençoadamente descartado, por ser uma transgressão que desvirtuava a franquia. Qualquer alteração imaginada no intuito de tornar o *Mochileiro* mais palatável para frequentadores de cinema multiplex só poderia afastá-lo ainda mais da fonte que os fãs adoravam. Porém, Stamp ressaltou: "Douglas queria um filme de Hollywood. Só que, por acaso, esse é um filme de Hollywood no qual uma baleia cai no chão enquanto está meditando sobre a natureza da relação entre a linguagem e a existência". Esse momento único na história do cinema foi elevado ainda mais pela atuação de Bill Bailey, amável comediante de musical, apenas um de muitos astros da comédia que estavam animados para aceitar qualquer papel vago: o quarteto conhecido como The League of Gentlemen (Jeremy Dyson, Mark Gatiss, Steve Pemberton e Reece Shearsmith) também fez muitas das vozes e Pemberton representou Prosser. Em um desenvolvimento maravilhosamente estranho, o fato de ter encarnado a voz de Jeltz deu a Richard Griffiths a chance de representar personagens principais do *Mochileiro* em dois veículos de mídia diferentes ao mesmo tempo.

O novo aperfeiçoamento de Karey no roteiro cinematográfico foi a derradeira camada de açúcar necessária para acionar um genuíno sinal verde da Disney – embora os chefes da Spyglass tenham sido obrigados a desembolsar o próprio dinheiro deles para pagar os honorários do escritor, de tão determinados que eles estavam de ver o filme ir em frente. Roach, incapaz de evitar a sequência mais recente de sua série, *Entrando numa fria maior ainda*, indicou o excêntrico diretor Spike Jonze para coordenar as filmagens, mas Jonze pensou, sabiamente, que seria o primeiro longa-metragem ideal para dois colegas, comandantes de clipes de música, Hammer e Tongs, conhecidos por outro lado como Garth Jennings, diretor, e Nick Goldsmith, produtor, que por acaso operavam a partir de um barco de canal em Islington, a cerca de dez minutos de distância da casa de Adams. Como ambos eram fãs de longa data, eles instantaneamente decidiram que não poderiam suportar o fato de serem os homens que destruiriam o *Mochileiro*. Portanto, o roteiro cinematográfico ficou ali mofando, sem ser lido, durante um bom tempo, até Garth se render, pegá-lo e se dar conta de que Karey havia conseguido o improvável. Ao expor a abordagem deles para a Disney através de uma videoconferência, Jennings ergueu uma cortina de veludo vermelha amarrada à sua cadeira com barbantes, que se abriu para revelar a legenda "Não entre em pânico!" no monitor californiano quando ele puxou a cadeira para trás, o que conquistou de cara os homens do dinheiro e também deu um indício da abordagem incansavelmente criativa e habilidosa que a dupla pretendia adotar no filme de Douglas. Jennings considerou brevemente retribuir a dívida deles com Jonze escalando-o como Ford, junto com Adam Buxton no papel de Arthur, durante as primeiras fases experimentais de produção.

Sempre foi a escalação do núcleo duro do *Mochileiro* que havia obcecado mais os portais de notícias sobre cinema desde que os direitos autorais haviam sido vendidos. O equivalente de Peter Jones, que era talvez o mais importante e que devia ser adequado aos olhos de Hollywood, revelou-se o maior desafio. Durante um tempo, o criador de *Bagpuss*, Oliver Postgate, foi chamado para emprestar seu tom de voz macio ao Livro, do mesmo modo como ele havia narrado sua própria comédia de ficção científica, *The Clangers*. Porém, ele se retirou do trabalho após algumas tentativas, e Hammer e Tongs foram obrigados a recorrer a uma das vozes mais onipresentes, queridas e autênticas do mercado e, por coincidência, ternamente associada ao próprio Adams: Stephen Fry. Era óbvio que o texto era familiar e bem apropriado a Fry, e sua voz aveludada, de várias formas, deu o tom à produção inteira, principalmente ao ser sincronizada com as novíssimas animações gráficas do Guia, elaboradas pelo coletivo de arte Shynola com a intenção de fazê-las se afastarem tanto quanto possível dos famosos designs de Rod Lord e cia.

O herói propriamente dito era a segunda peça-chave do quebra-cabeça. Embora inúmeros simulacros do elegante Simon Jones tivessem sido cogitados no passado, Martin Freeman era, decididamente, um Arthur Dent diferente de todos os anteriores. Astro da escola naturalista de sitcom então predominante, Freeman estivera ocupado com modestas aparições em comédias durante muitos anos antes de *The Office* propulsá-lo para a fama na figura do homem comum do seriado, Tim. O sotaque aristocrático de Arthur foi suavizado por uma elocução ligeiramente anasalada e salpicada de consoantes glotais, mas, como sugere o sucesso posterior do ator como Bilbo em *O Hobbit* e Watson em *Sherlock*, ele era o homem certo para fazer qualquer plateia torcer por ele. Embora tivesse lido metade da "trilogia", Freeman tinha em comum com seu parceiro de mochilão na telona, o artista de hip hop nova-iorquino Mos Def, uma reação morna ao *Mochileiro*, mas ambos ingeriram as obras vorazmente no *set* de filmagem, e a interpretação lacônica que Mos fez de Ford começou a tomar forma. O resto do elenco principal era formado por devotos inveterados, principalmente Bill Nighy, que fez Slartibartfast, e Zooey Deschanel, prestes a ser coroada rainha da doideira na sitcom *New Girl* — sua escalação como outra Trillian americana não foi mais controversa do que Mos Def ser o primeiro Ford Prefect negro. Ex-integrantes de *Heróis fora de órbita* completaram a tripulação da *CdO*: Sam Rockwell ganhou o papel de Zaphod, que havia sido acaloradamente debatido, apesar de inicialmente ter feito teste para o papel de Ford, combinando suspeitas de Clinton e Bush com presunção extrema de estrela do rock, enquanto Alan Rickman retornou para se queixar fanhosamente na voz de Marvin. O robô propriamente dito, enganosamente fofo, foi personificado por Warwick Davis, profissional veterano, que sofreu, sem reclamar, muitas das mesmas indignidades que David Learner havia sofrido, mas com o luxo de um dublê quando necessário.

Houve muitos ecos sinistros do seriado de TV do *Mochileiro* e, aliás, da vida e da carreira de Douglas em geral à medida que Hammer, Tongs e a grande família de artistas deles atravessavam o verão de 2004, dando vida ao *Mochileiro* de Hollywood nos Elstree Studios e em locais de filmagem ao ar livre, desde o momento em que a primeiríssima sequência foi comemorada (a cena da festa em Islington) em 19 de abril. Mais uma vez, a busca de um local exótico para as filmagens ao ar livre acabou catapultando o elenco e a equipe – encharcados de chuva – até uma pedreira do País de Gales, e o primeiro dia no primoroso convés da *CdO* coincidiu com o terceiro aniversário da morte de Douglas, marcado por um minuto de silêncio e uma fotografia de grupo de todos os que estavam trabalhando no filme, com o polegar para cima, celebrando a quase realização da principal ambição de Adams. O homem propriamente dito foi, é claro, inserido no filme diversas vezes, em grande parte graças ao mapeamento facial efetuado para *Starship Titanic*. O Templo dos Jatravartids foi decorado com enormes moldes do nariz do autor, Douglas e Jane ocuparam o lugar de honra no design das xícaras de chá que contornavam a própria *CdO*, e houve papéis secundários sutis, mas de fazer palpitar o coração: um planeta narigudo na área de construção de Slartibartfast e parte dos efeitos do Gerador de Improbabilidade Infinita na última cena. Ninguém podia escapar do fantasma metafórico assombrando o filme, que ou era reconfortante e homenageava o criador ou era de muito mau gosto, dependendo do seu ponto de vista. No entanto, para os que curtiram o filme, o momento em que aquele rosto inconfundível pairava por todo o cenário magratheano, enquanto Slartibartfast revelava a verdade sobre a vida na Terra para Arthur, aterrado, não foi uma sequência menos eletrizante do que a reencarnação do autor falecido na pele de Agrajag no rádio. Para um homem morto, Douglas certamente sabia como impressionar.

TODA RESISTÊNCIA É INÚTIL!

Não importa de que lado você esteja a respeito do filme do *Mochileiro*, foi um projeto que causou tanta divisão que isso tende a ser uma das primeiras coisas que as pessoas mencionam quando o nome vem à tona hoje em dia, com uma facção de fãs julgando a outra, dependendo de sua postura pró ou anti. Até mesmo Robbie Stamp agora admite: "Muita gente gostou, sim, muita gente, não. Eu não sou muito apegado ao filme, houve coisas que não deram certo…". Contudo, somente o maior e mais rude misantropo negaria essa ardente alegação: "A única coisa que eu posso dizer de forma absolutamente categórica é que todos – e eu quero dizer *todos*, o elenco, a equipe, os estúdios, a Disney, a Spyglass, *todos* os que trabalharam naquele filme se empenharam com ardor para tentar dar o melhor de si para Douglas. Foi realmente um trabalho de amor imensamente respeitoso". Foram tomadas tantas medidas para tentar comunicar esse sentimento essencial da presença mais próxima e mais querida de Adams, desde apresentar a família do autor nas cenas iniciais da Terra (Janet Thrift inabalavelmente lendo o jornal, quando a confusão irrompe ao seu redor) até criar uma nova gravação de "Journey of the Sorcerer" para arrepiar a nuca dos veteranos, passando pelo papel secundário que o Marvin da TV fez ao formar fila na Vogsfera (o que foi ligeiramente estragado pela reação atrasada de Freeman), além de, é claro, Simon Jones fazendo uma aparição indispensável como o sistema de segurança magratheano (completado com um 3D falso e a fala: "Sua morte pode ser gravada para fins de treinamento"), que é justo dizer que a equipe criativa principal se sentiu bem protegida da ira inflexível dos fãs do *Mochileiro*. "Continuo sustentando que foi só porque eu disse ao Robbie em uma das festas da Jane", riu Jones, "que, se ele não colocasse um de nós no filme, os fãs provavelmente iriam, é... bem, eu iria dizer aos fãs onde ele morava. Então eles me encaixaram. E disseram que eu seria a única parte do filme em 3D — mas eu assisti com óculos de 3D e, ora bolas, aquilo não parece 3D para mim nem aqui nem na China!" Tendo tomado medidas tão conciliatórias, o elenco foi até mais longe e filmou cenas falsas só de brincadeira, parodiando situações arriscadas ao apresentar um Dent muito fodão dando um pé na bunda dos Vogons ao melhor estilo Rambo, presumindo, de modo seguro, que os fãs saberiam que era uma piada.

No entanto, com a pós-produção quase concluída, o fator verdadeiramente pérfido tinha de entrar em jogo — promoção, merchandising e todos os aspectos de finalmente fazer propaganda e vender aquele filme britânico excêntrico e feito com amor para os devoradores de pipoca mundo afora. Inevitavelmente, uma avalanche maior do que nunca de *memorabilia* do *Mochileiro* invadiu o mercado em 2005: uma nova edição derivada do romance e um livro de "making of", um audiolivro narrado por Fry (o resto da "trilogia" foi retomado por Freeman), réplicas imprudentes de armas de brinquedo, artigos de escritório, canecas, um conjunto de personagens de pelúcia tricotados (inspirados na transformação da tripulação da *CdO* em bonecos de lã feita pelo Gerador de Improbabilidade) e uma gama estranhamente limitada de bonequinhos colecionáveis em dois tamanhos, deixando de fora Ford e Trillian, mas incluindo dois Vogons. Apenas Marvin voou das prateleiras, e o androidezinho branco hoje atinge preços exorbitantes no eBay.

A primeira rachadura palpável nesse novo e reluzente modelo apareceu quando jornalistas e especialistas do *Mochileiro* que haviam sido atenciosamente cortejados ao longo do processo de produção, com visitas ao *set* de filmagem e *status* de detentores de informações privilegiadas, tiveram a chance de visualizar uma montagem preliminar do filme. Naquela fase, seria preferível não arriscar nenhum vínculo de solidariedade com os biógrafos passados de Adams, se não fosse pelo fato de que o principal elemento dessa plateia experimental era M. J. Simpson, que então havia se manifestado em alto e bom som ao escrever rapidamente uma crítica on-line de 10 mil palavras, cujo tom começava desapontado e ficava apenas cada vez mais ultrajado daquele ponto em diante. Ele passou um tempo selecionando e analisando os momentos em que o enredo mais engasgava do que falava, mas a observação de que "o filme também sofre por ter um enredo inteiramente sem sentido... impulsionado por acontecimentos convenientes e inexplicáveis" é um comentário estranho para qualquer um que estivesse acostumado com o *Mochileiro* e suas radicais cláusulas escapatórias e falsos momentos de suspense (como Marvin realmente escapou daquele sol? Por que Deodat tinha o mesmo nome de batismo de Dent? Por que havia "homens das cavernas" na Terra milhares de anos antes dos primeiros registros de fósseis? Como Eddie sabia todos os versos da música "You'll Never Walk Alone"*? Como todos nós sabemos, sempre há respostas simples ou engraçadas para qualquer pergunta que o *Mochileiro* levanta em qualquer versão). Porém, apesar da reprovação demolidora, hiperbólica e recheada de impropérios de Simpson, é preciso dizer que a crítica não desperdiçou muito tempo seguindo o caminho certamente desprezível dos fãs de ficção científica que consistia em refletir excessiva e laboriosamente sobre a ortodoxia da adaptação, mas enfocou correta e diretamente a verdadeira razão de ser do *Mochileiro*: as piadas, as quais Simpson notou que eram regularmente moderadas, distorcidas ou abandonadas por completo em favor do que ele enxergava como invenções indignas – mesmo que, como ele foi honesto de apontar, tais decisões tivessem sido tomadas pelo próprio Adams quando ainda estava vivo. A crítica não transformou Douglas em nenhum mártir, mas o culpou tanto quanto qualquer outra pessoa por todos os defeitos identificados.

Nenhuma restrição de divulgação de informações havia sido instaurada. Portanto, quando os leões de chácara de Los Angeles começaram a incendiar os

---

* Canção-tema do musical *Carousel*, de 1945, de Richard Rodgers e Oscar Hammerstein. É a música que Eddie canta quando a *CdO* está prestes a sofrer um impacto e que começa assim: "Ao caminhar na tempestade...". [N. de T.]

telefones com perguntas sobre quem seria demitido em meio àquele desastre todo, pois a crítica havia chegado até a virar manchete no *New York Post*, não houve resposta, a não ser confirmar aos engravatados que sempre haveria determinado grau de conflito no seio de um fã-clube tão fanático quanto o do *Mochileiro*, mas que o impacto dele no desempenho de bilheteria do filme seria mínimo. E isso era verdade: naquela altura, já estavam traçados os limites entre aqueles desesperados para ver qualquer suposta "disneyficação" da obra de Douglas fracassar e os obstinados, apoiados pelos veredítos iniciais entusiastas do Aintitcoolnews.com, que consideravam o filme como o triunfo final do herói deles — e Simpson ficou preso no fogo cruzado, sujeito aos piores excessos de abusos on-line. Não poderia ser lançada, em ambas as direções, nenhuma acusação mais ignóbil do que a acusação suprema "FÃZINHO IMPLICANTE" — o campo "pró" recriminando os "fãzinhos implicantes" por estarem aviltando cruelmente qualquer perversão do amado *Mochileiro* deles (ou melhor, do *Mochileiro* que só existia na cabeça deles), e o bando "anti" condenando os "fãzinhos implicantes" de estarem fechando os olhos diante das falhas desrespeitosas do filme, e ambos os lados, é claro, acreditando ardentemente que estavam falando em nome do criador ausente. A questão até foi levantada durante turnês de imprensa, Bill Nighy liderando a turma com seu famoso riso desdenhoso e uma calúnia, deliberadamente não publicável, sobre o crítico, seguida pela confissão: "Eu li as primeiras 500 palavras, não consegui ler as 10 mil restantes...".

Se essa picuinha diminuiu ou não o tsunami de boa vontade que acompanhou o lançamento do filme em 28 de março de 2005, a verdade é que o final de semana de abertura no Reino Unido contabilizou agradáveis e bem-vindos 4,2 milhões de libras, resultando em mensagens contentíssimas da Touchstone a todo o pessoal envolvido — o filme foi oficialmente um arraso e obteve um desempenho com a mesma verve nos Estados Unidos... mas apenas brevemente, pois a venda nos cinemas decaiu de modo bastante rápido, já que os maiores fãs haviam comprado suas entradas antecipadamente. Desde então, o filme ocupa uma estranha região entre sucesso e fracasso — tendo arrecadado mais do que o dobro de seu orçamento com a receita, mas não acumulado lucro suficiente para que se pudesse sonhar com uma sequência —, nem um fiasco, nem um campeão de bilheteria. Essa ambiguidade só alimenta as rixas que ainda continuam, uma década depois.

Para muitos dos fãs do *Mochileiro* de longa data, nem existe uma verdadeira discórdia sobre os defeitos do filme, visto que eles são evidentes. O enredo peca objetivamente por falta de coerência devido, em parte, a edições de último minuto que eliminaram muitas partes de narração e contextualização, tais como a apologia de Slartibartfast a Arthur, refletindo o problema de Golgafrincham:

> **SLARTIBARTFAST** A galáxia estava uma zona, sabe? Todo o mundo se esbaldando sendo cantores e comediantes e coisas realmente criativas desse tipo. Ninguém fazia os trabalhos chatos.
> **ARTHUR** Ah, vocês também tinham esse problema?
> **SLARTIBARTFAST** E como! Então, uma espécie foi geneticamente criada para ocupar esses empregos: fiscais de imposto, guardas de trânsito, representantes do governo. Nós construímos um planeta especial para eles. O problema foi que surgiram alguns transtornos inteligentes. Então, toda vez que uma das criaturas tinha uma ideia interessante, ela recebia um pesado tapa na cara.
> **ARTHUR** O quê? Você fez isso? Eu estive lá!
> **SLARTIBARTFAST** Então posso concluir que você encontrou alguns dos habitantes.
> **ARTHUR** Os Vogons?
> **SLARTIBARTFAST** Aquela corja implacável.

Se tivesse havido um segundo filme, ele também poderia ter amarrado outras incongruências e abandonado fios narrativos, tais como toda aquela parte de Humma Kavula, mas, do jeito que ficou, o arco narrativo é inquestionavelmente caótico. Também houve alguns fãs que preferiram a maneira como as cabeças de Zaphod foram trabalhadas, isto é, com uma segunda cabeça que aparecia instantaneamente com computação gráfica, com relação ao modelo animatrônico abestalhado de 1981. Além disso, Simpson estava certo ao observar que o fato de reinserir muitas das melhores falas poderia facilmente ter elevado a taxa de risos, em vez de substituir os diálogos clássicos por piadas de quinta categoria – principalmente o texto "horrorístico", cheio de trocadilhos, perpetrado para Marvin e piorado com as redublagens de Rickman, que foi forçado a acrescentar resmungos afetados ainda mais fracos. No entanto, a verdadeira divisão entre os "amantes" e os "odiantes" do filme reside em *se alguma dessas coisas realmente tinha importância ou não*.

Isso porque há um único âmbito certo no qual os detratores do filme estavam comprovadamente errados: a questão essencial que consistia em saber se os neófitos sentiriam repulsa e ficariam confusos com o filme ou seriam sugados para o universo de Douglas Adams, fazendo do filme um trampolim para ampliar as tropas internacionais de fãs do *Mochileiro*. O que era aparentemente impossível para muitos fãs já existentes da franquia era ver que Garth Jennings havia criado uma das comédias de ficção científica mais singularmente engraçadas de todos os tempos, uma odisseia surpreendentemente filosófica – não em comparação com o resto do *Mochileiro*, mas em comparação com *MIB: Homens de Preto* e similares. É um filme cômico da Disney, com John Malkovich expondo a olho nu a tolice de toda religião organizada com um simples "Saúde"*, um longa-metragem de ficção científica no qual o inimigo é a burocracia, os heróis viram sofás e os golfinhos pressagiam o mergulho final deles no infinito do espaço cantando "Até mais, e obrigado pelos peixes!", um número musical de aplaudir em pé sobre a vida na Terra, composto, junto com a trilha sonora, por Joby Talbot (Douglas teria pulado de alegria ao saber que Paul McCartney deu uma passadinha na Abbey Road para fazer uma gravação orquestral, mas, infelizmente, o estimulante tema de campanha "Zaphod Beeblebrox para presidente", gravado pelo colega de Talbot na banda The Divine Comedy, Neil Hannon, nunca entrou na versão final). Além disso, embora, é claro, determinada quantidade de computação gráfica essencial tenha sido fornecida pela Cinesite, empresa que fez os efeitos de *Harry Potter*, foi a Jim Henson's Creature Shop, cuja arte de fazer fantoches deu vida à excrescência desordenada dos Vogons, que propiciou ao filme uma atmosfera reconfortantemente corpórea e tradicional, longe do design de olhos inertes da trilogia I–III de *Star Wars*. Acima de tudo, essa poção imperfeita seduziu e intrigou milhares e milhares de cinéfilos que não conheciam os contratempos de Arthur Dent e cumpriu a finalidade suprema de toda reinicialização, desmembramento ou adaptação: cativar imaginações virgens de surpresa e mandar a plateia diretamente para o texto-fonte.

Graças ao filme, o fã-clube do *Mochileiro* se multiplicou, sem dúvida. Basta fazer uma pesquisa de qualquer um dos elementos centrais da comédia no Google Imagens – "Arthur Dent", "Marvin, o androide paranoide" –, e no topo dos resultados aparecerá a iconografia não do seriado de TV ou das outras versões, mas sim do filme de 2005, não apenas papagueado, mas também abraçado e celebrado pelos fãs, pintado em retratos no DeviantArt.com por amantes do *Mochileiro* no

---

* "*Bless you*" é o equivalente em inglês do nosso "Saúde" dito após um espirro, mas seu significado mais literal é "Seja abençoado". [N. de T.]

mundo inteiro, alguns tão jovens que nunca nem dividiram o planeta com Douglas. É fato notório que toda versão do *Mochileiro* contradizia ou, caso contrário, diferenciava-se das outras, e Hollywood teria tido uma estranha propensão a condensar os outros quatro livros da "trilogia" em uma trilogia *real*, fabricando a remodelagem mais simplificada e agradável aos multiplex que se poderia imaginar de toda a saga do *Mochileiro*. No entanto, quando os Mingos novatos que descobriram a obra de Adams pelo filme leem os livros, muitos ainda veem Martin, Zooey e cia. naqueles papéis, que definiram aquela galáxia para uma geração inteira, assim como, certamente, a turma de Simon Jones havia conseguido fazer mais de vinte anos antes.

Jennings seguiu em frente e dirigiu o elogiado *O filho de Rambow*. Quando indagado se teria feito as coisas de um jeito diferente, ele responde: "Foi incrível, uma época muito gostosa, mas, meu Deus, sim, não consigo imaginar ninguém que tenha feito seu primeiro filme – ainda mais o *Mochileiro* – e que não pense depois: 'Talvez eu pudesse ter feito aquilo um pouco melhor...'. Eu digo isso não querendo desvalorizar a participação de ninguém que trabalhou no filme, porque todo o mundo se dedicou de corpo e alma, mesmo! Por exemplo, eu fiz Mos e Martin caírem de uma altura de 4,5 metros, e eles estavam *se cagando* de medo! 'Não dá para fazer isso com computação gráfica?', 'Não, vocês têm de cair lá embaixo para ficar engraçado!'. Então, talvez eu tivesse feito as coisas de forma diferente, mas não ficou tão ruim quanto alguns cortes de cabelo que eu já tive; eu preferiria voltar atrás e consertar esses últimos".

COMO NÓS ESTAMOS COM O TEMPO?

Mal sabiam eles que, assim, Maggs e a família da Soundhouse só tinham a ganhar quando voltaram ao batente – a tentativa de produzir um campeão de bilheteria iria ou atrair novos ouvintes ou simplesmente fazer o seriado radiofônico parecer melhor em comparação com o filme, já que contava com o elenco verdadeiro e original, finalmente encerrando o ciclo das histórias que Douglas havia escrito, no meio que lhes havia dado vida. "As pessoas perguntaram se o fato de o lançamento do filme e a difusão das últimas duas temporadas no rádio serem tão próximos era um problema", contou Dirk, "mas nós estávamos sempre criando realidades diferentes, porém complementares, para o *Mochileiro*, e a simples verdade é que Douglas queria que ambos os projetos fossem realizados. É terrível que ele não esteja aqui para apreciar a coincidência, mas, onde quer que ele esteja na curva de probabilidade, ele ficará feliz com isso. É, na realidade, um tipo muito no estilo Douglas de coincidência."

A única opinião registrada de Adams sobre os últimos dois livros foi que nenhum deles merecia mais do que quatro episódios cada um. Portanto, as fases quarentena e quintessência seriam gravadas consecutivamente. Apesar da mais pura boa vontade em torno do projeto, Maggs acreditava que "Havia um grupo resistente que não ficaria satisfeito com nada que nós fizéssemos, o que era difícil para eles, pois *A vida, o universo e tudo mais* era o seriado como Douglas queria que ele fosse, para melhor ou pior... Ele pediu total fidelidade, e a promessa havia sido cumprida. Os dois últimos romances seriam, no geral, uma tigela diferente de peixe-babel... a partir dali eu estava fora do mapa". Dirk decidiu tomar iniciativas inovadoras para dar aos oito episódios finais um arco narrativo mais estridente, criando uma cena de ação novinha em folha a bordo da nave de Jeltz, o que foi "uma decisão consciente de quebrar as expectativas e, fazendo isso, avisar àqueles que conheciam a sequência dos romances que a briga, se não fosse feia, chegaria bem perto... Nas duas temporadas seguintes, eu pensei: 'Fiz minha homenagem a Simon Brett e Geoffrey e ao estilo de produção deles'. Portanto, foi ótimo ir encontrar Ford em Han Dold City, com a guerra dos policiais rolando e tudo mais. Por *Até mais, e obrigado pelos peixes!* ser um livro relativamente tão calmo, foi um desafio manter o conteúdo emocional, mas também lhe dar um impulso para a frente, com toda aquela ideia de que os Vogons estavam tramando alguma coisa o tempo inteiro... o lado divertido de escrever a cena do Tribunal de Investigações Vogon foi que eu estava tentando escrever um esquete Adams-Smith-Adams, que era muito uma espécie de homenagem ao 'Kamikaze Pilot'. Eu nunca acrescentei nada que não tivesse, para meu conhecimento, um precedente em algum lugar da obra de Douglas, por mais que eu adorasse desandar a narrar histórias por conta própria, mas eu não tinha o direito de fazer isso – essa cena foi o máximo que eu ousei mexer na obra". De fato, somente ligeiras alterações foram realmente efetuadas, tais como fundir Vann Harl e Zarniwoop em um único vilão principal, e Maggs teve sorte de que o Guia Versão II forneceu todos os pretextos possíveis para amarrar todos os 26 episódios, inclusive aquela incômoda segunda fase, pois a conclusão continuava ecoando:

ZAPHOD Gargravarr, meu psiquiatra, a presidência, os robôs krikkits – era tudo fachada! Os Vogons armaram tudo isso. E aquele cara vem controlando tudo daqui, no Guia do Mochileiro.
FORD Qual cara?
ZAPHOD Zarniwoop. Vann Harl! Ele é um Vogon! Um chefe Vogon todo plastificado, lipoaspirado, bronzeado artificialmente e engravatado! O maioral com acompanhamento de siri precioso!
FORD Mas por que os Vogons iriam querer tomar o controle do Guia?
ZAPHOD A papelada deles estava se acumulando. Toda vez que eles pensavam que haviam destruído um planeta na Zona Plural, ele reaparecia. Eles precisavam parar toda a implosão da burocracia, então eles desenvolveram uma maneira de interligar as zonas, para poder impor o sistema em todas as realidades disponíveis. Alguns mamíferos aquáticos da Terra deram essa ideia a eles. Dent é um mamífero aquático, não é?
FORD Ele gosta de tomar banho, mas acho não que seja muito versado em física.

As novas tecnologias de gravação foram utilizadas de forma melhor do que nunca, principalmente nas negociações de Ford com o robô orgásmico Colin, que suscitaram uma poderosa imagem mental do drone do tamanho de um melão, que voava zumbindo em Dolby Digital 5.1, gravado usando um alto-falante especial movido fisicamente pelo espaço de gravação por Paul Weir. Essa se revelou uma das sequências mais engraçadas das últimas fases – em larga medida, é claro, devido à atuação sublime de Secombe. "O estúdio acústico é toda a área de 360°", explicou Dirk. "Você fica literalmente no centro da ação... Embora o estéreo seja ideal para escutar de forma desinteressada, uma reprodução em som *surround* 5.1 é para viver a experiência do *Mochileiro* de forma mais intensa e envolvente do que nunca. Douglas teria adorado!"

Enquanto a versão para a telona estreou junto com esses programas radiofônicos finais, a Soundhouse também pôde se gabar de ter algumas estrelas do filme entre os novos rostos por trás dos microfones: Jane Horrocks trouxe o charme de Lancashire ao papel de Fenchurch, e Christian Slater, que estava na cidade para a versão teatral de *Um estranho no ninho*, era o favorito para fazer o papel de Wonko, o são. Embora McGivern e Moore lamentassem a falta de oportunidade de dividirem papéis, o caráter promissor do projeto trouxe os melhores artistas vocais que Dirk e a equipe poderiam ter desejado: Miriam Margolyes, Jackie Mason, June Whitfield e o velho amigo de escola de Douglas, Griff Rhys Jones, (na pele do velho Thrashbarg), aos quais se uniu outro ator do *Mochileiro* que atuava em várias frentes midiáticas, Stephen Fry, e que assumiu um papel quase escrito para ele: o de Murray Bost Henson. O velho amigo de Pope e Fenton-Stevens, Geoffrey Perkins, também tirou um tempinho para finalmente fazer sua própria aparição pequena, no papel perfeito do chefe relaxado de Arthur na BBC LE.

Uma inclusão importante no elenco foi a jovem atriz que interpretou Random, Samantha Béart, grande fã dos livros que diminuiu muito a média de idade do elenco. Porém, uma coisa admirável que ainda falta dizer sobre os episódios finais foi o retorno de tantos antigos membros do *Mochileiro*, vindos de uma multiplicidade de universos, todos empolgados para entrar na brincadeira antes de os seis bipes curtos da BBC, que indicavam o início exato de cada hora, soarem após o último dos últimos episódios. Roy Hudd e Jonathan Pryce reassumiram os papéis que eles haviam feito no seriado original, e Bill Paterson era ideal para interpretar o papel maior do deus da chuva Rob McKenna, enquanto os dignitários do *Mochileiro*, incluindo Michael Cule e Kevin Davies (que, mais uma vez, filmou tudo para a posteridade), fizeram a voz de papéis secundários. Sandra Dickinson, a mais agradável de todos, finalmente se juntou à equipe do rádio como a Trillian alternativa, e, da mesma forma, David Dixon rescindiu graciosamente seu papel de Ford para intimar Arthur, com sua voz familiar, na pele de um homem que fazia trabalho voluntário:

AMBIENTALISTA Olá, posso ajudá-lo?
ARTHUR Aqui é o Amigos do Planeta?
AMBIENTALISTA É o que diz o letreiro acima da vitrine.
ARTHUR Aham, certo, estou aqui em Islington fazendo um pouco de hum... pesquisa sobre a pré-história desse distrito, e eu estava passando pela sua loja, e me veio à cabeça que eu gostaria de doar um dinheiro para vocês e ajudar a salvar os golfinhos.
(Uma pausa)
AMBIENTALISTA Engraçadinho.

ARTHUR Para libertá-los do cativeiro… Então, eu estava passando e vi a sua loja e – você está passando bem?
AMBIENTALISTA Na verdade, você está me enchendo o saco…
ARTHUR A gente se conhece?
AMBIENTALISTA Eu tenho cara de ser o tipo de pessoa que perderia tempo com você?
ARTHUR Desculpa. Devo estar tendo um *déjà vu*…

A última atriz a retornar foi Rula Lenska, a terceira voz do Livro no rádio, que dessa vez incorporou a voz enganosamente sedutora do Guia Versão II, mas também retomou seu papel de Lintilla, na grandiosa conclusão das fases mais recentes, clímax de toda a cuidadosa reformulação que Maggs e cia. fizeram da "trilogia". Douglas sempre lastimou abertamente o ponto final turbulento de *Praticamente inofensiva*, e essa era uma chance de consertar aquele erro. Maggs escreveu: "Esse é um universo infinito criado por Douglas Adams, repleto de realidades múltiplas, que existem em camadas paralelas. Se, como Douglas constantemente afirmava, absolutamente *tudo* é possível – seja esse tudo realizado com engenharia reversa temporal do Guia Versão II ou através do conhecimento desconhecido e desconhecível dos golfinhos ou por pura coincidência cega, que sempre seguiu Arthur Dent e revelou ser sua amiga, por mais improvável que fosse –, então a verdade inevitável é que o fim de *Praticamente inofensiva* é, no máximo, *um* fim". A atmosfera cada vez mais sombria dos episódios finais certamente necessitou de muita criatividade para retomar o aspecto da sitcom que o programa havia proposto ser mais de vinte e cinco anos antes, principalmente tendo em vista o tom assustador e monótono do próprio Douglas, dando os últimos suspiros na pele de outra reencarnação terminal de Agrajag. Portanto, é certamente perdoável que eles tenham optado pelo caminho do "vale tudo", cogitando meia dúzia de finais possíveis – seja a versão totalmente *Dallas*, com Arthur e muitas Lintillas tomando banho na *CdO*, seja Fenchurch e Arthur assumindo juntos o controle dos tratores ou a última longa carona pelos meandros da memória, incluindo o final feliz de cada personagem e até necessitando de uma participação final de Peter Jones, graças ao talento oculto da espécie alienígena que havia sido apenas a segunda com a qual Arthur entrou em contato em sua vida:

A VOZ (PJ) O peixe-babel é pequeno, amarelo e semelhante a uma sanguessuga e é provavelmente a criatura mais estranha em todo o universo…

A VOZ (WF) Outra habilidade adquirida pelo peixe-babel é sua tática de autopreservação. Somente uma única outra criatura aquática no universo desenvolveu a capacidade de transferência de probabilidade contínua do peixe-babel durante o trilionésimo de segundo antes da destruição inevitável. Assim, como a Zona Plural da Terra se dobra como uma mesa de carteado após um jogo de truco particularmente enérgico, os peixes-babel, os donos deles e todos os cetáceos nas paragens simultaneamente passam a existir, como se fossem lançados por um peteleco, em qualquer camada alternativa da realidade que eles podem habitar ao longo da curva de probabilidade. No caso de Arthur Dent, isso conduz a várias realidades prováveis... Mas talvez a alternativa que mais convém aos peixes-babel – e aos seus donos – seja a segurança convivial de um local e uma época longe, muito longe de incerteza, improbabilidade ou sobriedade...

INT. MILLIWAYS
EFEITOS SONOROS O Restaurante no Fim do Universo no auge do agito.
MAX (Através de amplificador de potência, no fundo) Bem-vindos ao Milliways, o Restaurante no Fim do Universo! Meu nome é Max Quordlepleen, e esta noite e toda noite estarei com vocês durante o fim da História propriamente dita!
EFEITOS SONOROS Aplausos e risos, que continuam por trás da voz de Max...
ARTHUR Ford... última pergunta, prometo, mas... se o peixe-babel é tão versátil, por que é que ele nunca salvou a minha vida – as nossas vidas – antes?
FORD Você não morreu antes.
ARTHUR Então o que aconteceu conosco? Como fomos salvos?
FORD Ah, bem, nossa enrascada com a morte ocorreu em uma zona plural, onde as formas de vida orgânicas nas proximidades de um peixe-babel compartilham a ponte cinética dele com todas as dimensões disponíveis e também são transportadas. As outras únicas formas de vida que são capazes de

dar esse salto são os golfinhos. Você já notou o que há ali fora do restaurante, por quilômetros e quilômetros em todas as direções?

TRILLIAN Quem poderia não notar? Milhares de lagoas azuis interligadas, cintilando sob as estrelas...

ARTHUR ... Cheias de golfinhos.

FORD Os golfinhos aprenderam a pular dimensões com o peixe-babel. Em troca, o peixe-babel aprendeu com os golfinhos uma ou outra coisa sobre onde se divertir. Troca de favores. Me passa aquela aguardente Janx, Zaphod?

ZAPHOD (Servindo) Uma para você, Ford, querido – duas para mim... Anda logo, homem-macaco, depressa com esse cardápio, estou mais faminto do que uma besta voraz em uma clínica pra perder peso.

ARTHUR Você vai ter que esperar. A Random está tendo dificuldade com o Prato do Dia.

RANDOM Eu quero a opção vegetariana.

FORD Garçonete! Você pode trazer uma couve-flor falante?

FENCHURCH (Aproximando-se) Sim, senhor, vou – oh! – há um Zaphod Beeblebrox nessa mesa?

ZAPHOD Sou eu, boneca! Não fique gastando o meu nome.

ARTHUR Santo Deus!

Tendo Arthur finalmente reencontrado o amor da sua vida, um coro descaradamente sentimental de "Auld Lang Syne" dá lugar a uma coda daquele banjo estridente pela última vez para valer, e a saga radiofônica inteira, arrematando quase três décadas de loucuras ricocheteadas pela galáxia, chegou a um termo. Com apenas algumas exceções à história original, tais como o encontro completo com o Prato do Dia, a história do "jovem Zaphod" ou, discutivelmente, ideias como a Arma do Ponto de Vista, os programas transmitidos pela Radio 4 entre 1978 e 2005 provavelmente representam a adaptação mais autêntica que sempre haverá do *Mochileiro*, especialmente nas montagens ampliadas em CD. Embora comercialmente disponíveis em muitas edições de áudio – sem mencionar o material suplementar presente em lançamentos como o CD triplo *Douglas Adams at the BBC* – as reprises ocasionais do seriado na estação digital Radio 4 Extra ajudam a atrair virgens de *Mochileiro* até hoje.

A experiência havia sido tão prazerosa para todos que, dois anos mais tarde, muitos da equipe se reuniram novamente para levar as aventuras de Dirk Gently ao rádio. Harry Enfield esteve excelente no papel-título, tendo como coadjuvantes não apenas as vozes familiares de Longworth, Pope, Fenton-Stevens e outros, mas também as de Olivia Coleman na pele de uma Janice mais parceira, Jim Carter como Gilks e convidados que incluíam Susan Sheridan e, no papel de Odin, Stephen Moore. Naturalmente, fazer com que a primeira narrativa estonteantemente costurada se adequasse ao áudio exigiu uma adaptação e contextualização mais audaciosa do que tudo no *Mochileiro*, e foram feitas muitas alterações para dar coesão à ação dos dois livros existentes, tais como transformar MacDuff em uma espécie de figura igual ao professor Brian Cox, ex-tecladista da banda que gravou "Hot Potato". Porém, Maggs assumiu um risco ainda maior ao trabalhar com referências ao outro universo, fazendo, por exemplo, MacDuff colaborar com uma empresa chamada Cibernética Sirius, que tinha um *jingle* corporativo e um toque de celular grudentos e extremamente familiares. Fazer com que os fabricantes de Marvin fossem uma companhia terráquea não fazia sentido algum, pelo menos nessa dimensão, mas nunca se esperou que tais alusões fossem consideradas como nada além de um pouco de diversão. As ligações teriam ido mais longe – os dois seriados foram bem acolhidos e estavam destinados a derivar em uma trilogia mais holística, com uma produção naturalmente e dramaticamente exagerada de *O salmão da dúvida*, na qual o Dirk de Enfield acabaria em uma festa em Islington com um cara chamado Phil que tinha uma gaiola de papagaio no ombro... mas esse plano foi vetado quando Maggs deixou a Above The Title para criar sua própria empresa, batizada de Perfectly Normal Productions [Produções Perfeitamente Normais] em homenagem a Adams.

Quando o programa radiofônico que deu início a tudo aquilo atingiu sua conclusão divagante, mas agradável, a maioria das pessoas sentiu que, afinal, o *Mochileiro* havia chegado ao extremo fim de sua vida. Essas pessoas, no entanto, subestimaram de modo bastante drástico o poder daquela galáxia e daqueles personagens de sobreviverem contra todas as probabilidades – o livro ainda não estava encerrado.

NO QUESITO IRLANDESES CARICATURAIS

Embora os acontecimentos de 2005 tenham, é claro, inspirado inúmeras divisões no seio da comunidade de fãs do *Mochileiro*, os foliões com toalhas, cabeças falsas e montanhas de merchandising, animados para encontrar Simon, Geoff ou quem quer que tivesse ido dar autógrafos, ainda eram um pré-requisito de toda convenção de ficção científica que estivesse rolando em qualquer país. Além disso, a tradição anual do Dia da Toalha vinha sendo comemorada de Innsbruck até Santa Barbara, em nome de Douglas, a cada 25 de maio, desde duas semanas após sua morte. No entanto, já havia muito tempo desde que ocorrera o último evento específico do *Mochileiro* quando a Hitchcon 2009 foi organizada em outubro daquele ano no South Bank Centre de Londres. Houve um programa de entrevistas apresentado por Clive Anderson, uma nova receita de Dinamite Pangaláctica e um anúncio especial de Ed Victor, com a notícia de que Dirk Gently abriria um caminho para as telinhas de TV em um futuro próximo.

Embora já fosse naturalmente famoso por seu próprio trabalho em uma multiplicidade de âmbitos, Stephen Fry teve de atuar como substituto de seu velho amigo muitas vezes desde 2001. E, naquele ano agitado para o mercado imobiliário, Fry também passou a aparecer na TV (e em um livro-objeto com papel brilhante), junto com Mark Carwardine, em uma continuação oportuna de *Last Chance to See*, vinte anos depois, botando o papo em dia com as espécies que Douglas e Mark haviam documentado para o rádio. Infelizmente, o golfinho do rio Yangtzé já havia sido extinto, e o rinoceronte-branco-do-norte não estava se saindo muito melhor. Contudo (apesar de ter quebrado o braço cruelmente diante das câmeras), Stephen obteve notícias mais bem-vindas de muitas das outras espécies apontadas por seu amigo e predecessor: o aie-aie, o gorila-da-montanha, o peixe-boi e, infamemente, um pequenino kakapo-verde muito agitado.

A Hitchcon também propiciou o reencontro do elenco original no palco, mas aquela não era a primeira encenação ao vivo deles – Simon havia observado que todo o pessoal estava se divertindo tanto ao gravar os programas que eles poderiam ter vendido entradas para os fãs assistirem. Assim, quando a quinta Douglas Adams Memorial Lecture (Palestra em Memória de Douglas Adams) anual foi realizada na Royal Geographical Society em 2008 (outra homenagem regular ao grande homem, organizada para ajudar a Save the Rhino), uma interpretação especial de trechos selecionados do programa foi apreciada por todos. Harry Shearer, astro de *Os Simpsons*, fez o papel de Slartibartfast, e Geoffrey Perkins fez uma única participação como a voz do Livro. Tragicamente, essa foi a última atuação do coarquiteto do *Mochileiro*, pois, pouco tempo depois, a comédia britânica teve um de seus talentos roubados por uma anomalia cardíaca que, de forma súbita e aleatória, derrubou o grande homem aos 55 anos, enquanto ele estava atravessando a rua.

Entretanto, a principal razão pela qual a Hitchcon foi organizada teria sido inimaginável para aquele fiel escudeiro do *Mochileiro* mesmo um ano mais cedo. Um ano e um mês antes de os fãs se congregarem, 42 dias antes do 30º aniversário da publicação original do primeiro livro de Douglas, a Penguin e a Pan Macmillan anunciaram que elas haviam unido forças para honrar as esperanças que o autor tinha de dar uma continuação a *Praticamente inofensiva* com algo menos doloroso: o sexto volume da série do *Mochileiro*: *E tem outra coisa...* O título foi tirado, dessa vez, de *Até mais, e obrigado pelos peixes!*, do trecho em que Arthur se arrasta para casa debaixo de chuva: "A tempestade agora havia realmente enfraquecido e, se ainda havia sobrado algum trovão, estaria agora roncando sobre colinas mais distantes, como um homem que diz 'E tem outra coisa...' vinte minutos depois de admitir que perdeu uma discussão".

Como Adams ainda estava inegavelmente entre os mortos, isso deve ter sido o equivalente de uma bomba atômica para o fã-clube. Porém, talvez como consequência do estardalhaço divisor do filme, houve um nível de aceitação surpreendente diante do fato de que Jane havia permitido a outro autor desempoeirar os brinquedos de Douglas e se divertir com eles. O escolhido também era cliente de Ed Victor, mas, de modo admirável, a seleção do autor de fantasia irlandês Eoin Colfer para receber o cálice em questão pareceu fazer sentido para a maioria, de qualquer forma ele certamente não precisava de dinheiro ou fama, pois foi o sucesso estrondoso de sua própria série infantil de alargar as fronteiras, *Artemis Fowl* — que conta as maquinações recheadas de mitologia e tecnologia do malvado menino-gênio epônimo — que o destacou para a perigosa honra, pois Jane e Polly haviam curtido a série juntas. A vida privada da viúva e da filha de Douglas já havia se estabilizado há muito tempo à medida que o século transcorria, e Jane se casou com George Lloyd-Roberts, um porto seguro após a perda de Douglas, com um emprego no centro financeiro de Londres e dois filhos já crescidos. O casal já se conhecia há muito tempo, até antes de Jane encontrar Douglas, pois ele era irmão da melhor amiga dela e uma das "madrinhas" de Polly: Sue Lloyd-Roberts, jornalista ganhadora do Emmy. No entanto, nada disso afastou Jane nem um pingo de cumprir sua função de executora testamentária criativa de Douglas com a mesma ferocidade. Portanto, a licença de continuar a existência cheia de aborrecimentos de Arthur Dent em um romance não foi concedida de forma leviana.

Da mesma forma, não se deve acreditar nos repúdios cuidadosamente expressos contra Colfer, pois sua aceitação foi decidida após uma reflexão muito profunda, já que ele havia sido um genuíno fã desde sua adolescência nerd em Wexford. Quando a notícia se alastrou, Simon Jones foi até entrevistado na pele de seu personagem pelo programa *Today*, da Radio 4, e Arthur reclamou amargamente que sua paz havia sido perturbada mais uma vez. É tradicional que qualquer um que esteja assumindo as responsabilidades de Adams enfatize uma repulsa instintiva com relação à ideia, sabendo que ninguém pode substituir o homem propriamente dito, mas acabe apenas cedendo, sabendo que alguém menos escrupuloso pode estar esperando na fila. E, se o trabalho precisa ser feito... e assim por diante. Colfer sabia com certeza que estava colocando a cabeça entre as mandíbulas dos devotos mais raivosos do *Mochileiro* e, no início, tentou ao máximo evitar criar pânico – inclusive integrando um dos muitos grupos no Facebook "Vamos impedir Eoin Colfer de escrever o *Mochileiro*" e sendo acolhido com uma avalanche de esculachos e injúrias vindos do mundo inteiro. Todavia, depois de um tempo, embora obviamente o livro fosse ser lançado em meio a uma nuvem de repúdios difundida, ele percebeu que tudo o que podia fazer era se desconectar e escrever o livro como ele considerava que fosse correto. Com uma notável dispensa de bom gosto (a morte de Marvin, pensou ele, era sacrossanta), Colfer escreveu um livro colocando tanto de si mesmo quanto Douglas havia impregnado seus episódios com sua própria personalidade. Não somente um dos personagens principais, Hillman Hunter (uma marca britânica de automóveis, assim como Ford Prefect), um irlandês deliberadamente clichê e, de fato, falso – "era mais do que o estereótipo de irlandês; era o estereótipo de irlandês daqueles velhos tempos que não voltam mais. Era como se ele tivesse sido concebido por um ex-patriota celta com óculos de lentes verdes e com a cabeça cheia de uísque e nostalgia. [...] No quesito irlandeses caricaturais, Hillman Hunter era um verdadeiro saco de batatas" –, mas o enredo de *E tem outra coisa...* era todo focado no tema da fé religiosa e da mitologia, retomando a obsessão de Douglas com o deus nórdico e explorando-a mais do que nunca. Na verdade, é a história de Zaphod, décadas depois de seu criador ter descartado o presidente galáctico como um "personagem irresgatável dos anos 1970": o caráter burlesco do anti-herói Beeblebrox em Asgard ocupa uma vastíssima parte de um romance que tem mais do que o dobro do tamanho do primeiro livro e é, de longe, o volume do *Mochileiro* mais longo até hoje – se, é claro, você decidir aceitá-lo como tal. É aí que se encontra a chave de tudo: quando se trata de estabelecer limites, a morte é quase o marco final. Qualquer coisa que carregue o nome do *Mochileiro* após 2001 simplesmente vem com uma pitada extra de sal: você compra ou não – você não consegue impedi-lo, por mais grupos que você configure no Facebook.

Tendo pressagiado esse ardil épico com uma citação da banda de rock cômico de Jack Black, Tenacious D, ("viajamos pelo espaço-tempo, meus amigos, pra botar pra quebrar outra vez!"), o complicado problema de salvar os protagonistas no Clube Beta é resolvido pelo próprio Zaphod, embora a desenvoltura das reviravoltas do universo de Adams seja homenageada apresentando inúmeras soluções para o momento de suspense de *Praticamente inofensiva*, delineado na escapatória "dos sonhos" de cada personagem, incluindo a ideia do peixe-babel de Maggs. No entanto, Arthur e Ford – esse último medicado com um baseado equivalente a uma Dinamite Pangaláctica, o incrivelmente doce "joystick" – são, em larga medida, deixados de lado, como espectadores do que está acontecendo, enquanto uma colônia de outros humanos até então desconhecida (que, reconhecidamente, estragam um pouco a solidão da sobrevivência de Dent e não fazem o menor sentido no contexto da Terra nos anos 1970 tal como o conhecemos) é perseguida pelos incansáveis Vogons até Nano, o novo planeta deles construído por magratheanos. Arthur passa a maior parte do tempo vestido com seu uniforme escolar tentando não se apaixonar por um computador de nave espacial que adquiriu a forma de Fenchurch e de vez em quando interferindo na história para tentar ser um pai melhor para Random – no final da narrativa, o final feliz escapa entre seus dedos, e ele permanece sozinho, ameaçado pelos Vogons.

Em termos de engodo para os fãs, a única coisa importante que *E tem outra coisa...* acrescenta – além da sobrevivência da raça humana e uma insinuação de evolução positiva na sociedade vogon graças a Constant Mown, filho perversamente compassivo de Jeltz – é o estranho caso amoroso entre Trillian e, de todas as pessoas, Wowbagger (agora com o nome de "Bowerick"), que os mostra desaparecendo ao longe juntos para um "felizes para sempre" mortal. No entanto, todos os desenvolvimentos são, pelo menos, agradavelmente colocados em contexto desde o comecinho pela decisão do autor de expressar exatamente o que era a sua história, um suplemento da "trilogia" de cinco volumes imortalizada pelo falecimento de Adams:

> Digamos, por exemplo, que você esteja parado há oito horas em Porto Brasta, e sem crédito suficiente para uma Dinamite Pangaláctica. Depois de perceber que não sabe quase nada sobre esse supostamente maravilhoso livro que tem em mãos, você decida, por puro tédio, di-

gitar "o guia do mochileiro das galáxias" no campo de busca do *Guia do mochileiro das galáxias*. Que resultados essa frívola digitação produzirá? Primeiro, um ícone animado aparecerá num clarão de pixels e informará que há três resultados, o que é um pouco confuso, já que abaixo há uma lista de cinco itens, numerados na ordem usual. […] Cada um desses cinco resultados é um longo artigo, contendo muitas horas de vídeo e áudio e também algumas reconstituições dramáticas com atores muito conhecidos. Esta não é a história desses artigos.

Mas, se você for direto para o quinto resultado, ignorando os anúncios de hipotecar seus rins ou aumentar o tamanho de sua jebalança, chegará a uma linha em fonte minúscula que diz: "*Se você gostou deste artigo, talvez também se interesse em ler…*". Faça o cursor tocar nesse link e você encontrará um apêndice contendo apenas texto, sem nenhum áudio e nem mesmo um trechinho de vídeo filmado por um estudante de cinema que produziu tudo em seu quarto, pagando os colegas do curso de teatro com sanduíches.

Esta é a história desse apêndice.

O romance também tem um formato muito diferente, apresentando regularmente "Notas do *Guia*" com sugestões ridículas de leitura complementar. Uma delas era uma homenagem específica ao DNA original, que só podia ser sacada pelos fãs mais espertos:

Nota do *Guia*: Tecnicamente falando, Doxy Ribonu-Clegg não inventou a subeta, e sim a descobriu. As ondas subeta existiam pelo menos há tanto tempo quanto os deuses, só esperando alguém ter a ideia de usá-las para transmitir informações. Segundo a lenda, uma noite Ribonu-Clegg estava deitado em um vasto campo no seu planeta natal, admirando, com os olhos turvados de lágrimas, a curvatura espacial suspensa sobre ele. De repente, ocorreu-lhe que todo aquele espaço estava carregado de informações e que talvez fosse possível transportar mais um pouco de informação através dos conduítes cósmicos, se ele conseguisse fazer com que os dados fossem pequenos o bastante. Então, Ribonu-Clegg correu de volta ao seu rudimentar laboratório e construiu o primeiríssimo conjunto de transmissores subeta, usando apenas moedores de pimenta, alguns ratos rosados, várias máquinas reutilizadas e uma ou duas tesouras de cabeleireiro profissionais. Assim que esses componentes foram conectados, Ribonu-Clegg ligou seu álbum de fotos do casamento à máquina e rezou para que se materializasse do outro lado da sala. Isso não aconteceu. Porém, em seu lugar, apareceram os números da loteria do dia seguinte, o que encorajou o professor a patentear sua invenção. Ribonu-Clegg usou o dinheiro para contratar uma equipe de advogados tubarões que conseguiram, com sucesso, processar 89 companhias que inventaram transmissores subeta que funcionavam de verdade, tornando-o o homem mais rico do planeta, até que ele, acidentalmente, caiu no tanque onde ficavam seus advogados, que seguiram seus instintos e o comeram...

Embora fosse capaz de ser admiravelmente incisivo quanto às críticas, Adams pôde, de modo bastante confortável, dar-se ao luxo de ignorar todo veredito sobre seus livros durante a maior parte de sua carreira, graças a um séquito tão devoto. No entanto, esse não seria o caso do primeiro romance do *Mochileiro* desde a sua morte, e muitas vezes as pessoas envolvidas prenderam a respiração esperando uma rigorosa salva de insultos na direção de Colfer. De modo geral, contudo, aconteceu quase o oposto. A prática de estender as criações literárias além da vida dos autores se tornou cada vez mais aceita nos últimos anos, com zumbis infestando metade da produção de Jane Austen e Sebastian Faulks virando o equivalente literário de Rory Bremner, titereando não somente James Bond, como também o verdadeiramente inimitável Jeeves. Porém, Adams descansou em paz durante um período consideravelmente mais breve do que os outros autores, e, portanto, mesmo com o apoio da família, algumas sensibilidades certamente estavam em alta quando cada crítico recebeu seu exemplar antecipado. Na época em que foi organizada a Hitchcon, na qual Dara O'Briain, suprassumo nerd da comédia, testou o conhecimento de Eoin sobre o *Mochileiro* na frente de uma multidão tumultuada e de filas que se alongavam a perder de vista para adquirir exemplares autografados da nova história, os críticos publicaram, em geral, avaliações entusiastas da "melhor personificação *post-mortem*" que muitos já haviam visto. O *Observer* escreveu: "Colfer conseguiu quase o impossível. É fiel ao humor de Adams e também tem o ritmo dele e o movimento que havia feito com que seu estilo fosse tantas vezes imitado (de forma ruim)". Poucos daqueles que nunca teriam dado nenhuma atenção ao projeto mudaram de ideia e continuaram murmurando debaixo de suas toalhas, mas, por outro lado, nunca houve dúvida de que Colfer havia conseguido se sair bem, estabelecendo um precedente que dificilmente não será seguido: o universo do *Mochileiro* é agora com certeza imortal, indo muito além da obscuridade não oficial da fanfic. Como de costume, Jane forneceu a resposta à questão fatal de saber "o que Douglas teria desejado" quando Ed telefonou para ela após a publicação, perguntando se eles haviam cometido um erro: "O Douglas odiou todo livro que ele publicou na hora em que foi publicado", respondeu ela. "Então, por que esse deveria ser diferente?"

No entanto, a maior pergunta que não quer calar com relação à história de Colfer é: será que ela é engraçada? Por mais cansativo que seja repetir esse truísmo, é claro que a questão é inevitavelmente subjetiva, mas, em termos de intenção, *E tem outra coisa...* foi certamente um livro muito mais cômico do que as tentativas de Adams desde *A vida, o universo e tudo mais*, pois todas as suas páginas eram cravejadas de piadas. Deve-se reconhecer que o fato de se liberar das discutíveis restrições da literatura para crianças havia, ironicamente, incentivado Colfer a adotar uma abordagem mais juvenil do que a de seu antecessor, fazendo um punhado de insinuações sexuais (geralmente envolvendo a "jebalança") que provavelmente teriam revoltado Adams, mas a taxa de piadas era tão alta que todas as gafes cometidas normalmente se seguiam de gracejos mais intelectuais antes mesmo de o leitor virar a página. Dirk Maggs ficou tão impressionado que tentou (mas não conseguiu) despertar o interesse da Radio 4 por uma adaptação em duas ocasiões distintas – "Eu curti *E tem outra coisa...*", acrescentou Dirk, "e pensei 'por que não?' Eu realmente acho que o livro tem mais piadas do que o último *Mochileiro*, então o propus porque pensei que pudesse virar um seriado de rádio engraçado". Ele não obteve êxito, mas a BBC Radio tem verdadeiro horror de comédia de ficção científica, apesar dos muitos programas que vieram na esteira do *Mochileiro*, desde *Paradise Lost in Space* [*Paraíso perdido no espaço*] até a sitcom da Radio 2 *Welcome to Our Village, Please Invade Carefully* [*Bem-vindo ao nosso vilarejo, por favor invada com cuidado*]. Comédia de ficção científica também não se saiu muito melhor na TV inglesa, no período pós-*Red Dwarf*: programas já esquecidos, como *Hyperdrive*, fazem do subgênero um tabu, assim como quando Douglas lutou para materializar sua própria ideia nos anos 1970.

No entanto, *E tem outra coisa...* foi difundido, sim, no rádio, por uma leitura extremamente resumida realizada por Peter Serafinowicz no papel do Livro, e Steven Mangan na pele de todos os outros personagens – embora, naquela época, esse famosíssimo fã do *Mochileiro* já estivesse na mira da TV para fazer um papel mais significativo inspirado em Adams. O consequente programa *Dirk Gently*, contornando conscientemente os problemas apresentados pelos livros, acabou ministrando Adams em doses homeopáticas. Nada de fantasmas, alienígenas primordiais ou buracos de minhoca em direção a Valhalla aqui – em vez disso, *Dirk Gently* adotou a abordagem de *Arquivo X* (um seriado que, pessoalmente, Douglas criticava por causa da filosofia que alimentava teorias de conspiração), com enredos originais beirando o lado convincente da ciência do futuro próximo: conceitos extraordinários que possivelmente fariam Adams dar um sorriso de aprovação (um paciente em coma reanimado com uma consciência gerada por computador, um gato que viajava no tempo), mas que se afastavam bem do aspecto sobrenatural que os romances iam adquirindo ao avançarem. Além disso, embora Darren Boyd, Helen Baxendale e Jason Watkins pudessem ter sido excelentes nos papéis de Richard, Susan e Gilks em uma adaptação mais concisa, foi Steven Mangan, fanático por Adams assumido e campeão do *game show Celebrity Mastermind* (seu tema de especialidade: *Mochileiro*), que, no papel-título, desfigurou com a maior ênfase o Svlad dos livros. Assim como cada episódio pegava um punhado de referências e piadas do conjunto de *Dirk* e as submetia a falsificações totalmente novas, Mangan forjou seu próprio herói odioso com o nome de Gently: agradavelmente desprezível, com algumas das qualidades de covardia, ganância e arrogância do detetive, mas sem um dos sinais visuais de Dirk, ou melhor, sua dependência à nicotina. Não que o programa não fosse muito divertido, desde a melodia surda de suspense da abertura até a revelação final da interconectividade de todas as coisas em cada enredo. E, se a BBC4 não tivesse feito com que seu período de produção dramática fosse tão curto, preferindo importar programas policiais escandinavos, *Dirk Gently* poderia ter continuado até rivalizar com *Sherlock*. Porém, de todas as produções detalhadas neste livro, esse seriado constitui, objetivamente, a única "adaptação" mais divorciada do texto efetivamente gerado pelo nosso Mingo enquanto ele se debruçava, com a testa furiosamente enrugada, por cima do seu teclado. Em 2014, o diretor Max Landis anunciou um novo seriado de TV cômico, inspirado diretamente na peça de Oxford, o que poderia indicar o começo de uma vida nova para Dirk.

DE VOLTA À ESTRADA

Destinos com altos e baixos semelhantes finalmente estavam esperando o mais recente projeto que carregava o nome do *Mochileiro*, mas, assim como com *Dirk*, nenhum dos problemas poderia, de forma justa, ser jogado nas costas do falecido autor. Mais um reencontro do elenco fez o chão tremer no Hammersmith Apollo como parte de um espetáculo especial para marcar o aniversário de 60 anos de Douglas em 2012 – a comemoração encheu a gigantesca sala de eventos até o teto e apresentou um repertório lotado de atos adamsianos, desde John Lloyd falando sobre novas e velhas *Liffs* (o que pressagiou a publicação de uma terceira coletânea, *Afterliff* [*Pós-vidd*], criada junto com John Canter e contendo contribuições de fãs do mundo inteiro) até rinocerontes dançarinos, passando por um reencontro de Will Adams e Martin Smith, além de David Gilmour e muitos dos amigos músicos de Adams tocando suas músicas preferidas (mais os HeeBeeGeeBees). Contudo, é claro, o destaque não podia deixar de ser o *Mochileiro* ao vivo.

O sucesso do elenco radiofônico original em três teatros incentivou Maggs a reunir o pessoal para uma turnê ao vivo pelo Reino Unido no outono, já que as equipes de *ISIHAC* haviam provado que espetáculos de "gravação radiofônica" ao vivo podiam se tornar um grande arraso, e a inexperiente Perfectly Normal Productions foi aconselhada e apoiada por profissionais do teatro. Assim como qualquer projeto do *Mochileiro*, um labirinto estonteante de questões de direitos autorais obrigou Dirk a fabricar um espetáculo novinho em folha, "baseado nos livros", e não no seriado da BBC. Isso exigiu uma cuidadosa seleção das cenas, fazendo muitos trechos brilhantes do *Mochileiro* voltarem às suas raízes de esquete, o que culminou com o Slartibartfast de Longworth abordando as dificuldades da campanha pelo tempo real para encontrar uma espécie de ordem no processo:

SLARTY Terráqueo, você não notou algo estranho ultimamente?
ARTHUR Por onde você quer que eu comece?
SLARTY Mudanças temporais súbitas? Você não se vê de repente em ambientes novos e estranhos?
ARTHUR Isso, exatamente.
SLARTY Garganta seca, depressão, cabelo escorrido e sem vida?
ARTHUR Nem tanto... peraí, aonde é que você está querendo chegar?
SLARTY As correntes do tempo se tornaram muito poluídas, a sua em especial. O Eddie está no contínuo espaço-temporal, sabe?
ARTHUR Está? (Espera os clamores – e os aplausos – cessarem.) Estou subitamente tendo uma terrível impressão de déjà vu.

SLARTY Isso mesmo. Você não deveria estar aqui, Dentarthurdent.

ARTHUR Bom, fico feliz que alguém concorde comigo.

SLARTY Ou melhor, você não deveria estar aqui ainda. Você já ouviu falar do advento da Era do Sapato? Da *Arca B*? Do velho Thrashbarg e das bestas perfeitamente normais?

ARTHUR Não, não ouvi.

SLARTY Todos esses acontecimentos deveriam estar no seu passado, mas eles não ocorreram. De acordo com os nossos registros, você perdeu capítulos inteiros da sua vida... Precisa começar de novo!

ARTHUR O QUÊ? Eu fui explodido, asfixiado, explodido, perseguido por um morcego lunático e explodido duas vezes! Vejamos, que parte exatamente dessa pequena sina será que eu gostaria de repetir?

Simon, Geoff, Susan e Mark tiveram como coadjuvantes Pope, Béart, Secombe e outros, e o Marvin de Moore foi personificado por uma marionete de robô muito aplaudida, construída a partir de gravadores de fita e microfones, com um rádio no lugar da cabeça, e controlada por Tom, filho de Dirk. O entretenimento da noite também foi ampliado por uma banda ao vivo tocando o tema, uma interpretação ao estilo Beatles de "Everything Is Lovely", de Pope, e geralmente dando um toque pomposo à peça, enquanto Paul Weir se desdobrava entre tocar percussão e executar efeitos sonoros exuberantes ao vivo junto com Ken Humphrey — embora tudo fosse tão visual quanto um espetáculo de rádio podia ser, com máscaras de Vogon, uma Terra inflável, brigas com tigres solares algolianos e muitas referências à passagem do tempo no elenco principal (em especial a preocupação de Random de que seu ríspido pai vestido de roupão tivesse fugido do hospital). A peça conduziu a plateia por um passeio através das desventuras de Dent a uma velocidade de tirar o fôlego, fazendo pausas, de vez em quando, para apresentar uma miscelânea de pantomimas hilariantes e números musicais: uma versão de "Share & Enjoy" cantada em conjunto ou um pedido para a plateia dar vivas e aplausos decentes aos deuses nórdicos no Milliways. Porém, o destaque foi a aparição do astro convidado... interpretando Agrajag. A lugubridade inevitável de ressuscitar Douglas para o papel desapareceu com uma plateia ao vivo, pois a absoluta hilaridade daquela pobre alma escolhendo exatamente o momento errado para encarar seu oponente foi ressaltada pelas gargalhadas – mais de uma década após sua morte, Douglas Adams estava enfim atuando e enchendo teatros de risadas efusivas mais uma vez. Tendo ampliado o escopo desde o absurdo radiofônico inspirado no Monty Python até o drama cômico intelectual e multifacetado dos romances, o espetáculo ao vivo fez, de certa forma, o *Mochileiro* voltar para casa. "Por termos feito as gravações quase separadamente, nunca conseguimos muito nos conhecer uns aos outros", disse Sheridan. "Todos eles haviam passado por Cambridge, é claro – mas demorou trinta anos para nos conhecermos melhor, então hoje há muito mais uma amizade entre nós, e além disso estamos todos bem mais velhos, portanto existe uma espécie de compreensão entre nós que talvez não tivéssemos aos vinte e poucos anos."

A mistura de comédia e música do espetáculo mereceu calorosos aplausos e encheu os teatros com hilaridade em sua turnê inaugural de norte a sul no país – com algumas exceções, notou Maggs: "De vez em quando você via um ou dois fãs, que reservavam os assentos do gargarejo, bem na frente de Geoff e Simon, e ficavam ali sentados com suas toalhas enroladas no colo, de braços cruzados e com uma expressão de pura fúria nos rostos, porque *aquilo não devia ser engraçado!* Você não podia fazer 2 mil pessoas caírem na gargalhada com a peça, o *Mochileiro* era sagrado demais para isso! É uma coisa muito triste ver pessoas que não 'entenderam nada'". Todo o mundo no elenco e na equipe comentava sobre a grande variedade de fãs que iam embora noite adentro sorrindo alegremente e cantarolando "Marvin", fossem eles fãs da velha guarda ou novatos agarrados aos seus ursinhos de pelúcia Beeble. Contudo, havia um único membro da plateia cuja opinião importava mais do que tudo para Maggs. No início da primeira turnê, Jane Thrift levou sua mãe para assistir à peça na data em que ela estaria em cartaz em Southampton. Enquanto Dirk estava paparicando os VIPs, Janet confessou: "Todas essas pessoas vestidas de roupão e carregando toalhas, é meio que um culto, não é? Não sei se gosto disso". A mãe do nosso Mingo admitiu que ela e Ron muitas vezes caíam no sono durante as transmissões originais do programa e nunca realmente haviam entendido o que fazia as pessoas amarem tanto o *Mochileiro*. Entretanto, no intervalo, a poderosa octogenária se aproximou de Dirk e, com a intenção de lhe dar um tapinha de brincadeira, esbofeteou-o bem forte na frente de todo o mundo. Antes de ele conseguir gaguejar suas desculpas, porém, ela protestou em alto brado: "Eu amei! Não sabia que era tão engraçado!". "Tivemos algumas noites ótimas em ambas as turnês", contou Maggs, "mas isso resumiu tudo para mim – a mãe do Douglas se deu conta de quão engraçado era o filho dela

APRÈS-VIE   **409**

naquela noite. Aquilo foi o auge para mim, porque essa era a razão pela qual estávamos ali, as gargalhadas na sala – por toda a genialidade, inteligência, presciência e previsões do escritor, a peça fez a mãe dele rir."

Com um espetáculo tão bem-sucedido e todos da equipe, veteranos e fãs, divertindo-se tanto, uma turnê de continuação mais extensa pareceu ser uma necessidade. Foi simplesmente uma pena que eles tenham colocado o pé na estrada pela segunda vez diante de riscos extremamente previsíveis. Desde o início, um dos argumentos de venda do espetáculo era a voz do livro, que foi interpretada por várias figuras famosas, incluindo os amigos Miriam Margolyes, Rula Lenska, Anita Dobson, Clive Anderson, Billy Boyd e Neil Gaiman, os dignitários da ficção científica Anthony Daniels, Colin Baker e Danny John-Jules e os comediantes Hugh Dennis, Phill Jupitus, Graeme Garden, Jon Culshaw e Barry Cryer. Portanto, não foi grande problema quando Mark Wing-Davey teve de cancelar a segunda turnê de honra no kilt de Zaphod (a presidência foi assumida pelo comediante de musical Mitch Benn), pois isso só tinha a acrescentar à variedade eclética de talentos em oferta durante todas as datas da turnê. No entanto, uma queda nas vendas preocupou o elenco e a equipe de Maggs, e parecia claro que o itinerário traçado pelos patrocinadores simplesmente não estava ajudando, optando por salas mais fora do circuito. É natural reclamar de turnês que só fazem paradas nas maiores cidades, mas o negócio é que é mais fácil para os teatros grandes arrastarem multidões de todas as cidades pequenas da região, ao passo que ir encenar de fato nas cidades pequenas torna mais difícil atrair todo mundo. Esse problema poderia ter sido superado se não fosse pelo fato de que o cenário visual acrescentado ao processo fez com que fosse tão caro encenar a peça que eles acabaram sendo obrigados a interromper a turnê antes que as finanças entrassem no vermelho, e muitos fãs que já haviam comprado ingresso ficaram amargamente decepcionados por não terem a chance de ver seus heróis em ação diante do microfone. Porque essa era, é claro, a razão pela qual todos haviam comprado ingressos – ver o elenco original interpretando as palavras de Douglas Adams ao vivo no palco: nenhuma outra atração era necessária.

Porém, é difícil manter o *Mochileiro* quieto durante muito tempo, e, no ano seguinte, outra reprise bem-vinda do programa original na Radio 4 Extra foi acompanhada por um novo lançamento em alta definição da aventura da Infocom no site da BBC. No entanto, graças ao convencional "Dia da Invasão de Personagens", da Radio 4, no sábado, dia 29 de março de 2014, a cereja do bolo (precedida por uma confrontação de rabugice entre o apresentador de *Today*, John

Humphries, e Marvin, a qual o androide perdeu) foi um fenômeno com certeza sem precedentes – a transmissão de uma encenação de comédia radiofônica ao vivo a partir do BBC Radio Theatre diante de uma plateia cuja agitação estrepitosa não combinava muito com o horário de 10h.

Além do 35º aniversário de publicação do primeiro livro, não houve nenhuma comemoração importante em 2014. Portanto, a taxa de improbabilidade de toda essa celebração coincidir exatamente com o prazo estabelecido para este mesmo livro deve ser considerável. Porém, que sorte foi estar lá na BBC, a apenas alguns metros da academia de ginástica onde tudo começou, tendo relatado as quatro décadas de mutação que o *Mochileiro* atravessou desde que Peter Jones se sentou pela primeira vez ao microfone e disse aquelas seis ou sete palavras! Eu até poderia ter filmado a coisa toda com o meu iPhone... se a bateria tivesse durado a manhã inteira (repetindo: ainda estamos muito longe da utopia tecnológica de Douglas).

De John Lloyd, a voz do Livro naquela manhã, sentado em uma poltrona de couro ao lado da foto de Douglas à esquerda do palco, a Ken Humphrey, craque dos efeitos sonoros que estava fermentando uma Dinamite Pangaláctica à direita do palco, o elenco inteiro, incluindo Moore, de braços dados com sua marionete parceira, estava ali para um *hurra!* que provavelmente seria o último. Kevin Davies estava capturando todos os momentos com sua câmera para Dirk Maggs, enquanto o diretor propriamente dito conduzia o processo como um maestro para respeitar os rígidos limites de tempo da transmissão ao vivo. Milhares e milhares de fãs se candidataram aos trezentos ingressos, mas, na multidão alegre, estava a família de Douglas, vinda de Stalbridge, dignitários entoalhados do fã-clube ZZ9 e até mesmo o homem que talvez fosse o maior responsável pelo fato de todos estarem ali: o professor de Douglas, Frank Halford. Como Maggs observou ao final da triunfante 1h15m, ele teve a impressão de que aquele era um ótimo lugar para encerrar.

É impossível determinar quais outras celebrações ainda podem se materializar pelas mãos da Perfectly Normal Productions, mas os fãs geralmente apreciam que qualquer coisa realizada em nome de Douglas seja feita com amor e seja submetida a um exame veementemente minucioso e exigente antes de receber qualquer sinal verde. Porém, quanto à irritante questão de saber se algo pode ser reconhecido como oficial sem a contribuição de Adams, muitas vezes a gente esquece simplesmente o quanto Douglas adorava trabalhar em equipe quando o *Mochileiro* foi criado, tanto no rádio como no livro, desde a orientação de Brett e Perkins e a parceria com Lloyd até a participação de Freestone e Bywater para colocar *Praticamente inofensiva* no papel. Então, não é de se espantar que um processo colaborativo, coordenado por aqueles que conheciam e amavam Douglas, produza resultados positivos. Maggs explica: "Ele estava sob imensa pressão para entregar textos da melhor qualidade, cercado por pessoas que eram criativas por mérito próprio e ofereciam ideias, ele tinha um cérebro repleto de informações, de todos os livros que ele leu e... nenhum homem é uma ilha, ele amalgama materiais. John Lloyd, como sabemos, contribuiu de montão para o primeiro seriado, então tudo se resume mesmo a 'Será que o *Mochileiro* seria o que ele é se não fosse por aquelas pessoas que, cada uma do seu jeito, ajudaram Douglas, porque elas o amavam?'. Talvez ele não tivesse sobrevivido além da primeira temporada no rádio ou virado um livro, talvez tivesse sido apenas um maravilhoso fogo de palha, mas foi porque Douglas estava rodeado de pessoas que eram intensamente criativas e gostavam dele intensamente que a obra se tornou muito maior do que a soma de suas partes. E o fato de que ela sobreviveu à morte de Douglas permite que um amálgama idêntico fosse feito, mesmo na ausência dele".

VAMOS VER COMO VOCÊ ESCAPA DESTA, ARTHUR!

À medida que o tempo voa, a evolução da galáxia do *Mochileiro* com certeza ainda passará por mutações, e a triste verdade é que qualquer decisão tomada desde setembro de 2011 carece de uma fonte de aprovação tenaz, depois que Jane Belson perdeu sua longa batalha contra um câncer pulmonar. Assim como o vazio deixado por Douglas teve de ser compensado criativamente por seus amigos em vida, essa dupla perda necessariamente fortaleceu a rede de amigos e parentes dedicados que haviam dado apoio a Polly enquanto ela estava crescendo. Quando rolou a festa do aniversário de 60 anos, todos os envolvidos até gravaram mensagens especiais para a filha de Douglas, embora, em termos pessoais, a ajuda mais significativa na vida dela tenha vindo de Neil Gaiman e agora, é claro, de seu padrasto, George.

"Nós nos damos bem", Polly me conta, enquanto o nosso longo almoço está finalmente se aproximando de uma conclusão. "A melhor amiga da minha mãe é a irmã dele, que também é minha madrinha. Então, até eles se casarem, em 2005, eu não havia ligado uma coisa à outra, ele era apenas 'o irmão da madrinha que mora com a gente'... Quando eles se casaram, eu só pensei: 'Legal! Ele é o meu padrasto', que é um título menos comprido. Então apareceu o Neil, e ele é excelente no quesito dar uma de paizão, embora, é claro, ele geralmente esteja nos Estados Unidos, mas os dois meio que se complementam muito bem... Está bom assim para mim. Tenho muita sorte de ter pessoas como eles ao meu redor. Isso significa agora que eu tenho todos esses maravilhosos relacionamentos com os amigos dos meus pais, tias, tios, professores, sei lá mais quem, que são muito mais chegados do que teriam sido em outras circunstâncias."

É natural do ser humano sentir um pouco de pena de alguém que tenha perdido os pais de modo injusto com tão pouca idade, mas há uma grande característica de Polly Adams que parece fazer com que tal reação seja ridícula – ela não é, de modo algum, uma vítima ou a protagonista de uma história triste. Essa jovem é, se ela me perdoar o termo, uma minga bastante inconfundível. Ela agora também tem um monte de responsabilidades inesperadas quando se trata de ajudar a agradar aos mochileiros com toalhas a tiracolo por esse mundo afora e, ao mesmo tempo, proteger o legado do pai, que ela afinal conheceu muito pouco. Para uma estudante do primeiro ano da faculdade, ela tem muitas atividades extracurriculares em sua agenda, e, nos bastidores, Ed, Robbie e cia. estão sempre dispostos a encontrar novas maneiras tanto de apresentar o conjunto existente da obra de Douglas Adams a novos fãs quanto de desenvolver mais projetos a partir das criações incríveis e inacabadas que ele deixou para trás.

Revistando rapidamente o conteúdo daqueles preciosos discos rígidos, chegando a uma pasta nomeada "OBRAS-PRIMAS DE DNA", Stamp percorre os títulos de narrativas atualmente inexplicáveis, além daquelas mencionadas mais acima, algumas das quais podem ser apenas vagas pepitas, enquanto outras não podem ser discutidas porque estão indicadas, em negrito, como "a desenvolver" – "Hal Silver", "Fogo divino", "As máquinas de Stanley", "O grande salto", "Mares antigos" (uma exploração épica da teoria dos primatas aquáticos), "O senhor vagabundo", rascunhos de roteiros cinematográficos para *Starship Titanic* e *Dirk Gently*... Tudo isso constituiria potenciais sucessos póstumos, o que bem poderia fazer os fãs de Adams reavaliarem o herói deles mais uma vez. Para Robbie, no entanto, há uma prioridade clara: "Nós readquirimos o h2g2.com da BBC e fomos capazes de criar uma estrutura em que um terço das ações da empresa foi reservado para ficar sob custódia em nome da comunidade, porque é um site gerado pelos usuários – a empresa com a custódia é a Field Researchers Ltd., e a empresa proprietária de tudo é a Not Panicking Ltd. Por enquanto, o projeto é inteiramente sustentado por voluntários, temos uma equipe de ataque composta de 42 pessoas no mundo inteiro, e o sonho que Douglas e a equipe original da TDV tinham de criar um Guia da Terra real ainda está muito vivo". Existe um problema evidente aqui, mas ele rapidamente o intercepta: "A Wikipédia é uma enciclopédia, e eu tenho um profundo respeito por ela, mas nós podemos nos posicionar quase exatamente do mesmo jeito que o *Guia do mochileiro* se posicionou com relação à *Enciclopédia Galáctica*: a nossa função é ser um guia, com um pouco da inconstância e irreverência que você pode introduzir em um projeto do gênero".

Esse guia alternativo já está na internet para você se registrar como membro, tornar-se um pesquisador H2G2 e começar a compartilhar suas opiniões sobre o mundo com a comunidade, mas o verdadeiro divisor de águas virá quando o aplicativo estiver disponível. A escassez de aplicativos Adams oficiais tem sido, de certa forma, estranha, levando em consideração o entusiasmo do escritor para adotar todo novo conceito tecnológico, mas isso deve mudar em breve e eliminar os poucos caça-níqueis não oficiais encontrados em toda loja de aplicativos. De forma semelhante, as sedes on-line oficiais de Adams e sua obra precisam evoluir – há o 6of3.com, lançado, como o nome sugere[*], para promover o livro de Colfer, que está repleto de material fascinante, em grande parte de Davies, mas o site pessoal de Adams e até o da empresa TDV foram deixados à deriva. Portanto, uma sede on-line fresquinha também deve dar as caras em breve.

Há uma dimensão nessas atividades que vai além de manter viva uma marca. Tendo-se tornado milionário tão cedo na vida, é claro que Douglas queria fazer o máximo de bem que ele pudesse neste mundo. Assim, seu legado é não somente a promoção contínua da Save the Rhino e outras ONGs de preservação da fauna, mas, continua Stamp: "Também criamos a Hitchhiker's Guide to the Galaxy Foundation, que já começou a utilizar a comunidade h2g2 no intuito de encontrar pequenos projetos caritativos para os quais uma quantia relativamente pequena pode ter uma importância realmente grande em termos de alfabetização. Um exemplo é um orfanato na Índia que acolhe meninas de meios muito desfavorecidos e que acabou de ver suas primeiras cinco alunas entrarem na universidade. Nós garantimos que todos os livros e materiais de ensino do ano inteiro fossem financiados. Definimos a alfabetização de forma muito vasta – o que o Douglas amava? Ele amava o mundo das ideias. E essa é uma das coisas de que eu mais sinto saudade até hoje – a insaciável fome e curiosidade dele. O Douglas era simplesmente um homem muitíssimo

---

[*] O nome do site significa "6 de 3", isto é, o sexto volume da trilogia. [N. de T.]

curioso. Portanto, o vasto impulso da fundação está ajudando a sustentar coisas que nos permitem nos comunicar uns com os outros e trocar ideias".

E a quantas anda o universo do *Mochileiro* propriamente dito? Uma aventura de videogame novinha em folha já está prevista há décadas. Em termos de consoles da geração atual, reviver as vidas de Arthur se traduziria em algo parecido com *Fable* cruzado com *Mass Effect*, e muitas empresas fizeram grandiosos anúncios sobre futuros jogos do *Mochileiro*... em vão! Porém, a agitação que todo anúncio provoca revela que há uma área muito propícia a ser explorada, aprendendo com os erros de *Starship Titanic*. Fala-se até de uma nova adaptação para a TV, trazendo uma estética contemporânea para a galáxia e uma outra geração de jovens atores para guiar a *Coração de Ouro*. "Se eles chamarem as pessoas certas", conclui Robbie, "acho que a TV é um formato bem melhor para a obra do que um longa-metragem – ela permitirá aquela qualidade discursiva e ligeiramente episódica que caracteriza os livros, para respirar. E há muito mais material a explorar. Vai ser interessante." É claro, você pode ter absoluta certeza de que qualquer releitura contradirá especificamente tudo o que já foi feito antes.

Seja como for que essas ideias se desenvolvam, não tenha dúvida de que o *Mochileiro* ainda está por aí, e a evolução da galáxia que Douglas Adams criou é um processo em andamento – ele só precisa, no momento, que um burocrata carimbe alguns documentos jurídicos e que equipes criativas possam ser reunidas para manipular Arthur Dent e fazê-lo obstruir o enlameado caminho dos tratores de novo. Para muitos, traçar uma fronteira metafórica nunca será o bastante, e toda a propriedade intelectual deve ser colocada em inatividade para sempre. Entretanto, lamentavelmente para aqueles que acreditam nisso, eles estão no universo errado: a humanidade adora reciclar e ampliar suas histórias mais queridas há milênios, e o *Mochileiro* entrou na sopa cultural para ficar há mais de 35 anos. Tendo distorcido a nossa visão deste e de um número infinito de outros universos desde antes do Big Bang até o café e os charutos do Milliways, a riqueza da galáxia que Adams deixou para trás se revelará irresistível para os fãs, os acadêmicos e as empresas midiáticas extraordinariamente abastadas enquanto a nossa cultura se sustentar, assim como outras criações, desde *Orgulho e preconceito* até *Batman*, serem reformuladas, expurgadas ou, caso contrário, entupidas com novos filmes, jogos, livros e aplicativos década após década. Por hora, há uma panelinha dedicada, formada pelas pessoas que Douglas amava, cuja função é garantir que todas as reviravoltas posteriores na história do *Mochileiro* sejam boladas totalmente em harmonia com o conceito inevitavelmente nebuloso de "o que Douglas teria desejado".

O guia do mochileiro das galáxias continua sendo a criação mais amplamente querida de Douglas Adams, um dos nossos humoristas mais adorados. No entanto, nenhum fã pode esquecer que essa odisseia nunca foi a obra que proporcionou ao escritor o maior prazer ou da qual ele mais se orgulhou. Embora as peripécias de Arthur, Ford e seus comparsas o tenham tornado um homem riquíssimo e lhe tenham propiciado a fama que ele sempre desejou (embora não como John Cleese), na opinião pessoal de Adams o trabalho pelo qual ele sempre quis ser lembrado foi *Last Chance to See* – aquela carta de amor emocionante e apaixonada à vida na Terra, que incentivou tantas pessoas a dedicarem suas vidas à preservação da natureza, em todas as suas formas múltiplas e bizarras.

Porém, *LCTS* não seria a criação da qual Adams mais se orgulharia se ele ainda estivesse neste planeta. Por mais sentimental que isso possa ser, todos os que conheceram Douglas e testemunharam a felicidade que ele encontrou em seus últimos anos concordariam que a sua maior fonte de orgulho, se ele estivesse aqui agora, está sentada à minha frente em uma lanchonete, discutindo suas próprias filosofias nascentes sobre a vida, o universo e tudo mais.

Polly Adams é hoje o centro de todas as decisões tomadas com relação ao espólio de Adams, uma situação familiar enfrentada no passado por pessoas como Christopher Milne e Christopher Tolkien, mas ela não tem, por enquanto, a menor intenção de seguir os passos de Martin Amis e Rhianna Pratchett e retomar os negócios de seu pai. Ela quer viver a própria vida dela: "Eu tento não fazer muitas coisas em que sou exclusivamente a 'Polly-filha-do-Douglas', porque não quero ficar presa a esse papel. Eu digo sim a algumas coisas, porque são legais, mas, na maior parte das vezes, eu faço coisas em que eu posso ser apenas a Polly, que está ali por mérito próprio…". Enquanto nos despedimos (notando a agradável coincidência de que a lanchonete fica, por acaso, exatamente no mesmo bairro que substituiu Islington no seriado Dirk Gently), é impossível não reconhecer a adoração que Polly nutre por seu pai falecido e a sinceridade dela quando se trata de cuidar do universo que ele criou, mas a estudante está apenas começando sua própria jornada e ainda tem muito tempo para achar seu lugar no mundo: "Estou em uma posição muito confortável, que me permite evitar e ser independente da identidade de 'filha do Douglas', mas também recorrer a ela oportunamente quando preciso, e a possibilidade de criar coisas tendo-a como trampolim é uma coisa ótima, porque eu adoro criar coisas. Eu faço improvisação aqui na universidade, temos um grupo…". E, declarando a intenção de assistir a um espetáculo qualquer dia desses, tomamos caminhos separados na escuridão, com os rostos iluminados pelos nossos guias pessoais.

PARANOIA PERFEITAMENTE NORMAL

O total de vendas internacionais dos livros de Douglas Adams gira em torno de 20 milhões de exemplares. Os romances foram traduzidos em mais de trinta idiomas, incluindo coreano e hebraico, mas, até hoje, não na língua klingon. Por que será, então, que o *Mochileiro* parece incapaz de cair no esquecimento, a não ser se houver uma destruição planetária? Deve-se reconhecer que ambas as suas inspirações fundamentais também floresceram no século 21 – a equipe do Monty Python esgotou os ingressos do O2 em segundos, e o *Doctor Who* nunca fez tanto sucesso. Apesar de Douglas repetir sem parar que sua criação era algo completamente independente, os universos ficcionais do *Mochileiro* e do *Doctor Who* vem convergindo regularmente desde a triunfante releitura do seriado realizada por Russell T. Davies (tanto Davies como Steven Moffat citam "City of Death" como inspiração do novo programa, e o primeiro escreveu a introdução de uma reedição do primeiro livro). O Décimo Doutor salva o mundo de pijama e afirma que o visual é "Muito Arthur Dent – agora, esse era um cara bacana" e também identifica uma nuance de azul inteligente assim como um Hooloovoo na Pirâmide de Anéis de Akhaten. Só o tempo que os fãs passam debatendo a autenticidade de tais coisas deve dar a qualquer franquia de ficção científica um ou dois séculos de expectativa de vida (cruzamentos já proliferam nas fanfics e, sem dúvida, com variações românticas).

Porém, há mais do que ficção científica e há mais do que comédia no *Mochileiro*. A combinação é significativa, é claro – a obsessão por ficção científica pode ser uma armadilha tão terrivelmente séria! Portanto, é natural que uma decisão deliberada de não levar nada disso a sério (tomada muito cedo por Adams, com sua abordagem "Bélgica para os fãs" frequentemente declarada) proporcione uma irresistível válvula de escape para os fãs do gênero que conseguem manter o senso de humor. Quando se trata de misturar os gêneros, o *Mochileiro* sempre foi o paradigma – de *Red Dwarf* a *MIB: Homens de Preto*, *Futurama*, *Heróis fora de órbita*, *Bravos guerreiros*, *Rick and Morty* e muitos outros, nenhuma comédia de ficção científica se atreveria a negar sua dívida para com Douglas. O filme *Heróis de ressaca*, parte final da "trilogia Sangue e Sorvete", de Pegg, Wright e Frost, foi certamente uma homenagem, em grande parte devido ao reencontro de Martin Freeman e Bill Nighy na conclusão brilhantemente adamsiana.

Acima de tudo e além da ação criada por personagens zanzando entre as estrelas e das piadas bobas, porém, é a filosofia de Adams e a forma como o *Mo-*

chileiro nos faz, ao mesmo tempo, pensar e sentir como residentes do planeta Terra, de qualquer credo ou cor, que continuam seduzindo – um sentimento que remete diretamente à contemplação bêbada das estrelas na qual um estudante que estava viajando de mochilão durante seu ano sabático mergulhou em um campo de Innsbruck há mais de quarenta anos. Tudo bem, então a humanidade pode ser um pequeno acidente de percurso em um planetinha verde-azulado insignificante na borda ocidental desta galáxia, podemos estar bitolados pensando que os iPhones são uma ideia muito genial e não ter a menor ideia do verdadeiro sentido da vida, do universo e tudo mais. Porém, com exceção do bizarro pesadelo burocrático, é simplesmente dupa! Este é, afinal de contas, um mundo maravilhoso, e nós deveríamos apreciar o que temos (cuidar dele é dever nosso e de mais ninguém). O jardim é bonito, sem ter de imaginar que há fadas nele.

No entanto, se um dia conseguirmos encontrar uma maneira de viajar de mochilão pelas estrelas e entrar em contato com qualquer outra forma de vida, o *Mochileiro* nos diz que, sem dúvida, eles serão muito parecidos com a gente – eles serão "normais", se é que dê para definir o que é ser normal. Eles podem ter uma cabeça adicional aqui, um seio ali, mas estarão sujeitos a todas as mesmas inseguranças e enfrentarão as mesmas frustrações vogonianas que todos nós enfrentamos em nossas irrisórias vidas humanas, eles alimentarão o mesmo senso de paranoia e provavelmente terão uma ideia tão obscura quanto a nossa do porquê de o universo existir – a probabilidade de descobrir o que realmente está acontecendo é tão absurdamente remota que a única coisa a fazer é deixar isso pra lá, pegar uma carona, servir a si mesmo um drinque que dá a impressão de ter seu cérebro esmagado por uma fatia de limão colocada em volta de uma grande barra de ouro e arranjar alguma coisa pra fazer. A ciência pode ter conseguido algumas coisas fantásticas e continuará conseguindo, mas talvez seja mais importante estar feliz do que estar certo todo dia.

Rimos da constante infelicidade de Marvin, porque reconhecemos os seus defeitos de personalidade como genuinamente humanos, mas, se o designer do androide paranoide tinha alguma última mensagem destinada àqueles que ele deixou para trás, certamente deve ser o prognóstico positivo e de afirmação da vida que concluía *The Hitchhiker's Guide to the Future*, transmitido nos últimos meses de vida de Douglas:

> Há uma discussão segundo a qual nós paramos (ou pelo menos apertamos o botão para pausar) a evolução humana. Mudanças evolutivas

geralmente ocorrem como resultado da contínua abrasão entre os organismos e o ambiente deles. No entanto, o homem, fazedor de ferramentas, criou uma zona de proteção ao seu redor. No começo, eram apenas abrigos e roupas, mas aí a nossa habilidade de fabricar ferramentas se desenvolveu, a zona de proteção se tornou mais sofisticada, com agricultura ou medicina – se as nossas colheitas se perdem, não morremos, se nós nos ferimos, não morremos, se está quente demais ou frio demais, não morremos, se somos estúpidos, somos eleitos para altos cargos… Agora, eu não quero fazer nenhuma afirmação precipitada sobre o que é a vida – qualquer tema que inclua tanto uma esponja de banho quanto o Beethoven é difícil de definir com muita exatidão. Mas é justo dizer que qualquer coisa realística manifesta certas coisas, tais como complexidade, auto-organização e a habilidade de processar e reagir a informações de algum modo. Os computadores propriamente ditos não são muito bons exemplos de coisas realísticas, mas, quando se considera a vasta rede emaranhada de computadores que hoje habita essa zona de proteção, a maneira como as informações agora fluem através dela e geram organização nos canais pelos quais elas fluem e a maneira como essa rede gerencia a passagem de informações entre nós e o nosso ambiente, então a zona de proteção começa a se parecer menos com as paredes de uma casa que nos protege do frio e mais com uma epiderme virtual, reagindo à baixa temperatura… Daqui a pouco, os computadores serão tão corriqueiros e abundantes quanto cadeiras, folhas de papel, grãos de areia. Em vez de calcularmos com correntes de elétrons circulando por chips de silício, calcularemos por raios de luz, moléculas orgânicas e então, quando os computadores quânticos surgirem, por outros universos. É como se fizéssemos parte de um imenso projeto de bilhões e bilhões de anos para transformar questões idiotas em questões inteligentes.
Devemos ficar animados ou alarmados? […] O futuro é inventado por aqueles que se animam com ele e nunca esteve tão inventável quanto hoje.

"A nossa geração de cientistas e tecnólogos hoje é formada pelas pessoas que cresceram se alimentando de ficção científica muitos anos atrás", refletiu. "As ideias delas são baseadas no que elas leram durante a juventude. Então, é muito importante estabelecermos para nós mesmos visões otimistas do futuro. Se nos permitirmos ser hipnotizados pela visão do futuro segundo a qual o mundo inteiro parecerá uma espécie de versão enferrujada de Los Angeles, então é isso que vai acontecer. Mas, por outro lado, se virmos as tecnologias que estão surgindo no momento, as coisas que estamos ativamente envolvidos para criar e utilizar e pensar criativa e construtivamente do melhor jeito possível, então é mais provável que algo maravilhoso se produza a partir dessa visão. Os modelos que temos em mente são muito importantes."

Pensamento positivo, conclui Douglas Adams, é a chave de tudo – se você considerar uma distopia, é muito provável que ela se torne real e que nós percamos as esperanças. Porém, graças ao Mingo, agora, quando olhamos para cima, para as estrelas, podemos nutrir um pressentimento de que todos nós fazemos parte de algo potencialmente admirável e de que um dia estaremos lá no alto. E, se viajarmos com esperança, podemos esperar encontrar emoção e aventura e coisas realmente bárbaras!

TAMBÉM NÃO LEIA ESTES AGRADE-CIMEN-TOS

A DERRADEIRA MENSAGEM DOS GOLFINHOS

FOI ENTENDIDA COMO UMA TENTATIVA

EXTRAORDINARIAMENTE SOFISTICADA DE

DAR UMA CAMBALHOTA DUPLA PARA TRÁS

ASSOBIANDO O HINO NACIONAL DOS ESTADOS

UNIDOS, MAS NA VERDADE O SIGNIFICADO DA

MENSAGEM ERA...

O GUIA DO MOCHILEIRO DAS GALÁXIAS

... Ou, pelo menos, não leia isso a não ser que isenções de responsabilidade, explicações e auto-humilhações sinceras sejam a sua praia – caso contrário, você deve pular diretamente para os apêndices, que são uma parte legal e de fato contêm Marvin. Voltando ao assunto, tendo curtido a sensação de andar em terras relativamente virgens com meus primeiros livros, que falavam sobre *I'm Sorry I Haven't a Clue* e *Blackadder*, a decisão de contribuir para a biblioteca Douglas Adams não foi, obviamente, tomada de forma leviana. "O quê? Mais um?", resmungaram com razão algumas pessoas, principalmente eu mesmo, pois eu só precisava andar até a minha estante de livros para encontrar as histórias anteriores do *Mochileiro*, cortesias de Neil Gaiman, Nick Webb e M. J. Simpson, junto com os meus exemplares do *Mochileiro* cheios de marcas de dobra e o resto da obra de Adams. O fã-clube oficial ZZ9 Plural Z Alfa vem publicando um boletim informativo trimestral, *Praticamente inofensivo*, há mais de três décadas: o que mais haveria a dizer?

O problema de escrever não ficção é que, a menos que você sinta uma paixão insaciável pelo seu tema, você está propenso ou a escrever um livro medíocre ou a ter um ataque de nervos. O próprio Adams apresentou os perigos disso de forma caracteristicamente astuta em um rascunho de *O salmão da dúvida*:

> Os biógrafos têm o hábito de homenagear seus biografados quando escolhem o nome de seus animais de estimação. [...] É para eles terem alguém com quem gritar quando ficam de saco cheio. Você passa horas chafurdando nas ideias de um sujeito sobre a suspensão teológica da ética ou sei lá o quê e chega um momento em que simplesmente precisa poder gritar: "Ah, cala a boca, Kierkegaard, pelo amor de Deus!". Daí o nome do cachorro. Alguns biógrafos usam um pequeno objeto de madeira ou uma planta, mas a maioria prefere algo que dê uns bons latidos.

Como eu sempre havia escrito sobre comédias colaborativas, a ideia de dar enfoque a um único grande homem que não estava mais aqui para responder às minhas perguntas era um obstáculo particularmente embaraçoso no início. Embora a intenção fosse especificamente escrever uma "História do *Mochileiro*", a ligação entre o criador e a criação aqui é tão forte que qualquer tentativa de diferenciar a história e a biografia se torna nada menos do que pedantismo. E quem era eu para expor pomposamente a vida pessoal de um dos nossos maiores humoristas e pensadores, um homem admirável que eu sempre venerei, mas nunca encontrei – e que dirá para me dar ao luxo intolerável de tratá-lo familiarmente de "Douglas"? Todo reles mortal tem direitos, mas havia todo um circuito de obstáculos psicológicos a superar aqui. No entanto, a ideia de uma exploração nova começou a criar raízes, pois pelo menos três razões distintas para este livro existir se tornaram claras.

Não havia dúvida de que qualquer novo historiador do *Mochileiro* teria de se basear em livros escritos por pessoas de alta importância, então meu primeiro impulso foi entrar em contato com Gaiman, Webb e Simpson – o primeiro estava indisponível, o segundo infelizmente não está mais entre nós, mas Mike Simpson foi muito gentil e me contatou, explicando apenas que havia pendurado as chuteiras e deixado de ser especialista não oficial de Adams há muito tempo, mas eu seria bem-vindo se quisesse passar o pente fino em seu imenso arquivo de pesquisa, doado à biblioteca de ficção científica da Liverpool University (onde a minha exploração contou com o auxílio do especialista Andy Sawyer, com Lorna Goude e Kate Hawke). Embora *Não entre em pânico*, *Wish You Were Here* e *Hitchhiker* tenham todos um distinto valor duradouro para os fãs comprometidos de Adams, eles deixaram uma zona de indeterminação surpreendente que ainda precisava ganhar contornos. O sentido mais óbvio de fazê-lo era que já havia passado muito tempo desde que os livros existentes haviam sido escritos ou atualizados. Além disso, nenhum deles havia realmente abordado o *Mochileiro* de um ponto de vista obstinadamente cômico, em harmonia com as intenções iniciais de Adams, privilegiando, em vez disso, questões literárias ou de ficção científica, ao passo que eu sou estritamente um nerd da comédia. Acima de tudo, parecia-me que ninguém havia, de fato, tentado contar a história da criação do *O guia do mochileiro das galáxias* em uma verdadeira ordem cronológica, devido à temática e às tentações de embaralhar as datas da biografia. A ideia de endireitar a linha do tempo se projetou de tal modo como uma luz completamente inédita sobre essa história épica e a criação desse clássico da comédia que não houve mais dúvida de que uma abordagem mais holística de uma das maiores comédias radiofônicas de todos os tempos seria não somente justificável, mas igualmente bem-vinda. Foi com grande emoção que eu descobri que a entidade até então nebulosa conhecida como "O Espólio de Douglas Adams" havia concordado provisoriamente.

Mas aí, com tanto material já existente, a pesquisa seria realizada aos montes e, acima de tudo, como será que a família mais vasta do *Mochileiro* reagiria a ser incomodada mais uma vez para regurgitar anedotas possivelmente repetidas em mais de uma centena de aparições em convenções de ficção científica? O primeiro incentivo foi dado por John Lloyd, Jon Canter, Mary Allen, Stephen Fry e sua irmã, eternamente maravilhosa, Jo Crocker. Todavia, como todos eles tinham a impressão de já terem sido muito "publicados", foi crescendo a ideia de que esse deveria ser o primeiro livro sobre o *Mochileiro* a ser comentado especificamente só por Douglas, a partir de sua vida de entrevistas, turnês de imprensa e participações em programas de TV (embora cuidadosamente prestando atenção ao seu famoso hábito de esculpir anedotas, exagerar e distorcer a verdade, o que ele tendia a fazer sempre com a intenção de despertar gargalhadas). Alastrou-se a notícia de que esse novo livro oficial era uma chance de se reunir em torno de uma fogueira de acampamento metafórica e contar velhas fábulas do amigo gigante, entusiástico e inspirador de que todos sentiam saudade, esclarecer qualquer mal-entendido existente e dar a palavra final sobre o assunto, pelo menos durante um tempo. É claro, eu não perdi nenhuma oportunidade de passar uma noite no pub com Martin Smith e Will Adams, falar pelo Skype com Andrew Marshall e ser passado para seu amigo Rob Grant para conversar sobre o *Mochileiro* e *Red Dwarf*... Em outras palavras, minha vida agora se resumia a acordar toda manhã, andar até a minha mesa de trabalho e tentar escrever a história de um homem que acordava toda manhã, andava até a sua mesa de trabalho e tentava escrever... e assim por diante.

Receber aprovação oficial no papel era gratificante, mas era o aval pessoal daqueles que carregavam a flâmula de Douglas que realmente importava. Um dos dias mais agradáveis da minha carreira até hoje veio quando eu fui convidado para ir a Stalbridge, em Dorset, pela família de Douglas, no intuito de participar de um almoço gloriosamente cordial em um domingo ensolarado que lembrava a atmosfera bucólica dos livros de H. E. Bates, em companhia da mãe do Mingo, Janet Thrift, da irmã, Sue Adams, do irmão, James, e da cunhada, Bronwen, além da nova geração, Ella, Max e Joe. James me mostrou nos arredores as mesmas estradinhas em que Douglas havia corrido, explicou onde um dia havia se situado o moinho condenado que havia dado início a tudo e, no geral, deixou claro que, dessa vez, eles esperavam um livro que fizesse jus ao parente ausente. Obviamente, as outras irmãs, Jane e Heather, expressavam os mesmos sentimentos. Ao visitar o escritório do lendário Ed Victor, eu senti um tipo diferente de ansiedade, mas, graças a Maggie Phillips, sua assistente maravilhosamente prestativa, eu e o meu editor, o eminente Trevor Dolby, sentávamos ansiosos em uma beirada do sofá, assim como Harry e Rony convocados à sala de Dumbledore, e recebemos um benevolente piscar de olhos do compadre mais próximo de Douglas, o que permitiu à história seguir em frente com uma confiança recém-estabelecida.

Porém, naquela altura, uma quarta e avassaladora razão decisiva para este livro ser liberado ao mundo havia surgido. Apenas alguns anos antes, Polly Adams e seu padrasto, George Lloyd-Roberts, haviam tomado a comovente decisão de fazer uma limpa exaustiva e entregar todo o arquivo em papel de Douglas aos cuidados de sua antiga faculdade, a St. John's, onde Kathryn McKee, bibliotecária de coleções especiais, passou a supervisionar a cuidadosa preservação e organização do material pela arquivista com o agradável nome de Mandy Marvin – e eu seria o primeiro escritor autorizado a ter acesso àquele valioso tesouro e até mesmo dispor de hospedagem dentro dos portais da própria St. John's. Eu ainda estava me recuperando da honra de ter recebido das mãos de Richard Curtis um roteiro inédito de *Blackadder* dois anos antes, mas a experiência de me pavonear pela antiguidade de Cambridge que inspirou "Shada", mergulhar de cabeça nas piadas e detalhes do *Mochileiro* que ninguém havia visto há décadas, consultar bloquinhos de anotações íntimas com letra cursiva de adolescente e ler fantasias inexploradas tiradas diretamente da máquina de escrever do Mingo representou um mundo totalmente novo de privilégio deslumbrante! Embora eu tenha feito minha própria peregrinação em Londres, andando desde o Highgate Cemetery até a Islington de Adams, eu também tive muita sorte de visitar a "Cambridge de Adams" sendo guiado por David Haddock, que era certamente incumbido do oráculo Douglas Adams e que continuou sendo totalmente indispensável enquanto árbitro da exatidão da narrativa. Minhas duas viagens para o leste acrescentaram vários dias de colheita intensa de textos não publicados, dos quais todos precisavam ser meticulosamente escaneados e transcritos. Apesar de somente uma porcentagem do material mais espantoso e relevante ter sido incluída neste livro, o que você encontrará aqui surpreenderá de modo tão intenso até o fã mais obsessivo de Adams que o arquivo forneceu, de longe, a razão mais concludente para realizar esta nova publicação da história do *Mochileiro*. No mesmo ano em que a série de rádio estreou, Richard Usborne editou um livro admirável intitulado *Wodehouse at Work to the End* [*Wodehouse trabalhando até o fim*], olhando respeitosamente por cima do ombro do ídolo humorístico de Douglas. E, com essa herança inesperada vinda dos arquivos, este livro pôde desempenhar a mesma função.

E, assim, a história continuou até chegar à sua trágica conclusão – meu maior medo era me identificar demais com o Mingo e correr o risco de ouvir o barulho de vento dos meus próprios prazos de entrega. Mas aí outro obstáculo se apresentou: sem Douglas por perto para comentar os últimos treze anos de intensa atividade do *Mochileiro*, quem poderia tomar o seu lugar como nosso guia? Só me parecia certo que seus amigos e colaboradores mais próximos devessem finalmente ter a palavra. Então, mais conversas com Ed Victor, Robbie Stamp e Dirk Maggs foram extremamente essenciais para explorar o terrível conceito de "o que Douglas teria desejado". No entanto, a pessoa mais importante com quem eu deveria conversar era, é claro, Polly – apesar de ela estudar em uma universidade ali pertinho, ela estava naturalmente atolada de revisões para provas e mil outras coisas, mas, quando surgiu uma brecha, conseguir encontrá-la em pessoa não foi uma decepção e me deu a oportunidade de lhe agradecer por ter permitido que todos nós, fãs do *Mochileiro*, tivéssemos acesso às anotações pessoais e aos rascunhos brutos de seu pai após todos aqueles anos.

Este livro está coroado de coincidências assombrosas – fazendo parte, discutivelmente, da interconectividade de todas as coisas –, mas, embora, como muitos fãs sabem, o *Mochileiro* nunca esteja realmente dormente, o sincronismo da transmissão ao vivo do *Mochileiro* em 2014 pela Radio 4, literalmente durante os últimos quinze dias antes que um barulho de vento atravessasse o meu caminho, teria de fato produzido uma fábula inconcebível. Tendo relatado a criação e o crescimento do *Mochileiro* por mais de quatro décadas, de repente eu estava ali, com os atores de carne e osso que até então haviam sido apenas personagens no papel para mim. Eu estava jubiloso, mas angustiado, durante o evento no BBC Radio Theatre, portanto mal consegui cumprimentar as pessoas na hora, mas conversas posteriores com Simon Jones, Susan Sheridan, Mark Wing-Davey, Samantha Béart, Toby Longworth, Geoff McGivern e Phil Pope realmente me ajudaram a fazer do final da história a celebração que ela precisava ser – sem contar o fato de ter encontrado fãs inveterados, em especial Kevin Davies, imensamente prestativo, e dignitários do ZZ9, incluindo Carrie Mowatt e Deborah Fishburn. Um dos aspectos mais assustadores de assumir a responsabilidade de "biógrafo oficial de Adams" foi, é claro, correr o risco de sofrer o "ressentimento infinito" de fãs inflexíveis, mas nenhum grupo poderia ser mais amável e acolhedor – vale muito a pena se inscrever no ZZ9, se você tiver alguma dúvida a respeito.

Milhares de outras gentilezas permitiram que esta obra acabasse chegando às suas mãos: a cortesia de Frank Bowles, Michael Bywater, Sue Freestone, Peter Gill, Jacqui Graham, Garth Jennings, Nicholas Joll, Darrell Maclaine-Jones, Jennifer Morgan, Peter Pann, Sean Solle, Steven Sutton, além da equipe da editora Preface, formada por Trevor Dolby, Rose Tremlett, John Sugar, Phil Brown, Nick Austin, e em especial pelos editores, revisores e incentivadores do meu manuscrito, Humphrey Price e Tim Worthington. E ainda, agradecimentos duplos vão para James Thrift, Will Adams e Kevin Davies pela genialidade fotográfica.

Contudo, no final, a expiração do prazo de entrega deste livro estava em cima de mim, o cursor estava piscando na tela em branco, e eu estava pensando em Douglas Adams. Dentre as muitas descobertas de cair o queixo em seu arquivo pessoal, havia várias anotações para si mesmo, no intuito de repelir a depressão e se lembrar do que ele era capaz, anotações essas que ainda poderiam dar um estímulo a um autor em dificuldade décadas depois:

> Escrever não é tão ruim quando você supera a preocupação. Esqueça a preocupação, apenas siga em frente. Não fique com vergonha das partes ruins. Não se estresse muito com elas. Dê tempo a si mesmo, você pode voltar e reescrevê-las à luz do que você descobrir sobre a história mais tarde. É melhor ter páginas e páginas de texto para trabalhar e peneirar e talvez encontrar uma forma inesperada que você pode então apurar e utilizar de uma boa maneira, do que ter um único parágrafo ou frase retrabalhado maniacamente… Mas escrever pode ser bom. É você que ataca a escrita, não a deixe atacá-lo. Você pode ter prazer com essa atividade. E pode certamente se tornar muito bem-sucedido com ela…!

A última afirmação se aplica somente ao próprio Douglas, é claro, mas eu fiquei grato por esses conselhos não intencionais, que me deram pique para escrever e ajudaram este livro a finalmente ocupar o seu lugar no mundo. Tomara que este livro ilumine, divirta e surpreenda os fãs do *Mochileiro* no mundo inteiro, mais de uma década depois da perda infinitamente injusta do criador propriamente dito.

Tenho muita gratidão em poder dizer que, após um ano fuxicando intensamente a vida do Mingo, longe de querer ir a uma pet shop a fim de comprar um "Douglas" para chutar, eu sinto um amor pelo homem e sua criação mais profundo e mais intenso do que nunca, o que é como deveria ser.

Adoro prazos. Adoro o barulho de pneus cantando que eles fazem quando você evita colidir com eles por um triz.

JEM ROBERTS,
Bath, verão de 2014

APÊN-DI-CES

CRONOLOGIA DE DNA

11/03/1952	Nasce Douglas Noël Adams (DNA), filho de Christopher Adams e Janet Adams (nome de solteira: Donovan), no Mill Road Maternity Hospital, em Cambridge, na Inglaterra. A família em breve se muda para Londres, onde sua irmã, Susan, nasce três anos depois.
1957	Janet se divorcia de Christopher e leva DNA e Sue para morarem com a avó em Brentwood, Essex.
09/1959	DNA entra para a escola preparatória de Brentwood.
07/1960	Christopher Adams se casa com Judith Stewart (nome de solteira: Robinson), que tem duas filhas, Rosemary e Karena. Eles têm uma filha, Heather, em julho de 1962.
07/03/1962	Frank Halford dá nota 10 a uma história de aventura escrita por DNA.
07/1964	Janet se casa com Ronald Thrift e se muda para Dorset. Eles têm uma filha, Jane, em agosto de 1966, e um filho, James, em junho de 1968.
23/01/1965	Primeira publicação nacional, na revista em quadrinhos *The Eagle*.
12/1970	DNA conclui os estudos secundários em Brentwood.
07/1971	DNA viaja pela Europa com o auxílio do livro *The Hitchhiker's Guide to Europe*, de Ken Welsh.
10/1971	DNA entra para o St. John's College, em Cambridge, após ganhar uma bolsa de estudos para cursar inglês.
25/11/1972	Entrevista com John Cleese publicada em *Varsity*.
14/06/1973	*Several Poor Players Strutting and Fretting*, no School of Pythagoras, no St. John's.
15/11/1973	Estreia de *The Patter of Tiny Minds*.
13/01/1974	Estreia de *The Patter of Tiny Minds* no Bush Theatre, em Londres.
06/1974	DNA se forma, obtendo um diploma de bacharel em literatura inglesa.
15/07/1974	Estreia de *Chox* em Londres, DNA encontra Graham Chapman.
06/11/1974	Estreia de *Cerberus* no Arts Theatre, em Cambridge.
09/1975	Estreia de *So You Think You Feel Haddocky* no Little Theatre, em Londres.
10/01/1976	*Out of the Trees* é transmitido pela BBC2.
07/06/1976	Estreia de *A Kick in the Stalls*.
08/1976	Estreia de *The Unpleasantness at Brodie's Close* no festival de Edimburgo.

18/02/1977	Encomenda verbal de *O guia do mochileiro das galáxias* por Simon Brett.
04/04/1977	DNA entrega o roteiro-piloto de *O guia do mochileiro das galáxias*.
31/08/1977	Seriado completo rádio de *O guia do mochileiro das galáxias* encomendado pela BBC.
08/03/1978	Começa a fase primária do seriado radiofônico de *O guia do mochileiro das galáxias* na BBC Radio 4.
01/05/1979	Estreia da primeira produção teatral de *O guia do mochileiro das galáxias* no Institute of Contemporary Arts, em Londres.
12/10/1979	Publicação do romance *O guia do mochileiro das galáxias* pela editora Pan.
11/1979	Primeiro disco de *O guia do mochileiro das galáxias* disponível por venda pelo correio, chegando às lojas seis meses depois.
05/01/1980	Estreia da segunda adaptação teatral de *O guia do mochileiro das galáxias* no Theatr Clwyd, em Mold.
21/01/1980	Começa a fase secundária de *O guia do mochileiro das galáxias* na BBC Radio 4, que é difundida durante cinco dias.
07/1980	Estreia da desastrosa adaptação teatral de *O guia do mochileiro das galáxias* no Rainbow Theatre, em Londres.
01/10/1980	Publicação de *O Restaurante no Fim do Universo* pela Pan.
05/01/1981	Começa o seriado de TV de *O guia do mochileiro das galáxias* na BBC.
08/1982	Publicação de *A vida, o universo e tudo mais* pela Pan.
05/1983	DNA vai para Los Angeles no intuito de começar a trabalhar no filme *O guia do mochileiro das galáxias*.
11/11/1983	Publicação de *The Meaning of Liff* pela Pan/Faber & Faber.
10/1984	Lançamento de *The Hitchhiker's Guide to the Galaxy: The Adventure Game* pela empresa fabricante de jogos Infocom.
11/1984	Publicação de *Até mais, e obrigado pelos peixes!* pela Pan.
06/1985	Morte de Christopher Adams.
07/1985	Douglas e Jane viajam para Madagascar com Mark Carwardine para encontrar o aie-aie.
11/1986	Publicação de *The Utterly Utterly Merry Comic Relief Christmas Book* pela editora Collins.
06/1987	Publicação de *Agência de investigações holísticas Dirk Gently* pela editora Heinemann.
08/1987	Lançamento de *Bureaucracy* pela Infocom.

10/1987	Primeira publicação de *Não entre em pânico*, de Neil Gaiman, pela editora Titan Books.
10/1988	Publicação de *The Long Dark Tea-Time of the Soul* pela Heinemann.
10/1989	Transmissão de *Last Chance to See* pela BBC Radio 4.
20/09/1990	Transmissão de *Hyperland* pela BBC2.
10/1990	Publicação de *Last Chance to See* pela Pan.
10/1990	Publicação de *The Deeper Meaning of Liff* pela Faber & Faber.
25/11/1991	Casamento de DNA e Jane Belson em Londres.
10/1992	Publicação de *Praticamente inofensiva* pela Heinemann.
10/1993	Publicação da primeira adaptação de *O guia do mochileiro das galáxias* pela DC Comics.
22/06/1994	Nasce Polly Jane Rocket Adams.
11/10/1994	Publicação de *The Illustrated Hitchhiker's Guide to the Galaxy* pela editora Weidenfeld & Nicolson.
28/10/1994	DNA se junta ao Pink Floyd no palco do Earl's Court, em Londres.
12/1997	Publicação de *Starship Titanic*, de Terry Jones, pela Pan.
04/1998	Publicação do CD-ROM *Starship Titanic* pela TDV.
04/2001	Transmissão de *The Hitchhiker's Guide to the Future* pela BBC Radio 4.
11/05/2001	DNA morre de um ataque cardíaco em Santa Barbara, nos Estados Unidos. Ele é cremado, junto com sua toalha, cinco dias depois.
25/05/2001	Primeiro Dia da Toalha anual organizado mundo afora em memória de Adams.
03/2002	Publicação de *O salmão da dúvida* pela editora Macmillan.
03/2003	Publicação de *Hitchhiker*, de M. J. Simpson, pela editora Coronet.
06/10/2003	Publicação de *Wish You Were Here*, de Nick Webb, pela editora Headline.
21/10/2004	Começa a fase terciária do seriado radiofônico *O guia do mochileiro das galáxias* na BBC Radio 4.
28/04/2005	Lançamento do filme *O guia do mochileiro das galáxias* no Reino Unido e, no dia seguinte, nos Estados Unidos.
03/05/2005	Começam as fases quarentena e quintessência na BBC Radio 4.
12/10/2009	Publicação de *E tem outra coisa...*, de Eoin Colfer, pela editora Penguin/Hyperion.
16/12/2010	Programa-piloto do seriado de TV *Dirk Gently* na BBC4. Segue-se um seriado completo em março de 2013.

12/06/2012	Começa a primeira turnê do espetáculo de rádio ao vivo de *O guia do mochileiro das galáxias*.
15/08/2013	Publicação de *Afterliff* pela Faber & Faber.
29/03/2014	Transmissão ao vivo de *O guia do mochileiro das galáxias* pela Radio 4 como parte do "Character Invasion Day".

BANCO DE DADOS DO *MOCHILEIRO*
GUIAS DE EPISÓDIOS, BIBLIOGRAFIAS, LINKS

LIVROS: ROMANCES, ROTEIROS E QUADRINHOS

O guia do mochileiro das galáxias – Pan Books, 1979*
O Restaurante no Fim do Universo – Pan Books, 1980**
A vida, o universo e tudo mais – Pan Books, 1982***
Até mais, e obrigado pelos peixes! – Pan Books, 1984****
THHGTTG: The Original Radio Scripts – Pan, 1985
The Utterly Utterly Merry Comic Relief Christmas Book (com *Young Zaphod Plays it Safe****** e *The Private Life of Genghis Khan*) – Fontana Press, 1986
Praticamente inofensiva – Heinemann, 1992******
THHGTTG, Restaurant, Life, the Universe and Everything – DC Comics, 1993, 1994, 1996
The Illustrated HHGTTG – Crown, 1994
E tem outra coisa..., de Eoin Colfer – Penguin 2009*******
THHGTTG: Further Radio Scripts – Pan, 2012

---

*   A primeira edição no Brasil foi publicada com o título *O mochileiro das galáxias* pela editora Brasiliense em 1986. A Sextante reeditou a obra em 2004 e a Arqueiro, em 2009. [N. de E.]

**   Brasiliense, 1987, Sextante, 2004, Arqueiro, 2009. [N. de E.]

***   Publicado com o título *Vida, universo e sabe lá o que mais* pela Brasiliense em 1988, reeditado pela Sextante em 2005 e pela Arqueiro em 2009. [N. de E.]

**** Publicado com o título *Até mais, valeu o peixe* pela Brasiliense em 1988, reeditado pela Sextante em 2005 e pela Arqueiro em 2009. [N. de E.]

***** O primeiro texto foi publicado no Brasil com o título "O jovem Zaphod joga seguro" na primeira edição da revista *Sapiens*, da editora Abril. [N. de T.]

****** Sextante, 2006, Arqueiro, 2009. [N. de E.]

******* Galera Record/Arqueiro, 2011. [N. de E.]

RÁDIO, TELEVISÃO E CINEMA

THE HITCHHIKER'S GUIDE TO THE GALAXY (*O guia do mochileiro das galáxias*) – BBC Radio 4

FASE PRIMÁRIA (Grav. junho, nov-dez. de 1977)
Escrita por Douglas Adams (com John Lloyd, episódios 5-6). Produzida por Simon Brett (episódio 1) e Geoffrey Perkins, com música de Paddy Kingsland.

Episódio 1	08/03/1978
Episódio 2	15/03/1978
Episódio 3	22/03/1978
Episódio 4	29/03/1978
Episódio 5	05/04/1978
Episódio 6	12/04/1978

ESPECIAL DE NATAL (Grav. dez. de 1978)

Episódio 7	24/12/1978

FASE SECUNDÁRIA (Grav. jan. de 1980)

Episódio 8	21/01/1980
Episódio 9	22/01/1980
Episódio 10	23/01/1980
Episódio 11	24/01/1980
Episódio 12	25/01/1980

O Livro: Peter Jones; **Arthur Dent:** Simon Jones; **Ford Prefect:** Geoffrey McGivern; **Prosser/Prostetnic Vogon Jeltz:** Bill Wallis; **Lady Cynthia Fitzmelton:** Jo Kendall; **Barman:** David Gooderson; **Guarda Vogon/Eddie, o computador:** David Tate; **Trillian:** Susan Sheridan; **Zaphod Beeblebrox:** Mark Wing-Davey; **Marvin, o androide paranoide:** Stephen Moore; **Slartibartfast:** Richard Vernon; **Bang-Bang:** Ray Hassett; **Majikthise:** Jonathan Adams; **Vroomfondel/Shooty:** Jim Broadbent; **Rato Frankie:** Peter Hawkins; **Capitão da** *Arca B***:** David Jason; **Número um:** Jonathan Cecil; **Número dois:** Aubrey Woods; **Garota do marketing:** Beth Porter; **Arcturiano número um:** Bill Paterson; **Roosta:** Alan Ford; **Gargravarr:** Valentine Dyall; **Máquina Nutrimática:** Leueen Willoughby; **Zaphod Beeblebrox IV:** Richard

Goolden; **O sábio velho pássaro:** John Le Mesurier; **Lintilla:** Rula Lenska; **Hig Hurtenflurst:** Marc Smith; **Poodoo:** Ken Campbell; **Zarniwoop:** Jonathan Pryce; **Locutor:** John Marsh.

STEAFEL PLUS – BBC Radio 4
Apresentado por Sheila Steafel, com Simon Jones, esquete escrito por Douglas Adams. Transmitido em 04/08/1982.

THE LIGHT ENTERTAINMENT SHOW – BBC Radio 2
Apresentado por Roy Hudd, com Simon Jones e Stephen Moore, esquete escrito por Tony Hare e Peter Hickey. Transmitido em 03/10/1982.

FASE TERCIÁRIA (Grav. ago-out. de 2004)
Episódio 13   21/09/2004
Episódio 14   28/09/2004
Episódio 15   05/10/2004
Episódio 16   12/10/2004
Episódio 17   19/10/2004
Episódio 18   26/10/2004

FASES QUARENTENA E QUINTESSÊNCIA (Grav. abr-jun. de 2005)
Episódio 19   03/05/2005
Episódio 20   10/05/2005
Episódio 21   17/05/2005
Episódio 22   24/05/2005
Episódio 23   31/05/2005
Episódio 24   07/06/2005
Episódio 25   14/06/2005
Episódio 26   21/06/2005

O livro: William Franklyn; **Prostetnic Vogon Jeltz/Wowbagger:** Toby Longworth; **Eddie, o computador:** Roger Gregg; **Slartibartfast:** Richard Griffiths; **Zem, o colchão:** Andy Taylor; **Deodat:** Bruce Hyman; **Henry Blofeld:** ele mesmo; **Fred Trueman:** ele mesmo; **Magistrado Pag/Russell:** Rupert Degas; **Homem Krikkit 1:** Michael Fenton-Stevens; **Homem Krikkit 2:** Philip Pope; **Homem Krikkit 3:** Tom Maggs; **Thor:** Dominic Hawksley;

Vencedor do prêmio: Bob Golding; **Mulher com a cabeça igual à Sydney Opera House:** Joanna Lumley; **Porteiro da festa:** Paul Wickens; **Prak:** Chris Langham; **Hactar:** Leslie Phillips; **Rob McKenna:** Bill Paterson; **Fenchurch:** Jane Horrocks; **Barman:** Arthur Smith; **Guarda Vogon:** Bob Golding; **Aeromoça:** Alison Pettitt; **Prostituta:** Fiona Carew; **Timoneiro Vogon:** Michael Cule; **Pontífice de Canis:** Chris Emmett; **Mulher da rifa:** June Whitfield; **Telefonista da Operadora de Telecomunicações Britânica:** Ann Bryson; **Jim:** Simon Greenall; **Relógio falante:** Brian Cobby; **Ambientalista:** David Dixon; **Chefe da BBC LE:** Geoffrey Perkins; **Murray Bost Henson:** Stephen Fry; **Criatura do East River:** Jackie Mason; **Wonko, o são:** Christian Slater; **Tricia McMillan:** Sandra Dickinson; **Nick Clarke:** ele mesmo; **Charlotte Green:** ela mesma; **Peter Donaldson:** ele mesmo; **Sir Patrick Moore:** ele mesmo; **Voz do pássaro:** Rula Lenska; **Profeta:** John Challis; **Criatura de informações:** Mitch Benn; **Gail Andrews:** Lorelei King; **Colin, o robô:** Andrew Secombe; **Homem velho no polo:** Saeed Jaffrey; **Mulher fedorenta da fotocopiadora:** Miriam Margolyes; **Random Dent:** Samantha Béart; **Velho Thrashbarg:** Griff Rhys Jones; **O locutor de notícias:** Neil Sleat; **Agrajag:** Douglas Adams.
COLETÂNEA COMPLETA DOS CDS LANÇADA EM 2005.

THE HITCHHIKER'S GUIDE TO THE GALAXY LIVE (*O guia do mochileiro das galáxias* ao vivo) – BBC Radio 4

Transmissão ao vivo a partir do BBC Radio Theatre, às 10h15, no sábado, dia 29 de março de 2014.
O Livro: John Lloyd; **Arthur Dent:** Simon Jones; **Ford Prefect:** Geoffrey McGivern; **Zaphod Beeblebrox:** Mark Wing-Davey; **Trillian:** Susan Sheridan; **Marvin:** Stephen Moore (e Tom Maggs); **Slartibartfast:** Toby Longworth; **Random:** Samantha Béart; **Max Quordlepleen:** Andrew Secombe; **Reg Nullify:** Philip Pope; **Locutor:** Neil Sleat; **Efeitos sonoros:** Ken Humphrey; **Produção de som:** Jerry Smith; **Adaptado e dirigido por:** Dirk Maggs; **Produzido por:** David Morley. Uma produção da Perfectly Normal Productions.

THE HITCHHIKER'S GUIDE TO THE GALAXY (*O guia do mochileiro das galáxias*) – BBC1

Escrito por Douglas Adams. Produzido e dirigido por Alan Bell. Grav. março-julho de 1980, set. de 1980 – jan. de 1981.

Episódio 1   05/01/1981
Episódio 2   12/01/1981
Episódio 3   19/01/1981
Episódio 4   26/01/1981
Episódio 5   02/02/1981
Episódio 6   09/02/1981

O Livro: Peter Jones; **Arthur Dent:** Simon Jones; **Ford Prefect:** David Dixon; **Barman:** Steve Conway; **Prostetnic Vogon Jeltz:** Martin Benson; **Guarda Vogon:** Michael Cule; **Trillian:** Sandra Dickinson; **Zaphod Beeblebrox:** Mark Wing-Davey; **Marvin:** David Learner, Stephen Moore (voz); **Gag Halfrunt:** Gil Morris; **Eddie, o computador:** David Tate; **Slartibartfast:** Richard Vernon; **Lunkwill/Loon-Quall:** Antony Carrick; **Fook/Phougg:** Timothy Davies; **Pensador Profundo:** Valentine Dyall; **Majikthise:** David Leland; **Vroomfondel:** Charles McKeown; **Bang-Bang:** Marc Smith; **Shooty:** Matt Zimmerman; **Garkbit:** Jack May; **Hotblack Desiato:** Barry Frank Warren; **Guarda-costas:** Dave Prowse; **Max Quordlepleen:** Colin Jeavons; **Prato do Dia:** Peter Davison; **O grande profeta Zarquon:** Colin Bennett; **Número um:** Matthew Scurfield; **Número três:** Geoffrey Beevers; **Capitão da Arca B:** Aubrey Morris; **Garota do marketing:** Beth Porter; **Cabeleireiro:** David Rowlands; **Consultor de gestão:** Jon Glover; **Número dois:** David Neville; **Homem pelado na praia:** Douglas Adams.
LANÇADO EM DVD PELA BBC EM 2002.

THE SOUTH BANK SHOW: DOUGLAS ADAMS – ITV

Transmissão em 05/01/1992. Escrito por Douglas Adams. Editado por Melvyn Bragg.
O Livro: Peter Jones; **Arthur Dent:** Simon Jones; **Ford Prefect:** David Dixon; **Marvin:** Stephen Moore (voz); **Monge eletrônico:** Paul Shearer; **Dirk Gently:** Michael Bywater.

THE MAKING OF THE HITCHHIKER'S GUIDE TO THE GALAXY (Making of do *Guia do mochileiro das galáxias*)

Lançado em vídeo pela BBC em 1993. Dirigido por Kevin Davies.
O Livro: Peter Jones; **Arthur Dent:** Simon Jones; **Ford Prefect:** David Dixon; **Vogon:** Michael Cule.

O GUIA DO MOCHILEIRO DAS GALÁXIAS
Roteiro cinematográfico de Douglas Adams e Karey Kirkpatrick. Dirigido por Garth Jennings. Produzido por Nick Goldsmith, Jay Roach, Roger Birnbaum, Jonathan Glickman, Gary Barber. Produtor executivo: Robbie Stamp. Lançamento no Reino Unido: 28/04/2005. Lançamento nos Estados Unidos: 29/04/2005. Orçamento: US$ 45 milhões. Receita de bilheteria: US$ 105 milhões.
O Livro: Stephen Fry; **Arthur Dent:** Martin Freeman; **Ford Prefect:** Mos Def; **Prosser:** Steve Pemberton; **Prostetnic Vogon Jeltz:** Richard Griffiths; **Vogon Kwaltz:** Ian McNiece; **Trillian:** Zooey Deschanel; **Zaphod Beeblebrox:** Sam Rockwell; **Marvin:** Warwick Davis, Alan Rickman (voz); **Eddie, o computador:** Thomas Lennon; **Gag Halfrunt:** Jason Schwartzman; **Repórter Jin Jenz:** Kelly Macdonald; **A baleia:** Bill Bailey; **Slartibartfast:** Bill Nighy; **Questular Rontok:** Anna Chancellor; **Humma Kavula:** John Malkovich; **Fook:** Dominique Jackson; **Lunkwill:** Jack Stanley; **Pensador Profundo:** Helen Mirren; **Gravação do vídeo magratheano:** Simon Jones; **Outras vozes e papéis secundários:** Reece Shearsmith, Mark Gatiss, Edgar Wright, Garth Jennings, Zoe Kubaisi.
LANÇADO EM DVD PELA BUENA VISTA EM 2005.

PRODUÇÕES TEATRAIS DIGNAS DE NOTA

THE HITCHHIKER'S GUIDE TO THE GALAXY (*O guia do mochileiro das galáxias*) – ICA THEATRE
Adaptado e dirigido por Ken Campbell, de 1º a 9 de maio de 1979.
Lithos e Terros: Cindy Oswin, Maya Sendalle; **Arthur Dent:** Chris Langham; **Ford Prefect:** Richard Hope; **Zaphod Beeblebrox:** Mitch Davis/Stephen Williams; **Trillian:** Sue Jones-Davies; **Marvin:** Russell Denton; **Prosser:** Roger Sloman; **Slartibartfast:** Neil Cunningham.

THE HITCHHIKER'S GUIDE TO THE GALAXY (*O guia do mochileiro das galáxias*) – THEATR CLWYD
Adaptado e dirigido por Jonathan Petherbridge, de 15 de janeiro a 23 de fevereiro de 1980 e muitas outras produções.

THE HITCHHIKER'S GUIDE TO THE GALAXY (*O guia do mochileiro das galáxias*) – **RAINBOW THEATRE**
Adaptado e dirigido por Ken Campbell, julho de 1980.
O Livro: Roger Blake; **Arthur Dent:** Kim Durham; **Ford Prefect:** David Brett; **Capitão Vogon:** Michael Cule; **Trillian:** Jude Alderson; **Zaphod Beeblebrox:** John Terence/Nicolas d'Avirro; **Marvin:** David Learner; **Slartibartfast:** Lewis Cowen; **Pensador Profundo:** James Castle; **Barman:** David Atkinson; **Rato Benjy:** Beverly Andrews.

THE HITCHHIKER'S GUIDE TO THE GALAXY **RADIO SHOW LIVE** (**Espetáculo de rádio ao vivo do** *Guia do mochileiro das galáxias*) – **TURNÊ DE 2012/2013**
Uma apresentação da Perfectly Normal Productions, com turnês em junho-julho de 2012 e setembro-outubro de 2013.
O Livro (narrador): vários; **Arthur Dent:** Simon Jones; **Ford Prefect:** Geoffrey McGivern; **Zaphod Beeblebrox:** Mark Wing-Davey/Mitch Benn; **Trillian:** Susan Sheridan; **Marvin:** Stephen Moore (e Tom Maggs); **Slartibartfast:** Toby Longworth; **Random:** Samantha Béart; **Max Quordlepleen:** Andrew Secombe; **Reg Nullify:** Philip Pope; **Efeitos sonoros:** Paul Weir/Ken Humphrey; **Adaptado e dirigido por:** Dirk Maggs.

ÁLBUNS E SINGLES

THE HITCHHIKER'S GUIDE TO THE GALAXY (*O guia do mochileiro das galáxias*) – **Original Records, 1979, ORA042**

THE RESTAURANT AT THE END OF THE UNIVERSE (*O Restaurante no Fim do Universo*) – **Original Records, 1980, ORA054**
O Livro: Peter Jones; **Arthur Dent:** Simon Jones; **Ford Prefect:** Geoffrey McGivern; **Zaphod Beeblebrox:** Mark Wing-Davey; **Trillian:** Cindy Oswin; **Marvin:** Stephen Moore; **Prosser:** Bill Wallis; **Eddie, o computador:** David Tate; **Slartibartfast:** Richard Vernon; **Pensador Profundo:** Valentine Dyall; **Garkbit:** Anthony Sharpe; **Max Quordlepleen:** Roy Hudd; **Vroomfondel:** Jim Broadbent; **Reg Nullify:** Graham de Wilde; **Capitão da** *Arca B*: Frank

Middlemass; **Número dois:** Stephen Grief; **Garota do marketing:** Leueen Willoughby; **Assistente Magratheano:** Douglas Adams.

THHGTTG TV THEME MUSIC (Tema musical de TV de *O guia do mochileiro das galáxias*) – JOURNEY OF THE SORCERER (Leadon)/REG NULLIFY EM CONCERTO/DISASTER AREA: ONLY THE END OF THE WORLD AGAIN (Tim Souster/Douglas Adams) – Original Records, 1980, AB05

MARVIN/METAL MAN (Adams/Moore/Sinclair) – Polydor, 1981, POSP261

THE DOUBLE B-SIDE: REASONS TO BE MISERABLE/MARVIN I LOVE YOU (Adams/Moore/Sinclair) – Polydor, 1981, POSP333

KLAUS KONIG – AT THE END OF THE UNIVERSE (Homenagem a Douglas Adams) – Enya, 1992 (Álbum não oficial de jazz instrumental alemão inspirado no *Mochileiro*.)

THE HITCHHIKER'S GUIDE TO THE GALAXY OST (Trilha sonora original de *O guia do mochileiro das galáxias*) – Hollywood Records, 2005

ZAPHOD BEEBLEBROX FOR PRESIDENT (Talbot/Hannan) – Hollywood Records, 2005 (Faixa do filme não lançada, disponível no YouTube.)

REASONS TO BE MISERABLE (HIS NAME IS MARVIN) – Hollywood Records, 2005 (Versão regravada interpretada por Stephen Fry, disponível para baixar na internet.)

AUDIOLIVROS (SELEÇÃO)

THE HITCHHIKER'S GUIDE TO THE GALAXY; THE RESTAURANT AT THE END OF THE UNIVERSE; LIFE, THE UNIVERSE AND EVERYTHING; SO LONG AND THANKS FOR ALL THE FISH (*O guia do mochileiro das galáxias; O Restaurante no Fim do Universo; A vida, o universo e *tudo mais; Até mais, e obrigado pelos peixes!*) – **EMI Listen For Pleasure, 1981–1984** (Audiolivros resumidos, lidos por Stephen Moore.)

THE COMPLETE *HITCHHIKER'S GUIDE TO THE GALAXY* **TRILOGY (A triolgia completa de** *O guia do mochileiro das galáxias*) – **Dove Audiobooks, 1994** (Audiolivros integrais, lidos por Douglas Adams.)

THHGTTG: **DOUGLAS ADAMS LIVE IN CONCERT** – **Phoenix Audio/ TDV, 1999** (Leituras selecionadas de Douglas Adams, ao vivo no Almeida Theatre, em Islington, 1996.)

THE COMPLETE HITCHHIKER'S GUIDE TO THE GALAXY **TRILOGY (A trilogia completa de** *O guia do mochileiro das galáxias*) – **Random House Audio, 2005** (Audiolivros integrais, o primeiro lido por Stephen Fry, e o resto por Martin Freeman.)

JOGOS DE COMPUTADOR

THE HITCHHIKER'S GUIDE TO THE GALAXY (*O guia do mochileiro das galáxias*) – **Infocom, 1984** (Escrito e programado por Steve Meretzky e Douglas Adams.)

THHGTTG: VOGON PLANET DESTRUCTOR – **Starwave Mobile, 2005**

THHGTTG: ADVENTURE GAME – **TKO Software, 2005**

TOALHAS E BRINQUEDOS (SELEÇÃO)

Toalha original de Eugen Beer, 1985, toalha "Não entre em pânico!" de Rod Lord para a Papillon Embroidery, 2012, além de, pelo menos, outros oito designs de toalha para campanhas publicitárias e merchandising não oficial.

Bonequinhos principais do seriado de TV: Arthur, Ford, Trillian, Zaphod e Marvin.

Modelos de 7,5 cm do filme: Arthur e Marvin, Jeltz e Zaphod e Kwaltz e Marvin.

Bonequinhos colecionáveis de 15 cm do filme: Arthur, Zaphod, Marvin, Kwaltz e Jeltz.

Pelúcias tricotadas do filme: Arthur, Ford, Trillian, Marvin e Zaphod.

Boneco articulável de 25 cm do Marvin do filme.

Miniatura cabeçuda do Marvin do filme.

Kit de sobrevivência do mochileiro do filme: peixe-babel, toalha, polegar eletrônico.

Réplica da arma do Marvin do filme (atira dardos com ventosas).

Réplica da Arma do Ponto de Vista do filme (edição limitada).

Pesos de papel, canecas, artigos de escritório, pôsteres, livros derivados, copos martelinho, camisetas etc.

Ursinhos de pelúcia Beeble do fã-clube ZZ9, camisetas, pingentes etc.

LIFF, DIRK GENTLY E OUTROS LIVROS, PROGRAMAS E LANÇAMENTOS QUE APRESENTARAM DOUGLAS ADAMS, FORAM ESCRITOS POR ELE OU INSPIRADOS EM SUA OBRA (SELEÇÃO)

The Meaning of Liff (com John Lloyd) – Pan, 1983
Agência de investigações holísticas Dirk Gently – Heinemann, 1987*
The Long Dark Tea-Time of the Soul – Heinemann, 1988
The Comic Relief Revue Book (colaborador) – Penguin, 1989
The Deeper Meaning of Liff (com John Lloyd) – Pan, 1990
Last Chance to See – Pan, 1990
Douglas Adams's Starship Titanic (escrito por Terry Jones) – Pan, 1997
OJRIL – The Completely Incomplete Graham Chapman (colaborador) – Batsford, 1999
O salmão da dúvida – Heinemann, 2002**
Last Chance to See: In the Footsteps of Douglas Adams, de Mark Carwardine – Collins, 2009
"Shada" (de Gareth Roberts) – BBC Books, 2012***

---

*   Publicado no Brasil pela Arqueiro em 2015. [N. de T.]

** Arqueiro, 2014. [N. de T.]

*** Suma de Letras, 2014.

APÊNDICES

Afterliff (de John Lloyd e Jon Canter) – Faber & Faber, 2013

"City of Death" (de Gareth Roberts, baseado em uma história de David Fisher) – BBC Books, 2015*

OH NO IT ISN'T – **BBC Radio 4** (Colaborador. Transmitido em 30/08/1974)

MONTY PYTHON – **BBC2** (Colaborador de "Funny word". Transmitido em 05/12/1974)

OUT OF THE TREES – **BBC2** (de Graham Chapman, Douglas Adams e Bernard McKenna. Transmitido em 10/01/1976)

THE BURKISS WAY – **BBC Radio 4** (Colaborador, episódios 11, 14, 18. Transmitidos em 12/01/1977, 02/02/1977 e 02/03/1977, respectivamente)

DOCTOR ON THE GO: **"For Your Own Good"** – **LWT** (de Graham Chapman e Douglas Adams. Transmitido em 20/02/1977)

DOCTOR WHO: **"The Pirate Planet"** – **BBC1** (Escrito por Douglas Adams. Transmitido em quatro partes, de 20/09/1978 a 21/10/1978)

BLACK CINDERELLA TWO GOES EAST – **BBC Radio 2** (Escrito por Clive Anderson e Rory McGrath. Produzido por Douglas Adams. Transmitido em 25/12/1978)

DOCTOR SNUGGLES – **ITV** (Criado por Jeffrey O'Kelly. Episódio 7, "The Remarkable Fidgety River", e episódio 12, "The Great Disappearing Mystery", escritos por Douglas Adams e John Lloyd para a Polyscope Productions, 1979)

DOCTOR WHO: **"City of Death"** – **BBC1** (Escrito por David Agnew, isto é, Douglas Adams. Transmitido em quatro partes, de 29/09/1979 a 20/10/1979)

DOCTOR WHO: **"Shada"** – **N/D** (Escrito por Douglas Adams. Produção abandonada em 1979. Lançado em vídeo pela BBC em 1992. Adaptado em audiodrama para a Big Finish e em animação para transmissão pela internet, 2003)

IT MAKES ME LAUGH – **BBC Radio 4** (Apresentado e escrito por Douglas Adams. Transmitido em 19/07/1981)

AN EVENING WITHOUT – **Original Records, 1981** (Material adicional)

BUREAUCRACY – **Infocom, 1987** (Aventura em texto escrita por Douglas Adams, com Michael Bywater e outros)

LAST CHANCE TO SEE – **BBC Radio 4** (Escrito e apresentado por Douglas Adams e Mark Carwardine. Transmitido de 04/10/1989 a 08/11/1989)

HYPERLAND – **BBC2** (Escrito por Douglas Adams e apresentando ele próprio, com Tom Baker. Produzido por Max Whitby. Transmitido em 21/09/1990)

LAST CHANCE TO SEE: **CD-ROM** – **The Voyager Company, 1992** (Livro e

---

* Suma de Letras, 2015.

trechos radiofônicos, com fotografias e comentários)

DESERT ISLAND DISCS – **BBC Radio 4** (Convidado. Transmitido em 06/02/1994)

THE ASCENT OF MAN – **BBC Horizons** (Apresentações gravadas especialmente, junho de 1998)

STARSHIP TITANIC – **TDV, 1998** (Videogame escrito por Douglas Adams, Michael Bywater, Neil Richards e outros. Lançado para PC em 10/02/1998 e para Mac em 25/03/1999)

THE INTERNET: THE LAST BATTLEGROUND OF THE 20TH CENTURY – **BBC Radio 4** (Escrito e apresentado por Douglas Adams. Transmitido em duas partes, em 01/09/1999 e 08/09/1999)

PETER JONES: A CELEBRATION – **BBC Radio 4** (Apresentado por Douglas Adams. Transmitido em 18/07/2000)

THE HITCHHIKER'S GUIDE TO THE FUTURE – **BBC Radio 4** (Escrito e apresentado por Douglas Adams. Transmitido em quatro partes, de 04/10/2000 a 25/10/2000)

DIRK GENTLY'S HOLISTIC DETECTIVE AGENCY – **BBC Radio 4**, *THE LONG DARK TEA-TIME OF THE SOUL* – **BBC Radio 4** (Baseados nos livros de Douglas Adams. Adaptados e dirigidos por Dirk Maggs. Transmitidos em dois seriados de seis partes, de 03/10/2007 a 07/11/2007 e de 02/10/2008 a 06/11/2008)
Dirk Gently: Harry Enfield; **Richard MacDuff:** Billy Boyd; **Susan Way:** Felicity Montagu; **Professor Chronotis:** Andrew Sachs; **Sargento Detetive Gilks:** Jim Carter; **Janice Pearce:** Olivia Coleman; **Michael Wenton-Weakes:** Michael Fenton-Stevens; **Gordon Way:** Robert Duncan; **O monge eletrônico:** Toby Longworth; **Kate Schechter:** Laurel Lefkow; **Thor:** Rupert Degas; **Odin:** Stephen Moore; **Toe Rag:** Michael Roberts; **Elena:** Sally Grace; **Simon Draycott:** Peter Davison; **Cynthia Draycott:** Jan Ravens; **Neil Sharp:** Philip Pope; **Vozes adicionais de:** Andrew Secombe, Jon Glover, Jeffrey Holland, Tamsin Heatley, Wayne Forester, John Fortune.
LANÇADOS EM ÁUDIO PELA BBC EM 2007 E 2008.

LAST CHANCE TO SEE – **BBC1** (Apresentado por Stephen Fry e Mark Carwardine, em homenagem a Douglas Adams. Transmitido em cinco partes, de 06/09/2009 a 04/10/2009. Além disso, a continuação *Return of the Rhino* foi transmitida pela BBC2 em 31/10/2010)
LANÇADO EM DVD PELA DEMAND MEDIA EM 2011 E PELA DIGITAL CLASSICS EM 2010.

***DIRK GENTLY* – BBC4** (Inspirado nos livros de Douglas Adams, criado e escrito por Howard Overman, produzido por Chris Carey. Programa-piloto transmitido em 16/12/2010, três episódios transmitidos de 06/03/2012 a 20/03/2012)
Dirk Gently: Steven Mangan; **Richard MacDuff:** Darren Boyd; **Susan Harmison:** Helen Baxendale; **Sargento Detetive Gilks:** Jason Watkins; **Janice Pearce:** Lisa Jackson; **Gordon Way:** Anthony Howell.
LANÇADO EM DVD PELA ITV STUDIOS HOME ENTERTAINMENT EM 2012.
***DIRK GENTLY*: ORIGINAL TELEVISION SOUNDTRACK** (de Daniel Pemberton. Lançada pela Moviescore Media em 2012)

LIVROS, PROGRAMAS E LANÇAMENTOS SOBRE DOUGLAS ADAMS (SELEÇÃO)

Não entre em pânico, de Neil Gaiman (e outros) – Titan, 1985*
The Pocket Essential Hitchhiker's Guide, de M. J. Simpson – Pocket Essentials, 2001
Wish You Were Here, de Nick Webb – Headline, 2003
Hitchhiker, de M. J. Simpson – Coronet, 2003
The Making of THHGTTG, de Robbie Stamp (ed.) – Boxtree, 2005
The Anthology at the End of the Universe, de Glenn Yeffeth (ed.) – Benbella Books, 2005
The Science of THHGTTG, de Michael Hanlon – Macmillan, 2005
The Rough Guide to THHGTTG, de Marcus O'Dair – Rough Guides, 2009
Die Wissenschaft bei Douglas Adams, de Alexander Pawlak – Wiley, 2010
42, de Peter Gill – Beautiful Books, 2011
I Was Douglas Adams' Flatmate, de Andrew McGibbon (ed.), Jon Canter – Faber & Faber, 2011
Philosophy & THHGTTG, de Nicholas Joll (ed.) – Palgrave Macmillan, 2012
PRIVATE PASSIONS: DOUGLAS ADAMS – BBC Radio 3, 13/09/1997
THE GUIDE TO 20 YEARS' HITCHHIKING – BBC Radio 4, 05/03/1998
BOOK CLUB: DOUGLAS ADAMS – BBC Radio 4, 02/01/2000
OMNIBUS: THE MAN WHO BLEW UP THE WORLD – BBC1, 04/08/2001
SO LONG & THANKS FOR ALL THE FISH – BBC Radio 4, 01/09/2001

---

* Publicado no Brasil pela Novo Século em 2014. [N. de T.]

SIX CHARACTERS IN SEARCH OF AN ANSWER: ARTHUR DENT – BBC Radio 4, 09/07/2002
THE BIG READ: THHGTTG, WITH SANJEEV BHASKAR – BBC1, 07/08/2003
BBC7 25TH ANNIVERSARY TRIBUTE TO THHGTTG – BBC7, 02/03/2003
DOUGLAS ADAMS AT THE BBC – BBC AUDIOBOOKS, 2004
INSIDE THHGTTG – BBC2, 07/05/2005
THE DOCTOR AND DOUGLAS – BBC Radio 4, 02/04/2010
THE MEANING OF LIFF AT 30 – BBC Radio 4, 28/02/2013

BIBLIOGRAFIA ADICIONAL

Allen, Keith: *Grow Up*, Ebury, 2007. Chapman, Graham (e outros): *A Liar's Autobiography Volume VI*, Methuen, 1990. Fielding, Helen: *Cause Celeb*, Picador, 1994*. Hamilton, Paul; Gordon, Peter; Kieran, Dan;: *How Very Interesting: Peter Cook, His Universe and All that Surrounds It*, Snowbooks, 2006. Hewison, Robert: *Footlights!*, Methuen Publishing, 1984. Hind, John: *The Comic Inquisition*, Virgin Books, 1991. McCabe, Bob: *The Life of Graham*, Orion, 2005. McCabe, Bob (ed.): *The Pythons Autobiography by The Pythons*, Orion, 2003. Palin, Michael: *Diaries 1969–1979: The Python Years*, Weidenfeld & Nicolson, 2006. Perry, George: *The Life of Python*, Pavilion, 1994. Rhys Jones, Griff: *Semi-Detached*, Penguin, 2007. Russell, Mike: *Digging Holes in Popular Culture*, Oxbow Books, 2001. Sheckley, Robert: *Dimension of Miracles*, Granada Publishing, 1969. Vonnegut, Kurt: *The Sirens of Titan*, Millennium, 1990. Wilmut, Roger: *From Fringe to Flying Circus*, Eyre Methuen, 1980. Wodehouse, P. G.: *Sunset at Blandings*, Penguin, 2000.

ARTIGOS E FONTES ADICIONAIS

O Espólio de Douglas Adams e a Preface Publishing gostariam de agradecer a diversos jornais, revistas e periódicos pelas muitas citações de Adams, incluindo:

---

* Publicado no Brasil com o título *Causa nobre* pela Record em 2000. [N. de E.]

Doctor Who Magazine, *Mostly Harmless*, *Penthouse*, *Personal Computer Magazine*, *SFX*, *Starburst*, *TV Zone*, *Variety*, *The Guardian*, *The Observer*, *The Independent*, *The Times*, *The Telegraph*, *The Daily Mail*. Por mais que tenham se esforçado ao máximo para dar aos periódicos os créditos pelas citações, o autor e os editores teriam prazer em fazer qualquer emenda nas edições futuras.

LINKS

E tem outra coisa: 6of3.com; *Mochileiro* **da BBC:** bbc.co.uk/radio4/hitchhikers, bbc.co.uk/cult/hitchhikers; **Discurso no Digital Biota:** biota.org/people/douglasadams; **Grupo de discussão de DNA:** alt.fan-douglas-adams; **Último neto de Wowbagger, o infinitamente prolongado:** wowbagger.com; **h2g2:** h2g2.com; **Toalhas do** *Mochileiro***:** hhgttg.co.uk; **Wiki do** *Mochileiro* **(em inglês):** hitchhikers.wikia.com; **Vida, DNA e** *Mochileiro***:** douglasadams.eu; **Artigo sobre o Milliways:** waxy.org; **Crítica do filme por M. J. Simpson:** planetmagrathea.com/shortreview.html; **Douglas Adams Oficial:** douglasadams.com; **Perfectly Normal Productions:** perfectlynormal.net; **The Digital Village:** tdv.com; **O guia do mochileiro das toalhas:** towel.org.uk; **Fã-clube ZZ9:** zz9.org.

TRECHOS INÉDITOS DO MOCHILEIRO

PRINCIPAIS FONTES: BIBLIOTECA DO ST. JOHN'S COLLEGE, DOCUMENTOS DE DOUGLAS NOËL ADAMS.

OS TRECHOS EXTRAÍDOS DO ARQUIVO SÃO UTILIZADOS COM RECONHECIDA GRATIDÃO AO ESPÓLIO DE DOUGLAS ADAMS E COM A PERMISSÃO DO REITOR E DOS MEMBROS DO ST. JOHN'S COLLEGE, DE CAMBRIDGE.

1.
O GUIA DO MOCHILEIRO DAS GALÁXIAS (PROPOSTA ORIGINAL)

Uma aventura cômica de ficção científica que perambula livremente pelo espaço e tempo no universo, zanzando dentro e fora de fantasias, piadas, sátiras, universos paralelos e distorções temporais, seguindo os rastros de dois homens que estão fazendo pesquisas para a nova edição revisada do *Guia do mochileiro das galáxias*. Um deles é um extraterrestre que passou muitos anos incógnito na Terra. Quando ele chegou, a pesquisa mínima que ele fizera lhe sugeriu que o nome Ford Prefect seria habilmente discreto. Mais tarde, ao descobrir seu erro, ele muda seu nome para Ford L. Prefect, em uma tentativa de consertar o estrago. Seu companheiro é Aleric B., um terráqueo que é convencido a se juntar a ele para realizar o projeto depois que seu orgulho fica relativamente ferido ao ver a edição original do *Guia*: de todas as milhões de micropáginas, há apenas um verbete com uma única palavra para descrever os habitantes da Terra: "inofensivos". As aventuras deles se dão em um universo cindido por uma guerra medonha entre "Mrs. Rogers", um megacomputador gigante que se comporta (e fala) como um cruzamento entre a rainha da Inglaterra e Margaret Thatcher e adota uma atitude de mãe judia para com o universo, o qual ela considera que está sob sua responsabilidade, e o Malcriado, que é uma aberração da natureza, uma refeição chinesa fantasticamente inteligente, mas bastante gordurosa, que reina soberana em cima de uma encardida toalha de mesa xadrez branca e vermelha em seu próprio asteroide artificial, a partir do qual ela gera a maior parte das influências malévolas do universo.

A história começa na Terra. Aleric conhece Ford há muitos anos, mas não tem a menor suspeita de que ele não seja um ser humano perfeitamente normal. Aleric mora em um apartamento pequeno acima de uma vendinha que está destinada à demolição. Durante a abertura do programa, escutamos o dono da vendinha fazendo uma liquidação de demolição, queimando o estoque de caules de ruibarbo, de clipes de papel, de tudo o que ele tem, na verdade. Ford passa pela loja a caminho do apartamento de Aleric e é obrigado a comprar 5 mil clipes de papel e uma porta antes de conseguir forçar passagem através da multidão de donas de casa ávidas por barganhas. Aleric está se preparando para armar o cerco. Ele já resistiu a todos os pedidos de compra obrigatórios e agora tem a intenção de enfrentar os tratores. Tendo combatido o projeto do novo desvio em todos os níveis da administração, até mesmo e incluindo as Câmaras do Parlamento, não resta mais nada a fazer a não ser esperar, nervoso, tudo acontecer. Ford parece estranhamente preocupado e sem compaixão, e fica tentando dirigir a conversa para tópicos inapropriados como discos voadores e coisas do tipo. Aleric fica exasperado e, quando um homem do conselho chega em companhia de alguns operadores de trator barras-pesadas, ele percebe que Ford não será de nenhuma ajuda no grande confronto e o expulsa para a cozinha pedindo que ele vá fazer café. A briga agressiva e recheada de insultos entre Aleric e os homens que querem derrubar sua casa é entremeada pelas tentativas que Ford faz de interferir na conversa enquanto todos permanecem falando sem parar. O extraterreste procura explicar, após todo aquele tempo, que na verdade ele vem de um planeta completamente diferente, que está prestes a ir embora e que ficaria extremamente contente se seu companheiro terráqueo tivesse a gentileza de acompanhá-lo. Aleric se vê pedindo desculpas ao homem do conselho por ter amigos tão esquisitos. O homem do conselho sugere que talvez os dois devessem ir conversar no abrigo provisório do canteiro de obras, onde ele tem alguns documentos guardados etc., e nenhum lunático afirmando ter vindo do espaço sideral.

No abrigo, o homem do conselho distrai a atenção de Aleric enquanto a cerimônia de demolição é iniciada. Uma dignitária da região dá um discurso e quebra uma garrafa de champanhe contra o trator enquanto a máquina se dirige para o extermínio. Quando a trituração é inaugurada, Aleric ouve o barulho e, é claro, sai dali correndo e gritando que ele foi enganado e que o mundo é um lugar muito perverso. De repente, um guincho agudo de aviões a jato corta o céu, e uma frota de discos voadores dá um voo rasante na direção deles. Enquanto todo o mundo foge em pânico, Ford aparece e agarra Aleric, puxando-o em direção aos discos. Nesse momento, uma voz sobrenatural ecoa no ar, anunciando que, por conta da restruturação desse setor da galáxia e da necessidade de construir um novo desvio interestelar pelo espaço, a Terra infelizmente precisará ser demolida. Ouvem-se alguns gritos de protesto horrorizados, aos quais a voz responde que os planos do projeto estiveram em exposição em um planeta em algum lugar perto de Alfa Centauro durante os últimos cinquenta anos, portanto todos tiveram muito tempo para apresentar qualquer reclamação formal, e agora é tarde demais para criar caso. Ele dá a ordem para demolir, e um zumbido grave retumbante se eleva e rapidamente se intensifica. Pandemônio, vento, trovão, gritos, uma explosão devastadora e finalmente silêncio.

* * *

Aleric acorda e se vê no compartimento médico de uma nave espacial. Ford está com ele. Hora das explicações... Aleric está chocado com aquilo tudo, mas insiste em voltar para casa ou, pelo menos, para o equivalente mais próximo – e o mais breve, também –, pois ele não quer perder *Star Trek*.

2.
OS DENTRASSIS (CORTADO DE *O GUIA DO MOCHILEIRO DAS GALÁXIAS*)

A história dos Dentrassis é bastante curiosa. Eles descendem diretamente da casta médico-tecnocrata do planeta Rinnsool Branco da nuvem estelar Fluuod, que se localiza a meros 50 parsecs do centro galáctico. Rinnsool Branco era um planeta frio e tedioso, que brilhava de limpeza e sempre parecia, para os visitantes de primeira viagem, que fora criado naquela mesma manhã. Passeie por uma rua principal e você não verá nada além de frios panoramas de escritórios em aço inoxidável do departamento de saúde e lojas de vidro que, em sua maioria, vendem comida congelada e pasta de dente. As maiores conquistas de Rinnsool Branco se situam nos campos da física atômica, patinação no gelo e, acima de tudo, odontologia – uma ciência que eles desenvolveram até alcançar níveis incomparáveis de sofisticação técnica e higiene. A maior parte da população era, é claro, de uma tristeza de dar dó, mas ela sempre presumira que essa era uma característica perfeitamente normal e saudável de qualquer sociedade perfeitamente normal que teve uma fase anal perturbada e é oprimida pela culpa. A raça fora assim durante tanto tempo que nenhum deles conseguia lembrar por que sentiam culpa, o que os fazia se sentirem duplamente culpados. Isso é, óbvio, um fenômeno que se autoperpetua e se autoamplifica assustadoramente, ainda mais se você considerar o fato de que, se fuçar o bastante no passado, nas longínquas névoas da história do planeta, você descobrirá que o processo inteiro foi deflagrado por alguém que estrangulara acidentalmente um gato e não suportou contar isso a ninguém.

Os Dentrassis originais constituíam a casta mais alta do planeta e eram todos dentistas pesquisadores. Eles moravam em imensos e reluzentes arranha-céus de vidro branco, a partir dos quais eles emitiam longas e assustadoras listas de todas as coisas cuja nocividade para os dentes havia sido recém-descoberta. Dessa forma, eles mantinham a população inteira e eles próprios em um estado de terror perpétuo. Há muito tempo, os doces foram banidos, depois o álcool, depois a carne, depois algumas modalidades de sexo, depois a maioria das modalidades de sexo, o fumo foi proibido cedo, respirar pela boca era mal visto, tagarelice causava placa, e diziam até que colecionar vasos antigos provocava retração gengival. Isso não podia, é claro, continuar para sempre, e chegou um dia em que toda atividade imaginável já fora investigada e tachada de dentalmente prejudicial. Assim, um terror que insuflava uma tensão constante afligiu os Dentrassis – o medo de eles não conseguirem descobrir mais nada para acrescentar à terrível lista. O planeta todo esperou congelado em estado de pânico até um jovem Dentrassi dar o golpe de misericórdia, vindo com a mágica ideia de que pasta de dente também era ruim para os dentes. Naquela altura, caiu uma ficha na psique da raça, e os Dentrassis foram exilados para um planeta ali perto com uma floresta primitiva e ordenados a repensar o estilo de vida deles.

E assim o fizeram. Uma geração depois, eles se tornaram os vagabundos mais hedonistas, com bafo de alho e boa vida desse lado da nebulosa Gorst. É muita pena que eles não figurem nem um pouquinho na história.

3.
DEVANEIOS DE ARTHUR (CORTADO DE *O GUIA DO MOCHILEIRO DAS GALÁXIAS*)

Arthur ficou escutando durante um tempo, mas, sendo incapaz de entender a grande maioria do que Ford estava dizendo, entregou-se a um devaneio. Isto é, ele ficou pensando, enquanto passeava os dedos ao longo da beirada de uma incompreensível fileira de computadores, com uma fascinação por pura tecnologia, por máquinas que, involuntariamente, transformam acontecimentos em outros acontecimentos. O homem vem ao mundo pelado e, após milhares de anos vivendo nele e escarafunchando-o em busca de sobrevivência, começa a notar que as coisas não ocorrem por acaso, mas sim porque, instante após instante, elas obedecem a leis específicas – às leis da física. Quando uma gota de chuva cai, é porque certo volume de ar, situado a certa altitude, continha certa proporção de vapor de água que sofreu os efeitos de certas alterações de temperatura e pressão, resultando em precipitação de água. A gota cai, respeitando uma taxa de aceleração governada por sua própria massa, pela massa do planeta em direção ao qual ela está caindo e modificada precisamente pelo atrito do ar através do qual ela está caindo. O pingo de chuva não está continuamente improvisando, mas sim sendo governado por seus mestres titereiros: as leis da física.

O homem observa isso, e lhe vem à cabeça que ele pode exercer alguma influência. Se conseguir entender por que certas coisas acontecem de certas formas e em certas condições, ele será assim capaz de fazê-las acontecerem metodicamente. Ele notou que a água cai e, então, seguindo o caminho de menor resistência, escorre para canais e acaba desaguando lá no mar. Um dia, ele se dá conta de que, se pendurar uma roda de madeira na vertical em uma corrente de água, a roda vai girar. Aí, se ele prender aquela roda a duas grandes pedras de um jeito específico, as pedras vão girar. Então, se colocar milho entre as duas rodas, ele pode moê-lo até virar farinha para fazer pão. Se simplesmente colocasse o milho no rio, ele o perderia, e, se colocasse as pedras no rio, ele as perderia. Se ignorasse o rio e as pedras e colocasse o milho diretamente no forno, ele acabaria obtendo algo para comer no cinema, mas não para espalhar manteiga por cima. Se ignorasse tudo isso, morreria de fome.

O homem acha essas relações absolutamente fascinantes e, à medida que os séculos passam, ele descobre cada vez mais como prender a coisa certa à coisa certa, de jeitos cada vez mais complicados. Na verdade, ele nunca *faz* nada acontecer, ele simplesmente manipula os caminhos de menor resistência pelos quais as forças naturais estão destinadas a fluir. Então, um dia ele constrói algo que tem tantas coisas conectadas de maneiras tão complicadas a tantas outras coisas diferentes que ele só precisa pressionar um botão, e a coisa toda decola direto para o espaço. O legal disso tudo é que milhares de toneladas de metal estão sendo lançadas no céu exatamente pelas mesmas razões fundamentais pelas quais uma gota de chuva cai dele.

Arthur ficou satisfeito consigo mesmo por ter tido esse pensamento e por fazer parte de uma raça que, embora hoje extinta, aprendera a reconhecer e controlar as forças invisíveis ao redor dela, com nada além de engenhosidade mental. Em seu devaneio, ele estendeu o braço e pressionou um convidativo e grande botão vermelho em um painel próximo. O painel se acendeu com as palavras "Não pressione este botão novamente". Ele estremeceu.

4.
MARVIN ENCONTRA O SEU DESTINO
(ANOTAÇÕES DE *A VIDA, O UNIVERSO E TUDO MAIS*)

Marvin vira meio que uma celebridade na galáxia — ou, pelo menos, um excêntrico famoso. O androide reage a isso da mesma forma como ele reage a tudo o que acontece com ele: odiando. As pessoas o param na rua e dizem coisas como: "Dá um sorrisinho, robozinho, dá uma risadinha para a gente!". Ele explica que conseguir fazer seu rosto sorrir levaria algumas boas horas na oficina e necessitaria de uma chave inglesa.

Em seu novo papel público, ele às vezes é solicitado para desempenhar funções públicas. Em uma ocasião, é chamado para inaugurar uma nova hiperponte, projetada para garantir o transporte de carrinhos movidos a íon e cargueiros através do pântano Alfa Sul de Squornshellous Zeta. Durante a cerimônia, ele diz, de pé em cima da plataforma:

— Eu declaro esta infeliz ciberestrutura inaugurada para o mau uso irrefletido de todos os que temerariamente atravessarem-na. — O androide aperta um botão. A ponte inteira, de 80 quilômetros, dobra espontaneamente sua envergadura brilhante e afunda no brejo.

Há um momento de silêncio custoso. Marvin vai embora embaixo de uma nuvem, mas um homem se aproxima dele e observa que é um vento de mau agouro... O androide concorda que provavelmente é isso e que não ficaria surpreso se visse um nevoeiro bastante azarento vindo acima do charco também.

Porém, o homem tem uma missão para ele, pois precisa encontrar uma nave e dar notícias desse evento catastrófico para os Drubbers, que necessitam desesperadamente de notícias ruins de todo tipo. No entanto, intrigado sobre o que isso pode significar, Marvin concorda em executar a tarefa e decola em direção à estrela em que os Drubbers vivem, seja lá quem ou o que eles forem.

Ele enfrenta uma viagem muito deprimente. Infelizmente, sua nave é atacada por piratas, fica decepcionantemente sem combustível e acaba desalentadamente fazendo um pouso de emergência no mundo que os Drubbers habitam. É o planeta mais melancólico que Marvin já viu na vida, e ele se sente imediatamente em casa. O androide encontra uma criatura com uma expressão abatida que passa o dia todo se coçando para poder, no final do dia, ir contar para os seus mestres como ele se sente.

— Como você se sente? — pergunta Marvin.

— Desgraçado — responde a criatura.

— E quem são os seus mestres?

— Os Drubbers.

— Ah! — diz Marvin. — Estou trazendo notícias para eles.

— Espero que sejam ruins — diz a criatura.

— São — confirma Marvin. — Extremamente ruins. E muitas.

A criatura fica profundamente deprimida com algumas das histórias que Marvin tem para lhe contar e diz que eles devem levá-las diretamente aos próprios Drubbers, que saudarão as notícias com terríveis gemidos e lamentos e lágrimas — em outras palavras, com grande apreço.

Ele leva Marvin até a caverna da câmara dos Drubbers, e lá, de fato, estão os Drubbers.

Esse mundo é aquilo em que a Califórnia um dia se transformará, por causa de um perigoso excesso de prazer. Os Drubbers foram, em suas origens, os maiores hedonistas, sujeitando-se continuamente a todas as formas de prazer que conseguissem imaginar e gozando bastante do ato de imaginar outras formas também. Eles chegaram a um estágio em que ficaram, enquanto raça, tão completamente estimulados que, se acontecesse com algum deles mais uma coisa legal, por mais ínfima que fosse, isso os faria explodir — literalmente explodir. Eles precisavam, portanto, começar a encontrar meios de tornar a vida menos agradável para si mesmos, apenas por uma questão de sobrevivência.

E a vida deles é, hoje, a personificação do dissabor. A caverna em que Marvin entra é fria, úmida e extremamente imensa. Dentro dela, há um grande lago de um metro de profundidade, congelante, fedorento e repleto de agentes irritantes. Ali estão imersos os Drubbers. Todos ficam ali imersos continuamente, faça chuva ou faça neve. Músicas ruins são tocadas continuamente por um sistema de alto-falantes de péssima qualidade e são continuamente interrompidas por transmissões informativas que contam uma notícia terrível após a outra. As pessoas são continuamente trazidas para proferirem insultos contra eles e desejarem que eles não tenham um bom dia. Tudo isso é necessário para impedi-los de se sentirem bem. De vez em quando, algo não totalmente desagradável ocorre com um deles, e eles explodem de modo desordenado. A procriação obviamente lhes causa sérios problemas, e, de fato, por causa disso sua raça está em constante perigo de extinção.

Marvin os encontra e fica impressionado com seus problemas, da mesma forma como eles ficam impressionados com Marvin.

O resultado final do encontro é que eles conseguem entrar em um relacionamento simbiótico. Marvin assume o papel de mentor e guru deles. Com o androide constantemente por perto conversando, ajudando-os, explicando sua filosofia, eles descobrem que, afinal, podem sair daquele lago frio e fedorento, voltar para o ar saudável e começar a viver uma vida normal.

Marvin também descobre que finalmente encontrou um propósito para o que, já que isso precisa ter um nome, ele chama de vida.

5.
WOWBAGGER (MANUSCRITO ORIGINAL DE *A VIDA, O UNIVERSO E TUDO MAIS*)

No bar, Ford concluíra que um pouco de animação era necessária e, como parecia que ninguém mais percebera isso, veio-lhe à cabeça que ele deveria ser a pessoa a tomar providências. Com essa finalidade, ele anunciou, em um tom de voz altíssimo, que o mundo iria acabar na quinta-feira, mas que era para eles não se preocuparem, porque ele iria cantar uma música para alegrar a galera.

As reações foram variadas, mas nenhuma delas foi encorajadora. Ford não ficou desanimado com isso e afirmou sua intenção. Ele já se apresentara diante de plateias piores, disse ele, citando a título de exemplo uma noite bastante violenta que ele vivenciou no calamitódromo da bebedeira, em uma parte especialmente sórdida da cidade de Babgadura, no quarto planeta a partir da estrela Xash 3, que, da última vez que ele viu – e ele não tinha razão alguma de crer que isso mudara –, ficava brutalmente em pleno centro das Zonas Mentais de Gagrakacka, na direção leste da galáxia. Ele perguntou se alguém já estivera lá, acrescentando que achava que não. A plateia já estava ficando indócil a essa altura, então ele a tranquilizou dizendo que agora estava quase chegando à música propriamente dita, a qual, aliás, ele aprendera naquela mesma noite que ele estava tentando contar para eles. Ford então desviou-se para uma breve digressão sobre o tema do sexo, tendo lembrado, como ele explicou, que aquela também foi a primeira noite em que ele encontrara Eccentrica Gallumbits, a prostituta de três seios de Eroticon 6. Com tanta delicadeza e coerência que daria facilmente para espremer entre as lâminas de um microscópio eletrônico, ele continuou dizendo que o número de pessoas que sobreviveram uma noite inteira com a deleitável Eccentrica – cujas zonas erógenas, explicou ele, eram reputadas por começarem a uns 6 quilômetros do verdadeiro corpo dela e cujos abraços eram frequentemente comparados a um terremoto em uma cova repleta de serpentes – era zero. Ele mesmo, disse Ford, conseguira durante trinta minutos, o que ele teria prazer em contar a todos eles por extenso e com detalhes gráficos se não fosse pelo fato de que ele estava sentindo que a plateia estava louca para a música começar.

Era um uivo selvagem e desafinado com qualidades essenciais de volume e duração e que contava as proezas de um dos maiores heróis populares da galáxia, Wowbagger Ultrajax. Wowbagger, pelo que parece, em determinado ponto no início de sua vida agitada, roubara da lajéstica vantraconcha de Lob a grande Pedra de Fogofrando de Quentulus. Portanto, longe de lhe permitir levar uma vida de luxúria e hedonismo desavergonhado, como ele esperara, esse ato o forçou a passar a maior parte do tempo fugindo dos silásticos armademônios de Striterax enquanto eles o perseguiam de mundo em mundo através dos pântanos radioativos de Cwulzenda, das montanhas de fogo de Rita, das tempestades de gelo de Varlengooten, das cavernas-gama de Carfrax e assim por diante. E, quando os silásticos armademônios deram trégua na caça, o lugar deles foi ocupado pelos árduos gargalutadores de Stug, e, quando estes últimos enjoaram, os estiletanos estrangulantes de Haglavinda perseguiram Wowbagger de volta pelas cavernas-gama de Carfrax e tempestades de gelo de Varlengooten, até ele começar seriamente a se arrepender de ter roubado a miserável pedra pra começo de conversa. Seu tormento aumentou pelo fato de que o poder que dera fama à Pedra de Quentulus era conceder vida eterna ao seu dono: estava começando a parecer que ele ainda tinha pela frente muitíssimo mais desse estilo de vida chato. Ele podia simplesmente se livrar da pedra, mas, como tinha hoje cerca de mais de 300 mil milhões de anos, Wowbagger não conseguia deixar de ter a impressão de que seria uma tremenda perda de tempo se apenas desistisse agora. Além do que, é claro, ele simplesmente cairia morto se a perdesse e enxergava isso mais como uma tentação constante e irritante do que como uma solução aceitável.

Dizendo isso, a música de Ford estava sendo muito mal aceita no bar do Lord's Cricket Ground, e muitas pessoas foram embora antes de ele ser finalmente expulso.

Um homem passou por Arthur um ou dois minutos depois e ativou um momento de reflexão na mente do terráqueo.

A reflexão foi a seguinte:

"Eu", pensou Arthur, "sou uma pessoa bastante especial e extraordinária."

Ele sempre se sentira espantosamente comum antes. Como, pensou ele, esse homem que estava passando por ele no meio da multidão (a do bar) reagiria se soubesse a verdade sobre essa pessoa por quem ele estava passando de forma tão casual?

Arthur olhou para o homem de modo crítico. Ele era magro, de meia idade, um pouco calvo, um pouco grisalho, estava vestindo um moletom justíssimo, provavelmente no intuito de parecer mais jovem do que era, e exibindo uma expressão extenuada. Problemas de dívida, certamente. Como ele reagiria se soubesse que Arthur, o Arthur Dent que parecia perfeitamente comum – comum, com exceção, óbvio, do seu roupão, que não era realmente um traje padrão para assistir a um jogo de críquete, mas que, no entanto, não chegava a ser exótico, puxando mais para o lado excessivamente caseiro da esquisitice do que para o excessivamente exótico –, como será que esse homem, aquele sentado ao lado dele (Arthur estava tentando manter o fio da meada em suas ideias, sem êxito – ele tivera de lutar contra muita coisa nos últimos meses, e tentar organizar seus pensamentos era como tentar arrebanhar abelhas com um chicote), como será que esse homem adjacente reagiria se soubesse que Arthur era um viajante do tempo?

O homem olhou de relance para Arthur e depois para o campo de jogo.

Arthur balançou a cabeça com um sorrisinho indulgente. "Se você soubesse", pensou ele com seus botões, "se você soubesse..."

Arthur estava quase radiante agora com o segredo de que ele era um aventureiro do espaço, viajante do tempo, morador das cavernas, conversador com ratos pandimensionais, resumindo: todas aquelas coisas que algumas horas mais cedo foram o fardo de seus pesadelos. E ali estava ele, pensou o terráqueo, passando despercebido em meio a uma multidão, notável apenas por sua barba cerrada e seu roupão esfarrapado. Ele se virou para trás, a fim de dar uma última olhada no homem de moletom que ativara essa reflexão, mas ele desaparecera.

"Ah, poxa", pensou Arthur. "Provavelmente sumiu para ir buscar uma xícara de chá, acho eu" – e, influenciado por essa conjectura, ele subitamente sentiu, por sua vez, vontade de tomar chá.

O homem de moletom desaparecera e agora estava correndo tão rápido quanto suas pobres e exaustas pernas de 300 mil milhões de anos conseguiam carregá-lo através das trilhas ocultas que agora já lhe eram repugnantemente familiares nos pântanos radioativos de Cwulzenda. O fedor de morte e decadência, a rançosa névoa serpenteante, os fétidos gorgolejos gasosos que ecoavam pela face purulenta dessa terra nauseante – estas eram as coisas que ele conhecia. O insólito efeito da onda do momento mágico grau 3 o carregara temporariamente até a praia espaço-temporal de St. John's Wood e o devolvera agora ao lugar de onde ele viera.

Ele continuava correndo, com os pés escorregando e chapinhando no lodo viscoso e desalinhado, mas agora mais devagar. O horrível vulto que apareceu subitamente na névoa à direita era, ele sabia, o cepo de uma árvore que marcava a divisão dos caminhos através do atoleiro. Ele podia ou seguir à esquerda, como ele costumava fazer, e ter a esperança de percorrer os 15 quilômetros até o porto espacial militar antes de a noite cair, ou pegar a bifurcação à direita e tentar buscar refúgio para passar a noite no vilarejo dos mutantes pantanosos ali perto.

Mas seus pés estavam correndo mais devagar. Ele se virou e olhou para trás. Lá, a quilômetros dele, no céu pesado e amarelado, estavam os três pontinhos vermelhos das naves rastreadoras de Arduon, perseguindo-o implacavelmente, assim como já o vinham fazendo há... há anos.

Arquejando, ele inspirou o ar rançoso. St. John's Wood (ele não sabia que aquele lugar se chamava assim) foi uma experiência e tanto para ele. Ele simplesmente surgira lá de repente, no banheiro dos cavalheiros, para falar a verdade.

Um pouco atordoado, ele utilizou instalações sanitárias que, durante milênios, estiveram além de seus mais ardentes sonhos de luxo, lavou-se e saiu, deparando-se com o que parecia ser uma espécie de bar, onde um bêbado desvairado estava cantando uma música que contava a história dele, a vida de Wowbagger.

Isso o surpreendeu. Não tem sentido dizer mais nada além disso. Qualquer tentativa de expressar o nível de surpresa que ele experimentou naquele instante, dizendo que ele ficou tão surpreso quanto... quanto... quanto qualquer coisa que fosse, está fadada ao fracasso, pois, de agora em diante, os níveis de surpresa serão mais bem medidos ao serem comparados com o quão surpreso Wowbagger Ultrajax ficou ao entrar naquele bar estranho e ouvir um Ford Prefect bêbado cantando uma música sobre ele. Então, por exemplo, seria possível medir a surpresa de Édipo ao conhecer sua mãe em cerca de 22 na Escala de Wowbagger.

Ele se sentou, de forma bastante pesada, enquanto isso estava acontecendo. E escutou. Um espanto entorpecedor o envolveu, o que significa que, na Escala de Wowbagger, ele estava se acalmando.

Depois de um tempo, ele saiu do bar. Lá na frente, em um campo, estava sendo interpretado o que era, aos seus olhos, uma das charadas mais macabras e pavorosas que ele já testemunhara.

E então um homem estranho, desmazelado e barbudo, vestindo um roupão esfarrapado, dirigira-lhe um sorriso estranho e intencional, quase um olhar malicioso, e Wowbagger soube que sua hora havia chegado.

Ele estava sendo preparado para o inferno.

Ou talvez aquilo já fosse o inferno.

De qualquer modo, ele sabia o que tinha de fazer...

6.
ERROS (TENTATIVA DE COMEÇO DE A VIDA, O UNIVERSO E TUDO MAIS)

Antes de o universo existir, aconteceram muitas coisas que não merecem ser discutidas, embora aparentemente alguém tenha uma mensagem sobre isso em algum lugar.

Esta história começa um pouco depois desse evento. Ela é baseada nessa galáxia, aquela que todos nós conhecemos e amamos, com seus milhões de sóis, planetas estranhos e maravilhosos, luas misteriosas, asteroides, cometas, nuvens de gás e nuvens de poeira, além de sua imensidão, frio e escuridão.

Ela afeta, no entanto, o universo inteiro.

Apenas de vez em quando deve-se lembrar que essa galáxia é somente uma de infinitos milhões, mas logo se deve esquecê-lo de novo, porque é difícil para a mente cambalear por aí com esse tipo de conhecimento dentro dela.

Desde que essa galáxia começou, vastas civilizações ascenderam e decaíram, ascenderam e decaíram, ascenderam e decaíram tantas vezes que é bastante tentador pensar que a vida na galáxia deve ser a) uma coisa parecida com um enjoo do mar – enjoo do espaço, enjoo do tempo, enjoo da história ou algo do tipo – e b) idiota.

No entanto, quando você desce até o nível das ruas, percebe que a expressão "vida na galáxia" não tem muito sentido, tendo em vista que descreve bilhões de seres independentes e de curta duração, dos quais todos foram, por alguma razão perversa, programados para serem incapazes de aprender com os erros dos outros.

Veja a seguir um exemplo muito simples no nível das ruas.

A rua em questão é uma rua fria, mas agitada, de uma cidade chamada Nova York, que se situava em um planeta recentemente demolido do qual quase ninguém ouvira falar e do qual ninguém gostava.

Um homem está andando por ela. O que acontece com ele já aconteceu antes com outros e acontecerá de novo. Ele passa por um canteiro de obras no qual um prédio extremamente alto está sendo construído no lugar de outro prédio extremamente alto que acabou de ser derrubado (uma explicação de por que isso acontece só confundiria as coisas nesse momento).

Enquanto ele está passando, uma pequena ferramenta cai lá do alto, do andaime com o qual o prédio está envolvido, e se enterra confortavelmente no crânio do homem. Isso tem o efeito de levar a vida dele, com todas as suas lembranças, amores, batalhas vencidas com suor, derrotas instrutivas, recompensas, decepções – enfim, a sua experiência inteira – a um fim abrupto. A última coisa que ele vê antes que sua luz pessoal seja apagada é uma placa no andaime que diz: "Pedimos desculpas pelo transtorno".

Do outro lado da rua, uma mulher – a companheira do homem – vê isso acontecer. Incapaz de aprender com aquele incidente que o universo em geral e Nova York em especial são lugares aleatoriamente perigosos, ela sai correndo inutilmente para ajudá-lo, e a sua própria vida, com toda a sua experiência, é levada ao fim por um táxi amarelo cujo motorista nunca pediria desculpas por nada. O taxista só estava ali naquele instante, porque estava completamente perdido em uma das cidades mais racionalmente planejadas da Terra, mas isso, mais uma vez, é outro problema exclusivamente local.

Esta história é sobre um problema muito, muito maior, mas, por incrível que pareça, ela curiosamente diz respeito a esse planeta, por outro lado desconhecido e inofensivo, e também à razão pela qual ninguém gostava dele.

Ela também envolve um grande número de erros...

7.
FINTLEWOODLEWIX (TENTATIVA DE COMEÇO DE *A VIDA, O UNIVERSO E TUDO MAIS*)

Não obstante a razão, o universo continua sem parar. Em milhões de planetas pela galáxia afora, novos sonhos estão sendo sonhados, novas esperanças são esperadas e novos dias continuam amanhecendo, apesar da terrível taxa de fracasso.

No planeta Ramtad Efta, o lirtésimo, Ramtad Efta, em cuja homenagem o planeta fora relutantemente denominado, estava sentado, ruminando. As coisas não se deram exatamente como ele desejara, e ele não sabia o porquê. Isso, por enquanto, é problema dele. A questão se tornará um problema de interesse mais geral depois.

No planeta Heinqueda Sanduíchporto, um novo governo acabara de ser eleito, prometendo se opor, desbaratar e desfazer tudo o que o governo anterior planejara fazer. Isso implicava remover do mar a população inteira do planeta mais uma vez, retirando as barbatanas deles e ensinando a respeito de tijolos novamente, mas ninguém parecia se importar. Eles simplesmente guardaram as barbatanas em um lugar onde sabiam que poderiam encontrá-las depois das próximas eleições.

No planeta Fintlewoodlewix, mais tarde rebatizado de Terra, não estava acontecendo nada de tão emocionante...

8.
O PESADELO DE ARTHUR
(MANUSCRITO ORIGINAL DE *A VIDA, O UNIVERSO E TUDO MAIS*)

No princípio (desta história) era o verbo. Na verdade, não era realmente um verbo propriamente dito e não era realmente o princípio, porque o verbo, ou seja lá o que fosse, foi precedido por alguns leves fungados, um vago murmúrio, pequenos grunhidos e resmungos e depois uma curta pausa silenciosa. E trevas cobriram a face da Terra.

O verbo, quando veio, foi um terrível grito, um berro espantosamente ensurdecedor e de rasgar a garganta. Um daqueles gritos apavorantes que fazem a sua pele tentar escalar o topo da sua cabeça, um urro ensurdecedor de medo, infelicidade e assombro. Ele foi seguido por uma retomada do silêncio, só que, dessa vez, foi um silêncio ressoante e relativamente surpreso. Isso acontecia na maioria das manhãs...

E o verbo, senão exatamente vazio, era certamente amorfo. Ninguém que tenha ouvido um tal grito tentaria soletrá-lo, seria impossível fragmentá-lo em fonemas identificáveis sem um montão de equipamentos de medição sofisticados e uma polpudíssima subvenção de pesquisa, ambos dos quais não estavam nem remotamente disponíveis naquela época e lugar específicos.

Mas o sentido era bastante claro. Algo muito, muito horrível acabara de acontecer com quem proferiu o grito, algo que chocou até a alma, e ele/ela/aquilo desejava indicar que acabara de passar por um tipo de experiência que poderia ter sido alegremente dispensada.

E o que aconteceu em seguida foi que houve luz. Não houve, deve-se ressaltar, absolutamente nenhuma conexão causal entre esses dois eventos. Primeiro houve o verbo, depois, a luz. Isso não significa negar a interconectividade implícita de todas as coisas, mas é só para dizer que, de qualquer forma, a luz também estava para chegar mais ou menos naquela época.

Era a aurora. O sol nascia rastejantemente acima das colinas. O sol que estava nascendo era um sol amarelo e esquecido que ficava nos confins inexplorados da região mais brega da borda ocidental desta galáxia.

As colinas acima das quais ele estava nascendo eram as de um planetinha verde-azulado completamente insignificante, cujas formas de vida descendentes de primatas foram recentemente extintas e substituídas por uma raça de pessoas que um dia inventariam o relógio digital e então sucumbiriam brevemente depois, quando o mundo delas fosse inesperadamente demolido para dar lugar a um desvio hiperespacial.

Vários bilhões de trilhões de toneladas de núcleo de hidrogênio superquente e em explosão nasceram lentamente, entrando no campo de visão acima do horizonte aquoso e cinza, mas, sendo uma daquelas manhãs de outono medonhas, a aparência dele foi a de uma bolinha fria e úmida de neblina. Aquele amanhecer estava gélido e nebuloso, e, se você estivesse ali no meio, poderia pensar com razão que o orvalho, naquela manhã, devia ter caído com um baque molhado e asqueroso. Se você estivesse ali, poderia pensar com razão uma porção de coisas, dentre as quais a melhor seria provavelmente a ideia de que você preferiria muito estar em outro lugar, e isso, tendo em vista o desenrolar dos acontecimentos, não é insignificante...

Um animalzinho peludo não identificado, de inteligência fenomenalmente pequena, saiu de trás de um tufozinho de mato para espiar a bola enevoada do sol, e seu focinho se contraiu de medo e assombro. Ele não conseguia se lembrar de ter visto alguma coisa tão espantosamente estranha antes. Não era porque ele passara sua vida debaixo da terra ou porque seus hábitos eram naturalmente noturnos, mas sim porque, como já foi mencionado, ele era fenomenalmente estúpido. Os acontecimentos da véspera e da antevéspera e assim por diante agora já haviam fugido inteiramente de sua mente. A razão pela qual o animalzinho peludo não foi identificado é que ele não durou o bastante e nem chegou muito longe no caminho da evolução para sequer adquirir um nome. Ele foi extinto porque era totalmente incapaz de lidar com todas as surpresas que cruzavam o seu caminho todos os dias de sua vida perplexa...

O sol continuava sua longa trajetória arrastada céu acima. A criaturinha parecida com um rato saiu em disparada pelo solo, ziguezagueando para a esquerda e a direita, do jeito que criaturinhas parecidas com ratos costumam fazer, atirou-se na boca de uma pequena caverna, dentro da qual a luz do dia comum estava agora começando a penetrar, correu alarmada por cima da forma inerte de um corpo que estava deitado encolhido no canto, esquivando rapidamente de uma rachadura enquanto descia por uma rocha, e nunca mais apareceu em nenhuma obra de literatura.

Se você tivesse estado lá com um visãoníricatron ou um esperançômato — o que, por si só, não é muito plausível, pois alguém rico o bastante para possuir um ou outro desses equipamentos instantâneos ridiculamente caros provavelmente pagaria a maior grana para não estar lá com eles –, detectaria somente um único sonho naquelas proximidades.

O pesadelo.

O interior da caverna era úmido e escuro e fedia daquele jeito lancinante que subitamente faz você perceber que as suas narinas atingem uma região muito mais profunda do seu crânio do que você normalmente supõe. As paredes dela eram pegajosas. Estava frio.

No entanto, era a caverna que o homem chamava de lar até conseguir pensar em um nome melhor para ela ou encontrar uma caverna melhor.

Ele estava deitado ali dentro, não sabendo por enquanto onde estava, encolhido em um canto, tremendo. O terrível grito o arrancara como um choque de um sono profundo, e ele se sentiu abalado e tonto, com uma confusão desagradável no lugar de sua mente, como se tivesse andado sonâmbulo e tropeçado e dado mau jeito no cérebro. Ele não se atrevia a abrir os olhos, nem se mexer, antes de ter uma ideia do que esperar pela frente...

Seu pesadelo, assim como todos os pesadelos, parecia que tinha um começo razoavelmente simples.

Começou com uma casa. A casa dele.

Ele a conhecia. A forma, a textura dos tijolos, os fios surrados do carpete, tudo veio vividamente à sua cabeça. Mas o pesadelo a estava sacudindo, como um urso sacudindo uma casa na árvore, as paredes se racharam e se separaram, e poeira caiu delas fazendo barulho. Ela estava sendo demolida.

De repente, ele soube onde devia estar ou, pelo menos, pôde fazer uma suposição muito direta.

Ele devia estar em um hotelzinho espanhol, concluiu. Era isso mesmo. Ele se lembrava de ter pegado o folheto e suspeitado de que seria um pouco lúgubre na baixa temporada. Deve ter ido para lá.

Ou tinha havido um acidente, ele fora ferido, uma pancada na cabeça, talvez. Era isso mesmo. Ele devia estar no hospital com amnésia. Hospital! Isso explicaria o grito, é claro, pensou ele consigo mesmo. Você sempre ouve gritos como esse em hospitais, eles estão cheios de gente com dor, que acordam e descobrem que os médicos amputaram o braço ou a perna errados, pessoas que se deparam com a primeira refeição do sistema de saúde pública delas ou, se estiverem na ala particular, com a conta da primeira refeição do sistema de saúde não pública delas. Ele deu um suspiro de alívio. Era ali que ele devia estar, pensou. Ele estava com o seu plano de saúde particular. Pagara sua inscrição. Então relaxou.

Seus dedos tatearam embaixo e do lado dele, procurando a beirada da cama, e encontraram rocha, rocha áspera e terrosa, e uma pequena poça de lama. Ele entrou em pânico. Na sua mente, ele percorreu furiosamente seus extratos bancários – nacos desconectados da sua memória estavam agora dando saltos de volta até ele –, ele devia ter pagado, ele tinha certeza disso, ele havia solicitado débito automático, pelo amor de Deus... Seus dedos esquadrinharam desesperadamente, buscando o aço duro da estrutura da cama e a frieza dos lençóis brancos, mas não conseguiram encontrar nenhum dos dois no meio da lama. Onde ele estava? Quem ele era?

Na sua mente, estava aumentando a sombria suspeita de que as respostas, quando ele as descobrisse, não seriam agradáveis.

Ele tentou se acalmar e se concentrar de novo no pesadelo. O que aconteceu depois que a sua casa foi demolida? A Terra foi demolida. Ele procurou o simbolismo daquilo, não conseguiu encontrar e se esforçou para recordar outras imagens.

Quem gritou?

Ele se sentiu caindo, com uma sensação de tontura, espiralando para baixo. Ele agarrou a pedra firmemente, mas ela parecia girar junto com ele. Veio-lhe novamente a ideia de que a Terra fora destruída, ideia esta que ele rechaçou. Pegou um punhado de lama. Esta é a Terra, teimou ele consigo mesmo, isto é terra, isto.

Ford Prefect. Um rosto, um nome que ele conhecia. Ford daria um jeito na situação. Veio-lhe uma lembrança de Ford em um bar, com um olhar enfurecido, afirmando vir de outro planeta. Aquilo parecia plausível.

Então sua mente evocou outra imagem, a de Ford fora de um bar, mas ele a descartou como nem um pouco convincente.

Um plim plim plim de água pingando foi triturando sua mente. O frio que aflige seu rosto, mãos e pés começou a se espalhar dentro do corpo e dominar seu coração. Mais uma vez, ele sentiu uma terrível solidão enquanto sua mente passava a atormentá-lo incansavelmente com imagens da Terra sendo demolida, de homens com duas cabeças, de uma espaçonave gigante em forma de tênis de corrida, de um homem lhe contando que projetara a Noruega, de... Tricia McMillan, de um restaurante no fim do universo (ou será que não era em Chelsea...?), de poeira, cascalho, explosões, estrelas, caixões cheios de cabeleireiros congelados...

O contínuo plim plim plim de água pingando na escuridão o fez refletir intensamente nesse instante, e, com alívio, ele elaborou uma teoria que explicaria tudo até então.

Ele ainda não tinha acordado. Era isso mesmo. Ainda estava sonhando. Era por isso que ele parecia estar deitado em uma caverna fria, molhada e escura. Que idiota ele era! Deu uma risada.

Por alguma razão, sua risada saiu como um som fino, estridente e esganiçado, e ele subitamente percebeu que sua garganta estava áspera, inflamada e dolorida.

Ele tentou falar, mas não conseguiu. Colocou a mão na garganta e ficou surpreso com a barba úmida, densa e embaraçada em que tocou. Esfregou a laringe. Tentou cantarolar baixinho, mas sua garganta estava inflamada demais. Dormente de rouquidão.

Subitamente, sem avisar, ela voltou. Toda a sua juventude, assim, de repente. Ela mergulhou de volta no espaço com uma espécie de pluf mental. Lembranças de sua infância, seus pais, sua primeira casa, sua primeira escola, seus amigos, sua adolescência, suas namoradas, algumas viagens ao exterior, a universidade, sua vida em Londres, sua mudança para... junto com as lembranças, caiu uma ficha chocante.

Ele levara, obviamente, uma vida espantosamente chata. As lembranças eram como um presente de Natal que chega no final de novembro e, no dia 25 de dezembro, revela conter lenços. Isso pode explicar por que ele tivera um sonho tão extraordinário e bizarro — um tipo de mecanismo compensatório talvez estivesse em operação lá no fundo do seu inconsciente.

Foi nesse momento que ele finalmente conseguiu descobrir quem havia gritado.

O nome do homem era Arthur Dent.

9.
O CONSULTOR (MANUSCRITO ORIGINAL DE *A VIDA, O UNIVERSO E TUDO MAIS*)

Na Terra pré-histórica, desceu uma nuvem.

Esse era um comportamento tão extraordinário para uma nuvem que, durante um ou dois segundos, Arthur não soube como reagir, então não reagiu. Aí, devagar, cuidadosamente, milímetro por milímetro, ele abriu a boca e observou a nuvem. Alguns segundos depois, mais uma vez, ele disse "hááááá" e "uááááá" e, por fim, "hóóóóó".

Ford Prefect, enquanto isso, fitava com uma expressão séria na direção oposta, mas, ao ouvir os comentários de Arthur e detectar pouco sentido neles, virou-se e assim testemunhou o fenômeno por conta própria.

A nuvem estacionara (se essa for a palavra certa para descrever o que ela fez – não existe nenhuma expressão comumente aceita, visto que nenhuma nuvem nunca fez algo parecido com isso antes) a cerca de 100 metros deles. Eles olharam para o céu. O sol estava brilhando lá no alto, de modo perfeitamente inocente. E sozinho. Não havia nenhuma nuvem deslizando ao seu redor, nem em nenhum lugar perto dele, nem mesmo em nenhum lugar de um horizonte ao outro. Não havia escapatória do fato de que a nuvem agora estacada no campo diante deles era a mesma que estivera pairando no céu durante a manhã inteira.

Era um arquetípico cúmulo-nimbo grande e fofo, tal como é possível ver em um gráfico meteorológico ou em um desenho de criança ou na tampa de uma caixa de chocolate – na verdade, em quase todo lugar, menos estacionada em um campo.

A nuvem era branca e peculiarmente atraente. Ford e Arthur se deram conta de que ela devia ser atraente porque descobriram que estavam andando, devagar e fascinados, na direção dela.

À medida que se aproximavam, ela parecia mudar gradualmente de aspecto – não mais branca, mas sim cinza, não mais fofa, mas sim fina, uma face íngreme e escarpada de névoa e fumaça cinza e encaracolada que escurecia o ar ao seu redor. Quanto mais perto Arthur chegava, mais ele percebia que os pelinhos de sua nuca estavam tentando ficar para trás.

E estava ficando claro que, além de estar parada em um campo, havia outras características significativas que a diferenciavam da nuvem cúmulo-nimbo fofa normal. Ela continha, por exemplo, luzes. Nada em que você pudesse se concentrar, nada que você pudesse destacar com os olhos e dizer que ali estava uma luz amarela, vermelha ou verde, mas havia luzes dentro dela. E padrões, formas, elementos evanescentes, espirais na névoa, números, símbolos dançando tontos e invisíveis, fora do campo de visão, mas, apesar disso, subliminarmente ali.

E ela parecia querer que eles entrassem.

Eles pararam e olharam ao redor. Atrás deles se encontravam as colinas, as árvores, os campos cobertos de pasto, silenciosamente continuando a parecer calmos e despreocupados. Na frente deles, encontrava-se aquela nuvem querendo que eles entrassem.

Como não havia nada que os forçasse a se manterem do lado de fora, exceto um vago senso de autopreservação, eles deram de ombros e entraram na névoa.

A primeira coisa inesperada foi que ela era oca. A névoa era simplesmente uma parede, de um metro ou talvez um metro e meio de profundidade. Eles a atravessaram e emergiram na segunda coisa inesperada, que era uma espécie de arena coberta de areia, uma área oval com cerca de 100 metros de um lado ao outro em seu ponto mais largo e circunscrita simplesmente pela parede de névoa cinza, que era aberta no alto e permitia ver o céu azul.

A terceira e quarta coisas inesperadas estavam sentadas uma em cima da outra.

Uma era um homem, e a coisa em cima da qual ele estava sentado imóvel parecia ser uma espécie de cavalo. Arthur não olhou com muita atenção, por receio de descobrir que aquilo não era um cavalo e de não gostar do que o bicho realmente fosse. No momento, a "espécie de cavalo" estava espreitando calmamente na periferia inferior de sua visão, que, do contrário, estava inteiramente ocupada pelo dono do animal.

O homem era uma das coisas mais aterrorizantes que ambos já haviam visto, posto que nenhum deles se atrevera a olhar para o cavalo atentamente.

Ele estava vestido de preto. Suas botas eram pretas, suas calças eram pretas, seu cinto era preto com tachinhas pretas, sua túnica larga era preta, suas luvas eram pretas, o medalhão em volta do seu pescoço era preto. Se você o tivesse encontrado em uma discoteca, teria dado risada, mas a pretura dos olhos dele era estarrecedora.

O rosto no qual esses olhos estavam dispostos era duro e frio, mas suave e estranhamente belo. Um busto dele em grande escala teria passado despercebido na Ilha de Páscoa, a não ser que o escultor conseguisse, de alguma forma, capturar a expressão dos olhos pretos estarrecedores. Isso o teria decididamente distinguido, pois tal expressão era um choque devastador para todos os que a viam.

Era amor.

Era um amor imenso, apaixonado e insaciável.

E, quando alguém via o amor daqueles olhos, esse alguém rezava com fervor, desesperadamente, do fundo de seu coração trêmulo, para que nunca, mas nunca mesmo, chegasse a conhecer a pessoa ou a coisa pela qual o homem estava apaixonado.

Ele estava sentado muito parado, olhando não para eles, mas ligeiramente acima e através deles.

Uma rajada de vento levantou levemente a mecha de cabelo em sua testa, então pensou melhor, recolocou-a com respeito exatamente onde ela estava antes e saiu apressada em busca de algumas folhas para fazer farfalhar em vez disso.

Os segundos passavam fazendo tique-taque.

O cavalo escarvou o solo de um jeito meditativo, como se houvesse muitas coisas más que ele estava ansioso para continuar em outro lugar.

Quando eles finalmente baixaram os olhos e observaram o cavalo, ficaram profundamente abalados. Até mesmo Ford Prefect, que um dia provara ser capaz de domar um tigre solar algoliano com apenas um olhar, contanto que esse olhar estivesse abastecido de uma boa meia garrafa da velha aguardente Janx, estremeceu.

Seria difícil dizer exatamente o porquê. Não eram somente o absoluto tamanho e os músculos da besta, não era somente o maléfico resplendor de seu couro magnífico, não eram somente a pequenez de seus olhos pretos, a vermelhidão de suas narinas molhadas que se dilatavam ritmadamente, a brancura brilhante de seus dentes apavorantes, a reluzente negridão das pontas cravejadas no arreio ou as feias imagens nos pequenos monitores de televisão alinhados em volta do seu pescoço. Era somente o vago sentimento de que aquele era um cavalo saído do inferno para um passeio matinal.

O silêncio estava se tornando insuportável, e Ford preparou seus nervos de aço para quebrá-lo.

— ... — ele falou.

Então, limpou a garganta e recomeçou:

— Só uma coisa: quem é você e o que está fazendo aqui? — perguntou, enfim.

Como bravata, não deu muito certo. Saiu alto demais no começo, baixo demais no meio e depois altíssimo demais novamente no final.

O homem baixou os olhos para ele e esperou um número impressionante de segundos antes de responder. Quando ele enfim respondeu, sua voz era grave. Ela roncou como um trovão em um vale distante. Ele disse:

– E quem são vocês e o que estão fazendo aqui?

Ford ficou perplexo. Experimentou uma aguda sensação de desapontamento. Depois de todo o suspense, pensou ele, isso não era matéria-prima para grandiosas conversas. Alguém que tenha essa aparência e monte em um cavalo assim, refletiu ele, deveria ter uma fala melhor no diálogo. Encorajado pelo sentimento de anticlímax, ele disse exatamente isso e esperou.

E esperou.

O homem esperou.

O cavalo balançou o rabo indolentemente, embora não por causa de uma mosca. Não havia nenhuma mosca em nenhum lugar ao seu redor. Qualquer mosca que chegasse perto de um cavalo como aquele teria perdido seu minúsculo crânio ectomórfico.

O silêncio persistiu, e ficou constrangedoramente manifesto que o homem realmente queria uma resposta à sua pergunta. Seus olhos se pousaram neles com o mesmo efeito de alguns abutres pousando em alguém que só está começando a tomar consciência de que está se sentindo um pouco doente.

– OK! – disse Ford. – OK! – vociferou ele. – OK, meu nome é Ford Prefect, e este é Arthur Dent, OK?

Ele meneou os ombros de um jeito que ele esperava que fosse briguento, mas que claramente não era, então parou de novo. Saltitou, alternando um pé e outro, mas o cavalo olhou para ele de relance, então parou com isso também. Ele não estava tirando o melhor partido dessa conversa, e tudo o que fizera até ali foi se apresentar.

– E – gritou ele –, com relação ao que nós estamos fazendo aqui, simplesmente não pergunte! Quer dizer, olha este lugar! Não dá. Você chegou com a sua nuvem de zarcar no meio do caminho, mas acredite em mim! Nós estamos aqui porque ficamos encalhados, e ponto final. Encalhados, empacados, abandonados nessa imundície podre primordial de um buraco onde nem uma pulga agradeceria por ser deixada!

Arthur expressou um leve ressentimento ao ouvir essa descrição do que era, afinal de contas, seu querido mundo natal, por mais cansado que estivesse de estar preso no passado pré-histórico dele, sem chá nem jornais. No entanto, ele deixou passar.

– Não estamos – Ford continuou bradando – fazendo nada. Estamos meramente estando aqui. Com algumas atividades secundárias, tais como odiar cada minuto disso. E viemos perambulando até entrar na sua nuvem de zarcar porque ela estava no meio do caminho, por Zarquon! Mais alguma coisa que você deseja saber ou devo apenas continuar gritando aleatoriamente?

O homem se inclinou ligeiramente para a frente. Um sorrisinho se dissimulou perto de sua boca, mas não a alcançou. Ele afagou o pescoço do cavalo e deu leves palmadinhas atrás da orelha do animal – gesto pelo qual qualquer outra pessoa teria merecido uma medalha.

— Então eu estou certo – disse ele, por fim – de pensar que vocês têm a impressão de que não deveriam estar aqui?

Ford o encarou.

— Parabéns – disse ele –, você sacou direitinho.

Essa tentativa de zombaria pareceu ser particularmente mal aceita pelo cavalo. O homem o acalmou com outra palmadinha carinhosa.

— Se vocês têm a impressão de estarem no lugar errado – disse ele tranquilamente –, vocês deveriam ter entrado em contato comigo mais cedo.

Isso os deixou confusos. Eles olharam um para o outro e depois de novo para o homem.

— Nós não entramos em contato com você – afirmou Ford.

— Não – disse o homem, com uma atitude de alguém que estivesse seguindo um encadeamento lógico mais elevado do que qualquer um que pudesse estar evidente a partir dessa conversa –, não entraram mesmo.

— E daí? – perguntou Ford.

O homem deu palmadinhas no cavalo de novo.

— E daí – respondeu ele. Olhou para a parede de névoa circundante, mas aparentemente para nada em especial. Certamente para nada de revelador.

— A gente nem sabe quem você é – disse Arthur.

— Eu sou consultor nesses assuntos – declarou ele.

— Ah, sei – retorquiu Arthur, com a esperança de que Ford soubesse do que ele estava falando.

— Do que você está falando? – indagou Ford. – Que assuntos?

— Todos: a vida, o universo... – redarguiu o consultor, encolhendo os ombros –, com enfoque no problema de onde as coisas devem estar. Esse é o meu campo de especialização.

Ford respirou fundo. O consultor levantou a mão, como para impedi-los de perguntar "O que você quer dizer com...?" etc., e os dois esperaram. Então viram que na mão dele havia um pedaço de papel. O homem o entregou a eles.

— O que é isso? – questionou Arthur.

Ford olhou para o papel, virou-o ao contrário, olhou o verso, virou-o do outro lado de novo.

– É um pedaço de papel – disse Ford.

Arthur o examinou e concordou. Tinha alguns rabiscos e marcas, mas nada que significasse alguma coisa para nenhum dos dois. A única coisa estranha era o jeito como ele aparecera do nada na mão do homem.

– Não foi mágica – disse o consultor –, foi transferência hiperinfraestruturotempetatônica.

Com um movimento súbito e ligeiro, ele desmontou-se do cavalo e ficou em pé na frente deles.

– Eu o retirei de um ponto diferente do tempo e espaço – explicou ele –, ou melhor, do mesmo ponto, se vocês aceitarem a visão de que todos os pontos no tempo e espaço são iguais e simultâneos. Eu, pessoalmente, não a aceito, mas conheço muito mais sobre o assunto do que qualquer outra pessoa.

Ele sorriu. Isto é, executou uma manobra facial que teria sido um sorriso no rosto de qualquer outra pessoa. Seu efeito verdadeiro foi embrulhar o estômago de Arthur.

O consultor pegou o pedaço de papel das mãos dele e o segurou.

– Digam onde vocês acham que ele deveria estar – ordenou ele.

– Acho – disse Arthur para Ford – que eu vou dar uma voltinha. Dá um grito se alguma coisa inteligível acontecer.

O consultor o impediu delicada, mas firmemente.

– Digam onde – repetiu ele.

– Então, olha só – disse Ford –, você disse algo a respeito de nos tirar daqui...

– Eu disse algo a respeito de onde as coisas devem estar – retrucou o consultor –, o que é uma questão complicada que requer uma habilidade e um raciocínio infinitos. Felizmente, eu possuo ambos. Vejam esse pedaço de papel.

– O que é tão importante nesse miserável pedaço de papel? – perguntou Ford.

– Nada – respondeu o consultor, com outro daqueles sorrisos que causaram tanto estrago no sistema digestivo de Arthur, que já passara por maus bocados naquela manhã ao lidar com um coelho cozido demais –, não aqui. Aqui ele é perfeitamente inofensivo. Suponho que você poderia cortar o dedo na beirada dele, mas... – Ele estremeceu.

– Mas?

– Eu o arranquei do espaço-tempo. Posso devolvê-lo exatamente com a mesma facilidade a qualquer lugar e a qualquer momento. Se eu colocá-lo de volta, pois sou capaz de fazer isso, agora, assim – ele estalou os dedos, e o papel sumiu –, no bolso da pessoa errada em um dos planetas das Repúblicas Aliadas de Gognagamma...

– Gogna...?

– Gognagamma. Outra galáxia, você não conhece. ... então posso lhe garantir que, dentro de horas, 537 trilhões de pessoas estariam mortas. Os símbolos aparentemente sem sentido escritos nele são os códigos secretos de detonação de todo o arsenal nuclear deles. Se eu o colocasse lá agora e você ainda estivesse parado aí daqui a alguns bilhões de anos, então o minúsculo pontinho de luz que você veria naquele canto do céu seria Gognagamma encerrando seu show. Se, no entanto, eu juntasse 249 coisas como essa – ele virou a mão do outro lado e lhes mostrou que, na verdade, ainda estava com o papel preso entre as articulações dos dedos, como um mágico – e as levasse para uma loja de penhores em Langaba III, a apenas 30 anos-luz daqui, eu poderia receber uma torradeira elétrica de graça. Tentador, não?

Arthur esbugalhou os olhos.

– Por quê? O que é isso? – disse Ford.

– Uma conta de consertos no telhado.

– Uma con...

– ... ta de consertos no telhado, isso mesmo. Enviada a um tal de Frob Gronta, uma forma de vida anfíbia com problemas financeiros na pequena nuvem de Magalhães. Infelizmente, acho que ele se matou quando viu isso. O choque levou seu filho a ser internado em um hospício, onde ele mais tarde encontrou uma fêmea anfíbia com dificuldades emocionais semelhantes. Juntos, eles compuseram as melhores óperas cômicas que o mundo deles já conheceu. Transformaram a vida cultural de uma geração.

Pensando com seus botões, Arthur acenou com a cabeça compreensivamente, mas percebeu depois de um tempo que aquilo não o estava levando a nada e decidiu que diria "O quê?", afinal de contas.

– Eu disse algo a respeito de onde as coisas devem estar – continuou o consultor. – Primeiro, este pedaço de papel, depois, vocês. Há certas coisas que vocês precisam entender. Para vocês, isto é um pedaço de papel insignificante e inofensivo. Ele contém alguns símbolos sem sentido. Mas nós vivemos em um universo infinito. Pelo menos, vocês vivem. Eu moro perto dele.

– O q...

– Deixa pra lá. Em um universo infinito, existem possibilidades infinitas. Certo?

— Certo, OK! — exclamou Ford, irritado.

— E, portanto, um número infinito de coisas que este pedaço de papel pode significar, certo?

— Certo — repetiu Ford.

— E o que ele significa depende do lugar em que ele está. Certo?

— Você poderia simplesmente presumir que, seja o que for que você disser, nós concordamos? — disse Ford.

— Por exemplo, existe um mundo onde este pedaço de papel é a moeda oficial — continuou o Consultor. — Eu sei, pois já fui lá. Só uma vez, a comida é chocante. Mas, com este pedaço de papel, você compraria comida pra caramba lá. Compraria amigos, poder, casas bonitas, qualquer coisa que lhe desse na telha, supondo que você realmente quisesse estar lá, o que você não iria querer, porque a comida é tão ruim... — Ele franziu ligeiramente as sobrancelhas, com o olhar perdido. — Onde vocês acham que este pedaço de papel deve estar?

Arthur teve a impressão de que estava rolando uma espécie de feitiço e se sentiu tonto ou por isso ou por espanto ou talvez por puro medo daquela figura estranha e alta, parecida com um falcão, inexplicavelmente parada diante deles, com a escuridão do inferno nos olhos, o sol por trás de sua cabeça esguia e um pedaço de papel incoerente na mão, ao qual ele parecia dar uma importância excessiva.

Ele limpou a testa com a mão e respirou profundamente.

— Sinceramente — confessou ele —, não sei. E eu realmente não consigo fingir que estou entendendo o que você está falando.

Ford fez um gesto indicando que pensava o mesmo que Arthur. Ford encolheu os ombros. Arthur encolheu os ombros. Os ombros deles esbarraram um no outro. Eles não tinham nada a dizer. Arthur se perguntou se não deveria mencionar que o cavalo parecia estar comendo a areia, mas decidiu não dizer nada.

— Em Sagyavan Alfa — continuou o Consultor —, este pedaço de papel é o mandado de execução de um homem inocente e bom. Eu poderia colocá-lo lá, e ele morreria. Assim! — Ele fez um gesto expressivo. — As pessoas ficariam enfurecidas. Elas se revoltariam e destituiriam o governo, que cometeu todos os crimes de tirania possíveis (exceto esse), e, como resultado, milhões de pessoas levariam vidas livres e felizes, que, caso contrário, teriam sido negadas a elas. Em Pelphonicos, este papel seria, sem dúvida, reconhecido como a obra-prima perdida do maior artista deles...

— Tá, estamos começando a captar a ideia — disse Ford. Tem horas em que é melhor apenas acatar as coisas.

— Portanto, vocês estão entendendo a complexidade da questão, a habilidade e o raciocínio que a disposição de objetos requer, se a vida quiser ter algum sentido – disse o consultor.

— Ahn, sei – disse Ford.

— Então, onde vocês acham que este pedaço de papel deveria estar? – perguntou o Consultor.

— Ahn, sei – disse Ford, com base na constatação de que, na última vez em que ele dissera essa frase, ela pareceu passar sem grilo. Ele foi arrebatado por um súbito desejo de recomeçar a pular dentro e fora de lagos. Dessa vez, pensou que talvez fosse uma azeitona. Arthur apenas murmurou imparcialmente um murmúrio que ele desenvolvera havia muitos anos, quando era criança, para utilização em aulas de história. Ele o praticava com um gravador de fita durante horas até ter certeza de que o murmúrio soava, igualmente e simultaneamente, parecido com (ou diferente de) "1066" e "Schleswig-Holstein". Ele nunca esperara precisar dele de novo e ficou surpreso e contente por vê-lo vindo à tona agora e fazendo-se útil.

— Ótimo, vocês devem ficar com ele – determinou o Consultor inesperadamente.

Com um movimento ligeiro demais para que Arthur desviasse, o homem avançou para cima dele com o pedaço de papel e, bruscamente, socou-o no bolso de seu roupão. Arthur ficou parado, assombrado.

— Pelo amor de Deus, o que eu devo fazer com isso? – proseou ele.

A proximidade da presença física do homem era assustadora. Sua altura (ele era muito alto), sua magreza, sua... curvatura, o terror que os seus olhos transmitiam, o fato de que ele estava de pé com o sol diretamente atrás da cabeça, tudo isso contribuía para dar um efeito que Arthur descreveria mais tarde, no diário que acabou mantendo sobre esses acontecimentos, primeiro como "mau" (que ele riscou), depois como "opressor" (que ele riscou), depois como "psiquicamente lancinante" (que ele riscou com um traço fino e relutante) e, por fim, como "indescritível".

— O que você quer dizer – disse o Consultor, com uma voz semelhante a um rio poderoso correndo para o interior de um alto-forno – com "pelo amor de Deus"? Não existe Deus.

— Ah, é mesmo? – disse Arthur, com o tom menos controverso que ele conseguiu exprimir. – Eu muitas vezes me perguntei isso.

— Bem, pode parar de se perguntar agora, porque não existe nenhum – sibilou o Consultor.

— Certo, certo — disse Arthur, enfiando as mãos jovialmente nos bolsos e espiando à sua volta. Ele se arrependeu então de ter espiado à sua volta, pois a primeira coisa em que deitou os olhos foi o cavalo. O animal parecia ter pequenas chamas saindo de suas narinas. Arthur se apressou em olhar de volta para o Consultor. — Certo — disse ele de novo.

— A verdade nua e crua! — gritou o Consultor.

— A verdade nua e crua — concordou Arthur.

— Coisas terríveis acontecem, coisas bacanas acontecem. Não muitas, mas acontecem. As pessoas deveriam apenas seguir em frente e fazer o melhor. Certo?

— Você poderia simplesmente presumir que, seja o que for que você disser, eu concordo? Até o fim — disse Arthur diplomaticamente.

— Eu! — rosnou o Consultor. — Eu dou sentido a isso, se houver algum. Uma conta falsificada de consertos no telhado! Ah! Eu sou o cara! Eu causo dor, confusão. Somente as coisas ruins dão sentido à vida, fazem-na crescer, entendem?

— Eu, é... bom, isso quer dizer...

— Mas já basta. Eu desisto. Ele pode tê-la de volta.

— Tenho certeza de que você tem razão.

— E as pessoas se reconfortam com a ideia de um deus! Idiotas patéticos, fracos e cabeças de vento. Fracos demais para encararem a realidade. Deus! Que ideia estúpida!

Ele se virou e fitou os olhos em Arthur e em Ford.

— Se houver algo parecido com um deus — disse ele, avançando na direção dos dois —, que ele me extermine aqui onde estou!

Caindo do céu azul e limpo, um raio o atingiu certeiramente na nuca.

— Agora, não quero que vocês tirem conclusões precipitadas — disse ele, desmoronando em uma pilha fumegante.

— Isso acabou de acontecer, mesmo? — perguntou Ford. Arthur fez que sim com a cabeça, sem palavras.

O cavalo lançou um olhar emburrado para os dois e escarvou o solo. Afastou-se e deu a volta lentamente. Começou a se aproximar deles. Rompeu em um trote e depois andou a meio galope. Eles viraram as costas e correram.

A parede de nuvem estava a quase 100 metros atrás deles, uma massa de fumaça em ebulição e retorcida. Eles saíram desembestados, tropeçaram, cambalearam pela areia, com o som dos cascos tamborilando em seus ouvidos. Eles correram até pensarem que seus corações explodiriam, chisparam para dentro da nuvem, despacharam-se com esforço pelo caminho, ofegando, arquejando e gritando ao longo dele, e apareceram do outro lado, no meio do Lord's Cricket Ground, perto do final da última partida da Série Australiana no ano de 198—, quando a Inglaterra precisava de apenas 28 corridas para vencer.

— É, aquilo foi uma surpresa — disse Arthur Dent, muitos anos depois.

Seu diário foi publicado, causando um furor considerável no universo inteiro, um universo que mudara muito com relação àquele que nós conhecemos hoje, por causa da passagem intermediária do momento mágico grau 1...

Ele fez Arthur virar meio que uma celebridade. E, embora tenha resistido a isso e preferido passar a última parte de sua vida em reclusão silenciosa na casinha de campo que ele construíra para si mesmo à sombra de seu querido monastério de Mon, ele recebia ali frequentes visitas de historiadores, jornalistas e estudantes e às vezes de simples curiosos que estavam dispostos a fugir do convencional, no intuito de ver alguém cuja vida fora vivida longe dos caminhos seguros da existência.

Arthur continuava afirmando que realmente não fizera nada, que era mais diferenciado do que diferente, mais acontecido do que acontecendo e que sua vida fora governada pelo princípio de onde as coisas devem estar, mas acabou concordando em gravar uma série de entrevistas. Elas foram gravadas em cinco fitas, que estão arquivadas no Departamento de História Quântica da Universidade de Nova Maximegalon.

A fita o mostra em forma de homem, com 60 e poucos anos talvez, cabelo agora grisalho e ralo. Seu rosto está cansado e enrugado por causa de uma vida de espanto e preocupação quase contínuos, mas suavizado hoje por filosofia e creme vegetal, ambos fornecidos pelos monges de Mon.

Quando ele fala, sua voz é macia e bondosa. Fracamente, lá no fundo, dá para ouvir, vindo das paredes do monastério, o som sereno do coro dos monges. Eles cantam sobre a inevitabilidade disso, a inconsequência daquilo, a incompreensibilidade daquilo outro, a importância de acreditar nisso tudo e a futilidade de se preocupar com qualquer uma dessas coisas.

A fita 3 começa com Dent dizendo "É, aquilo foi uma surpresa", o que é a sua resposta à pergunta do final da fita 2, que se refere à materialização inesperada no Lord's Cricket Ground.

Em outro momento da fita, Arthur Dent afirma que, se mantiver a cabeça bem imóvel durante um tempo, é capaz de entender como e por que tudo isso aconteceu.

10.
O DIÁRIO DE ARTHUR (MANUSCRITO ORIGINAL DE *A VIDA, O UNIVERSO E TUDO MAIS*)

PRIMEIRO TRECHO DO DIÁRIO DE ARTHUR.

Slartibartfast sugeriu, por pensar que eu pareço ter uma certa dificuldade em compreender o que ele considera como simples ideias básicas, que talvez eu devesse manter um diário de acontecimentos e organizá-los para mim mesmo ao meu bel-prazer.

Não acho que eu tenha dificuldade para compreender as coisas. Não entendo o que ele quer dizer com isso. No entanto, diria que os acontecimentos parecem ter a maior dificuldade em se apresentarem de maneiras que façam sentido para mim.

Mas vou manter um diário, e isso sou eu começando a escrever. Estou utilizando uma espécie de caneta que, pelo que me disseram, é o suprassumo da sofisticação científica, mas ela me irrita pra cacete. Toda vez que eu faço uma pausa de mais de cinco segundos, pensando no que vou escrever em seguida, a caneta simplesmente vai em frente e escreve uma palavra assim mesmo, uma palavra selecionada com base no que ela acha que eu estou pensando, e isso com a intenção de dar o pontapé inicial para mim. Pois bem, isso não ajuda, mas, como eu disse, só me irrita pra cacete.

Chá. Viu? Ela acabou de fazer isso! Foi a caneta, não fui eu. Tenho de admitir que estou a fim de uma xícara.

Estou escrevendo isto o mais rápido que consigo, de modo a não ser interrompido pela caneta. Portanto, se algum trecho parecer supérfluo ou fora do tema ou, como na frase anterior, tautológico, essa será a razão. Só estou escrevendo sem parar enquanto tento reunir as forças necessárias para descrever exatamente o que aconteceu no final daquela partida de críquete extraordinária, e o simples fato de manter o punho da minha mão que escreve se movimentando suavemente está provocando uma espécie de efeito tranquilizante bem-vindo. Você deve ter notado que eu não coloquei nenhuma data no topo desta página. Eu digo "você", supondo que alguém um dia vá ler isto e, de fato, presumindo que haverá alguém por quem isto possa ser lido, qualquer um, se o que Slartibartfast me diz for verdade, algo em que é difícil de acreditar.

Não sei qual é o problema do velho Slarts, ele não é mais como era antes, nem um pouco. Ele me disse que virou vice-presidente de uma organização chamada Campanha pelo Tempo Real e vive me empurrando panfletos. É melhor eu ler um logo, nem que seja para calar a boca dele. Ele diz que sentiu que precisava fazer algo de útil em sua idade avançada e vive resmungando sobre alguma coisa que a sua mãe lhe falou quando ele era um garotinho, o que é algo que eu acho um pouco difícil visualizar. Foi, aparentemente, há um bom tempo atrás. O cochilo de 5 milhões de anos do qual ele acabara de acordar quando eu o encontrei pela última vez parece que não foi o primeiro. Enfim, o que a mãe dele disse, aparentemente, foi que ele deveria deixar o universo do mesmo jeito que ele o encontrou, e isso, diz ele, é uma tarefa complicada. Imagino...

Datas. Ah! Isso, na verdade, foi a caneta sendo útil pela primeira vez e me lembrando que eu esqueci completamente daquilo que comecei a explicar no último parágrafo. Eu não coloquei a data no topo desta página por duas razões. Uma foi a insistência do Slartibartfast, porque ele diz, em sua qualidade de vice-presidente da CAMTEM (Campanha pelo Tempo Real), que, se este documento cair nas mãos de alguém no passado, só causará mais problemas do tipo que ele está tentando resolver, e a outra foi que eu não sei que dia é hoje. Na presente data, nós (vou explicar exatamente quem "nós" engloba em um minutinho) estamos em... peraí, deixa eu verificar... nós estamos aparentemente nos deslocando paratangencialmente em um subarco radiano no campo do tempo profundo, então me diga você qual é a data! Ah, chegamos a algum lugar, vou ter de parar por enquanto.

SEGUNDO TRECHO DO DIÁRIO DE ARTHUR.

Respiração profunda. Relendo as anotações anteriores deste diário, fiquei um pouco surpreso com a leveza do tom, mas, então, acho que as coisas realmente não entraram na minha cabeça. Talvez Slarts tenha razão sobre mim. Talvez Ford tenha razão sobre mim. Espero que não, ele é muito mais ignorante. De qualquer forma, está na hora de começar a expor os fatos.

A Inglaterra venceu a partida de críquete. Pode parecer irrelevante, mas eles venceram. Ela venceu. (A Inglaterra é "ela" ou "eles"? Ah, deixa isso pra lá.) A partida se encerrou com outra surra de seis corridas, direto na torcida, e a torcida foi à loucura, invadiu o campo e fez todo esse tipo de coisa. Slartibartfast reagiu a isso igual a um mamute olhando fixamente de dentro de um bloco de gelo, e eu realmente comecei a pensar que ele devia torcer para a Austrália, embora isso parecesse pouco plausível.

Lá se seguiu então uma pequena cerimônia – eu concluí que isso é (era) uma coisa nova, não realizada antes, e provavelmente planejada para fazer com que o negócio todo saísse melhor na televisão. As Cinzas foram apresentadas ao capitão do time inglês ali no campo. As emissoras de TV ainda não sabiam naquele momento, mas estavam prestes a obter de fato um material de televisão muito, muito bom...

Acho que está acontecendo alguma coisa, vou ter de par...

11.
AMOR INTERESPÉCIES
(MANUSCRITO ORIGINAL DE *A VIDA, O UNIVERSO E TUDO MAIS*)

Até aqui, esta narrativa descreveu muito pouco o relacionamento entre Zaphod Beeblebrox e Trillian, e há uma razão para isso. Eles são, estritamente falando, de espécies diferentes. Quem precisar de mais explicações deve consultar o Estatuto Legal Galáctico Imperial 161251/110352, que cobre o que ele chama de práticas anormais. O Estatuto é, francamente, repressivo e se divide em três seções independentes. A primeira é espantosamente longa e gráfica e descreve exatamente o que o Estatuto entende por "práticas anormais". A segunda seção é, por contraste, extremamente sucinta e define exatamente a quantidade desse tipo de coisa que qualquer outra pessoa é autorizada a descrever em uma obra publicada. A terceira seção trata das penas por infringir a segunda seção e acaba sendo até mais longa e mais gráfica do que a primeira seção.

Esse estatuto é relativamente recente. Por incrível que pareça (antes de você refletir melhor sobre isso), na verdade ele foi concebido e transformado em lei durante a presidência do próprio Zaphod Beeblebrox. A razão pela qual isso é, à primeira vista, incrível é que, em todos os outros âmbitos, a presidência de Zaphod foi a mais extravagante da História. A razão pela qual isso deixa de ser incrível quando você reflete melhor sobre a questão é a seguinte:

Segundo a opinião geral, Zaphod escreveu ele mesmo a maior parte da primeira seção. O estatuto, como um todo:

(a) é pura pornografia,

(b) proíbe todas as outras pornografias,

(c) é, portanto, o único livro na história editorial galáctica a ter ultrapassado as vendas daquele livro totalmente extraordinário, *O guia do mochileiro das galáxias*.

Por causa de um mau funcionamento inexplicável em um computador, não há ninguém que possa dizer com certeza onde a receita das vendas desse estatuto foi parar, mas, do mesmo modo, não há ninguém que não consiga adivinhar.

12.
A SUPOSIÇÃO DE SÃO ZALABAD
(ANOTAÇÕES DE *PRATICAMENTE INOFENSIVA*)

Nos mundos além do Grande Moosop de Rhontoide, eles estavam celebrando a festividade da suposição de São Zalabad, e tudo estava indo sensacionalmente bem.

Zalabad fora um rei grandioso e popular que supusera que todo o mundo gostaria de participar de uma imensa festividade à sua custa todo ano, pela simples razão de que ela seria extremamente prazerosa para todos os envolvidos, e sua suposição se revelou estar totalmente correta.

Tão correta, na verdade, que, após sua morte, seu povo o transformou em um santo. Eles não haviam venerado nenhum santo antes e pensaram que ter um santo que fosse apenas de bom coração seria um ótimo começo. Houve quem se queixasse, é claro, sempre há. Teve aqueles que diziam que era impossível fundar uma religião respeitável que não fosse baseada em alguns atos de brutalidade absurda sobre os quais todos pudessem se torturar – e talvez torturar também algumas outras pessoas enquanto isso –, mas todos se mostravam simplesmente gentis com tais resmungões até eles calarem a boca.

Aquela era uma tarde para cantar e dançar nas ruas, e quase todos estavam se divertindo.

Arrastado pela multidão em meio à alegre celebração, estava Arthur Dent. A nave na qual ele estava viajando fizera uma escala imprevista. Enquanto estivera vagueando sem destino pelas bancas de livros do espaçoporto, ele refletiu que, apesar da rápida marcha do progresso, os espaçoportos eram até mais chatos do que os aeroportos. As estações de trem eram mais chatas do que os portos marítimos, os aeroportos eram mais chatos do que as estações de trem, e os espaçoportos eram mais chatos do que os aeroportos – inclusive o aeroporto de Birmingham (Birmingham no Rosterox Sublime de Hawsqaja, além das Balastras dos Sete Binjis).

Enquanto Arthur estava dando um passeio, chegou alguém que lhe fez algo tão bacana a troco de nada que ele pensou que seria melhor ir dar uma olhada em que tipo de planeta ele aterrissara.

— Ahn... obrigado – agradeceu ele, saindo dali para a luz do sol.

— Toma, beba alguma coisa!

— Obrigado...

— Frutas!

Arthur raramente passara uma tarde tão completamente deliciosa, e ela só foi estragada perto do fim pela súbita visão de uma silhueta depressivamente familiar andando pelas ruas apinhadas em direção a ele — se "andar" for uma palavra que descreva adequadamente a espécie de caminhada arrastada e sombria que a figura cibernética simulava. Arthur tentou em vão se esconder do campo de visão no meio da multidão.

Algo estranho zumbiu acima de sua cabeça, mas, quando ele olhou para cima alguns minutos depois, embora todas as outras pessoas na multidão estivessem olhando mais adiante, o mórbido amontoado de metal miserável que ele estava tentando evitar se pôs de pé na frente dele, encarando-o com calmo desprezo.

— Oh, é... Marvin, oi! — disse Arthur. — Que... coisa ver você, como é que é mesmo a palavra que estou procurando? Legal. Que legal ver você, por assim dizer. Sim.

Marvin continuou encarando-o.

"Uma das maiores desvantagens", refletiu Arthur, "desse negócio de ser capaz de zanzar para trás e para a frente no tempo como todo mundo parece estar fazendo na galáxia moderna de hoje (ou de ontem ou de amanhã ou da semana que vem — não faz mais a menor diferença) é que, mesmo que você tenha velado solenemente alguém em seu leito de morte em uma semana, isso não era nenhuma garantia de que você não seria obrigado a travar um bate-papo agradável com o falecido na semana seguinte."

Seu último encontro com o robô acabara quando Arthur depositou seus restos terminais enferrujados para descansar na areia do planeta Sevorbeupstry, fazendo o maior esforço para impedir que as palavras "já vai tarde" irrompessem em seu cérebro o tempo inteiro.

— E aí, hum... como você tem passado, então? — perguntou ele.

— Calmo, obediente e desesperado — respondeu Marvin.

— Ah, sinto muito ouvir isso — disse Arthur. — Céus, já são que horas? Não vou mais tomar o seu tempo. Quanta gente aqui no festival, hein?

Arthur tentou controlar sua boa vontade com pulso firme, mas era como estrangular um peixe.

— Aquele negócio de salvar a sua vida — disse Marvin sombriamente —, suponho que você não queira falar sobre isso. Ora bolas! Lá vou eu.

(No intuito de poderem canonizar Zalabad, eles precisam ter uma religião respeitável, o que significa que ela tem de ser respeitavelmente baseada em algo sórdido que tenha acontecido, sem o qual a bondade não pode ter sentido algum. Ser meramente bondoso e gentil e agradável é muito bonito por si só, mas não é religioso, é? Não é fervoroso.)

(Eles estão todos se preparando para a grande culpa. Talvez estejam distribuindo camisetas anticulpa.)

13.
BAGGY, A MOSTARDA (ANOTAÇÕES DE *PRATICAMENTE INOFENSIVA*)

A história do *Guia do mochileiro das galáxias* é uma história de visão, idealismo, luta, paixão, ganância, sucesso, fracasso e pausas para almoço extremamente longas.

As origens mais primitivas do *Guia* estão hoje perdidas nas névoas do tempo (para outras teorias mais curiosas sobre onde elas foram perdidas, veja abaixo), mas a maioria das anedotas que sobreviveram fala sobre um editor fundador chamado Baggy, a Mostarda.

A história de Baggy, a Mostarda, é muito instrutiva. Baggy, a Mostarda, nasceu no mais remoto dos planetas fronteiriços, fora do alcance até mesmo das mais poderosas estações retransmissoras de vídeos de rock. Seu planeta havia sido desbravado pelos últimos pioneiros molengas da terceira e última Grande Expansão, que haviam passado mais de vinte anos viajando penosamente para chegarem lá. Ele se chamava EAgora e era muito bom para quem gostava de sentir frio e umidade, um dos poucos planetas da galáxia a ter seu próprio lema, que dizia assim: "Até viajar desesperançosamente é melhor do que chegar aqui".

As principais atividades no planeta EAgora consistiam em caçar, esfolar e comer boghogs eagorianos, e apenas o esfolamento era, de uma forma ou de outra, fácil. Havia muito calafrio também, o que era bastante popular em EAgora, em larga medida porque os casacos de pele de boghog eagoriano eram inexplicavelmente finos...

Foi em um mundo desse tipo que Baggy nasceu e foi abandonado quase instantaneamente, com nada em seu nome, a não ser o seu nome – Baggy, a Mostarda. Seus pais tiveram a gentileza de fazer essa coisinha singela pelo filho: se ele conseguisse superar um nome como esse, argumentaram eles, seria capaz de superar tudo. Mas as coisas não se passariam assim. Ele queria informar aos seus pais os nomes que, em troca, ele imaginara para eles. Baggy descobriu que, com um nome desses, não era capaz de lidar com o fato de ser apresentado às pessoas e, portanto, nunca teve nenhum amigo que pudesse ajudá-lo a lidar com algumas das outras coisas da vida, como frio, umidade e boghogs loquazes. Então, ele fugiu para os pântanos onde foi criado, de forma incrivelmente dolorosa, pelos boghogs. O resultado disso foi que agora ninguém conseguia suportar ser apresentado a ele, e, por isso, seu isolamento era total. Logo, sua vida era completamente infeliz.

Um dia, Baggy, a Mostarda, estava patinhando sem rumo em um campo perto do pequeno e sinistro espaçoporto de EAgora, onde topou com uma cópia descartada do *Guia do mochileiro das galáxias* jogada em uma poça. Ele o apanhou e o virou e revirou inúmeras vezes, observando-o com espanto. Ali estava algo que ele podia segurar acima da cabeça para se proteger da chuva!

Quem acha que um livro de plástico com cerca de 15 cm por 10 cm não protegeria de bastante chuva não tem ideia de quanta chuva havia em EAgora.

Imagine, então, um pobre menininho selvagem sentado em uma poça d'água, tiritando de frio e segurando a chave para a galáxia cinco centímetros acima de sua cabeça. Continue imaginando isso, pois a cena está prestes a mudar.

(Ele foi embora do planeta na primeira oportunidade, contrabandeando-se a bordo da nave de um caixeiro-viajante que comercializava roupas de baixo térmicas e ganhava uma fortuna seguindo as rotas dos colonizadores pioneiros após um intervalo de anos muito bem calculado.)

14.
GALACTIVID (ANOTAÇÕES DE PRATICAMENTE INOFENSIVA)

Em uma manhã de maio, o mundo acordou com a notícia mais extraordinária. Quer dizer, a Inglaterra acordou com tal notícia. Em outras partes do mundo, as pessoas estavam indo para a cama ou almoçando, mas, em todo caso, era a notícia mais extraordinária.

A notícia era que uma inteligência extraterrestre esteve monitorando a nossa civilização durante muitos anos. E não apenas isso: eles também vinham gravando os programas *The Liver Birds* e *Are You Being Served?* e vendendo-os para serem difundidos na galáxia inteira sem pagar nenhum centavo de *royalties*.

A notícia vazou porque a equipe de uma rede de TV rival que operava fora de Mintakam, que é a quarta estrela da constelação de Órion, chegou em uma espaçonave, no intuito de apresentar uma contraproposta para a próxima temporada de *The Liver Birds*, e ficou horrorizada ao descobrir, em primeiro lugar, que eles não planejavam fazer mais nenhuma temporada e, em segundo lugar, que a Galactivid (a empresa que transmitia os programas até então) estivera fazendo isso impunemente.

Foi difícil saber quem ficou mais espantado: as pessoas da Terra, que durante muito tempo se imaginaram sozinhas em um universo de tamanho e grandiosidade inimagináveis, criado especialmente para elas ocuparem um único cantinho dele, ou os pequenos executivos roxos da Cosmicpix, que perceberam terem sido trapaceados.

Um executivo subordinado da BBC Enterprises os levou para a suíte de boas-vindas e os distraiu perguntando que tipo de viagem eles haviam feito, enquanto tentava encontrar gelo...

15.
LAJAWAG (ANOTAÇÕES DE *PRATICAMENTE INOFENSIVA*)

Contam-se muitas histórias comoventes sobre pessoas que consultaram aquela obra de referência totalmente extraordinária, o *Guia do mochileiro das galáxias*, e por isso mudaram suas vidas para sempre. Quantas dessas mudanças foram para melhor é, obviamente, um assunto de debates constantes e muitas vezes amargos.

Ninguém apreciava tanto uma boa pitada de amargor em seus debates quanto Lajawag Bunkwot, um dos editores mais empreendedores da história longa, ilustre e frequentemente irrepreensível do *Guia*. Ele afirmava que o *Guia* era a melhor dádiva já concedida à criação. E, quando Lajawag afirmava uma coisa, ela ficava afirmada.

— *O guia do mochileiro das galáxias* — afirmou o editor (em seu depoimento ao Esquadrão Galáctico de Incidentes Intrigantes) — é, sem dúvida, uma das melhores dádivas já concedidas pelo seu criador a uma criação sortuda, se existir algum criador. E, se não existir, bem… o puro acaso é uma coisa extremamente inteligente, não é? Principalmente fazer todas aquelas órbitas. É tudo o que eu posso fazer para estacionar a minha scooter a jato. Posso ir agora, por favor, senhor policial?

THE RING PULL

Dirk Gently's Holistic Detective Agency

DIRK GENTLY'S HOLISTIC DETECTIVE AGENCY is a brand new novel I'm working on at the moment which is *nothing at all* to do with **The Hitch Hiker's Guide to the Galaxy**.

It's a kind of ghost-horror-detective-time-travel-romantic comedy epic and is largely concerned with mud, music, and Quantum mechanics - you get the idea. It's being published in Britain by *Heinneman* and in the USA by *Simon and Schuster*. It should be out about the middle of next year with a sequel to follow a year later.

On September 29th this year, Heinneman are publishing a four-in-one hard back volume of all the **Hitch Hiker** books, for which I have written a new and unhelpful introduction.

The Utterly Utterly Merry Comic Relief Christmas Book.

I hope you've heard of **Comic Relief** by now, which is a group of comedy writers and performers working to raise money for Ethiopia and the Sudan. You'll probably remember **Living Doll** by *Cliff Richard and the Young Ones*, which was a #1 hit earlier this year - that was a **Comic Relief** project. I've been compiling a **Comic Relief** book for Christmas, which includes new material from The Young Ones, Spitting Image, an Adrian Mole story from Sue Townsend, more **Heroic Failures** from Stephen Pile, more **Man's Best Friend**, more **Meaning of Liff** from John Lloyd and myself, a Hitch Hiker story, and other short story collaborations by Terry Jones, Graham Chapman and myself. All the money is going to charity, and you *have* to buy it.

O LACRE

Primeiro quadro, no topo à esquerda:
AGÊNCIA DE INVESTIGAÇÕES HOLÍSTICAS DIRK GENTLY

AGÊNCIA DE INVESTIGAÇÕES HOLÍSTICAS DIRK GENTLY é um romance novinho em folha no qual eu estou trabalhando no momento e que *não tem absolutamente nada* a ver com *O Guia do Mochileiro das Galáxias*.

É um tipo de comédia épica romântica, com viagens no tempo e histórias de detetive, terror e fantasma, que dá grande enfoque a sujeira, música e mecânica quântica – você sacou a ideia, né?

Ele será publicado na Inglaterra pela Heinneman e nos Estados Unidos pela Simon and Schuster. Deve sair por volta da metade do ano que vem, e a sequência sai no ano seguinte.

Segundo quadro, no topo à direita:
THE UTTERLY UTTERLY MERRY COMIC RELIEF CHRISTMAS BOOK
[*O total e absoluto livro de Feliz Natal da Comic Relief*]

Espero que você já tenha ouvido falar da Comic Relief, um grupo de escritores e artistas de comédia que trabalha para levantar fundos para a Etiópia e o Sudão. Você provavelmente se lembra de "Living Doll", de Cliff Richard and the Young Ones, que foi a música número 1 das paradas de sucesso este ano – ela foi um projeto da Comic Relief. Estou compilando um livro da Comic Relief para o Natal, que inclui novos textos de The Young Ones, Spitting Image, uma história sobre Adrian Mole de Sue Townsend, mais Heroic Failures de Stephen Pile, mais Man's Best Friend, mais Meaning of Liff de John Lloyd e este que vos fala, uma história do *Mochileiro* e outros contos escritos por Terry Jones, Graham Chapman e por mim mesmo. Todo o dinheiro será revertido para obras de caridade, e você *tem* de comprar o livro.

Terceiro quadro, embaixo à esquerda:
O GUIA DO MOCHILEIRO DAS GALÁXIAS

Em 29 de setembro deste ano, a Heinneman publicará um volume de capa dura "4 em 1", com todos os livros do *Mochileiro*, para o qual eu escrevi uma apresentação nova e inútil.

Quarto quadro, embaixo à direita:
THE UTTERLY UTTERLY MERRY COMIC RELIEF CHRISTMAS BOOK
[*O total e absoluto livro de Feliz Natal da Comic Relief*]

Bureaucracy.

This is a new computer game I've collaborated with games designers at Infocom on. The game involves you in a bewildering series of adventures from your own home to the depths of the African jungle, but the object of the game is simply to get your bank to acknowledge a change of address card. This should be available at the beginning of 1987.

The Hitch Hiker Interactive CD.
The what? You may well ask. This is an entirely new medium that hasn't even reached the market yet. The end result should be a kind of cross between the best aspects of the radio series, the tv series, and the computer game.

The Hitch Hiker Movie.
Who knows? You know as much as I do. Every time I ask I'm told it's about to happen. I've given up asking.

Last Chance to See...

During the next year I'm embarking on a number of wildlife expeditions with zoologist Mark Carwardine to search out some of the world's rarest animals. The plan is to do a radio series and a book based on on the trips. I hope that one of these will be the first radio programme to be recorded entirely underwater in stereo.

Primeiro quadro, no topo à esquerda:
INFOCOM
BUREAUCRACY [BUROCRACIA]
É um novo jogo de computador que eu criei em colaboração com os *designers* de jogos da Infocom. O jogo envolve você em uma desconcertante série de aventuras, desde a sua própria casa até as profundezas da selva africana, mas seu objetivo no jogo é simplesmente fazer com que o seu banco confirme uma mudança de endereço para o seu cartão. Ele deve estar disponível no início de 1987.

Segundo quadro, no topo à direita:
O CD INTERATIVO DO MOCHILEIRO
"O quê?", você bem pode perguntar. É uma mídia completamente nova que ainda nem chegou ao mercado. O resultado final deve ser uma espécie de cruzamento entre os melhores aspectos do seriado radiofônico, do seriado de TV e do jogo de computador.

Quadro do meio, ao lado das maçãs:
O FILME DO MOCHILEIRO
Quem sabe? Você sabe tanto quanto eu. Toda vez que eu pergunto, me dizem que ele está prestes a acontecer. Desisti de perguntar.

Quadro de baixo:
ÚLTIMA CHANCE DE VER...
Durante o ano que vem, vou embarcar em diversas expedições ecológicas, junto com o zoólogo Mark Carwardine, para observar alguns dos animais selvagens mais raros do mundo. A ideia é produzir um seriado radiofônico e um livro baseados nas viagens. Espero que seja o primeiro programa de rádio a ser gravado inteiramente debaixo d'água em estéreo.
Douglas Adams

THERE'S NOTHING
   INTERESTING ON THIS PAGE
      AT ALL.

"Não tem absolutamente nada de interessante nesta página."
DOUGLAS ADAMS

CITA-ÇÕES NO TEXTO

A Vida, o universo e tudo mais, de Douglas Adams, Pan Macmillan. Copyright © Douglas Adams, 1982

Até mais, e obrigado pelos peixes!, de Douglas Adams, Pan Macmillan. Copyright © Douglas Adams, 1984

Dimension of Miracles, de Robert Sheckley, Granada Publishing. Copyright © Robert Sheckley, 1969

Doctor Snuggles, seriado de TV. Copyright © ITV

Doctor Who, seriado de TV. Copyright © BBC

Douglas Adams' Starship Titanic, de Terry Jones, Pan Macmillan. Copyright © Terry Jones, 1997

E tem outra coisa..., de Eoin Colfer, Penguin. Copyright © Eoin Colfer, 2009

Monty Python's Flying Circus, seriado de TV. Copyright © BBC

O guia do mochileiro das galáxias, de Douglas Adams, Pan Macmillan. Copyright © Douglas Adams, 1979

O guia do mochileiro das galáxias, roteiro cinematográfico. Copyright © Disney, 2005

The Hitchhiker's Guide to the Galaxy (O guia do mochileiro das galáxias), seriado de TV. Copyright © BBC

O Restaurante no Fim do Universo, de Douglas Adams, Pan Macmillan. Copyright © Douglas Adams, 1980

Oh No It Isn't, seriado de TV. Copyright © BBC

Praticamente inofensiva, de Douglas Adams, William Heinemann. Copyright © Douglas Adams, 1992

The Burkiss Way, seriado de TV. Copyright © BBC

The Hitchhiker's Guide to the Galaxy: The Original Radio Scripts, Pan Macmillan. Copyright © Douglas Adams, 1986

The Lavishingly Tooled Smith & Jones Instant Coffee Table Book, de Griff Rhys Jones, Rory McGrath e Clive Anderson, Fontana. Copyright © 1986

The South Bank Show, seriado de TV. Copyright © BBC

The Week Ending, seriado de TV. Copyright © BBC

ÍN-
DI-
CE

"DNA" indica Douglas Noël Adams.

18610 Arthurdent (asteroide) 362
2001: uma odisseia no espaço (filme) 36, 50, 73
25924 Douglassadams (asteroide) 362
6of3.com 414, 450
439 Golden Greats 173

A

ABC TV 230-234
Adam & Joe 374
Adams, Christopher (pai) 23-25, 27, 41-43, 213, 287, 288, 432, 433
Adams, Douglas
    amorosa, vida.
        251, 257, 262, 267, 269, 278, 288, 289, 296, 303, 304, 306, 307, 309, 324, 331-333, 338, 353, 361, 366, 368, 370-372, 380, 385, 386, 400, 401, 405, 412, 433, 434. Ver também sob o nome individual das namoradas e da esposa.
    fama e 179-181
    namoradas 42, 49, 54, 87, 88, 179-181, 194, 210, 229, 234, 235, 239, 241, 245-247
    Cambridge University
        Adams-Smith-Adams (grupo de comédia) 51, 53, 54, 56, 57, 59-61, 63, 67, 82, 83, 393
        Adams-Smith-Adams-Smith-Adams (grupo de comédia) 56
        Cambridge University Light Entertainment Society (CULES), ingressa na 31 47
        Chox 57, 59, 61, 63, 67, 82, 88, 432
        Cinderella, papel em 55
        Every Packet Carries a Government Health Warning, discorda da abordagem de 52, 54
        Footlights, entrada no 46-48
        frase "isso não é nada em comparação com o espaço" 50
        frase "Vida? Não me falem de vida"... 51
        histórico escolar na universidade 58, 59
        I Dont Know I've Never Looked, atua em e escreve para 51
        ingressa na universidade 42
        John Cleese, conduz entrevista para a *Varsity* com 53, 432
        LSO in Flames, escalado para 49
        Norman Ruins, papel secundário em 48
        Prepare to Drop them Now, envolvimento em 48
        Several Poor Players Strutting and Fretting 53, 432
        Smith-Adams (equipe literária) 48, 49
        smokers, descoberta dos 47
        The Heel-Fire Club, envolvimento em 51
        The Patter of Tiny Minds, envolvimento em 55-57, 432
        The Rivals, é escalado para 49
    carreira literária. Ver também sob o nome individual das publicações e programas;
        42 Logical Positivism Avenue 103, 148
        Adams-Smith-Adams (grupo de comédia) 51, 53, 54, 56, 57, 59-61, 63, 67, 82, 83, 393
        Adams-Smith-Adams-Smith-Adams (grupo de comédia) 56
        Afterliff, de Lloyd e Canter (inspirado em DNA) 407, 435, 446
        Agência de investigações holísticas Dirk Gently 226, 297-301, 303, 304,

306, 307, 309, 317, 350, 355, 356, 398, 399, 406, 414, 417, 433, 434, 445, 447, 448
agente, primeira 67, 99, 235. Ver também Foster, Jill.
agente, segundo 235. Ver também Victor, Ed.
A Kick in the Stalls, envolvimento em 88, 92, 432
artigos para jornais e revistas 333
Ascent of Man, The 335, 447
BBC Light Entertainment, emprego na 154-156
BBC, primeiros créditos na 60
biografias inspiradas em DNA 23, 42, 54, 88, 149, 179, 208, 230, 241, 285, 332, 367, 373, 424, 425, 428, 434, 448. Ver também sob o nome individual das biografias.
Black Cinderella II Goes East 159, 446
Bureaucracy 285, 287, 433, 446
Cambridge University, escrita de comédia na. Ver Adams, Douglas: Cambridge University.
Cerberus: The Amazing Three-Headed Revue 67, 432
"City of Death" 168, 169, 299, 338, 368, 373, 417, 446
Cleese, influência de. Ver Cleese, John.
coletânea de textos não publicados 371-373
Comic Relief 291-294, 296, 340
depressão 99-101, 108, 185
Doctor on the Go 75, 82, 446
Doctor Snuggles 155, 156, 176, 446
Doctor Who, envia ideias e estudos para 71-74
Draculas Little Boy 71
Earls (Of Warwick) (piloto) 67

empregos enquanto aspirava a escrever 66-68, 75, 83, 84, 99, 112, 133, 317
enredo da *Arca B* 71, 72, 151, 152, 193, 208, 216, 227, 408
entrega de manuscritos/prazos 41, 101, 108, 116, 146, 160, 168, 175, 178, 209-211, 245, 246, 270, 275-280, 284, 294-297, 301, 307, 308, 310, 316-325, 337, 340, 355, 358, 371, 427
escrever, dificuldade para 101, 108, 116, 147, 159, 166, 168, 175, 178, 192-194, 209-211, 227, 237-246, 253, 270, 275-280, 284, 285, 294-297, 301, 307, 308, 310, 316-325, 337, 340, 355, 358, 371, 427-429
Evening Without, An 83, 173, 446
Goodnight Vienna, roteiro para 71-74
Graham Chapman, colaborações com 63-81
Hyperland 309, 434, 447
influências literárias 177, 195, 196, 292, 328, 333, 427
It Makes Me Laugh 227, 446
John Lloyd, escrita com 82, 84-86, 136, 147-153, 157, 163-166, 175, 178, 200, 205, 208, 219, 253, 254, 407, 412, 437, 445, 446. Ver também Lloyd, John e sob o título individual dos livros.
"Kamikaze Pilot" (esquete) 90, 92, 108, 173, 393
Knebworth Rock Festival, participação no 71
Last Chance to See (versão de Adams) 290, 296, 302, 304, 306, 309, 315, 358, 369, 416, 434, 445, 447

Last Chance to See (versão de Fry e Carwardine inspirado em DNA) 399, 446, 448

Monty Python, textos para o 64-69

mudança para Londres 59

O guia do mochileiro das galáxias. Ver *O guia do mochileiro das galáxias.*

Oh No It Isn't, texto para 61, 62, 446

Out of the Trees, texto para 76-79, 88, 293, 432, 446

"Paranoid Society" (esquete) 63, 148, 173

"Patient Abuse" (esquete) 65

Renard-Adams-Smith-Adams (grupo de comédia) 82

salmão da dúvida, O 355, 357, 371, 373, 398, 424, 434, 446

"Shada" 169, 170, 299, 373, 427, 446

So You Think You Feel Haddocky, envolvimento em 83, 432

Starship Titanic 307, 336-342, 385, 414, 415, 434, 446, 447

Sunset at Blandings, prefácio para 196, 372

Burkiss Way, The 21, 94, 101, 104, 105, 119, 185, 186, 446

Deeper Meaning of Liff, The 88, 253, 434, 445

Internet: The Last Battleground of the Twentieth Century, The 348

Long Dark Tea-Time of the Soul, The 300-303, 434, 445, 447

Meaning of Liff, The 88, 208, 252-254, 433, 445, 449

"Telephone Sanitisers of Navarone, The" (esquete) 73

Unpleasantness at Brodies Close, The, texto para 94, 98, 432

Utterly Utterly Definitive and Pretty Damn Amusing Comic Relief Revue Book 83, 445

Week Ending, texto escrito para 60

finanças

    Duncan Terrace, casa em 296, 304

    empregos 42, 54, 66-68, 75, 83, 84, 99, 112, 133, 317

    escrita de esquetes 62, 98

    falta de dinheiro na família durante a infância 24-27

    férias 83

    O guia do mochileiro das galáxias 125, 155, 157, 158, 161, 174, 180, 181, 185-188, 233, 262, 284, 295, 297, 329, 416

    palestras públicas 308

    perda da poupança fiscal pelo contador 297

    projetos de preservação 305

    riqueza na vida, efeito da 185-188

    teatro 56

guia do mochileiro das galáxias, O 17, 19

    ao vivo, transmissão da Radio 4 411, 428, 435, 439

    Até mais, e obrigado pelos peixes! 262-266, 270, 274-280, 284, 301, 320, 327, 341, 343, 365, 392-395, 400, 433, 436

        transmissão radiofônica 392-395, 438

    audiolivros 308, 328, 378, 386, 443, 449

    Austrália e Europa, descoberta da série na 230

    DC Comics, adaptação da 326, 434, 436

    edição do aniversário de 25 anos dos roteiros 256

especial de Natal (1978) 160-163, 437
Estados Unidos, possível seriado de TV nos 230-234
Estados Unidos, transmissão do seriado nos 230
E tem outra coisa... (romance de Colfer) 400-406, 434, 436
fãs 178-181, 208, 236, 237, 248, 249, 264, 269, 278, 372, 390, 391
filme 233, 250, 254, 257-262, 295, 329, 350-354, 358-360, 379-391, 434, 441
guias de episódios, bibliografias, links 436-445
h2g2.com 342-344, 347, 362, 414, 415, 450
ilustrada, edição 328, 330
influências literárias 177
inspiração/nascimento 12, 45
Institute of Contemporary Arts, produção no 171, 204, 433, 441
Light Entertainment Show, esquete no 256, 257, 438
LP 172-174, 207, 208, 433, 442
Making of 326, 328, 386, 440
Marvin, gravações de 228, 443
merchandising 445
música-tema ("Journey of the Sorcerer") 118, 174, 186, 229, 386, 443
Praticamente inofensiva 283, 307, 310-313, 321-325, 329, 334, 355, 357, 395, 402, 434, 436
   transmissão radiofônica 395-397, 438
   trechos inéditos 491-497
primeiro livro (*O guia do mochileiro das galáxias*) 156-158, 174-176, 180, 192, 231, 262, 328, 329, 433, 436

trechos inéditos 457-460
programa-piloto
   elenco 119, 121, 122
   encomenda por Simon Brett 105, 108, 433
   gravação 117-125
   reunião de proposta 20-22, 105, 112, 454-456
   roteiro 108-116, 131, 433
Rainbow Theatre, adaptação teatral do 204-208, 228, 433, 442
Restaurante no Fim do Universo, O 192-196, 209-211, 380, 381, 433, 436
   LP 207, 208, 442
roteiros radiofônicos, livro com os 285
seriado radiofônico, lançamento em CD do 308, 327
seriado radiofônico, primeira temporada
   elenco 142, 143
   encomenda 125
   escrita 127-141, 146-153
   gravação 142-146
   reprises 154, 166, 172, 411
   transmissão 153, 154, 433, 437
seriado radiofônico, fases quarentena e quintessência 392-398, 434, 438
seriado radiofônico, segunda temporada (fase secundária)
   escrita 157, 161, 163-166, 172, 176-178, 181-183, 192
   gravação 172, 177
   transmissão 177, 179, 181-185, 192, 433, 437
seriado radiofônico, fase terciária 327, 328, 374-379, 392, 434, 438
show do aniversário de 60 anos de DNA 407, 413

singles, lançamento dos 229
South Bank Show, roteiro de 316-321, 327, 440
Steafel Plus na Radio 4 (1982) 254-256, 438
Studio B15 254
Theatr Clwyd, adaptação teatral do 172, 192, 204-207, 433, 441
trechos inéditos 453-497
turnê no Reino Unido, *The Hitchhiker's Guide to the Galaxy Radio Show Live* 407-411, 435, 442
TV (BBC), primeira temporada 192, 197-204, 209, 211-219, 433, 439
TV (BBC), segunda temporada 219-227, 229, 236
TV, proposta e encomenda para a 178
vida, o universo e tudo mais, A 236-250, 254, 293, 301, 303, 307, 327, 328, 374-379, 392, 405, 433, 436
    transmissão radiofônica 374-379, 392, 434, 438
    trechos inéditos 461-490
videogames 267, 268, 270-275, 284-287, 415, 433, 444
ZZ9 Plural Z Alfa (fã-clube oficial) 208, 264, 285, 307, 411, 424, 428, 445, 450
infância e época de escola
    ancestrais/histórico familiar 23, 24
    animais 26
    Cambridge, lugar em 42
    carta aos quadrinhos *Eagle* (primeiro texto publicado) 31, 432
    conto nos quadrinhos *Eagle* 32
    Dissertation on the Task of Writing a Poem on a Candle and an Account of Some of the Difficulties Thereto Pertaining, A 38, 39
    DoctorWhich (paródia de *DoctorWho*) 34, 38
    empregos 42, 54
    escola, época de 27-42. Ver também sob o nome individual das escolas.
    infância 24-42
    leitura 30, 31
    mochilão/caronas/viagens 42-45, 49, 83, 214
    Monty Pythons Flying Circus, amor por 40, 41
    música, amor por 34-37, 40, 44
    nascimento 22, 432
    piano 37
    primeiros textos escritos 29, 31, 32
    quadrinhos, amor por 30-32
    rádio, amor por 33
    religião, relacionamento com 27, 42, 44
    separação dos pais, vida após 25, 26
morte 362, 363, 366-373, 380, 434
    cerimônia de homenagem póstuma 370, 371
    comemoração do aniversário de 60 anos (2012) 407, 413
    cremação 370
    Highgate Cemetery 371, 427
personalidade e aparência
    aparência 20, 24, 26, 28, 36, 43, 83, 98, 99, 101, 179, 305, 345, 362, 380
    audiófilo 35, 117, 296
    banhos, amor por 87, 108, 152, 393
    carros velozes, amor por 87, 187
    ciência, amor pela 25, 39, 89, 308, 344, 346, 367

comédia, amor na juventude pela 33, 34, 39-41
comédia, perda do amor na meia-idade pela 346, 347
depressão 99-101, 108, 185
diário 243-245
drogas 87
entrega de manuscritos e prazos 41, 101, 108, 116, 146, 160, 168, 175, 178, 209-211, 245, 246, 270, 275-280, 284, 294-297, 301, 307, 308, 310, 316-325, 337, 340, 355, 358, 371, 427
escrever, dificuldade para 101, 108, 116, 147, 159, 166, 168, 175, 178, 192-194, 209-211, 227, 237-246, 253, 270, 275-280, 284, 285, 294-297, 301, 307, 308, 310, 316-325, 337, 340, 355, 358, 371, 427-429
fama 32, 46, 179-181, 310, 312, 367, 416
festas 288, 289, 309, 386
ficção científica 30, 33, 34, 39, 41, 69, 71, 72, 76, 82, 85, 95, 96, 99, 105, 108, 112-114, 126, 147, 157, 158, 178, 179, 194, 195, 199, 208, 217, 227, 297, 348, 418, 420
ideias, fonte de 12, 13
luxo, gosto por 188, 213, 214, 288, 289, 362
mergulho submarino, amor por 261, 266, 353
música, amor por 34-37, 40, 44, 51, 68, 70, 82, 100, 117, 118, 144, 146, 158, 174, 195, 196, 210, 266, 300, 331, 332, 370
pais, divórcio dos 25, 26
paternidade, amor pelo conceito de 304, 312-315, 331-333

política 291, 293, 361
preservação ambiental, trabalho de. Ver preservação.
religião 27, 42, 44, 161, 212, 309, 317, 354, 370, 381, 390, 402, 491-493
riqueza 185-188
tecnologia. Ver tecnologia.
violão e guitarra 36, 37, 44, 49, 174, 229
preservação
    gorila, projetos de proteção ao 305
    Last Chance to See (versão de Adams) 290, 296, 302, 304, 306, 309, 315, 358, 369, 416, 434, 445, 447
    Last Chance to See (versão de Fry e Carwardine), inspira 399, 448
    Madagascar, viagem para 287, 289, 290, 433
    rinoceronte-branco, proteção ao 305, 333, 355
    Save the Rhino 305, 400, 415
residências
    Arlington Avenue, Islington 104, 117, 126, 133, 146
    Coldwater Canyon, Los Angeles 257-262
    Duncan Terrace, Islington 296, 306, 318, 328
    Earls Court 60
    Greencroft Gardens, West Hampstead 82
    Highbury New Park 181, 194, 234
    Kilburn 66
    Kingsdown Road, N19 146, 179, 181
    Montecito, Los Angeles 353-363
    Nova York, apartamento em 292, 296
    Roehampton 86, 99

St. Albans Place, Islington 234, 239, 257, 270, 275, 277

Stalbridge, Dorset (casa de sua infância) 43, 80, 100, 101, 104, 125, 127, 132, 133, 306, 362, 366, 411, 426

saúde
    costas, problemas nas 101
    diabetes 345, 362
    exercícios físicos 101, 108, 127, 132, 275, 345, 362
    hipertensão arterial 288, 345
    morte por ataque cardíaco 362, 363, 366-373, 380, 434
    pélvis quebrada 54
    peso 345
    tabagismo 87, 251, 362

tecnologia
    Apple Masters 309
    Apple, produtos da 268-270, 300, 304, 309, 319, 353, 371
    artigos para revistas sobre tecnologia 333
    áudio, tecnologia de 35, 117, 296
    Cambridge Digital Biota 2 (1998), discurso para 344, 450
    código DNA 343, 347
    computadores, amor por 143, 252, 266, 268, 269, 277, 300, 306, 310, 333, 336, 346, 353, 366, 371
    engenhocas, amor por 33, 266, 269, 294, 296, 303, 306, 309, 353, 366, 371
    frustrações com as primeiras tecnologias móveis 349
    Hitchhiker's Guide to the Future 348, 362, 419, 420, 434, 447
    Hyperland 309, 434, 447
    internet, uso da 285, 309, 310, 331, 342-348, 367, 369, 414, 447

    programação de computadores 268, 270-275
    The Digital Village (TDV) 333-344, 348, 349, 360, 374, 414, 434, 444, 447, 450
    The Internet: The Last Battleground of the Twentieth Century 348
    videogames 266-275, 284-287, 335, 415, 433, 434, 444, 446

viagens
    Coldwater Canyon, Los Angeles, mudança para 257-262
    Grécia, férias na 83, 163, 164, 252
    Kilimanjaro, visitas ao 333
    Los Angeles, visitas a 246, 251-254, 433
    Madagascar, visitas a 287, 289, 290, 433
    mochilão pela Europa 42-45, 432
    mochilões e caronas 42-45, 49, 83, 214
    Montecito, Los Angeles, mudança para 353-363
    Nova York, apartamento em 292, 296
    Nova York, visitas sobre um possível seriado de TV do *Mochileiro* 230-234
    primeira classe, gosto pela 187, 214, 242, 289, 294
    promoção de livro e produtos 229, 284

Adams, Douglas Kinchin (avô) 23
Adams, dr. Alexander Maxwell (ancestral) 23
Adams, dr. James Maxwell (ancestral) 23
Adams, Heather (meia-irmã) 27, 426, 432
Adams, Janet (mãe). Ver Thrift, Janet.
Adams, Polly (filha) 331-333, 353, 358, 361, 362, 366, 368-370, 400, 401, 413, 416, 417, 427, 428, 434
Adams, Susan (irmã) 25, 27, 287, 370, 426, 432

Adams, Will 48, 50, 51, 54, 55, 57, 59, 66, 67, 82, 91, 93, 99, 407, 426, 428
Adventure Game, The (programa de TV) 178
Adventures of Don Quick, The (programa de TV) 115
After Henry (programa de TV) 20
Afterliff 407, 435, 446
Agência de investigações holísticas Dirk Gently 226, 297-309, 317, 350, 355, 356, 398, 399, 406, 414, 417, 433, 434, 445, 447, 448
Allen, Keith 37
Allen, Mary 51, 56, 66, 88, 163, 250, 333, 426
Allen, Woody 114, 133, 180, 227
Almeida Theatre, Islington 335, 444
alternativo, cenário de comédia 37, 269, 289, 292
Anderson, Clive 51, 57, 58, 159, 173, 291, 310, 311, 399, 410, 446
Evening Without, An (álbum) 83, 173, 446
Angel, The (pub em Islington) 68, 81, 82
Apple (empresa de tecnologia) 268-270, 277, 300, 304, 309, 319, 333, 336, 342, 353, 366, 371, 381
Apple Films 70, 71
Apple Masters 309
Archer, Jeffrey 93
Armstrong, Louis 153, 196
Artsphere 38, 121
Ascent of Man, The (programa de TV) 335, 447
Astronauts (programa de TV) 216
Até mais, e obrigado pelos peixes! 262-266, 270, 274-280, 284, 301, 320, 327, 341, 343, 365, 392-395, 400, 433, 436
Atkinson, Rowan 291, 350
Atkinson-Wood, Helen 173
Austen, Jane 195, 196, 404
Áustria 13, 44, 45. Ver também Innsbruck.
Aykroyd, Dan 260, 262

B

Bach, J. S. 35, 36, 44, 119, 196, 300, 370
BAFTA 218
Bailey, Bill 383, 441
Baker, Colin 410
Baker, Tom 127, 128, 169, 310, 447
Barclay, Humphrey 21, 75, 125
Barham, Debbie 337
Barnes, Ted 341
Barrett, Syd 35
Baxendale, Helen 406, 448
BBC 33, 40, 59, 60, 78, 115, 117, 120, 125, 126, 142, 153, 157, 159, 166, 168, 171-173, 184, 185, 187, 192, 197, 199, 200, 202, 203, 215-217, 219, 227, 233, 255, 266, 278, 304, 308, 309, 311, 323, 326, 327, 335, 347, 362, 368, 370, 371, 374, 376, 394, 398, 405, 406, 411, 414, 428, 432-434, 437-440, 446-450
BBC1 40, 115, 374, 439, 446, 448, 449
BBC2 59, 62, 199, 215, 216, 311, 371, 432, 434, 446-449
BBC Enterprises 157, 172, 496
BBC Light Entertainment 20-22, 56, 61, 82, 92, 105, 125, 144, 154, 155, 185, 203, 375, 394
BBC Radio. Ver Radio 1; Radio 2; Radio 3; Radio 4.
BBC Radiophonic Workshop 124, 142
BBC Radio Theatre (em Londres) 411, 428, 439
BBC TV 53, 158, 192, 199, 203, 233, 433. Ver também sob o nome individual dos canais.
BBC Worldwide 326, 327
Béart, Samantha 394, 408, 428, 439, 442
Beatles 34-36, 39, 40, 68, 83, 100, 117, 132, 137, 143-145, 152, 158, 231, 265,

266, 370, 374, 408
Beer, Eugen 165, 327, 445
Bell, Alan J. W. 198-203, 207, 209, 213, 214, 216-219, 233, 260, 285, 439
Belson, Jane (esposa) 251, 257, 262, 267, 269, 278, 288, 289, 296, 303, 304, 306, 307, 309, 324, 331-333, 338, 353, 361, 366, 368, 370- 372, 380, 385, 386, 400, 401, 405, 412, 433, 434
Belushi, John 295
Benton, Robert 57
Bergman, Martin 173
Berkeley Hotel, Londres 275, 276
Berners-Lee, Tim 310
Bernstein, Abbie 295, 359
Bett, David 206, 442
Beyond Our Ken (programa de rádio) 33
Bhaskar, Sanjeev 374, 449
biblioteca de ficção científica da Liverpool University 425
Bidenichthys beeblebroxi (peixe da Nova Zelândia) 362
Big Read, The (programa de TV) 374, 449
Birt, John 323
Bit of Fry & Laurie, A (programa de TV) 228, 375
Blackadder (programa de TV) 67, 119, 148, 151, 197, 269, 335, 424, 427
Black Cinderella II Goes East (pantomima do Footlights) 159, 446
Blake, Roger 207, 442
Blue Peter (programa de TV) 229, 257
Bonzo Dog Band 66, 227
Booth, Connie 53, 75
Bowie, David 36
Boyd, Billy 410, 447
Boyd, Darren 406, 448
Bragg, Melvyn 102, 316, 440
Braun, Lisa 142, 147, 177

Brentwood (escola) 27-42
Brentwoodian, The (revista estudantil) 31, 38
Brett, Simon 20, 21, 57, 60, 61, 92, 94, 101, 104, 105, 108, 110, 117, 121, 122, 125, 142, 153, 361, 392, 412, 433, 437
Broadbent, Jim 152, 437, 442
Broadsheet (revista estudantil) 38
Brock, Clare 104, 146
Brock, Johnny 104, 146, 251, 333, 370
Bron, Eleanor 169
Brooker, Gary 289
Brooke-Taylor, Tim 21, 53, 55, 215
Brown, Spencer 374
Buchanan, Margo 353
Burd, Doug 197
Bureaucracy (jogo de aventura em texto) 285, 287, 433, 446
Burkiss Way, The (programa de rádio) 21, 94, 101, 104, 105, 119, 185, 186, 446
Bush, Kate 119, 175
Bush Theatre em Shepherds Bush 56, 432
Buxton, Adam 383
Bygraves, Max 155
Bywater, Michael 54, 287, 298, 317, 324, 333, 337, 338, 373, 412, 428, 440, 446, 447

C

caça ao Snark, A. Ver Carroll, Lewis
Caça-Fantasmas, Os (filme) 262
Call My Bluff (programa de TV) 334
Cambridge (cidade) 22, 91, 93, 344, 432
Cambridge Circus (espetáculo do Footlights) 21, 46, 52
Cambridge Digital Biota 2 344, 450
Cambridge Evening News 91
Cambridge University 21, 23, 25, 41, 42, 46-59, 61, 67, 75, 81, 85, 89, 100,

104, 113, 118, 119, 142, 160, 170, 287, 299, 317, 318, 375, 409, 427, 432, 453. Ver também Footlights de Cambridge e sob o nome individual das faculdades.
Cambridge University Light Entertainment Society (CULES) 47
Cameron, James 350
Campbell, Ken 171-173, 182, 204, 205, 206, 207, 438, 441, 442
Cannon (programa policial americano) 138, 149
Canter, Jon 46, 50-52, 54, 57, 61-63, 91, 104, 117, 133, 146, 175, 179-181, 194, 227, 228, 234, 291, 407, 426, 446, 448
Captain Beefheart 71
Caravan 351
Carlin, George 346
Carlos, Wendy 119
Carpenter, John 114
Carrey, Jim 352
Carroll, Lewis 177
Carter, Jim 398, 447
Carwardine, Mark 289, 290, 302, 304, 399, 433, 446, 447
Catto, Alex 147, 336
Causa nobre (livro). ver Fielding, Helen
Cavern Club, The 353
Cellar Tapes, The (peça do Footlights) 46, 269
Central TV 334
Cerberus: The Amazing Three-Headed Revue 67, 432
Cerf, Christopher 309
Chapman, Graham 41, 46, 59, 63-71, 74-84, 86, 95, 177, 178, 293, 334, 432, 446, 449
Charity Arts 291
Chatwell, Helen 374
Chichoni, Oscar 337

Chicon IV (1982) 236
Chox (peça do Footlights) 57, 59, 61, 63, 67, 82, 88, 432
Cinderella (pantomima do Footlights) 55
Cinesite 390
Cleese, John 83, 95, 159
  agenda 77
  ambições na comédia 52, 178
  Black Cinderella II Goes East, papel em 159, 446
  "Butterling" (esquete) 53, 62, 90
  Cambridge Circus 21, 52
  "City of Death", papel em 169
  deixa a comédia de esquete 64
  entrevista feita por DNA 53, 432
  Fawlty Towers 75
  Ferocidade máxima 53
  Frost Report 39
  influência sobre DNA 39-41, 48, 52, 55, 62, 65, 84, 155, 178, 227, 232, 416
  John Otto Cleese (personagem radiofônico) 39, 55
  Monty Python's Flying Circus 53, 64, 68, 75
  primeiro encontro com DNA 52
  Radio Prune 39
  rancho em Los Angeles 353
  salários do rádio e da TV, ri da diferença entre 181
  Secret Policeman's Ball 291
  sentido da vida, O 253
  Starship Titanic 338
  Video Arts 84
Cleveland, Carol 66
Cobb, Ron 233
Coldplay 332
Coleman, Olivia 398, 447
Coleridge, Samuel Taylor 220, 300
Colfer, Eoin 400, 401, 404, 405, 414, 434, 436

Columbia Pictures 254, 260, 261
Come Back Mrs. Noah (programa de TV) 115, 216
Comedians Do it on Stage (arrecadação de caridade) 63
Comic Relief 83, 291-294, 296, 340, 433, 436, 445
Commodore PET 143, 267
Completely Unexpected Productions 334
Cook, Peter 41, 48, 119, 159, 269, 334, 346, 449
Corra! Os ETs chegaram (filme) 292
Costello, Elvis 119
Cox, Brian 367
Creasey, Richard 334, 335
Crocker, Jo 426
Croft, David 115
Cronenberg, David 260
Cross, Peter 231
Crown Publishing 231, 436
Crum, Paul 178, 329
Cryer, Barry 64, 254, 410
Cule, Michael 207, 326, 394, 439, 440, 442
Culshaw, Jon 410
Curtis, Richard 173, 269, 290, 291, 294, 352, 427
Cutler, Helen 42, 49, 54

D

Daniels, Anthony 410
Daniken, Erich von 102
Dark Star (filme) 114
Davies, Kevin 202-206, 211, 216, 280, 285, 326-329, 394, 411, 414, 428, 440
Davison, Peter 200, 214, 440, 447
Davis, Warwick 385, 441
Dawkins, Richard 308, 309, 317, 354, 370
Deayton, Angus 173, 334
Deeper Meaning of Liff, The 88, 253, 434, 445

Dennis, Hugh 410
Dent, Arthur (autor de *The Plain Mans Pathway to Heaven*) 17, 89, 110
Deschanel, Zooey 384, 391, 441
Desert Island Discs (programa de rádio) 236, 332, 447
DeviantArt.com 391
Dickinson, Sandra 214, 394, 439, 440
Dimension of Miracles. Ver Sheckley, Robert;
Dire Straits 36
Disney 163, 351, 353, 354, 358, 362, 380, 381, 383, 386, 388, 390
Divine Comedy (banda) 390
Dixon, David 198, 200, 216, 317, 326, 394, 439, 440
DNA (código) 343, 347
Dobson, Anita 410
Doctor on the Go (programa de TV) 75, 82, 446
Doctor Snuggles (programa de TV) 155, 156, 176, 446
Doctor Who (programa de TV) 151, 155, 186, 195, 218, 367
  amor de DNA pela série 33
  aniversário de 50 anos 367, 368
  "City of Death" 168, 169, 299, 338, 368, 373, 417, 446
  "Creature from the Pit, The" 167
  "Destiny of the Daleks" 167
  DNA envia ideias de enredo 71, 125, 126, 127
  DoctorWhich 34, 38
  "Doctor Who and the Krikkitmen" (proposta de enredo) 126, 127, 169
  editor de roteiro, DNA vira 160, 166-170, 175, 197
  "Gamble with Time, The" 168
  "Horns of Nimon, The" 167
  "Nightmare of Eden, The" 167
  "Pirate Planet, The" 127, 128, 141, 446

produção moderna do seriado (por Russell T. Davies) 417
"Shada" 169, 170, 299, 373, 427, 446
Simon Jones 118
Dolby, Trevor 426, 428
Donovan (músico) 36, 37
Dorset 43, 80, 100, 101, 104, 108, 109, 125, 127, 132, 133, 205, 235, 306, 348, 362, 366, 411, 426, 432
Douglas Adams at the BBC 62, 398, 449
douglasadams.com 345, 450
Douglas Adams Memorial Lecture 400
Dove Audiobooks 308, 444
Draculas Little Boy (filme) 71
Duff, Colin 142
Duplicators Revenge (smoker) 55
Durham, Kim 206
Dursley, Valter 375
Dyall, Valentine 173, 214, 437, 440, 442
Dylan, Bob 37

E

Eagle (quadrinhos) 30, 31, 432
Earls (Of Warwick) (programa-piloto) 67
Edimburgo, Festival de 21, 92-94, 98, 432
Edmonds, Noel 27
Ellison, Gary Day 266
Elton, Ben 269, 302
Emerson, Sally 229, 230, 234, 235, 238, 241, 244-247, 251, 278
Emmett, Chris 94, 102, 186, 439
Enfield, Harry 375, 398, 447
Equity (sindicato de arte dramática) 56, 70, 173, 256
Espólio de Douglas Adams 380, 416, 425, 450, 453
Estados Unidos
Coldwater Canyon em Los Angeles, DNA se muda para 257-262

DNA morre nos 362, 363
Los Angeles, visitas de DNA a 246, 251-254, 433
Montecito, Los Angeles, DNA se muda para 353-363
Nova York, apartamento de DNA em 292, 296
Nova York, visitas sobre um possível seriado de TV do *Mochileiro* 230-234
Everett, Kenny 216
Every Packet Carries a Government Health Warning (peça do Footlights) 52, 54
Exploration Earth: More Machines (programa para escolas) 178

F

Faber & Faber 252, 433-435, 446, 448
Fantasy Software 267
Fellows, Graham 228
Fenton-Stevens, Michael 173, 376, 394, 398, 438, 447
Ficção interativa 267, 270
Fielding, Helen 294, 449
Field Researchers Ltd 414
filho de Drácula, O (filme) 70, 71
Fincham, Peter 291
Fishburn, Deborah 428
Fisher, David 168, 446
Fleming, Ian 250
Follett, Ken 331
Footlights de Cambridge 21, 33, 41, 46-64, 67, 76, 82, 89, 101, 104, 159, 200, 215, 250, 269, 316, 318. Ver também Adams, Douglas: Cambridge University e sob o nome individual das peças ou espetáculos.
Forbidden Planet (loja) 180
Ford, Alan 161, 437
Foreman, Michael 293

Foster, Jill 67, 80, 83, 99, 235
Francis, Jim 197, 209, 326
Frankenstein. Ver Shelley, Mary.
Franklyn, William 375, 438
Freeman, Martin 384, 386, 391, 418, 441, 444
Freestone, Sue 276, 296, 297, 302, 321, 324, 325, 366, 372, 412, 428
Friedman, Josh 358-360
Frost, David 35, 72, 288
Frost Report (programa de TV) 39, 53
Fry, Stephen 46, 195, 228, 269, 309, 316, 369, 370, 375, 384, 386, 394, 399, 426, 439, 441, 443, 444, 448

G

Gaiman, Neil 41, 96, 110, 150, 159, 264, 265, 277-279, 285, 368, 410, 413, 424, 425
 Não entre em pânico 285, 425, 434, 448
Galton & Simpson 254
Garden, Graeme 21, 75, 215, 410
Gardiner, Tom 126
Gates, Bill 305
George Lucas Apaixonado (curta-metragem) 133
Gielgud, sir John 200
Gilbert & Sullivan 84
Gilliam, Terry 68, 70, 252
Gill, Peter 149, 428, 448
Gilmour, David 289, 331, 354, 370, 407
Godfrey, Bob 81
Goldsmith, Nick 383, 441
Goldstein, Harvey 235
Gooderson, David 119, 437
Good Food Guide, The 213
Goodies, The (programa de TV) 215
Goodnight Vienna (disco) 71-74
Goolden, Richard 144, 438
Graham, Jacqui 194, 210, 229, 428
Granada TV 253

Grant, Hugh 352
Grant, Rob 311, 426
Grécia 83, 163, 164, 252
Greer, Germaine 46
Griffiths, Richard 375, 383, 438, 441
Gross, Michael 254
Groucho Club 306
Guardian 93, 206, 218, 333, 450
Guia da Terra (conceito) 414
Guia do mochileiro das galáxias, O 17, 19
 ao vivo, transmissão da Radio 4 411, 428, 435, 439
  Até mais, e obrigado pelos peixes! 262-266, 270, 274-280, 284, 301, 320, 327, 341, 343, 365, 392-395, 400, 433, 436
   transmissão radiofônica 392-395, 438
 audiolivros 308, 328, 378, 386, 443, 449
 Austrália e Europa, descoberta na 230
 DC Comics, adaptação da 326, 434, 436
 edição do aniversário de 25 anos dos roteiros 256
 especial de Natal (1978) 160, 161, 162, 163, 437
 Estados Unidos, possível seriado de TV nos 230-234
 Estados Unidos, transmissão do seriado nos 230
 E tem outra coisa... (romance de Colfer) 400-406, 434, 436
 fãs 178-181, 208, 236, 237, 248, 249, 264, 269, 278, 372, 390, 391
 filme 233, 250, 254, 257-262, 295, 329, 350-354, 358-360, 379-391, 434, 441
 guias de episódios, bibliografias, links 436-445
 h2g2.com 342-344, 347, 362, 414, 415, 450
 ilustrada, edição 328, 330
 influências literárias 177

inspiração 12, 45
Institute of Contemporary Arts, produção no 171, 204, 433, 441
Light Entertainment Show, esquete no 256, 257, 438
LP 172-174, 207, 208, 433, 442
Marvin, gravações de 228, 443
merchandising 445
música-tema ("Journey of the Sorcerer") 118, 174, 186, 229, 386, 443
Praticamente inofensiva 283, 307, 310-313, 321-325, 329, 334, 355, 357, 395, 402, 434, 436
    transmissão radiofônica 395-397, 438
    trechos inéditos 491-497
primeiro livro (*O guia do mochileiro das galáxias*) 156-158, 174-176, 180, 192, 231, 262, 328, 329, 433, 436
    trechos inéditos 457-s460
programa-piloto
    elenco 119, 121, 122
    encomenda por Simon Brett 105, 108, 433
    gravação 117-119, 121-125
    reunião de proposta 20-22, 105, 112, 454-456
    roteiro 108-116, 131, 433
Rainbow Theatre, adaptação teatral do 204-208, 228, 433, 442
Restaurante no Fim do Universo, O 192-196, 209-211, 380, 381, 433, 436
    LP 207, 208, 442
roteiros radiofônicos, livro com os 285
seriado radiofônico, lançamento em CD do 308, 327
seriado radiofônico, primeira temporada
    elenco 142, 143
    encomenda 125
    escrita 127-141, 146-153

    gravação 142-146
    reprises 154, 166, 172, 411
    transmissão 153, 154, 433, 437
seriado radiofônico, fases quarentena e quintessência 392-398, 434, 438
seriado radiofônico, segunda temporada
    escrita 157, 161-166, 172, 176-178, 181-183, 192
    gravação 172, 177
    transmissão 177, 179, 181-185, 192, 433, 437
seriado radiofônico, fase terciária 327, 328, 374-379, 392, 434, 438
show do aniversário de 60 anos de DNA 407, 413
singles, lançamento dos 229
South Bank Show, roteiro de 316-321, 327, 440
Steafel Plus na Radio 4 (1982) 254-256, 438
Studio B15 254
Theatr Clwyd, adaptação teatral do 172, 192, 204-207, 433, 441
    trechos inéditos 453-497
turnê no Reino Unido, *The Hitchhiker's Guide to the Galaxy Radio Show Live* 407-411, 435, 442
TV (BBC), primeira temporada 192, 197-204, 209, 211-219, 433, 439
TV (BBC), segunda temporada 219-227, 229, 236
TV, proposta e encomenda para a 178
vida, o universo e tudo mais, A, 236-250, 254, 293, 301, 303, 307, 327, 328, 374-379, 392, 405, 433, 436
    transmissão radiofônica 374-379, 392, 434, 438
    trechos inéditos 461-490
videogames 267-275, 284, 285-287,

415, 433, 444
ZZ9 Plural Z Alfa (fã-clube oficial) 208, 264, 285, 307, 411, 424, 428, 445, 450
Guinness Book of Records 50, 81, 86
Guzzardi, Peter 371

H

h2g2.com 342-344, 347, 362, 414, 415, 450
Hale-Monro, Alick 142
Half-Open University, The (programa de rádio) 93
Halford, Frank 29, 31, 164, 412, 432
Hall, Rich 253
Hammersmith Apollo 407
Hammer & Tongs 383-385
Hannon, Neil 390
Hard Covers, The 332
Hardie, Sean 158
Hare, Tony 256, 438
Harris, Fred 94, 102, 186
Harrison, George 40, 100, 291
Harry Potter (série) 301, 361, 369, 374, 390
Hartnell, William 126
Hatch, David 21, 55, 57, 75, 82, 152, 154, 159, 160, 177
Have I Got News for You (programa de TV) 334
Hawking, Stephen 374
Heavy Metal (filme) 254
HeeBeeGeeBees, The 173, 208, 407
Heel-Fire Club, The (smoker) 51
Heinemann 295, 304, 307, 310, 321, 325, 433, 434, 436, 445, 446
Henry, Lenny 294
Henson, Jim 286, 289, 309, 390
Heróis de ressaca (filme) 418
Heróis fora de órbita (filme) 384, 418
Hickey, Peter 256, 438
Hipgnosis 174

Hislop, Ian 334
Hitchcon 399, 400, 405
Hitchercon 1 (1980) 208
Hitchhiker's Guide to Europe 44, 149, 163, 432
Hitchhiker's Guide to the Galaxy Foundation 415
Holmes, Robert 126
homem de palha, O (filme) 57
Hood, Rachel 54
Hordern, Michaels 121
Hordes of the Things (programa de rádio) 187
Horrocks, Jane 394, 439
Howe-Davies, Andrew 198, 209, 215
Hudd, Roy 151, 217, 256, 394, 438, 442
Humphrey, Ken 409
Humphries, Barry 270
Humphries, John 411
Huntsham Court (em Somerset) 270
Hyman, Bruce 374, 376, 438
Hyperland (programa de TV) 309, 434, 447

I

Idle, Eric 41, 46, 69, 70, 253
I Dont Know I've Never Looked (smoker) 51
I'm Sorry I Haven't a Clue/ISIHAC (programa de rádio) 21, 117, 142, 407, 424
I'm Sorry I'll Read that Again/ISIRTA (programa de rádio) 21, 33, 39, 53, 57, 94, 119, 159
Independent 99, 333, 450
Infocom 267, 268, 272, 284-286, 336, 337, 411, 433, 444, 446
Injury Time (programa de rádio) 83
Innes, Neil 66
Innsbruck 12, 13, 44, 45, 399, 418
In Spite of it All (smoker) 57
Institute of Contemporary Arts 121, 171, 204-206, 433, 441
It Makes Me Laugh (programa de rádio) 227, 446

I Was a Kamikaze. Ver Nagatsuka, Ryuji

J

James, Clive 46
James, David 37
Jason, David 152, 437
Jeavons, Colin 217, 440
Jeffrey, Keith 47, 49
Jennings, Garth 383, 390, 391, 428, 441
Jennings, Paul 253
Jim Hensons Creature Shop 390
Jobs, Steve 268, 366
John-Jules, Danny 410
Johns, Stratford 200
Johnstone, Brian 328
Johnstone, Paul Neil Milne 38, 121
Jones-Davies, Sue 172, 441
Jones, Griff Rhys 27, 37, 38, 52, 57, 58, 61-63, 84, 86, 92, 93, 148, 154, 155, 173, 291, 375, 394, 439, 449
Jones, Helen Rhys 86, 100, 147
Jones, Peter 53, 113, 121, 122, 142, 144, 155, 174, 183, 184, 185, 186, 202, 203, 217, 316, 348, 374, 375, 384, 396, 411, 437, 440, 442, 447
Jones, Simon 48, 54, 76, 118, 119, 142, 171, 200, 204, 233, 243, 253, 254, 260, 277, 296, 327, 370, 375, 379, 384, 386, 391, 399, 401, 408, 409, 411, 428, 437-442
Jones, Terry 30, 65, 66, 68, 69, 146, 149, 180, 199, 237, 250, 253, 286, 291, 293, 338, 339, 341, 434, 446
Jonze, Spike 383
Joseph, Michael 329
"Journey of the Sorcerer" (The Eagles) 118, 174, 186, 229, 386, 443
Jupitus, Phil 410
Just a Minute (programa de rádio) 53, 82, 255, 348

K

Keats, John 333
Keightley, Chris 89
Kelt, Mike 215, 218
Kemp, Lindsay 57
Kendall, Jo 21, 94, 119, 186, 437
Kerouac, Jack 43
Kick in the Stalls, A (peça do Footlights) 88, 91, 92, 432
Kingsland, Paddy 124, 142, 173, 181, 183, 200, 202, 437
King, Stephen 309, 332
Kirkpatrick, Karey 380-383, 441
Kitt, Eartha 334
Knebworth Rock Festival 71
Knight & Day (conceito de comédia seriada) 84
Knopfler, Mark 49
Kraftwerk 119
Kubrick, Stanley 36, 96, 127

L

Labirinto: a magia do tempo (filme) 286
Langford, John 374
Langham, Chris 171, 172, 376, 439, 441
Last Chance to See (versão de Adams) 290, 296, 302, 304, 306, 309, 315, 358, 369, 416, 434, 445, 447
Last Chance to See (versão de Fry e Carwardine) 399, 446, 448
Late Night Finale (smoker) 57
Laurie, Hugh 46, 228, 289, 316, 352, 375
Lavishly Tooled Instant Coffee Table Book 291
Lawley, Sue 227
Leadon, Bernie 118, 443
Learner, David 207, 211, 385, 440, 442
Le Mesurier, John 182, 438
Lennon, John 34, 35, 42, 70

Lenska, Rula 182, 395, 410, 438, 439
Letterman, David 278
Lewis, Nancy 296
Ligeti, Gyorgy 118
Light Entertainment Show, The (programa de rádio) 256, 438
Limb, Sue 48, 49, 206
Ling, Anne 142
Little Theatre (Londres) 57, 82, 432
Live Aid 291
Lloyd, John
 Afterliff 407, 435, 446
 BBC Light Entertainment, produtor na 56, 57, 60, 61, 82, 93, 98. Ver também sob o nome individual dos programas
 Blackadder 67, 148, 151, 269
 Comic Relief 291
 Deeper Meaning of Liff, The 445
 DNA, amizade com 51, 53, 55-61, 63, 67, 68, 81, 82, 86-88, 93, 96, 99-101, 147, 149, 188, 193, 246, 303, 304, 338, 370, 373, 411, 412, 426
 DNA, dá emprego na BBC Light Entertainment para 154, 155
 DNA, desavença com 157-159, 338
 DNA, divide apartamento com 82-88
 DNA, escrita com 82, 84-86, 136, 147-153, 157, 163, 164, 166, 175, 178, 200, 205, 208, 219, 253, 254, 407, 412, 437, 445, 446. Ver também sob o título individual dos livros.
 DNA, morte de 370
 Doctor Snuggles 155, 156, 446
 Earls (Of Warwick) (programa-piloto) 67
 férias na Grécia (com DNA) 163
 ficção científica, amor por 82, 96, 147
 Fielding, Helen 294
 Footlights 47, 51, 53, 55, 57, 59, 61, 81
 Gigax (ideia de romance espacial humorístico) 147, 151, 167
 Guia do mochileiro das galáxias, O 136, 147-153, 157, 158, 163, 166, 175, 178, 199, 200, 205, 219, 329, 411, 412, 437, 439
 Have I Got News For You 334
 Hordes of Things 187
 Meaning of Liff, The 164, 208, 252, 253, 254, 407, 433, 445, 449
 Not the Nine O'Clock News 158, 167, 199, 252, 253, 269
 pai, torna-se 304
 QI 147, 367
 Radio Barking, conceito da 327
 Spitting Image 253
 To The Manor Born 158
 Week Ending 57, 60, 61, 99, 154
Lloyd-Roberts, George 401, 413, 427
Lloyd-Roberts, Sue 333, 401
Lloyd-Webber, Andrew 119
Long Dark Tea-Time of the Soul, The 300, 301, 302, 303, 434, 445, 447
Longworth, Toby 376, 398, 407, 428, 438, 439, 442, 447
Lord, Peter 380
Lord, Rod 202, 203, 218, 384, 445
Los Angeles
 Coldwater Canyon, DNA se muda para 257-262
 DNA morre em 362, 363
 DNA visita 246, 251-254, 433
 Montecito, DNA se muda para 353-363
LSO In Flames (smoker) 49
Lucas, George 133, 217
Lumley, Joanna 376, 439
LWT 75, 125, 215, 446

M

Madagascar 287, 289, 290, 433
Maggs, Dirk 328, 374-376, 379, 392-395, 398,

402, 405, 407-412, 428, 439, 442, 447
Maggs, Tom 408, 438, 439, 442
Mahoney, Con 125
Malkovich, John 390, 441
Mangan, Steven 406, 448
Margolyes, Miriam 394, 410, 439
Marshall, Andrew 33, 57, 93-96, 98, 101, 105, 185, 187, 426
Marsh, John 154, 375, 438
Martin, George 35
Marvin, Hank 34
Mason, Jackie 394, 439
Mason, John 93, 94, 98
McCartney, Paul 35, 37, 289, 353, 376, 390
McGivern, Geoffrey 58, 67, 111, 118, 200, 375, 394, 399, 408, 409, 428, 437, 439, 442
McGrath, Rory 91, 159, 173, 242, 247, 291, 446
McIntosh, Robbie 289, 335
McKenna, Bernard 64, 68, 70, 75, 76, 81, 82, 446
Meaning of Liff, The 88, 208, 252-254, 407, 433, 445, 449
Medjuck, Joe 254
Mehta, Sonny 157, 210, 246, 270, 275, 276
Melia, Joe 200
Meretzky, Steve 267, 268, 270, 272, 274, 286, 309, 444
Merton, Paul 334
MIB: Homens de Preto (filme) 352, 390, 418
Middlemass, Frank 200, 443
Miller, Jonathan 41
Mills, Dick 142
Milne, A. A. (autor de *O ursinho Pooh*) 177
Minor Planet Center 362
Mirren, Helen 381, 441
Moffett, Georgia 214

Molina, Isabel 337
Monty Python 33, 40, 41, 46, 52, 53, 56-59, 61, 64-71, 75-80, 89, 91, 94, 101, 103, 114, 120, 146, 148, 158, 194, 227, 231, 232, 252, 293, 296, 338, 339, 367, 409, 417, 446, 449. Ver também sob o nome individual dos membros do Monty Python.
Cálice Sagrado, O 66, 79, 120
Monty Pythons Flying Circus 40, 53, 57, 61, 64, 231
reencontro na sala de espetáculos O2 (2014) 367, 417
sentido da vida, O 252, 296
vida de Brian, A 114, 172
Moon, Keith 70, 73
Moore, Patrick 374, 439
Moore, Stephen 143, 144, 182, 207, 214, 229, 254, 317, 375, 394, 398, 408, 411, 437-440, 442, 443, 444, 447
Mos Def 384, 391, 441
Mowatt, Carrie 428
Mulville, Jimmy 91, 92, 173
Murdoch, Richard 159
Murdoch, Stuart 197, 216, 229
Murray, Bill 98, 260
Myers, Mike 350

N
Nagatsuka, Ryuji (autor de *I Was a Kamikaze*) 89
Nathan-Turner, John 170
National Public Radio 230, 231
Nation, Terry 167
Nationwide (programa de TV) 227
Navy Lark, The 33
Naylor, Doug 311
Nesmith, Mike Nez 329, 350
News Huddlines, The (programa de rádio) 82,

99, 155
News Quiz, The (programa de rádio) 82, 155, 255
NewYork Times, lista de mais vendidos do 249
Nighy, Bill 384, 388, 418, 441
Nilsson, Harry 70
Norman Ruins (peça do Footlights) 48
Nostalgias Not What it Was (*smoker*) 55
Not 1982 (almanaque) 252
Not Necessarily the News (programa de TV) 253
Not Now, I'm Listening (programa de rádio) 155
Not Only But Also (programa de TV) 41
Not Panicking Ltd 414
Not the Nine O'Clock News (programa de TV) 158, 167, 199, 252, 253, 269
Nova York 230-234, 267, 292, 296

O

O'Briain, Dara 405
O'Brien, Richard 119
Observer 153, 255, 287, 405, 450
O'Connor, Des 155
Oddie, Bill 21, 75, 215
O dorminhoco (filme) 114
Ogle, Chris 371
Oh No It Isn't (programa de rádio) 61, 62, 446
O'Kelly, Jeffrey 155, 446
Oldfield, Mike 200
Omnibus: The Man Who Blew Up the World (programa de TV) 371, 449
Ono, Yoko 35, 83
Original Records 172-174, 207, 208, 235, 442, 443, 446
Oswin, Cindy 173, 441, 442
Out of the Trees (programa de TV) 76, 77, 78, 79, 88, 293, 432, 446

Oxford Playhouse 350
Oxford University 21, 91, 92, 251, 252, 294, 376

P

Pack, Roger Lloyd 374
Palin, Michael 30, 65, 66, 69, 77, 121, 146, 199, 291, 449
Pan Books 157, 175-178, 180, 181, 194, 196, 202, 209, 210, 236, 249, 252, 262, 266, 267, 270, 275, 276, 295, 302, 306, 307, 321, 355, 433, 434, 436, 445, 446
Pan Macmillan 355, 400
Paradise Mislaid (peça do Footlights) 82
Paris Theatre (Londres) 117, 143, 177, 255, 375
Parker, Harry 142
Park, Nick 380
Paterson, Bill 162, 394, 437, 439
Patter of Tiny Minds, The (peça do Footlights) 55-57, 432
Pearce Studios 202, 203
Pegg, Simon 418
Pemberton, Steve 383, 441
Penguin 400, 434, 436, 445, 449
Perfectly Normal Productions 398, 407, 412, 439, 442, 450
Perkins, Geoffrey
    BBC Light Entertainment, entrada na 92
    DNA, dá emprego na BBC Light Entertainment para 154, 155
    Douglas Adams Memorial Lecture (2008) 400
    Harvey Goldstein, ligação com 235
    Hordes of the Things 187
    guia do mochileiro das galáxias, O
        adaptação para a TV 199, 219
        livro com os roteiros radiofônicos,

edita 285
seriado radiofônico, produtor do 141-145, 150, 153, 154, 161, 172, 174, 176, 177, 182, 183, 216, 372, 412, 437
sessões radiofônicas finais, papel nas 394, 439
Radio Active 173, 376
Restaurante no Fim do Universo, O (LP) 207, 208
Perry, Jimmy 115
Pete & Dud 41, 227
Petherbridge, Jonathan 172, 441
Peyre, Jean 198
Phillips, Leslie 376, 439
Phillips, Maggie 285, 426
Pick of the Week (programa de rádio) 154
Pink Floyd 35, 36, 71, 88, 117, 146, 174, 331, 345, 434
Plain Man's Pathway to Heaven, The. Ver Dent, Arthur.
Planer, Nigel 374
Platinum Fitness (Santa Barbara) 362
Pocket Books 231, 448
Polydor Records 229, 443
Pope, Phil 173, 338, 376, 394, 398, 408, 428
Porter, dr. Harry 89, 110
Postgate, Oliver 384
Powell, Aubrey 174
Pratchett, Terry 361
Praticamente inofensiva (livro) 283, 307, 310-313, 321-325, 329, 334, 355, 357, 395, 402, 434, 436
transmissão radiofônica 395, 396, 397, 438
trechos inéditos 491-497
Praticamente inofensivo (boletim informativo) 208
Prepare to Drop them Now (smoker) 48

Priest, Christopher 166, 180
Primeira Guerra Mundial 23
Primrose Hill (escola primária) 26
Procol Harum 36, 148, 150, 287, 370
Prowse, David 214, 440
Pryce, Jonathan 182, 394, 438
Punch 178, 287
Puttnam, David 329

Q

QI 147, 367, 369
quebra das pontocom em 2000 347
Quote Unquote (programa de rádio) 227

R

Radio 1 254, 328
Radio 2 159, 256, 406, 438, 446
Radio 3 93, 449
Radio 4 48, 60, 83, 94, 98, 121, 122, 125, 126, 144, 148, 152-154, 158, 181, 184-187, 227, 230, 236, 254, 255, 304, 327, 348, 371, 376, 398, 401, 405, 411, 428, 433-435, 437-439, 446, 447, 449
Radio 4 Extra 398, 411
Radio Active (programa de rádio) 173, 376
Radio Barking 327
Radiohead 332
Radio Times 177, 182, 204
Rag Trade, The (programa de TV) 53
Rainbow Theatre (Finsbury Park) 204-208, 228, 433, 442
Ramis, Harold 262
Random House 321, 444
Reagan, Ronald 286, 293, 361
Red Dwarf (programa de TV) 85, 311, 406, 418, 426
Reed, Tony 126, 127
Rees, Nigel 60, 94

Reid, Keith 150
Reitman, Ivan 254, 257, 260-262, 280, 295
Renard, Gail 82, 83
Renwick, David 33, 57, 93-95, 98, 101, 105, 185
Restaurante no Fim do Universo, O 192-196, 209-211, 380, 381, 433, 436
  LP 207, 208, 442
Rice, Tim 81, 119
Richards, Neil 337, 447
Rickman, Alan 353, 384, 390, 391, 441
Riley, Terry 118
Ripping Yarns (programa de TV) 30, 70, 199
Roach, Jay 350, 361, 380, 383, 441
Roberts, Gareth 373, 446
Robson, Dee 200
Rock Follies (programa de TV) 119, 143, 182, 200
"Rockstar" (música de Margo Buchanan) 353, 370
Rockwell, Sam 353, 384, 391, 441
Rocos, Cleo 216
Roddenberry, Gene 131, 335
Rolling Stone (revista) 231
Rolling Stones (banda) 117
Round the Horne (programa de rádio) 117
Rowe, Alick 328
Rowling, J. K. 361
Royal Geographical Society 400
Royal Institution Christmas Lectures for Children 39
Royal Society Christmas Lecture for Young People 309
Rushdie, Salman 289
Rutland Weekend Television (programa de TV) 70

S

salmão da dúvida, O 355, 357, 371, 373, 398, 424, 434, 446
Saturday Night Live 260
Save the Rhino 305, 400, 415
Scarfe, Gerald 200, 333
School of Pythagoras, The (Cambridge) 53, 55, 432
Science Fiction Theatre de Liverpool 171
Seacon 79 179, 180
Secombe, Andrew 376, 394, 408, 439, 442, 447
Serafinowicz, Peter 406
Several Poor Players Strutting and Fretting (peça do Footlights) 53, 432
Shadows (banda) 34
Shaughnessy, Charles 91
Shearer, Harry 400
Shearer, Paul 316, 317, 440
Sheckley, Robert 95-97, 138, 328, 337, 449
Shelley, Mary 17
Sheridan, Susan 142, 144, 163, 173, 207, 375, 398, 408, 409, 428, 437, 439, 442
Sherlock, David 64, 79
Shutte, Gaynor 304
Shynola 384
Simmonds, John 104, 108
Simon & Schuster 266, 267, 295, 336
Simon & Garfunkel 36, 37
Simon, Paul 36, 196, 210
Simpson, Johnny 55, 133
Simpson, M. J. 31, 34, 264
  crítica do filme do *Mochileiro* 387, 388, 390, 450
  Hitchhiker (biografia de DNA) 208, 373, 424, 425, 434, 448
Sinclair, John 229, 443
Sinclair, sir Clive 43, 289
Singer, Stefanie 54
Slater, Christian 394, 439
Sloman, Roger 172, 441

Smart, Christopher 42
Smith, Martin 48-51, 53-57, 59-61, 63, 66, 67, 70, 82, 83, 91, 93, 99, 393, 407, 426
Smith, Mel 291, 292, 375
smokers (sessões de comédia da Cambridge University) 47-51, 55, 57, 62, 67. Ver também sob o nome individual dos *smokers*.
Sno 7 and the White Dwarfs (conceito) 85
So Long... (programa de homenagem) 371
Sony 329
Soundhouse Studios, The 375, 376, 392, 394
Souster, Tim 174, 200, 207, 228, 443
South Bank Show (programa de TV) 316-321, 327, 440
So You Think You Feel Haddocky (peça) 83, 432
Spyglass Entertainment 351, 380, 383, 386
Squeeze (banda) 119
Stamp, Robbie 334, 335, 341, 369, 370, 373, 380, 383, 386, 413, 415, 428, 441, 448
Stanshall, Vivian 269
Star Trek (programa de TV) 50, 113, 353, 456
Star Wars (filme) 147, 208, 217, 259, 354, 391
Starr, Ringo 35, 70-74, 103, 151
Starship Titanic (videogame) 307, 336-342, 385, 414, 415, 434, 446, 447
Steafel, Sheila 254, 438
Stewart, Judith (nome de solteira: Robinson, madrasta) 27, 432
Stewart, Karena (meia-irmã) 27, 432
Stewart, Rosemary (meia-irmã) 27, 432
Stigwood, Robert 81
St. Johns College (Cambridge) 23, 42, 53, 55, 60, 160, 170, 299, 427, 432, 453. Ver também Cambridge University.
Stondon Massey 27
Stoppard, Tom 166, 167
Stothard, Peter 229
Straw, Jack 27

Stribling, Joan 200

T

Taffner, Don 232
Talbot, Joby 390, 443
Tamm, Mary 167
Tate, David 142, 143, 211, 214, 375, 437, 440, 442
Theatr Clwyd 172, 192, 204, 433, 441
The Digital Village (TDV) 333-344, 348, 349, 360, 374, 414, 434, 444, 447, 450
They'll Never Play that on the Radio (programa-piloto) 227, 228
Thompson, Emma 46, 269
Thorgerson, Storm 174, 373
Thrift, James (meio-irmão) 43, 100, 104, 129, 133, 370, 426, 428, 432
Thrift, Jane (meia-irmã) 43, 100, 104, 129, 133, 269, 296, 333, 370, 409, 426, 432
Thrift, Janet (nome de solteira: Donovan, nome do primeiro casamento: Adams mãe de DNA) 24-26, 28, 43, 54, 69, 100, 104, 109, 127, 129, 133, 158, 159, 177, 235, 302, 362, 366, 386, 410, 426, 432
Thrift, Ron (padrasto) 43, 100, 129, 306, 432
Tiedemann, Mark W. 163
Times, The 59, 249, 450
Titan Publishing 285, 434, 448
Titherage, Peter 21
Toalha, Dia da 399, 434
Today (programa de rádio) 401, 411
Tomorrows World (programa de TV) 215, 334, 343
Touchstone Pictures 380, 388
Townsend, Sue 291
Townshend, Pete 329
Troughton, Patrick 128
Trueman, Fred 328, 438

Two Ronnies, The (programa de TV) 99

U

Unpleasantness at Brodies Close, The (peça) 94, 98, 432
Ursinho Pooh, O. Ver Milne, A. A.
Ustinov, Peter 122, 155
Utterly Utterly Definitive and Pretty Damn Amusing Comic Relief Revue Book 83, 445
Utterly Utterly Merry Comic Relief Christmas Book, The 291-294, 296, 433, 436

V

Variety 380, 450
Varsity 53, 58, 432
Vernon, Richard 143, 214, 375, 437, 440, 442
Victor, Ed 235, 236, 252, 254, 262, 267, 275, 285, 295, 307, 310, 329, 330, 335, 354, 371, 372, 399, 400, 405, 413, 426, 428
vida, o universo e tudo mais, A 236-250, 254, 293, 301, 303, 307, 327, 328, 374-379, 392, 405, 433, 436
   transmissão radiofônica 374-379, 392, 434, 438
   trechos inéditos 461-490
Virtue, Beryl 81
Vogel, David 353
Vonnegut, Kurt 95, 96, 131, 227, 316, 449

W

Wakeman, Rick 204
Wallis, Bill 119, 182, 200, 376, 437, 442
Ward, Lalla 167, 169, 309
Warner Bros. 114
Warwick University 49
Waters, Roger 36, 146

Watkins, Jason 406, 448
Waugh, Evelyn 195
Webb, Nick
   guia do mochileiro das galáxias, O 157, 176, 202
   sobre a vida sexual/fama de DNA 179
   Wish You Were Here (biografia de DNA) 23, 42, 54, 88, 230, 241, 332, 367, 373, 424, 425, 434, 448
Wedekind, Benjamin Franklin 24
Week Ending (programa de rádio) 57, 60, 61, 93, 99, 152, 154, 254
Weidenfeld & Nicolson 328, 434, 449
Weir, Paul 393, 408, 442
Whitby, Max 309, 447
White, Michael 59
Whitfield, June 394, 439
Who, The 329. Ver também Moon, Keith.
Wickens, Paul Wix 37, 289, 338, 376, 439
Williams, Graham 126, 167-169
Williams, Ian 218
Williams, Nonny 91
Wing, Anna 76
Wing-Davey, Mark 76, 142, 143, 161, 184, 214, 215, 285, 375, 376, 408, 410, 428, 437, 439, 440, 442
Wodehouse, P.G. 195, 196, 292, 299, 300, 327, 333, 372, 427, 449
Wogan (programa de TV) 302
World Wide Web 170, 310, 343, 345, 346

Y

Yallop, David 79
Yeovil General Hospital 42, 54
Young Ones, The (programa de TV) 291, 294

42

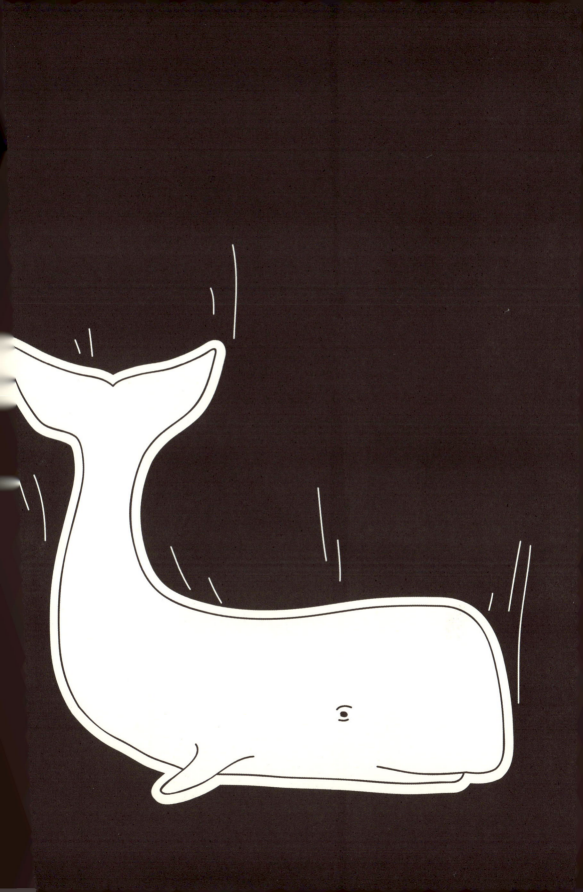

TIPOGRAFIA:
Perpetua [texto]
Panton [entretitulos]

PAPEL:
Pólen Soft 80g/m² [miolo]
Cartão Supremo 250g/m² [capa]

IMPRESSÃO:
Edições Loyola [março de 2016]